피벗

THE PIVOT
Copyright ⓒ 2016 by Kurt M. Campbell
This edition published by arrangement with Grand Central Publishing, New York, New York, USA.
All rights reserved.

Korean Translation Copyright ⓒ 2020 by The Asan Institute for Policy Studies
This translation is published by arrangement with Hachette Book Group Inc
through Imprima Korea Agency.

이 책의 한국어판 저작권은 Imprima Korea Agency를 통해
Hachette Book Group Inc와의 독점 계약으로 아산정책연구원에 있습니다.
저작권법에 의해 한국 내에서 보호를 받는 저작물이므로
무단전재와 무단복제를 금합니다.

피벗
미국 아시아 전략의 미래

커트 캠벨 지음 | 이재현 옮김

아산정책연구원

나에게 미래에 대한 확신을 준 세 사람
러시 도시Rush Doshi, 라이언 올리버Ryan Oliver
그리고 니라브 파텔Nirav Patel에게 이 책을 바칩니다.

CONTENTS

서문: 면접 | 10
서론 | 22

제1장 | 피벗의 정의: 기원, 성공 사례, 주요 비판
    이름이 뭐 그리 중요한가? | 37
    피벗의 실행 | 39
    피벗 비판에 대한 반박 | 43
    결론 | 63

제2장 | 피벗의 무대: 부상하는 아시아에 걸린 이해관계와 다양한 모습
    사실과 통계 숫자 | 69
        • 인구와 영토 | 70
        • 빈곤, 건강, 교육 | 74
        • 도시화, 위생, 대기 오염 | 78
        • 경제 | 83
        • 사회간접자본 | 89
        • 에너지 | 94
        • 기후변화와 자연재해 | 98
    분야별로 깊이 들여다보기 | 102
        • 해운 | 103
        • 국방비 지출 | 106

- 기술 | 111
- 영화 산업 | 115
- 예술 시장 | 120

결론 | 125

제3장 | 피벗 이전의 정책: 역사적 주제로 본 미국과 아시아 관계

거리의 횡포 | 130
신화, 웃음거리, 위협 | 133
셔츠 백만 장을 팔기 위해 | 145
수많은 영혼의 구원을 위해 | 153
갈등의 비용 | 158
부차적인 무대 | 172
인력 부족 | 179
민주주의 확산 | 186
결론 | 191

제4장 | 피벗의 선례: 미국의 아시아 전략에서 반복되는 요소

아시아 전략에 지속되는 특징 | 195
아시아 전략의 비일관된 적용 | 199
미래를 위한 아시아 전략 수정 | 210
결론 | 216

제5장 | 피벗과 아시아의 미래: 변화하는 아시아의 선택을 위한 지침

패권인가 균형인가 | 223

21세기로 갈 것인가 19세기에 남을 것인가 | 228

이해 당사자, 무임승차자 또는 훼방꾼 | 232

전쟁이냐 평화냐 | 240

민주적 발전인가 후퇴인가 | 264

번영으로 갈 것인가 보호주의로 갈 것인가 | 267

결론: 개입할 것인가 물러날 것인가 | 273

제6장 | 피벗의 계획: 미국의 열 가지 아시아 전략

피벗을 설명하고 지지를 이끌어내라 | 280

동맹의 강화와 통합 | 283

중국 부상의 경로 만들기 | 316

파트너십 형성 | 339

경제 전략 | 357

지역 협력체 참여 | 364

군사 전략 다각화 | 372

민주적 가치 확산 | 380

인적 교류 강화 | 385

유럽 국가와 협력 | 387

결론 | 390

제7장 | 피벗에 대한 위협: 미국의 아시아 전략에 대한 도전

무너지는 외교 정책에 대한 합의 | 395

교착 상태와 기능 장애 | 399

불충분한 국방 지출 | 402
　　움츠러드는 미국 | 407
　　계속되는 중동의 도전 | 411
　　장기적인 계획 | 415
　　인적 자원 개발 | 418
　　상호 좌절과 분리 | 421
　　결론 | 423

제8장 | 피벗의 실행: 현대 외교의 교훈
　　21세기 외교 | 426
　　힘의 균형 대 균형의 힘 | 429
　　우리가 갖고 있는 유일한 미국인들 | 430
　　정원 가꾸기 | 431
　　최대한 노력하기 | 434
　　참석하기 | 436
　　"중국은 큰 나라다" | 437
　　양면게임이론 | 440
　　쉬운 비유로 이야기 풀기 | 442
　　전략 대화 | 444
　　당신의 노고에 감사합니다 | 447

결론 | 450
감사의 글 | 468
주석 | 474
찾아보기 | 530

서문: 면접

한 사람의 인생에 관한 이야기처럼 외교도 때로는 정확하게 어디서부터 시작되었는지 알기 어렵다. 지난 20년 동안 아시아와 관련된 일을 해온 내 경우에는 2008년 12월 초 힐러리 클린턴Hillary Clinton의 비서로부터 걸려온 전화 한 통에서 이 모든 이야기가 시작된다.

대통령 선거 이후 몇 주 동안 나는 국방부 인수위원회에 소속되어 창문도 없는 벙커에 격리된 채 군 운영에 관련된 문서들을 들여다보고 있었다. 나는 9·11 테러와의 전쟁, 힘겨웠던 이라크·아프가니스탄 전쟁 이전에도 국방부에서 일한 경험이 있는데, 그 당시 국방부는 전혀 다른 모습이었다. 9월 11일 미국 본토에 대한 테러 공격 이후 국방부 건물을 포함한 펜타곤 전체는 그전과 전혀 딴판으로 변했다. 당시 우리는 10년째 전쟁을 치르는 중이었고, 그런 현실은 그 어느 곳보다 국방부에서 잘 드러났다.

워싱턴 포토맥강 옆 오각형 국방부 건물에는 공중 납치된 여객기가 충돌해 생긴 검게 그을린 부분이 아직도 남아 있다. 여객기가 충돌한 지점 근처 복도에서는 여전히 연기 냄새를 맡을 수 있었다. 그 후 국방부에는 수많은 추가 보안 시설이 설치되었다. E구역의 밖으로 난 창문들은 노란색 합성수지로 덧칠해졌고, 그 때문에 방 안에 있는 사람들의 얼굴은 으스스할 정도로 창백해 보였다. 바깥세상은 색이 잘못 입혀진 고전 흑백영화처럼 기괴

했다. 남녀 군인들은 모두 당시 새로 도입된 디지털 위장복 차림이었다. 그들 대부분이 위험한 전투에 수도 없이 다녀왔고, 모두 전투에서 입은 상해를 안고 있었다. 군복 왼쪽 가슴에 달린 상이군인 훈장들 때문에 그 부상들이 더욱 돋보였다. 그에 반해 많은 민간 정책 전문가들은 군대 경험이 거의 없었다. 이 때문에 자주 군인들과 민간인들 사이에 미묘한 긴장이 발생했다.

그날 나는 내 황량한 칸막이 방에서 클린턴의 개인 비서 전화를 받았다. 그녀는 새로 채용된 사람이었고 눈에 띄게 명랑한 목소리였다. 내일이나 언제 국무부 인수위원회 사무실에서 국무장관 예정자를 만날 시간을 낼 수 있냐고요? 아, 네, 그러지요. 하마터면 "지금 바로 가면 너무 빠른가요?"라고 물을 뻔했다.

나는 힐러리 클린턴 상원의원의 초창기 지지자였다. 클린턴 상원의원에게 브리핑도 자주 했고, 선거 자금도 모았다. 전 국방장관 도널드 럼즈펠드 Donald Rumsfeld의 표현을 빌리자면, 나는 실망스러웠던 민주당 경선에서 마지막까지 그녀와 함께 "끝까지 남아 버티는 사람bitter-ender"이었다. 희망차게 출발한 그녀의 선거운동은 내부 차별과 분열에 짓눌려 주저앉았다. 동료 정책통들은 처음부터 버락 오바마Barack Obama 팀과 함께했다는 듯 재빨리 캠프를 갈아탔다. 클린턴 캠프에 남은 우리 몇몇은 매우 불안했다. 나는 부러우면서도 걱정되는 마음으로 오바마 대통령과 그의 팀이 경선 승리 후 기뻐하는 모습을 지켜보았다. 이 양가적 감정은 선거에서 패한 후보와 함께했던 선거 관계자들이라면 누구나 가지고 있을 법하다.

치열한 당내 경선을 뒤로한 채 민주당은 다시 단합했고, 대통령 선거에서 승리했다. 그리고 대통령 당선자가 국내에서뿐만 아니라 국제적으로 무엇을 할지에 관한 기대가 생겨나기 시작했다. 나도 물론 오바마의 대통령 당선에 기뻐했지만, 그래도 여전히 패한 팀에 속했다는 사실은 어쩔 수 없었다. 선거에서 지면 치러야 하는 대가가 있다. 그 때문에 국방부에서 고위

직을 차지할 수 있을 거란 희망도 거의 없었다. 정부가 바뀌는 동안 완고한 국방부 정책 서클의 강경론자들을 면담했다. 체니와 럼즈펠드 쪽에 있던 이들인데, 곧 직장을 잃을 사람들이었고 대통령 당선자 오바마에 대해서, 그리고 그가 이 나라를 어디로 끌고 갈지에 대해서 신경을 곤두세우고 있었다.

당시 내가 처한 상황이 이랬던 터라 클린턴 장관 측으로부터 걸려온 전화가 매우 놀랍기도 했고 반갑기도 했다. 우리는 그 주 후반에 만나기로 약속했다. 이 만남은 비밀에 부쳐졌다. 그보다 일주일 전에 오바마 당선자가 클린턴에게 국무장관직을 맡아달라고 부탁했다. 모든 사람이 놀랐다. 클린턴 상원의원은 더 놀랐다. 대통령 당선자 오바마와 그의 고위 자문단 그리고 빌 클린턴Bill Clinton 전 대통령의 충고를 받아들인 그녀는 마음이 다소 누그러져, 국무장관직을 수락했다. 클린턴과 그녀의 작은 팀은 국무부 건물 Foggy Bottom(미 국무부가 위치한 지역이 과거 'Foggy Bottom'으로 불렸고, 종종 국무부를 지칭하는 이름으로 쓰인다 _ 옮긴이 주) 1층의 인수위 사무실에 자리를 잡았다. 여기서 그녀는 브리핑 자료를 검토하고 외교 팀을 구성했다. 클린턴과 만나기로 한 전날 밤, 친구이자 당시 국무부 부장관 내정자인 제임스 스타인버그James Steinberg가 전화를 걸어왔다. "아시아나 정치-군사 관련 자리일 거야. 어떤 쪽이든 가능해. 그도 저도 아니면 [정부 쪽 자리를 못 얻고] 신미국안보연구소Center for New American Security의 예전 연구실에서 구경만 할 수도 있고."

나무가 잎을 거의 다 떨군 날씨 좋은 초겨울 날이었다. 나는 국무부 건물의 출입구로 향했다. 그리고 만국기 홀이라 불리는 큰 입구를 지나 쏟아지는 빛과 마주쳤다. 그 공간은 다양한 문화가 섞인 시장처럼 열린 공간이었고 무척 매력적이었다. 전 세계에서 온 외교관들이 약속 상대를 기다리며 한가로이 거닐고 있었다. 잔뜩 웅크리고 있던 국방부 시절을 뒤로하고 지금 내 앞에 펼쳐진 이 장면은 외교에 내재된 희망과 끝나지 않는 전쟁의 어두운 현실 사이의 아주 선명한 대조를 보여주는 듯했다.

나처럼 약속이 있는 다른 사람들 사이에서 기다리며 여기까지 온 내 삶의 궤적을 뒤돌아봤다. 나는 싱크탱크와 정부에서 일을 했고, 애스펀 전략 그룹Aspen Strategic Group 같은 엘리트 집단에도 몸을 담는 등 전형적인 워싱턴 정책 서클 경력을 걸어왔다. 나는 미국 정부에서 일하려는 열망이 꽤 강한 편이다. 하지만 내 경력은 여느 사람들과 조금 다른 면이 있다. 나는 1990년대 초부터 하버드 대학에서 교수를 했고, 구소련의 한 대학에서 공부했다. 학군후보생으로 해군 참모총장실에서 복무했고, 미 외교협회 Council on Foreign Relations(CFR) 연구위원 자격으로 국방부 본부에서 민간인 참모로 근무한 적이 있다. 내가 아시아를 처음 방문한 것은 해군 시절 아시아로 배치되었을 때다. 도쿄 남쪽 요코스카橫須賀 해군기지에 잠시 파견된 적이 있었는데, 미국 해군과 일본 해군이 함께 있는 것이 놀라웠다. 일본 구축함과 잠수함들이 미끈한 암회색의 미국 함정들과 나란히 부두에 정박해 있었다. 기지에 있는 거대한 크레인들은 과거 일본 제국 해군이 1940년대 초 태평양을 쑥대밭으로 만들었을 당시 제작된 것들이다. 기지 주변 언덕에는 수십 년간 꼭꼭 감춰놓았던 동굴들이 여전히 남아 있다. 그래서인지 분실된 무기들의 은닉처와 유골에 관한 이야기들이 아직까지 떠돈다. 아시아의 어두운 시절 유산이다.

나는 1990년대 초 백악관 장학금을 받아 클린턴 행정부가 출범할 무렵 워싱턴으로 왔다. 처음에는 재무부에서 일했고, 그 후 국방부로 옮기기 전까지 백악관에서 일했다. 그 과정에서 미국의 아시아 정책이 가진 경제적·상업적 측면의 중요성을 알게 되었다. 그리고 일본과 미국 간 무역 문제를 해결하기 위해 진행되는 협상들을 지켜봤다. 그리고 중국에 최혜국 대우를 해줄 것인가를 놓고 벌어지는 백악관과 의회 사이 협상 역시 직접 경험했다.

2년간 워싱턴 생활이 끝나고 하버드로 돌아가 학생들을 가르칠 준비를 하고 있을 때, 갑자기 전화 한 통을 받았다. 그 전화 한 통이 이후 내 삶을 완전히 바꿔버렸다. 유명한 교수이자 국제관계 전략가로 당시 학교를 잠시 비우고 국방부에서 국제 안보 담당 차관보를 하고 있던 조지프 나이Joseph Nye로부터 온 전화였다. 그는 내게 국방부로 와서 그의 아시아 팀을 맡아 '나이 이니셔티브Nye Initiative'를 실행하는 데 도움을 줄 수 있는지 물었다. 이 구상은 미일 간 안보 협력과 동맹을 재활성화하는 매우 중요한 정책이었다. 미일 동맹은 탈냉전 이후 다시 활로를 모색해야 하는 시점에 와 있었다. 미국과 일본 모두 전략적 목표를 재정의하는 방향으로 나가고 있었다. 나는 그러겠다고 답했다. 여기서 아시아 쪽으로 내 향후 커리어를 잡는 여정을 시작했다.

국방부에서 일한 5년 동안 나는 아시아 지역, 아시아의 다양한 사람들 그리고 뭔가 애매하고 명확지 않은 아시아적 정치와 외교에 대한 강한 열정을 키웠다. 우리 팀은 매우 뛰어났고, 나는 팀원들과 평생 친구가 되었다. 국방부에서 나는 B회랑의 오래된 사무실을 배정받았다. 가끔 사무실 천장 한구석에 6인치 정도 크기로 난 유일한 창을 통해 하늘을 살짝 볼 수 있었다. 근무를 시작한 첫날, 시설 팀 직원이 와서 사다리를 놓고 그 작은 구멍을 가로질러 막대를 설치했다. 나는 아무도 이 기밀 시설에 몰래 기어들어오지 않을 것 같다고 그에게 말했다. 말이 끝나기 무섭게 그가 대답했다. "이건 외부 사람을 막기 위한 게 아닙니다. 당신이 밖으로 못 나가게 하려는 거지요." 나는 여전히 내가 국방부에서 했던 일이 매우 보람 있고 중요한 일이었다고 생각한다. 그곳에서 동료들과 많은 일을 함께했다. 중국과 군사관계도 수립했고, 대만 해협 위기에 대처할 전략도 만들었다. 1995년 강간 사건 이후 오키나와沖繩 군사기지 배치 문제를 해결하기도 했고, 한-미-일 간 최초의 3자 군사 회담을 여는 업무도 했다. 북한의 불안정한 상황에 대비해 동맹국들의 급변 사태 대응 계획도 만들었고, 베트남전쟁 이후 베트남과 첫 번째 군사 접촉도 맡아서 했다.

조지프 나이와 당시 국방장관인 빌 페리Bill Perry는 장관실 직원들에게 엄청나게 끈끈한 동료 의식을 불어넣었다. 우리는 동맹 문제와 전진 배치forward presence 전략 문제에 집중했다. 이때 대통령 부인이었던 힐러리 클린턴을 처음 만났다. 글로벌 여성 정상회의Global Women's Summit를 앞두고 역사적인 중국 방문을 하는 클린턴에게 브리핑을 했다. 그때는 내가 나중에 그녀 사무실로 걸어 들어가 그녀의 국무장관직 수행에 관해 논의할 것이라곤 꿈에도 생각하지 못했다.

나는 조용히 국무부 1층의 전이 공간에 위치한 사무실로 안내되었다. 거기 있는 몇 개의 작은 사무실에 클린턴 선거 캠페인에 몸담았던 패자들이 몰려 있었다. 그들은 마치 조국을 위한 큰 전쟁에서 패배했지만, 워싱턴 사무실 빌딩에 버틸 수 있는 조그만 버팀목을 확보한 사람들 같았다. 처절한 내전 끝에 마지막 남은 게릴라의 본거지 같은 느낌이 들었다. 나는 앉아서 생각을 정리했다. 나는 동아태국Bureau of East Asian and Pacific Affairs에서 일하기를 원했다. 동아태국이 여러모로 내가 꿈꾸던 직장이었지만, 거기서 일할 거라고 생각해본 적은 없었다. 국무부 6층 동아태국으로 향하는 입구에는 지난 세기 동아태 담당 차관보를 지낸 존경받는 외교관들의 흑백사진이 복도 양쪽을 장식하고 있다. 딘 러스크Dean Rusk, 윌리엄 번디William Bundy, 애버렐 해리먼Averell Harriman, 필립 하비브Philip Habib 등이 액자 속에서 내려다보며 미소 짓고 있었다. 진정한 20세기 외교의 거물들이다. 내가 저 뛰어난 사람들의 무리에 낄 수 있을까 하는 심각한 회의가 들었다. 물론 이런 의심을 입 밖에 내본 적은 아직 없다.

오바마 대통령 선거운동 본부의 최고위 아시아 전략가이자 내 가까운 친구이며 전직 외교관인 제프 베이더Jeff Bader가 국가안전보장회의National

Security Council(NSC) 선임 국장에 임명되었다. 국무부 동아태 담당 차관보 자리는 명확한 선두 주자가 없었다. 나는 국무부 경험이 없는 국방부 사람으로 인식되어 그 자리에 적합하지 않은 후보라고 여겨졌다. 나는 발언 요지를 다시 정리했다. 미국은 한 치 앞이 안 보이는 중동 분쟁에 너무 오래 빠져 있었다. 이제 미국의 힘과 위력을 새롭게 부상하는 동쪽으로 재배치할 때가 되었다는 것이 내 발언 요지였다. 또 미국은 21세기에 아시아 지역에서의 지위를 확고히 하기 위해서 아시아 전체에 걸친 종합적인 정책을 실행해야 한다는 것도 포함되어 있었다.

혼자 머릿속으로 할 말을 정리하고 있을 때 비서가 나를 클린턴이 앉아 있는 구석의 사무실로 안내했다. 이렇게 어색한 국무장관이 전에도 있었는지 모르겠다. 적어도 링컨 대통령이 1861년에 자신의 정적인 윌리엄 수어드William Seward를 국무장관에 임명한 이후에는 확실히 없다. 클린턴의 방은 급조된 듯했다. 장관의 권위에 어울리는 최소한의 장식도 없었다. 창문 주변의 벗겨진 회칠을 감추고 도로 위 행인들이 내부를 들여다보지 못하도록 블라인드가 내려져 있었다. 문건과 인수위 파일들이 잔뜩 쌓인 회사 중역용 책상이 있었고, 불편해 보이는 의자들이 오래된 가죽 소파를 둘러싸고 있었다. 화살과 올리브 가지를 움켜쥔 독수리가 그려진 미국 외교 표장이 그려진 카펫이 방 한가운데 놓여 있었는데, 발 아랫부분이 해진 상태였다. 사무실은 힐러리 클린턴 국무장관이 앉아 있기에는 너무 초라해 보였다.

그래도 클린턴 장관은 나를 반갑게 맞으면서 소파 옆 의자를 가리키며 앉으라고 했다. 거의 2년간 잔인한 선거운동에도 불구하고 그녀는 여전해 보였다. 이 음울한 방이 그녀 덕분에 위엄 있고 친근한 공간이 되었다. 그녀가 소파에 털썩 앉아 두 다리를 테이블 끝에 걸쳤다. 그녀는 낯익은 어두운 색 바지를 입고 있었고, 주변은 두꺼운 바인더와 보고서들이 둘러싸고 있었다. 큰 소리로 웃으며 그녀가 소리쳤다. "나는 당신과 내가 여기에 있을 거라곤 꿈에도 생각해본 적이 없는데, 지금 여기 같이 있네요." 그러고는 오바마 대통령이 어떻게 자신에게 국무장관 자리를 맡아달라고 요청했는지 설명했다. 선거 결과에 크게 실망한 그녀는 패배의 상처를 치유하면서, 그리고 대체 뭐가 어디서부터 잘못되었는지 곱씹으면서 뉴욕주 채퍼콰의 집에서 쉬고 있었다. 그리고 그 놀라운 전화를 받았다. 대통령의 측근이 그런 전화가 올 거라고 미리 알려주긴 했지만 전화 건너편에서 들려오는 오바마의 익숙한 목소리를 듣기 전까지 그녀는 반신반의했다. 오바마는 매우 다른 형태의 화해를 청하면서 색다른 제안을 했다. 처음에 그녀는 그런 제안을 받아들이기에 너무 지쳐 있었고 화가 나 있었다. 그날 이후 며칠 동안 그녀의 남편과 다른 사람들이 그녀의 화를 누그러뜨리며, 그녀의 걱정을 날려버렸다. 가까운 친구 하나가 그녀에게 이런 충고를 했다. 정반대의 상황을 가정해봐. 네가 오바마에게 이런 제안을 했다고 말이야. 그가 거절하겠다고 대답하면 어떤 느낌이 들겠니? 이 말이 그녀의 마음을 돌렸다. 봉사라는 말이 그녀를 움직였다.

그녀는 이제 여기 이 인수위 사무실에서 장관직 수행을 위한 팀을 꾸리고 있다. 나는 제안이 오더라도 답을 하기 전에 며칠간 곰곰이 생각해보고 아내 그리고 가족들과 상의한 후에 답을 해야겠지, 라고 되뇌었다. 간단히 말하면 절대 너무 적극적으로 달려들지 않을 거고, 일단 뒤로 한 발짝 물러서서 곰곰이 따져 보겠노라고 생각했다.

대화를 나눈 지 몇 분 되지 않아 그녀는 곧장 아시아 이야기로 접어들었다. 그녀는 이미 앞으로 할 일들에 대해 생각을 정리한 듯했다. 그녀가 말하는 동안 내 대각선 방향으로 놓인 테이블에 내 최근 논문들이 있는 것을 보았다. 노란색 형광펜으로 줄이 처 있고 귀퉁이엔 메모가 꼼꼼히 적혀 있었다. 나는 고등학교 때 거꾸로 선 글자를 읽는 방법을 배웠기 때문에 마음만 먹으면 그 메모를 읽을 수도 있었다. 하지만 그러지 않았다. 대신 그녀의 말에 집중했다. 그녀는 나와 달리 이 미팅을 철저히 준비한 듯했다.

"커트, 내 최대 고민은 미국이 중동에서 벌인 전쟁에 너무 깊숙이 발을 들여놨다는 거예요. 우리는 일관되게 중동에 관여해왔어요. 물론 중동에서 우리의 역할은 매우 필수적인 것이에요. 하지만 미국은 이제 방향을 새로 설정해야 해요. 미래를 봐야 해요. 아시아가 미래이고, 우리 외교는 이런 부분을 제대로 반영해야 해요." 그리고 아시아 지역의 놀라운 혁신, 성장하는 중산층, 증가하는 구매력을 언급하고, 이런 현상들이 어떻게 미국 사람의 일자리와 수출에 연계되는지 설명했다. 그녀는 상당한 지식을 바탕으로 아시아라는 다양성의 지역에 효과적으로 관여해야 한다는 자신의 철학에 대해 말을 이어나갔다. "중국은 매우 큰 국가예요. 의심할 여지가 없지요. 하지만 미국의 성공을 위해서는 다른 국가들과 보다 더 효과적으로 협력해야 해요. 우리의 중국 정책을 더 큰 아시아 전략 속에서 추진해야 해요." 그녀는 일본의 국가적 무기력을 해결하기 위해선 아시아에서 일본의 새로운 리더십을 지원해야 하고, 동남아에 더 많은 관심을 기울여야 한다고 했다. 아시아 국가와 미국 간 무역 및 상거래를 종합적으로 통합할 큰 틀이 필요하다는 것도 주장했다. 내 생각과 일치했고, 나도 더 확신을 가지게 되었다. 결국 새롭고 효과적인 대아시아 외교를 위해 아시아 전체를 포괄하는 동시에 모든 부문을 아우르는 종합 전략이 필요했다.

그리고 그녀는 곧장 결론으로 넘어갔다.

"커트, 제임스 스타인버그와 이 문제에 대해 이야기했는데, 당신이 우리 팀에 들어왔으면 해요. 리처드 댄지그Richard Danzig가 당신은 국방부로 갈 거라고 말하던데, 나는 당신이 여기 국무부에서 나와 함께 일했으면 좋겠어요. 내가 존경하고 믿을 수 있는 사람들이 필요하거든요. 당신이 선거운동 캠프에 끝까지 남았던 걸 기억하고 있어요. 향후 몇 년간 그런 굳은 마음과 헌신이 필요해요. 우리 팀에 합류해주세요. 오바마 대통령을 도와줍시다. 여기 와서 국무부의 동아태 차관보 자리를 맡아주세요."

나는 한 치의 망설임도 없이 "네. 그렇게 하지요. 지금 바로 계약서에 사인하지요"라고 대답했다. 정말이지 곰곰이 생각해서 결정을 내린다고 하지 않았던가! 클린턴은 만족해했다. 나는 그녀가 곧바로 다음 도전, 즉 앞에 놓인 큰 도전을 해결하기 위해 오랫동안 함께할 강한 팀을 만드는 과제로 옮겨가고 있음을 알아차렸다. 나는 팀의 일원이 되었고, 얼마 지나지 않아 일을 시작하게 되었다. 우리는 악수를 했고, 그녀는 나를 입구까지 안내했다. "국방부는 싫다고 말하세요. 그리고 아시아 전략에 대해 고민해보세요. 바로 일을 시작하고 싶어요." 내가 나갈 때 클린턴이 말했다. 그러고는 재빨리 돌아서서 그녀에게 브리핑하기 위해 오래 기다린 다음 사람들을 맞이했다. 정보기관 쪽 사람들이었는데 무표정한 얼굴이었다. 그녀는 그 사람들을 맞으면서도 반가워했지만, 그녀가 내게 보여주었던 열정이 더 진실되고 한 차원 높았다고 나는 확신했다. 힐러리 클린턴을 면대면으로 직접 마주하면 그런 개인적 관심을 느낄 수 있다.

이 만남 뒤에 나는 상원 인준 과정을 거쳤고, 이후 4년간 아시아 담당 최고위 외교관으로 일했다. 나는 그 직함을 들고 79번이나 아시아 지역 국가를 비롯해, 자기들만의 방법으로 아시아 국가를 만나고 있는 다른 지역의 국가들로 해외 출장을 다녔다. 나는 20여 차례의 출장을 클린턴 장관과 동행했다. 클린턴을 만났던 바로 그날 내가 기쁜 마음으로 국무부 건물을 나설 때 내 앞에 놓인 도전들에 대해서는 전혀 모르고 있었다. 일본 지진과 쓰나미 이후 발생한 핵 위기를 해결해야 했다. 이 핵 위기는 지금까지 아시아에서 일어난 핵 위기 중 가장 큰 것이었다. 중국은 매우 빠르게 강대국으로 성장하고 있었다. 이런 중국을 상대할 치밀하고 지속 가능한 전략도 만들어야 했다. 늘 도발을 노리는 북한의 위험한 지도부와 기싸움도 벌였다. 남중국해에서 벌어지는 영토 분쟁을 다룰 전략도 개발해야 했다. 아시아에서 최근 생겨나기 시작한 다자 제도에 미국이 어떻게 끼어들지에 대한 방안도 마련했다. 미국의 아시아 피벗 정책을 국민에게도 설명해야 했다. 오랫동안 폐쇄적이었던 미얀마를 국제사회로 끌어내는 일도 만만치 않았다. 또한 수십 년 동안 전략적으로 소홀했던 뉴질랜드와 우호적인 안보 협력 관계를 세워야 했다. 중국을 자극하지 않으면서 대만과 비공식 정치·안보 관계를 재개하는 것도 큰일이었다. 그리고 미중 간 안보 갈등이 첨예한 시기에 중국인 맹인 반체제 인사의 피신처도 찾아야 했다.[1] 이 인사는 쉽게 예측할 수 없는 데다 시도 때도 없이 마음을 바꾸곤 했다.

이 책은 내가 국무부에서 겪은 외교적 모험의 집대성이다. 나는 지난 4년간 중동이라는 맞바람과 국내적 제약에 맞서 아시아에 대한 다차원적 정책을 실행하려고 노력했다. 어쩌면 이 책은 전시 외교에 관한 책으로 볼 수도 있다. 나는 드넓은 아태지역의 일상적 외교 업무를 책임진 사람 가운데 최고위직인 국무부 동아태 담당 차관보였다. 그 때문에 지난 몇 년간 아시아 지역이 역동적으로 변하는 시기에 있었던 중요한 장면들에 빠짐없이 참여했다. 이 책은 미래에 관한 것이어서 더 중요하다. 미국의 대아시아 관여 정책이 앞으로도 계속되기를 바라는 마음에서 과거 이야기로 서문을 시작했다. 또 이 책은 우리 앞에 펼쳐진 매우 복잡한 정세 속에 아시아 정책을 지속하려는 미국이 무엇을 해야 하는지에 대해 말하고 있다. 이 책의 일부는 역사적 설명이고, 일부는 여행기이다. 매우 진지한 이야기뿐만 아니라 재미있는 일화도 담고 있다. 한편으로 과거에 대한 회고이기도 하고, 다른 한편으로는 미래 전망적인 분석이기도 하다. 이 책은 미국이 국제사회에 내놓은 놀라운 전략인 아시아 피벗 정책 이면의 전략적인 선택과 숨겨진 내막에 관한 것이다.

서문: 면접 ⊕ 021

서론

　중동과 남아시아에서 벌어지는 암울한 정치적 격변이나, 테러와의 전쟁에서 벌어지는 드론 공격과는 전혀 다른 조용한 드라마가 미국 외교 정책에서 펼쳐지고 있다. 지금 미국은 매우 중요하고 장기적인 국가 프로젝트를 수행하고 있다. 빠져나오기 힘든 중동의 도전에도 불구하고 새롭게 떠오르는 아시아로 외교 정책의 방향을 돌리는 시도를 하고 있다. 미국이 아태지역 국가들과 함께 국내의 부흥과 혁신을 주도하고, 세계에서 가장 역동적인 이 지역의 평화를 지키는 것이 이 대담한 정책의 핵심이다. 중동이 '불안정의 지대arc of instability'라면, 일본·중국·동남아·인도로 뻗어 있는 아태지역은 '상승의 지대arc of ascendancy' 혹은 '아시아의 미래'라고 할 수 있다.[1] 미국의 정책은 21세기 역사 상당 부분이 아태지역에서 쓰일 것이라는, 부정할 수 없는 미래 흐름에 주의를 기울여야 한다.

　9·11 테러 이후 중동을 살짝 돌아오기는 했지만 미국이 더 많은 관심과 자원을 이 역동적인 지역에 투입하면서 아시아 세기Asian Century는 상황이 변하기 시작했다. 21세기 전략적 현실을 깊이 깨달은 미국은 미 외교의 "피벗Pivot"(혹은 많은 사람들이 "재균형rebalancing")이라고 부르는 것을 택했다. 피벗은 미국의 외교 정책이 부상하는 아시아에 관여하는 쪽으로 향하는 것을 의미한다. 그것은 매우 섬세하고 까다로운 작업이다. 앞으로는 아태지역

이 전 세계의 권력과 경제 활동을 결정할 것이다. 아태지역은 미국의 리더십을 환영할 것이고, 미국이 아태지역에 정치적·경제적 그리고 군사적으로 더 관여한다면 이는 분명히 미국에도 이익이 될 것이다. 피벗 정책은 이런 가정들에 기반하고 있다. 전 주미 호주 대사인 킴 비즐리Kim Beazley가 말한 것처럼, "아시아는 미국에게 희망의 땅이다. 아시아는 다른 어느 지역보다 미국에 대해 고마워한다." 피벗은 국가의 여러 전략적 도구들을 활용한다. 군사적 측면은 특히 눈에 잘 띄기 때문에 피벗의 군사 분야 투자가 과도한 관심을 받았다. 조금 늦은 감이 있지만 외교적 노력과 경제적 관여 역시 군사적 투자만큼이나 피벗을 구성하는 매우 중요한 요소이다.

이 책은 큰 소득도 없이 힘들었던 갈등의 시기에 이루어진 미국의 외교, 경제적 관여 그리고 군사적 혁신에 관한 필수 수정 사항을 담고 있다. 오바마 행정부가 이전 행정부들에 비해 상대적으로 아태지역에 좀 더 관심을 두기는 했지만, 아직 해야 할 일들이 훨씬 많이 남아 있다. 오바마 2기 행정부는 대이란 외교, 시리아에서 일어난 비극, 아프가니스탄에서 지속되는 군사 작전에 정부 내 가장 귀한 자원인 최고 정책 결정자의 시간과 관심을 소모했다. 물론 중동 정책에 관한 토론은 필요하다. 그러나 엄청나게 요란한 격론 속에 미국의 국가 이익에 관한 보다 균형 잡힌 합리적 주장이 묵살되었다. 이 합리적 주장은 이길 수 없는 전쟁과 고마움을 모르는 상대방에 매몰되지 말고 미국에 이익을 가져다줄 수 있는 세계에서 가장 역동적인 지역의 활력을 이용하자는 것이다. 미국은 전 세계 문제에 손을 대고 있는 강대국이지만 아태지역에서 미국의 역할은 이 지역의 중요성에 비추어 크게 못 미치는 경우가 많았다. 이 지역에 대한 미국의 전략과 관여도 매우 부족했다.

미국의 앞날이 아시아의 미래와 밀접하게 연관되어 있다는 사실은 아시아 강대국들의 예견된 부상, 아시아 경제의 놀라운 성장, 걱정스러운 민족주의 갈등을 고려할 때 크게 놀랍지 않다. 어쩌면 당연해 보일지 모르겠다. 그러나 미래에 아시아 지역이 미국에 제기할 기회와 도전을 실제로 느끼고 있는 곳은 많지 않다. 백악관의 상황실, 국무부, 국방부, 기업의 이사회실, 대부분의 교실과 대학 강의실도 예외는 아니다. 미국과 같은 강대국이 자국의 미래에 중대한 영향을 미칠 지역에서 멀찌감치 떨어져 다른 곳으로 우회하고 있는 것은 매우 드문 일이다.

이 책은 바로 그러한 미래에 대해, 미국이 현재 지평선 위로 떠오르는 아시아라는 파도에 올라타 이를 활용할 전략을 어떻게 수립해야 되는지에 대해 이야기한다. 지난 25년 동안 군사, 외교, 학계, 싱크탱크에서 일했던 내 개인적인 경험과 일화들도 함께 녹아 있다. 이런 회고는 단순히 과거의 일을 말하려는 것이 아니라 앞으로 나아갈 길을 밝혀줄 의도로 포함되었다. 이 책의 가장 중요한 목적은 앞으로 아태지역에서 미국의 국가 전략을 위해 노련함, 능숙함, 창의성이 필요하다는 분명하고 강력한 메시지를 전달하는 것이다.

냉전 종식 이후 민주당 정부와 공화당 정부 모두 아태지역에서 미국의 전략과 존재를 지속적으로 향상시키려고 노력해왔다. 21세기에 아시아의 중요성이 커질 것이라는 피할 수 없는 현실 때문에 어쩔 수 없는 일이었다. 클린턴 행정부 동안 조지프 나이는 미일 관계를 회복하기 위해 상당한 노력을 기울였다. 부시 행정부 시절 전 주인도 미국 대사인 로버트 블랙윌Robert Blackwill은 더 심화되고 안정적인 미국-인도 관계의 초석을 놓았다. 리처드 아미티지Richard Armitage는 아시아 동맹국들과 관계를 강화하는 데 큰 역할을 했으며 위기 대응 계획을 현대화했다. 게리 러프헤드Gary Roughead는 해군 참모총장 재직 때 실용적 혁신을 통해 향후 아시아 지역에서 미 해군의 주둔 및 작전에 닥쳐올 어려움을 미리 파악했다. 국무부의 로버트 졸릭Robert Zoellick은 '책임 있는 이해 당사국responsible stakeholder' 개념을 통해 어떻게 중국이 국제사회에 보다 건설적으로 참여해야 하는지를 명확히 제시했다. NSC의 마이클 그린Michael Green은 일본과 중국에 대한 동시 관여 전략을 추진했다. 9·11 테러 이후 행정부, 산하 기관을 막론하고 미국 외교 정책은 중동과 남아시아 테러리즘, 불안정을 놓고 아시아 국가들과 협력하는 정책을 추진했다. NSC의 스티브 해들리 Steve Hadley와 콘돌리자 라이스Condoleezza Rice는 중동과 남아시아 지역에서 미국이 벌이는 군사 작전과 시민 사회 건설에 대한 아시아의 '역외' 지원을 최우선 과제로 삼았다. 하지만 이런 노력들은 개별적으로나 전체적으로 워싱턴의 가장 중요한 권력 기관들로부터 충분한 관심과 지원을 받지 못했다.

피벗 정책은 과거 이루어진 혁신적 정책들에 기반하여 점진적인 방법으로 추진된다. 그러나 동시에 미국 외교 정책에서 아시아가 차지하는 위상을 대폭 끌어올리려 한다. 버락 오바마 대통령은 아시아 세기에 미국이 더 중심적인 역할을 해야 한다는 신념을 가지고 있었다. 그는, "우리가 피벗을 추진하는 이유는 이라크와 아프가니스탄의 상황과 테러 문제에 초점을 두었던 지난 10년간 미국의 정책에 대한 평가 때문입니다. [지난 10년간 정책의] 결과로 우리는 지구상의 다른 어느 지역보다 빠르게 성장하고 발전하는 아시아에서 충분한 존재감을 보여주지 못했습니다"라고 말했다.[2] 한때는 정치적 경쟁자였지만 제67대 국무장관이 된 힐러리 클린턴도 이런 비전을 공유했다. 클린턴 장관은 지구에서 가장 역동적인 아시아 지역에서 미국의 힘과 위신을 높이는 전략을 수립하는 것이 자신의 책임이라고 생각했다. 이를 수행하기 위해 근본적인 전략의 전환을 계획하고 추진할 팀을 정부 내에 만들어야 했다. 소수의 믿을 수 있는 친구들과 비슷한 생각을 가진 공직자들을 불러 모았다. 아시아에 관한 지식의 원천인 백악관의 요다 Yoda(다재다능하고 현명한 사람을 의미한다_옮긴이 주) 제프 베이더, 국무부 정책 기획 분야의 신동인 제이크 설리번Jake Sullivan, 이 시대 가장 뛰어난 전략가 중 한 명인 제임스 스타인버그, 랜드 연구소Rand Corporation의 존경받는 중국 전문가인 에번 메데이로스Evan Medeiros, 노련한 외교관인 대니얼 러셀Daniel Russel 그리고 내가 이 팀에 합류했다. 니라브 파텔Nirav Patel, 짐 로이Jim Loi 그리고 동아시아국East Asian Bureau의 많은 헌신적인 외교관들이 우리 팀에 모든 도움을 아끼지 않았다. 이 정책적 전환에 다른 관계 부처들의 도움도 컸다. 유능한 국방부 정책 담당 차관 미셸 플로노이Michèle Flournoy, 오바마 대통령의 메시지 전문가인 벤 로즈Ben Rhodes, 그리고 백악관과 국방부에서 공을 세우고 주한 미국 대사가 된 마크 리퍼트Mark Lippert 등이 우리를 도와주었다. 몇몇 고위 군 관료들도 도움을 주었는데 해군 참모총장 게리 러프헤드, 해리 해리스Harry Harris, 팻 월시Pat Walsh 제독 그리고 나의 오랜 친구인 해병 장군 칩 그렉슨Chip Gregson이 그들이다. 오바마 대통령의 국가안보보좌관인 토머스 도닐런Thomas Donilon은 우리 활동을 위해 정책 결정 최상층에서 도움을 주었다.

강대국으로서 미국은 세계의 모든 지역에 걸쳐 책임을 갖고 있다. 이러한 책임은 앞으로도 줄어들 것 같지 않다. 우리 팀은 일을 시작하면서 한 가지 공통된 인식을 가지고 있었다. 아태지역이 그 중요성에 상응하는 정책적 관심을 받고 있지 못하다는 것이었다. 따라서 미국이 이 지역에 성공적으로 다가가기 위해선 무역과 영토 문제부터 테러리즘, 기후변화에 이르기까지 광범한 주제에 걸쳐 관여와 협력을 확대하는 것이 매우 중요했다. 이 정책이 실패한다면 중국과의 신新군비 경쟁, 지역 갈등, 전략적 경쟁, 글로벌 거버넌스의 붕괴 그리고 심지어 전쟁까지 불러올 수 있었다.[3] 여전히 이 지역에 걸린 전략적 이해관계는 크고, 또 날이 갈수록 증가하고 있다.

아태지역은 부정할 수도, 피할 수도 없는 흡인력을 행사하고 있으며 엄청난 이해관계와 기회를 가지고 있다. 따라서 이 지역에 관심을 쏟지 않을 수 없다. 전 세계 인구의 절반 이상이 아태지역에 거주하고 있으며, 세계에서 가장 큰 민주주의 국가(인도), 세계 2위와 3위의 경제 대국(중국과 일본), 무슬림 인구가 주를 이루는 국가 중 가장 큰 국가(인도네시아)가 아태지역에 위치해 있다. 또한 세계 10대 군사 대국 중 7개국이 아시아에 있다. 아시아개발은행Asian Development Bank(ADB)은 21세기 중반 이전에 아태지역이 전 세계 경제 생산의 절반을 차지할 것이고, 세계 10대 경제 대국 중 4개국(중국, 인도, 인도네시아, 일본)이 여기서 나올 것으로 전망했다.[4]

이 지역을 중요하게 만드는 것은 단지 엄청난 규모뿐만이 아니다. 아시아의 진화가 보여준 궤적 역시 중요하다. 프리덤하우스Freedom House에 따르면, 지난 수년간 정치적 권리와 시민적 자유에서 꾸준한 발전을 기록한 것은 아시아 지역이 유일하다. 신흥 시장들이 빠른 경제 성장을 유지할 수 있을 것인가에 대한 의문이 제기되고 있는 것은 사실이지만 침체되고 불확실한 세계 경제 속에서 아시아 국가들은 여전히 발전 가능성이 높고 전도유망하다. 동시에 아시아는 만성적인 불안들도 함께 안고 있다. 북한의 극단적 도발 행위들, 과거 역사에 대한 분노와 미래에 대한 예언으로 무장한 경쟁적인 민족주의, 아시아 전역에 걸친 군비 증강, 동중국해와 남중국해에서 벌어지는 골치 아픈 해양 분쟁, 그리고 자연재해, 인신매매, 마약 밀매와 같은 비전통적 안보 위협들이 아시아에 도사리고 있다.

미국은 아시아 지역에 대해 확실한 이해관계를 가지고 있으며, 향후 수년, 수십 년 동안 가야 할 길이 있다. 미국 통계국Census Bureau에 따르면, 아시아는 유럽을 50% 차이로 따돌리고 미국의 제1의 수출 시장 자리를 차지하고 있다. 미국의 대아시아 직접투자와 아시아의 대미 직접투자는 지난 10년간 약 두 배로 늘어났다. 미국에 대한 직접투자가 가장 빠르게 증가하는 10개국 중에서 중국, 인도, 싱가포르, 한국 등 아시아 네 국가가 포함된다.[5] 미국은 또한 아시아의 다섯 국가들(호주, 일본, 필리핀, 한국, 태국)과 동맹을 맺고 있다. 그리고 브루나이, 인도, 인도네시아, 말레이시아, 뉴질랜드, 싱가포르, 대만과는 전략적으로 중요한 협력 관계에 있으며 미얀마와 관계도 발전을 거듭하고 있다. 일본과 한국에 위치한 미국 군사 기지는 미국이 아시아와 그 너머로 힘을 투사하는 데 매우 중요하다. 이처럼 아시아가 미국 안보 문제에서 중심적 위치에 있음에도 9·11 테러 이후 전략적 논의에서 아시아는 간과되었다.

아시아는 21세기 미국의 모든 정책적 목표를 달성하는 데 있어 중요하다. 기후변화를 막을 수 있는 길이 아시아에 있다. 아시아는 이미 다른 어떤 지역보다 더 많은 탄소를 배출하고 있다. 핵 확산 방지에도 아시아 핵 보유국들의 협력이 절실하다. 이 국가들 중 몇몇은 핵 확산의 주범들이다. 급진적 이슬람과 경쟁할 때 인도네시아 같은 온건하고 현대적인 무슬림 민주주의 국가들의 모범적 사례는 중세적 이슬람 전통에 의지하는 이라크와 시리아의 급진주의자들을 반박하는 데 매우 유용하다. 인권을 무시하는 국가들이나 핵무기를 개발하려는 국가들을 고립시키는 데 있어 아시아 국가들의 경제 제재 동참과 외교적 압박이 매우 중요하다. 21세기를 규정지을 경제적 원칙들에 관한 판가름은 아시아에서 날 것이다. 세계 4대 경제 대국 중 세 국가가 아시아에 있고 이들 간의 경제적 상호 의존이 점차 증가하고 있기 때문이다. 세계의 운명을 결정지을 많은 문제들 중심에 아시아가 있다.

아시아는 미국의 더 많은 역할을 지지하고 때로 요구하는 지역이라는 사실도 무시해선 안 된다. 퓨 리서치 센터Pew Research Center가 수행한 2015년 여론조사에 따르면, 필리핀의 92%, 한국의 84%, 베트남의 78%, 인도의 70%, 일본의 68% 국민들이 미국에 호의적이다.[6] 심지어 중국에서도 미국에 대한 호의적 의견이 2007년 34%에서 2014년 44%로 증가했다. 아시아 지역은 미국의 리더십을 기대하고 있으며 미국의 존재를 환영하고 있다. 또한 아시아는 미국이 투자한 시간, 관심, 자원에 긍정적인 보상을 해주고 있다. 미국의 역할이 축소되기를 바라거나 이를 소리 높여 주장하는 여느 지역들과 달리 아시아는 모든 영역에서 미국의 더 큰 역할을 주문하고 있다.

분명히 미국의 이익은 아시아의 경제적, 안보적, 정치적 상황과 뗄 수 없는 관계에 있다. 따라서 미국은 아시아에 대한 관여를 확장하고 심화해야 한다.[7] 이런 목표 달성을 위해 더 많은 노력이 필요하고 외교, 경제, 개발 협력, 인적 교류, 안보 분야에서 아시아에 대한 포괄적이고 광범위한 새로운 구상이 필요하다는 이상이 오바마 행정부 초기에 있었다. 피벗 정책은 갈등에 찬 국가 관계, 변화하는 힘의 역학 관계, 과거 기억과 민족주의에 뿌리내린 역사적 갈등을 피하면서 아시아의 잠재력을 포착하고 지켜내려는 의도였다. 이 정책이 성공을 거둔다면 미국은 아시아의 평화를 유지하고 이익을 실현할 수 있을 것이다. 이는 궁극적으로 미국인과 아시아인 모두에게 이득을 가져올 것이다.

이 책의 핵심 주장은 두 가지다. 첫째, 아시아는 미국의 대외 정책 수립 및 실행에서 더 중심적인 위치를 차지해야 한다. 항상 그런 것은 아니지만 아시아는 더 긴급한 글로벌 혹은 지역적 관심사에 자주 밀려왔다. 냉전 시기에는 유럽에 비해, 테러와의 전쟁 시기에는 중동에 비해 부차적인 역할을 해왔다. 이제 그러한 글로벌 우선순위에 대해 재고하고 미국의 정책에서 아시아의 위치를 격상시킬 때다. 둘째, 미국은 포괄적이고 유연한 전략을 아시아에서 추구해야 하고, 이는 최고 정책 결정자의 관심과 충분한 자원으로 뒷받침되어야 한다. 미국의 목표는 제2차 세계대전 이후 아시아에서 미국의 전통적 역할, 즉 동맹국에 대한 약속을 지키고, 아시아의 '운영체제'(지난 40년간 번영과 안보를 유지해온 복잡한 법적, 안보적, 실질적 제도)를 유지하는 것이다. 이러한 전략을 위해 미국의 아시아 정책을 지배해왔던 '중국 우선주의China first' 혹은 'G-2' 접근에서 벗어나야 한다. 대신 중국을 더 큰 지역적 구도에 포함시켜야 한다. 그렇게 할 때 중국을 포함한 지역의 다른 국가들과 미국의 관계를 발전시킬 수 있다. 전통적 동맹의 강화, 새로운 파트너십 구축, 지역기구 참여, 군사력 다각화, 민주적 가치 수호, 국가 전략의 경제적 측면에 대한 포용, 그리고 점점 더 공격적으로 자기주장을 강화하는 중국에 대한 다면적이고 포괄적인 접근법 개발 등이 미국이 필요로 하는 통합적인 아시아 전략의 중요한 요소들이다. 이 책에서는 이런 요소들에 대해 언급할 것이다.

이 책은 서문 및 서론과 여덟 개의 장으로 나뉜다. 서문에서는 내가 어떻게 힐러리 클린턴 국무장관 밑에서 오바마 행정부 제1기 내각의 국무부 동아태 담당 차관보로 일하게 되었는지에 대한 일화를 소개한다. 서론에서는 이 책의 구성과 주요 주장들에 대해 논의하고, 피벗을 소개한다.

제1장은 피벗의 정의와 그 기원에 대해 논의하고, 피벗의 성공 사례들을 보여준다. 그런 다음 피벗에 대해 제기되는 주요 비판들을 다룬다. 피벗이 단순히 과거 정책의 연속이라는 비판, 다른 지역에 대한 미국의 약속을 등한시한다는 비판, 중국을 자극할 것이라는 비판, 피벗 실행을 위한 자원과 후속 조치 부족에 대한 비판 등에 대해 반박한다. 또한 용어 사용의 문제, 즉 어떤 사람은 피벗이라 부르고 또 다른 사람은 재균형이라고 부르는 문제를 살펴본다.

제2장은 피벗이 전개되고 있는 무대에 대한 서술이다. 일본의 대도시, 중국의 공장들과 인도의 기술 단지들에 나타나고 있는 아시아의 부상에 관련된 이익과 다양한 측면들을 검토한다. 아시아가 직면한 도전에 대해서도 논의한다. 예를 들면 위생과 보건, 사회간접자본은 물론 해운, 국방, 기술, 영화 그리고 심지어 미술까지 포괄한 몇몇 경제 영역에서 아시아가 중심이 되면서 나타나는 다양한 도전들이 있다.

제3장에서는 미국이 아시아에 관여한 역사를 추적하면서 피벗의 선례들

을 다룬다. 초기 식민지 시대부터 매슈 C. 페리Matthew C. Perry 제독의 '흑선'에 의한 일본의 개항을 거쳐 최근 남중국해의 분쟁 수역에서 미국이 직면한 항행의 자유freedom of navigation에 대한 도전들까지 살펴본다. 이러한 논의를 통해 미국의 아시아 관여에서 나타나는 여덟 가지 장기적 추세를 언급한다. 그것은 바로 거리의 횡포tyranny of distance, 오해의 위험성, 상업 추구, 신앙의 중요성, 갈등의 비용, 부차적인 무대, 인력 부족, 민주주의 확산이다. 또한 이 장은 미국이 글로벌 전략을 짜면서 늘 아시아를 부차적인 지위에 놓는 문제에 대해 살펴본다. 마지막으로 미국은 아시아에 여러 세대 동안 지속적으로 관여해왔는데, 그 역사 내내 아시아의 복잡 미묘한 지역적 동학을 파악하는 데 실패했다. 이런 미국 내 경향에 대해서도 언급한다.

제4장은 아시아와의 오랜 관계 속에 드러난 미국의 대아시아 전략의 주요 특징들에 초점을 두고 지속되는 흐름과 단절의 시기 그리고 반복되는 경향을 설명한다. 미국의 아시아 전략에 나타나는 일관된 특징은 외교적, 경제적, 군사적 수단을 통해 아시아에서 지배적 패권이 등장하는 것을 방지하고 아시아를 안전한 지역으로 만드는 것이었다. 이를 통해 무역을 촉진하고 신앙을 옹호하며, 민주주의를 지원하는 동시에 영토 안보와 같은 미국의 목표를 추구해왔다. 제4장에서는 아시아에서의 패권 국가 등장을 방지하는 것을 넘어 아시아 운영체제를 강화해야 한다고 주장한다. 그렇게 해야 아시아 국가들이 번영을 유지하고 초국가적 문제들에 대한 협력을 증진시키는 21세기의 원칙들을 수용할 것이다. 마지막으로 지금까지 미국이 전략적으로 아시아와 교류해왔던 더 크고 오래된 유산과 전통 속에서 현재 실행되는 아시아 피벗 정책의 자리를 찾아볼 것이다.

제5장은 아시아가 지난 수십 년간의 급성장과 점증하는 긴장 끝에 어떻게 현재와 같은 불확실성, 유동성, 전환의 중차대한 시기를 맞이하고 있는

지 살펴본다. 지금 이 시기가 아시아의 미래를 결정할 것이다. 또 지금이 바로 아시아가 미국의 확고한 행동과 존재감을 필요로 하는 시기이다. 아시아는 패권과 지역 세력 균형의 갈등 속에 있다. 아시아 운영체제는 21세기 원칙과 19세기 원칙의 갈림길에 놓여 있다. 아시아의 기존 강대국과 부상하는 세력들은 지역의 이해 당사자가 될 것인지 아니면 방해꾼이 될 것인지 선택의 기로에 서 있다. 아시아 국가의 군대는 갈등과 평화적 공존 사이에서 표류하고 있다. 체제 전환기에 있는 아시아 국가들은 민주주의를 수용할 것인지 아니면 권위주의와 정치적 억압으로 퇴보할 것인지 결정을 내려야 하는 갈림길에 서 있다. 아시아의 경제 구조와 무역은 높은 수준의 경제 통합과 온건한 보호주의 사이에서 망설이고 있다. 아시아는 결국 이런 아주 대조적인 선택들 사이 어디쯤에 위치할 것이다. 아시아 피벗 정책이 해야 할 바는 아시아 세기를 아시아의 평화, 번영 그리고 미국의 이익에 유리한 방향으로 나가도록 만드는 것이다.

제6장은 몇몇 세부적인 정책 처방으로 구성된 향후 청사진을 제시한다. 이 장은 호주·일본·한국 같은 동맹국들과 유대 강화, 인도·베트남 같은 새로운 파트너들과 관계 구축, 단호하지만 협력의 손을 내미는 섬세한 대중국 정책 개발 등 다양한 분야의 아시아 정책을 담고 있다. 또한 이 장에서는 경제 문제의 중요성, 아시아에서 강력한 군사력 배치 필요성, 새로 등장하는 국제 제도의 중요한 역할, 일관성 있는 외교의 중요성, 그리고 어떻게 유럽 국가들을 미국의 대아시아 정책 추진에 동참시킬 것인가 등의 전략을 담고 있다.

제7장에서는 다면적인 아시아 전략을 실행할 때 부딪힐 수 있는 실질적 문제들을 들여다본다. 미국 국내 문제가 잠재적 장애물이다. 미국 정치의 당파성, 줄어드는 국방 예산, 10년 이상 전쟁으로 쌓인 국민들의 환멸과 피로감, 장기 계획 수립의 어려움, 아시아 이슈들에 대처할 인적 자원의 부족

등이 그 예들이다. 이런 국내적 장애물들에 더해 두 가지 국제적 문제가 있다. 중동에서 계속되고 있는 위기와 러시아 및 동유럽에서 나타나는 새로운 위협이 미국의 관심을 아시아로부터 멀어지게 할 수 있다.

제8장은 근대 외교, 아시아 관여뿐만 아니라 피벗 정책의 이행 과정에서 있었던 몇 가지 개인적 관찰에 관한 장으로, 아마도 미래의 외교관이 될 새로운 세대들에게 외교가 나아가야 할 길을 알려줄 수 있을 것 같다. 아시아 전반에 걸친 나의 독특하고 폭넓은 경험에 바탕을 둔 이 장에서 나는 다년간 외교를 하며 겪은 수십 차례의 외교적 위기, 수백 번의 아시아 국가 수도首都 방문, 수천 번의 외교적 회의에서 얻은 바를 통해 근대 외교에 관한 핵심적인 진실과 통찰을 만들어내려고 했다.

마지막으로 결론 부분에서는 이전 장들의 주요 통찰과 처방들 가운데 몇 가지를 자세히 설명한다. 그리고 21세기 미국의 국익을 위한 정책 형성과 실행에 있어 아시아가 갖는 중요성을 주장한다.

01

피벗의 정의 :
기원, 성공 사례, 주요 비판

2011년 10월 〈포린 폴리시*Foreign Policy*〉에 게재된 힐러리 클린턴의 기고문은 "이라크에서 전쟁이 막바지에 이르고 아프가니스탄에서 미군이 철수함에 따라 미국은 전환점pivot point에 서 있다"라는 문장으로 시작한다.[1] 미 행정부의 아시아 정책은 이 간단한 어구에서 이름을 얻었다. 후일 클린턴 장관은 회고록 《힘든 선택들*Hard Choices*》에서 "행정부가 아시아에 대해 다시 강조하면서 언론인들이 이 정책을 묘사할 한 단어로 [피벗]에 주목했다"고 했다.[2] 전체 5천5백자짜리 기고문에서 딱 세 번 언급된 이 단어가 갑자기 미국 정책에 없어서는 안 되는 부분이 되었다.

근대 외교 정책 용어 가운데 피벗만큼이나 다양한 반응을 이끌어낸 단어는 없다. 오바마 대통령은 이 용어를 좋아했고 계속 사용했다. 반면 다른 사람들은 이 단어에 대해 매우 비판적이었다. 그들은 아시아 쪽으로 방향을 좀 더 돌리는 미국의 외교 정책을 부를 때 '재균형rebalancing'이란 용어를 더 선호했다.[3] 피벗에 대한 반응을 측정하는 것은 마치 로르샤흐 테스트 결과를 평가하는 것과 유사하다.[4] 어떤 사람들은 피벗 정책을 거의 한 세대 동안 엄청난 비용을 치른 전쟁과 혼란에서 벗어나 이제 막 부상하는 지역으로 방향을 재설정하려는, 미국의 오랫동안 미뤄진 국가적 목표라고 보았다. 또 다른 사람들은 이 정책이 전혀 새로울 게 없다고 했다. 이들은 미국의 피벗 정책이 아시아 지역에서 미국이 오랫동안 해왔던 중요한 역할을 계속하는 정책이라고 보았다. 몇몇 목소리 큰 사람들은 이 정책이 중국을 도발할 것이라 생각했고, 또 어떤 사람들은 피벗 정책이 유럽과 중동에서 미국의 책임을 방기하는 것이라고 했다. 이 장은 자주 오해를 불러일으키는 혼란스러운 피벗 정책을 둘러싼 중요한 질문들과 비판에 대해 살펴본다. 여기서 피벗 정책의 기원과 역사를 설명하고, 피벗 정책의 주요 이니셔티브를 파악하며, 어떤 점에서 성공적인지도 볼 것이고 몇몇 주요 비판에 대해서도 답할 것이다. 그럼 아주 간단한 질문으로부터 시작해보자.

이름이 뭐 그리 중요한가?

〈포린 폴리시〉 기고문에서 클린턴 장관은 미국의 외교 정책 방향을 부상하는 동쪽의 아시아로 재설정하는 전략에 대해 설명했다. 클린턴 장관은 "향후 10년간 미국 국가 전략의 가장 중요한 임무 중 하나는 아태지역에 더 많은 외교, 경제, 전략 그리고 다른 차원의 투자를 하는 것이다"라고 선언했다.[5] 이를 효과적으로 하기 위해서는 몇 가지 정책이 필요하다. 먼저 호주, 일본 같은 동맹국들과의 관계를 강화해야 한다. 또한 인도, 베트남 같은 새로운 동반자들과 함께해야 한다. 국가 전략을 위한 군사적·경제적 수단들을 강화하고, 다자 제도들에 참여해야 하며, 민주주의적 가치를 꾸준히 유지해야 한다. 이와 동시에 집중적으로 중국에 관여하면서 부상하는 중국의 미래 경로를 올바르게 만드는 노력을 해야 한다. 미국의 글로벌 전략에 좀 더 균형이 필요하다는 점을 주장해온 토머스 도닐런 등을 비롯한 백악관 주요 인사들이 이런 전략을 이미 실행하고 있었지만 아직 이 정책에 이름이 부여되지는 않았다. 국무장관과 국무부 핵심 참모들 사이에서 벌어진 집중적인 논의의 결과로 피벗 정책을 설명하는 이 기념비적 기고문이 완성되었다. 국무부 참모들은 아시아 전역의 뛰어난 전략가들과 미국의 아시아 전문가들 사이에 수년 동안 조용히 진행된 논의 결과에 대해 충분히 인지하고 있었다. 한때 아시아에서 늘 준비되어 있던 굳건한 미국이 다른 지역 문제에 깊이 빠져드는 바람에 알게 모르게 아시아에 대한 영향력이 약해지고 있었다. 이런 사실을 미국은 간과하지 못했고, 그 결과 미국이 세계의 흐름에 뒤처졌다는 인식이 지역 전반에 널리 퍼져 있었다. 아시아의 미래 중요성을 감안할 때 새로운 접근법이 필요하다는 우리의 집단적 믿음은 이런 우려 때문에 강화되었다.

이런 주장을 담은 기고문이 나왔을 때 사람들의 반응은 놀라웠다. 어떤 정책적 전환은 팡파르와 함께 발표되고 나면 순식간에 관심 밖의 일이 되어 정책 입안자들을 실망시킨다. 정부가 내놓는 정책이 큰 관심과 진지한 의문을 이끌어내는 일은 많지 않다. 새로운 정책이 이름을 얻는 경우는 더더욱 드물다. 이런 일이 벌어지면 그 정책을 입안한 사람들은 정책의 이름에 숨은 함의와 의도치 않은 결과들에 대응하기 위해 허둥지둥할 수밖에 없다. 피벗이 미국의 대아시아 정책이 되면서 이 단어가 미국의 중동 정책과 미-유럽 관계 지속에 어떤 의미인지, 어떤 함의를 가지는지에 대한 질문이 제기되었다. 더 큰 글로벌 차원에서 미국의 책임이라는 틀에 피벗 정책을 끼워 넣음으로써 이런 우려는 해소되었다. 사실 피벗 정책의 동력과 함의에 대한 논쟁은 처음 정책을 도입한 후 해당 정책을 충분히 설명하지 않았고 대국민 홍보도 부족했던 탓이다. 이 설명과 홍보 부족에 대한 책임은 내가 져야 할 것 같지만 불행히도 외교에서 '재실행'은 불가능하다.

몇몇 사람들이 피벗이란 용어에 문제 제기를 하지만 아시아 지역에 관심을 환기시킨다는 것에 대해서는 긍정적인 반응이 많았다. BBC의 킴 가타스Kim Ghattas는 "크게 주목받지는 못했지만 오바마 행정부의 아시아 정책이 영리하고 성공적이라는 데 대체로 공감하는 듯하다"라고 했다.[6] 마찬가지로 〈워싱턴 포스트Washington Post〉의 한 논설은 피벗 정책을 환영하면서 이 정책을 통해 미국이 "단순한 힘의 과시에서 탈피할 수 있을 것"이고 "현대적 초강대국으로 부상하는 복잡다단한 중국에 대응할 수 있는 다층적 접근법"을 제대로 발전시킬 것이라는 '희망'을 피력했다.[7] 미국 외교협회 회장인 리처드 하스Richard Haass는 "아시아에 더 많은 관심을 쏟겠다는 오바마 정부의 주장이 널리 받아들여지고 있는데, 이 방향이 맞다"고 하면서 외교 정책을 다룬 TV 인터뷰에서 "피벗은 오바마 대통령의 최고 아이디어"라고 했다.[8] 나아가 피벗 정책의 특정 측면에 대해 비판적인 사람들도 "이 정책을 기본적으로 옳은 것"으로 보고 있다.[9] 아시아는 오랫동안 푸대접을 받아왔고, 이제 새로운 전략으로 이 문제를 해결해야 할 때였다. 물론 중동과 남아시아에서 계속되는 갈등 때문에 쉬운 일은 아니었지만 피벗 전략을 제대로 추진하면 다가오는 아시아 세기에 미국의 성장, 번영 그리고 안보를 담보할 수 있을 것이다.

피벗의 실행

피벗 정책은 미국의 관심과 자원을 근본적으로 아시아 쪽으로 돌리는 긴 여정의 첫 발걸음이다. 아직 할 일이 많지만 상당 부분 성취된 것도 있다. 피벗 정책은 의심할 여지 없이 미국 외교 정책에 큰 영향을 미쳤고, 아시아에도 지속적으로 영향을 주었다. 피벗 정책은 아시아 동맹국들에 미국의 존재를 확인시켜주었다. 앞으로도 계속해서 미국이 아시아에 관여할 것이라는 명확한 메시지를 중국에 보냈다. 이런 점에서 피벗은 외교, 군사, 경제적 정책과 행동이 하나로 통합된 것이다. 이런 통합적인 접근이 아시아에 대한 미국의 관여를 더욱 신뢰할 만한 것으로 만들었다. 또한 피벗은 정책 실행자들과 관찰자들이 정책 결과를 판단하는 성과 측정 기준을 수립하는 데 큰 도움이 되었다.

외교 분야에서 미국은 최근 몇 년 동안 아시아 전역에 다양한 정책을 펼치며 아시아 동맹국들과 외교 채널을 강화하고 다양화하려는 노력을 경주해왔다. 미국 외교사를 통틀어 오바마 정부는 어느 정부보다 강력하게 동남아 다자 기구와 협력을 강화했다. 미국은 동남아시아국가연합Association of Southeast Asian Nations(ASEAN·아세안) 우호협력조약Treaty of Amity and Cooperation(TAC)에 서명하고, 동아시아정상회의East Asia Summit(EAS)에 가입했으며, 아세안안보포럼ASEAN Regional Forum(ARF)에 미국의 고위 관료를 참석시켰다. 나아가 ARF를 단순한 토크숍talkshop 혹은 아시아 춤을 추며, 바틱 셔츠를 입고 서명만 하는 포럼에서 지역의 도전과 갈등을 논하는 역동적인 포럼으로 발전시키려고 노력했다.[10] 피벗 정책은 글로벌 차원의 규칙과 보편적 가치를 따르는 중국과 강력하고 튼튼한 건설적 관계를 발전시켰다. 또한 대만 해협의 평화와 안정을 유지하는 동시에 대만과 비공식적인 정치-안보 관계를 복원했다. 수십 년간 전략적 방임에 놓여 있던 미국과 뉴질랜드의 우호 및 안보 협력 관계도 복원되었다. 미얀마와 관계도 회복했다. 미얀마를 고립시켜 미얀마와 중국의 관계를 가깝게 만든 부시 행정부 정책을 버리고 군부와 대화를 통해 정치적 개혁을 하도록 설득했다. 전반적으로 미국의 정책은 매우 단순한 목적을 추구했다. 인도에서 베트남, 그리고 말레이시아에서 몽골까지 거의 모든 아시아 국가와 양자 관계를 강화하고, 미국을 점차 확대되는 아시아 지역 협력 기구의 일원으로 만드는 것이 목적이었다. 나아가 유럽에서 한 것처럼 공식적이고 꾸준히 지속되는 외교적 과정과 회의들을 아시아에도 정착시키기 위해 의도적으로 노력했다. 미국의 전통은 공식적인 제도에 스스로를 속박시키지 않는 것이다. 그러나 아시아에는 미국이 참여하는 공식 외교 경로가 없다는 것이 오히려 미국의 약점이었다. 지역 국가들 역시 그런 채널의 결여를 미국의 한계로 인식하고 있었다.

피벗 정책의 몇몇 핵심 요소들은 이런 큰 전략이 아니라 전례 없던 위기에 처했을 때 미국이 취한 행동에서 기인한다. 아시아의 위기와 재난에 대한 미국의 민첩하고 유연한 대응은 미국의 대아시아 관여 정책의 상징이 되었다. 북한의 심각한 도발이 있던 시기, 미국은 외교적 지원과 북한에 대한 군사적 경고를 통해 한국을 도왔다. 동일본 쓰나미와 심각한 핵 발전소 사고가 아시아를 덮쳤을 때 미국은 상당한 인도적·군사적 지원을 제공했다. 무엇보다 동중국해와 남중국해에서 일어난 중국의 영토 도발에 대응해 미국은 군사력 배치, 동맹국과 협력뿐만 아니라 국제기구, 공공 외교 자원을 동원해 이에 대응하고 항행의 자유를 보호하는 전략을 발전시켰다.

피벗 정책의 결정적 부분이라고까지 할 수는 없지만 군사적 자산의 재균형 전략도 피벗의 중요한 부분이다. 2012년 국방장관 리언 패네타Leon Panetta는 "현재 태평양과 대서양에 50 대 50으로 나뉘어 있는 해군 전력을 2020년까지 60 대 40으로 재편하겠다"고 선언했다.[11] 이후 국방부는 공군력의 60%를 2020년까지 아태지역에 재배치하겠다고 밝혔다.[12] 미국은 호주 다윈Darwin에 2,500명의 공수부대를 배치했다. 두 척의 연안 전투함littoral combat ship을 믈라카Melaka 해협에 보냈고, 곧 두 척이 더 파견될 것이다. 또한 미국은 지역의 동맹국과 안보 협력을 강화했고 인도, 인도네시아, 뉴질랜드, 베트남 등 가까운 파트너 국가들과 군사훈련 및 교육을 확대했다. 무엇보다 중국군과 관계를 발전시켰고 중국 해군을 지역의 중요한 해군 훈련인 환태평양군사훈련Rim of the Pacific Exercise(RIMPAC)에 초청했다. 비전문가 시각으로 볼 때 이런 전략적 요소들은 경제적 협상이나 외교적 상호작용보다 더 눈에 띄기 때문에 보다 큰 관심이 갈 수밖에 없다. 이 때문에 일부 사람들은 피벗이 기본적으로 군사 전략이라는 잘못된 생각을 하기 쉽다. 그러나 군사적 움직임이 활발했을 때도 피벗의 핵심은 외교였다.

경제 관계도 피벗의 중요한 요소 가운데 하나다. 미국은 역사적인 환태평양경제동반자협정Trans-Pacific Partnership(TPP)에 많은 정치적 자원을 투입했다. TPP는 미국의 규칙과 기준을 아시아 무역의 기본 질서로 만들 것이다. 이 협정이 마무리되면 전 세계 경제의 40%를 포괄한다. 이 협정이 실행되면 1만 8천 개 상품의 수입 관세가 철폐되고, 지적재산권에 대해 단일한 규칙이 마련되며, 공산당이 통치하는 베트남에도 인터넷이 개방될 것이다.[13] 중국, 인도 등 아시아 큰 경제권들과 양자투자협정Bilateral Investment Treaty(BIT)에 관한 협상이 진행되고 있는데, 이를 통해 국경을 넘나드는 투자가 크게 촉진될 것이다. 미국은 아시아-태평양에 대한 대외 원조를 7% 가량 늘렸고 이 지역에 대한 무역을 2008년 이래 8% 증가시켰다. 부시 행정부 때 협상이 이루어져 양국 간 무역과 투자 증진에 크게 이바지한 한미 자유무역협정Free Trade Agreement(FTA)도 조정을 통해 최종 합의를 이끌어냈다.[14]

피벗 정책으로 인해 미국 정부 기관과 군이 아시아에 더 큰 관심을 두게 되었다. 특히 인사 정책에 변화가 있었다. 예를 들어 국무부는 동아시아와 태평양 지역 전문가들을 위한 자리를 70개 더 만들었다. 다른 행정부 기관에서도 아시아에 우선순위를 둔 내부 조정이 일어났다.[15] 비록 규모는 작지만 이런 인적 변화는 매우 중요하다. 지금까지 미국은 중동과 남아시아 국가의 지리와 지형을 잘 아는 정책 전문가와 군 장교를 길러내는 데 익숙했다. 그러나 21세기는 적어도 아시아-태평양 국가의 언어를 자유자재로 구사하고, 지역의 역사와 정치를 잘 아는 정책 결정자 집단을 필요로 한다. 피벗 정책은 이런 인재를 길러내는 과정을 시작했다. 지금까지 국무부는 대개 유럽과 중동 무대에서 경험을 쌓은 외교관들에 의해 좌우되었다. 그러나 이제 아시아에서 훈련되고 아시아 지역에 초점을 둔 외교관들이 보다 많이 국무부 주요 자리를 차지해야 한다.

아시아 국가들은 이런 노력을 대체로 환영했다. 싱가포르 총리 리셴룽 李顯龍은 아시아에 대한 미국의 새로운 관점을 환영했다. 그는 "미국이 아시아에 흥미를 보이는 것은 매우 바람직하다. …… 제2차 세계대전 후 미국의 존재는 평화, 안정, 예측 가능성을 만들어왔으며 중국을 포함한 아시아 국가들이 번영하는 데 도움이 되었다"고 했다. 이런 이유로 그는 "오바마 대통령과 힐러리 클린턴 장관이 많은 노력을 기울여 아시아를 미국 정책 어젠다 상위에 놓았다는 것에 대해 기쁘게 생각한다"고 했다.[16] 로버트 셔터Robert Sutter는 지역 여론조사에 관한 보고서에서 "대부분 지역 국가들이 공개적으로 혹은 비공개적으로 아태지역에 대한 미국의 더 강한 관여를 환영한다"고 했다.[17] 실제 자료들이 이 주장을 뒷받침한다. 2014년에 국제전략문제연구소Center for Strategic and International Studies(CSIS)가 행한 아시아 전략 엘리트들에 대한 여론조사 결과에 따르면, 다수의 응답자들이 미국의 리더십 행사가 자국 이익에 가장 바람직하다고 보고 있으며, 80%에 달하는 응답자들이 아시아에 대한 미국의 피벗을 지지했다.[18] 이런 분위기는 아시아 엘리트층뿐만 아니라 일반인들에게서도 확인된다. 2015년 퓨리서치 센터의 여론조사에 따르면 호주, 일본, 인도, 필리핀, 한국 그리고 베트남 국민 절반 이상이 아태지역에 보다 많은 미군 자원 투입을 지지했다.[19] 마찬가지로 말레이시아를 제외한 TPP에 관여한 국가의 국민 절반 이상이 이 협정에 지지 의사를 표명했다.

이런 조치들은 미국이 피벗 정책을 통해 아시아에서 취한 노력의 일부에 지나지 않는다. 미국이 아시아에서 취한 정책들은 훨씬 많다. 이 조치들은 아시아 피벗 정책이 아무것도 하지 않는 수사修辭가 아니라 파급 효과가 매우 큰 핵심 국가 정책이라는 점을 명확히 보여준다.

피벗 비판에 대한 반박

피벗 정책은 초기의 성공, 고위층의 인정, 아시아 국가의 폭넓은 지지에도 불구하고 국내적으로는 비판을 피하지 못했다. 피벗 정책은 처음부터 정당하고 이유 있는 비판뿐만 아니라 과장되고 부정확한 비판을 받기도 했다. 피벗 정책에 대한 비판들은 대략 다섯 가지로 정리된다. 1) 애초부터 미국은 아시아에서 떠난 적이 없다, 2) 강대국은 피벗을 하지 않는다, 3) 피벗 정책은 중국을 자극할 위험이 있다, 4) 피벗 정책을 실행할 자원이 부족하고 정책의 지속적인 추진도 이루어지지 않는다, 그리고 5) 피벗이란 단어는 재균형이라는 단어로 대체되어야 한다 등이다. 이런 비판에 대해 다음과 같이 간단히 답변하겠다.

우리는 아시아를 떠난 적이 없다

어떤 사람들은 미국이 언제나 아시아 지역에 깊이 관여해 왔다고 주장하며 이전 정부가 아시아를 포기했다거나 아시아에서 철수했다고 비판하기 위해 피벗이라는 잘못된 단어를 사용한다고 한다. 유명한 프린스턴 대학 교수이자 부시 행정부에서 아시아 정책에 깊이 관여한 토머스 크리스텐슨Thomas Christensen은 "[피벗 정책]은 부시 행정부를 비판하기 위한 것"이라고 본다. 더 나아가 "미국이 아시아를 떠났다는 것은 사실이 아닐 뿐더러 미국이 아시아를 떠났다가 갑자기 돌아왔다고 하는 피벗 정책은 외교적으로 미국에 도움 될 것이 없기 때문에" 잘못된 정책이라고 비판한다.[20] CSIS 퍼시픽포럼Pacific Forum의 랠프 코사Ralph Cossa와 브래드 글로서먼Brad Glosserman은 "미국의 아시아 피벗 정책에서 새로운 것은 피벗이라는 단어뿐이다"라고 했다.[21] 또 다른 부시 행정부 인사인 댄 블루먼솔Dan Blumenthal은 아시아 피벗이라는 주장과 미국이 "다시 아시아로 돌아왔다"라고 하는 것은 이전 정부들의 노력을 부정하고 비하하는 것이고, 마치 "철부지들의 딴죽걸기"와 별반 차이가 없다고 평했다.[22]

실은 그렇지 않다. 물론 부시 행정부에서 아시아를 담당했던 관료들은 열심히 일했고 인도 핵 관련 딜에서부터 대만 총통 천수이볜陳水扁의 대만 독립 추진을 둘러싼 매우 민감한 외교 사안에 이르기까지 아시아 지역에서 미국의 이익을 확대하기 위한 주요 정책들을 만들었다. 하지만 그들의 대담한 외교에도 불구하고 대부분 정책 기관들은 여전히 9·11 테러리스트 공격이 남긴 결과에 의해 좌우되었고, 중동과 남아시아에 빠져 있었다. 이로 인해 아시아 정책은 미국 외교 정책 어젠다에서 더 높은 우선 순위를 차지하는 데 한계가 있을 수밖에 없었다. 그들의 비판은 오바마의 아시아 정책이 단순히 부시 행정부 정책의 연장일 뿐이며 기본적으로 새로운 정책이나 혁신적인 성과를 결여하고 있다는 가정에 근거하기 때문에 편향적이다.

반면 부시 행정부가 아시아를 희생시키고 중동에 초점을 두었다는 관점, 그리고 오바마 행정부가 다시 균형을 맞추었다는 관점은 단순한 편향적 입장이 아니다. 부시 행정부 사람으로 저명한 아시아 전문가인 애슐리 텔리스Ashley Tellis는 피벗의 중요성을 부정하지 않으면서 다음과 같이 질문한다. "미국이 다시 균형을 잡는 데 왜 그렇게 오래 걸렸을까?" 그는 "부시 행정부 초기 몇 달 동안 미래에 재균형이라 불릴 수 있는 정책을 펼치려는 노력이 있었다"고 한다. 하지만 불행히도 "9·11 테러의 비극이 끼어들었다." 그리고 "이로 인해 미국의 가장 핵심적인 지정학적 도전, 즉 아시아에서 중국의 부상에 집중하지 못했다"고 적고 있다.[23] 그런 이유로 아시아에 대한 미국의 초점과 관심은 새롭게 부상하는 도전에 단호하게 대응하지 못했다. 부시 행정부에서 고위직을 지낸 마이클 그린은 중동 상황이 아시아 정책에 부정적인 영향을 미쳤다고 인정한다. 그는 2008년 "이라크와 아프가니스탄에서 요구되는 상당한 지상군의 소요所要 때문에 미 해군과 공군이 태평양에서 힘의 균형을 유지하는 데 필요한 새로운 시스템과 전력을 포기할 수밖에 없었다"고 했다.[24] 이로 인해 미군뿐만 아니라 아시아 지역에 대한 외교 역시 값비싼 대가를 치러야 했다. 국무장관이었던 콘돌리자 라이스는 장관 시절 매우 중요한 두 번의 ARF에 불참했다. 그중 한 번은 ARF에 참석하는 대신 중동을 방문했다. 이로 인해 많은 아시아 국가들이 미국의 아시아에 대한 관심에 의구심을 갖게 되었다. 당시는 중국이 아세안 우호협력조약(TAC)에 서명하면서 외교적 공세를 보이던 시기였고, 지역 FTA를 체결할 시점이었으며, 새로운 지역 기구를 창설하던 때였다.[25] 라이스 국무장관은 회고록에서 ARF 회의를 한 번 더 건너뛸 뻔했던 일을 언급하고 있다. 그녀는 "중동에서 종전 협상을 하려 할 때 동남아시아로 향하는 것이 터무니없게 느껴졌다"고 적고 있다. "하지만 나는 이 모순된 상황을 받아들여 내가 있어야 할 곳으로부터 5천 마일 떨어진 동남아에 잠깐 들르기로 결정했다."[26] 많은 고위 관료들에게 아시아는 주의를 분산시킬 뿐이었다. 미국이 아시아에서 떠난 것은 아니었지만 분명 다른 지역에서 벌어지는 일에 정신이 팔려 있었다. 좀 더 정확하게 말하면 이런 경향은 당적을 가리지 않고, 양당 출신 고위 공직자 모두에게 해당되었다. 사실 오바마 행정부도 그 나름의 중동에 대한 집착으로 고생한 적이 있다. 수많은 분쟁을 안고 있는 이 지역의 전술적 이슈에 관한 끊임없는 회의들 때문이었다.

바로 여기에 부시 행정부에서 전개되는 아시아 전략의 핵심적 어려움이 있다. 고위층의 관심은 미묘한 전략적 변화를 동반하는 아시아의 지루한 장기전보다 중동의 긴급한 전쟁 상황에 더 쏠려 있었다. 아시아 지도자들은 이를 알고 있었다. 반면 중동에서 벌어지는 그 난리에도 불구하고 클린턴 장관과 오바마 대통령은 집권 초기부터 아시아에 대한 새로운 관심을 명확히 천명했다. 클린턴 장관은 미 국무장관으로는 처음으로 자카르타Jakarta에 있는 아세안 사무국을 방문했다. 당시 아세안 사무총장인 수린 피추완Surin Pitsuwan은 "당신이 방문한 걸 보니 미국이 진정으로 이 지역에서 미국의 외교적 부재를 끝내려는 의사가 있는 것 같군요"라고 말한 적이 있다.[27] 오바마 행정부가 아시아로의 회귀를 논의하고 있을 때 몇몇 국내 비판자들은 이런 공개적 선언이 문제가 많다고 보았다. 그들은 미국의 아시아 회귀 선언이 미래에 미국이 아시아에서 다시 떠날지 모른다는 우려를 낳을 것을 걱정했다. 옳든 그르든 지난 10년간의 힘든 전쟁 후에, 그리고 엄청난 금융 위기의 충격 후에 아시아 지역에서 미국의 존재감이 이미 크게 약화되었다고 아시아 국가들은 믿고 있었다. 피벗에 대한 비판은 이런 사실을 간과하고 있다. 아시아 국가들은 미국의 역할이 지속될 거라는 강력하고 분명한 약속을 듣고 싶어 했다. 피벗 정책은 이들의 믿음을 회복하는 수단이었다. 이렇게 볼 때 아시아 피벗 정책은 과거 아시아 정책과 단절된 것이 아니다. 오히려 역동적이고 활기찬 아시아 대신 끝도 없는 테러와의 전쟁에 지나치게 집중했던 과거 대외 전략 기조에 대한 반박이라고 할 수 있다.

아시아 피벗 정책의 많은 부분들이 과거 행정부의 훌륭한 정책을 토대로 만들어졌다. 오바마 대통령 임기 동안 적극 추진되고 조심스럽게 협상을 진행했던 대표적 정책인 TPP에 미국이 참여한 것은 원래 부시 행정부 말기였다. 그러나 동남아 국가들, 다자 협력, 신생 제도에 대한 관심, 미얀마에 대한 관여 그리고 군사 자산 재배치 등 피벗 정책의 다른 부분들은 이전 정책과 완전히 다른 측면들이다. 피벗 정책의 규모와 범위, 미 행정부 내에서 확보했던 고위층의 지원과 관심은 피벗 정책 이전의 정책들을 능가한다.

강대국은 피벗을 하지 않는다

피벗 정책에 대한 비판들은 서로 모순 관계에 있는 경우가 많다. 예를 들면 어떤 사람들은 피벗이 이전 정책과 다르지 않다고 한다. 동시에 피벗 정책은 중동과 유럽에 대한 공약을 폐기하는 것이므로 이전 정책과 엄청나게 다르다는 주장도 있다. 다시 말하면 피벗은 아무것도 하지 않아서 하찮은 정책인 동시에 큰 손해를 감수하며 지나치게 많은 것을 바꾸는 정책이란 비판을 동시에 받고 있다.

사실 피벗 정책은 미국 대외 정책 우선순위의 근본적이고 중요한 재편이고, 이는 21세기 요구에 부응하기 위한 것이다. 전 세계 구석구석까지 관심을 쏟아야 하는 초강대국이 그런 정책적 재편을 추진하거나 발표하는 것만으로도 부적절하다는 주장이 있다. 하지만 피벗 정책은 하나의 지역에서 다른 지역으로 돌아서는 것이 아니라 **하나의 전략에서 다른 전략으로 전환**pivot**하기** 위해 만들어진 것이다. 이런 의미에서 비판자들은 피벗이란 용어를 글자 그대로 받아들이고 있다. 피벗 정책은 지난 10년간의 전쟁과 아시아에 대한 상대적 무관심을 뒤로하고 아시아에 대한 전략적 관여와 외교적·군사적 자원의 보다 바람직한 균형이란 방향으로 움직이려는 것이었다. 어느 특정 용어가 사람의 생각을 좌우하고, 그 생각이 만든 잘못된 인식은 엄연한 사실을 보지 못하게 할 수도 있다. 이런 이유로 많은 비판자들이 피벗이란 단어를 들으면서 다른 지역에 대한 미국의 약속과 관심이 약해질지 모른다는 우려를 드러냈다. 사실 국무부에서 이 용어를 만든 사람들은 농구 선수를 머릿속에 그리고 있었다. 기저에 든든한 기초를 두고 한 지점에서 다른 지점으로, 그리고 다시 원위치로 물 흐르듯 부드럽게 이동하는 것이 기본 아이디어였다. 불행하게도 이 단어가 만들어낸 가장 흔한 이미지는 미국이 오래된 역할과 약속을 저버리고 떠나는 것이었다.

이런 주장 중에서 가장 흔한 것이 중동에 주목하는 것이다. 아프가니스탄과 시리아에서 벌어지는 분쟁, 이라크와 리비아의 불안정한 상황, 그리고 오랫동안 지속해온 이란과 서방 국가 사이의 갈등을 뒤로한 채 미국이 아시아로 초점을 돌리는 것은 현명하지 못한 비현실적 처사라는 주장이다. 조지워싱턴 대학의 아미타이 에치오니Amitai Etzioni가 말한 것처럼 아시아의 도전, 특히 중국이 제기하는 도전은 "앞으로 수십 년 동안 이루어질 일"이지만 미국이 중동에서 마주친 도전은 지금 현재의 일이라는 주장이다.[28] 더욱이 우크라이나 전쟁, 러시아의 시리아 개입, 발칸 국가들에 대한 푸틴Putin의 위협 등으로 표출된 러시아의 보복주의revanchism 성향이 고조되는 시점에서 유럽 역시 미국의 관심을 필요로 한다. 탁월한 전략가인 로버트 케이건Robert Kagan은 이런 조건 속에서도 미국이 유럽, 아시아, 중동에 모두 관여해야 한다고 주장한다. 그는 "우리가 피벗을 하는 것은 괜찮지만

떠날 수는 없다"고 한다.²⁹

　케이건이 맞다. 그래서 누구도 아시아 피벗이 다른 지역에서의 철수를 의미한다는 주장을 지지하지 않는다. 외교 정책은 제로섬 게임이 아니다. 아시아에 더 많은 관심을 가진다는 것이 곧 전략적 패배 혹은 다른 지역으로부터의 철수를 의미한다는 비판은 근본적으로 잘못되었다. 클린턴 장관이 최근 펴낸 회고록에서 말한 것처럼 "미국은 다른 의무와 기회를 포기하지 않으면서도 아시아로 피벗할 수 있는 능력과 의지를 가지고 있다."³⁰ 피벗은 포기도, 폐기도, 철수도 아니다. 피벗은 오랫동안 '부차적인 무대'로 여겨졌던 지역에 적절한 관심을 보여야 한다는 인식 아래 전략적 초점의 우선순위를 재조정하는 것이다. 세계에서 가장 큰 경제 대국들이 아시아에 있고, 가장 많은 인구를 가진 국가들이 아시아에 있다. 아시아는 가장 빨리 성장하는 시장이며, 탄소를 가장 많이 배출하는 지역인 동시에 강대국 충돌의 잠재적 위험도 가지고 있는 지역이다. 이에 걸맞은 미국의 시간과 관심을 아시아에 투입하겠다는 약속이 피벗 정책이다. 뒤의 제4장에서 보듯이 아시아는 현재 수출 확대로부터 기후변화에 대한 대응 그리고 국제 경제의 관리까지 미국의 모든 목표가 집중된 지역이다. 피벗은 시기상조인 정책이 아니라 글로벌 거버넌스에 대한 도전과 심각해지는 영토 분쟁을 해결하기 위해 긴급히 필요한 정책이다. 이런 우려 속에 헨리 키신저Henry Kissinger는 "미국 정책의 재균형은 불가피하다"고 언급한 바 있다.³¹ 심지어 전 유럽이사회European Council 의장인 헤르만 반 롬쾨이Herman Van Rompuy도 "20세기는 대서양의 시대였지만 21세기는 태평양의 시대가 될 것이다……. 유럽은 이를 인정해야 한다"고 했다.³² 사실 미국보다 더 재빨리 아시아로 선회하고 있는 것이 유럽 국가들이다.

　피벗 정책이 다른 지역으로부터의 철수라고 주장하는 사람들은 한 가지 중요한 사실을 잊고 있다. 미국의 신뢰도는 지역 간에 서로 전이되는 속성이 있기 때문에 미국의 아시아 정책은 아시아 외의 지역에 대한 정책과 상호 연관되어 있다. 예를 들어 중동에서 미국이 얼마나 신뢰를 얻고 있는지 아시아 국가들이 주의 깊게 보는 것처럼 중동과 유럽 국가들은 동중국해와 남중국해에서 미국의 정책이 얼마나 단호한지를 관찰한다. 더욱이 피벗 정책의 대상인 아시아 국가들은 중동과 남아시아의 평화와 안정에 큰 이해관계를 가지고 있으며, 이런 이해관계는 계속 증가하고 있다. 아시아 국가들은 중동과 남아시아에서 미국이 영향력을 유지하기를 바라고 있다.[33] 부시 행정부의 중요한 업적 중 하나가 아시아 국가들이 중동에 지원하도록 한 것이다. 사실 미국은 아시아 국가들이 지역적 지평을 넓혀 중동과 남아시아 문제까지 고민하도록 촉구해왔다. 이 같은 아시아 국가들의 역외 활동은 많이 알려져 있지 않다. 그럼에도 불구하고 일본은 중동 시민 사회 프로젝트에 막대한 예산을 지출했고, 한국은 이라크에 지상군을 파병했으며, 호주와 뉴질랜드의 특수부대는 중동의 몇몇 위험한 지역에서 작전을 펼쳤다. 인도네시아, 말레이시아, 태국도 중동 국가 국민들에 대한 교육과 프로그램들에 인도적 지원을 아끼지 않았다. 중국은 이란의 핵 프로그램 억제, 아프가니스탄의 평화 협상, 인도양 해적 문제 해결 등 표면적으로 드러나지 않는 외교 무대에서 활발하게 움직였다. 아시아 전체뿐만 아니라 개별 국가에 대한 미국의 정책은 기존 아태 정책과 다른 근본적으로 새로운 방향이었다. 아시아의 크기와 아시아가 세계와 긴밀하게 연결된 상황을 놓고 볼 때 어떤 글로벌 차원의 문제도 이제 점차 아시아 문제가 되어간다. 예를 들어 아프리카와 아시아의 골칫거리 정권에 대한 제재를 이행하려면 아시아 국가들의 적극적인 동참이 필요하다. 아시아의 성장하는 경제와 금융 서비스의 협조 없이 경제 제재는 효과적일 수 없기 때문이다. 따라서 피벗 정책의 핵심 목표는 미국의 아시아 정책과 미국의 다른 지역 혹은 글로벌 정책이 서로 더 긴밀히 연계되도록 하는 것이다.

중국에 대한 도발?

피벗 정책에 대한 또 다른 흔한 반응 중 하나가 이 정책이 불필요하고 위험하게 중국을 적으로 만든다는 것이다. 그러나 이런 주장은 오해다. 먼저 피벗은 아시아 국가와 유대를 증진하는 것이지 중국을 봉쇄하는 것이 아니다. 두 번째로 처음부터 중국과 건설적이고 생산적인 관계를 만드는 것이 피벗 정책의 중요한 부분이었다. 마지막으로, 그리고 가장 중요한 점은 중국 정책 결정자들이 결국 미국은 아시아에서 떠날 것이고, 아시아에서 미국 영향력이 감소할 것이라는 위험한 예측을 하고 있다는 것이다. 이에 대해 피벗 정책은 미국이 아시아 지역에 남을 것이라는 점을 중국에 분명히 하겠다는 의도를 가지고 있다.

어떤 사람들은 피벗 정책이 중국에 대한 우려 때문이라고 한다. 그러나 로버트 셔터가 지적한 것처럼 피벗 정책은 단순히 중국과 관련 있는 것이 아니라 "더 폭넓은 전략적, 경제적 그리고 정치적 고려에 의해 추동되고 있다."[34] 설령 피벗 정책이 중국에 대한 우려 때문이라고 해도 이 정책은 미중 양자 관계를 미국의 아시아 정책의 핵심으로 놓는 '중국 우선주의' 아시아 외교와는 거리가 있다. 피벗 정책은 중국에 대한 정책을 보다 폭넓고 포괄적인 지역 정책의 일부로 보고 있다. 미국 경제를 발전시키고, 글로벌 도전에 대처하고, 미래를 형성해나갈 아시아의 평화를 유지해야 한다는 목표에 따라 미국이 아시아 국가와 외교적, 경제적 그리고 군사적 유대 관계를 강화해야 한다는 원칙하에 피벗 정책은 만들어졌다. 아시아가 중국 외에도 글로벌 차원에서 매우 중요한 국가들이 있는 지역이라는 사실을 상기해보면 피벗 정책이 중국에만 초점을 두고 있다는 주장은 더욱 설득력을 잃는다. 세계에서 가장 큰 민주주의 국가인 인도, 세계 3위의 경제 대국인 일본, 세계에서 가장 큰 무슬림 민주주의 국가인 인도네시아 그리고 한국, 대만, 말레이시아, 베트남 등의 산업 국가들이 아시아에 있다. 피벗 정책은 중요하고도 역동적인 이런 국가들과 관계를 향상시키는 것 외에도 미국이 아시아에 계속 머무를 것인가에 대한 우려와 다른 지역에 대한 미국의 정책, 그리고 미국 경제 성장의 둔화 문제 등을 함께 담아내야 한다.

이런 관점에서 미국의 대중국 정책은 피벗의 중요한 요소이다. 오바마 대통령이 중국 시진핑習近平 주석과 공동 기자회견에서 밝혔듯이 "중국과 강력하고 협력적인 관계가 아시아 피벗 정책의 핵심이다."[35] 아시아의 가장 큰 경제 대국인 중국과 이런 관계를 수립함으로써 미국은 자국의 대중국 정책이 대부분 아시아 국가들의 이익에 반하는 불필요하고 생산적이지 않은 마찰을 의도하는 것이 아니라는 메시지를 중국뿐만 아니라 다른 국가들에도 보낸다.[36] 일부 사람들은 피벗 정책이 봉쇄 정책을 닮았다고 하는데, 이는 근거가 없는 매우 황당한 주장이다. 중국에 대한 봉쇄를 주장하는 미국 정책 결정자는 없다. 소련과 경쟁하던 냉전 시기까지 거슬러 올라가는 이 봉쇄라는 개념은 대부분 국가들이 중국과 깊은 경제 관계를 맺고 있는 상호 의존된 복합체인 아시아에는 적절치 않다. 사실 미국의 대아시아 정책 수립에 가장 큰 도전 요소는 이 지역의 가장 중요한 국가들이 중국과 매우 강한 경제 관계를 맺고 있는 동시에 미국과는 안보 협력을 유지하고 있다는 점이다. 그러므로 가능한 분야에서 중국과 협력하는 것이 봉쇄보다 더 나은 전략이다. 또한 중국이 국제적인 규범을 지지하고 글로벌 거버넌스에 공헌하도록 유인하는 정책이 바람직하다. 하지만 아시아의 평화와 번영에 중요한 요소에 관해 중국과 이견이 있다면 이 점에 대해 미국이 단호한 입장을 취하는 것이 보다 바람직한 전략이다. 이 목적을 실현하기 위해 미국은 중국과 연례 미중 전략경제대화U.S.-China Strategic and Economic Dialogue를 시작했다. 이 회의는 한때 경제 정책만 다루었는데 이후 다양한 정부 기구와 정책에 걸친 전략적 관심사를 다루는 포괄적 회의로 전환했다. 또한 미국은 중국과 전략안보대화Strategic Security Dialogue를 통해 해양 안보, 사이버 안보와 같은 매우 민감한 주제들에 대해 전례 없는 고위급 논의를 하고 있다.[37] 또 미국과 중국은 처음으로 지역 문제 관련 협의를 제도화함으로써 양국이 아시아에서 추구하는 전략과 접근법을 더욱 명확하고 투명하게 논의할 수 있다. 미국은 중국과 여러 국제기구에서 기후변화, 해적 문제, 국제 경제 관리에 이르는 수많은 중요한 글로벌 문제들에 대한 협력을 추구해왔다. 또한 미국과 중국 사이 자본 이동을 수월하게 할 양자투자협정을 추진하고 있다. 이를 통해 두 국가의 경제는 더욱 가까워질 것이고 중국의 성장도 촉진될 것이다. 이런 정책은 봉쇄를 염두에 둔 헤게모니 국가가 추구하는 정책과는 거리가 멀다.

물론 미국의 아시아 피벗 정책은 아시아의 미래에 중요한 몇몇 사안에 대해 미국의 명확한 입장을 전파하는 것이기도 하다. 피벗에 대한 대부분 비판들은 이 중요한 차이점에 대해서는 언급하지 않는다. 예를 들면 경제 위기 이후 미국의 아시아에 대한 의지를 의심하기 때문에 중국이 더욱 대담해졌고 자기주장을 강화하기 시작했다고 평론가들은 말한다. 그런데 그로부터 1년 후 미국이 피벗 정책을 발표하고 아시아에 대한 미국의 의지를 보였을 때 그 똑같은 사람들이 갑자기 피벗 정책이 중국에 충분한 확신을 주지도 못하면서 중국을 너무 위협한다고 불평했다.

만약 미국이 이웃 국가들에 도발적인 행동을 하지 못하도록 중국을 설득하거나 혹은 국제 규범을 무시하지 말라고 설득하려면 장외場外에서 할 수도 없고 미국 혼자 할 수도 없다. 최근 중국은 영토 분쟁을 격화시켰고, 인공섬을 건설하고, 미국 선박들을 괴롭히며, 주변 국가들을 위협했다. 이런 중국의 자기주장 강화를 보면서 전 호주 총리 케빈 러드Kevin Rudd는 "피벗 정책 혹은 아시아 재균형 정책이 전적으로 옳다"고 한 바 있다. 그는 "이런 대응이 없다면 국제관계에서 강한 현실주의적 입장을 가진 중국은 경제적으로 힘 빠진 미국이 태평양에 계속 남아 있을 여력이 없다고 판단할 위험이 있다"고 덧붙였다.[38] 반대로 피벗 정책은 중국에서 생겨나던 미국의 쇠퇴와 퇴각이라는 위험한 인식을 억제하는 데 성공했다. 한 연구에 따르면, 적어도 얼마 동안은 피벗과 관련된 정책이 "주변 국가들을 대하는 중국의 태도와 방식을 보다 부드럽게 만들었다"고 한다.[39]

피벗 정책을 비판하는 사람들이 자주 간과하는 것이 있다. 미국과 중국 사이 건강하고 긍정적인 관계의 핵심 요소는 각자의 갈 길에 대한 명확하고 현실적인 인식이라는 점과 피벗 정책은 아시아에 대한 미국의 영향력을 무시하지 말라는 경고라는 점이다. 피벗 정책은 중국 정부가 선호하는 미국의 대아시아 정책은 아니다. 하지만 피벗 정책이 대결적이라고 비판하는 사람들이 받아들여야 할 것이 있다. 먼저 미중 간에 어느 정도의 경쟁과 긴장은 피할 수 없다는 사실이다. 또 염려되는 부분을 외면하거나 근본적 원칙에 관한 문제 앞에서 상대방 반발을 두려워해 스스로 양보하는 식의 다른 대안에 비해 피벗 정책은 더 바람직하다. 상대방을 안심시켜야 할 때도 있다. 그러나 미국의 동맹국들이 중국의 영토 도발에 직면한다면, 그리고 남중국해가 '중국의 호수'가 될 위험에 처한다면 미국은 아시아 평화와 안정을 유지하겠다는 스스로의 약속을 지키는 데 무게를 두어야 한다. 군비 투자, 지역 동맹국과 관계 강화, 또 가끔 보여주는 힘의 과시 등은 중국의 전략가와 민족주의자들에게 불편할 수도 있다. 하지만 이런 정책들은 중국이 일방주의를 고집할 때 어떤 비용을 치를지 명확하게 보여주는 전략으로 매우 쓸모 있다. 중국에 관한 한 미국의 아시아 피벗 정책은 때로는 협력 측면을 부각시켜 중국을 안심시키고 때로는 경쟁을 강조해 미국의 단호함을 보여주는 양면이 혼합된 정책이어야 한다.

이런 반박에도 불구하고 비판자들은 피벗 정책이 중국 국민과 엘리트들의 대미 인식을 악화시키고 중국에 대한 위협이란 인식을 만들어 부정적 안보의 악순환을 만들어낼 것이라고 주장한다.[40] 이런 불길한 예언에 대해 몇 가지 반론을 제기할 수 있다. 먼저 퓨 리서치 센터에 의하면 2014년 중국 국민의 미국에 대한 호감도는 44%였는데, 이는 2011년 이래 전혀 변함이 없다. 2011년은 피벗 정책이 발표된 해이다. 따라서 피벗 정책은 여론에 영향을 거의 미치지 않았으며 로버트 로스Robert Ross 같은 비판자들의 우려와 달리 중국의 민족주의를 자극하지도 않았다.[41] 보다 중요한 것은 2007년 34%로 최저점을 찍은 부시 행정부 때보다 현재 중국의 미국에 대한 호감도는 10%나 높다.[42] 두 번째로 많은 비판자들의 우려와 달리 중국 관료들은 피벗 정책에 대한 반응을 자제하고 있다. 카네기 재단Carnegie Endowment for International Peace의 마이클 스웨인Michael Swaine이 2012년 중국 지도부와 엘리트층을 대상으로 한 조사를 보면 중국 정권을 대변한다고 할 수 있는 관료들이 비교적 반응을 자제하고 있다.[43] 랜드 연구소의 마이클 체이스Michael Chase와 상원 외교위원회Senate Foreign Relations Committee의 벤저민 퍼서Benjamin Purser가 진행한 또 다른 연구를 보면 중국의 분석가들은 피벗에 대해 경기를 일으키지도 않고 무관심하지도 않다고 한다. 대신 그들은 자국 정부에 "인내심을 갖고 대응하라"거나 "현재의 정책을 유지하면서 미국의 행동을 관찰하라"고 조언한다.[44] 피벗 정책에 대한 중국의 반응은 미국 의도에 대한 우려에 따른 반사 행동과는 거리가 멀었다. 그보다는 미국 정책이 어떻게 전개될지 좀 더 지켜보자는 신중한 반응이 대부분이었다.

자원과 후속 조치들

피벗 정책에 대한 가장 중요한 비판 중 하나는 이 정책이 필요한 자원과 후속 조치들을 결여하고 있다는 것이다. 피벗이 시작될 때 마이클 그린과 댄 트와이닝Dan Twining이 경고한 바 있듯이 "필요한 자원이 빠진 허풍은 친구나 적 모두에게 공허하게 들릴 것이다."[45] 좀 더 최근에 에런 프리드

버그Aaron Friedberg는 "아시아나 미국을 포함한 다른 지역의 많은 사람들이 피벗 정책은 초기 비용도 감당하지 못할 것이라고 걱정하기 시작했다"고 염려했다.[46] 특히 미국의 재정 지출 삭감과 잠재적으로 동유럽과 중동으로 초점이 전환될 수도 있다는 점은 피벗 정책 실행이 심각한 도전에 직면할지 모른다는 믿음을 부추겼다.

이런 비판 중 몇몇은 근거가 있다. 피벗은 아직 만들어지고 있는 정책이고, 미국 정부가 이를 실행하기 위해서는 더 많은 노력이 필요하다는 점도 의심할 여지가 없다. 중동에서 제기되는 엄청난 부담이 미국의 제한된 자원에 제약을 가할 것이라는 점도 사실이다. 하지만 후속 조치에 관한 이런 비판들은 지나치게 안보 측면에만 관심을 보이고 있다. 안보 측면이 눈에 잘 띄기 때문이다. 이런 이유로 아시아 피벗 정책이 군사적인 측면뿐만 아니라 눈에 보이지 않는 외교·경제 정책 측면도 포함한다는 사실이 자주 간과된다.

안보 측면에서 미국은 아시아 지역에 많은 노력을 기울였다. 그럼에도 종종 이런 노력이 부당하게 비판받곤 한다. 정부의 예산 강제 삭감에도 불구하고 미국 정부는 아태지역에서 미군의 군사력이 영향을 받지 않는 방향으로 국방 예산 감축을 추진했다. 미국은 해군 함정의 60%를 태평양 지역에 재배치했고, 공군과 육군 역시 지역 재균형을 추진하고 있다. 공군은 5세대 전투기 다수를 아시아 지역에 배치하고 있다. 또한 미국은 아시아 지역 동맹국들과 안보 협력을 강화하고 있다. 일본과는 신방위가이드라인에 합의했고, 한국과는 전시작전권 이양을 논의하고 있으며, 호주와는 신군사태세협정Force Posture Agreement에 합의했고, 필리핀과는 새로운 국방협력증진협정Enhanced Defense Cooperation Agreement을 마무리하는 단계에 있다.[47] 다른 협력 파트너들과도 관계를 강화하고 있는데 베트남과 국방 관계 공동비전선언Joint Statement on Defense Relations에 서명했고, 인도와는 10년짜리 방위기본협정Defense Framework Agreement을 맺었으며, 인도네시아와는 포괄적 국방협력 공동선언Joint Statement on Comprehensive Defense Cooperation을 발표했다. 이는 매우 의미 있는 조치들이다. 이를 통해 피벗 정책이 단순히 외교 성명에만 존재하는 단어가 아님을 입증했다. 미국은 또 이 지역에서 많은 군사훈련을 진행했고 남중국해에서 존재감을 드러냈다. 중국이 건설한 인공섬 12해리 안으로 유도 미사일 탑재 구축함 Guided-Missile Destroyer을 파견해 항행의 자유 원칙을 재확인했고, 동중국해의 중국 방공식별구역Air Defense Identification Zone(ADIZ) 안으로 B-52 폭격기가 비행하기도 했다. 클린턴 장관이 2010년 베트남에서 열린 지역 포럼에서 남중국해 항행의 자유는 미국의 지속적인 전략적 관심사라고 선언한 것처럼 미국 정부는 후속 조치를 위한 정책 발표를 의도적으로 추진해왔다.

국방과 안보 문제 외에도 미국은 측정하기 어렵고 눈에 잘 띄지는 않아도 아시아에서 충분히 인지되고 있는 중요한 경제적·외교적 조치들을 취해왔다. 이미 도입부에서 많이 이야기했지만, 다시 한번 클린턴 장관 시기에 고위 관료의 아시아 출장, 아시아에 대한 관심이 크게 늘어났다는 점을 강조하고 싶다. 클린턴 장관은 이전 어떤 국무장관보다 아시아를 많이 방문했다. 미국은 사실상 거의 모든 아시아 협력 기구들과 협력하고 있으며 미국 외교관들은 거의 모든 아시아 국가와 양자 관계를 강화하고 있다. 매우 적극적인 무역과 투자 협상안도 마련되고 있다.

피벗 정책을 추진하기 위해서는 해야 할 일들이 많다. 의회는 주요 기구와 부처들이 적절한 예산을 받을 수 있도록 해야 하고, 아시아가 적절한 정책적 관심을 받을 수 있도록 지침을 주어야 한다. 행정부도 아태지역이 백악관의 주요 관심사라는 점을 산하 기관들이 늘 유념할 수 있도록 큰 방향을 제시해야 한다. 백악관이 잘 다듬어진 아시아-태평양 전략을 더 공개적으로 미국 국민들을 대상으로 설명한다면 이 정책에 대한 대중적 지지를 만들어내고, 정부 부처 간 정책 우선순위를 조정하고, 아시아 국가와 협의를 시작하는 데 큰 도움이 될 것이다. 이런 의미에서 2015년 처음 출간된 아시아-태평양 전략에 대한 국방부 연례 보고서는 바람직한 일이고 다른 정부 기관들도 이런 선례를 따라야 한다.

또한 미국은 동맹국과 파트너 국가들이 안전하고 번영하는 아시아를 만들기 위해 각자 노력을 다하도록 촉구해야 한다. 국방 능력에 더 많은 예산을 투입하고, 경제와 외교 협정 협상에 성실하게 임하는 것들도 이런 노력의 하나다. 지역 국가들의 이런 노력도 아시아에 대한 미국의 관여 중 일부분으로 포함할 수 있다. 미국이 퇴각할 것이라는 인식이 만연한 현시점에서 지역 동맹국들과 부담을 나누자고 호소하는 것은 베트남전쟁 말기 닉슨 대통령의 괌 독트린Guam Doctrine(닉슨 대통령이 1969년 괌에서 미국의 대외안전보장책으로 발표한 선언인데, "아시아의 방위는 아시아인의 힘으로 한다"는 내용을 담고 있다 _ 옮긴이 주)을 연상시킬 위험이 있다. 이 독트린은 당시 미국의 쇠퇴와 철수에 대한 지역 국가들의 불안을 더욱 부추겼다. 간단히 말하면 미국은 혼자서 아시아로 돌아올 수 없다. 미국의 피벗이 효과를 거두려면 유럽 국가들과 같은 역외 국가들뿐만 아니라 아시아 국가들과 긴밀히 협력해야 한다. 동맹국이 자기 몫을 하도록 촉구하는 것도 아시아에 대한 미국 정책의 일부이다.

회의론자들이 보기에 지금까지 미국이 아시아에서 행한 많은 노력, 나아가 위에 언급한 제안들도 아직 충분한 것 같지 않다. 그러나 미국의 힘을 불신하는 사람들은 미국이 지난 몇십 년 동안 아시아 지역에서 강대국 지위를 유지해왔다는 사실에 주목해야 한다. 이 기간 동안 미국은 주기적으로 고개를 든 미국의 쇠퇴라는 불안과 불길한 예언들을 극복해왔다. 더욱이 미국은 아태지역이 미국 대외 정책과 국가 이익에 중요하다는 초당적 합의를 오랫동안 지켜왔다. 수십 년 동안 의회의 지지 아래 민주당 정부나 공화당 정부 모두 동맹, 무역, 가치, 이민 등을 통해 태평양 지역 국가와 미국을 하나로 묶는 강력한 관계를 만들고 유지했다. 이런 정책에 대한 국민적 지지도 있다. 그럼에도 불구하고 20년간의 전쟁 끝에 이제 미국이 국제 무대에서 물러나 국내 문제에 좀 더 신경을 써야 한다는 사람들이 일부 있다. 반면 미국의 안보와 번영에 있어 아시아의 중요성을 이해하는 사람들도 점점 더 늘어나고 있다. 시카고 국제문제위원회Chicago Council on Global Affairs의 2014년 여론조사에 따르면, 미 국민 60% 이상이 미국의 아시아 재균형 정책을 선호하고 이를 위해 더 많은 자원이 아시아에 투입되어야 한다고 본다. 2012년에 비해 절반 이상 늘어난 숫자다.[48] 지역 국가들 중에서는 일본과 한국에 대한 긍정적 반응이 역대 최고를 기록했고, 3분의 2에 달하는 미국인들이 중국과 우호적 협력을 해야 한다고 답했다. 성공적인 피벗 정책을 위해서는 무역 협정과 지역 및 국제기구의 확대된 역할이 필요한데, 여기서 주목할 대목이 있다. 이 여론조사에서 3분의 2에 달하는 미국인들이 세계화globalization가 미국을 위해 바람직하다고 답했다는 점이다. 이 숫자는 1998년 시카고 국제문제위원회가 이 질문을 시작한 이래 가장 높은 응답치이다. 72%의 미국인들이 무역 협정은 미국의 목표를 위한 효과적인 수단이라고 답했다. 이런 응답은 2014년 80%의 미국인들이 무역 협정을 위한 협상에 찬성한다는 여론조사에 의해서도 뒷받침된다.[49] 간단히 말하면 미국이 아시아에 계속 강대국으로 남아 있겠다는 것은 매우 정치적인 선택이지만 비판자들이 말하는 것과 달리 일반 국민들은 이러한 선택을 반대하지 않는다.

피벗, 재균형 그리고 공로

어떤 사람들은 피벗pivot을, 또 다른 사람들은 재균형rebalance을 고집하고 있다. 어떤 단어가 더 적절한가를 놓고 벌어진 이 줄다리기는 정부 안 서로 다른 기관 사람들 사이에 공로를 인정받으려는 경쟁에서 비롯되었다. 초기부터 피벗은 국무부 용어였고, 재균형은 백악관 NSC 용어였다. 국방부는 이라크, 아프가니스탄 그리고 아랍 다른 지역 소요 사태 때문에 초기 아시아 정책 형성과 실행에 관심을 덜 두었다. 그럼에도 회의나 공개 문건에선 재균형이라는 용어를 선호했다. 재미있게도 대통령 자신은 연설이나 건배 제안에 피벗이라는 용어를 자주 사용해 혼란이 가중되었다. 피벗이란 용어를 쓰는 우리 국무부 사람들은 어느 날 다 붙잡혀가서 재교육 캠프에 보내질 거라는 농담을 자주 하곤 했다. 사람들은 이 정책의 이름을 둘러싸고 매우 민감했다. 나도 여섯 살 난 딸아이 발레 선생님이 분홍색 튀튀(얇은 망사 천을 여러 겹 겹쳐 만든 발레용 의상이다 _ 옮긴이 주) 차림 아이들에게 "이제 피벗을 해야지, 얘들아"라고 말할 때마다 공연장 의자에서 몸부림을 쳤을 정도다. "지금 저 사람이 재균형을 말한 건가?"라고 혼자 생각하곤 했다.

모든 정부 수반들은 자신만의 유산과 성과에 관심이 있고, 이런 면에서 오바마 대통령도 예외는 아니었다. 오바마 행정부는 정책 결정에 관한 한 백악관으로 상당한 중앙집권을 추구했고, 다른 행위자들은 백악관이 만들어낸 전략을 단순히 이행하는 '실행자'에 그치는 경향이 있었다. 대부분 행정부에서 외교적 성과에 관한 공로를 주장하는 건 당연한데, 오바마 행정부 1기에는 이런 경향이 더 강했다.

백악관과 국무부 모두 아시아에 초점을 둔 정책을 펼치려는 생각이 있었는데, 두 기관의 접근법에서 눈에 띄는 차이가 있었다. 또한 아시아 방면에 얼마나 많은 노력을 투입했는가에서도 차이가 났다. 어떤 정부의 정책에도 이런 차이가 나타나는 것은 당연한 일이다. 특히 백악관은 힘이 세고 전략적으로 중요한 중국에 의해 크게 자극을 받았다. 백악관은 정책 초점을 중국에서 온 고위 관료들과 긴밀한 협의를 위한 계획을 세우고, 한반도에서 북한을 자제시키는 중국의 역할 혹은 아프가니스탄 재건에 대한 중국의 지원과 관련한 양자 간 합의를 구하는 데 두었다. 이런 정책은 이란 제재와 같은 일부 사안에서 확실히 성공을 거두었다. 그러나 중국에 치우친 최상위층 정책은 예기치 못한 결과도 가져왔다. 백악관 입장에서 볼 때 중국은 중요한 상대였고, 백악관의 아시아 재균형 정책 초점은 대개 중국과 더 깊은 양자 관계 형성에 있었다. NSC도 많은 아시아 국가들에 관여한 것은 사실이다. 그럼에도 불구하고 NSC 외교는 마치 바람개비 같았다. 즉 NSC는 중국을 잡기 위한 정책에만 집중했고, 나머지 국가들은 정부의 다른 기관에 맡겼다. 하지만 미국의 아시아 관여와 의지에 대한 의문이 팽배했던 이 시기 중국에 대한 집중적 외교 노력은 다른 아시아 국가의 우려를 자아내는 의도치 않은 결과를 가져왔다. 미국의 힘이 약해지면서 중국과 원만한 관계 유지를 위해 미국이 중요한 이익을 희생시키지는 않을까 하는 우려였다. 아시아의 동맹국과 파트너 국가들은 백악관 및 고위급과 접촉하여 회의를 하고자 했으나 먼발치서 백악관이 중국 손님들에게 베푸는 융숭한 대접을 구경하는 데 그쳤고, 결과적으로 자신들의 입지가 좁아졌다고 느꼈다.

클린턴 장관의 국무부가 취한 접근은 이와는 미묘하게 달랐다. 이런 차이의 핵심은 변화하는 중국의 야망을 어떻게 이해할 것인가, 이런 변화에 아시아는 어떻게 반응하는가에 있었다. 국무부가 보기에 중국의 행동은 아시아 지역에서 오랫동안 유지된 미국의 지위에 도전하는 경쟁뿐만 아니라 더 큰 지역적 야망에 의해 추동되고 있었다. 국제 무대에서 중국의 시기가 도래하고 있음을 중국이 인식하는 것이 중국 고위 관료의 태도에서 느껴졌다. 2008년 세계 금융 위기를 기점으로 중국 싱크탱크와 전략가들의 글은 미국의 쇠퇴가 가속화될 것이고, 미국은 계속 중동에 빠져 있을 것이라는 분석으로 넘쳐났다. 중국은 아시아에서 미국의 지위에 도전할 만한 모든 요소들을 갖추고 있었다. 특히 클린턴 장관은 아시아에서 미국의 위치가 취약해졌음을 인식하고, 그 연장선상에서 수많은 아시아 국가 출장은 지역 국가와 관계를 강화하는 동시에 미국의 힘에 대한 의심을 불식시키려는 것이었다.

미얀마의 개혁 개방, 북한의 도발에 대한 대응, 비극적인 일본 원전 사고 때의 구조·구난 노력 등에 있어 백악관과 국무부 전문가 사이에서는 상당한 조화와 협업이 이루어졌었다. 그럼에도 불구하고 관료적 경쟁까지 감출 수는 없었다. 예를 들어 클린턴 장관이 〈포린 폴리시〉 기고문 초안을 검토하기 위해 백악관에 보냈을 때 백악관으로부터 이 글에 대한 문제 제기가 있었다. 어떤 NSC 담당자는 글의 "관점이 너무 넓다"고 평가했다. NSC는 이 글에 '동남아의 다자주의에 관한 역사'를 담으라고 권고했다. 국무부 입장에서 이런 지적은 실제로 정책이 백악관이 아닌 다른 데서 만들어졌는데도 불구하고 백악관 외에는 전략에 대해 논하지 말라는 것처럼 들렸다. 국무부 사람들은 농담 삼아 NSC는 국무부가 1845년부터 1890년 사이 인도네시아 수마트라섬의 한 이름 없는 지역에서 생산된 육두구nutmeg 생산량이 왜 변화했는지에 관한 권위 있는 설명이나 했으면 하는 거 아니냐는 이야기를 하곤 했다. 또 베이징 주재 미국 대사관 보호 아래 있던 중국 반체제 인사인 천광청陳光誠 문제를 어떻게 할 것인가에 대해서도 백악관과 국무부 사이에 이견이 있었다. 당시 〈뉴욕타임스New York Times〉는 실명을 밝히지 않은 백악관 고위 관료가 이 복잡한 문제를 다루는 클린턴 장관과 국무부의 방식에 비판적이라는 보도를 했다. 하지만 국무부는 천광청과 그의 가족을 안전하게 미국으로 데려왔다.

이런 내부적 갈등은 어느 행정부에나 존재한다. 백악관과 국무부 양쪽 아시아 전문가들 사이의 친분과 그들의 좋은 성격이 갈등을 줄이는 데 큰 도움이 되었다. 그럼에도 불구하고 성공한 외교 정책에서 세운 공은 외교 분야에서 자산과 같다. 워싱턴에서는 대단한 정책 성과라는 손에 잡히지 않는 인식을 만들기 위한 책략과 공작을 둘러싸고 싸움이 늘 벌어진다.

결론

　오바마 대통령 1기 때 미국은 아시아에서 미국의 경제적, 외교적 그리고 전략적 존재감을 확실히 강화했다. 이런 정책은 단순하지만 냉혹한 진리에 의해 추동되었다. 즉 21세기 역사의 상당 부분은 아시아에서 쓰일 것이고, 모든 글로벌 거버넌스에 대한 도전을 극복하는 길은 아시아로 통하며, 향후 몇 세대 동안 미국의 경제적 번영에 가장 중요한 요소는 아시아 경제의 역동성이라는 진리다. 아시아 피벗 정책은 지금까지 미국의 정책이 이런 진리에 충분히 유념하지 않았다는 가정에서 만들어진 것이다. 미국은 지금까지 다른 지역에 너무 많이 관심을 빼앗겼었다. 리처드 하스가 "탈관여disengagement와 지나친 몰두preoccupation 사이에는 엄청나게 많은 정책 선택지가 있다"고 한 것처럼 피벗 정책은 미국이 다른 지역에 대한 관심을 끊는다는 의미가 아니다.[50] 또 중국을 봉쇄하려는 정책도 아니다. 중국에 대한 봉쇄는 잘못된 생각이며 쓸데없는 일이다. 오히려 피벗 정책은 중국을 안심시키는 동시에 필요하면 중국에 대해 단호한 태도를 취한다는 명확한 방향을 가지고 중국에 관여하려는 정책이다. 중국과 관계를 강화하면서 중국이 국제적인 규범에 따르도록 만드는 것이 보다 나은 대안이다. 피벗 정책은 정치적 혹은 당파적 논쟁이 아니다. 피벗 정책은 초당적 우려와 열망을 반영해 국가 이익을 재정의하려는 시도이다. 피벗은 자원이나 후속 조치를 결여한 수사가 아니다. 물론 더 많은 자원과 후속 조치가 필요한 것은 사실이다. 피벗 정책은 미국의 힘을 보존하고 강화하기 위해 고안되고 실행되는 정책이다. 피벗 정책은 아시아 지역에서 폭넓은 지지를 받고 있으며 많은 외교 정책 전문가들이 반드시 필요하다고 인정한 정책이다. 그리고 무엇보다 이미 오래전에 시행되었어야 할 정책이다.

02

피벗의 무대 :
부상하는 아시아에 걸린
이해관계와 다양한 모습

이제 태평양 시대가 본격적으로 도래하면서, 세계를 이끌어가는 힘과 에너지가 시시각각 아시아로 이동하고 있다. 아시아는 거의 모든 측면에서 세계를 이끌어가기 시작했다. 아시아가 세계를 주도하는 방식에 놀랄 때도 있지만, 모순이 보이기도 한다. 또 아시아가 세계를 주도하는 것을 보고 있으면 아시아의 잠재력뿐만 아니라 아시아가 직면한 도전도 함께 드러난다. 아시아는 전 세계에서 온실가스를 가장 많이 배출하는 곳이자, 녹색 기술에 가장 많이 투자하는 곳이다. 아시아는 전 세계에서 가장 많은 도시 인구가 사는 곳이지만, 대부분 아시아 국가들은 세계에서 가장 낮은 도시화율을 보이고 있다. 아시아는 다른 어떤 지역보다 전력을 많이 쓰지만, 이 지역 인구 5분의 1은 여전히 전기의 혜택을 보지 못한다. 아시아의 오래되고 자랑스러운 문화에도 불구하고 '서구인'처럼 보이려는 성형 수술이 만연해 있다. 한국에서만 매년 3만 건의 쌍꺼풀 수술이 이루어지고 있다.[1] 인도네시아 같은 몇몇 아시아 국가들은 전 세계에서 알코올을 가장 적게 소비하는 국가로 알려져 있지만, 전 세계 알코올 소비가 가장 많은 상위 5개국 중 네 곳이 아시아 국가들이다. 중국은 전 세계에서 레드 와인을 가장 많이 소비하는 국가가 되었고, 이제 제2차 '붉은 혁명'을 겪고 있다.[2] 한국인은 일주일에 1인당 13.7잔의 술을 마신다. 이는 아일랜드, 스코틀랜드, 러시아 같은 전통적인 술고래 국가heavyweight의 소비량을 두 배 이상 뛰어넘는 기록이다.[3]

이 장에서 우리는 아시아의 놀라운 성장 뒤에 숨은 현실과 통계 수치들을 살펴볼 것이다. 중국이 아시아 재부상에 있어 가장 큰 역할을 하지만, 다른 아시아 국가들도 인류 역사상 유례없던 이 놀라운 성장 신화에 동참하고 있다. 아시아의 놀라운 발전은 인류 역사에서 그 어떤 시기보다도 가난으로부터 가장 많은 사람들을 구제했는데, 아시아에 냉소적인 사람들까지도 놀라게 할 정도이다.

오늘날 아시아가 이뤄낸 성취는 놀라울 정도다. 아시아의 미래는 밝아 보이지만, 꼭 그럴 거라고 확신하기도 어렵다. 정치인들과 전문가들이 아시아 지역의 잠재력에 놀라움을 나타내며 엄청난 시장 규모와 인구에 대해 숨넘어갈 듯 언급해왔지만, 이러한 잠재력을 현실화하기까지는 여전히 도전 과제들이 많다. 조금 뒤에 살펴보겠지만 아시아 대부분 지역에 가난이 만연해 있고, 위생 수준이 낮으며, 공해가 심각하고, 사회기반시설은 여전히 부족하다. 아시아 지역의 에너지 소비는 급증하는 추세이며, 고령화 사회가 다가오고 있고, 기후변화 문제는 아시아의 미래를 위협하고 있다. 중국의 경제 성장이 주춤하면서 아시아의 기적은 이제 끝날 것이라고들 한다. 유명한 경제학자들은 아시아의 성장 속도가 평균 수준으로 회귀할 것으로 예측한다.[4] 아시아의 부상으로 몇 가지 도전 과제들이 생기기는 했지만, 전 세계에서 가장 큰 중산층, 가장 큰 경제 규모는 이런 문제 해결에 필요한 상당한 자원 역시 제공했다. 또 아시아의 성장 속도는 과거의 엄청난 속도와 비교하면 점차 느려지겠지만, 아시아의 성장에는 속도 이상의 것이 있다. 공공 보건, 심화되는 경제적 불평등, 문화적 정체성과 환경 보호 등 다양한 측면에서 나타나는 변화의 질적·양적 규모도 엄청나다. 다른 모든 성공 신화처럼 아시아의 성공 신화 역시 성공과 진보, 도전과 역경의 투쟁이다.

이는 미국에 상당히 중요한 이야기이다. 아시아 지역이 부상하면서, 오랫동안 미국인과 아시아인을 묶어왔던 유대감도 따라서 커졌다. 버락 오바마 대통령은 첫 일본 순방에서 다음과 같이 말했다.

> 아시아와 미국은 이 거대한 바다에 의해 분리되어 있지 않습니다. 오히려 우리는 이 바다로 연결되어 있습니다. 우리는 우리의 과거 — 미국을 건국하는 데 도움을 주었던 아시아 이민자

들과 이 지역을 안전하고 자유롭게 하기 위해 희생했던 미군들 — 에 의해 긴밀하게 연결되어 있습니다. 우리는 공동의 번영 — 수백만의 일자리와 그에 딸린 가족들이 의지하는 무역과 상업 — 에 의해 서로 묶여 있습니다. 그리고 우리는 사람들 — 미국인 삶의 모든 부분을 풍요롭게 만든 아시아계 미국인과, 그리고 우리 두 나라처럼 긴밀하게 삶이 서로 엮여 있는 모든 사람들 — 에 의해 연결되어 있습니다.[5]

미국과 아시아의 관계는 씨줄과 날줄로 엮인 직물처럼 긴밀한 관계이다. 아시아의 발전과 진보는 미국의 성장을 더욱 자극한다. 그 때문에 경이로운 혁신과 급증하는 중산층이 사는 아시아와 미국의 관계를 강화하는 것이 매우 중요하다. 2008년 금융 위기 이후 미국의 경제 회복이 느리게 진행되고 있기 때문에 더 그렇다. 미국의 경기 회복을 지속하고 좋은 일자리를 만들어내기 위해서 미국의 수출, 특히 대아시아 수출을 확대해야 한다. 아시아의 성장은 미국 경제 성장에 매우 중요하다. 동시에 아시아 세기로부터 미국이 이익을 얻는 만큼 미국의 책임 역시 따라서 증가한다. 미국의 미래에 아시아가 중요한 것만큼이나 아시아의 미래를 위해서 미국의 아시아에 대한 지속적 관여가 필요하다.

미래의 경제적 동학과 지정학적 변화에 대응하기 위해 우리는 현재 아시아에서 무슨 일이 일어나고 있는지 이해해야 한다. 아시아의 성공 신화와 그 다양한 모습뿐만 아니라, 앞으로 무엇이 더 변할지에 대해서도 알아야 한다. 이를 위해 이번 장에서는 아시아의 부상, 잠재력 그리고 도전에 대해 큰 그림을 그려볼 것이다. 이 장의 내용은 도시화, 에너지 사용 같은 전통적인 경제 지표는 물론이고 보건, 위생과 같은 사회 발전의 중요한 지표들에 대해서도 언급할 것이다. 그리고 아시아의 부상에 따라 불가역적으로 변화한 글로벌 산업에 대해 깊이 살펴볼 것이다. 영화 산업, 미술 시장과 같은 다소 낯선 측면뿐만 아니라 해운, 국방비 지출, 기술과 같은 익숙한 분야에 대해서도 검토할 것이다. 이를 통해 변화하는 아시아의 본질과 그 변화가 가져온 극적 효과들을 언급할 것이다. 우선 이런 역동성을 계량화하는 작업부터 시작해야겠다.

사실과 통계 숫자

아시아를 이야기하려면 엄청 많은 숫자들이 필요하다. 아시아의 경제 규모는 수조 달러로 추정되고, 아시아의 인구는 수십억 명이며, 아시아의 군대는 수백만의 군인으로 구성되어 있다. 이런 큰 숫자들을 이해하기는 쉽지 않다. 진화생물학자들에 따르면, 인간의 뇌는 흔히 마주치는 것들을 가장 잘 이해하도록 진화되어왔는데, 일상생활에서 1조 단위는 거의 마주칠 일이 없다.[6] 이렇게 큰 숫자에 대해 어느 정도 감을 잡기 위해서는 몇 가지 구체적인 예가 도움이 된다.

우리는 1달러 지폐의 대략적인 크기를 알고 있다. 1달러 지폐 묶음을 상상하는 것으로 시작해보자. 1달러 지폐는 일반 종이보다 더 얇지만, 1백만 달러를 쌓아놓으면 그 두께는 30층 건물 높이 정도가 된다. 10억 달러의 지폐를 쌓으면 약 70마일로 우주까지 뻗어나갈 정도가 되며, 1조 달러의 지폐를 쌓으면 지구에서 달까지 가는 거리의 4분의 1쯤 된다. 아시아에는 1조 달러 이상의 GDP를 가진 국가가 다섯 개 있고, 그들의 명목 GDP 총합인 약 20조 달러를 쌓으면 지구에서 달까지 가는 거리의 다섯 배 정도가 된다.[7]

이러한 숫자들의 크기를 가늠하는 두 번째 방법은 시간의 관점에서 생각해보는 것이다. 만일 당신이 1초에 숫자 한 개를 센다면 숫자 천을 세는 데 17분이 걸릴 것이고, 숫자 백만을 세는 데 12일이 걸리며, 숫자 10억을 세는 데는 32년이 걸릴 것이다. 현재 약 40억 명 이상 되는 아시아 인구를 세려면 140년 넘게 걸린다. 게다가 아시아에서는 매초 16명이 태어나기 때문에, 이 작업은 사실상 끝이 나지 않는다.[8]

한 가지 사실만은 확실하다. '백만' 또는 '10억'이라는 단위를 쉽게 말하지만, 이 수들은 너무 커서 좀처럼 이해하기 어렵다. 이 장에 나오는 통계 수치들은 엄청나게 크다. 또 거의 예외 없이 빠른 속도로 증가할 것이다. 아시아의 양적 측면을 세분화하여 알아보기 위해 아시아 지역의 놀라운 성장과 큰 규모를 보여주는 사실들과 수치들을 언급하려 한다. 먼저 아시아의 충격적인 통계 수치들이 시작되는 출발점인 인구부터 시작한다.

인구와 영토

1958년 중국의 마오쩌둥毛澤東은 "4대 해충을 없애기 위해 다섯 살 이상 모든 인민들을 동원하라"는 명령을 내리면서 '4대 해충 박멸 운동'을 개시했다. 이는 중국의 엄청난 인구를 몽둥이 삼아 진행된 군대식 대중 노선 운동으로 모기, 파리, 쥐 그리고 참새를 없애기 위한 것이다. 마오쩌둥의 목표는 공공 보건 문제를 해결하고 농업 산출량을 늘리기 위해 중국의 생태계 전체를 탈바꿈시키는 것이었다. 남녀노소, 직업을 막론하고 죽은 쥐와 새들을 지방 공무원에게 보여줬고, 그 대가로 이념적 열정에 대한 칭찬을 듣거나 승진했다. 이는 중국인들의 일상이 되었다. 2년 만에 중국에서 참새가 사라졌다. 해가 되지 않는 다른 새들도 곡물을 좋아한다는 이유로 박멸 대상이 되었지만, 나중에야 이 새들이 곡물보다 곡물을 먹는 벌레들을 더 좋아한다는 걸 알게 되었다. 새를 멸종시키자 메뚜기 떼가 창궐했고 수많은 사람들이 굶주리게 되었다. 마오쩌둥의 '4대 해충 박멸 운동'은 분명한 실패였다. 하지만 이 운동은 수억 명의 사람이 한꺼번에 동원되면 어떤 힘과 잠재력이 나오는지, 그리고 어떤 위험이 따르는지를 보여주었고, 아시아의 엄청난 인구가 가진 함의를 깨닫게 했다.[9]

아시아의 인구는 늘 세계에서 가장 많을 뿐만 아니라 매우 빨리 성장하기도 했다. 1800년에서 1900년의 1세기 동안 아시아 인구는 완만히 성장했는데, 인구가 두 배로 되는 데 백 년이 걸렸다. 1900년에서 2000년 사이에는 공공 보건의 향상과 기대 수명의 증가로 백 년 동안 인구가 네 배 증가했다.[10] 오늘날 아시아에는 40억 이상의 사람들이 살고 있다. 전 세계 인구의 60%, 전 세계 중산층의 3분의 1이 아시아에 살고 있다.[11]

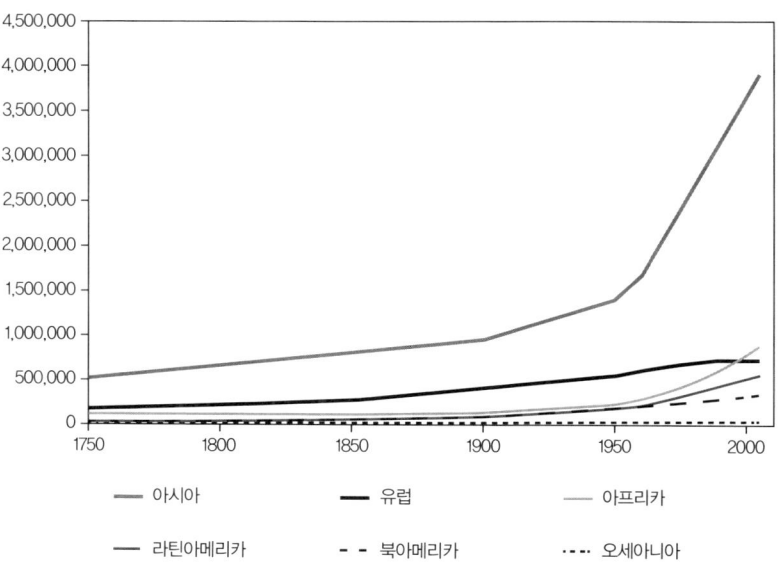

시간에 따른 세계 인구의 추이(지역별 인구)

출처: 앵거스 매디슨 프로젝트

이 인구에 관한 숫자들은 매우 추상적이다. 아시아 인구를 실감 나게 느끼려면 상상 속 실험을 해보면 된다. 미국 양쪽 해안 사이의 땅덩어리를 상상해보자. 미국의 크기는 대략 중국과 비슷하다. 중국과 같은 인구를 만들려면 미국의 인구를 얼마큼이나 더 증가시켜야 할까? 미국이 국경을 개방해 캐나다, 멕시코, 중앙아메리카, 카리브해 국가들 그리고 남아메리카 사람들을 모두 받아들여도 중국의 인구와 비교했을 때 약 4억 명이 부족하다. 여기에 영국, 프랑스, 독일, 이탈리아 그리고 러시아의 인구를 더하면, 비로소 우리는 중국과 거의 같은 크기의 땅에 중국과 같은 규모의 인구, 즉 14억 명의 인구를 갖게 된다.[12]

이렇게 미국 인구가 늘어나면 엄청난 문제가 생긴다. 미국인 1인당 생활 공간이 지금의 4분의 1, 즉 현재 중국인 한 사람이 가지는 평균 생활 공간 크기로 줄어든다. 1제곱마일에 367명이 사는 중국은 미국에 비해 인구 밀도가 상당히 높다. 중국은 아시아에서 인구가 가장 많지만, 아시아에서 인구밀도가 가장 높은 국가는 아니다. 필리핀에서는 1제곱마일에 866명이 살고 있으며, 일본에서는 870명, 인도에서는 993명, 그리고 한국에서는 놀랍게도 1제곱마일에 1,303명이 살고 있다. 사람들이 얼마나 공간적으로 밀집해 살아야 하는지에 따라 개인 공간이란 개념은 전혀 다르게 이해된다. 자원의 희소성 개념도 마찬가지다.[13] 제임스 팰로스James Fallows는 이와 관련해 중국 관료의 말을 인용한다. "중국 밖의 외부인들은 중국을 떠올릴 때 모든 것에 13억을 곱해서 생각한다. [하지만 사실] 우리는 모든 것들을 13억 명의 인구에게 나누어주는 문제를 고민한다."[14]

아시아의 거대한 인구는 당연히 여러 문제를 야기한다. 하지만 거대한 인구는 아시아의 부상을 촉진했으며, 세계 성장을 뒷받침했다. 아시아 국가들은 경제학자들이 말하는 '인구배당효과(생산 가능 인구의 증가로 경제 성장이 촉진되는 효과를 말한다_옮긴이 주)'의 혜택을 보고 있다. 출산율이 감소하면서 인구 구조는 근본적으로 변하고 있다. 15세에서 64세까지 생산 가능 인구가 어린이나 노인 등 피부양 인구보다 상대적으로 많아지고 있다. 이는 급속한 경제 성장으로 이어진다. 노동 가능 인구 1인당 생산량이 소비를 주로 하는 어린이나 노인 1인당 생산량보다 높기 때문이다. 1980년 이래 아시아 국가들의 부양 비율은 72.8%에서 2013년에 47%로 감소했는데, 이로 인해 경제 성장에 투입될 수 있는 자원이 더 늘어났다.[15] 전 세계에서 생산 가능 인구가 가장 많은 15개국 중 7개국이 아시아에 있고, 이 7개국의 노동 가능 인구는 전체 인구의 70%를 넘는다.[16] 미국의 중위 연령中位年齡이 37.6세, 독일은 46세가 넘는 데 비해 말레이시아와 필리핀은 중위 연령이 25세에 불과하다.[17]

거대한 노동 계층이 은퇴하여 훨씬 적은 수의 젊은 노동자들로 이들을 부양해야 할 상황이 오면, 인구배당효과는 인구 적자로 급속히 전환된다. 따라서 인구배당효과는 단 한 번 오는 절호의 기회이다. 인도와 인도네시아 같은 몇몇 아시아 국가들은 이제 막 이런 기회를 잡으려 하는 반면, 중국 같은 국가들은 이 기회가 막을 내릴 상황이다.[18]

인도가 누릴 수 있는 혜택은 특별히 크다. 인도는 곧 전 세계 생산 가능 인구의 5분의 1을 차지할 것이고, 전 세계의 주요 경제 대국 중에서 가장 천천히 고령화 사회로 진입할 것이다. 즉 65세 이상 인구의 비율이 빠르게 증가하지 않을 것이다. 인도가 이 젊은 노동자들을 최대한 활용하려면 1년에 약 천만 개의 일자리를 만들어내야 하는데 이는 엄청난 도전이다. 인도가 역사상 가장 빠른 경제 성장률을 보였던 2004년에서 2010년까지도 인도의 일자리는 순증가를 이루지 못했다.[19] 인도가 세계 최고 수준이라고 자부하는 소프트웨어와 정보 기술 산업은 인도인들을 많이 고용하지 않는다. 인도가 일자리를 창출하려면 소프트웨어나 정보 기술 산업처럼 세계 수준의 제조업을 건설해야 한다.

UN이 계산한 아시아 국가들의 인구배당효과 기회[20]

국가	UN이 계산한 인구배당효과 기간	2016년 기준 남은 햇수
중국	1990~2025	9
한국	1985~2030	14
일본	1965~1995	0
인도	2010~2050	34
인도네시아	2005~2040	24
싱가포르	1980~2015	0
베트남	2005~2040	24

 인도의 정책 결정자들은 이러한 도전 과제를 잘 인식하고 있다. 이런 인식은 인도 총리 나렌드라 모디Narendra Modi가 주창한 '메이크 인 인디아Make in India' 운동의 기반이 되었다. 이 정책은 제조업 생산 시설을 인도로 옮기는 것을 장려한다. 인도가 향상된 사회기반시설, 더 잘 정비된 규제, 더 나은 노동법 등을 갖춘다면 이런 제조업들을 끌어들일 수 있을 것이다. 하지만 인도 자국민들의 건강과 교육이 제대로 보장되지 않는다면, 인도는 자국의 잠재력을 발휘하기 전에 기회를 놓치게 될 것이다.

 한 국가의 인구 구조가 약이 될지 독이 될지는 각국 정부가 기회를 잡기 위해 어떤 경제, 사회 정책을 채택하는가에 달려 있다. 올바른 정책을 채택한 정부는 인구배당효과의 결실을 얻을 것이고, 잘못된 정책을 취한다면 그 기회를 놓치게 된다. 일단 이 부분을 염두에 두면서 가난, 질병, 공공 보건, 교육과 같이 한 국가가 자국민에게 투자하는 정도를 측정하는 사회 정책의 핵심 지표들을 살펴보자.

빈곤, 건강, 교육

 지난 몇십 년 동안 아시아의 빈곤은 극적으로 감소했다. 전 세계 빈곤 퇴치에 관한 진보의 상당 부분은 아시아가 이룬 성과이다. 국제연합(UN)이 인정하는 것처럼, 전 세계에서 하루에 1.25달러 미만으로 살아가는 사람들의 비율을 절반으로 줄이자는 UN 새천년개발목표의 달성은 "아시아, 특히 동아시아에서 거둔 엄청난 성공의 결과" 때문에 가능했다.[21] 지난 20년 동안 절대 빈곤율은 급격히 줄어들었다. 1990년에서 2010년 사이 중국의 빈곤율은 60%에서 12%로 급락했고, 동남아시아는 45%에서 14%로, 인도는 48%에서 22%로 떨어졌다. 단 20년 만에 절대 빈곤에 처해 있던 약 6억 명의 사람들을 구한 것이다.[22] 많은 국가와 국제기구들이 세운 그다음 목표는 2030년까지 아시아의 절대 빈곤을 완전히 없애는 것이다. 세계 빈곤 퇴치의 첫 장을 중국이 썼다면, 다음 장은 전 세계 빈곤 인구의 약 3분의 1이 살고 있는 인도가 써야 한다.[23]

수천만 명의 사람들을 절대빈곤으로부터 해방시키는 것은 결코 작은 성과가 아니다. 하지만 성공의 나팔을 불기엔 아직 이르다. 세계은행에서 사용하는 하루에 1.25달러라는 빈곤의 기준이 너무 낮아서 빈곤을 적절히 표현하지 못한다고 주장하는 사람들이 많다. 예를 들어 아시아개발은행(ADB)은 그 기준을 1.51달러로 올려야 한다고 주장하는데, 그럴 경우 아시아 인구의 50%가 빈곤에 해당된다.[24]

사실 빈곤선을 2달러로 올린다 해도 적절하다고 할 수 없는데, 높은 임대료와 비싼 교통비에 시달리는 도시 거주자들에게 2달러는 얼마 안 되는 돈이기 때문이다. 두 명의 상류층 인도인과 MIT 졸업생들이 인도인의 2011년 평균 월급에 해당하는 하루에 백 루피(약 2달러)로 살아가기에 도전한 적이 있다. 이 과정에서 그들은 수 파운드의 몸무게가 빠졌고, 어지럼증을 자주 호소했으며, 음식 부족으로 인한 우울증을 겪었다.[25] 아시아 대부분의 지역에서 절대 기아는 감소하고 있지만, 일정 수준의 번영을 위해서는 아직도 갈 길이 멀다.

아시아는 공공 보건을 향상시키는 데에도 큰 걸음을 떼고 있는데, 동북아시아가 가장 앞서가고, 동남아시아가 바로 뒤를 쫓고 있으며, 남아시아

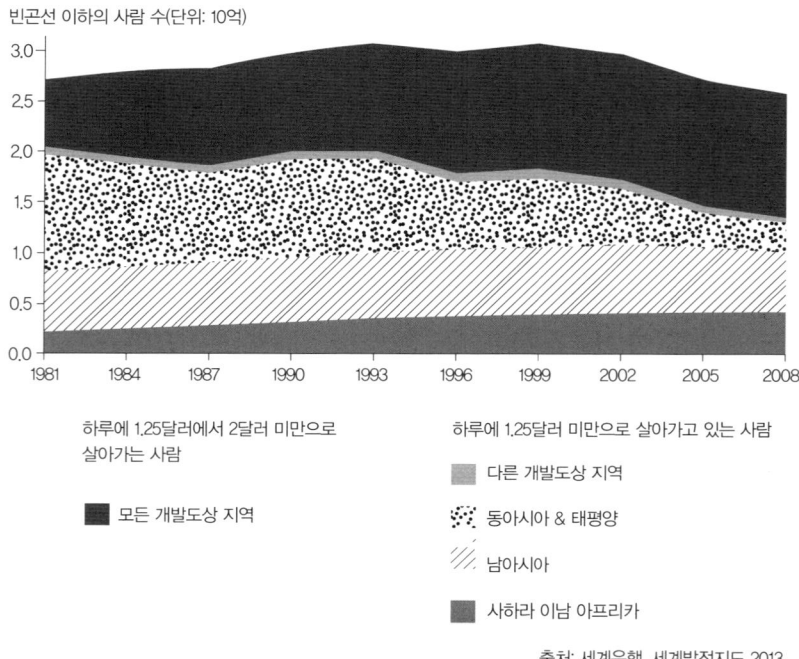

개발도상 지역의 빈곤

출처: 세계은행, 세계발전지도 2013

는 여전히 많은 문제를 안고 있다. 1970년에서 2012년 사이 5세 이하 어린이 백 명당 사망자 수는 급감했다. 중국은 111명에서 14명으로 떨어졌고, 인도네시아는 161명에서 31명으로, 인도는 211명에서 56명으로 줄었다.[26] 이것은 놀라운 발전이다. 그러나 아시아 국가들의 통계 수치는 경제협력개발기구Organization for Economic Cooperation and Development(OECD)의 평균 수준인 5명에 비해 여전히 높다. 마찬가지로, 아시아의 평균 산모 사망률은 지난 20년 동안 50% 정도 감소해 놀랄 만큼 줄었지만 이 또한 OECD의 평균보다는 약 열 배 이상 높다. 산모 사망은 좋은 의료 서비스로 예방이 가능하다는 점에서 이 통계 수치는 특히 뼈아픈 부분이다. 한 가지 긍정적인 것은 기대 수명이다. 영양 상태, 수질, 위생, 의료 서비스의 향상으로 지난 40년 동안 아시아의 평균 기대 수명은 57세에서 약 72세로 늘어났다. 아시아 보건 분야의 심각한 문제들에도 불구하고 아시아의 평균 기대 수명은 OECD와 비교했을 때 겨우 8년밖에 차이 나지 않으며 이 차이도 점점 줄어들고 있다.[27]

공공 보건 분야의 이러한 성공은 한편 새로운 문제들을 낳았다. 수명이 늘어난 노인들이 이제는 과거 기대 수명이 낮았던 때에 볼 수 없었던 암, 심장병, 당뇨병 그리고 다른 질환들을 앓고 있다. 예를 들어 아시아에서 암 발병률은 2030년까지 인구 10만 명당 163명이 될 것으로 예측되는데, 이는 같은 기간 미국에서 인구 10만 명당 156명이 될 것이라는 예측보다 높다.[28] 미국의 흡연율은 인구의 20% 미만인 반면, 아시아에서는 인구의 절반 가까이가 담배를 피우고 있으며, 이로 인해 폐암 발생 건수가 급증하고 있다.[29] 이 때문에 아시아 국가들은 많은 치료비가 들어가는 비전염성 질환 증가에 대처하기 위해 의료 서비스 지출을 늘릴 수밖에 없을 것이다.

마지막으로 아시아 국가들은 교육 분야에서 괄목할 만한 성과를 냈다. 교육 분야의 발전은 빈곤율을 낮추고 성장률을 높이는 데 핵심적이다. 오늘날 아시아에서는 학령 인구 90% 이상이 초등학교 또는 중고등학교에 다니고 있다. 이런 성과의 대부분은 남아시아에서 일어났는데, 20년 전만 해도 남아시아 학령 인구의 75%만 학교에 다녔다.[30] 남아시아 젊은 층의 경우 약간 뒤처져 있지만, 동북아시아와 동남아시아에서는 거의 모두가 글을 읽고 쓸 줄 안다.[31]

아시아 고등교육의 경우에도 정부 지원, 민영화, 수요 폭발로 큰 발전이 있었다. 대학 진학 연령층의 학부 진학률이 지난 25년 동안 급속도로 증가했다. 한국의 경우 7%에서 거의 70%로 늘어났고, 말레이시아는 1%에서 18%로, 태국은 5%에서 37%로 증가했다.[32] 현재 중국과 인도에서도 대학 진학 연령층의 10% 이상이 학부 과정에 다니고 있다. 올해 한 해만 해도 중국에서 7백만 명이, 그리고 인도에서도 비슷한 수의 학생이 대학을 졸업한다. 대학 교육을 받은 인구가 많다는 것은 큰 장점이다. 그러나 대졸자 수가 일자리 수를 넘어서면서 최근 대졸자 실업률이 두 자릿수가 되었다.[33] 많은 아시아 대학교들이 다양한 도전에 직면해 있으며, 졸업생들을 사회로 진출시키는 데 필요한 준비를 제대로 하지 못하고 있다. 하지만 몇몇 대학교들, 예를 들어 인도의 인도공과대학, 중국의 베이징대, 칭화대, 푸단대 등은 세계적 수준이다.[34] 아시아 인적 자본의 향상은 엄청나게 빠른 속도로 진행되는 도시화, 낮은 위생 수준 그리고 대기 오염과 같은 아시아가 직면한 힘든 문제들을 해결하는 데 큰 도움이 된다.

도시화, 위생, 대기 오염
아시아는 전 세계에서 가장 많은 도시 인구가 살고 있지만, 전 세계에서 가장 도시화된 지역은 아니다. 1960년만 하더라도 아시아의 도시 인구는 2억 명이 채 되지 않았으나 오늘날에는 거의 15억 명이다. 이는 전 세계 어느 지역보다도 많은 수준이다.[35] 엄청나게 큰 규모의 도시 인구에도 불구하고 아시아인 대부분은 여전히 시골에 살고 있다. 시골에 살고 있는 인구의 비율은 미국과 서유럽의 경우 거의 20%인 반면, 동북아시아의 경우 거의 40%, 동남아시아는 50%, 남아시아는 70%에 이른다.[36] 아시아의 급속한 경제 성장에도 불구하고 도시 혁명은 이제 막 시작되었을 뿐이다.

엄청난 변화의 규모와 속도를 볼 때 중국은 아시아 도시화의 전형적 사례이고 이를 미국과 비교해보면 시사하는 바가 많다. 2012년 중국 인구의 절반을 약간 넘는 사람들이 도시에 거주하고 있었는데, 이는 1920년경 미국의 수준이다. 광란의 1920년대Roaring Twenties(미국의 경제 성장 속도가 빨라 대호황을 누리며 활기가 넘치던 1920년대를 뜻한다 _ 옮긴이 주) 미국 인구는 1

억 명을 겨우 넘었는데, 이때 5천만 명 정도가 도시에 거주하고 있었다. 오늘날 이 인구보다 약 열네 배나 많은 사람들이 중국의 도시에 거주하고 있다. 만약 중국의 도시화율이 서구의 수준을 따라온다면, 중국 한 국가만 잡아도 약 10억 명의 인구가 도시에 거주할 것이다. 아시아의 도시화율은 아직 다소 낮지만, 도시 인구 비율만 놓고 보면 잠재력이 매우 크다.

그런데 아시아 도시들은 이미 엄청나게 거대하다. 중국 수도 베이징의 확장 현상은 너무 심해 주변 도시들을 통합하여 1억 명 이상이 거주하는 하나의 거대한 광역 도시권으로 만들자는 논의가 진행 중에 있다.[37] 상하이는 전 세계에서 가장 큰 도시 중 하나로 2천4백만 명이 살고 있고, 뉴욕보다 두 배 더 많은 4천 개가 넘는 현대식 마천루가 있다. 1980년대까지만 해도 상하이에 이런 마천루는 하나도 없었다.[38] 중국 수출 경제의 엔진인 중국 주강 삼각주(중국 광동성의 광저우, 홍콩, 선전, 마카오를 연결하는 주장강 하구 지대로 중국이 최초로 개방한 지역이다 _ 옮긴이 주)에는 9개 대도시가 자리 잡고 있는데 인구가 거의 6천만 명이고, 각 도시들은 서로 통근 거리 정도 떨어져 있다. 마치 뉴욕, 로스앤젤레스, 시카고, 휴스턴, 필라델피아가 지금보다 두 배 규모로 커져서 메릴랜드 크기의 땅에 모두 모여 있는 것과 같다. 아시아에는 천만 명 이상 사람들이 거주하는 도시인 메가시티가 벌써 15개가 있다. 흔히 메가시티라고 생각하기 어려운 다카, 자카르타, 카라치, 마닐라 등도 여기에 속한다.[39] 이런 메가시티 외에 인구 15만 명에서 백만 명의 중간급 규모 도시들이 시골 지역에서 우후죽순처럼 생겨나고 있다. 맥킨지 글로벌 연구소에 따르면, 미국의 털리도Toledo, 밀워키Milwaukee와 같은 중견도시가 아시아에 많음에도 잘 알려지지 않았지만 향후 10년 동안 메가시티에 비해 세계 경제 성장에 다섯 배 이상 기여할 것으로 보인다.[40] 중국의 포산佛山이나 인도의 수라트Surat 같은 도시 이름을 들어본 사람들은 많지 않지만, 이런 도시들이 세계 성장의 미래를 결정지을 가능성이 높다.

이러한 중견도시들이 세계적인 도시로 진입하는 데는 수십 년이 걸리는데 이미 많은 아시아 도시들이 뉴욕, 런던, 파리 같은 도시들과 견주어도 손색이 없을 만큼 세계적이다. 도시전략연구소Institute for Urban Strategies는 경제력, 연구 기능, 문화적 편의, 거주 적합성, 환경, 접근성 등의 기준으로 도시 순위를 매긴 글로벌 파워 도시 지수Global Power City Index라는 영향력 있는 지표를 발표하는데, 이에 따르면 현재 상위 15개 도시 중 7개 도시가 아태지역에 위치해 있다. 도쿄, 싱가포르, 서울, 홍콩, 시드니, 베이징 그리고 상하이가 그 도시들이다.[41] 하지만 다른 아시아 도시들도 이 목록에 합류할 것이다. 한 도시가 세계 최고 도시로 진입할 수 있는 '미래' 잠재력을 측정하는 A. T. 커니A. T. Kearney의 신흥 도시 전망Emerging Cities Outlook에 따르면, 전도유망한 도시 상위 20개 중 10개가 아시아 도시들이다.[42] 그러나 이런 아시아 도시들의 성장이 화려하고 밝지만은 않다. 예를 들어 국제적인 도시 뭄바이Mumbai는 화려한 발리우드와 성장하는 금융 산업의 도시이자 2천만 명이 거주하는 곳으로 전 세계에서 가장 빠르게 성장하는 도시 중 하나이지만, 도시 인구 절반가량이 빈민가에서 살고 있다. 아시아에서 주요 도시들은 서구의 도시들과 견줄 정도로 성장했으나, 신흥 도시 대부분은 수백만 거주민들의 삶과 아시아의 발전 방향에 큰 영향을 미칠 엄청난 성장통에 직면해 있다.

매년 수천만 명이 아시아의 신흥 도시로 유입되면서, 지역 정부 관료들은 기본적인 위생을 유지하고 분뇨를 적절히 처리하는 것과 같은 기초적이지만 필수적인 업무들과 씨름하고 있다. 하수로 오염된 물은 공공 보건을 위협하고, 아이들을 '박테리아 생성Bacteria Brew'에 노출시켜 충분한 영양을 섭취해도 병, 영양실조, 성장 장애 등의 문제를 야기한다.[43] 이런 문제들은 깨끗한 수돗물과 화장실 시설이 부족한 아시아 지역 빈민가에서 심각하다. 5억 명의 아시아인들과 아시아 도시 거주자의 30%가 이런 빈민가에 살고 있다. 언뜻 보기에 이 숫자는 엄청나 보인다. 그러나 상황이 아주 절망적인 것은 아니다. 지난 20년간 도시 인구가 급증했음에도 빈민가에 사는 도시 인구 비율은 아시아 전역에 걸쳐 약 40% 감소했는데, 이는 중요한 진전이 있었음을 의미한다.[44] 이러한 발전은 위생 통계에서도 드러나는데, 높은 수준의 위생 시설에 접근할 수 있는 도시 거주자 비율은 1990년과 2010년 사이에 60%에서 80%로 증가했다.[45]

하지만 위생 문제는 아시아의 많은 시골 지역에서 여전히 중요한 문제다. 특히 시골에 거주하는 인구의 거의 75%가 야외에서 배변을 하는 인도의 경우 더 그렇다.[46] 인도에 사는 대부분의 시골 사람들에게는 화장실이 없다. 모디 인도 총리는 사원보다 화장실을 짓는 것이 더 중요하다고 생각해 화장실이 없는 마을에 수백만 달러를 들여 1초당 한 개꼴로 화장실을 짓고 있다. 화장실 접근성이 극적으로 좋아졌음에도, 실내에서 배변 보는 것을 문화적으로 꺼리는 오래된 버릇은 좀처럼 바꾸기 어렵다. 예를 들어 한 지역 주민은 마을에 설치된 새로운 화장실을 본 척도 안 한다. "이런 부스 안에 분뇨와 함께 우리들을 가두는 거요? 어떻게 그게 깨끗한 것인지 나는 도무지 이해할 수 없네요. 저기 밖에서 볼일을 보는 게 맞죠."[47] 인도의 높은 인구 밀집도에 따른 불결한 위생 상태가 소화 기관의 감염과 영양실조를 야기하여 유아 성장을 저해한다는 사실을 주민들은 잘 모른다. 연구에 따르면, 야외 배변이 일반화된 농촌 마을의 유아 사망률은 이런 습관이 흔하지 않은 지역에 비해 현저히 높다고 한다.[48] 벌써 한 세기 전에 인도 건국의 아버지인 마하트마 간디Mahatma Gandhi가 위생은 독립보다 더 중요하다고 말한 것이 지금까지도 유효하다. 인도의 지도자들이 현재 마주하고 있는 문제는 그만큼 심각하다. 그래서 인도 정치 지도자들은 간디의 언급 이후 처음으로 이 문제를 국가 차원의 과제로 인식하여 변화를 만들어가고 있다.

아시아 지역의 대기 오염도 문제다. 중국의 대기 오염은 조기 사망의 네

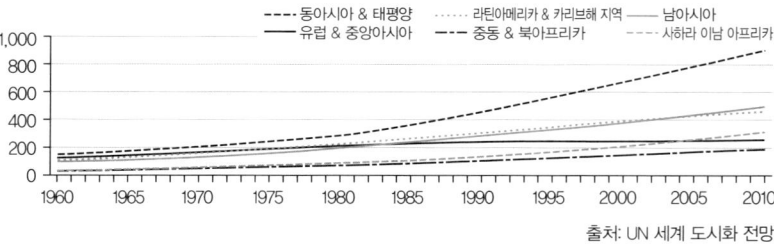

번째로 큰 원인이며, 이로 인해 매년 120만 명의 조기 사망자가 발생한다.[49] 과거 정부는 상대적으로 미세한 공기 중 입자 물질 농도인 PM2.5 측정값 대신 상대적으로 큰 공기 중 입자 물질 농도인 PM10 측정값을 공개함으로써 형편없는 환경 수준을 감추려고 했다.[50] 2008년에 주베이징 미국 대사관이 자체적으로 PM2.5 수준을 측정하면서 중국 대기 질의 진짜 모습이 드러났다. 트위터 계정 @BeijingAir를 통해 매일 공개되는 이 서비스는 2010년 대기 오염도 측정값이 562로 나타나면서 큰 화제가 되었다. 일반적으로 대기 오염도 측정은 1에서 500 사이에 위치하는데 이 수치는 해당 범위를 벗어난 것이기 때문이다. 이 사건으로 전 세계로부터 엄청난 관심을 받았던 중국은 이후 대기 측정 자료의 투명성을 높였다. 2012년에는 PM2.5 수치를 공식적으로 발표하기 시작했고, 대기 질 향상을 위해 다양한 전략을 시행하고 있다. 그럼에도 중국의 대기 오염은 만성적인 문제로, 2013년 1월에는 PM2.5 수치가 755라는 끔찍한 수준까지 올라가기도 했다.[51]

중국이 형편없는 대기 질 때문에 전 세계의 엄청난 주목을 받고 있지만, 사실 전 세계에서 대기 오염이 가장 심각한 곳은 이웃 국가인 인도이다. 1천6백 개 도시들의 대기 오염을 조사한 세계보건기구World Health Organization(WHO)의 연구에 따르면, 뉴델리의 공기는 베이징보다 두 배

더 위험한 것으로 나타났고, 전 세계에서 가장 오염이 심한 상위 20개 도시 중 인도의 도시가 13개인 것으로 밝혀졌다.[52] 수백 개의 다른 아시아 도시들도 WHO가 정한 기준치에 비해 몇 배나 높은 대기 오염 수치를 보였다.

아시아 도시들은 엄청난 문제에 직면해 있지만 미국이나 유럽도 과거에는 비슷했다. 뉴욕과 런던은 백 년 전만 해도 엄청난 규모의 도시 빈민들이 있었으나 사회간접자본, 교통 그리고 주거에 쏟아부은 엄청난 투자와 발전을 통해 오늘날 우리가 보는 메트로폴리스가 되었다. 서구의 도시들도 대기 오염과 수질 오염의 정도가 심각했지만 세세한 규제와 기술의 발전으로 오늘날 우리가 향유하는 깨끗한 공기와 물을 만들어냈다. 아시아의 경제적 성장은 의심할 여지 없이 많은 문제들을 가져왔지만 해당 지역 정부에 이런 문제를 해결할 자원도 함께 가져다준다. 우리는 다음 파트에서 아시아 지역의 경제 성장 속도와 규모에 대해 살펴보고자 한다.

경제

1872년 이래 미국은 전 세계에서 가장 큰 경제 대국이었으나 미국의 시대도 점차 저물고 있다. 국제통화기금(IMF)에 따르면 상대적 물가에 따라 조정된 GDP 지표, 즉 구매력평가지수Purchasing Power Parity(PPP) 기준으로 중국 경제는 2014년 미국을 추월했다.[53] 이 지표는 세계은행(WB)의 지원을 받아 이루어진 국제 비교 프로그램International Comparison Program이 고안했다. 중국은 전 세계에서 가장 큰 경제 대국이 되는 것에 따르는 정치적 도전에 불편해했다. 조정이 이루어지지 않은 명목 GDP의 경우 아직까지 미국이 중국보다 6조 달러 더 앞서고 있으며 2020년대 중반까지 미국은 세계 1위의 자리를 유지할 것이다.[54] 이 세계은행 프로젝트에 관여한 인사에 따르면, 중국은 이 프로젝트에 사용된 방법론과 데이터를 뒤집어엎으려고 최소 1년 동안 눈에 띄지 않게 많은 노력을 쏟아부었다. 그럼에도 불구하고 중국의 우려는 이 보고서에 딱 한 줄로만 표현되어 있다. "중국 국가통계국은 방법론의 몇 가지 측면에서 의구심을 드러냈다"가 전부다.[55] 중국 정부는 중국이 경제적으로 세계 정상을 차지했다는 것을 국내 언론들이 보도하지 못하도록 막았다. PPP에 따른 조정은 정확하지 않으며, 다른 많은 지표들로 볼 때 중국은 세계에서 가장 큰 경제 대국이 **아니라는** 중국의 주장이 옳다. 그러나 중국 정부의 밀실 공작과 국내 언론 통제에도 불구하고 경제력이 아시아로 이동하고 있다는 명백한 사실을 숨길 수는 없다.

세계의 경제적 중심이 점차 동쪽으로 이동한다는 전문가들의 표현은 단순한 비유로 취급되었다. 그런데 맥킨지 글로벌 연구소는 그러한 주장이 실제로 사실인지 아닌지 연구에 착수했다. 이 연구소 경제학자들은 각국 영토에 GDP를 고려한 가중치를 부여하여 실제로 세계의 중심축이 **어디에** 있는지 찾으려 했다. 그들의 계산에 의하면, 세계의 중심은 이미 아시아에 와 있다. 지난 21세기 중에서 20세기 동안 세계의 중심은 아시아에 있었다. 오늘날 이 중심축은 매년 약 140km의 속도로 동쪽으로 이동하고 있는데,

기원후 1년부터 2025년 사이 지구의 경제 중심축의 이동

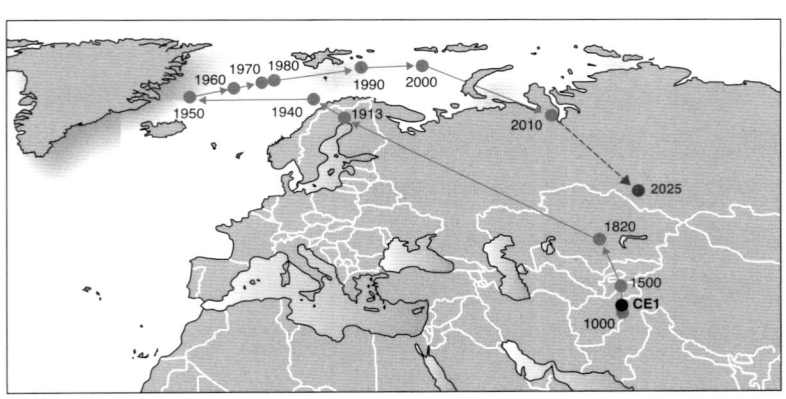

출처: 맥킨지

이는 인류 역사상 가장 빠른 것이다.[56]

중국의 경제적 우위를 부정하는 보수적 수치인 명목 GDP조차도 세계를 이끄는 경제 대국으로서 미국의 위상이 불안하다는 것을 잘 보여준다. 서구 국가에 유리한 숫자를 사용한 아래 두 번째 표도 아시아, 특히 중국의 부상이 명백하다는 것을 보여준다. 만일 미국 경제가 연 2%씩 성장하고 중국의 성장 속도가 연 4% 이하로 떨어지지 않는다고 가정할 때 중국은 2030년에 미국을 명목 GDP에서 따라잡을 것으로 예상된다.[57] 또 하나 놀라운 것은 세계 순위에서 인도와 인도네시아의 성장이다. 인도와 인도네시아는 2010년에 순위표에도 없었지만, 2030년이 되면 명목 수치로 보았을 때 전

1990~2030년 세계 10대 경제 대국

(단위: 1조 달러)

	1990	GDP	2000	GDP	2010	GDP
1	미국	5.9	미국	10.3	미국	15.0
2	일본	3.1	일본	4.7	중국	5.9
3	독일	1.7	독일	1.9	일본	5.5
4	프랑스	1.2	영국	1.5	독일	3.3
5	이탈리아	1.1	프랑스	1.3	프랑스	2.5
6	영국	1.0	중국	1.2	영국	2.3
7	캐나다	0.6	이탈리아	1.1	이탈리아	2.0
8	스페인	0.5	캐나다	0.7	브라질	2.1
9	브라질	0.5	브라질	0.6	캐나다	1.6
10	중국	0.4	멕시코	0.6	러시아	1.5

	2020	GDP	2030	GDP
1	미국	23.5	중국	53.8
2	중국	21.9	미국	38.5
3	일본	6.1	인도	15.0
4	독일	5.1	일본	9.3
5	인도	4.5	독일	7.4
6	브라질	3.9	브라질	6.3
7	프랑스	3.9	영국	5.8
8	영국	3.7	프랑스	5.7
9	이탈리아	2.7	인도네시아	4.7
10	러시아	2.6	러시아	4.6

출처: 스탠다드차타드 연구

세계의 세 번째 그리고 아홉 번째로 큰 경제 대국이 될 것이다.

PPP로 다시 살펴보면 이런 예상은 그리 놀라운 일이 아니다. 중국은 2014년 전 세계에서 가장 큰 경제 대국이 되었고, 인도는 2008년 전 세계에서 세 번째로 큰 경제 대국이 되었으며, 인도네시아는 2011년 세계 10대 경제 대국으로 진입했다. IMF에 따르면, 2020년까지 중국은 1위, 인도는 3위, 인도네시아는 6위의 경제 대국이 될 것으로 예측되는데, 이들의 GDP 합은 미국의 GDP보다 두 배나 클 것이다.

중국, 인도 그리고 인도네시아는 그 규모 때문에 급속도로 성장하는 다른 아시아 국가들보다 더 많은 관심을 받고 있다. 하지만 이 지역에서 상대적으로 작은 국가들도 다른 국가들의 선망의 대상이 될 정도로 빠르게 성장하고 있다. 2014년 몽골의 성장률은 9.1%, 미얀마는 8.5%, 라오스는 7.4%, 캄보디아는 7.2%, 스리랑카는 7.0%, 필리핀은 6.2%, 방글라데시는 6.2% 그리고 말레이시아는 6%였다.[58] 이는 미국의 2.4%와 같은 무기력한 성장이나 다소 거품 낀 유럽의 1.4% 성장률과 비교했을 때 놀랄 만한 성장률이다.

1980~2020년 PPP에 따른 GDP 세계 상위 10개국

(단위: 10억 달러)

	1980		2020(추정치)	
1	미국	2,862.48	중국	28,229.14
2	일본	996.736	미국	22,488.62
3	독일	866.544	인도	12,708.36
4	이탈리아	594.926	일본	5,521.73
5	프랑스	578.363	독일	4,500.57
6	브라질	572.139	인도네시아	4,155.46
7	영국	490.517	브라질	3,977.90
8	멕시코	389.33	러시아	3,975.74
9	인도	386.157	영국	3,240.20
10	중국	298.397	프랑스	3,159.79

출처: IMF 세계 경제 전망, 2015

정신 차릴 수 없을 만큼 빠른 성장은 날이 갈수록 영향력이 커지는 중산층의 확대를 낳았다. 2009년 기준으로 중산층은 5억 2천5백만 명이었는데, 2020년쯤에는 북아메리카의 중산층 인구가 줄어들고 아시아 중산층은 17억 5천만 명으로 늘어날 것으로 예상된다. 앞으로 6년 안에 전 세계 중산층 인구 중에서 북아메리카가 차지하는 비중은 10%로 하락할 것으로 예측되는 반면, 아태지역이 차지하는 비중은 거의 55%가 될 것이다. 2030년에는 전 세계 중산층의 3분의 2를 아시아가 차지하게 될 것이다.[59] 아시아의 성장이 더뎌진다 해도, 엄청난 수의 소비자가 아시아에 집중되어 있기 때문에 전 세계 기업들이 아시아 중산층을 겨냥해 수출 경쟁을 벌일 것이다. 그에 따라 수십 개의 산업이 재편될 것이다. 이미 전 세계 중산층의 3분의 1이 아시아에 살고 있다.

많은 거시경제적 지표들이 아시아 중산층의 성장을 뒷받침하고 있다. 앞서 논의한 것처럼, 아시아는 많은 수의 생산 가능 인구에 비해 상대적으로 적은 피부양자 수와 같은 인구배당효과의 이점을 누리고 있다. 동시에 실업률은 4.6%로 다른 어느 지역과 비교해도 낮은 편이다.[60] 아시아 국가들이 수십억의 돈을 꼭 필요한 최첨단 사회간접자본 프로젝트에 투자하면서, 투자 규모도 기록적인 수준으로 증가하고 있다. 중국의 국내외 투자는 지역 전반에 걸쳐 산업화를 가속화시키고 있으며, 그 결과 새로운 시장을 창출해내고 있다. 동아시아와 태평양 지역의 개발도상국들에 대한 총자본 투자는 다른 개발도상 지역의 투자 총합을 훨씬 앞섰는데, 1995년 약 5천억 달러에서 2010년 거의 1조 8천억 달러로 증가했다.[61]

세계은행과 국제금융공사International Finance Corporation(IFC)는 각국이 얼마나 기업하기 좋은지에 대해 매년 보고서를 발간한다. 보고서에는 싱가포르, 뉴질랜드, 홍콩, 한국, 호주, 말레이시아, 대만, 태국, 모리셔스, 일본 등 아시아 국가들이 상위 30개 국가에 포함되어 있다.[62] 물론 이 나라들

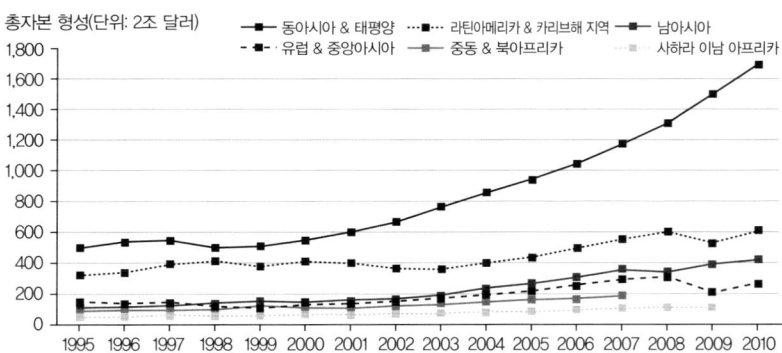

참고: 중동과 북아프리카 지역의 경우 데이터를 얻을 수 있는 가장 마지막 연도는 2007년이다. 사하라 이남 아프리카의 경우 2009년이다.

출처: 세계은행, 세계발전지도 2013

은 예외적인 경우이다. 중국, 인도, 인도네시아 등 다른 21개 아시아 국가들은 순위표의 절반 아래에 위치해 있다.

많은 아시아 국가들이 높은 순위에 진입하지 못했는데 그 이유는 바로 부패 때문이다. 국가가 부패하면 정실주의가 판을 치고 뇌물이 일상화되며, 기업가 정신은 감소하고, 외국인들이 투자하기를 꺼리며, 중소기업들은 엄두를 못 낼 정도로 비싼 초기 비용을 감당해야 한다. 비정부기구인 국제투명성기구Transparency International에 따르면, 정부 부패에 대한 국민의 인식을 측정한 부패인식지수Corruption Perception Index(CPI)에서 아태지역 국가의 64%가 매년 50점 이하(100점 만점)를 기록했다.[63] 아시아 지역에서 뉴질랜드나 싱가포르처럼 높은 점수를 받은 국가들도 있지만, 미얀마, 캄보디아 그리고 사실상 거의 모든 남아시아 국가들을 포함한 많은 아시아 국가들이 아주 낮은 점수를 받았다. 낮은 CPI는 경제 성장의 발목을 잡는 주요인이다.

부패를 어떻게 근절할 것인가라는 질문은 사회적 요인들이 중요한 역할을 하기 때문에 상당히 답하기 어려운 질문이다. 예를 들어 프랜시스 후쿠야마Francis Fukuyama에 따르면, 사람들 간의 낮은 신뢰와 사회적 자본 부족이 부패를 만연시킨다고 한다.[64] 아시아 국가들의 정치에서도 부패는 점점 더 두드러지고 있다. 인도에서는 반부패 캠페인에 수백만 명이 동참했고, 지방 및 중앙 선거에서 핵심적인 이슈가 되었다. 중국에서는 시진핑 주석의 반부패 캠페인이 과거에는 건드릴 수조차 없었던 중앙정치국 상무위원들을 제물로 삼았다. 물론 이 캠페인이 부패를 진짜 척결하려는 욕구에서 촉발된 것인지 아니면 시진핑 주석의 정적을 약화시키기 위해 시작된 것인지는 불분명하다.

사회간접자본

아시아의 경제 성장은 눈부시게 빠른 속도로 이루어졌는데, 이 같은 성장을 지속하려면 한 가지 중요한 장애물을 극복해야 한다. 그것은 바로 사회간접자본이다. 2009년 아시아개발은행(ADB)은 아시아 국가들이 고속 성장을 유지하기 위해서는 향후 10년 동안 사회간접자본에 약 8조 달러의 투자를 해야 한다는 보고서를 발표했다. 이 보고서는 충격적이었던 만큼 널리 인용되었다. 급증하는 인구, 급속한 도시화 그리고 빠른 산업화로 인해 사회간접자본 구축에 보다 많은 지출을 하라는 국내적 압력이 증가했다. 보고서는 또한 아시아 지역 내 가장 복잡한 공급망조차도 매우 부실하다고 평가했다. 향후 연계성과 교통이 아시아의 지속 성장에 이바지하려면 이 분야에 보다 많은 투자가 이루어져야 한다. 많은 아시아 국가들이 사회간접자본에 막대한 투자를 함으로써 고층 빌딩과 화려한 공항 그리고 대담한 건축물에 관한 신화를 만들어냈다. 물론 이런 신화 중 상당 부분은 맞지만, 아시아 지역의 현실은 그렇게 단순하지 않다. 일부 아시아 국가들은 건축적 경이로움을 실현하고 있지만 또 다른 국가들은 관료주의에 얽매인 채 사회간접자본 프로젝트를 해결하기 위해 여전히 악전고투하고 있다.

동아시아, 특히 중국은 아시아의 가장 야심 차고 놀라운 사회간접자본 프로젝트의 중심에 있다. 사회간접자본에서 최고의 국가가 되려고 하는 중국은 세계에서 가장 큰 공항(베이징), 가장 큰 풍력발전 지역(간쑤), 가장 큰 댐(후베이), 가장 큰 항구(상하이), 가장 큰 면적의 건물(쓰촨), 가장 큰 놀이공원(상하이), 가장 큰 박물관(베이징), 가장 큰 쇼핑몰(광둥), 가장 긴 다리(칭다오), 가장 긴 가스 파이프라인(상하이에서 신장까지), 가장 긴 지하철 시스템(상하이), 가장 높은 다리(후베이)를 짓고 있거나 완성했다.[65]

중국의 사회간접자본 대부분은 교통 프로젝트에 투자되었다. 덕분에 20년도 채 되지 않아 세계에서 가장 큰 고속철도 시스템을 건설했다. 중국 고속철도는 시속 2백 마일의 속도로 약 1만 마일의 선로를 따라 중국의 대도시와 28개 성을 연결하고 있다. 미국 철도공사 암트랙Amtrack(미국 전 지역에 여객철도 운송업을 하는 준공영 기업이다 _ 옮긴이 주)이 중국 고속철의 속도로 달린다면, 보스턴에서 워싱턴 D.C.까지의 이동 시간은 여덟 시간에서 겨우 두 시간으로 단축될 것이다. 중국의 고속철은 이미 항공보다 두 배 많은 승객을 수송하면서, 항공사의 이익을 잠식해 들어가고 있다. 그럼에도 불구하고 중국 정부는 개의치 않고 80개의 공항을 짓는 계획을 추진하고 있으며 향후 5년간 백 개가 넘는 공항을 건설할 예정이다.[66] 지난 15년 동안 중국은 고속도로를 7천 마일에서 7만 마일로 확장했다. 현재 중국의 고속도로망은 미국에 비해 약 50%나 크다.[67] 백만 명 이상 인구를 가진 도시만 해도 수십 개인 중국은 향후 5년간 40개 이상의 지하철을 짓거나 확장할 계획이다.[68] 이 모든 것은 매우 놀라운 일이지만, 그 이면의 어두운 측면은 잘 알려져 있지 않다. 중국에는 사람, 기업, 관중을 모으는 데 실패한 수백 개의 유령도시, 텅 빈 복합 상업지구 그리고 체육관 등이 널려 있다. 게다가 사회간접자본에 대한 투자 역시 엄청난 대가를 치르고 있다. 고속철도 사업 하나에만 5천억 달러가 투자되었는데, 부채를 갚고 수익을 낼지 불확실하다. 이런 현상이 궁극적으로는 중국 금융 체제를 불안하게 만들고 중국의 성장을 저해할 것이라는 우려가 있다.

중국은 사회간접자본에 엄청난 재원, 때로는 너무 지나친 재원을 투자하고 있으며 다른 아시아 국가들도 서구 국가들보다 훨씬 많이 사회간접자본에 엄청난 돈을 투자한다. 미국과 달리 중국, 일본, 한국, 대만은 모두 발전된 고속철도 네트워크를 갖추고 있다. 머서 컨설팅Mercer Consulting에 따르면 싱가포르는 전 세계에서 사회간접자본이 가장 잘 갖추어진 도시로 뽑혔으며, 싱가포르의 창이 공항Changi Airport에 새로 건설된 제4터미널은 생체 인식 기술, 디지털 탑승, 가상 안내인과 같은 놀라운 미래 기술로 가득하다.[69] 한국이나 대만보다 경제적으로 뒤떨어진 말레이시아도 지난 수십 년간의 끊임없는 투자 덕분에 사회간접자본 순위에서 이탈리아, 아일랜드, 노르웨이를 제치고 25위를 기록했다.[70] 아시아에 건설되는 사회간접자본은 꽤 아름답기까지 하다. 싱가포르의 헬릭스 대교Helix Bridge, 핸더슨 웨이브 대교Henderson Waves Bridge, 말레이시아의 랑카위 스카이 대교Langkawi Sky Bridge, 중국의 융러永樂 대교, 최근에 다시 디자인한 한국의 반포대교 등은 모두 놀랄 만한 현대 건축과 예술 작품들이다. 만일 기회가 된다면, 잠시 책을 내려놓고 이러한 건축물들을 온라인으로 검색해 그 완벽한 아름다움을 감상해볼 것을 추천한다. 이것들은 세계의 현대적 경이이며, 아시아의 세련되고 성장하는 사회기반시설 투자의 상징이다.

몇몇 아시아 국가들은 사회간접자본을 개발하는 데 꽤 성공적이지만, 아직 많은 아시아 국가들이 사회간접자본에 더 많은 투자를 해야 한다. 중국과 인도의 사회기반시설의 발전 정도를 비교해보면 이 점이 명확해진다. 예를 들어 인도의 고속도로망이 약 1천5백 킬로미터인데, 중국은 단 **1년 만**

에 이보다 열 배 이상 긴 고속도로를 만들었다.[71] 지난 4년 동안 중국이 건설한 철로는 인도가 독립한 이래 70년 동안 건설한 철로보다 많다.[72] 인도가 교통과 관련된 사회간접자본을 발전시킬 수 있다 해도, 여전히 다른 문제에 부닥치게 될 것이다. 예를 들어 주거 문제의 경우, 수요를 충족시키기 위해 향후 8년 동안 **매일** 3만 5천 채의 새집을 지어야 한다.[73] 인도만 이런 문제를 안고 있는 것은 아니다. 대부분의 아시아 국가들이 세계경제포럼의 사회기반시설 순위에서 하위권을 차지하고 있다. 예를 들면 베트남(81위), 인도(87위), 캄보디아(107위), 미얀마(137위)가 여기에 속한다. 이 중 많은 국가가 사회간접자본 발전에 엄청난 자본을 투자하는 현명한 선택을 했다. 인도네시아는 사회간접자본 예산을 1년 사이 53%나 늘렸고, 인도는 향후 5년 동안 사회간접자본에 약 1조 달러를 투자할 계획이다.[74]

물론 자본이 넉넉하지 않고, 토지 수용도 쉽지 않으며, 부패 문제로 사업 추진이 지체되는 등의 문제가 산적해 있다. 그래도 발전은 꾸준히 이루어지고 있다. 도로 밀도는 전 세계에서 연간 평균 3.5% 증가하는 데 비해 아시아 지역에서는 매년 5.8% 증가하고 있다.[75] 인도의 도로 절반은 아직도 비포장이지만, 1990년에서 2008년 사이 남아시아 국가들은 도로 네트워크를 평균 두 배로 늘렸다. 중국과 인도는 상업용 철로에 엄청난 투자를 하기 시작했으며, 이로 인해 화물 수송은 2006년에서 2011년 사이에 두 나라에서 각각 42%와 35% 증가했다.[76] 그동안 아시아 지역 컨테이너항 물동량이 세계 평균보다 빠른 속도로 증가함에 따라 아시아 지역 국가들은 항구 건설 프로젝트에 많은 투자를 하고 있으며, 중국이 이런 투자를 지원하고 있다.[77] 아시아의 사회간접자본은 분명 큰 과제를 안고 있지만, 아시아의 경제를 성장시키는 기회로 활용될 수도 있다. 자주 인용되는 한 추정치에 따르면, 인도는 사회간접자본을 개선하는 것만으로도 매년 1~2%의 경제 성장을 기대할 수 있다고 한다.

아시아 국가들은 디지털 인프라에서도 엄청난 발전을 이루고 있다. 미국이 인터넷의 출생지였다면, 아시아는 인터넷의 미래다. 아시아 인터넷 사용자 수는 이미 세계 최대이고 유럽과 미국의 인터넷 사용자 수를 합친 것보다도 많다. 중국의 인터넷 사용자 수는 약 6억 명으로 미국의 두 배가 넘는다. 인도와 인도네시아를 합친 인터넷 사용자 수는 영국, 프랑스, 독일, 스페인, 포르투갈의 인터넷 사용자 수를 합친 것보다 많다. 그러나 아시아의 인터넷 보급률은 절망적일 정도로 낮은데, 이는 아시아 지역에서 디지털 시대가 이제 막 시작되었음을 의미한다. 유럽인의 77%가 인터넷을 사용하는 데 비해 아시아 인구의 37%만 인터넷을 사용하고 있다.[78] 아시아에서 인구가 가장 많은 국가에 속하는 인도와 인도네시아의 인터넷 보급률은 겨우 15%이다. 지난 25년 동안 휴대전화와 스마트폰 사용의 폭발적인 증가 덕분에 인터넷 보급률도 머지않은 장래에 크게 증가할 것이다. 아시아는 이미 전 세계 휴대전화 가입자 수의 절반 이상을 차지하고 있는데, 이 40억 대의 휴대전화 가운데 인터넷 사용이 가능한 휴대전화의 비율이 점점 증가하고 있다.[79] 현재 아시아에서 사용되는 휴대전화 중 상당수가 인터넷 접속이 가능한 스마트폰이 아니지만 스마트폰 사용이 폭발적으로 증가하고 있다. 한 조사에 따르면, 오늘날 아시아 지역에 7억 대의 스마트폰이 있다고 한다.[80] 점점 더 많은 아시아인들이 컴퓨터나 휴대전화를 통해 인터넷을 사용하면서 전 세계 인터넷 사용자 분포는 세계 인구 분포를 반영할 것이고, 이는 인터넷에 근본적이고 불가역적인 변화를 가져올 것이다.

아시아에서 인터넷 사용자 수가 증가함에 따라 디지털 인프라가 함께 발전하기 시작했고, 현재 서구 국가들을 능가하고 있다. 한국, 일본, 홍콩은 전 세계에서 가장 빠른 인터넷 속도를 자랑하는 국가들인 반면, 미국은 세계 10위권에도 들지 못했다.[81] 스마트폰은 미국에서 발명되었지만, 모바일 네트워크 속도는 아시아가 훨씬 빠르다. 50%의 호주인과 중국인들이, 그리고 75%의 일본인과 한국인들이 4Mbps보다 빠른 속도로 인터넷을 하는 반면, 미국은 그 비율이 40%에도 미치지 못한다. 서구가 4G 통신을 완전히 도입하기 위해 조치를 취하고 있는 반면, 한국과 같은 국가들은 2017년까지 5G 네트워크를 배치하려는 실험을 이미 하고 있다. 5G는 지금 현재 이용 가능한 가장 빠른 네트워크보다 속도가 천 배 이상 빠른 것으로 알려져 있다.[82]

물론 인터넷 인프라에 대한 모든 투자가 연계성과 접근성을 향상시키는 것은 아니다. 중국은 수십억 달러를 들여 외국 사이트를 검열하고, 통신을 감시하며, 인터넷 댓글 부대를 고용하고 있다. 인터넷 댓글 부대는 소위 말하는 우마오당五毛黨 회원들로 공산당에 우호적인 글을 한 개 올리거나 공산당에 비판적인 글을 한 개 삭제할 때마다 5마오(약 90원)를 받는다. 아시아 인터넷 사용자들이 글로벌 인터넷에 접근할 수 있을지 아니면 국내 인터넷 안에 고립될지는 아시아 지역의 정치적 발전뿐만 아니라 경제적 성장과 혁신을 위한 잠재력 측면에 있어 중요한 문제이다.

에너지

사회기반시설을 확장하는 것이 아시아 성장에 잠재적 장애물인 것처럼 에너지 또한 그렇다. 엄청나게 증가하는 에너지 소비량을 맞추지 못한다면 아시아의 빠른 성장은 지속될 수 없다. 오늘날 아시아는 전 세계 에너지의 거의 3분의 1을 소비하고 있으며, 앞으로 20년 이내에 전 세계 에너지의 절반을 소비할 것이다.[83] 삶의 질이 향상되고 아시아인 1인당 에너지 소비율이 서구인들의 1인당 에너지 소비율과 비슷해짐에 따라 아시아 에너지 수요의 급격한 상승은 피할 수 없다. 오늘날 아시아인은 미국인에 비해 평균적으로 겨우 6분의 1의 에너지만 소비한다.[84] 1인당 에너지 소비율이 이처럼 상대적으로 낮음에도, 중국은 미국보다 더 많은 에너지를 사용하고 있으며 아프리카 대륙 전체보다 여섯 배나 더 많은 에너지를 사용한다.[85] 아시아의 에너지 수요가 팽창하면서 세계 에너지 시장의 미래는 아시아 지역 소비자들의 습관, 아시아 기업들의 수요 그리고 아시아 정부의 정책에 의해 결정될 것이다.

아시아가 증가하는 에너지 수요를 자체적으로 충당할 수 없다는 것은 확실하다. 따라서 아시아는 에너지 수입, 특히 석유 수입에 크게 의존할 것이다. 아시아에서 원유는 전력을 생산하기 위해서가 아니라 늘어나는 자동차를 움직이는 데 주로 쓰인다. 아시아는 하루에 1천1백만 배럴의 석유를 수입하고 있는데, 이는 2035년까지 3천1백만 배럴로 약 세 배 증가할 것이다.[86] 중동의 석유 수출량을 모두 아시아에 투입해도 이런 엄청난 에너지 수요를 충족시키기엔 부족하다. 국제에너지기구International Energy Agency(IEA)의 예측에 따르면, 남미와 같이 멀리 떨어진 지역에서 생산량의 절반 이상을 아시아로 공급하게 될 것이라고 한다.[87] 아시아는 전 세계 석유 거래에서 중심이 되어가고 있다. 아시아에는 석유를 생산하는 국가가 거의 없고, 석유 정제 시설은 중동 국가들로부터 수입한 경질유light crude oil를 주로 처리하도록 제작되었기 때문에 아시아 지역 경제는 오일 쇼크에 매우 취약하다. 에너지 불안의 증가와 세계 원유 무역의 지형 변화라는 두 가지 이유 때문에 이미 아시아 국가들은 해군력에 많은 투자를 하고 있다. 강력한 해군력을 앞세워 본국으로부터 멀리 떨어진 곳에서 오는 원유 수송을 보호하기 위해서이다. 아시아 지역의 고위 군 관계자들 입장에서는 믈라카 해협, 인도양, 호르무즈 해협과 같은 원양에서 벌어지는 원유 수송을 둘러싼 갈등은 충분히 발생 가능한 시나리오다. 아시아 에너지 안보에서 세계의 많은 지역들이 점점 더 중요해짐에 따라 러시아, 카스피해, 아메리카 대륙 등을 통한 전략적 수송 루트가 점차 중요해질 것이며 이는 세계의 전략적 지형을 바꿀 것이다.

자동차를 움직이는 석유 부족으로 아시아는 고통을 겪고 있지만, 다른 한편으로 아시아에는 향후 수십 년간 발전소를 가동시킬 수 있는 엄청난 매장량의 값싼 석탄이 있다. 석탄은 미세먼지와 탄소 화합물 때문에 분명히 환경을 오염시킨다. 하지만 아시아인 5명 중 1명, 즉 약 6억 2천만 명이 여전히 전기 없이 생활하고 있다는 점을 감안하면 많은 아시아 국가들은 값싼 에너지원인 석탄에 의존할 수밖에 없다.[88] IEA의 예측에 따르면, 아시아 국가들이 재생에너지의 비중을 급격히 늘린다 해도 여전히 전력 생산을 위해 매년 점점 더 많은 석탄을 사용할 것이라고 한다. 아시아 국가들이 석탄에 얼마나 목매고 있는지 이해하기 위해 다음 두 가지를 생각해보자. 현재 중국, 인도, 인도네시아는 각각 전력 생산의 76%, 72%, 45%를 석탄에 의존하고 있다. IEA에 따르면, 이 국가들이 향후 25년 이내 재생에너지와 핵에너지 사용을 최대한 끌어올린다 해도 현재 석탄 의존율이 그대로 유지되거나 아니면 50% 이상이 될 것이라고 한다.[89] 현재 중국의 석탄 사용량은 전 세계 다른 모든 국가가 사용하는 양보다 많고, 인도는 유럽연합(EU) 전체보다 더 많은 석탄을 때고 있다. 이 두 나라는 각각 363개와 455개의 새로운 석탄 발전소를 건설할 계획이 있다.[90] 중국과 인도의 전력 생산에서 석탄이 차지하는 비중이 줄어든다 해도, 동남아 국가들이 새 발전소 수백 개를 지을 예정이어서 석탄 사용의 비율은 급격히 증가할 것이다. 이 발전소들은 엄청난 양의 이산화탄소를 만들어낼 것이고, 지구 온난화를 촉진하고 상황을 악화시킬 것이며, 선진국에서 줄어든 석탄 사용량을 상쇄하고도 남을 정도로 많은 양의 석탄을 쓸 것이다.

아시아 국가들은 재생 불가능한 형태의 에너지에만 의존하는 것의 위험을 알고 있기 때문에 바람, 태양열, 수력과 같은 재생에너지원에도 공격적으로 투자하고 있다. 이미 아시아는 전 세계의 어느 지역보다 재생에너지로부터 많은 전력을 생산하고 있다. 중국은 재생에너지에 전 세계에서 가장 많이 투자하는 국가가 된 지 6년이 지난 현재 미국의 두 배 넘는 전력을 재생에너지로부터 생산하고 있다.[91] 하지만 이런 기념비적인 성취에도 불구하고 더 많은 투자가 이루어질 것이다. IEA의 예측에 따르면, 향후 25년 동안 인도에서 추가 전력 생산의 40%, 중국에서 추가 전력 생산의 60%, 그리고 일본에서 추가 전력 생산의 66%를 재생에너지가 차지할 것이라고 한다.[92]

재생에너지 생산에서는 현재 중국이 세계 최고 수준인데, 아시아의 다른 큰 국가들도 중국을 따라잡으려는 노력을 하고 있다. 2011년 후쿠시마 제1원자력 발전소의 원자로 노심 용융 이후 일본은 핵에너지에 대한 엄청난 의존을 벗어나 재생에너지, 특히 풍력과 태양열 에너지로 눈길을 돌리고 있다. 일본은 곧 세계 최대의 태양광 패널 시장이 될 전망이고, 현재로서도 태양열 전력 생산량은 세계 2위이다. 2030년까지 태양열로부터 1년에 1백 기가와트의 전력을 생산할 계획을 갖고 있는데 이 규모는 39개의 핵 발전소 생산량과 맞먹는 양이다.[93] 이용 가능한 토지가 많지 않은 일본은 혁신적인 전력 생산을 모색하는데, 저수지 표면에 커다란 태양광 판을 띄우는 계획을 가지고 있다.[94] 일본의 이 같은 성과도 인상적이지만 인도는 일본보다 더 많은 전력을 재생에너지를 통해 생산한다. 인도의 재생에너지는 대부분 수력이고, 풍력과 태양열에도 투자하고 있다. 현재 전 세계에서 가장 큰 풍력 발전소 세 개 중 두 개가 인도에 있으며, 전 세계에서 가장 큰 태양열 발전소도 인도에 있다.[95] 아시아 경제 대국들만 환경 친화적인 미래에 헌신하는 것은 아니다. 동남아시아가 이 분야에서 놀라운 리더로 부상하고 있는데, 현재 동남아는 전력의 20%를 재생에너지에 의존하고 있다.[96] 미얀마도 태양열 발전에 열을 올리는 국가 중 하나다. 미얀마는 전력 생산의 대부분을 수력에 의존하고 있으며, 2016년까지 전력 생산의 최대 12%를 책임질 두 개의 150메가와트짜리 태양열 발전소를 가동할 계획이다.[97] 한편 태국의 방착 페트롤륨Bangchak Petroleum은 전 세계에서 가장 큰 바이오 연료 생산 업체 중 하나이고, 필리핀은 지열 에너지 생산량이 세계 2위이다. 원자력 에너지는 특히 중국과 인도에서 급증하고 있으며, 천연가스 역시 아시아에서 점차 중요성을 더해가고 있다. 전 세계에서 가장 큰 천연가스 발전소 열 개 중 여덟 개가 아시아에 있고, 가장 큰 원자력 발전소 열 개 중 다섯 개 역시 아시아에 있다. 이런 투자들은 기후변화와의 전쟁에 매우 긍정적인 영향을 줄 것이다.

재생에너지, 핵에너지, 천연가스 등으로 다변화하려는 아시아의 인상적인 노력에도 불구하고, IEA에 따르면 향후 몇십 년 동안 아시아 지역은 필요한 에너지의 대부분을 석탄으로 충당할 것이다.[98] 아시아가 재생에너지 분야에서 세계를 선도하지만 온실가스 배출에 있어서도 세계 최대가 될 것이라는 사실은 아시아의 아이러니다. 이를 염두에 두고 지구의 온도 상승으로 초래되는 기후변화와 자연재해에 대한 아시아의 기여와 취약함에 대해 살펴보자.

기후변화와 자연재해

수십 년간의 성장 이후 아시아는 현재 전 세계에서 그 어느 지역보다 온실가스를 가장 많이 배출하고 있다. 1990년 아태지역은 전 세계 이산화탄소 배출량의 38%를 차지했고, 2009년에는 50%를 차지했다.[99] 중국 한 나라에서만 2009년에 68억 톤의 이산화탄소를 배출했는데, 이는 북미 전체 배출량보다 11억 톤이 더 많다. 1인당 이산화탄소 배출량을 살펴보면 북미가 중국보다 세 배 많지만 이 차이는 아시아의 도시화 진전에 따라 점차 좁혀질 것이고 공해 문제는 더욱 악화될 것이다.[100] 서구의 경우, 이산화탄소 배출 감소를 위해 많은 노력을 해왔다. 모든 차량에 새로운 연료 기준을 적용했고, 그 결과 절대량에 있어 미국인의 석유 소비는 분명 줄어들 것이다.

하지만 서구에서 석유 소비가 1배럴 줄어들 때마다 아시아의 석유 소비는 2배럴이 늘어난다.[101] 기후변화와의 전쟁에서 아시아는 가장 중요한 지역이다.

아태지역은 기후와 관련된 재앙에 특히 취약하다. '기후변화에 관한 정부 간 패널(IPCC)' 연구진에 따르면, 지구 온난화로 인한 연안 지역 침수로 수백만 명의 사람들, 특히 인구가 많은 도시에 사는 사람들이 고통을 겪을 것이라고 한다. 21세기 말에는 해수면이 3피트(약 91cm) 정도 올라갈 것으로 예측되는데, 이로 인해 키리바시, 피지, 몰디브, 투발루와 다른 섬국가들은 바다 아래로 가라앉을 것이다.[102] 아시아 대륙도 이 재앙을 피해갈 수 없다. 방글라데시처럼 전체 육지의 4분의 1이 해수면으로부터 7피트(약 213cm) 내에 있는 저지대 국가들은 위험에 처할 것이다.[103] 보수적인 전문가조차도 빠르면 2050년에 해수면 상승으로 인해 가난하고 기후변화에 취약한 수천만 명의 사람들이 강제 이주될 것으로 예측한다.[104] IPCC 연구진에 따르면, 이런 피해와 혼란은 전 세계적인 현상이겠지만, "대부분 동북아시아, 동남아시아 그리고 남아시아"에서 발생할 것이라고 한다.[105] 기후변화는 연안 지역 침수뿐 아니라 극도의 폭염을 야기하고 질병의 확산 속도를 증가시킨다. IPCC는 기후변화가 아시아의 장마나 히말라야 만년설의 해빙 등에 대해 어떤 구체적 영향을 미칠지는 언급하지 않고 있다. 그럼에도 불구하고 중국, 인도, 동남아의 수십억 사람들이 수천 년 동안 의존해왔던 장마나 만년설에 기후변화가 영향을 미칠 가능성은 매우 높다.

상황이 심각하지만 그렇다고 절망적이지는 않다. 아시아 국가들이 기후변화로 인한 피해를 줄이려는 조치를 취할 수 있기 때문이다. 아시아개발은행(ADB)에 따르면, 동아시아는 기후변화로부터 사회기반시설, 연안 지역 그리고 농업을 보호하기 위해 매년 GDP의 0.3%만 쓰면 된다.[106] 하지만 아시아 국가들은 연안 지역 침수 위험보다 더 큰 위험에 직면해 있는데,

이는 전염성 질병의 확산, 호수의 축소, 강 하구 유실, 야생동물 이주 행태의 큰 변화 등 여러 심각한 문제들이다. 따라서 온실가스 감축을 위한 기술과 정책에 대한 투자는 사회기반시설을 보호하기 위한 것만큼이나 중요하다. 예를 들어 중국은 숲 면적을 4천만 헥타르로 확장하려 하며 미 상원에서 실패했던 전국 단위의 배출권 거래 제도를 실험하고 있다.[107] 베이징은 현재 도시 전력의 4분의 1을 석탄에서 얻고 있음에도 2020년까지 석탄 사용을 금지할 것이라고 밝혔다.[108] 일본 정부는 수입산 태양광 패널 가격을 낮추는 정책을 공격적으로 추진하고 있으며, 인도 정부는 재생에너지 투자자들에게 보조금을 주고 가속감가상각 특례(기존보다 감가상각의 속도와 비율을 빨리 해서 기업들에 세금을 유예하는 것과 같은 인센티브를 제공하는 제도다 _ 옮긴이 주)를 주어 인도의 풍부한 햇빛과 인도양의 강력한 바람을 이용하도록 한다.

　기후변화와 해양 온난화는 해마다 아시아를 강타하는 파괴력이 큰 태풍을 더욱 강하게 만들 것이다. 또한 연안 지역과 강가 지역 침수를 증가시켜 자연재해 빈도와 그에 따른 비용을 증가시킬 것이다. 이처럼 늘어난 위험 요소는 많은 사람들이 살고 있는 도시 빈민가와 강가 범람 지역을 더욱 괴롭힐 것이다.[109] UN은 이미 오래전에 이런 지역을 전 세계에서 가장 재해를 입기 쉬운 곳으로 지정한 바 있다. 아시아는 오랜 세월 동안 다른 지역에 비해 재해로부터 더 많은 피해를 입어왔다. 1980년부터 2009년 사이 아시아는 전 세계 인구의 61% 정도를 차지했지만, 전 세계 자연재해의 86%를 감당해야 했다. 같은 기간 동안 아시아는 전 세계 GDP의 25%를 생산했지만, 전 세계적으로 자연재해로 인한 경제 손실의 42%가 아시아에 집중되었다.[110] 오늘날 자연재해로 인한 사상자 수로 볼 때 상위 10개국 중 9개국이 아시아에 있고, 아시아인은 자연재해로 영향 받을 가능성이 미국인이나 유럽인보다 무려 25배나 높다.[111] 최근 들어 비극적인 사건으로 생명을 잃는 경우가 급증하고 있다. 2004년 쓰나미는 23만 명의 목숨을 앗아갔고, 2008년 중국 쓰촨성의 지진으로 8만 7천 명이 죽었다. 이런 자연재해로 인한 경제적 손실은 매년 약 620억 달러인데, 소농이나 가난한 도시 생활자와 같은 가장 어려운 사람들에게 그 비용이 전가되곤 한다.[112] 아시아 경제가 보다 긴밀하게 연결되면서 지역 전체로 약 3천억 달러의 손실을 입힌 일본 후쿠시마의 끔찍한 원자력 사고 같은 재해들이 더 많이 발생할 수도 있고, 직접 손실을 겪지 않은 국가 경제에도 영향을 줄 수 있다.

아시아의 자연재해는 공동의 해결책을 필요로 하는 공동의 문제라는 점이 분명하지만, 아직까지 지역적 협력의 성과는 거의 없었다. 2013년 태풍 하이옌이 필리핀을 강타했을 때 6천 명의 사망자, 4백만 명의 이재민 그리고 50만 가구의 재산 손실이 발생했다.[113] 국제사회는 즉각 도움의 손길을 내밀었다. 일본과 호주는 구호 자금으로 각각 1천만 달러를 약속했고, 일본은 구축함과 상륙함을 급파하여 복구 작업을 도왔다. 미국은 2천만 달러의 원조 자금을 약속했고 조지워싱턴 항공모함을 비롯해 5천 명의 선원과 80대의 항공기를 파견했다. 적십자사의 여러 지사에서도 행동에 나섰다. 하지만 다른 지역 국가들의 지원은 큰 도움이 되지 않았고, 늘 반복되던 상황들이 다시 연출되었다. 아세안 국가들의 해군은 큰 도움을 주기에는 능력이 부족했다. 세계 2위의 경제 대국인 중국은 처음에 1차 구호 자금으로 겨우 10만 달러를 약속했고, 중국 적십자사를 통해 추가로 10만 달러를 주기로 했다. 남중국해를 놓고 벌어진 필리핀과의 영유권 분쟁 때문이었다.[114] 아시아 지역의 많은 국가들이 그러한 참사가 발생했을 때 스스로를 돕거나 서로 돕는 데 필요한 최소한의 능력조차 갖추지 못했다. 많은 경제 대국들은 여유가 있음에도 불구하고 리더십과 선행을 보이지 못한다.

세계에서 재난에 가장 취약한 아시아를 안전하게 만들기 위해서는 이 지역의 모든 국가들이 참사가 발생했을 때뿐만 아니라 그 이전부터 몇 년 동안 공동 대응을 해야 한다. 그러려면 좀 더 나은 생태계 관리, 토지 사용 계획, 공급망 관리, 정보 공유 등이 필요하다. 또 아시아 지역은 다음 위기에 잘 대응하기 위해 각 국가 군 간의 조정과 협력뿐만 아니라 공동의 인도적 재난 구조 능력을 향상시키는 투자도 해야 한다. 이런 노력들이 함께해야 수백만 명의 생명과 삶을 구할 수 있고, 아시아의 번영과 발전에 가장 큰 위협을 제거할 수 있을 것이다.[115]

분야별로 깊이 들여다보기

신문에서 아시아만의 특이한 발전 상황을 읽는 건 이제 흔한 일이 되었다. 향후 전 세계에 엄청난 영향을 미칠 만한 대규모 건설 사업, 깜짝 놀랄 만한 이산화탄소 배출량, 새로운 문화적 관습의 등장 등이 그것이다. 중국의 '광군제光棍節'는 새로운 문화적 관습의 한 예이다. 이것은 최근에 생긴 전통이지만 그 규모 때문에 전 세계 경제에 큰 영향을 미치고 있다. 광군제는 매년 11월 11일[11월 11일은 중국어로 싱글을 뜻하는 '몇 개의 막대기(광군제光棍節의 '棍'은 실제 몽둥이 혹은 막대기를 의미한다 _ 옮긴이 주)'를 닮아서 싱글들을 축하하기에 가장 적절한 날로 여겨진다]인데, 온라인 쇼핑몰 알리바바에 따르면, 2013년 11월 11일 하루에만 4억 2백만 명의 사람들 — 중국 성인 인구의 3분의 1 — 이 쇼핑몰을 방문하여 57억 5천만 달러의 판매 실적을 올렸다고 밝혔다. 이는 미국의 사이버 먼데이Cyber Monday(추수감사절 연휴 이후의 첫 월요일로, 연휴가 끝나고 일상으로 돌아온 소비자들이 온라인 쇼핑을 즐김에 따라 온라인 매출액이 급등한 데서 유래했다 _ 옮긴이 주) 때의 판매 실적보다 2.5배 더 많은 수치다.[116] 중국의 광군제는 비록 최근에 시작되었지만, 세계 주요 소매상들의 공급망과 판매 전략에 엄청난 영향을 미치고 있는데, 이는 아시아라는 시장의 크기와 성장 속도 때문이다. 아시아 시장의 크기와 성장 속도는 다른 많은 국제 경제 분야의 성장에 큰 영향을 준다.

이 절節에서는 아시아가 경제 중심으로 부상하고 있는 해운, 국방비 지출, 예술 및 영화 산업에 이르기까지 다양한 분야들을 분석해볼 것이다. 각 분야들은 아시아의 전례 없는 성장이 세계 산업에 어떤 영향을 주고 있는지 보여주는 축소판으로, 아시아의 변화를 잘 반영한다.

해운

국제 해운 산업은 언론과 정책 결정자들의 관심을 거의 받지 않고 있지만 세계 무역의 근간이다. 음식에서부터 연료와 공산품에 이르기까지 전 세계 상품의 90%가 바다를 통해 운송되고 있다.[117] 최근 연구에 따르면, 표준 해운 컨테이너를 도입하면서 배로부터 크레인 그리고 트럭에 이르기까지 상품을 효과적으로 이동할 수 있게 되었다. 이는 세계 경제를 엄청나게 바꾸었고, 지난 50년 동안 체결된 모든 무역 협정보다 더 큰 폭으로 무역을 증가시켰다.[118] 이후 해운 산업은 계속 성장하여 오늘날에는 상상을 초월하는 규모를 자랑한다. 현대 수송 선박은 축구장 세 개 길이이고, 10층 빌딩 높이이며, 여기에 실리는 화물을 트럭에 옮겨 싣는다면 60마일(약 96km) 길이로 늘어선 트럭들을 가득 채울 수 있다.[119] 세계적인 선사船社 머스크Maersk의 모든 수송 컨테이너를 한 줄로 세운다면, 그 길이는 전 세계의 절반을 이을 만큼 길다.[120] 이런 엄청난 규모에도 불구하고 언론과 정책 분야에서 해운 산업은 잘 언급되지 않는다. 그러나 이 산업은 세계 경제에 없어서는 안 될 만큼 중요하다.

아시아의 번영은 전 세계 해상 무역을 발전시키는 가장 중요한 동인이다. 전 세계 화물 절반가량이 아시아에서 선적되거나 하역되고 있는데, 이는 어떤 다른 지역보다도 많은 양이고 그 가치도 수조 달러에 달한다.[121] 예를 들어 해상을 통해 이루어지는 미국과 아시아 간 무역은 약 7,750억 달러에 달하는데, 이는 미국과 유럽 간 무역액보다 두 배나 많다.[122] 아시아 국가들은 자국 항구를 통한 상품의 흐름을 좀 더 원활히 하기 위해 사회기반시설을 확장하고 향상시키고 있다. 전 세계에서 가장 붐비는 항구 열 개 중 아홉 개가 아시아 항구들이다. 중국에 일곱 개, 그리고 한국과 싱가포르에 한 개씩 있다. 다른 아시아 국가들도 세계적인 크기의 항구들을 가지고 있다. 말레이시아의 클랑Klang과 탄중 펠레파스Tanjung Pelepas는 전 세계에서 13번째와 20번째로 큰 항구이며, 일본의 게이힌京濱은 18위, 인도네시아의 탄중 프리옥Tanjung Priok은 21위, 태국의 램차방Laem Chabang은 23위이다. 위의 항구들과 여기 언급되지 않은 또 다른 중국의 항구 세 곳 모두 전 세계 27위 항구인 뉴욕과 뉴저지 항보다 크다.[123] 아시아의 번영은 분명 해운 산업을 발전시켰다. 해상 무역에서 아시아가 지배적 위치를 점하고 있기 때문에 심지어 아시아 국가들의 결정에 의해 해운 회사의 운명이 좌우될 수도 있다. 예를 들어 몇몇 해운 회사들은 중국의 석탄 수입이 계속 증가할 것이라는 가정 아래 지난 5년 동안 사업을 확장해왔다. 그런데 중국이 값싸고 더러운 연료를 줄이려는 큰 계획의 하나로 석탄 수입을 줄이겠다고 결정하면서, 해운 운송 가격이 20년 만에 최저치를 기록했다.[124]

중국이 이처럼 석탄 수입을 줄이고는 있지만 해상을 통한 원자재와 상품 무역은 여전히 지속적으로 증가하고 있다. 따라서 현재의 선단을 더욱 확대하거나 새로운 선단을 만들 필요는 계속 존재한다. 이처럼 아시아 무역의 수요가 큰 까닭에 세계에서 가장 큰 컨테이너 선박 회사 머스크는 한국의 대우조선과 계약을 맺어 유럽과 아시아 항로에 사용될 트리플 E급 선박 20척을 건조하기로 했다. 선체의 길이가 0.25마일(약 0.4km)인 트리플 E급 선박은 세계에서 가장 큰 화물선이다. 선박 한 척이 거의 멕시코 인구에 해당하는 1억 1천1백만 명이 신을 수 있는 스니커즈를 수송할 수 있다.[125] 그러나 이런 트리플 E급 선박도 한국의 삼성중공업이 건조한 부유식 LNG 생산 설비인 '프렐류드Prelude'에 비하면 보잘것없다. 이 선박은 시카고의 윌리스타워(옛 시어스타워)보다 길고, 미국의 가장 큰 항공모함인 엔터프라이즈USS Enterprise에 두 개의 축구장을 합친 길이 정도 된다. 이 선박의 배수량은 항공모함 6척의 배수량과 맞먹는다.[126] 이처럼 거대한 첨단 선박들이 동아시아에서 건조되었다는 것은 우연이 아니다. 현재 동아시아가 세계 해운 산업을 지배하고 있는데, 중국과 일본, 한국의 시장 점유율을 합치면 90%가 넘는다.[127]

아시아 국가들은 점점 더 해양 경제 국가가 되어가고 있으며 경제 번영을 위해 자유롭고 개방된 해상 항로에 의존하고 있다. 국가나 해적이 상품의 흐름을 방해할 경우 심각한 경제 불안으로 이어질 수 있기 때문에 아시아 국가들은 해상 무역의 안정과 안전이 자국 안보와 직결된다고 본다. 해적 문제에 대한 대응은 각국 해군 입장에선 공동 위협에 함께 대처하는 좋은 계기가 될 수 있다. 2012년 10월 미국과 중국은 소말리아 아덴만에서 해적 퇴치를 위한 첫 번째 합동 군사훈련을 했고, 이후 그와 같은 협력을 수차례 지속해왔다. 일본은 인도양에서 해적 소탕 활동 지원을 목적으로 전함 두 척을 운항하고 있으며, 인도 역시 비슷한 작전을 수행하고 있다.[128] 이러한 다자간 노력의 한 예로 호주, 파키스탄, 한국, 터키, 영국, 미국의 전함들로 이루어진 151연합함대Combined Task Force 151가 있다.[129] 특정 사안에 관한 임시적 조치인 인도네시아, 말레이시아, 싱가포르, 태국 간의 협력도 믈라카 해협의 치안을 유지하는 데 큰 공헌을 했다. 그 결과, 2004년 전 세계 해적 사건의 40%가 발생했던 아시아 지역에서 2006년에는 겨우 50건의 사건만 보고되었고, 2013년에는 단 한 건만 보고되었다.[130] 해적, 자연재해, 인신매매, 마약 및 무기 밀매와 같은 비전통 안보 위협 해결을 위한 공동 노력은 각 국가의 군이 서로 협력할 수 있음을 보여준다. 또 이런 협력은 평시에도 훈련을 하고 상호운용성을 높일 수 있는 좋은 메커니즘이 된다.

아태지역 해운의 규모와 중요성을 보면 남중국해에서 도발적인 행동들이 왜 그토록 중대한 문제인지 알 수 있다. 선박의 용적 톤수와 가치로 볼 때 이 해역은 전 세계 무역과 에너지 수송에서 가장 중요한 동맥이다. 매년 전 세계의 상선 용적 톤수의 절반 이상이 남중국해를 지나고, 전 세계 LNG 무역의 절반 이상, 전 세계 원유 교역의 3분의 1이 이 지역을 지난다.[131] 항행의 자유를 제한하고 해양법을 무시하고 해양 주권을 확대하려는 시도 때문에 아시아의 번영에 가장 중요한 기본적인 운영 시스템이 위험해질 수 있다. 힘과 위치를 놓고 먼바다에서 벌어지는 이런 경쟁이 하찮아 보일 수도 있다. 그러나 이 경쟁의 결과는 앞으로 아시아인 삶의 모든 측면에 중대한 영향을 미칠 것이다.

국방비 지출

중동과 비교할 때 아시아를 평화로운 지역으로 생각하는 경향이 있다. 하지만 이처럼 평화로워 보이는 이면에는 고조되는 긴장, 국가 간 경쟁 그리고 증가하는 국방비의 모습도 있다. 아시아 국가들은 2012년 국방비 지출에서 유럽을 따라잡았고, 2021년경에는 미국보다 더 많은 국방비를 지출할 것으로 예측된다.[132] 많은 국가들이 최근에 국방비 지출을 자제하면서 세계 국방비 지출이 1.9% 감소한 것과 달리, 아시아는 2013년 3.6%의 국방비 지출 증가를 기록했다. 동남아시아의 경우 5%, 중국은 7.4%의 증가세를 보였다. 전체적으로 아시아의 국방비 지출은 지난 10년 동안 62% 증가했다.[133] 많은 국가들이 안보 문제 때문에 국방비 지출을 늘리는 데 반해 몇몇 국가들은 최첨단 군사 기술을 획득하는 것을 마치 최첨단 사회기반시설을 갖추는 것처럼 생각한다. 이를 통해 자국이 현대화되었고 더 앞서 나간다는 인상을 주고 싶은 것이다. 하지만 어딘가 못이 삐져나와 있다면 아무리 하찮은 도구라도 망치로 쓸 수 있는 것처럼 현대화를 위한 첨단 군사 기술이라 해도 한 국가가 가진 문제를 해결하기 위한 망치, 즉 군사적 위협 수단이나 힘의 투사를 위한 수단으로 쓰일 수 있다. 군비 지출 증가, 역사적 상호 의심 그리고 영토 갈등이 한데 어우러져 우연한 충돌, 잘못된 의사소통, 전략적 오판 가능성이 높아진다. 이는 세계 경제와 미국의 번영에 매우 치명적인 악영향을 줄 수 있다.

특히 중국의 군사비 지출 증가에 아시아 지역과 서구는 깜짝 놀랐다. 일반적으로 국방비 지출이 경제 성장과 함께 증가하는 경향이 있긴 하지만 중국은 인도에 비해 세 배 이상 국방비를 지출했는데, 일본, 한국, 대만, 베트남을 합친 총액보다 많았다.[134] 중국의 국방비 지출 증가는 인도와의 국경 마찰, 동중국해와 남중국해에서 보여준 중국의 공격적 행동 증가와 어우러져 우려를 자아내고 있다. 대니얼 러셀 미 국무부 동아태 담당 차관보는 "주변국의 반대에도 불구하고, 영유권 주장과 관련된 타당한 국제법적 설명이나 명백한 근거도 없이" 해당 수역을 통제하려는 중국에 대해 지역적 우려가 증가하고 있다면서 "남중국해 문제에서 중국의 주장이 애매하다는 점 때문에 지역 불확실성과 안보 불안이 더욱 가중된다"고 했다.[135] 이로 인해 지역의 다른 국가들까지 군비 확장에 나섰다. 더 많은 국가들이 군비를 확장한다는 것은 더 많은 군함, 항공기 그리고 군인들이 배치된다는 말이 된다. 이렇게 되면 더 큰 비용을 치르는 오해와 더 치명적인 실수를 초래할 수도 있다.

아시아의 국방비 지출 증가는 꽤 우려할 만한 사안이다. 이런 국방비 지출 증가를 중국이 선도하고 있다. 2013년에서 2017년 사이 아시아 지역 전체 명목상 국방비 지출 총 증가분의 60%를 중국이 차지할 것이다.[136] 스텔스 핵잠수함이나 첨단 구축함, 호위함, 보급함 그리고 구소련에서 주로 훈련용으로 쓰였던 쿠즈네초프급 항공모함을 다시 건조해 만든 중국의 첫 항공모함 랴오닝遼寧 진수 등을 통해, 원거리로 자국의 힘을 투사할 수 있는 능력을 점점 키우고 있다. 중국군의 투명성에 대한 우려가 제기되고 있는 가운데, 중국은 2014년 4월 척 헤이글Chuck Hagel 미 국방장관이 중국을 방문했을 때 항공모함 랴오닝을 기꺼이 공개했다. 항공모함 랴오닝은 능력이 제한된 초기 항공모함에 불과하지만, 중국은 두 척의 새로운 항공모함을 건조하고 있으며 두 척에서 네 척의 항공모함을 추가 건조할 계획을 갖고 있다.

지역 군사 강국 가운데 중국만 대양에서의 작전에 초점을 둔 것은 아니다. 남아시아 다른 국가 항구에 해적 소탕, 고위 인사를 동반한 기항寄港 등을 이유로 중국이 인도양에 자주 출몰하는 것을 우려한 인도는 해군력을 현대화하고 있다. 인도 역시 중국처럼 해양에 기반한 핵 억지력을 확보하려 하는데, 이로 인해 지역 군비 경쟁이 더욱 복잡한 양상을 띠게 된다. 인도는 차세대 스텔스 호위함과 구축함을 개발 중에 있으며 자체 기술로 핵잠수함을 디자인하고, 세계에서 가장 빠른 장거리 대함 순항 미사일을 배치하고 있다. 다른 아시아 국가들도 대양 해군을 건설 중이다. 태국은 작지만 항공모함을 가지고 있고, 호주, 일본, 한국은 수륙 양용 공격함과 헬기 탑재 구축함 등에 투자하고 있다. 베트남은 2009년 킬로급 잠수함 6척을 러시아로부터 사들이는 29억 달러의 계약을 맺음으로써 남중국해에서 중국 해군에 대항해 반지역 접근 전략을 펼 수 있게 되었다.[137]

또한 아시아 국가들은 공군력도 현대화하고 있는데, 많은 국가들이 선진화된 제트 전투기를 개발하거나 제조하고 있다. 중국은 선양 J-15(殲-15)라는 함재기를 개발했고, 미국에 이어 세계 두 번째로 청두 J-20(殲-20)과 선양 J-31(殲-31) 등 시험 비행을 마친 두 개의 제5세대 전투기를 갖고 있다. 선양 J-31은 항공모함에 탑재가 가능하도록 개량될 예정이다.[138] 다른 아시아 국가들도 제5세대 전투기에 투자하고 있다. 한국과 인도네시아는 전투기 프로그램에 함께 참여하고 있고, 일본은 2014년 7월 미쓰비시사의 스텔스 전투기인 X-2(心神)를 공개했으며, 인도는 러시아와 함께 개발하고 있는 제5세대 전투기 Sukhoi/HAL을 보완하는 프로그램을 계속 진행하고 있다. 이러한 프로그램들을 다 망라해놓으면 아시아의 전투기는 프랑스 다소Dassault사의 라팔Rafale이나 유로파이터 타이푼Eurofighter Typhoon 같은 유럽의 최신 항공기보다 더 앞선 모습을 보여준다. 나아가 미국과 러시아는 세계 유일의 제5세대 전투기 생산국이라는 지위를 잃게 될 것이다.

아시아가 전 세계에서 해군력과 공군력의 중심이 되어감에 따라, 전 세계에서 가장 큰 무기 제조업자인 동시에 방위 산업 수출 시장인 아시아 국가들에 다음의 질문을 제기할 필요가 있다. 이 모든 값비싼 무기의 목적은 무엇인가? 많은 국가들에서 이루어지는 군사적 현대화를 위한 투자는 중국의 잠재적 위협이나 압박 행위를 억제하려는 목적이 있다. 중국의 부상이 대부분 아시아 국가 군비 증강의 가장 중요한 이유는 맞지만 또 다른 원인들도 있다. 동남아시아에서는 인도네시아, 말레이시아, 필리핀, 태국, 베트남이 해양 영토 주권, 어업권, 에너지 탐사권을 확보하기 위해 해군력을 증강하고 있다. 인도와 파키스탄 간의 오랜 분쟁, 미얀마와 같은 주변 국가 내 불안정, 해양 국가들의 해군력 강화, 첨단 기술에 대한 열망, 빠른 경제 성장에 따른 국방 예산 증가 등 다양한 이유로 아시아 국가들은 군비 증강을 꾀하고 있다.

반면 중국의 의도는 오랜 기간 비밀 속에 감춰져온 까닭에 추측이 난무했다. 미 국방부에 따르면, 중국은 장기적으로 "고강도 지역 전쟁에서 단기에 승리할 수 있도록 군사력을 끌어올리는" 현대적이고 종합적인 프로그램을 만드는 계획을 실행하고 있다.[139] 간단히 말하면 중국은 대만 해협, 동중국해, 남중국해에서 발생할 수 있는 잠재적 분쟁에서 빠르고 효과적으로 승리할 수 있는 역량을 기르고 있다. 부상하는 세력인 중국이 군사력의 종합적 현대화를 추진하는 것은 놀라운 일이 아니다. 하지만 중국의 최첨단 시스템 개발은 미국의 군사력에 대한 대응이고, 이 지역에서 미국과의 전쟁을 염두에 두고 있다는 점은 분명하다. '개입 저지counterintervention' 전략이라 불리는 이런 능력들은 지역에서 분쟁이 발생했을 때 중국이 미국이나 제3의 행위자의 분쟁 개입을 막을 수 있는 능력을 확보하는 것을 목적으로 한다. 중국은 이런 반접근·지역거부Anti-Access/Area Denial(A2/AD) 전략을 위해 개선된 중·단거리 탄도 미사일, 지상 요격 순양 미사일과 대함 순항 미사일, 장거리 지대공 미사일, 소형 미사일 보트, 잠수함, 우주 무기, 사이버 군사 능력 등에 투자하고 있다.[140]

또한 중국군은 자국 영토 문제에 관심을 보이기 시작했다. 매년 중국은 자국의 연안 밖에서 군사 작전을 수행하는 능력을 향상시키고 있다. 중국 병원선의 세계 일주, 2011년 리비아와 2015년 예멘에서 행한 자국민들의 성공적인 탈출 작전, 아덴만 해적 퇴치 작전의 정기적 참여, 전함과 핵잠수함의 잦은 인도양 출현, 전 세계에 걸친 UN 평화 유지 활동에 중요한 기여를 하는 것 등이 그 증거다. 중국의 국방비 지출 목적은 단순히 아시아에서 미국의 힘을 상쇄시키는 것을 넘어선다. 중국어 매체나 공식 정부 문건에서 가끔 나타나듯이 중국의 군사력은 중국의 투자, 시민, 무역의 흐름을 보호하려는 것이기도 하다.[141]

중국군의 현대화 프로그램 때문에 미국이 덕을 보는 면도 있다. 중국의 이웃 국가들은 중국의 군사력 증강에 대처하기 위해 점차 미국을 끌어안고 있다. 아프가니스탄과 이라크 전쟁 이후 동남아 국가들은 미국의 군사력이 이 지역에 계속 주둔하는 것을 크게 환영하고 있다. 과거에 미군의 존재에 대해 의심하던 것과는 전혀 다른 상황이다. 호주, 싱가포르와 협상이 구체적 성과를 거두었다. 호주에는 2천5백 명의 미 해병이 배치될 계획이고, 싱가포르에는 최대 네 척의 연안 전투함이 배치될 것이다. 동남아 국가 및 인도와 대화 분위기가 좋은 것도, 이 국가들이 미국의 군사적 개입을 환영하는 것도 모두 중국의 부상에 대한 우려 때문이다.

아시아는 세계 국방비 지출의 중심이지만, 군비에 더 투자할 가능성이 크다. 아시아의 국방비 증가는 이미 기록적인 수준이다. 하지만 각국 GDP에서 국방비가 차지하는 비율을 보면 여전히 작다. 2009년에서 2013년 사이 중국과 인도의 국방비 지출은 자국의 GDP 대비 2% 미만인 데 비해 미국의 경우 GDP의 4.4%를 차지하고 있다.[142] 아시아 국가들이 미국의 국방비 지출 비율만큼 국방비 지출을 늘린다면, 아시아 지역은 더욱더 위험해질 것이다.

기술

아시아는 전자 공업에서 서구의 경쟁자들을 따라잡은 데 그치지 않고 서구 국가들을 이미 추월하고 있다. 현재 TV, 컴퓨터, 자동차, 태블릿 세계 1위 생산국, 가전제품 2위 생산국, 스마트폰 2위, 3위 생산국이 모두 아시아 국가들이다.[143] 아시아 지역은 생산 기술에서 빠른 속도로 세계의 중심이 되었고 애플과 마이크로소프트 같은 미국 기업들은 갈수록 더 많은 조립 및 생산 라인을 아시아에 배치하고 있다.[144] 아시아는 값싼 노동력으로 유명하지만 사실 세계적 기업들에 그 이상의 의미를 가진다. 아시아는 가장 큰 전자제품 시장이면서 잘 발전된 사회기반시설, 숙련된 노동자, 그리고 상상할 수 없이 큰 규모를 자랑한다.

중국의 룽화龍華에 있는 폭스콘 시티Foxconn City에 상응할 만한 미국의 도시는 없다. 이곳은 애플, 소니, 마이크로소프트, 닌텐도 같은 회사들이 자사의 제품을 조립하는 복합 단지로 인해 끊임없이 확장되고 있다. 앞으로 이런 곳이 또 나타날지 의문이다. 이러한 엄청난 규모의 생산 센터는 세계 다른 곳에서는 불가능했던 일들을 할 수 있다. 한 지역에 엄청난 공급망이 집중돼 있어 갑자기 계획이 바뀌거나 원자재가 더 많이 필요하다 해도 생산이 지연되는 일은 없다. 애플의 한 중역은 이렇게 말했다. "천 개의 고무 개스킷이 필요하다고요? 그건 공장 바로 옆에 있어요. 백만 개의 나사가 필요해요? 그 공장은 한 블록 건너편에 있어요. 조금 다르게 만들어진 나사를 필요로 해요? 세 시간이면 충분해요."[145] 이러한 유연성은 빠르게 변화하는 소비자 기술(개개인 소비자들이 자신의 필요를 위해 직접 구입·소비하는 기술로 생산이나 기업활동을 위한 산업 기술과는 대비되는 개념이다_옮긴이 주)의 세계에서 가장 중요한 것이다. 애플이 아이폰 모델 중 하나의 스크린 디자인을 바꾼다고 막판에 결정해 생산 라인을 통째로 바꿔야 할 상황이라 해도, 그날 안으로 새로운 스크린이 공급된다. 〈뉴욕타임스〉에 묘사된 이러한 공정은 서구에서는 도저히 생각할 수 없는 것이다.

> 공장 감독자가 즉시 회사 기숙사에 가서 8천 명의 노동자들을 깨웠다. …… 노동자에게는 비스킷 하나와 한 잔의 차가 제공되었고, 작업장으로 이동하여 30분 내에 비스듬한 프레임에 유리 스크린을 꽂는 12시간 교대 작업이 시작되었다. 96시간이 지나자 이 공장은 하루에 만 개꼴로 아이폰을 생산해냈다.[146]

아시아는 서구가 상상할 수 없을 정도의 속도와 규모로 숙련된 노동력을 제공한다. 애플의 중역들이 생산 라인을 감독할 정도의 기술자를 찾는 데 미국에서는 9개월 걸리지만, 중국에서는 15일밖에 걸리지 않는다고 한다.[147] 이 모든 것이 인간의 희생으로 이루어졌다. 많은 유수의 기업들이 더 안정적인 직장을 제공하고 추가 훈련과 주택 보조금을 지급하며 더 나아가 직원들의 대학 수업까지 지원해준다고 한다. 그럼에도 불구하고 이 기업들은 매출이나 이익으로 뉴스에 나오는 일보다 열악한 작업 환경, 단조로운 작업, 인권 침해 등의 문제로 뉴스에 더 자주 오르내린다. 폭스콘 시티만 해도 매달 2만 4천 명이 근로 환경 때문에 일을 그만둔다.[148] 중국의 노동 시장이 엄격해지고 노동자들이 더 나은 급여와 수당을 요구하면서, 섬유나 신발 같은 저기술 제조업은 방글라데시나 베트남 등의 더 가난한 국가들로 옮겨가고 있다. 가전제품에서도 이러한 현상이 나타날 것인지는 좀 더 지켜봐야 한다.

아시아 회사들이 단지 서구 회사들의 하청만 받아 하는 것은 아니다. 이 회사들도 자체적으로 혁신적인 상품을 개발하고 연구하고 디자인한다. 현재 아시아의 글로벌 브랜드 기업은 많은데, 특히 가전제품과 자동차 제조에서 눈에 띈다. 소니, 삼성, 도요타, 혼다, 히타치, 스바루, 니콘, LG, 타타 등이 아시아에 거점을 둔 성공적인 다국적 기업들이다. 이들은 현대적이고 혁신적인 기술로 제품을 생산한다. 인도의 타타자동차는 재규어 같은 고급 브랜드도 소유하고 있지만, 세계에서 가장 저렴한 타타 나노Tata Nano로 저가 시장에서도 경쟁하고 있다. 나노는 한때 인도의 중산층을 겨냥했는데, 최근에는 '스마트 도심형 자동차'로 서구의 소비자들을 유혹하고 있다.[149] 생산 및 조립 과정에서 끊임없이 완벽함을 추구하는 도요타 생산 시스템은 가히 혁신적이다. 도요타는 친환경 자동차 산업에도 진출했는데, 이미 널리 알려진 하이브리드 자동차 프리우스Prius와 2016년 미국 시장을 강타할 것으로 보이는 전기 자동차 미라이Mirai를 생산한다. 마찬가지로 혼다와 현대자동차도 수소연료전지 자동차를 공개할 계획(혼다와 현대자동차는 각각 2017, 2018년도에 수소연료전지 자동차를 출시했다_옮긴이 주)을 밝혔다. 이러한 기술들이 상업적으로 얼마나 성공할 수 있을지는 의문이지만, 이런 아시아 회사들이 세계 자동차 시장의 벽을 계속 무너뜨리고 한계를 끊임없이 확장할 것이라는 점은 분명하다.[150]

아시아의 기술적 성공은 하드웨어 제조에서 뛰어난 기량뿐만 아니라 소프트웨어를 다루는 재능 때문이기도 하다. 예를 들어 인도의 경우 일본과 아시아의 호랑이들 그리고 중국이 이끌었던 전자제품 제조업 혁명에는 참여하지 못했지만, IT 서비스와 소프트웨어에서 세계적 리더로 부상했다. 시가 총액이 수백억 달러에 달하는 인포시스Infosys와 위프로Wipro 같은 인도의 기업들이 전 세계 시장에서 경쟁하고 있다.

소프트웨어는 가전제품 제조에도 큰 변화를 가져왔다. 파나소닉, 샤프, 소니 같은 일본 회사들이 한때 전자 산업을 지배했지만, 급속히 성장한 한국, 대만, 중국의 신흥 경쟁자들을 맞아 고전을 면치 못했다. 이들 신흥 강국들은 사용자 친화적인 소프트웨어와 제조 기술을 결합한 디지털 혁명의 이점을 최대한 활용해 스마트폰, 태블릿, 컴퓨터 등을 만들었다. 애플, 삼성, LG 그리고 심지어 샤오미나 화웨이 같은 중국 기업들은 이제 가전제품에 있어 선도적 위치에 올랐다. 일본의 히타치 회장인 나카니시 히로아키中西宏明가 가전제품 사업을 매각하고 나서 말했던 것처럼 말이다. "디지털 기술은 모든 것을 변화시켰다. 우리는 그런 환경에 적응할 수 없었다. 그것이 내가 이 사업 부문을 포기한 이유다."[151] 나카니시는 터빈, 원자력 발전소, 고속철도 등 중공업을 위한 고도의 제조 산업에 집중하여 히타치의 구조조정을 성공적으로 이뤄냈다. 오늘날 히타치는 더 나은 사회기반시설을 절실히 필요로 하는 인도 등의 국가에 제품을 팔고 있다.

혁신가와 사업가보다는 공장과 노동자들로 가득 차 있다고 오랫동안 생각해왔던 아시아는 그 이상으로 발전하고 있다. 아시아 기업들은 소프트웨어, 가전제품에서 중공업에 이르기까지 광범위한 기술 산업에서 성공을 거두었다. 비록 아시아는 환경 파괴, 부족한 사회기반시설, 만연한 영양 부족과 같이 어려운 도전 과제들을 마주하고 있지만 아시아의 혁신적이고 효과적인 기업들은 이러한 문제들을 극복하는 데 중요한 역할을 할 것이다.

영화 산업

영화 산업에서 아시아의 영향력은 점차 커지고 있지만 그 힘이 아직은 다소 평가절하되어 있다. 아시아 국가들은 영화 산업을 일종의 지렛대로 삼아 소프트 파워를 확장하려고 노력한다. 아시아-태평양 시장에서의 성공은 세계적인 영화사들에게 이제 필수적이다. 아시아는 현재 전 세계 박스오피스 판매 실적으로 볼 때 세계 최대 시장이다. 2014년에는 아시아 지역에서만 124억 달러의 판매 실적을 올렸는데 이는 유럽, 중동, 아프리카를 합친 것보다 많고, 이 수치는 2009년 이래 72% 성장한 것이다.[152] 중국과 일본이 세계 박스오피스 판매 실적에서 가장 앞서고, 인도, 한국, 호주, 대만, 말레이시아의 경우 세계 상위 20위 안에 든다. 세계 영화 시장에서 아시아의 구매력은 할리우드에 큰 영향을 미쳤다. 영화 제작자들은 자신들의 영화를 아시아 관객의 입맛에 맞춰 만들고 있으며, 아시아 정부들이 민감해하는 부분에도 주의를 기울이고 있다.

예를 들어 "캡틴 아메리카: 윈터 솔져Captain America: The Winter Soldier"는 영화 제목과 같은 이름의 캡틴 아메리카가 60년 전에 냉동되었다가 다시 깨어난 후 현재의 삶에 적응하는 이야기다. 여기서는 그가 현대적인 사람이 되기 위해 해야 할 목록이 나온다. 스크린에 잠깐 보이는 리스트에는 달 착륙을 알기 위해 TV 쇼 '왈가닥 루시I love Lucy'라는 프로를 보는 것이나 베를린 장벽의 건설과 붕괴, 애플과 스티브 잡스의 삶을 배우고, 디스코 음악을 경험하는 것 등이 있다. 그러나 한국에서 개봉된 "캡틴 아메리카"는 이 리스트에 한국과 일본이 공동으로 개최한 2002년 월드컵을 볼 것을 추가했으며, 역사상 가장 뛰어난 아시아의 축구 선수이자 맨체스터 유나이티드에 소속되었던 박지성 선수에 대해 자세히 조사할 것 등이 있다. 마찬가지로 영화 "아이언맨 3Iron Man 3"에는 4분의 추가 장면이 있는데, 제작자들은 이 장면에 중국 배우인 판빙빙范冰冰과 왕쉐치王學圻를 등장시켜 중국

팬들의 환심을 사고자 했다.[153]

  이런 것들은 중국 관객들의 환심을 사는 것은 물론 외국 영화에 대한 중국의 엄격한 가이드라인에 따르기 위해서다. 경우에 따라 다르지만 스크린에 등장하는지 여부에 관계없이 영화를 제작하는 데 참여하는 인력의 30%가 중국인이어야 하고, 영화에 투자된 돈의 30%가 중국 자본이어야 하며, 영화가 중국적인 주제나 문화적 배경을 반영해야 한다.[154] 중국에서 할리우드가 올리는 연간 수입은 50억 달러 정도인데, 이런 상황이 아니었다면 할리우드 제작자들은 중국의 요구를 무시했을 것이다.[155] 이런 점에서 아시아는 할리우드 영화에서 점점 더 중요한 역할을 하고 있으며, "루퍼Looper", "007 스카이폴SKYFALL", "더 울버린The Wolverine" 같은 블록버스터는 아시아 도시와 휴양지에서 많은 장면들을 촬영했다.

  이 때문에 대본 수정이 영화 줄거리와 잘 맞지 않는 경우도 많다. "아이언맨 3"에 있는 추가 장면은 아이언맨이 구리뒤谷粒多(중국에서 가장 유명한 우유 회사인 이리伊利의 한 브랜드이다_옮긴이 주) 우유를 마심으로써 어떻게 힘을 되찾게 되었는지에 대한 조금 엉뚱한 설명이 이어진다.[156] 마찬가지로 "트랜스포머: 사라진 시대Transformers: Age of Extinction"는 작품의 통일성에 어떤 영향을 줄지 생각하지 않은 채 많은 아시아 기업들의 제품들을 배치해놓았다. 한 중국인 영화 관객이 중국판 트위터인 웨이보에 다음과 같이 물었다. "텍사스의 사막 한가운데에서 한 중년 남성이 왜 중국건설은행 카드로 ATM에서 돈을 인출하는 거죠?" 또 다른 엉뚱한 예로 미국인 배우가 중국판 레드불과 슈화舒化 우유를 마시는 장면이 있는데, "트랜스포머" 이전 편에서는 이런 대화가 이어진다.

    제리: 도니, 이 슈화 우유 좀 먹고 말해도 될까?
    도니: 난 네 우유 따위는 신경 안 써! 넌 태도가 글러먹었어!

미국의 영화 산업은 중국 영화 시장 진입을 매우 중요하게 여기기 때문에, 중국 정부의 노골적인 압력이 없어도 많은 중요한 변화들이 일어나고 있다. 2012년 리메이크 영화인 "레드 던Red Dawn"(북한군이 점령한 워싱턴에서 10대의 아이들로 구성된 민병대가 북한군을 물리치는 내용이다 _ 옮긴이 주)의 경우, 원작의 중국인 침략자들을 북한 사람들로 바꾸었다.[157] "아이언맨 3"의 악당은 '만다린'이라 불리는 전통적인 악당으로, 원작 만화책을 보면 그가 중국 한 마을에서 살았던 이야기와 그의 선조가 칭기즈 칸까지 거슬러 올라가는데, 중국에서 논란을 피하기 위해 전통적인 악당 대신 벤 킹슬리Ben Kingsley가 연기했다.[158] 이와 비슷하게 "월드워 ZWorld War Z"의 제작자는 중국을 폄하하는 듯한 언급을 삭제했고, "캐리비안의 해적: 세상의 끝에서 Pirates of the Caribbean: At World's End"와 "맨 인 블랙 3Men in Black 3"에서 중국인 악당들은 삭제되었다. 아시아 시장의 영향력이 강해지면서 향후 할리우드 영화 제작에 이런 일들은 더 자주 일어날 것이다. 2012년 말 이래로 프랑스 전체 영화관 수보다 더 많은 영화관이 중국에 새로 지어졌고, 매일 10~13개의 새로운 영화관이 문을 열고 있다.[159] 아시아 시장에서 어려움을 겪는다면 큰 손실이 불가피하다. 돈의 힘은 영화 "아바타 2Avatar 2"를 중국과 공동으로 제작하는 제임스 캐머런James Cameron 감독이 잘 보여주고 있다. 그는 "예술가로서 나는 항상 검열에 반대한다"고 밝혔지만, "타이타닉Titanic" 3D 재개봉을 앞두고는 "중국은 나에게 중요한 시장이다"라고 말하면서 몇몇 장면을 삭제하는 데 동의했다.[160]

영화 제작사가 만들어내는 영화의 장르에 변화가 올 정도로 할리우드가 중국의 입맛을 맞추려는 경향이 강하다. 아시아 시장의 중요성이 더 커짐에 따라 미국 코미디 영화 팬들은 크게 실망할 수도 있다. 2010년 20세기폭스가 만들어낸 영화 중에서 44%가 코미디였는데, 이 영화들은 중국 관객들의 흥미를 불러일으키지 못했다. 2014년에 코미디 영화의 비율은

10%대로 떨어졌고, 디즈니 같은 회사들은 2014년 단 한 편의 코미디 영화도 제작하지 않았다.[161] 아시아는 영화를 수입할 때 큰 예산이 들어간 액션 블록버스터를 선호한다. 이것은 마이클 베이Michael Bay 감독에게는 좋은 소식이지만 윌 페럴Will Ferrell이나 잭 갤리피아나키스Zach Galifianakis 감독의 팬들에게는 정반대일 것이다. 이런 변화에 불만인 사람들에게 약간의 희소식도 있다. 곧 중국 시장에서 중국이 자체로 제작한 영화가 할리우드 영화의 자리를 빼앗을 것으로 보인다. 중국 영화는 2013년 관객 수가 144% 증가했으며 수입 영화의 경우 21% 감소했다. 장자오張昭 감독에 따르면, "미국 영화사는 너무 크고 느리다. 중국은 이제 세계 영화에 의미 있는 기여를 할 수 있을 것이다."[162] 홍콩에서 활동하는 첸커신陳可辛 감독에 따르면 "중국 관객들은 더 이상 감독에 대해 신경 쓰지 않는다. 그들은 영화 스토리만을 중시한다"는 점에서 그것은 환영할 만한 변화다.[163] 중국 영화사의 힘이 성장했다는 것은 2016년 새해 연휴 기간에 여실히 증명되었다. 국내에서 제작된 중국 영화 "몽키킹 2The Monkey King 2"나 "미인어The Mermaid"를 보려는 중국 관객들이 몰려 극장들은 일주일 동안 약 5억 달러의 매출을 기록했다.[164] 이 기간 동안 가장 인기 있었던 상위 5개 영화 중 4개가 중국 영화였는데, 이는 중국의 시장 규모와 신흥 영화사들의 성공을 보여준다.[165] 중국 영화 산업의 성장은 마이클 베이 스타일의 미국 블록버스터의 종말을 가져올지도 모른다.

다른 아시아 영화 산업의 놀라운 성장도 마찬가지인데, 이 영화들은 저예산 영화임에도 중국 시장에서 많은 예산을 쏟아부은 서구 영화와 경쟁할 수 있었다. 인도의 슈퍼스타 아미르 칸Aamir Khan이 주연을 맡은 종교에 관한 발리우드의 코미디 영화 "피케이: 별에서 온 얼간이PK"는 약 15배인 1억 9천만 달러를 쏟아부은 조지 클루니George Clooney 주연의 SF 영화 "투모로우랜드Tomorrowland"를 눌렀다. 반면 3천5백만 달러의 일본 애니메이션 영화 "도라에몽: 스탠바이미Stand by Me Doraemon"는 1억 1천만 달러의 예산이 든 드웨인 존슨Dwayne Johnson 주연의 "샌 안드레아스San Andreas" 만큼이나 선전했다. 이런 이유로 아시아의 많은 유명한 영화감독들이 중국의 영화사나 영화배우와 공동 작업하는 방법을 찾고 있다. 예를 들어 발리우드의 유명한 여배우 중 한 명인 카트리나 카이프Katrina Kaif는 양국 시장에서 곧 개봉할 액션 코미디 합작 영화인 "쿵푸 요가Kung-Fu Yoga"에 청룽成龍과 공동으로 작업할 예정이다.

아시아의 영화 산업은 엄청난 성공을 이룰 정도로 성숙해졌다. 중국과 미국을 합친 것보다 더 많은 영화를 제작하는 발리우드는 인도에서 할리우드 영화를 앞질렀을 뿐 아니라 지난 70년 동안 칸 영화제와 빈 영화제에서 많은 상을 받을 정도로 인도만의 오래되고 중요한 전통이 되었다.[166] 남아시아와 중앙아시아 그리고 중동에서 유명했던 인도 영화들은 아시아 다른 지역에서도 성공을 거두고 있다. 물론 매년 30억 장의 영화 티켓이 팔리는 인도 시장 역시 서구 영화감독들에게는 가장 중요한 지역 중 하나가 될 것이다.

한국은 인도보다 인구가 적지만, 영화 산업은 자국의 한계를 넘어 끝없이 성장하고 있다. 한국 영화는 지속적으로 미국 수입 영화를 앞지르고 있으며, 칸, 베를린, 베니스 같은 유수한 영화제에서 국제적인 명성을 모으고 있다. 베니스 영화제는 2012년 한국 영화 "피에타"를 최고의 작품으로 선정했다. 또 한국 영화감독들은 할리우드와 경쟁하기 위해 영어로 된 영화들을 만들기 시작했는데, 박찬욱의 "스토커", 김지운의 "라스트 스탠드" 그리고 북미 영화 평론 사이트인 로튼토마토에서 95%의 평점을 받은 봉준호 감독의 "설국열차" 등이 그런 영화들이다. 이 같은 토착 영화들의 성공과 함께 미국 영화사와 아시아 영화사들의 합작이 점차 늘어나면서 영화 제작 산업은 세계화된 산업으로 변모하고 있으며, 우리가 보는 영화의 스타일과 개념 모두를 변화시키고 있다.

예술 시장

기술과 중공업에서 이룬 성공만큼이나 고급문화에서도 아시아는 성공을 거두고 있다. 특히 아시아에서 만들어진 엄청난 부로 인해 예술 시장도 활기를 띠고 있다. 크리스티Christie's나 소더비Sotheby's 같은 세계적 수준의 경매 회사가 아시아 전역에 지사를 두고 있으며, 홍콩은 경매가 기준으로 세계에서 세 번째로 큰 예술 시장이 되었다.[167] 2008년 크리스티와 소더비는 자사의 아시아 판매를 홍콩으로 합치면서, 홍콩을 아시아 예술 시장의 중심에 두었다. 홍콩은 세금이 없고, 발달한 금융 서비스를 갖추었으며 중국 시장으로 직접 진출할 수 있는 이점 때문이었다.[168] 2013년 10월 소더비는 홍콩에서 40주년 기념행사를 열었는데, 이전에 예측했던 판매액 3억 7천만 달러보다 훨씬 많은 5억 3천8백만 달러의 기록적인 판매 실적을 올렸다.[169]

홍콩은 몇 개의 주요 갤러리와 경매 회사 덕분에 세계에서 가장 역동적인 예술의 중심지 중 하나가 되었다. 2013년 근현대 예술에서 세계적인 아트페어 중 하나인 아트 바젤Art Basel은 전시회 개최 장소로 스위스, 마이애미 해변과 함께 홍콩의 국제 아트페어를 넣었다. 이것은 전 세계에서 가장 큰 아트페어 중 하나로 2천 명이 넘는 예술가들과 250개가 넘는 아트 갤러리들이 참여한다. 2014년에는 구매자들의 수요가 너무 커서 많은 딜러들이 페어가 시작되기도 전에 이미 작품들을 모두 팔아버렸다. 프랑스의 아트 딜러인 에두아르 말랭Edouard Malingue은 중국의 화가 위안위안袁遠의 작품 7점을 모두 판매한 후 아트페어의 남은 기간 내내 구매 기회를 갖지 못해 분노한 고객들을 진정시키는 데 시간을 보냈다. "고객 중 몇몇은 우리 직원들에게 너무 화를 내서 내가 나서야만 했다"고 그는 회상했다.[170] 또 다른 딜러인 빅토리아 미로Victoria Miro는 작품 하나당 가격이 2백만 달러나 하는 일본의 예술가 쿠사마 야요이草間彌生의 작품 18점을 아트페어 첫 3일 동안 모두 팔아 치웠다.[171]

지난 4년간의 판매만 놓고 보면 중국 시장이 가장 잘나갔는데, 2014년 한 해에만 56억 달러의 판매액을 기록했다.[172] 아시아 예술의 인기가 높아지면서 이익을 보는 것은 비단 서구의 경매 회사만은 아니다. 판매 규모로 볼 때 전 세계 10대 경매 회사 중 6개 회사가 중국에 있다. 이 때문에 크리스티와 소더비의 시장 점유율은 2008년 70%에서 2013년 55%로 떨어졌다.[173] 아시아의 도시들은 현대 예술에 있어 가장 역동적인 중심지로 빠르게 성장하고 있다. 뉴욕이 여전히 중심을 차지하고 있지만 2014년 경매의 총매출액 기준으로 상위 10대 도시 중 7개 도시가 아시아에 있다. 베이징이 런던을 3위로 밀어냈고, 파리는 홍콩과 상하이에 뒤져 6위로 떨어졌다. 상하이는 아시아의 베를린이라는 명성을 얻고 있는데, 이는 도시 전역에 걸쳐 등장한 지역 갤러리의 네트워크가 성장하면서 자신들의 작품을 팔려고 모여든 수천 명의 신인 예술가들 덕분이다.[174]

예술 시장의 이 같은 성장은 대부분 중국 덕이다. 중국은 2006년 전 세계 예술 시장의 5%밖에 차지하지 않았지만 현재 40%를 차지하고 있다.[175] 쩡판즈曾梵志와 장샤오강張曉剛이라는 중국인 예술가가 현존하는 10대 예술가 리스트에 이름을 올렸는데, 그들의 작품 가격은 1천만 달러가 넘는다. 이는 5년 전만 해도 상상하기 힘든 일이었다.[176] 반면 아이웨이웨이艾未未는 수년간 〈아트리뷰Art Review〉가 실시한 현대 예술 세계에서 가장 영향력 있는 인물 상위 10위 안에 들었으며, 2011년에는 1위를 차지했다.[177]

경매에서 가장 많은 판매 실적을 올린 예술가들의 목록을 보면 예술 시장의 무게중심이 아시아로 이동하고 있다는 점이 더욱 분명하다. 다음 도표를 보면 2006년, 2007년, 2008년 판매액이 가장 높은 상위 10대 예술가들은 서구인, 그중에서도 유럽인이 대부분이다. 그런데 2009년, 치바이스薺白石가 3위에 오르면서 아시아 현대 예술의 부상을 알렸다. 그때부터 아시아 예술가들(아래 도표에 밑줄로 표시되어 있다)이 경쟁을 거쳐 상위 10위 안에 진입했다.[178] 개별 예술가들의 추세는 매년 무엇이 판매되느냐에 따라 다르지만, 상위 10대 예술가 리스트가 모두 서구인이었던 것에서 절반이 아시아인으로 바뀐 흐름은 전 세계의 비평가와 사업가들에게는 놀랄 만한 일이다.

중국의 예술가들이 세계적 명성을 얻고 있지만 아시아 다른 국가 예술가들의 작품도 상당한 찬사를 받고 있으며 엄청난 가격에 팔리고 있다. 가이

연간 최고의 수익을 올린 예술가들

	2006	2007	2008	2009
1	피카소	워홀	피카소	피카소
2	워홀	피카소	베이컨	워홀
3	클림트	베이컨	워홀	치바이스
4	데 쿠닝	로스코	허스트	마티스
5	모딜리아니	모네	모네	몬드리안
6	샤갈	마티스	자코메티	자코메티
7	실레	바스키아	리히터	레제
8	고갱	레제	드가	드가
9	마티스	샤갈	폰타나	라파엘
10	리히텐슈타인	세잔	클라인	모네

	2010	2011	2012	2013
1	피카소	장다첸	워홀	워홀
2	치바이스	치바이스	장다첸	피카소
3	장샤오강	워홀	피카소	장다첸
4	워홀	피카소	치바이스	바스키아
5	자코메티	쉬베이홍	리히터	치바이스
6	쉬베이홍	우창쉬	쉬베이홍	베이컨
7	마티스	푸바오스	리커란	리히터
8	모딜리아니	리히터	로스코	리히텐슈타인
9	푸바오스	베이컨	베이컨	자오우키
10	리히텐슈타인	리커란	푸바오스	모네

출처: "The Art Market" 〈뉴욕타임스〉와 Artprice.com, 전 세계 4천5백 개 경매 시장에서의 순수 예술 판매에 기반.

톤드V. S. Gaitonde나 티엡 메타Tyeb Mehta 같은 인도 화가 작품들은 수백만 달러에 판매되었고, 주요 경매 회사에서는 인도를 중요한 잠재적 시장으로 보고 있다.[179] 동남아시아 예술은 벌써 성장하고 있으며, 아시아 예술시장에서 그다음에 등장할 호랑이가 될 것이다. 2010년까지만 해도 말레이시아는 아트 갤러리가 거의 없었고, 자체적인 예술 작품에 대해 별 관심이 없었다. 하지만 그때부터 말레이시아는 네 개의 거대한 국제 경매 회사를 끌어들였다. 말레이시아에 있는 판매자와 경매 참가자들의 수는 지난 4년 동안 약 두 배 증가한 것으로 추정된다.[180] 2011년, 필리핀의 로날드 벤투라Ronald Ventura는 자신의 그림 "그레이하운드Greyhound"가 110만 달러에 팔리면서 현대 동남아시아 예술가 신기록을 작성했다. 그의 성공은 필리핀 예술가들을 크게 자극했고, 현재 필리핀 예술 시장은 전 세계에서 20위로 이는 러시아와 스위스보다 앞선 것이며, 세계 최고의 미술관으로부터 인정받고 있다.[181] 2013년 뉴욕의 솔로몬 구겐하임 미술관은 동남아시아 전역에서 온 작품들을 전시했는데, 필리핀 예술가들의 작품이 많이 전시되었다. 2014년 로스앤젤레스의 USC 피셔 아트 미술관에서는 '필리핀 예술의 승리The Triumph of Philippine Art'라는 이름으로 전시회가 열리기도 했다. 필리핀은 '필리핀 아트페어'라는 자국만의 아트페어를 갖고 있는데, 지난 3년 동안 매년 성공적으로 개최되었다.

다른 신흥 시장으로는 인도네시아가 있는데, 인도네시아 예술가들은 모든 종류의 미디어를 사용하는 것으로 높은 평가를 받고 있다. 예를 들어 비디오 아티스트 레자 아피시나Reza Afisina는 혹독한 심문 효과를 그대로 만들기 위해 검은색과 푸른색으로 자신의 얼굴을 때림으로써 얼굴을 캔버스로 사용하기도 하고, 위선에 반대하고 진실과 고백의 중요성을 설파하는 신약 구절을 암송하기도 한다.[182] 2012년 아린 드위하르탄토 수나르요Arin Dwihartanto Sunaryo는 송진과 2010년 인도네시아의 메라피Merapi산의 화

산 폭발로 생긴 재 같은 물질들을 섞기도 했다. 인도네시아 예술을 인정하는 사람들은 현대 작품뿐만 아니라 이전 세대 작품에도 열광한다. 신두수 다르소노 수조요노Shindoesoedarsono Soedjojono의 유화 작품 "디포네고로 왕자가 지휘하는 우리 군인들Our Soldiers Led under Prince Diponegoro"은 2014년 750만 달러라는 엄청난 금액으로 동남아시아 예술가 유작 중 최고 경매가를 기록했다.[183] 최근 아시아의 번영이 아시아 예술가들에게만 이익이 되는 것이 아니다. 아시아 지역으로 예술품 수집가들이 몰려들고 있다. 예술사학자 사이먼 순Simon Soon에 따르면, "동남아시아 예술 시장의 강점은 대부분의 수집가들이 아시아 지역에서 온다는 것이다. 그들은 자신들이 무엇을 수집하는지 잘 알고 있으며 이 지역의 예술에 대해 매우 해박하다."[184] 예를 들어 인도네시아 수집가들은 자국의 작품을 너무 잘 알고 있어 그들의 전문성은 학자, 경매 시장, 예술 전문가들로부터 높이 평가 받는다.

예술 세계에서 아시아의 명성은 전 세계적으로 영향을 미치고 있다. 2014년 10월 밴쿠버 아트 갤러리는 아시아 예술 연구소 설립 계획을 발표했는데, 이는 아시아 예술이라는 부상하는 분야에 더 가까이 다가가려는 노력이었다. 같은 달 예술 프로그램을 별로 방영한 적이 없는 호주의 한 TV 채널은 "아시아 예술로의 여행"이라는 10부작 프로그램을 방영하며, 현재까지 아시아 예술이 어떻게 발전했는가를 알려줌으로써 학생, 교사 그리고 단순한 호기심을 가진 일반인들의 이해를 도왔다. 근현대 아시아 예술의 전시는 10년 전만 해도 거의 보기 힘들었지만, 지금은 전 세계 미술관에서 볼 수 있다. 런던 페스티벌의 아시아 예술은 연례행사로 2014년에는 아시아 전역에서 온 예술 작품을 대영 미술관, 브루나이 갤러리, SOAS 등 런던의 수많은 갤러리와 박물관에 전시한 바 있다. 마찬가지로 뉴욕의 아시아 주간 아트페어는 메트로폴리탄 아트 뮤지엄 등에서 2억 달러 이상의 아시아 예술품 판매 실적을 올렸다.[185]

결론

아시아는 엄청난 잠재력과 심각한 도전이 공존하는 지역이다. 아시아는 전 세계에서 가장 많은 도시 인구가 살고 있지만 도시화율은 가장 낮고, 다른 어느 지역에 비해 전력을 가장 많이 사용하지만 아시아인의 5분의 1은 여전히 전력 부족을 겪고 있다. 급성장하는 경제는 인류 역사에서 그 어떤 시절보다도 가난에서 많은 사람들을 구했지만, 전 세계에 가장 심각한 환경 문제를 불러오기도 했다. 아시아의 인구 성장, 특히 젊은 노동자 수의 증가가 아시아의 성장을 촉진했지만 자원 부족 현상을 겪게 되었고, 아시아의 몇몇 국가들은 부자가 되기도 전에 고령화되는 위험에 직면해 있다. 아시아의 많은 국가들이 경제 대국이지만 1인당 소득은 가장 낮다는 점이 아시아의 발전과 그에 대한 도전을 가장 잘 보여주고 있다. 아시아는 지금까지 걸어온 길만큼이나 앞으로 가야 할 길이 남아 있다.

아시아는 도전과 모순의 땅일 뿐만 아니라 미국의 주요 정책 우선순위의 모든 측면에서 큰 영향을 끼치는 지역이다. 아시아의 거대한 규모와 다양한 측면들을 볼 때 21세기의 역사가 아태지역에 의해 쓰일 것은 거의 확실하다. 미국이 주도해온 질서의 지속과 안정은 아시아에서 점증하는 안보 경쟁과, 중국의 역사적인 부상을 미국이 어떻게 관리하는가에 따라 그 운명이 결정될 것이다. 좀 더 환경 친화적인 세계로 가기 위한 길은 아시아에 있다. 아시아는 전 세계적으로 어떤 지역보다도 이산화탄소를 많이 배출한다. 빈곤 퇴치 문제에서도 전 세계 빈민의 60%가 살고 있는 아시아는 분명 중요한 지역이다. 최근 인도네시아에서 일어났던 테러 공격은 인도네시아도 극단적 테러리스트들이 지지자를 얻기 위해 노리는 지역임을 증명한다. 인도네시아의 도시와 휴양지는 폭력적인 지하디스트의 공격 대상이 되어왔다. 그럼에도 불구하고 중세 중동의 이슬람 전통으로 회귀를 옹호하는 사람들에게 아시아의 온건한 무슬림 국가들은 강력한 대안을 제시한다. 미국의 기업가들에게 아시아는 필수 불가결한 시장이자 공급처이며 파트너이다. 아시아는 해운, 국방, 기술, 영화, 순수 예술과 같은 수많은 산업의 중심이 되는 곳이다. 모든 미국인들의 경제적인 부는 아시아의 발전과 이미 긴밀하게 연결되어 있다. 분명히, 미국은 이처럼 중요한 지역을 간과할 수 없다.

미국인들은 건국 이래 아시아로부터 눈을 돌린 적이 없으며 오랜 기간 아시아 문제에 관여해왔다. 하지만 사람들은 미국의 아시아 관여의 역사를 잘 모른다. 다음 장에서 보듯, 이런 중요한 지역에 대한 미국의 관여는 관심과 무관심, 매혹과 실망, 전쟁과 평화 같은 주기적인 순환에 따라 움직여왔다. 향후 아시아 세기에 대한 효과적인 전략을 수립하기 위해 우리는 어제의 성공과 실패를 먼저 살펴보아야 한다.

03

피벗 이전의 정책 :
역사적 주제로 본 미국과 아시아 관계

역사를 모르는 사람은 자신이 나무의 일부임을 알지 못하는 나뭇잎과 같다.[1] 이 경구는 현재 미국의 아시아 정책을 고민할 때 되새겨봐야 한다. 현재 미국의 아시아 정책은 미국이 지난 2백 년 가까이 추진해왔던 아시아 정책의 가장 최근 챕터이기 때문이다. 오늘날 정책 결정자들이 성공을 거두려면 과거 정책이 어디서 나왔고 어떤 성향을 가졌는지를 이해하고, 현재 계획과 과거 정책이 조화를 이루는 방법을 찾아야 한다. 이를 위해 이 장은 미국의 아시아 관여를 규정해왔던 몇 개의 역사적인 주제에 초점을 둔다.

이 장은 지난 두 세기 동안 미국의 대아시아 관여에 대한 뻔한 사실을 언급하기보다 과거와 현재 아시아에 대한 미국의 관여를 규정해온 여덟 개의 영향력 있는 주제에 주목한다. 이 주제들은 미래 아시아 정책의 큰 틀을 형성한다. 이런 접근을 통해 이전에 나타났던 정책의 양상에 주목하여 현재 미국의 아시아 피벗 정책을 더 큰 역사적 맥락 속에서 이해하려 한다.

미국과 아시아의 관계를 규정하는 첫 번째 주제는 '거리의 횡포'다. 두 대륙을 가르는 드넓은 바다는 역사적으로 무역과 통신을 어렵게 했고, 그 때문에 멀고 낯선 동쪽에 위치한 아시아와 건전하고 지속적인 외교 관계를 맺기가 무척 어려웠다. 근대적 항공과 전기통신 기술이 도래하기 전까지는 미국과 아시아의 물리적 거리 때문에 미국과 유럽처럼 가까운 관계나 문화적 동질감을 형성하는 것이 원천적으로 불가능했다. 아시아와 미국 사이의 이런 지리적 거리는 미국의 대아시아 외교 정책 역사의 두 번째 주제인 문화적 거리감으로 연결된다. 문화적 거리감은 서구 사람들 눈에 아시아를 매혹적이지만 생경하고 이해하기 어려운 것으로 만들었다. 이 같은 이해 부족은 아시아에 대한 오해를 자주 불러일으켰다. 그 오해는 틀에 박힌 위험한 것들이었고, 여기에는 아시아 탐닉에 대한 신화, 아시아의 능력에 대한 비웃음, 그리고 아시아의 위협에 대한 두려움이 뒤섞여 있다. 화려함, 고상함, 고대의 지혜와 같은 긍정적 이미지뿐만 아니라 불신, 열등함, 이질성 같은 부정적 이미지도 아시아에 대한 미국의 인식을 구성한다. 이런 왜곡된 미국의 인식이 아시아와 미국의 상호작용에 부정적으로 작용했다.

아시아인들과 미국인들은 엄청난 지리적·문화적 거리 때문에 서로 떨어져 있었지만, 미국인들은 경제적 관계와 선교 때문에 늘 아시아에 매력을 느껴왔다. 이 경제적 관계와 선교가 세 번째와 네 번째 주제가 된다. 무역업자들과 선교사들은 아시아의 엄청난 인구가 가진 가능성을 보았다. 백만 장의 셔츠를 팔거나 수십억의 영혼을 구제할 가능성이 두 대륙 사이의 연결 고리를 만드는 데 큰 도움이 되었다. 무역은 단순하게 미국의 번영과 이익을 아시아에 연결시켰다. 반면 선교사들은 현지어와 관습을 배우는 데 공을 들였고, 이렇게 얻은 지식은 후일 이 지역에서 미국의 외교와 무역 질서를 형성하는 기초가 되었다.

아시아에 대한 미국의 이해관계가 깊어지면서 지역 갈등에 미국이 휘말릴 가능성 역시 커졌다. 미국의 아시아 정책 다섯 번째 주제는 미국이 엄청난 대가를 치르고 얻은 승리와 뼈아픈 상처를 남긴 실패의 역사다. 현재 아시아의 번영은 부분적으로 미국인의 생명과 재산의 희생으로 만들어졌다. 지난 70년 동안 미국은 필리핀, 일본, 북한과 북한의 동맹국인 중국 그리고 베트남과 네 차례 큰 전쟁을 치렀다. 이 전쟁들은 예기치 못한 결과를 가져왔는데, 그 영향은 오늘날까지 남아 있고 거기서 얻은 교훈은 미래에 대한 함의를 가지고 있다.

미국이 민족주의, 제국주의 그리고 공산주의로부터 아시아를 지켜왔지만 미국의 아시아 외교는 유럽이나 중동에 대한 미국의 외교만큼 주목을 받지는 못했다. 미국과 아시아 관계의 여섯 번째 주제는 아시아가 미국의 입장에선 '부차적인 무대secondary theatre'였다는 것이다. 미국의 아시아 개입은 대증적이고 단발적이며, 애매하고 확실하지 않으며, 제대로 마무리되지 않았다는 인상을 남겼다. 미국은 항상 치고 빠지면서 해결되지 않는 어려운 문제들을 남겨놓았다. 이렇게 미국은 아시아 지역에 집중하지 못했고, 그 결과 아시아에 적당한 물적·인적 자원을 투입하지 못했다. 이것이 미국의 대아시아 관여의 일곱 번째 주제다. 미국은 인적 자원과 준비 부족에 시달렸기 때문에 전략을 지속적으로 추진하거나 예기치 못한 위기 상황을 관리할 자원이 늘 부족했다.

마지막으로 아시아에서 미국은 베트남에서 절망적인 실패도 겪었지만 일본, 한국, 대만처럼 민주주의 확산의 성공 사례도 경험했다. 때로는 간과될 때도 있지만 미국의 대아시아 정책 여덟 번째 주제인 민주주의 확산이라는 유산은 전 세계에 자유liberty and freedom를 퍼뜨리던 미국의 변함없는 열정을 잘 보여준다.

이 여덟 개의 주제가 미국과 아시아 관계라는 복잡한 유산을 만들어냈다. 이 주제들은 피벗 정책이 실행되는 토양이다. 어떤 주제들은 관여를 강화했고, 어떤 주제들은 약하게 했다. 하지만 모든 주제들이 아시아에서 미국의 역사를 형성하는 데 중요한 역할을 했다. 이 장은 각각의 주제를 세부적으로 검토하고, 아시아 세기에 접어들면서 미국이 어떻게 이 지역에 영향을 미칠 것인지를 논할 것이다. 이 장은 지난 두 세기 동안 미국 전략의 주요 목적과 도전들을 살필 수 있는 여덟 개의 주제를 포괄적으로 통합하면서 마무리된다.

거리의 횡포

미국은 두 개의 거대한 대양으로 둘러싸여 있고 두 개의 가까운 동맹국과 국경을 공유하며 근처에 섬 몇 개가 있는 지리적 위치 덕분에 많은 이득을 보았다. 건국 초기의 미국은 지리적 고립으로 많은 혜택을 보았다. 미국은 유럽의 권력 다툼으로부터 격리되어 있었고, 대신 드넓은 미 대륙의 땅덩어리 때문에 큰 역경 없이 확장할 수 있었다.² 반대로 당시 유럽 국가들의 경우 서로 너무 가깝게 붙어 있었기 때문에 유럽 역사는 국가 간 갈등과 권력 정치로 점철되어 있었다. 러시아의 우크라이나 침공에서 보듯이 그 당시의 흔적이 아직도 유럽에 남아 있다.

지리적 요소 때문에 미국은 유럽으로부터 격리되었지만, 문화적 동질감은 지리적 거리를 초월해 상호 이해와 친밀한 관계를 어느 정도 가능케 했다. 개인적인 유대, 유사한 종교 그리고 공통의 관점 때문에 정치·경제적 연계뿐만 아니라 신뢰와 상호 이해도 가능했다. 그래서 가끔 미국은 유럽의 서부 해안이라 불리기도 한다. 미국과 유럽의 이 같은 우애는 오늘날까지 이어진다. 미국은 대부분의 유럽 국가들과 강한 유대 관계를 맺고 있다. 영국의 총리 데이비드 캐머런David Cameron은 자신과 오바마 대통령의 관계를 언급하면서 오바마 대통령이 자신을 "형님bro"이라 부를 때가 많다고 한 적이 있다.³

이런 친밀함은 미국과 아시아 관계에선 거의 보이지 않는다. 아시아는 미국으로부터 유럽에 비해 두 배나 멀리 떨어져 있고 문화적으로는 더 떨어져 있다. 그 때문에 처음부터 아시아는 이질적이고 불가사의하다고 생각됐다. 미국 건국 초기부터 아시아에 닿으려는 노력들은 있어왔지만 매우 느리게 진행됐고 도처에 위험이 도사리고 있었다. 1784년 첫 미국 상선이 중국으로 향했는데, 다시 돌아오는 데까지 15개월이 걸렸다. 당시 대서양 횡단에 걸리는 시간보다 서너 배 정도 더 오래 걸렸다. 1805년에야 루이스Lewis와 클라크Clark가 미국 서부 해안에 닿았다.⁴ 그때까지도 미국은 먼 지역에 대한 관여보다는 미 대륙 내 탐험에 열을 올리고 있었다. 1840년대에 쾌속 범선이 발명되면서 항해 시간은 크게 줄어들었다. 1846년 요크셔Yorkshire호가 대서양 횡단 항해 기록을 깼는데, 영국의 리버풀에서 출발하여 16일 만에 뉴욕에 도착했다.[5] 태평양 횡단 기록은 4년 후에 깨졌다. 이 횡단에는 81일이 걸렸다. 하지만 대서양 횡단에 비해 태평양 횡단은 여전히 긴 시간이 걸렸다. 이런 거리는 공유된 문화나 역사가 없는 아시아와 교류하는 데 어려움을 더했다.[6]

이런 먼 거리에도 불구하고 미국의 무역상들은 극동의 풍요로움을 갈망했다. 하지만 가장 모험적이고 장비가 잘 갖춰진 무역 회사들만 극동의 풍요를 좇을 수 있었다. 이 풍요로운 아시아와 거래를 촉진하고 확장할 목적으로 미국은 아시아에서의 자기 존재감을 점차 확대하기 시작했다. 아시아로 가는 길에 무역선들이 정박할 항구가 필요했고, 그런 이유로 피지나 사모아 같은 태평양 섬들과 보다 편리한 곳에 위치한 하와이, 필리핀, 괌 등과 관계를 맺기 시작했다.

이런 중간 기착지의 발달에도 불구하고 19세기와 20세기 대부분 동안 아시아 여행은 아주 제한적이었다. 결과적으로 아시아는 대다수 미국인들에게 여전히 미지의 세계였다. 기껏해야 알 듯 모를 듯한 신화와 고정관념 정도가 알려진 전부였다. 심지어 태평양 지역에 큰 관심을 가진 사람들에게조차 아시아에 대한 외교적 접근을 지속하는 게 쉽지는 않았다. 불굴의 의지와 꼼꼼한 일 처리로 정평이 나 있던 시어도어 루스벨트Theodore Roosevelt 대통령은 아시아와 관계를 증진시킨 것으로 유명하다. 그는 자기 스타일에 맞은 요란한 방식으로 아시아에 접근했다. 한 번에 한 명 혹은 두 명의 관료를 아시아로 보내는 느리고 비효율적인 방법이 아니라 미국 역사상 가장 규모가 큰 외교 사절단을 파견했다.[7] 1905년 여름, 증기선 만추리아Manchuria호에 탑승해 역사적인 여정에 몸을 실은 사절단은 당시 유명인사였던 대통령의 딸 앨리스 루스벨트Alice Roosevelt, 육군 장관이자 차기 대통령인 윌리엄 하워드 태프트William Howard Taft, 일곱 명의 상원의원, 그리고 스물세 명의 하원의원으로 구성되었다. 지원 인력을 비롯하여 장교와 민간 관료들까지 포함한 사절단은 인원수만 80명에 달했다. 이들은 워싱턴 D.C.에서 국토 횡단 기차에 탑승한 후 샌프란시스코에서 하와이로, 그리고 일본으로, 필리핀으로, 중국으로, 한국으로 항해했다. 교통비와 식비만 해도 현재 가치로 약 1천2백만 달러에 달하는 비용이 들었으며 고위직 사절들은 두 달 넘게 워싱턴을 비워야 했다.[8]

시어도어 루스벨트가 그만의 독특한 방식으로 미국과 아시아 사이의 엄청난 거리를 극복했지만 오늘날에도 여전히 그 거리는 엄청나게 먼 것이 사실이다. 비행기로 뉴욕에서 런던까지는 여섯 시간 조금 더 걸린다. 잘 먹고 한숨 자고 나면 도착하는 거리다. 반면 미국의 서해안에서 베이징까지는 열한 시간 이상 걸리고, 뉴욕이나 워싱턴에서 출발한다면 시간이 더 걸린다. 비행기 안에 갇혀 있기에는 절망적으로 긴 시간이다. 시차 적응은 말할 것도 없다. 내 경험상 아무리 출장을 많이 다니는 사람이라 해도 시차 때문에 불면에 시달리고, 다음 날 사업상 미팅이나 외교 관련 회의에서 비틀거리기 마련이다.

이 거리감의 문제는 아시아와 관계 발전을 가로막을 뿐만 아니라 아시아에 대한 생경한 느낌을 오랫동안 강화시켰고, 오늘날까지 남아 있는 강한 오해를 불러일으켰다. 이런 요소들이 미국의 아시아 개입에 깊고 넓게 그리고 지속적으로 영향을 주었다.

신화, 웃음거리, 위협

영화, TV, 인쇄 매체에서 아시아와 아시아인들은 지리적 거리와 문화적 생경함으로 인해 생긴 불공정한 오해를 받아왔다. 아시아의 풍요에 대한 신화, 아시아의 능력에 대한 비웃음, 아시아의 위협 등이 뒤섞인 이런 오해들은 다양하게 변주되었다. 특히 정부 정책, 영화 캐스팅 그리고 미국 자본의 투자에 결정적 영향을 미쳤다.

2004년 워싱턴 D.C. 서남 지역의 선로 위, 메릴랜드 애버뉴의 서쪽 끝을 따라 4백 개의 방을 가진 1억 5천5백만 달러짜리 호텔이 처음 문을 열었다. 만다린 오리엔탈 호텔Mandarin Oriental Hotel은 기념관들과 백 년 전 일본이 선물한 타이들 베이슨Tidal Basin을 따라 심어져 있는 벚꽃이 보이는 멋진 경치를 자랑한다. 이 호텔 객실들은 조화를 핵심으로 하는 고대 중국 철학인 풍수 원리 아래 아시아와 미국의 디자인 요소가 잘 배합되어 있다. 5천 제곱피트 규모의 오리엔탈 볼룸Oriental Ballroom은 리셉션 장소로 인기가 많고, 호텔 스파에는 '젠禪'이란 이름의 휴게 공간이 있는데 손님들을 위해 두 시간짜리 태국 마사지도 제공한다. 호텔 홍보 자료에 따르면, 호텔 레스토랑은 현지 식재료와 "동남아 특유의 향"을 조화시킨 "아시아적 느낌"을 제공한다고 한다.[9] 이를 종합하면 이 호텔은 서구, 특히 미국에 몇 세기 동안 지속되어왔던 매혹적이고 호화롭고 사치스러운 아시아 문화라는 신화를 보여주는 가장 최신의, 그리고 가장 거대한 예라고 할 수 있다.

이국적 매혹은 아시아를 바라보는 미국적 시각의 기본이 된 지 오래되었으며 사업가들은 재빠르게 아시아의 신화를 강조하고 이를 이용했다. 만다린 오리엔탈 호텔은 만다린 오리엔탈 호텔 그룹Mandarin Oriental Hotel Group이 소유한 많은 호텔들 중 하나이다. 만다린 오리엔탈 호텔은 전 세계에 체인을 가지고 있는데, 아시아를 주제로 한 이 고급 호텔은 이국적인 감각과 "마법과 같은 아시아"를 약속한다.[10] 테마는 아시아 전체에 걸친 것이지만 어느 특정 문화에 구애받지 않는다. 한 평론가가 말하는 것처럼 호텔들은 "아시아의 특성을 가진 서구적 미학"을 제공한다.[11] 이 낭만적인 '아시아 경험'이 2014년에는 14억 달러의 매출을 올렸고, 세전 수입은 1억 1천6백만 달러에 이른다.[12] 아시아 판타지나 고급스러운 '젠'을 약속하는 다른 회사들도 상황이 비슷하다. 캐세이 퍼시픽Cathay Pacific과 싱가포르 항공Singapore Airlines은 '돌봄과 서비스의 높은 기준'을 강조한다. 캐세이 퍼시픽은 충성스러운 고객을 위해 '마르코 폴로 클럽' 서비스를 제공하고, 싱가포르 에어라인은 회사의 마스코트인 '싱가포르 소녀(싱가포르 항공 승무원을 칭한다_옮긴이 주)'를 "아시아의 우아함과 환대의 본보기"로 상징화한다.[13] 이 항공사들은 국제선만 제공하며 서구 사업가처럼 아시아 판타지를 받아들인 사람들에게 서비스를 제공한다. 국내선은 국제선과 아주 뚜렷하게 대비되고 여기서 아시아 항공 여행의 현실이 잘 드러난다. 아시아의 국내선 비행기들은 불필요한 서비스 없이 승객 나르기에 최적인 서구 항공사와 별다를 게 없다. 서구 비행기와 마찬가지로 아시아 국내선도 승객이 넘쳐나고, 머리 위 선반은 꽉 차 있고, 다리 펼 공간이 거의 없다.

아시아를 탐닉과 고상함의 땅으로 바라보는 시각은 일정 부분 서구 미디어에 의해 유지되어온 신화이다. 한 저널리스트에 따르면, 편집장들이 기자들에게 "미스터리하고 신비롭고 이국적인 다른 세계"에 대해 쓸 것을 "유인하고 부추긴다"고 한다. "그래야 책과 기사들이 미국에서 팔리기" 때문이다.[14] 그녀의 말을 빌리면, 미디어와 엔터테인먼트 산업 때문에 시간이 흐르면서 서구 사람들 마음속에 아시아는,

> 우아한 매혹으로 가득한 이국적인 땅, 흔들리는 야자수와 솟아오른 대나무, 하인들, 비단, 호화로운 만찬의 땅. 마음의 눈으로 우리는 아시아의 신비로운 매력을 상상할 수 있다. 향이 가득한 사원들과 아편 굴들. 시중드는 아름다운 동양 사람들에 둘러싸인 채 긴 의자의 공단 쿠션에 누워 있는 우리 내면의 폭군에 아시아는 호소한다. 금지된 유혹 속에서 아시아는 감각적이고 퇴폐적이며, 매혹적이고 소름이 끼친다. 이것이 오랫동안

우리 서구의 동양에 대한 판타지였다. 이런 이미지는 고리타분하기는 하지만 아직도 놀라울 정도로 영향력이 있다.[15]

이국적이고 고급스러운 극동에 대한 환상은 현실과 완전히 유리된 아시아인에 대한 고정관념으로 확장되었다. 아시아 여성은 순종적이고 복종적이며 친절한 존재로 묘사되어왔다. 이러한 낭만화된 편견들은 "나비 부인 Madame Butterfly"이나 "게이샤의 추억Memoirs of a Geisha"과 같은 작품들에서 자주 드러난다. 순종적이지 않은 여성은 그 반대로 1930년대의 애너 메이 웡Anna May Wong의 영화들을 통해 유명해진 캐릭터, 즉 엄격하고 사회적으로 보수적인 사람으로 비친다. 이러한 편견은 가장 최근에 "앨리 맥빌Ally McBeal"의 링 우, "길모어 걸스Gilmore Girls"의 김씨 부인 캐릭터나 《타이거 마더Battle Hymn of the Tiger Mother》(예일대 교수인 에이미 추아의 엘리트 교육법을 담은 책인데, 저자가 중국식 엄격함으로 자녀들을 키운 경험을 적었다 _ 옮긴이 주)에서 에이미 추아Amy Chua가 전파한 모습에서도 나타난다.[16] 이런 단호한 아시아 여성들은 오래된 지혜를 나눠주는 사람들로 묘사된다. 인기 많은 미국의 코미디 쇼 '사인펠드Seinfeld'에서 조지 코스탄자의 어머니는 아들에게 전화를 걸려다가 전화에 혼선이 생겨 도나 창이라는 여성의 조언을 받는다. 도나 창은 나중에 도나 창스테인이라는 금발의 유대인 여성으로 밝혀지는데 코스탄자 부인은 "그럼 이야기가 전혀 다른데! 난 내가 중국인 여성의 조언을 받는 줄 알았는데, 그 사람은 중국인이 아니잖아. 완전히 속았어. 롱아일랜드에 사는 여자애로부터는 어떤 조언도 받지 않을 거야"라고 소리친다.[17] 이국적이고 순종적인 모습과 자신은 물론 자신의 자녀들에게 완벽을 요구하는 엄격한 원칙주의자라는 두 극단적인 모습 말곤 서구에 비친 아시아 여성의 모습은 없다. 아주 드물게 아시아 여성들은 그저 '잘 적응한 엄마들과 전문직 여성들'로 묘사되기도 한다.[18]

아시아의 풍요와 사치 외에 조롱 역시 미국인들이 아시아에 대해 갖는 인식 가운데 중요한 것인데, 이는 가끔 위험할 때도 있다. 예를 들어 아시아의 남성들은 문화적·물리적 이질성에 바탕을 둔 편견에 시달려야 했다. 현명한 노인, 무술인에서부터 신체적 차이와 서구식 삶에 잘 적응하지 못해 비웃음을 사는 사람까지 다양한 사람들이 여기에 속한다. 서구 작가들은 값싸고 쉬운 웃음을 자아내기 위해 이런 편견들을 기본적인 도구로 사용해왔다. 한 예로 "티파니에서 아침을Breakfast at Tiffany's"에서 미키 루니Mickey Rooney가 I. Y. 유니오시를 묘사한 것이나, "크리스마스 스토리A Christmas Story"의 유명한 레스토랑 장면, "투 브로크 걸즈Two Broke Girls"의 캐릭터인 한 리Han Lee 등이 그런 예다. 스포츠에서는 NBA에서 놀라운 경기력을 보여 유명해진 대만계 미국인 농구 선수 제러미 린Jeremy Lin이 있는데, 그 역시 그의 운동 능력에 대해 멀리 퍼진 대중들의 의심을 사기 일쑤였고 심지어 ESPN에서 인종차별주의적인 비방을 하는 것도 감내해야 했다. 이런 깔보는 듯한 조롱은 역사적으로 미국이 아시아에 어떻게 접근했는지에도 영향을 줬다. 가부장적 인종차별주의Paternal Racism가 뚜렷했다. 예를 들어 필리핀 총독이었던 윌리엄 하워드 태프트는 필리핀인들을 "갈색 피부의 작은 형제"라고 지칭했는데, 이는 태프트 이전에 있던 윌리엄 매킨리William Mckinley와 시어도어 루스벨트의 시각과 같은 것이다.[19]

　이런 잘못된 인식들은 일본, 북한 그리고 베트남과의 전쟁에서 아시아의 능력을 얕잡아보게 했다. 미국인들은 진주만 공습 이후 크게 놀랐는데, 일본인이 그토록 도전적이고 복잡한 공격을 실행하리라곤 믿기 어려웠기 때문이었다. 일본이 러시아를 이겼다는 사실을 알고 있음에도 불구하고 일본인들을 "미국 같은 근대적 서구 열강을 상대로 전쟁을 일으킬 수 없는 작은 노란 사람들"로 여겼으며, 행정부의 많은 고위 정책 결정자들은 독일이 공습을 부추겼거나 도와주었을 것이라고 믿었다.[20] 이후에도 미국의 지도자들은 미국이 북한이나 베트남을 쉽게 이길 수 있으리라 짐작하며 아시아인들을 계속 평가절하했다. 베트남전쟁 당시 미국인들이 베트남에 대해 가졌던 일반적인 인식은 "멍청한 4급 국가"라는 것이다. 이 말은 린든 존슨Lyndon Johnson 대통령이 한 말이다. 그러나 매 전투에서 미국은 아시아 국가들의 전투 능력에 놀랄 수밖에 없었다.

아시아 국가들을 묵살하고 비하하는 것이 위험하다는 명백한 근거가 있음에도 이런 편견들이 여전하다. 특히 북한에 대한 편견이 많다. 북한은 지속적으로 놀림받고 평가절하되지만 매우 위험한 국가라는 것을 스스로 증명했다. 마거릿 조Magaret Cho가 2015년 골든 글로브에서 북한 장군을 거칠게 묘사한 것이 그런 인식 중 가장 최근의 예인데, 이는 50여 년 전 I. Y. 유니오시의 캐릭터와 매우 유사하다.[21] 북한을 다룬 우스꽝스러운 코미디 영화 "인터뷰The Interview"는 아시아인들에 대한 모욕적인 편견과 아시아인들에게 남성성이 부족하다는 인식을 부추기면서 인종차별주의적인 유머를 더해 김정은을 조롱거리로 만들었다. 북한은 그 영화를 제작한 소니 픽처스Sony Pictures에 치명적이고 당황스러운 사이버 공격을 감행했다. 북한 같은 국가가 소니의 이메일 시스템을 해킹할 능력을 갖고 있다는 것에 대해 서구의 미디어와 대중이 놀란 점 역시 이런 평가절하가 계속되고 있음을 잘 보여준다.

하지만 서구 사회에 본보기가 될 만한 긍정적인 아시아의 롤 모델도 있다. 브루스 리Bruce Lee의 경력은 그 역시 미국에서 인종차별주의와 기회의 불평등을 감내해야 했다는 점에서 아직도 칭송받고 있다. 이런 어려움을 극복함으로써 브루스 리는 그의 무술뿐만 아니라 만연해 있던 희화화를 극복하는 굳은 의지, 용기 그리고 인내와 같은 유산을 남겼다. "나는 최악의 상황에서 브루스를 생각해요. 제가 차별받거나, 평가절하되거나, 부당한 취급을 받을 때요." 한 아시아계 미국인 평론가의 말이다.[22]

최근에는 아시아인들에 대한 미국인의 시각이 변화할 조짐을 보인다. 2015년 2월 황금 시간대에 방영된, 한 아시아계 미국인 가족에 관한 쇼인 '프레시 오프 더 보트Fresh off the Boat'가 ABC 채널에서 8백만여 명의 시청자를 끌어모으며 큰 인기를 누리던 NBC의 '팍스 앤드 레크리에이션 Parks and Recreation' 같은 텔레비전 쇼를 시청자 수에서 이겼다. 이 쇼는 아시아인들의 삶에 대한 오래된 편견들과 낭만화된 관념을 넘은 것 때문에 드문 찬사를 받았다. 하지만 많은 분야에서 진전은 매우 더디게 이루어지고 있다. 패션 기업 포에버21 Forever21은 음력설을 기념하면서 마네킹에 논에서 쓰는 모자로 잘 알려진 아시아식 원뿔 모자를 씌웠다. 이런 편견들은 모욕적일 뿐만 아니라 아시아계 미국인의 삶과 일에 영향을 미친다. 심지어 기업에서도 아시아계 미국인들은 (또 하나의 부적절한 인종적 비유인) '대나무 천장'에 맞닥뜨린다. 아시아계 미국인들은 리더십이 부족하다는 편견 때문이다. 미국의 그 어떤 인구통계학적 집단 중에서 가장 높은 교육적 성취를 보임에도 불구하고 아시아인들은 상부 관리직에 좀처럼 올라가지 못한다.[23]

거의 2백 년 동안 신화와 비웃음을 만들어냈던 문화적 이질성은 공포와 경각심처럼 더 어두운 면모를 드러내기도 했다. 미국 역사의 많은 장면에서 아시아인들은 미국 문화와 전통을 위협하는 존재로 여겨졌었다.

19세기 초반에서 중반까지 미국인들이 서부로 몰려갈 때 일자리, 높은 임금, 높은 삶의 질에 이끌린 아시아 노동자들이 미국에 몰려들었다. 대부분 중국인이던 이민자들은 여러 해 동안 철도와 금광에서 일했다. 하지만 캘리포니아 금광의 생산량이 줄어들고 일자리 구하기가 어려워지면서 미국 사회에 잘 적응하지 못한 이들은 비관적인 경제 상황의 손쉬운 희생양이 되었다. 1852년에는 아시아 이민자들에 대한 분노가 너무 팽배해져서 포퓰리스트인 캘리포니아 주지사 존 비글러John Bigler는 공개적으로 임금이 오르지 않는 것은 중국인들 때문이라고 비난하면서 "이 아시아 이민의 파도"를 중단시킬 것을 촉구했다.[24] 이 발언에 인종적·문화적 편견이 작용했음은 명백하다. 아시아인은 다른 이민자 집단에 비해 수적으로 적었다. 같은 기간에 유럽 이민자들은 환영을 받았는데, 많은 주州들이 이들을 끌어들여 자신의 주에 정착하도록 하기 위해 경쟁했다.[25] 심지어 과거 자신들을 받아들여달라고 애원했던 아일랜드 이민자들도 뒤탈 걱정 없이 반反중국인에 앞장섰다.[26]

아시아인에 대한 반감은 중국인 노동자의 이민을 전면 금지하고 이미 입국한 중국인들도 시민권을 따지 못하게 했던 1882년 중국인 배제법안에서 최고조에 달했다. 1920년 통과된 개정안에서는 아시아 이민자에 대한 공포까지 나타난다. 이 개정안은 "미국의 동질성이라는 이상의 보존"을 위해 아시아에서 오는 이민자 수를 유럽 국가에서 오는 이민자 수보다 더 엄격하게 제한했다.[27] 아시아 이민 쿼터제는 1952년 국회가 법을 개정해 출신 국가에 따라 배제하는 조항을 없앨 때까지 존속했다. 그러나 지금도 미국 법전 제8권 제7장에는 "중국인 배제"라는 제목이 수치스럽게 남아 있다.

이 같은 중국인에 대한 형편없는 대우는 중국과 미국 외교에도 지속적으로 영향을 미쳤다. 1899년 중국의 독립을 지키기 위해 문호개방정책Open Door Policy을 선언하자마자 중국 정부는 미국에 감사를 표하기보다는 오히려 거칠게 비난했다. 주미 중국 공사 우팅팡伍廷芳은 중국 이민자에 대한 미국의 대우를 비난했다. 그는 중국 이민자에 대한 미국의 대우를 "두 정부 사이에 존재해야 마땅한 우호적 관계를 미국 정부가 대놓고 무시하는 행위"라고 했다.[28] 중국의 리더들은 이중 잣대를 정확히 인지했다. 중국은 서구인들에게 동등한 대우를 해주고 일정한 특권을 부여하도록 강요받은 반면, 중국인들은 미국에서 그에 상응하는 대우를 받지 못했다.[29]

미국이 아시아인들에게 갖는 불안감은 법으로 만들어지기만 한 것이 아니라 20세기 초 영화에 등장한 푸 만추Fu Manchu 같은 캐릭터에서 뚜렷이 나타났다.[30] 푸 만추는 상징적인 콧수염을 가진 천재 범죄자로 책, 영화, 텔레비전 시리즈에 등장했다. 특별히 문제시되는 한 장면에서 푸 만추는 전형적인 인도인, 아랍인, 페르시아인 그리고 다른 아시아인 복장을 한 사람들에게 "모든 백인 남성을 죽이고 그들의 여성을 취하라"라고 부추기는 것으로 나온다.[31] 푸 만추는 아시아인들, 특히 중국인들에게 너무나도 모욕적이어서 제2차 세계대전 무렵 중국과 미국의 동맹에 미칠 악영향을 염려한 국무부가 영화 제작사인 엠지엠Metro-Goldwyn-Mayer's Inc에 푸 만추의 에피소드를 더 이상 만들지 말 것을 요청했다.[32]

미국은 전쟁 때문에 중국과 동맹이 되었지만, 역시 전쟁으로 다른 아시아 국가를 적으로 만들었다. 일본은 중국이 차지했던 아시아에서 가장 위협적인 국가라는 자리를 재빨리 꿰찼다. 진주만 공습 이후 가게에서는 일본 제품을 없앴고 박물관들은 일본의 유물을 숨겼으며 클리브랜드Cleveland는 이전에 재팬 스트리트라고 부르던 길의 이름을 다시 지었다. 워싱턴 D.C.에 거주하던 한 남성은 큰 일본 벚나무 네 그루를 반으로 자르고 그 나무들에 "일본인은 지옥으로"라는 문구를 남겼다.[33] 특히 90%의 일본계 미국인들이 거주하던 미 서부에서 벌어진 일들은 겉으로 보이는 게 전부가 아니었다.[34] 독일계 미국인들과 대비되어 일본계 미국인들은 그들이 미국에서 얼마나 오래 살았든 혹은 미국의 시민이든 아니든 상관없이 본질적으로 교활하고 배신을 잘하는 사람들이며, 미국 내부에 존재하는 잠재적 국가 안보 위협으로 여겨졌다.[35] 심지어 후에 미국 대법원장이 되어 브라운 대 교육위원회 사건Brown v. Board of Education 판결을 통해 흑백 분리 정책을 끝내는 데 일조한 자유주의 진영의 거물인 얼 워런Earl Warren은 당시 정부에 새롭고 은밀한 국내적 위협인 일본인에 주목하라는 조언을 했다. 그는 일본인들이 제5열fifth column(내부의 적, 간첩과 같은 세력을 칭하는

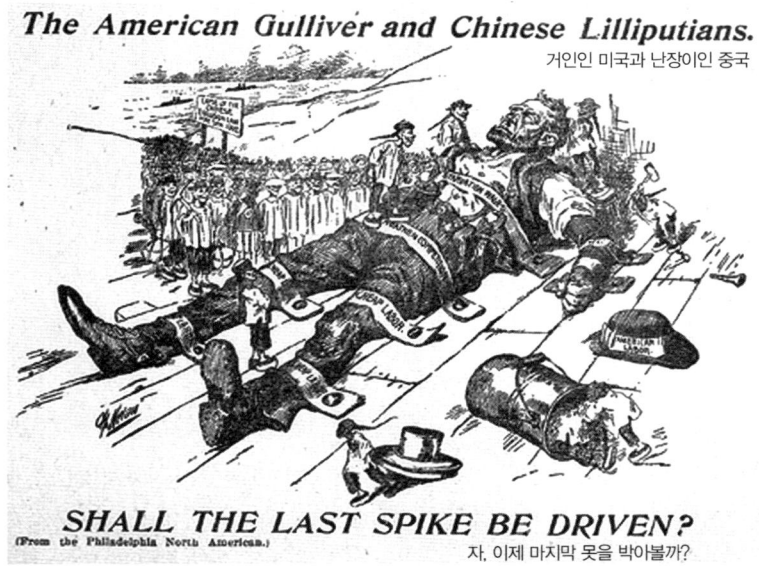

1902년 미국 노동총동맹에서 제작한 포스터

출처: 존 쿠오 웨이 첸과 딜런 예이츠, "노란 위험: 19세기의 희생양" Margins, 2014년 3월 5일. http://aaww.org/yellow-peril-scapegoating/.

말로서 당시 미국 내 일본인들을 간첩 혹은 미국의 이익에 반해 일본을 돕는 존재라는 의미로 쓰인다_옮긴이 주)을 형성할 것을 우려하여 "지금 일본인을 이 상태로 놔두면 민간 차원의 국가 방어 노력을 무력화시킬 수 있는 약점이 될 것"이라고 경고했다.[36]

어림잡아 12만 명의, 대부분 미국 시민권을 가진 일본계 미국인들이 기소도 되지 않은 채 위법한 행동의 증거나 적법 절차도 없이 전쟁 기간 동안 강제 수용을 당했다. 반면 백만여 명의 독일에서 태어난 사람들을 포함해 미국에 있던 천만 명이 넘는 독일계 미국인들은 거의 강제 수용되지 않았다. 중국인 이민자들과 일본계 미국인들은 인종적으로 유사하고 문화적으로 익숙한 유럽계 사람들에겐 적용되지 않았던 기준의 불행한 희생자들이었다. 진짜로 미국인들은 독일인들을 덜 위협적으로 여겼다. 〈타임 *Time*〉지와 〈라이프 *Life*〉지의 발행인 헨리 루스Henry Luce가 적은 것처럼 "미국인들은 후천적으로 독일인을 싫어하도록 배웠던 반면, 일본인들을 싫어하는 것은 누가 가르치지 않아도 자연스럽게 했다."[37]

전쟁 이후 서서히 수그러들었던 반일 정서가 일본이 1980년대에 경제적 라이벌이 되자 다시 돌아왔다.[38] 그 핵심에는 일본과 일본인들이 본질적으로 우리와 다르고 낯설다는 똑같은 오래된 시각이 남아 있었다. 미국인들은 일본의 경제적 보호주의에 비판적이었고, 일본인들을 미국인과의 경쟁에서 이길 수 있는 초인적인 노동자라며 두려워했다.[39] 미국인들의 상상속에서 일본인들은 종종 적으로 여겨졌는데, 당시의 적이었던 소비에트를 대신하기도 했다. 마이클 크라이튼Michael Crichton의 소설 《떠오르는 태양 *Rising Sun*》은 일본인들을 근본적으로 위험하고 위협적인 존재로 묘사하면서 이러한 시각을 전형적으로 드러냈다. 이에 한 평론가가 한탄했다.

> 이 소설에서 묘사되는 일본인들은 불가해하고 기술적으로 능숙한 포식자 외계인으로, 텔레파시로 소통하고 불쾌한 음식을 먹으며, '모든 것'과 '모든 사람'을 조작하는 존재이다. 이 묘사는 최근에 출간된 그 어떤 사려 깊고 통찰력 있는 책들보다 일본과 일본인들에 대한 시각을 형성하는 데 더 큰 영향력을 미칠 것이다.[40]

이런 두려움이 뒤섞여, 이 책은 나중에 숀 코네리Sean Connery와 웨슬리 스나입스Wesley Snipes가 출연하는 블록버스터 영화로 제작되었다. 심지어 미국인 마케터들도 공포 확산에 뛰어들었다. 한 예로 1990년 제너럴 모터스General Motors의 광고는 시청자들에게 2000년의 세계를 상상해볼 것을 요구한다.

> 지금으로부터 몇 년 후의 세상을 상상해보세요. 지금은 12월이고 모든 가족은 히로히토 센터Hirohito Center의 커다란 크리스마스트리를 보러 갈 거예요.
> 그래요. 계속 일본의 자동차를 구매하세요.

광고는 검은 화면에 큰 활자로 적힌 "이미 충분해"라는 두 단어로 끝난다. 그 '히로히토 센터'는 독일 이름의 록펠러 센터보다 덜 미국스럽다. 이는 아시아인과 유럽인들에 대한 이중 잣대를 다시 한번 보여줬고, 또 미국인들이 가진 편견과 두려움을 엔터테이너와 기업가들이 얼마나 쉽게 조작할 수 있는지를 잘 보여준다.

1978년, 에드워드 사이드Edward Said는 동양에 대한 서구의 시선은 익숙지 않은 동양과의 짧은 만남과 거기서 얻은 경험에서 만들어진다고 했다. 오늘날에는 그 이전과는 다르게 깊은 만남과 이해를 위한 기회들이 훨씬 많이 있다.[41] 제너럴 모터스의 모욕적인 광고가 나온 지 25년여가 흘렀고, 미국은 많이 변했다. 아시아계 미국인들은 미국 인구의 5% 이상을 차지하고 있으며, 미국에서 가장 돈을 많이 벌고, 교육을 잘 받았으며, 가장 빠르게 성장하는 집단이다.[42] 이런 미국의 인구통계학적 진화와 함께 미국 밖에 있는 아시아 사람들과의 접촉이 늘어나면서 미국은 과거의 편견에서 점진적으로 해방될 것이다. 신화가 현실에, 비웃음이 존경에, 그리고 위협이 확신에 자리를 내주듯이 미국은 과거의 진부한 인식과 편견 저편으로 조금씩 움직일 것이다. 그러나 아직 많은 미국의 외교관들과 정책 결정자들은 오래된 습관으로 다시 돌아가지 않도록 끊임없이 스스로를 경계해야 한다.

셔츠 백만 장을 팔기 위해

미국 건국 초기부터 무역은 미국인과 아시아인들 사이의 엄청난 지리적·문화적 거리를 좁히는 역할을 했다. 독립 이후 처음 맞는 조지 워싱턴의 생일인 1784년 2월 22일에 '중국황후호Empress of China(미국의 독립혁명 이후 중국을 항해한 최초의 미국 선박으로, 1784년 오늘날 광저우 지역에 정박해 중국 상인들과 무역을 했다 _ 옮긴이 주)'는 중국과의 무역을 시작하는 임무를 위해 뉴욕을 떠나 당시에는 신비로웠던 동쪽 땅으로 향했다. 왕복 15개월이 걸린 여정 끝에 이 배는 신생국 미국에 매우 귀중한 차, 실크, 낸킨nankeen(중국 난징에서 나는 노란 목화로 만들어진 직물을 일컫는데, 보통 목화로 만든 천에 노란색으로 염색한 면직물을 뜻하기도 한다 _ 옮긴이 주), 도자기 그리고 다른 재화들을 싣고 돌아왔다. 이 항해의 성공으로 다른 상인들도 같은 길에 나섰고 그 덕분에 중국 무역 항로가 열렸다.

아시아가 무역에 참여하지 않으려는 것을 미국과 유럽인들은 상당한 도전으로 받아들였다. 그러나 중국과 일본은 처음부터 문화적 오염을 두려워했으며 서구의 문물엔 관심이 없었다. 그들의 중상주의적 보호주의 정책을 약화하고 싶은 생각도 없었다. 중국 지도자들에 의하면, 중국은 하늘의 권위에 의해 축복받은 우주의 중심이어서 보잘것없는 외국의 나라들과 관계를 맺을 필요가 없는 국가였다.[43] 한자로 중국은 '가운데에 있는 왕국', 즉 모든 것의 중심이란 의미가 된다. 외부 사람들이 중국에 왔을 때 조정은 이 무역상과 선교사들을 오랑캐로 취급했다. 중국은 무역상과 선교사의 유입과 중국 문화에 대한 그들의 영향을 관리하기 위해 베이징에서 가장 멀리 떨어진 항구인 캔톤(현재 광저우)에서만 거래를 할 수 있게 했다.[44] 일본 같은 다른 동양 국가도 외부 세계와 관계를 맺을 때 유사한 정책을 따랐다. 미국은 초기 상업적 외교 관계에서 약간의 성공을 거뒀다. 1833년 미국은 태국과 무역 관계를 형성했고, 태국은 국제 사회와 경제에 참여를 꺼리는 대륙에서 개방하는 절차를 시작한 최초의 국가가 되었다.

미국이 상대적으로 평화롭게 달성하고자 했던 것을 유럽 국가들은 훨씬 폭력적으로 추구했다. 영국은 인도와 동남아시아의 많은 부분을 식민화하였으나 당시 영국이 엄청난 무역 적자를 기록하고 있던 중국에 대해서는 큰 영향을 미치지 못했다. 영국은 막대한 양의 홍차와 도자기를 중국으로부터 수입했지만 이미 내수만으로도 충분했던 중국 경제는 영국의 제조업이나 재화에 관심이 적었고, 오로지 금이나 은만 지불 수단으로 받았다. 상대적으로 미중 무역량이 적었던 1805년부터 1825년 사이 미국에서 중국으로 6천2백만 달러의 재화가 건너갔는데, 영국에서 중국으로 넘어간 돈은 훨씬 컸을 것이라고 한 무역상은 예측했다.[45]

이런 불균형을 타개하고자 영국인들은 중국 지도부의 반대를 무릅쓰고 금과 은 대신 아편을 거래하기 시작했다. 아편은 헤로인 같은 식물에서 추출되는, 중독성이 매우 강한 마약으로 영국 동인도회사가 인도의 드넓은 양귀비밭에서 아편을 수확해 중국에 공급하기 전에는 중국에서 상대적으로 드물었다. 하지만 중국으로 유입되는 아편의 양이 기하급수적으로 늘어나면서 아편이 갑자기 세계에서 가장 중요한 상업 작물이 되었다.[46] 1838년에 중국 지도부는 캔톤 항구 주변에 사는 열 명 중 아홉 명이 마약에 중독되었다는 보고에 깜짝 놀랐다.[47] 이에 중국은 아편의 수입과 거래를 금지시켰고, 마약 거래에 관련된 2만 명의 중국인 노동자를 체포했으며 서양인 소유 창고에 있던 2천5백만 파운드어치의 아편을 불살랐다.[48]

영국은 이에 즉각 대응했다. 영국은 중국의 야만적인 범죄 행위를 비난한 뒤, 함대를 보내 중국을 쉽게 눌러버렸다. 이것이 제1차 아편전쟁이다. 수적으로 굉장히 열세였지만 영국은 훨씬 더 강력한 전함을 앞세워 전쟁을 승리로 이끌었다. 이 전쟁에서 서구 군대의 장비와 기술의 우월함이 증명되었다. 단 69명의 영국인들만 희생된 반면, 2만여 명이 넘는 중국인이 죽었다.[49] 영국의 근대식 소총이 중국의 화승식 머스킷 총보다 훨씬 우월했고, 영국이 처음으로 도입한 철제 증기선 전함들은 중국의 조악한 정크선들을 파괴했다. 중국이 서구의 훨씬 진보한 군대와 해군의 힘을 막지 못하면서 '백 년의 치욕'이 시작되었다. 서구 열강은 약해진 중국 정부로부터 계속 양보를 얻어냈다. 그 시작은 1842년의 난징 조약南京條約, Treaty of Nanking이었다. 난징 조약이 체결되면서 전쟁은 끝났고 영국은 엄청난 보상을 얻었으며 영국이 캔톤 항구 이외의 항구에도 접근할 수 있게 되어 중국의 해외무역 제한 시스템은 붕괴되었다.

미국은 중국과 경제 관계를 무력이 아닌 외교를 통해 만들고자 했다. 영국은 무력을 통해 자신의 의사를 중국에 관철시켰던 반면, 미국 대사 케일럽 쿠싱Caleb Cushing은 중국과 왕샤 조약望廈條約, Treaty of Wanghia(1844년 미국과 청나라 사이에 맺어진 조약으로 공식 명칭은 '미합중국과 중국 사이의 평화, 우호, 통상에 관한 조약'이다 _ 옮긴이 주)을 체결함으로써 영국에 견줄 만한 상업적 이득을 얻을 수 있었다. 더 나아가 이 조약을 통해 미국 외교관들이 지역 관료들이 아닌 중국 조정과 직접 이야기할 수 있게끔 하여 접근이 쉽지 않았던 중국 정부와 외교 채널을 구축했다. 아편 무역을 통제하려 했던 미국 정부의 노력에 더해 중국에 대한 이런 평화로운 접근이 중국 내 미국의 이미지를 개선하는 결과를 가져왔다. 중국의 특명전권대신 기영耆英(청나라 말기 황제의 흠차대신으로 미국과 왕샤 조약을 체결했다. 이외에 1842년 난징 조약, 1843년 후먼 조약, 1844년 황푸 조약도 담당했다 _ 옮긴이 주)이 "모든 서구의 오랑캐 중에서 미국만이 특출나다. [다른 나라들은] 이 나라에 한참 못 미친다"라고 한 바 있다.[50]

미국의 대아시아 정책은 이처럼 경제적 이익을 얻으려는 방향으로 전개되었고, 아시아는 상업적으로 미국에 중요한 지역이 되었다. 이 당시 유럽을 향한 미국의 정책이 고립주의적이었던 반면, 아시아에 대한 정책은 고립주의와는 양상이 달랐다. 왕샤 조약은 미국에 중요한 상업적 기회를 가져다주었고, 이 기회를 보호하고 확대하는 것이 미국 외교 정책의 주요 목표가 되었다. 그리고 미국은 상업적 기회를 계속해서 유지하기 위해 중국을 자신의 영향권 아래 놓으려는 다른 제국주의 열강들로부터 중국의 독립과 주권을 보호해야 했다. 따라서 미국은 중국의 독립에 대한 어떤 침해에도 맞설 것이라는 점을 다른 열강들에 명확히 밝혔다. 그리고 이런 정책은 미 해군의 동인도 전단戰團에 의해 뒷받침되었다. 이 함대는 이후 아시아 전단 그리고 아시아 함대로 발전했으며 아시아 문제에서 미국이 목소리를 높일 수 있게 하는 바탕이 되었다.

미국은 전통적으로 식민지 전초 기지를 세웠던 여느 서구 국가들과는 달리 경제적·선교적 목적을 위해 아시아에 군대를 배치했다. 미국의 무역이 가는 곳엔 미군도 따라갔다. 1825년 존 퀸시 애덤스John Quincy Adams 대통령은 "이제 [미국의] 무역과 어업이 태평양 섬들과 중국으로까지 확장되었으며, 이는 육상에서와 마찬가지로 해상에서도 미국의 보호를 필요로 한다"라고 선언했다.[51] 1850년대 중반 미국의 해군력이 확장되면서 미국은 아시아 국제관계의 중요한 행위자가 되었다. 미국의 상인들은 최고의 보호를 받으며 새로운 시장을 빠르게 개척해나갔다. 어떤 경우에는 미군의 확장에 따라 무역이 확대되기도 했다. 예를 들어 동인도 소함대의 중무장한 흑선들을 도쿄 근처 우라가浦賀 항구에 배치한 매슈 C. 페리 제독은 일본이 미국과 무역 협상을 시작한 뒤에야 흑선들을 철수시켰다.[52] 군사력에서 열세였던 일본은 미국의 요구에 동의하는 것 외에 다른 대안이 없었다. 마침내 1854년 3월 31일 가나가와 조약神奈川條約이 맺어졌다. 이로써 미국은 일본의 시모다下田와 하코다테函館 항구에 대한 접근이 가능해졌고, 일본은 점차 국제 경제 시스템에 편입되었다.

이런 굴욕에 대응해 일본은 유럽 모델을 따르는 사회, 정치, 군사적 근대화를 진행하는 내적 재건 시기에 돌입했다. 일본은 19세기 말까지 아주 강성한 국가를 건설함으로써 서구의 공세에 대한 방어를 넘어 서구 열강과 경쟁하며 자신만의 지역 확장 정책을 펴는 데까지 나갔다. 일본의 이런 능력은 1895년 중국과 전쟁에서 승리를 거두고, 서구 열강이 그랬던 것처럼 중국에 각종 할양을 강요하면서 세상에 드러났다. 미국은 일본과 몇몇 유럽 열강들이 중국으로부터 독점적 무역권을 따내려는 경쟁에 대응하여 미국의 상업적 이익을 보호하기 위한 조치를 취했다.

1899년 미 국무장관 존 헤이John Hay가 중국의 주권 문제에 대한 미국의 입장을 명확히 했다. 헤이는 열강들을 설득해 문호개방각서Open Door Notes에 서명하도록 했다. 굳이 말하자면 이 각서는 세계무역기구World Trade Organization(WTO)의 할아버지쯤 되는데, 전 세계적 자유무역과 공정한 시장 접근에 대한 미국의 관심과 중국의 독립을 보호할 것을 제안하고 있다.[53] 문호개방정책은 유럽과 일본의 식민주의를 반대하는 동시에 미국은 아시아 지역과 아무 제한 없는 자유로운 무역을 하고 싶다는 표현이었다. 다른 열강들이 마지못해 자신들이 지배하는 중국 땅에서 착취를 자제하겠다는 의사 표현을 했는데, 이 같은 열강들의 동의는 당시 성장하는 미국의 힘을 잘 보여준다.[54] 이 합의는 중국이 취약해져 주권을 상실하기 직전에 중국의 주권을 지켜주었다. 러시아는 이미 만주를 떼어갔고, 일본은 대만의 소유권을 가져갔으며, 독일은 산둥성을 낚아챘고, 영국은 동북 해안에 있는 웨이하이威海 지역을 합병하고 홍콩과 홍콩을 둘러싼 주룽九龍 반도의 통제권을 가져갔다.[55] 문호개방각서는 자유주의 세계 질서와 자유무역에 바탕을 둔 것으로, 식민주의에 대한 미국의 대안이었다. 이 시기에 일어난 일들은 모두 아시아의 국제관계 질서를 유럽식에서 미국식으로 바꾸는 첫걸음이었다.[56]

중국 외의 다른 아시아 지역에서는 아시아에 영향력을 행사하려는 열강들의 끊임없는 싸움이 미국의 자본주의와 자유무역 원칙을 위협하고 있었다. 일단 외교적으로 중국의 독립을 확보한 미국은 더 나아가 아시아에서 미국의 상업적 확장에 도움이 되는 평화로운 환경을 만들기 위한 역할을 떠안았다. 이런 노력의 정점은 시어도어 루스벨트가 1904년 발발한 러일전쟁 이후 두 국가를 화해시키려고 노력한 공을 인정받아 노벨 평화상을 받았을 때다. 노벨 평화상 메달은 아시아에서 미국이 행하는 변치 않는 긍정적 역할의 상징이다. 이 메달은 백악관 웨스트 윙의 루스벨트 룸에 전시되어 있다. 뒤이어 포츠머스 조약Treaty of Portsmouth을 통해 일본을 동아시아의 떠오르는 강국으로 인정하고, 러시아의 확장 정책을 좌절시켰다. 이로써 이후 30년간 아시아의 평화가 유지될 수 있었다.[57] 이 같은 아시아를 향한 무역을 기반으로 한 선의의 접근은 진보의 시대Progressive Era(미국 전반의 사회 운동 및 정치 개혁이 일어났던 1890년대부터 1920년대까지를 포함하는 시기다 _ 옮긴이 주)에도 유지되었다. 진보의 시대 내내 이런 선의에 기반해 무역을 중시하는 아시아 정책이 지속되었다. 미국은 중국과 문화, 교육 관계를 증진하려고 노력했으며, 1911년 만주국 붕괴 이후 새로운 정치 질서를 수립하려 했다. 이런 노력은 후에 우드로 윌슨Woodrow Wilson에 의해 이어졌다. 그는 중국의 경제, 문화적 개혁과 경제 성장을 미국 국가 이익과 연계시키려 노력했다. 미국은 글로벌 차원의 무역 증가에 이바지하고 새로 등장하는 무역 대상국들을 지원함으로써 경제적 이익을 얻을 수 있었다. 이런 정책은 제1차 세계대전이 시작되기 전까지 미국의 대아시아-태평양 정책의 가장 큰 특징이었다.

미국이 아시아에서 갈등의 남은 불씨를 정리하고 있을 때 유럽에선 대화재, 즉 제1차 세계대전이 벌어지고 있었다. 유럽의 갈등은 다른 지역에서 유사한 갈등이 생기는 것을 방지하기 위해서 국가 간 보다 큰 협력과 통합이 필요함을 보여주었다. 당시 아시아는 미국의 경제적 이익을 위협할 수 있는 여러 개의 잠재적 갈등 원인, 즉 유럽 국가들이 벌이는 힘의 경쟁, 부상하는 일본, 그리고 중국의 불안정성을 안고 있었다. 이 지역을 확보하기 위해서 미국은 공통의 무역 규범, 군비 확장의 통제와 같은 규칙에 기반한 다자 체제를 촉진시켰다. 그 최종 목적은 상업적 이익을 보호하고 충돌을 방지하는 것이었다. 후일 워싱턴 체제Washington System로 알려진 협정에 서명하기 위해 열강들이 미국에 초청되었다. 이 체제는 1920년대 초에 있었던 일련의 협정과 회의로 이루어져 있다. 아시아 국가와 서구 국가 간 다자 협력 체제인 워싱턴 체제는 정치·경제적 협정뿐만 아니라 역사상 최초의 군축 체제인 1922년 워싱턴해군회의Washington Naval Conference도 포함했다. 워런 하딩Waren Harding 행정부에 의해 만들어진 이 체제는 해군력이 증강되던 시기에 태평양에서 평화를 보장하려는 것이었다. 중국에 대한 보호는 당시 미 행정부 정책 우선순위에서 꽤 높은 자리에 있었다. 주요 유럽 열강과 미국, 일본을 포함한 9개국 조약Nine-Power Treaty은 중국의 독립을 재확인했고, 열강들은 이 조약을 통해 중국에서 개별적으로 제국주의적 행태를 자제하는 대신 동등한 경제적 기회를 누릴 것에 합의했다.[58] 중국을 보호하자는 국제적 합의가 생기면서 문호개방정책은 국제적 규범이 되었고, 미국은 더 안정된 환경에서 무역을 할 수 있었다. 아시아에서 미국은 국제사회에 통합된 안정된 아시아를 만들기 위해 노력했다. 이는 당시 미국의 유럽 정책과 매우 달랐다. 미국은 국가 연맹League of Nations처럼 미국이 아시아에서 취한 것과 유사한 정책을 유럽에서 시작했다가 포기했다.[59] 결국 워싱턴 체제는 향후 15년간 아시아에서 무역을 보호하고 갈등을 억제했다. 이를 통해 미국은 양차 세계대전 사이 아시아에서 매우 크고 중요한 상업적 발판을 마련할 수 있었다.

제2차 세계대전은 워싱턴 체제를 뒤흔들어 놓았다. 하지만 전쟁이 끝난 뒤 미국이 일본을 재건하고 아시아를 국제 경제에 포함하기 위해 노력하면서 경제 활동은 다시 돌아왔다. 원자폭탄과 대량의 폭탄 투하로 완전히 망가진 일본은 잿더미에서 일어나 20세기 중반 세계에서 가장 빠르게 성장한 국가가 되었다. 일본은 수출을 통해 미국 경제와 연결되었고, 1950년에서 1970년 사이 매년 10%의 성장률을 보였다. 일본의 성공은 홍콩, 말레이시아, 싱가포르, 한국, 대만, 태국 등 다른 아시아 지역 경제의 모델이 되었다. 1980년대 들어 아시아는 경제적 기적, 상호 의존 그리고 두 자릿수 경제 성장률의 지역이 되는 듯했다. 특히 역사적으로 강한 이웃 국가들의 침략으로 고통받았던 한국은 미국이 제공한 안보와 시장을 통해 가장 가난한 나라에서 세계 10대 경제 대국이 되었다.[60] 미국과 유럽 기업에 값싸고 숙련된 노동력을 제공한 동아시아의 개발 모델은 동아시아 국가 경제를 빠르게 발전시켜 이들을 강력하고 영향력 있는 국가로 변모시켰다.

미국의 영향과 지지 그리고 미국 시장을 통해 아시아 경제는 세계에서 가장 강하고 역동적인 경제로 진화했다. 그리고 이 경제가 가지고 있는 미래의 잠재력은 여전히 매우 크다. 이 지역의 국가들은 무역을 제한하는 보호무역주의 정책을 가진 경제로부터 국가 주도의 수출 경제를 가진 국가로, 엄청난 제조업 허브로, 그리고 마침내 미국 제품의 주요 구매자로 탈바꿈했다. 이 진화 과정 전반에 걸쳐 미국은 국제 경제 체제 속으로 아시아 국가들을 끌어들이고 통합했고, 이 국제 경제 체제는 모든 참여자들에게 이익을 안겨주었다. 거의 70년 동안 미국은 제2차 세계대전의 솔로몬 제도, 펠렐리우, 오키나와, 이오지마의 처절한 전투에서 그랬던 것처럼 이 지역에서 균형자로, 그리고 지역의 평화와 안정을 보장하는 세력으로 지역을 보호하고 경제적으로 성장하는 것을 도왔다. 그 결과 아시아는 성장했고 역사적인 부의 축적과 번영을 가져왔다. 미국이 자국의 경제적 이익을 좇고 자유주의에 헌신하며 개방된 경제 질서를 세우고자 했던 것이 아시아에서 가장 오래되고, 지속되는 그리고 성공적인 미국의 전통이 되었다.[61] 미국의 피벗 정책은 이런 전통을 지속하기 위한 것이다.

수많은 영혼의 구원을 위해

미국의 아시아 개입은 무역이나 투자와 같은 물질적인 관심에서만 기인한 것은 아니다. 종교적인 비전도 있었다. 1830년대경 선교사 피터 파커 Peter Parker 박사는 "중국에는 3억 3천3백만의 우상 숭배자가 있지만, 이 땅은 아직 그리스도를 영접하지 않았다"라고 했다.[62] 미국의 선교사들은 복음을 만나지 못한 땅에 기독교의 믿음을 확산할 기회로 보고 아시아의 개발되지 않은 잠재력에 이끌려 아시아로 왔다.

선교를 향한 열망은 초기 미국 외교정책에 자주 등장한다. 아시아로 가는 선교사들의 등장은 '제2차 대각성 운동Second Great Awakening(19세기 초반 미국에서 일어난 개신교 부흥 운동이다 _ 옮긴이 주)'이라고 부르는 복음주의 부흥과 딱 맞아떨어졌다.[63] 아시아는 장차 미국 교회에 매우 중요하게 될 터였다. 동아시아로 간 초기 선교사들의 열정과 의지가 외국인들을 반기지 않았던 이 지역을 개방하고 미국이 그 국가들과 더 친밀한 관계를 쌓을 수 있도록 했다. 이런 점에서 미국은 독특했다. 영국은 아시아에서 지배적 세력이었지만 복음주의와 유사한 정책을 추구하지 않았다. 영국 동인도회사는 이 지역이 복종적이고 낙후된 상태로 남아 있는 것을 선호했다. 그래서 교육을 장려하고 병원을 세우고자 하는 선교사들이 자신들의 배를 이용해 아시아로 떠나는 것을 금지시켰다.[64] 미국의 무역상들은 이 정책에 반대했고, 따라서 미국 선교사 수는 빠르게 늘어났다.

아시아에서 미국의 역할이 확대되는 데 경제적 이익이 동기를 부여했다면, 선교사들은 미국의 역할을 크게 촉진시켰다. 중국의 캔톤 체제Canton system(1757년부터 1842년까지 외국과의 무역을 통제하기 위해 광둥성 캔톤에서만 외국과 무역할 수 있도록 제한한 체제이다 _ 옮긴이 주)는 외국인의 이주를 제한했으며 외국인들에게 중국어나 중국 관습을 가르치는 것을 허락하지 않았다. 이는 무역을 통제하기 위한 것이었는데, 이 때문에 선교 활동은 불가능했다. 하지만 굳은 의지를 가진 선교사들은 창의적인 열정으로 이런 장애물을 극복했다. 그들은 아시아의 언어를 배우는 최초의 서구인들이 되었으며 나중에는 통역과 대민 접촉을 돕기 위해 자국 외교관으로 기용되기도 했다. 초기 선교사들의 기록을 통해 캔톤 체제하에서 문화적 교류를 하는 것이 얼마나 위험한 일이었는지 알 수 있다. 어떤 선교사의 기록에 의하면, 그의 중국어 선생님은 수업 때마다 신발 여러 켤레를 가져오곤 했는데, 위법 행위를 한다고 당국의 의심을 받을 때 자기는 신발 장수라는 핑계를 대기 위해서였다. 또 다른 선생님은 독이 든 병을 들고 다녔는데, 붙잡혀서 고문을 받느니 차라리 죽어버리는 편이 나았기 때문이었다.[65] 심지어 선교사들이 중국어를 유창하게 말할 수 있게 되었어도 장애물은 계속 남아 있었다. 외국인에게 아무 관심도 갖지 말 것을 명령받은 대중에게 신의 말을 퍼뜨리려는 시도는 아주 엉뚱한 대화로 이어졌다. 선교사들은 중국인들이 복음에 대해 이야기하기보다 "당신 재킷의 가격"이나 "당신 코의 크기" 같은 엉뚱한 주제로 대화를 돌리려 한다고 보고했다.[66] 또 어떤 경우에는 미국의 복음주의가 적대감을 불러일으켰고, 그에 따라 19세기 후반 수많은 반복음주의 폭동이 발생했다.[67]

선교사들은 수십억의 아시아 영혼을 기독교로 개종시키는 데 실패했지만, 이 지역을 개방시키고 근대화를 돕는 데는 성공했다. 19세기 아시아에서 미국 정부의 역할은 단순히 무역과 선교의 안전을 보장하고 확대하는 데 그쳤기 때문에, 아시아인들과 개인적인 친분을 쌓고 아시아인들의 상황을 개선하는 것은 미국인 선교사 개개인의 몫이었다.[68] 많은 선교사들이 복음을 전파하는 것만큼이나 평등과 인권 개선을 통해 사회를 변화시키는 데 열심이었다. "위대한 감리교도 중국인"으로 불렸던 영 존 앨런Young John Allen 같은 사람들은 여성 교육 운동에 참여했다.[69]

  미국의 선교사들은 지금까지 지속되는 유산을 아시아에 남겼는데, 그 중 하나가 오늘날 아시아의 가장 성공적인 기관들을 설립하도록 도운 것이다. 뉴저지에서 온 스커더 가문Scudder family이 한 예다. 이 가문의 가장이자 의사인 목사 존 스커더 시니어John Scudder Sr.는 1819년 아시아에 최초의 서양식 의료 센터를 세웠다. 그의 여덟 자녀를 포함하여, 4세대에 걸쳐 후손 중 42명이 인도에서 도합 1천1백 년의 봉사를 했다.[70] 손녀 아이다 S. 스커더Ida S. Scudder는 1900년 인도 벨로르에 기독교 의과대학과 병원을 세웠다. 이 병원은 현재 인도에서 가장 중요한 의학 교육 기관이다.[71] 중국에서는 선교사 부모를 둔 항저우 출신의 존 레이턴 스튜어트John Leighton Stuart가 선교사들이 세운 여러 대학을 통합한 옌칭 대학교의 첫 총장이 되었다. 스튜어트는 오래된 청 왕조의 정원을 매입해 중국식 건물을 세운 캠퍼스를 만들고 옌칭 대학교를 미국의 하버드, 프린스턴과 긴밀한 관계를 맺은 중국 최고의 대학으로 변모시켰다.[72] 이 대학은 학생들이 "자신들 민족 전통의 가장 좋은 요소"를 보존할 수 있게 하면서, 동시에 "서구 문명의 가장 좋은 가치들을 중국에 전달하고자" 했다.[73] 비록 마오쩌둥이 중국인민공화국을 세우면서 이 학교는 문을 닫았지만 이 학교의 유산은 중국의 최고 대학인 베이징 대학교와 칭화 대학교가 옌칭 대학교의 대부분 학과들과 캠퍼스를 흡수하면서 이 두 학교에 고스란히 보존되었다. 하버드 대학교와 만들었던 관계도 지속되었다. 현재 하버드-옌칭 연구소는 하버드 대학교의 교수 엘리자베스 페리Elizabeth Perry의 리더십 아래 아시아의 고등교육을 발전시키는 일을 계속하고 있다.

선교사의 자녀들 역시 아시아 지역에서 많은 경험을 했기 때문에 정부, 외교, 무역 분야의 중요한 인사가 되었다. 존 레이턴 스튜어트는 주중 미국 대사가 되었다. 존 페이턴 데이비스 주니어John Paton Davies Jr.와 존 S. 서비스John S. Service는 모두 중국의 쓰촨에서 태어나 미 국무부의 주요 인사가 되었고 1940년대 중반 마오쩌둥의 공산당과 첫 번째 공식적 관계를 맺을 때 중추적인 역할을 해 역사의 한 페이지를 장식했다. 데이비스와 서비스는 장제스蔣介石의 국민당 정부와 비교해 중국 공산당이 갖고 있던 힘과 영향력을 일찍이 알아본 사람들이었다. 그러나 역설적으로 본토에서 공산당이 승리하자 그 패배에 따른 비난을 들은 사람들은 바로 이들이었다.

시간이 지나면서 미국 선교사들의 선행이 인정받아 중국 사회에서 더 환영받게 되었다. 중국에 주둔해 있던 일본군이 7주 동안 4만 명에서 30만 명에 이르는 사람들을 학살한 1937년 난징 대학살처럼 중국이 암흑기를 겪고 있을 때, 외국인 선교사들은 공포에 질린 시민들에게 피난처를 제공하고 그들을 보호했다. 이에 대한 보답으로 장제스는 중국의 미션 스쿨을 억압하던 의무 종교 수업에 대한 제한을 없애주었고, 덕분에 선교사들은 선교 활동을 더 자유롭게 할 수 있었다.[74] 하지만 1949년 마오쩌둥이 권력을 잡으면서 중국에서 선교 활동은 끝이 났다. 마오쩌둥은 직접 나서서 존 레이턴 스튜어트를 "문화 침략의 전위대"라고 공개적으로 비난했다.[75] 그러나 다른 아시아 지역에서는 선교사들의 활동이 계속되었다. 대만에서는 수십 년간의 계엄령에도 불구하고 선교사들이 끈질기게 민주주의와 인권을 설파했다.[76] 그리고 미국이 점차적으로 중국과의 관계를 재개하면서 공식적으로는 여전히 불법이지만 서구식 개종이 조용히 용인되고 있다.

아직도 20억에 달하는 영혼을 믿음으로 이끌 수 있으리란 희망으로 수많은 미국 교회들이 상당한 자원과 관심을 아시아에 쏟고 있다. 한 예로 연합감리교회The United Methodist Church는 중국과 인도부터 피지와 통가에 이르는 아시아 25개 국가에서 활동하고 있다. 또 텍사스에 본부를 둔 아시아복음선교회Gospel for Asia는 아시아에 믿음을 전파하고 가난을 근절하기 위해 활동하는 수천 명의 선교사들을 지원한다. 가톨릭교도 대변인 말처럼 "당대 교회의 가장 중요한 미개척지 중 하나"인 아시아에 많은 노력을 기울이고 있다.[77] 이전 교황들은 아시아를 방문하지 못했지만, 프란치스코 교황은 필리핀, 스리랑카 그리고 한국을 방문했다. 2015년 1월에 그는 세 명의 아시아 추기경을 선임했는데, 그중에는 외부에 이제 막 개방을 시작한 미얀마 출신의 추기경도 포함되었다.[78] 유럽에서 가톨릭의 교세가 기울자 교회들은 종교적 박해에도 불구하고 신자 수가 늘어나는 아시아로 나름의 피벗을 시작했다.

많은 국가들이 선교사들을 환영하고 종교의 자유를 지지하거나 용인하지만 아시아는 신앙을 퍼뜨리거나 좋은 일을 하려는 사람들에게는 위험한 곳이다. 예를 들어 미국 시민 케네스 배Kenneth Bae는 2012년 11월 종교적 자료를 배포한다는 이유로 체포되어 북한 노동 수용소에 수감되었다. 마치 과거로 돌아간 듯 시진핑 주석의 중국 당국은 다시 한번 선교사들을 표적으로 삼았다.[79] 미국의 선교사들은 아시아에서 활동의 제한과 위기를 많이 경험해왔다. 그럼에도 불구하고 수 세대 동안 선교사들이 그런 제약을 뛰어넘어 꾸준한 미국과 아시아의 관계라는 강력한 유산을 남겼다는 점은 매우 놀랄 만하다. 오늘날 이 유산은 아시아의 가장 훌륭한 기관들과 미국의 근대 외교 전통에 면면히 살아있다.

갈등의 비용

무역과 종교의 경우처럼 갈등은 초창기부터 미국과 아시아 관계에서 중요한 요소였다. 미국은 일본에서 함포 외교를 통해 직접적인 군사 개입 없이 무역 관계를 개설했지만 아시아의 다른 지역에서는 사정이 조금 달랐다. 1898년 스페인과의 전쟁에서 이겨 태평양에 영토를 얻은 후 미국은 이 지역에서 필리핀 반군과 전쟁, 태평양전쟁, 한국전쟁, 베트남전쟁 등 네 번의 큰 전쟁을 치렀다. 이뿐만 아니라 미국은 의화단 사건, 러시아 혁명, 대만 해협을 둘러싼 위기 상황 등 보다 작은 전투와 군사 작전에도 참여했다. 이러한 군사적 갈등은 의도치 않은 결과들을 가져왔다. 그 영향은 아직도 지속되고 있으며, 앞으로도 되새겨 보아야 할 교훈들을 남겼다. 이제 아주 비싼 대가를 치른 승리로 시작해 네 개의 주요 갈등 사례를 살펴볼 차례다.

1898년 스페인과의 전쟁에서 이긴 미국은 필리핀을 포함한 태평양의 스페인 영토를 넘겨받으면서 태평양의 강대국이 되었다. 하지만 처음에 매킨리 대통령은 "필리핀이 우리의 손안에 들어왔다는 것을 깨달았을 때, 나는 필리핀을 어찌해야 할지 몰랐다"라고 했다.[80] 심지어 그는 필리핀이 어디 있는지도 몰랐다. 그는 친구에게 "그 망할 섬들이 미국으로부터 2천 마일 안쪽 어디쯤에 있는지" 말할 수 없다고 고백하기까지 했다.[81] 결국 지도를 찾아보고 조언자들의 이야기를 들은 후 그는 필리핀을 아시아에서 미국의 선교 활동과 미국적 가치를 확산하는 데 이용하기로 결정했다. 매킨리의 말에 따르면, 미국은 "필리핀인들을 교육시키고 그들의 생활을 향상시키며 문명화하고 개종시킬" 계획이었다.[82] 하지만 '원주민들'은 스페인 사람들만큼이나 미국인들을 반기지 않았다. 미국이 필리핀에 이르기 2년 전부터 필리핀 게릴라들은 자유를 위해 싸우고 있었다. 일부 사람들은 필리핀 독립에 도움이 될 것으로 생각하여 미국을 지지하기도 했지만, 독립의 꿈이 좌절되자 저항군들은 미국에 총을 겨누었다.

당시 국무장관에 취임할 예정이었던 존 헤이는 스페인에 대한 미국의 승리를 "훌륭한 작은 전쟁"이라고 불렀다. 스페인의 저항이 거의 없었기 때문이다. 하지만 독립의 열정에 불타는 필리핀인들을 상대로 한 전쟁은 훌륭하지도, 작지도 않았다.[83] 미국은 10만 명이 넘는 미군을 필리핀으로 보냈는데, 이 중 6천여 명이 사망했다. 이는 9·11 테러 이후 이라크와 아프가니스탄에서 치른 전쟁에서 잃은 병력 수와 맞먹는다.[84] 필리핀 쪽 사상자는 훨씬 더 많았는데 2만여 명의 군인과 20만 명의 민간인이 죽었다.[85] 어떤 역사학자들은 전쟁의 직접 결과인 질병과 굶주림으로 죽은 사람까지 포함하면 약 백만 명이 사망했다고 추정하는데, 당시 필리핀 인구는 7~8백만 명 정도였다.[86] 필리핀에서 미국 통치는 이전에 미국이 아시아 지역에서 추진했던 정책, 즉 무역을 강조하고 제국주의적 의도를 비난하는 정책과 크게 달랐다.

아마 이 때문인지는 모르겠지만 그 당시 미국 내에는 윌리엄 제닝스 브라이언William Jennings Bryan같은 정치인부터 자선 사업가 앤드루 카네기 Andrew Carnegie 그리고 마크 트웨인Mark Twain, 어니스트 크로스비Ernest Crosby 같은 작가에 이르기까지 미국의 필리핀 식민 통치에 반대하는 목소리가 널리 확산되었다. 특히 마크 트웨인은 미국의 정책이 한때 고결했으나 이젠 바닥으로 추락했다면서 슬퍼했다.

> 필리핀인들의 구상에 따른 정부[를 만드는 것]……이것이야 말로 미국이 할 수 있는 가치 있는 일이었을 것이다. 하지만 지금 왜 우리는 발을 뗄 때마다 헤어나기 더욱 어려워지는 수렁 같은 이 난장판에 빠져들게 되었는가. 나는 정말 우리가 이 일(필리핀 식민 통치_옮긴이 주)로부터 얻을 수 있는 게 무엇인지, 하나

의 국가로서 미국에 이 문제가 어떤 의미를 가지는지 알고 싶다.[87]

이후 '수렁'은 아시아에서 미국이 수행한 전쟁에 대한 기록에 반복해서 등장하는 단어가 되었다.

하지만 우선 미국은 힘을 과시할 수 있는 태평양 열강이 되어야 했다. 1898년은 미국이 그 방향으로 결정적으로 나가게 된 매우 중요한 전기가 되었다. 그해 미국은 스페인으로부터 필리핀만 얻은 것이 아니라 전략적으로 중요한 위치에 있는 괌도 함께 얻었다. 같은 해에 미국은 하와이 합병을 끝마쳤다. 이 두 가지를 통해 태평양 세력인 미국이 탄생했다.

매킨리는 필리핀을 통해 미국의 선의를 보이려 했으나 후임자 시어도어 루스벨트는 좀 더 야심 찬 목표를 설정했다. 그는 1900년에 "미국이 태평양 해안에서 지배 권력이 되는 것을 보고 싶다"라고 했다.[88] 하와이, 괌 그리고 필리핀에 미국이 군사력을 배치하는 것은 루스벨트의 꿈을 실현하는 데 매우 중요했다. 스페인-미국 전쟁에서 승리하기 이전의 미국은 아시아에 그 어떤 전진 배치된 군사력도 없었고, 아시아에서 무력을 사용한 적도 거의 없었다. 이후 미국의 공세적인 전진 배치 전략은 미국과 아태지역 관계를 규정하는 데 중요한 역할을 했다. 미국은 이로부터 채 2년이 안 되어 미국의 무역 이익을 위협하는 의화단 운동을 진압하기 위해 4천 명의 병력을 중국에 파견했다.

태평양에서 미국의 힘과 활동이 더 커짐에 따라, 미국은 당시 지역적 야망을 키우며 조금씩 부상하는 일본과 경쟁하게 되었다. 일본은 매우 빠르게 성장했다. 페리 제독의 흑선에 조건부 항복을 한 뒤 메이지 유신을 통해 빠르게 국가 재건과 산업화를 이룬 일본은 발전되고 근대화된 야심 찬 국가로 20세기를 맞았다.[89] 군사적인 측면에서 일본은 영국을 모방해 해군을 건설했고, 독일을 참고해 육군을 정비했다. 그 결과 일본의 해군과 육군은 최고 수준이 되었고, 자력으로 열강의 틈에 끼어들었다. 1905년 5월 쓰시마 해전에서 일본 해군이 러시아에 승리를 거둠으로써 이 모든 것이 증명되었다. 이는 중세 이후 최초로 아시아가 서구의 열강을 상대로 승리한 전쟁이었다.

당시 멸망 직전이던 중국에서 기회를 포착한 일본은 류큐 제도를 손에 넣고 대만과 한국에 압력을 가하기 시작했다. 메이지 유신 동안 일본은 당시 학계 주요 인사였던 후쿠자와 유키치福澤諭吉를 중심으로 미국을 세계의 신비 중 하나라고 부르며 높이 평가했었다.[90] 그러나 태평양을 놓고 두 국가 사이에 경쟁이 시작되면서 이런 인식은 곧 바뀌었다. 1896년 중국과 전쟁을 승리로 이끌면서 일본은 대만을 점령했고, 힘을 키우기 위해 새로운 영토를 부지런히 찾아 나섰다. 그러나 일본의 확장 가능성은 매우 제한되어 있었다. 미국이 재빨리 필리핀, 괌 그리고 하와이를 점령했고 이미 식민지를 가지고 있던 유럽 열강의 힘 역시 그대로였다. 일본은 아시아에서 열강의 힘에 의해 밀려나는 것을 우려했다. 그 결과 민족주의가 고양되었고, 중국을 놓고 미국과 경쟁하려는 열망이 더 커졌다.[91] 의화단 사건에 개입한 후에도 중국의 독립을 보장하려는 미국의 의도는 그대로였고, 일본은 이런 미국의 의도를 시험해보고자 했다.

당시 상황은 현재의 아시아와 매우 비슷하다. 지금 중국이 하는 것처럼 당시에도 강력하게 부상하는 일본은 지역 강대국으로 인정받기를 원했다. 이 시기 미국과 일본의 관계를 통해 중요한 경제적·정치적 이익을 보호하면서 동시에 힘의 균형을 유지하는 것이 얼마나 어려운지 잘 알 수 있다.

일본이 지역의 강대국이 되려는 의지를 미국이 알아차리는 데에는 오랜 시간이 걸렸다. 정책 입안자들이 가진 인종차별주의적 오만 때문에 성장하는 일본을 그리 심각하게 생각하지 않았다. 처음 미국의 의도는 지역의 현상을 유지하고 미국의 이익을 보호하는 것이었다. 제1차 세계대전 이후 확실한 국제적 규범을 만들려는 목적으로 열강들은 일련의 조약들에 서명했고, 이것이 워싱턴 체제가 되었다. 이 조약들을 통해 외교로써 갈등을 방지하고 미국, 영국 그리고 일본의 전함 수를 5:5:3 비율로 정해 태평양에서의 해군 군비 경쟁을 억제하려 했다. 더 나아가 미국은 괌과 필리핀의 섬들을 기지화하지 않을 것을 약속했고, 아태 주요 9개국이 중국의 문호개방정책을 국제적으로 인정하며 중국의 주권과 영토 완결성을 보장하도록 강대국을 설득했다. 이후 몇 년 동안 이 조약은 태평양의 전면적 무력 경쟁을 성공적으로 제한했으며, 이때가 워런 하딩 행정부의 전성기였다. 워싱턴해군회의의 마지막 세션에서 "이 조약을 통해 모든 해군력 경쟁을 완전히 종결한다"고 선언했다.[92]

이 예언은 매우 섣부른 것이었다. 일본 내에서 조약에 대한 불만이 많았다. 일본 지도부는 서구 열강에 의해 강요된 이 조약의 제약 때문에 안달이 났다.[93] 5:5:3 비율은 일본 민족주의자들로부터 "롤스로이스:롤스로이스:포드(미국, 영국, 일본의 각 비율이 아니라 사실상 미국과 영국은 하나의 서구 열강이므로 10:3의 비율이나 다름없다는 비난이다 _ 옮긴이 주)"라는 조롱을 받았다.[94] 이후 개정된 조약에도 이 공식이 포함되자 민족주의자들의 분노가 다시 폭발했다. 조약에 서명했던 하마구치 오사치濱口雄幸 총리는 민족주의자의 총탄을 맞고 사망했다.[95] 민족주의자들이 일본 권력의 요직을 차지하면서 일본은 매우 공격적으로 변해갔고, 일본의 확장을 억제하는 모든 제한을 뒤집어엎으려 했다. 1935년의 〈포린 어페어스〉 기사에 의하면, 나중에 주미 일본 대사가 된 노무라 기치사부로野村吉三郎 제독은 미국과 일본이 "동등한" 협상을 하지 않았으며 이 조약으로 인해 "일본의 자존심이 큰 상처를 입었다"고 불만을 터뜨렸다.[96]

일본은 워싱턴 체제에서 발을 빼기 시작했다. 1931년 만주를 점령하고,

1936년에는 5 : 5 : 3이라는 해군력 비율을 거부했다.[97][98] 아시아에서 미국이 이끄는 체제는 해체되기 시작했다. 미국은 대공황 때문에 일본의 자기주장 강화에 대처하지 못했고, 일본의 만주 점령에 대해서는 불인정이라는 소심한 대응밖에 하지 못했다.

일본의 중국 침공이 확대되고 일본 비행기들이 베이징 행정 관청들을 폭격하자 미 국무장관 헨리 L. 스팀슨Henry L. Stimson은 일본에 경제 제재를 가하려 했다. 그러나 미국의 경제가 대공황의 여파로 고통받고 있는 상황에서 정부 다른 관료들은 이를 일고의 가치도 없는 것으로 봤다. 허버트 후버Herbert Hoover 대통령도 경제 제재 시도를 막겠다고 공언했다. 국무부 차관보 윌리엄 리처즈 캐슬 주니어William Richards Castle Jr.에 의하면, 일본에 대한 제재는 전쟁으로 간주되었을 것이고, 일본은 중국의 모든 항구를 폐쇄해 미국이 돈을 벌 수 있는 무역로를 봉쇄했을지 모른다. 만약 그런 상황이 발생했다면 미국으로서는 중국 내의 모든 권리를 포기하고 미국 경제를 더 어렵게 하거나 아니면 일본에 선전 포고를 하는 것 외에 달리 방법이 없었을 것이다.[99] 당시로서는 불인정이 유일한 방법이었고, 스팀슨이 이런 입장을 취한 이후 1933년 대통령으로 당선된 프랭클린 루스벨트Franklin Roosevelt 역시 같은 입장을 취했다. 당연히 불인정이라는 태도로는 상하이를 폭격하기 위해 나선 일본군을 멈출 수 없었다.

미국은 해군력 억지, 중국 주권의 보호와 같은 워싱턴 체제의 주요 합의 사항을 위협하는 일본의 행동에 단호하게 대응하지 못했다. 이런 소심한 대응은 일본을 대담하게 만들었다. 1937년 일본은 중국을 상대로 전면적인 전쟁을 시작함으로써 15년 동안 불안정한 평화를 유지하고 일본의 야망을 제한했던 미국 주도의 시스템을 산산조각 냈다. 일본은 일본 나름대로 아시아 '공영권'을 형성하여 유럽의 간섭에서 벗어나 일본 중심의 헤게모니를 이루고자 했다. 하지만 중국에 대한 일본의 공격이 이번엔 미국의 반응을 불러왔다. 전쟁 물자가 중국에 배치되었고, 일본에 대한 모든 철광석과 강철의 금수 조치가 내려졌다. 그러나 이런 조치들도 일본을 막지는 못했다. 결국 미국은 일본에 실질적 석유 금수 조치를 내렸다. 그 결과 일본은 해외 무역의 50~70%를 상실했고, 석유 공급의 60%가 차단되었다.[100] 이런 경제 제재는 일본 정부를 분노케 했고, 워싱턴 주재 일본 대사 호리노우치 겐스케堀内謙介는 강하게 불만을 표했다.[101] 석유 금수 조치는 두 국가가 전쟁의 나락으로 떨어지는 것을 재촉했고, 코델 헐Cordell Hull 국무부 장관이 말한 것처럼 "모든 것이 지옥 길로 가고 있었다."[102]

이 와중에 주일 미국 대사는 미국의 정책이 지역의 떠오르는 권력과 일종의 합의를 이루지 못한 것에 애통해했다. 조지프 그루Joseph Grew는 절망하며 일기에 "도대체 왜 우리가 직면한 역사적 경험과 사실을 무시하는가?"라고 적었다.[103] 그는 일본의 중국 침략에 대한 미국의 이런 반응이 뻔한 결과를 가져올 것으로 전망했다. 미국의 대응은 일본이 더욱 극단적인 조치를 취하게끔 일본을 압박할 것이었다. 그는 워싱턴 정책 결정자들에게 일본은 워싱턴 체제를 계속 거부할 것이며, "외부의 압박에 굴복하기보다는 경제적 제재를 극복하기 위해 국가적 할복을 감내하고라도 전면적인 사생결단을 시도할 것"이라고 경고했다.[104] 태평양 함대가 샌디에이고에서 하와이로 이동하고 필리핀 주둔 미군이 전쟁 준비를 시작하면서 태평양전쟁은 점점 현실화되었다. 일본과의 관계가 악화일로에 있었음에도 대부분의 미국 정치권과 군 지도부는 유럽의 전쟁에만 관심을 두었다. 1939년에 만들어진 전쟁 계획에 의하면, 대부분의 전력이 유럽과 북아프리카 전쟁터에 쏠려 있었고, 아시아에 대해서는 거의 대비가 없었다.[105]

1941년에 진행된 마지막 외교적 담판에서도 미국과 일본의 입장은 서로 크게 달랐다. 미국은 일본이 중국의 문호개방 조치를 수용하고 중국에서 모든 병력을 철수해야만 무역과 석유 수입이 가능할 것이라는 점을 분명히 했다. 일본인들로선 수용할 수 없는 조건이었다. 특사 구루스 사부로 來栖三郞는 미국의 입장과 워싱턴 회의 조약들을 통렬히 비판하며, 이는 일본의 종말을 의미하는 것이나 다름없다는 결론을 냈다.[106] 일본 제국 해군의 참모총장이었던 나가노 오사미永野修身는 일본 지도자가 취해야 할 냉철한 결론을 다음과 같이 밝혔다. "일본이 미국과 싸우겠다고 결정하든 미국의 요구에 응하든 일본은 국가적 파멸을 피할 수 없다. 따라서 당연히 전쟁을 선택해야 한다." 그는 "항복은 국가와 국가 운명에 물리적 파멸뿐만 아니라 정신적 파멸을 가져올 것이다"라고 덧붙였다.[107] '치욕의 날(프랭클린 루스벨트 대통령이 일본에 선전 포고를 하는 연설에서 일본이 진주만을 공습한 날을 표현한 것이다_옮긴이 주)'로 불리는 1941년 12월 7일, 일본은 진주만에 주둔해 있던 미 함대에 선제공격을 감행했으며, 미국은 곧바로 일본에 전쟁을 선포했다. 월터 리프먼Walter Lippmann의 말처럼 일본은 진주만 공습을 통해 단순히 미 해군에 타격을 주려고 한 게 아니었다. "일본이 감행하려고 결심한 것들, [예를 들어] 중국 정복과 같은 것에 대해 미국이 계속 반대했기 때문에 미국의 태평양 함대를 가라앉히려고" 했다.[108] 미국은 중국의 붕괴와 합병을 막고 지역 패권 세력이 대륙을 지배하는 것을 막기 위해 수천 개의 태평양 섬들과 환초들에서 일본을 상대로 값비싼 전쟁을 치러야 했고, 이로 인해 10만 명 이상의 미군이 목숨을 잃었다.

오늘날 미국은 다시 한번 자신의 국경을 넘는 영토에 야망을 품은 아시아의 떠오르는 강대국을 마주하고 있다. 그 어느 때보다 지금, 지난 세기 억제와 타협의 실패가 전쟁으로 이어졌다는 것과 현재의 평화를 보장하는 것이 낫다는 것을 이해하는 게 중요하다.

일본의 경우에서 보듯 힘의 전이가 일어날 때 전쟁 가능성이 높아진다. 하지만 아시아에서 미국을 기다리는 잠재적 위험은 이것만이 아니다. 영화 "프린세스 브라이드The Princess Bride"에서 시칠리아 곱추가 복면을 한 사나이를 상대로 재치 싸움에서 이겼다고 생각하며 기뻐한다. 그는 웃으면서 상대를 놀린다. "하하, 이 멍청이야! 너는 아주 뻔한 실수를 저질렀어! 아시아의 지상전에 끼어들면 절대 안 된다는 거야!"[109] 미국이 참전한 한국전과 베트남전은 이 말이 얼마나 현명한 말인지 잘 보여준다. 미국은 비용이 많이 들기는 했지만 필리핀과 일본에 맞선 전쟁에서 승리했다. 이와 대조적으로 한국전은 흐지부지 끝났고, 베트남전은 부끄러운 참패로 끝나버렸다.

한국전쟁은 1950년에 시작되었는데, 미 국무장관 딘 애치슨Dean Acheson이 내셔널프레스클럽 연설에서 미국의 아시아 방어선에 대해 말하면서 한반도를 제외한 지 몇 달 안 돼서였다. 당시 미국의 아시아 방어선은 대륙보다 해양에 집중하고 있었다. 애치슨이 한반도를 제외한 것이 두 국가를 재통일하기 위해 남한을 침략하려는 북한 지도자 김일성에게 용기를 불어넣었을지도 모른다. 김일성은 스탈린Iosif V. Stalin의 허락과 지지를 받아내고, 만약 전쟁이 불리하게 흘러가면 마오쩌둥에게 추가 병력을 얻기로 답을 들은 이후 재빨리 일을 진행했다. 1950년 6월, 그는 북한과 남한을 가로지르는 38선 이남으로 병력을 투입했다. 그리고 오늘날까지 끝나지 않은 전쟁이 시작되었다.

미국은 북한의 침략에 빠르게 대응하며 UN의 지지를 얻어냈다. 만약 한반도가 적대 세력에 넘어간다면 일본의 안전과 안보를 위협할 것이라는 두려움에서였다. 한국에서의 작전은 표면적으로는 UN의 군사 작전이었으나, 미국이 병력의 90%를 제공했고 전쟁을 수행하는 데 주된 역할을 했다. 해리 S. 트루먼Harry S. Truman 대통령은 양차 세계대전의 영웅인 더글러스 맥아더Douglas MacArthur 장군에게 전쟁의 지휘를 맡겼다. 그는 당시 일본 재건 책임을 맡고 있었으며 폭넓은 정치적·대중적 지지를 받고 있었다. 비록 초반에는 병력과 무기 모두 부족했지만, 맥아더 장군의 지휘하에 UN군은 북한 국경에서 백 마일 떨어진 인천에서 대담한 상륙 작전을 감행하여 북한군을 38선 이북으로 몰아붙이는 데 성공했다.

　이 작전으로 전쟁 이전 상황이 거의 회복되자 미국 지도부는 다음으로 무엇을 해야 할지 고민에 빠졌다. 바로 이 질문이 미국의 민-군 관계 역사상 가장 중요한 갈등의 시작이었다. 트루먼과 맥아더는 당시 상황에 대해 서로 다른 시각을 갖고 있었다. 트루먼은 이 전쟁 때문에 유럽에 집중하기 어렵다고 보았으며, 맥아더는 전쟁터의 가장 중요한 지점인 아시아에 보다 초점을 두고 있었다. 그들은 전쟁의 다음 단계를 논의하기 위해 아시아와 미국 사이에 있는 웨이크섬Wake Island(서태평양에 위치한 산호초 섬으로 미크로네시아 연방에 속한다 _ 옮긴이 주)에서 만나기로 했다. 잘 알려진 역사적 일화에 따르면, 맥아더는 일부러 트루먼을 한 시간 정도 기다리게 했고, 그래서 매우 긴장감이 넘쳤다고 한다.[110] 맥아더는 트루먼에게 중국이 개입할 가능성이 매우 낮다고 설명하면서 UN군이 한반도를 재통일하기 위해 북으로 진격할 것을 제안했다. 트루먼은 맥아더가 이 계획을 추진하는 것을 허락했지만 미국은 중국을 상대로 공격해서는 절대 안 되며 오로지 남한 병력만 한반도와 중국의 경계선인 압록강에 접근해야 한다고 강조했다.[111]

　맥아더는 중국과 국경을 맞대고 있는 지역에 미군을 절대 보내지 말라는 지침을 워싱턴으로부터 받았음에도 불구하고 승리를 확신하며 휘하의 미군에 압록강으로 접근할 것을 명령했다. 이는 명백히 트루먼의 명령을 어긴 것이다.[112] 미군이 압록강 근처까지 나아간 것이 실제로 중국을 참전하게 만든 요인으로 작동했다. 중국은 미국의 의도와 한반도에 미국의 군사적 동맹이 나타날 가능성을 염려하여 참전한 것으로 보인다. 한반도는 과거 일본이 중국을 침략할 때 활용했던 바로 그 경로이다. 중국은 북한에 도움을 주기 위해 130만 병력을 투입했다. 북한군, 소련 공군 그리고 중국군은 미군을 38선 이남으로 밀어냈고, 1951년 봄, 전쟁은 끔찍한 교착 상태를 맞이하게 된다. 데이비드 핼버스탬David Halberstam이 이 전쟁을 다룬 역사서에서 밝힌 것처럼 한국전쟁은 "돌파구도 없이 엄청난 비용을 쏟아부은 잔인한 전투와 전세를 바꾼다기보다 상대방에게 최대의 피해를 입히려는 전략이 난무하는" 전쟁이 되었다. 이는 근대적 형태의 고약한 참호전이었다.[113] 대중과 정치권으로부터 엄청난 압력을 받은 트루먼 대통령은 군에 대한 민간 통제를 주장하며 더글러스 맥아더를 소환했다. 불복종과 트루먼 정권을 공개적으로 비판하는 습관이 이유였다. 전쟁이 별다른 진전을 보이지 않자 여론은 전쟁에 반대하는 방향으로 돌아서기 시작했고, 트루먼 대통령의 지지율이 1951년 23%로 급하락했다. 이처럼 지지율이 떨어진 것은 부분적으로는 많은 논란을 무릅쓰고 맥아더를 경질한 트루먼의 결정 때문이기도 하다.[114]

미국이 추가 병력을 보내지도 않고 핵무기를 배치하지도 않으면서 전쟁을 확대할 의사가 없었기 때문에 전쟁은 교착 상태에 머물러 있었다.[115] 이에 따라 UN군은 38선을 따라 맺어진 거추장스러운 정전 협정으로 무승부를 기록하게 되었다. 3만 5천 명이 넘는 미군이 남한을 수호하기 위해 죽었다. 이는 미국 역사상 네 번째로 잔혹한 전쟁이었다.[116] 모든 참가국들의 엄청난 희생에도 불구하고, 상황은 전쟁 이전과 전혀 바뀌지 않은 상태로 였다. 미국은 최초로 아시아에서 전쟁 목적을 달성하지 못하게 되었다. 그 어느 쪽도 한국전쟁의 종결을 만족스럽게 보지 않았다. 그리고 지금까지도 상황은 끝나지 않고, 정리되지도 않았으며, 아직 엄청나게 긴장되고 언제 어디로 튈지 모르는 상태로 남아 있다. 오늘날 한국과 북한을 분리하고 있는, 고도로 무장된 '비무장 지대(DMZ)'는 지구상에서 가장 위험한 지역 중 하나다.

교착 상태가 이어지면서 미국의 정책이 근본적으로 잘못된 방향으로 가고 있음을 깨달은 군인들과 정치인들 사이에 절대로 다시는 아시아 전쟁에 개입해선 안 된다는 여론이 힘을 얻었다. 이들의 생각은 "대중적 지지가 사라지기 전에 전쟁을 승리로 이끌 수 있는 국가적 차원의 확신과 군사력 동원이 가능한 상태에서 미국이 전면전을 치를 준비가 되어 있지 않은 한" 미국은 절대로 다시는 아시아에 개입해선 안 된다는 것이었다.[117]

공산주의가 확산되는 바람에 가끔 흔들리긴 했지만 아시아에서 제한전에 대한 반대 여론은 꽤 강력했다.[118] 한국전쟁이 끝나고 얼마 되지 않아, 중국 공산당과 장제스의 국민당 사이에 제1차 양안 위기(1954~1955)로 알려진 대만 해협에서의 교착 상태가 일어났다. 이로 인해 미국은 또 한 번 비싼 비용을 치르는 아시아 전쟁에 말려들 뻔했다. 중국군은 진먼金門과 마주馬祖섬을 폭격하기 시작했고 이장산—江山과 다천大陳섬을 점령했다. 이 섬들은 대만보다는 중국에 더 가까웠다. 하지만 바로 그 때문에 국민당이 대륙 전체에 대한 주권을 주장하는 중요한 근거가 되었다. 드와이트 아이젠하워 Dwight Eisenhower 대통령은 파병을 피하려 했다. 그러나 다른 한편으로 이 사태에 대한 해결 방안을 제시하지 못함으로써 중국의 기를 살려주고 싶지도 않았다. 결국 아이젠하워 행정부는 대만이 공격받을 때 미국이 대만을 방어할 수 있게 하는 대만 결의안Formosa Resolution을 추진했다. 거기에 더해서 국무장관 존 포스터 덜레스John Foster Dullers는 미국이 이 사태를 해결하기 위해 핵무기를 고려하고 있다고 공개적으로 선언했다. 이런 선언들로 인해 잠시 사태 해결의 기미가 보이는 듯했지만, 1958년 우연치 않게 제2의 양안 위기가 불거지면서 미국의 대만 지원 문제가 수면 위로 떠올랐다.[119] 진먼과 마주섬에 대한 중국의 무시무시한 폭격이 있은 후 아이젠하워 정권은 대만군에 무기를 지원하고, 대만 부근에 미 해군을 증파함으로써, 이 두 섬에 대한 중국의 봉쇄를 우회하여 섬에 주둔한 대만군이 보급받을 수 있도록 했다. 결국 중국이 폭격을 멈추면서 위기가 끝났다. 하지만 미국이 1979년 중국과 국교를 정상화하기 전까지 중국과 대만은 매일 자국의 입장이 담긴 전단지를 살포하며 상대방 진지를 번갈아 폭격했다.

한국의 상황이 결말 없이 해결되고, 대만 문제도 여전히 지속되는 상황에서 또 다른 갈등이 끓어오르기 시작했다. 중국 본토를 공산당에 잃고 한국전의 교착 상태를 경험한 지 얼마 안 되어 1954년 인도차이나에서 프랑스가 세운 정권이 무너졌다. 미국의 정책 결정자들은 아시아에서 공산주의가 확산되는 데 미국이 손 놓고 있을 수는 없다고 판단했다. 트루먼 대통령은 전 세계에 걸친 공산주의 봉쇄선에서 인도차이나를 매우 중요한 고리로 보았다. 미국의 위신과 지역의 미래가 위기에 놓이면서, 미국의 결의와 의지를 보여주기 위해 베트남에 주둔하는 미군과 군 자문관 수를 점차 늘려 나갔다. 한국전쟁이 결론 없이 마무리되었고, 대만 문제도 해결되지 않았다는 점을 인지하면서도 말이다. 1961년 초반에 특전 부대원 4백 명으로 시작한 베트남 참전은 1963년이 되자 1만 6천 명, 1968년에는 50만 명 이상으로 늘어났다.

한국전쟁이 비싼 대가를 치른 무승부였다면, 베트남전쟁은 미국에 정신적 외상을 남긴 엄청난 참패였다. 한국전쟁은 미국이 가진 힘에 대한 확신을 다소 흔들리게 했다. 반면 베트남전에서 패한 이후 미국인들은 미국이 가진 힘의 한계를 절감했다.[120] 마빈 캘브Marvin Kalb와 데버라 캘브Deborah Kalb가 설명하는 것처럼 "베트남전쟁 이전까지 미국은 무한한 꿈과 가능성을 가진 국가였다. 그 어떤 목표도 달성 불가능하다고 생각되지 않았다."[121] 하지만 정글에서의 전투부터 백병전까지 다양한 조건에서 펼쳐진 7년간의 베트남전쟁에서 5만 8천 명의 미군과 수십만 명의 베트남인이 목숨을 잃었다.[122] 사이공 대사관 지붕에서 그때까지 잔류해 있던 미국 공무원들이 헬기에 올라 도망치는 장면은 미국인들의 마음에 큰 상흔을 남겼다.

이후 모든 대통령에게 베트남의 유산이 끈질기게 따라다녔다. 밥 우드워드Bob Woodward는 이 유산을 아직 전기가 통하는 "만 볼트짜리 피복이 벗겨진 전선"에 비유하곤 한다.[123] 또 다른 베트남전 같은 경험을 피하고 싶은 마음은 미국인들의 의식에 아직 남아 있고, 이는 대통령이 내리는 대다수의 군사적 결정에 영향을 주었다. 베트남전쟁이 미국에 남긴 유산은 망설임, 전략적 결단력 부족, 엄청난 충격 그리고 국가적 망신 등을 늘 상기시킨다. 레바논의 미 해병대 막사가 폭격당했을 때 로널드 레이건Ronald Reagan이 보인 반응, 아이티, 코소보, 소말리아의 정정 불안 때 지상군 파병을 망설인 빌 클린턴의 태도, 아프가니스탄과 시리아라는 수렁에 또다시 빠질 것을 꺼려 했던 오바마의 두려움의 배경에 이 유산이 자리 잡고 있다.[124] 심지어 오늘날 장군들, 정치인들 그리고 미디어는 베트남 경험을 상기하면서 갈등 악화와 임무의 불필요한 확장Mission Creep(전쟁이나 작전이 계획한 것보다 오래 지연되면서 원래 목적이나 목표, 계획에서 벗어나 엉뚱한 방향으로 가는 상황을 일컫는다_옮긴이 주)의 위험성에 대해 자주 이야기한다. 최근에 〈뉴스위크Newsweek〉는 "아프가니스탄이 오바마의 베트남이 될 수 있는가?"라는 질문을 던졌고, 〈뉴욕타임스〉는 "시리아가 오바마의 베트남이 될 것인가?"라고 물었으며, 〈워싱턴 포스트〉는 "어떻게 오바마의 외교 정책 팀이 베트남전쟁과 연관이 있는가?"에 대한 분석을 진행했다. 존 매케인John McCain은 이슬람국가(ISIS)에 대적하는 오바마 대통령의 전략을 가리키며 "베트남전쟁을 떠올리게 한다"라고 지적했다.[125]

아시아에서 치렀던 미국 전쟁의 역사는 자주 미국의 외교 정책에 긴 그림자를 드리운다. 70년이라는 세월 동안 미국은 필리핀, 일본, 북한과 그의 동맹국 중국 그리고 베트남을 상대로 네 개의 중요한 전쟁을 치렀다. 한국전쟁과 중국 내전의 유산은 각각 핵으로 무장한 북한의 무자비한 독재와 대만에 대한 중국의 공격이라는 형태로 여전히 남아 있다. 하지만 미국의 큰 대가를 치른 승리와 큰 상처를 남긴 패배는 아시아의 미래를 긍정적인 방향으로 형성하기도 했다. 일본을 상대로 한 미국의 승리는 지역을 제국주의적 지배로부터 지켜냈고, 미국이 남한과 대만을 지원한 것은 번창하는 민주주의 정부 수립에 도움이 되었다. 오늘날까지 아시아에 있는 미국의 전진 배치 부대는 평화와 안정을 가져오고, 아시아의 놀라운 경제 성장을 도모했다. 이 같은 아시아 번영의 상당 부분이 미국인의 생명과 미국 자원의 희생을 바탕으로 이루어졌다 해도 과언이 아니다.

부차적인 무대

아시아가 미국의 관심을 끈 것은 자주 있는 일도 아니고, 또 관심을 끈다 해도 오래가지 않았다. 19세기 말 미국은 유럽과의 관계를 깔끔히 정리하고 무역과 선교 활동이 늘어나는 아시아에 보다 깊이 관여하고자 했다. 아시아는 시어도어 루스벨트 대통령의 주요 관심사였는데 그는 미국의 미래가 "유럽을 바라보는 대서양에 대한 미국의 정책보다 중국을 바라보는 태평양에 대한 미국의 정책에 따라 결정될 가능성이 높다"라고 이야기한 바 있다.[126] 하지만 이처럼 아시아로 관심이 집중된 시기는 드물고 일시적이었으며, 다른 문제들이 미국의 관심을 다른 곳으로 자주 돌리곤 했다. 이런 이유에서 아시아는 종종 부차적인 무대가 되었으며 어떤 때에는 "잊힌 극장"으로 불린 적도 있다.[127] 제2차 세계대전 동안 일본의 제국주의로부터 아시아를 보호하기 위해 미국은 오랫동안 열심히 싸웠지만, 전쟁이 끝난 후엔 재빨리 철수했다. 이로써 20세기 내내 지속되던 전진과 후퇴flow-and-retrench 패턴이 시작되었다. 다음 장에서 좀 더 자세히 보겠지만, 미국의 아시아 정책은 후퇴를 동반하는 진격 같은 것이었고, 후퇴 뒤에는 해결되지 않은 문제들이 남아 있곤 했다. 이 해결되지 않은 문제들이 곪아 터지면서 다시 한번 미국의 관심이 필요하게 되었고 미국은 많은 비용을 치러야 했다. 계속 오락가락하는 미국의 아시아 접근으로 인해 미국이 아시아에 장기적·지속적으로 관여하는 것이 쉽지 않았다. 또 미국이 다른 지역에 관심을 두거나 아시아를 내버려두는 기간 동안 미국이나 아시아 모두 큰 비용을 치러야 했다.

진주만 공습 이전에 미국은 상대적으로 아시아에서 일어나는 일에 관심이 적었다. 미국은 국내 경제 위기, 유럽의 불안정 그리고 라틴아메리카 혁명에 보다 많은 관심을 기울였다. 1931년 일본이 만주를 점령한 이후 국무장관 헨리 L. 스팀슨은 사람들이 자신에게 아시아의 갈등에 대해 자꾸 '잔소리'하는데, 다른 곳에서 일어나는 더 중요한 일들에 집중하기 위해 이제 그런 잔소리를 그만했으면 좋겠다고 한 적이 있다.[128] 스팀슨의 짜증은 부분적으로 그에게 가해진 숱한 제약 때문이었는데, 이런 제약 때문에 그는 일본의 도발에 대응하기가 어려웠다. 허버트 후버 대통령이 경제 제재를 거부한 터라, 더 강압적인 방법은 얘기조차 꺼낼 수 없었다. 결과적으로 일본의 잔인한 정복 행위에도 불구하고 미국은 일본의 만주 점령을 공개적으로 비난하는 것밖에 별다른 대책이 없었다.

그러나 독일군이 프랑스를 침략했을 때 미국은 완전히 다르게 반응했다. 미국은 상륙 허가를 내준 영국에 보답으로 50척의 오래된 미 해군 구축함을 포함한 장비와 군수 물자를 재빨리 유럽에 보냈다. 1941년 3월, 무기대여법이 통과되어 추축국과 싸우는 국가들을 돕기 위해 5백억 달러 규모의 군사 원조가 제공되었고, 몇 달 후 미국은 대서양에서 크리그스마리네 Kriegsmarine(제2차 세계대전 당시 나치 해군의 이름이다 _ 옮긴이 주)와 비공식적 전투를 시작한다. 부쩍 야망이 커진 일본과의 관계가 악화일로에 있었지만, 미국의 육해공군력은 1941년 중반까지 개선도 증강도 되지 않았다.[129] 일본 해군은 미 해군보다 더 많은 순양함, 구축함 그리고 항공모함을 갖고 있었다. 미국은 필리핀 방어를 소홀히 했고, 일본군은 전쟁을 시작하자마자 미국의 방어선을 압도했다.[130] 역사가 해리 게일리Harry Gailey에 의하면, "군과 민간 지도자들은 무기력했고, [태평양을] 20년간 방치해둔 상태를 되돌리기에는 시간이 너무 없었기 때문에 미국과 동맹국들은 전쟁 초기 몇 달 동안 큰 대가를 치러야 했다."[131]

진주만 폭격 이후 말 그대로 하룻밤 사이에 미국의 무관심이 적극적 대응으로 바뀌었다. 미국은 태평양의 엄중한 상황을 바꾸기 위해 대규모 군사력을 투입하는 것 외에 다른 방법이 없었다. 그러고도 아시아는 여전히 부차적인 무대에 머물렀다. 당시 미국은 먼저 유럽에서 추축국을 상대로 완벽한 승리를 거두려는 거대 전략을 추진하고 있었고, 태평양으로 관심을 돌리는 것은 그 이후의 일이었다.

미국은 아시아에서 승리를 거두지만, 그럼에도 불구하고 평화를 지키는 데 실패했다. 일본의 패망 이후 미국의 전후 동원 해제와 전진 배치 감축은 다시 한번 지역의 미래를 매우 불확실하게 만들었다. 전쟁의 주목적 중 하나였던 현상 유지와 서구에 개방된 중국은 미국이 국내 문제와 유럽의 재건에 집중하면서 금방 잊혔다. 미국이 철수하자 중국은 마오쩌둥의 공산주의자와 장제스의 민족주의자 간 내전으로 빠져들었다. "민족주의자를 위한 쥐꼬리만큼의 재정적·군사적 지원"과 미국의 원로 외교관, 관료를 파견한 것 빼고 미국은 중국 내전에 별다른 영향을 미치지 못했다.[132] 심지어 마오마저도 미국이 중국에서 일어나는 사건에 관심이 별로 없다는 데 놀랐다. 그는 나중에 미국이 국민당 정부를 구하고 서구의 동맹으로 계속 남아 있게 하기 위해 백만 명 정도는 파병할 줄 알았다고 스탈린에게 털어놓았다.[133] 미국이 오랫동안 중국 문제에 관여해온 데다 일본의 중국 침략을 우려해 일본과 처절한 전쟁을 치렀다는 점에서 마오의 놀라움은 충분히 이해할 만했다. 중국에서 공산주의가 승리하면서 미중 간 무역 관계나 안보 기제는 붕괴했고, 민족주의자들은 대륙에서 쫓겨났다. 아이젠하워 장군 입장에서는 "중국을 잃는 것은 우리 나라 역사상 최대의 외교적 패배"였으며, 이는 상당 부분 미국의 비개입주의로 초래된 것이었다.[134]

중국을 잃고 나서 미국의 안이한 생각이 변했을 것이라고 생각하기 쉽지만 실제로는 그렇지 않다. 미국은 전쟁이 끝난 후에도 아시아에 잔존해 있는 곤란한 문제를 해결하지 않은 채 미루었고, 오늘날까지 아시아를 괴롭히는 갈등들이 여기서부터 파생됐다. 연합국들은 전쟁 이후 둘로 나뉜 한국을 통일하기로 합의했지만 미국은 이를 열심히 추진하지 않았고 별 진전이 없었다.[135] 대신 미국의 관료들은 유럽을 재건하기 위해 많은 재원이 투입되는 유럽 회복 정책을 서두르며 독일의 분단을 준비했고, 유럽 대륙 질서의 붕괴를 막기 위해 북대서양조약기구North Atlantic Treaty Organization(NATO·나토) 같은 안보 동맹을 구성했다. 1950년 1월이 되어서야 중국을 잃고 아시아가 미국의 부차적인 무대 취급을 받았다는 것이 명확해졌다. 워싱턴 D.C.의 내셔널프레스클럽에서 국무장관 딘 애치슨은 아시아의 미국 방어선이 알류샨Aleutian 열도와 일본 사이 지점을 거쳐 필리핀까지 내려가는 호arc를 그린다고 설명했다. 다른 국가들, 특히 한국에 대해 애치슨은 "그 누구도 이 지역이 공격받는다면 방어를 책임질 수 없으며 만약 그런 공격이 일어난다면, 우선적으로 그에 저항하는 것은 공격받은 사람들의 몫"이라고 말했다.[136] 애치슨은 어느 지역이든 공격받는다면 UN이 방어할 것이라고 말했지만, 이는 남한이 미국의 안보 우산 아래에 들어 있지 않음을 암시했기 때문에 북한의 입장에서는 남한을 공격해도 좋다는 신호와 같았다. 북한의 독재자 김일성에게 애치슨의 연설과 중국 사태에 대한 미국의 무대응은 미국이 아시아에 아무 관심이 없다는 것과 38선을 자유롭게 넘어도 된다는 것을 알려줬다.

유명한 역사가 필립 젤리코Philip Zelikow에 의하면, 미국이 유럽의 재건에 집중하기 위해 아시아에서 적극적인 역할을 포기한 결정은 "소련, 중국 그리고 북한이 공격적으로 나오도록 부추기는" 결과를 낳았다고 한다.[137] 북한군이 국경을 넘고 나서야 미국은 공산주의로 넘어가는 지역들에 관심을 쏟았다. 데이비드 핼버스탬은 한국전쟁이야말로 미국의 국가 안보 팀이 상관없다고 여긴 지역에서 일어난, 트루먼 대통령이 원하지 않았던 전쟁이었다고 기억했다.[138] 어쨌든 침공과 그 놀라운 속도가 가져온 충격에 당황한 나머지 "이전에 포기하겠다고 했던 아시아 개입으로 다시 선회하게 되었다."[139] 그렇게 전진과 후퇴의 순환이 이어졌다. 그 대가는 엄청났고, 잘못된 정책의 후과後果는 계속된다. 중국이 수십 년 동안 이 지역에서 소외되었고, 한반도 북쪽에는 예측 불가능하고 핵무장을 한 적이 나타났다.

한국전쟁 이후 철수했다가 다시 10년 후 베트남으로 물밀듯이 들이닥치는 등 미국의 아시아 개입에서 보여준 변덕스러운 성격은 지속되었다. 미국의 목적 달성이 실패하면서 아시아에 대한 미국의 정책을 전체적으로 재검토하게 되었고, 베트남전에서 패한 후 미국은 다시 철수했다. 세계에서 가장 진보되고 발달한 군대가 작고 상당히 낙후된 국가의 군대를 상대로 진 것, 명확한 목적 없는 군사 작전의 정치적 실패, 국내 지지를 잃은 것 등이 미국의 정책 전환을 가져왔다.[140] 닉슨 대통령은 남베트남에 더 많은 훈련과 지원을 제공하는 등 미국의 개입을 대체하는 베트남화 정책을 통해 베트남의 수렁에서 빠져나오려 했다. 이 정책은 아시아 안보를 책임지던 미국의 역할을 축소했다. 나아가 이 정책은 지역 전체로 확장되었고, 아시아 지역 안보를 위해 아시아 국가들이 더 많은 책임을 지도록 했다. 괌 독트린 혹은 닉슨 독트린으로 알려진 이 새로운 방식은 지역 국가 군들의 자주국방을 지원함으로써 미국의 적극적인 개입을 줄이려 했다. 이 정책의 핵심은 미국 동맹국의 방어 능력 증강을 유도하고 지원하여 공산주의를 봉쇄하는 부담을 나누려는 것이었다. 닉슨의 설명에 따르면, "미국은 [아시아의 안보 문제를] 아시아 국가가 더 많이 다루게 될 것이라고 예상해도 된다."

¹⁴¹ 부담을 나누자는 것은 군사적으로 너무 많이 개입하고 있는 국가가 충분히 할 만한 말이지만, 다른 국가들과 논평가들이 보기에 미국의 퇴각, 더 나아가 세계로부터 미국의 고립이나 마찬가지로 인식되었다. 〈워싱턴포스트〉는 베트남에서 패배 뒤에 바로 나온 이 결정을 "미국 후퇴를 위한 공식"이라 불렀고, 많은 사람들이 비슷한 견해를 보였다.¹⁴²

베트남전쟁 이후 미국은 다른 무대로 관심을 돌리기 시작했다. 여기에는 아시아의 냉전이 갑자기 조용해졌다는 점이 크게 작용했다. 중국은 한국전쟁과 베트남전쟁에서 중요한 역할을 수행했지만 1972년 미국과 중국의 화해를 기점으로 1979년 관계 정상화를 이루면서 관계가 호전되었다. 아시아에서 대규모 지상전 가능성이 계속 줄어들었다. 미국의 관심은 상당 부분 유럽에서 소련과 새로운 잠재적 핵 갈등이란 중요한 위협으로 옮겨갔다. 미국의 전략적 초점은 핵무기, 군비 통제 그리고 소련 및 바르샤바 조약기구와의 재래 전쟁이었다. 미국은 아시아에서 지역 국가들과 양자 관계를 잘해보려는 정도만 관심을 두었고, 그 외 미국의 관심사는 다른 곳에서 일어나는 일들에 가 있었다.

심지어 냉전이 끝나고 유럽에서 강대국 갈등의 위험이 더 이상 없음에도 불구하고 미국의 관심과 자원은 아시아로 향하지 않았다. 1990년대 미국 외교 정책은 중동에서 제1차 걸프전을 치르고 구 유고슬라비아의 인도주의적 위기를 중단시킬 목적으로 개입하는 등 어느 특정 지역에 집중하지 않았다. 1990년대 후반 잠깐 동안 경제적 상호작용이 늘어나고, 제3차 양안 위기, 북한의 핵무장 시도, 중국의 부상을 둘러싼 불확실성 등 새로운 안보 문제들이 표면화되면서 아시아가 미국의 관심을 더 끄는 것처럼 보였다. 하지만 9·11 테러 때문에 미국은 아프가니스탄과 이라크에서 전쟁을 수행하며 반테러주의에 모든 관심을 집중하게 되었고, 아시아는 미국의 관심에서 다시 멀어졌다. 아시아는 미국의 두 번째 혹은 세 번째 우선순위로 밀려났다. 중국이 테러와의 전쟁에서 파트너로 미국의 환영을 받기는 했지만, 역시 미국의 초점은 아시아보다는 중동이나 남아시아 지역에서 해결해야 할 문제에 가 있었다.[143] 미국이 다른 데 관심을 쏟는 동안 중국은 엄청난 군사적 발전을 이루었고, 아시아 국가들과 무역을 확대했으며, 지역 국가들과 외교 관계를 강화하고, 지역 제도들에 참여하면서 '매력 공세charm offensive'라고 일컬어지는 중국의 소프트 파워를 잘 발휘했다. 역사적으로 이렇게 새로 부상하는 국가가 기존 강대국의 아무런 견제 없이 국제사회 안에서 눈에 띄는 이득을 본 적은 별로 없다. 국무부 부장관 로버트 졸릭처럼 아시아에 관심을 두고 있던 미 행정부 사람들은 중국이 강대국으로 성장하는 것을 '관리'할 필요성에 대해 언급했다. 아시아에 대한 미국의 관심과 주의 부족 때문에 실제로 중국은 미국이 방심하는 기간을 '관리'했고, 성공을 거두고 이득을 보았다.

미국은 위기가 발생하는 지역에 군사적 지원을 할 용의를 보였지만 미국의 정치적 자본 투입과 지속적인 개입 추구는 산발적인 데다, 부족하기까지 했다. 현재 아시아 피벗 정책은 과거 미국이 보여준 전략적 간과와 관심 부족을 넘어서고자 한다. 이런 간과와 관심 부족이 지속되면 미국은 아시아 세기를 제대로 만들 수 없다. 여러 행정부에 걸쳐 더 안정적이고 더 강력하게 아시아와 관계가 펼쳐질 새 시대를 만들기 위해서는 지속적인 노력과 눈에 보이는 결과가 있어야 한다. 그렇지 않으면 미국의 파트너들과 경쟁자들은 미국이 계속 아시아에 관여할 것인가를 의심할 것이고, 미국은 역사상 여러 번 그랬듯이 전략적으로 불리한 위치에 놓일 것이다.

인력 부족

아태지역에 대한 미국 정책은 지속적인 관심 부족뿐만 아니라 주어진 임무에 비해 자원이 부족한 문제도 안고 있다. 미국은 위기가 발생할 때마다 부주의했기 때문에 값비싼 대가를 치렀다. 이는 일본과의 전쟁 초기처럼 수년간 방어를 위한 준비를 제대로 하지 않아 전투에서 쉽게 패배하는 데서 드러난다. 미국이 보여준 전진과 후퇴의 반복 구조는 새로운 핵심 능력을 기르기 위한 장기 계획을 불가능하게 하고, 방기와 개입 사이의 어려운 시기를 견딜 만한 능력을 갖추기 어렵게 한다. 그 결과 불행히도 미국은 아시아에서 인력이 부족하고 준비도 잘되어 있지 않다. 이런 문제는 미국의 목적 달성을 어렵게 한다. 관심, 물자 그리고 전문성 부족이 낳은 위험은 한국전쟁 당시 스미스 부대Task Force Smith와 냉전 초기 국무부 내 숙청에서 잘 드러난다. 아태지역에 더 큰 관심을 쏟기 위해서 일을 해결할 수 있는 적절한 자원 제공이 필수적이다.

스미스 부대

1950년 한국전쟁 첫 주에 소규모의 미군 파견대가 수원과 오산 사이에 위치한 도로가 내려다보이는 산등성이에서 북한군이 오는 것을 보았다. 그들을 향해 다가오는 북한군은 막 서울을 점령했고 남한을 가로질러 한반도를 통일하려고 하는 중이었다. 침공에 놀라기만 했을 뿐 전혀 준비되어 있지 않은 상태에서 미국은 서둘러 선발대를 파견했다. 서방 국가의 주력군이 도착하기 전까지 북한군의 남하를 늦추는 것이 그들의 임무였다. 이 미군 부대는 부대 지휘관인 찰스 B. 스미스Charles B. Smith 중령의 이름을 따 스미스 부대라고 이름 붙여졌고 약 4백 명 정도로 구성되었다. 맥아더 장군은 이 부대가 "도도한 힘의 과시"를 할 것이고 이 때문에 적군은 남한에 발을 들여놓은 것 자체를 후회하게 될 것이라고 말했다.[144] 하지만 이들은 임무 수행을 제대로 준비하지 못했을 때 어떤 비극적 결과를 보여주는지를 입증했을 뿐이다.

탱크 행렬이 사정거리에 들어오자, 스미스 부대는 모든 것을 동원하여 사격하기 시작했다. 수많은 로켓과 곡사포 포탄들이 무장한 탱크의 본체를 강타했지만 탱크를 멈추는 데에는 실패했다. 미국의 도도한 무력 과시는커녕 "날아오는 포탄에 전혀 개의치 않는 거만한 전진"만 있었다.[145] 이 부대원 중 하나는 2.36인치 로켓으로 22발을 명중했으나 러시아제 T-34 탱크에 아무런 손상도 가하지 못했다. 북한군은 스미스 부대가 보여준 변변치 못한 저항을 돌파해 그들이 가던 길을 갔다. 심지어 미군과 싸울 가치가 있다고 생각하지도 않았다.

스미스 중령은 쌍안경으로 길을 내려다보다가 북한군 본진이 접근하는 것을 보았다. 탱크, 트럭 그리고 보병으로 구성된, 6마일은 족히 되는 아주 긴 행렬이었는데, 이들은 전투로 단련된 북조선 인민군 제4사단 제16, 18 연대였다. 첫 번째 전투의 실패에 굴하지 않고 미군은 다시 한번 포격을 가했으나 아무 효과가 없었다. 북한 지상군은 초반에 조금 놀라 살짝 동요하긴 했지만 바로 재집결해 미군의 허를 찔렀다. 엄청난 포화 아래 많은 사상자를 낸 후, 스미스와 그의 부대원들은 적을 피해 산등성이 아래로 정신없이 도망쳤다. 다음 날 진행된 점호에서 4백 명으로 시작했던 부대 중 185명만 남아 있음을 알게 되었다. 이후 남은 부대원들은 낙오되고 말았다. 미군 부대 본진이 도착하기 전 북한의 남진을 늦추고자 했던 맥아더의 도도한 힘의 과시는 북한군의 남침을 겨우 일곱 시간 정도밖에 늦추지 못했다.[146]

한국전쟁에서 부대를 지휘하기도 했던 역사학자 T.R.페렌바흐T.R. Fehrenbach에 의하면, "제대로 된 훈련을 받고 20세기 중반 선진국 군에 있는 정상적인 무기를 보유한 어떤 군인들에게도" 북한은 "식은 죽 먹기였을 것이다. 하지만 스미스 부대는 무기도 없었고 훈련도 제대로 받지 않았다."¹⁴⁷ 스미스 부대는 급조된 함량 미달의 집단이었고 뻔히 보이는 전술에 대한 대비조차 하지 않은 것이 얼마나 위험한지를 증명했다. 미국은 제2차 세계대전이 종식되자 아시아로부터 관심을 돌렸고, 남아 있는 전초 기지에 충분한 자원을 제공하지 못했다. 나아가 이런 취약성으로 인해 새로운 도전에 빠르고 효과적으로 대응하지 못하는 무능력까지 겹쳤다. 북한군을 상대로 스미스 부대가 사용했던 2.36인치 바주카포는 1945년에 이미 무기로 부적절하다는 점이 증명되었지만 5년이 지나도 미군의 무기는 개선되지 않았다.¹⁴⁸ 제2차 세계대전의 종결은 미국을 갑자기 세상에서 가장 강력한 국가의 지위에 올려놓았다. 그러나 미군은 제대로 준비되어 있지 않았고, 전쟁 초반에는 북한군의 독무대였다. 미국은 북한 탱크를 쉽게 관통할 수 있는 3.5인치 로켓 개발 이후 북한을 압도할 기술력을 가지고 있었다. 북한 탱크의 성능은 이미 알고 있었지만, 아시아에서 발을 빼는 데만 관심 있던 미군은 이 신형 무기를 맥아더의 극동 사령부나 동맹국인 남한군에 지급하지 않았다. 그 결과 북한군은 벌건 대낮에도 뻔뻔하게 길 한가운데를 지나면서 남한의 군 진지를 쉽게 파괴하여 "말 그대로 보병이 뒤따라오는 데 아무런 어려움이 없는 길"을 열어주었다.¹⁴⁹

단 5년 만에 미군은 껍데기만 남게 되었다. 포트 루이스Fort Lewis 기지에 있는 부대들의 예산으로는 한 번 화장실을 사용할 때 휴지 두 장밖에 지급하지 못할 정도라는 말도 들었다.¹⁵⁰ 예산 부족은 아시아에서 미군의 준비를 어렵게 했는데, 심지어 한국전쟁의 맥아더 후임자인 매슈 리지웨이 Matthew Ridgway 장군은 1950년의 미군 상황을 "창피한 준비 부족"이라고 할 정도였다.¹⁵¹ 핼버스탬이 기록한 것처럼 미국은 "싸게 가려 했고, 한국전쟁에서 바로 그게 나타났다."¹⁵² 미국은 전선을 사수하고 결연함을 보이려

했으나 예산이 삭감되고 목표가 수정된 상태에서 미국이 할 수 있는 것은 기껏해야 스미스 부대 정도나 투입하는 것이었다. 훈련과 무기가 모두 부족했던 미군은 여러 번 용감하고 헌신적인 모습을 보이기는 했지만 북한군에 중과부적이었고, 미군이 한국에서 보낸 이 첫 한 달은 미군 역사에서 최악의 시기였다.[153] 국방 예산 감축이 다시 한번 새로운 위협에 대응하는 미국의 능력을 위협하는 지금, 스미스 부대는 부적절한 준비와 그에 따르는 위험을 비극적으로 웅변하고 있다.

중국 전문가 추방

1919년 5월 4일 일요일 이른 오후, 톈안먼天安門 광장에 어림잡아 3천 명의 학생들이 베르사유 조약Treaty of Versailles의 마무리 회담에 반대하는 시위를 위해 모였다. 중국은 제1차 세계대전 연합국이었지만 중국 내 독일 영토는 중국에 반환되지 않고 일본이 차지하게 되었다. 이는 1842년 난징 조약 이래 중국에 강요된 여러 굴욕 중 가장 최근에 일어난 일이다. 이 시위는 제국주의적 약탈 앞에 침묵하던 중국이 목소리를 내겠다는 것을 보여준 사건이었으며, 국가 전체로 빠르게 퍼져나가면서 5·4운동May Fourth Movement이 시작되었다. 이는 중국 지식층이 더 급진적인 정치사상으로 이동한 것으로 마오도 이 시위를 공산주의 혁명으로 가는 중요한 진전이라고 언급한 바 있다.[154] 얼마 지나지 않아 중국 공산당이 창당되었고, 6년 후 서구가 지원하는 장제스의 정부 세력과 공산당 지지자 사이에 내전이 일어났다. 이 내전은 6백만 명이 목숨을 잃었다고 할 정도로 참혹하고 긴 갈등이었다.[155] 1949년이 되자 장제스와 그의 지지자들은 대륙에서 대만으로 밀려났고, 중국은 공산주의 국가가 되었다. 중국의 공산화 문제를 논하는 미국 사람들 사이에 회자되는 한 가지 질문이 매우 중요해 보인다. "누구 때문에 중국을 잃었는가?"

매카시즘McCarthyism과 적색 공포Red Scare의 유령이 미국에 드리워진 시대에 일어난 일이다. 국무부는 공산당 간첩의 정부 침투에 대한 국가적 편집증의 직접 희생양이 되었다. 1950년 부서의 원로 관료 앨저 히스Alger Hiss가 공산주의자를 위해 첩보 활동을 했다는 혐의로 유죄를 선고받으면서 국무부에 대한 관심은 더욱 집중되었다. 미국 정부 내부의 악의에 찬 음모 때문에 중국을 잃은 것으로 믿고 싶었던 사람들은 마오의 승리를 국무부 내부, 특히 중국 정책에 책임이 있는 사람들의 지원 없이는 불가능한 것으로 생각했다. 이런 혐의들은 위스콘신주의 신참 상원의원인 조지프 매카시Joseph R. McCathy를 전국적으로 유명하게 만들었다. 1950년 2월 그는 웨스트버지니아 휠링에서 한 연설에서 "공산당원으로 지금도 국무부에서 일하며 정책을 만들고 있는 사람이라고 국무장관이 나에게 알려준 이들의 리스트를 가지고 있다"고 해 미국을 놀라게 했다.[156]

사실 그런 리스트는 존재하지 않았다. 한국전쟁 및 중국 공산화와 관련된 미국 외교 정책의 실패는 매우 복잡한 사안이며, 긴 트라우마를 남긴 일이다. 매카시의 이런 비난은 한국전쟁과 중국 공산화 관련 미국 정책의 실패를 매우 알기 쉽고 단순하게 설명했다. 중국 상실 이후 사람들은 북한의 남침에 대해 국무부를 탓했다. 매카시에 의하면, 국무부는 "전 세계 절반에 해당하는 자유롭고 신을 경외하는 사회가 아닌 공산당의 이상과 계획에 충실한" 사람들로 가득 찬 기관이었다.[157] 국회 청문회는 국무부의 정책 실패를 찾지 못하고 끝났지만 국무부의 극동 관련 부서에서 일하던 중국 전문가들 다수는 경력을 망쳤다. O. 에드먼드 클럽O. Edmund Clubb, 존 페이턴 데이비스 주니어 그리고 존 S. 서비스 같은 '중국통'은 매카시적인 히스테리에 의해 공직에서 쫓겨났다. 중국 전문가의 대대적 추방으로 중국을 조금이라도 아는 사람들은 국무부에서 모두 쫓겨났다. 그렇지 않아도 아시아에 대한 경험이 있는 인력이 늘 부족했는데, 이제 미국의 아시아 전문성 수준은 아주 바닥으로 곤두박질치고 말았다.

한 세대의 아시아 전문가들이 사라졌다. 아시아라는 중요한 지역과 아시아의 정권은 역사적으로 중요한 순간을 맞고 있었는데, 미국은 이런 아시아에 대한 통찰이 부족했다. 정책은 예외 없이 실패했고, 그 여파는 오래갔다. 무분별하고 비이성적인 광신자들이 중국을 통치한다고 미국 고위 관료들이 여긴 까닭에 미중 화해도 늦어졌다.[158] 1979년까지도 미국은 대만 장제스의 중화민국만을 유일한 중국으로 인정했다. 소련과 중국의 관계 악화는 전략적으로 매우 중요한 문제였는데, 미국은 이를 알아차리지 못했고 결과적으로 공산주의 진영에 내재한 갈등을 더욱 악화시키는 일에 수년 동안 실패했다.[159] 공산 진영 내부의 분열이 이미 꽤 진행되었음에도 불구하고 국가안보평가서National Intelligence Estimate는 1960년대 말까지도 러시아와 중국의 관계 악화가 가까운 장래에는 일어나지 않을 것이라고 예상했다. 1953년 스탈린 사망 이후 중소 관계는 급속도로 악화되었다.[160] 마오쩌둥은 스탈린의 후계자인 니키타 흐루쇼프Nikita Khrushchyov를 경멸했고, 흐루쇼프도 마오쩌둥을 좋아하지 않았다. 미국 정책 입안가들은 흐루쇼프가 쿠바에 미사일을 설치한 배후에 중국이 있으며, 중국이 1962년 인도를 공격한 것이 미국을 시험하기 위해 계획한 일이라고 의심하면서 위험한 오해가 쌓여갔다. 실제로 중국은 쿠바 미사일 사태에 아무런 압력을 가하지 않았으며, 중국-인도 국경 전쟁은 인도의 '전진 정책'이 중국의 적대감을 자극하면서 발생한 훨씬 복잡한 문제였다.[161] 결국 지식과 능력을 갖춘 중국 전문가 없이 냉전기의 미국 외교는 전문성이 부족했고 이데올로기에 눈이 멀었었다. 배신 혐의를 두려워한 소수의 미국 내 아시아 전문가들은 조용히 지내거나 아니면 무시당하기 일쑤였다.

1949년에 시작된 국무부의 중국 전문가에 대한 감시 강화로 아시아 전문가 부족 문제는 더 악화되었고, 결국 한국전쟁 기간 중에 큰 대가를 치렀다. 연합군이 남한에서 북한군을 성공적으로 몰아낸 후, 중국은 연합군이 북으로 계속 전진할 경우 중국 국경 지역에 서방의 전초 기지를 만들어낼 것이라고 우려했다. 이는 중국에 심각한 전략적 위협이 되기 때문에 중국은 이를 어떻게든 막으려 했다. 중국의 총리 저우언라이周恩來는 인도 대사를 통해 1950년 10월 명확한 메시지를 보냈다. "만약 미국이나 국제연합의 병력이 38선을 넘는다면, 중화인민공화국은 조선민주주의인민공화국을 돕기 위한 병력을 보낼 것이다."[162] 미국의 중국 전문가들은 이미 정치화되었거나 전문성이 없었고, 미국은 중국이 보내는 이런 신호를 귀 기울여 듣지 않았다. 중국의 위협은 허세로 치부되었고, 정책 입안자들은 중국을 소련이 통제하는 위성 국가 정도로 여겼다. 합참의장 오마 브래들리Omar Bradley는 "러시아는 한반도를 둘러싼 세계대전을 치를 준비가 되어 있지 않기 때문에 소련이나 중국이 개입하지 않을 것"이라고 결론 냈다.[163] 미국 정부는 이런 결론이 거의 확실한 것으로 보고 더 깊이 생각하지도 의심해보지도 않았다.[164] 연합군은 "성급한 승리의 맛에 도취되어" 38선을 넘어 압록강까지 접근했다.[165] 얼마 지나지 않아 중국은 어마어마한 수의 군대를 전쟁에 투입했고, 이로써 중국과 미국은 전투를 시작했으며 연합군은 엄청난 타격을 받았다.

보다 훌륭한 전문가들과 충분한 자원이 있었다면 이런 실수와 잘못된 인식을 피할 수 있었을 것이다. 그 같은 실수와 잘못된 인식이 수천 명의 목숨을 앗아갔고, 아시아 지역의 미래와 아시아에서 미국의 역할을 근본적으로 바꾸었다. 스미스 부대의 비극과 국무부 내 중국 전문가 추방은 물질적으로나 지적으로나 아시아의 도전에 제대로 대비하지 못한 미국이 안고 있는 위험을 잘 보여준다. 현재 중동과 남아시아에서 10여 년간의 전쟁을 치른 미국은 이라크와 아프가니스탄의 골짜기와 마을까지 속속들이 알고 있는 훌륭한 전문가 집단을 보유하고 있다. 미국이 과거의 실패를 반복하지 않고 나아가 아시아 세기의 잠재력을 활용하려 한다면, 복잡다단한 아시아의 문화, 역사, 외교에 대해 중동, 남아시아와 같은 수준의 전문성을 갖춰야만 한다.

민주주의 확산

많은 아시아 국가들에 자유민주주의가 자리 잡았다. 민주주의는 사람들이 자신의 미래를 결정할 수 있는 도구를 제공하는 것이 목적인 체제이고, 미국은 이 체제의 강력한 옹호자이자 후원자로 아시아 민주주의 확산에 큰 역할을 해왔다. 자유주의의 가치, 법치 그리고 민주주의의 확산은 아시아와 미국의 관계에서 오래되고 중요한 주제이다.

필리핀은 미국의 국가 건설과 민주주의 확산 노력의 가장 오래된 예다. 미국은 스페인으로부터 갑자기 필리핀을 떠안자마자 바로 필리핀 사람들에게 돌려줄 것이라고 공언했다. 그것은 열렬한 팽창주의자였던 시어도어 루스벨트 같은 사람들마저 지지하는 목표였다. 필리핀을 돌려주기 전에 미국의 지도자들은 우선 자치를 어떻게 해야 하는지 알려줘야 한다는 책임감을 느꼈다.[166] 우드로 윌슨은 "가능한 한 필리핀인들을 자주 접촉하고, 공감을 얻고, 모범을 보임으로써 우리가 영국과의 힘든 투쟁을 통해 얻어낸 법과 그 법에 복종하는 버릇을 그들에게 전수해야 한다"고 1902년에 적고 있다.[167] 미국은 서둘러 필리핀 위원회Philippines Commission를 설립하고 향후 민주적 가치를 어떻게 추구할 것인지를 필리핀인들에게 효과적으로 가르치는 제도를 설립하는 데 착수했다. 미국은 지역, 주 그리고 국가 단위에서 실제로 작동하는 민주 정부를 필리핀에 세우고 떠날 계획이었다. 물론 필리핀인들은 미국의 계획을 거부하고 1902년까지 미국을 상대로 독립전쟁을 펼쳤다. 당시 사람들은 독립전쟁 와중에 계속된 이런 어색한 민주주의 건설을 비웃었다. 그들은 미국의 프로그램이 "한 손에는 칼을 들고, 다른 손에는 평화주의 팸플릿을 쥐고, 그리고 그다음에는 학교라는 모델을 들이미는 것 같았다"고 조롱했다.[168]

이 같은 비판에도 불구하고 미국은 필리핀을 독립된 근대 민주 국가로 만드는 계획을 추진해나갔다. 스페인 판사들은 필리핀인으로 교체되었고, 미군들은 어린이를 가르치고, 음식을 나눠주고, 사회기반시설을 재건했다.[169] 1902년까지 후일 대통령에 당선되는 윌리엄 하워드 태프트가 이끈 위원회는 대법원, 근대적 법전, 시·도 행정 체계 등을 만들고, 미국의 권리장전을 필리핀까지 확대 적용했다. 1907년 첫 번째 총선이 실시되었고, 제59대 미 의회의 의사 규칙을 적용해 같은 해 10월 필리핀 의회가 소집되었다. 미국 내에서 필리핀의 최종 독립에 대한 지지는 강했다. 그러나 1916년이 되어서야 필리핀 자치에 관한 법과 자치 부여를 위한 조건들이 제정되면서 필리핀 독립이 공론화되었다. 필리핀 독립의 가장 큰 장애물은 필리핀 사람들의 인식이었는데, 그들은 필리핀이 독립하면 다시 일본의 식민지가 될 것을 우려했다.[170] 1930년대가 되자 미국은 필리핀에 10년 안에 독립을 주기로 약속한다. 그리고 일본의 패망 이후 필리핀은 지체 없이 독립했다. 결국 미국의 '필리핀화' 정책은 필리핀이 자치의 경험과 지식을 얻을 수 있게 했고, 1946년 독립했을 때 대부분의 필리핀인들은 민주주의 규칙과 규범에 익숙해 있었다. 페르디난도 마르코스Ferdinando Marcos의 독재 정치가 필리핀의 민주주의적 성과를 약화시키기는 했지만, 독재가 끝난 지 얼마 안 되어 민주주의는 회복되었고 오늘날까지 이어지고 있다.[171]

필리핀에서 보여준 미국의 정책은 다른 제국주의 열강들의 정책과 크게 다르다. 미국은 처음부터 미국이 식민 통치하는 국가의 독립을 궁극적인 목표로 했다. 일본에서 그랬던 것처럼 아시아에 국가를 건설nation-building

하려는 미국의 노력은 매우 효과적이었다. 19세기 말 일본의 메이지 유신은 많은 개혁을 단행했고 전통적 전제 국가를 20세기의 근대 입헌주의 국가로 탈바꿈시켰다.[172] 일본은 1930년대에 군사 독재에 빠졌다. 그러나 제2차 세계대전에서 일본이 패한 이후 연합군 점령 기간 동안 미국은 일본의 민주화를 이끌어냈다. 일본이 자신의 힘으로 민주화를 시작할 것이라는 희망이 사라지자, 미국은 연합군 총사령관 더글러스 맥아더의 지휘 아래 오늘날까지 남아 있는 민주주의 헌법의 초안을 마련했다. 베아테 시로타Beate Sirota 같은 사람들의 도움을 받아 육군 장교 마일로 로웰Milo Rowell과 코트니 휘트니Courtney Whitney는 일주일 동안 헌법을 작성했다. 그전에 일본인들이 수많은 헌법 초안을 썼지만, 더 자유주의적이고 근대적인 국가를 만드는 데 필요한 과감한 조치들이 부족하다고 느낀 미국은 이 헌법 초안들을 거부했다. 이 새 헌법 초안은 일왕보다는 행정부가 의회에 책임을 지도록 만들었고, 자유주의적 권리들을 도입했으며, 여성에게 참정권을 주었다. 이 헌법 초안은 전후 일본의 성장과 부활을 뒷받침한 성공적이고 효과적인 헌법이었다.

　토지 재분배나 여타 민주주의를 위한 보다 야심 찬 계획들은 공산주의의 위협에 직면한 일본을 약화시킬 수 있어 포기했다. 대신 전쟁으로 파괴되고 패전으로 말라버린 일본 경제를 되살리는 데 미국은 결정적 역할을 했다. 미국이 주도한 재건, 정치적 개혁 그리고 경제적 지원은 일본이 국제 경제 무대에 재등장하고 1950년대와 1960년대에 '경제적 기적'을 이루는 기반이 되었다. 이 기적은 일본이 1980년대 세계 2위의 경제 대국이 되는 도약대였다. 미국은 일본의 1964년 경제협력개발기구(OECD) 가입을 적극 독려하는 등 모든 단계에서 지원을 아끼지 않았다.[173]

　또 다른 민주주의적 성과는 한국이다. 한국은 중국, 일본, 러시아 같은 고래들 사이에 끼인 새우에 자주 비유된다. 중국, 일본, 러시아는 차례로 한국을 침략하고 지배했었다. 일본과 필리핀처럼 미국은 전쟁을 통해 한국에 접근했다. 북한의 공격에 미국이 주도적으로 대응하면서 전쟁이 끝난 후 한국 내부 문제에 미국이 관여하게 되었다. 미국은 반공 독재자 이승만에게 지지를 보내면서도 역사적으로 분쟁과 점령으로 괴롭힘을 받은 한국에 독립과 주권의 기운을 불어넣는 역할을 했다. 그러나 한국의 민주주의는 확립이 안 되어 있었다. 미국의 경제적 원조 및 지원과 함께 한국은 빠른 경제 성장을 경험하고, 교육 수준을 향상시키고, 관료제와 군에 필수적인 개혁을 시행했으며 결국 민주주의로 가는 기반을 닦았다.[174] 이런 활동 때문에 미국은 민주주의 롤 모델이 되었다. 또 미국의 역할은 "한국 대중들 사이에 민주화를 향한 열망"을 형성하고, "자생적이고 꽤 토착적인 민주주의에 대한 애착"을 만들어냈다.[175]

미국은 공산주의의 침투를 두려워해 안정과 권위주의적 통치를 선호했고, 결국 냉전 체제는 한국의 민주주의 지체를 가져왔다. 그럼에도 불구하고 미국의 가치는 1960년대와 1970년대에 한국 사회에 녹아들면서 한국 사회가 근대화되도록 했다. 미국에서 교육 받은 새로운 세대의 많은 한국인들이 성실한 시민들과 개인의 자유 및 번영을 조화시킨 사회를 만들겠다는 의지를 갖고 모국으로 돌아갔다. 냉전이 종식되던 시기에 경제적 성공은 정치 발전을 가져왔고, 다시 한번 미국은 이에 지지를 보냈다. 지미 카터 Jimmy Carter와 후임인 레이건 행정부에서 진행된 미국의 조용한 외교는 자유화를 지원했다. 1987년 국무부 차관보 개스턴 시거 Gaston Sigur는 유명한 연설에서 한국 정부를 향해 "문민화를 하든지" 아니면 미국 지원의 철수를 선택하라는 연설을 했다.[176] 이런 움직임은 곧 큰 파도로 변했다. 독재 정치에 반대하는 길거리 시위가 더욱 대담해지면서, 레이건 정권은 전두환에게 압박을 가했다. 한반도 전문가인 셀리그 해리슨 Selig Harrison에 의하면, 이 압박은 "계엄령의 선포를 막는 데 중요한 역할을 수행했다."[177]

미국이 한국에서 발전, 법치주의 그리고 민주적 원칙의 존중을 촉진한 활동은 마셜 플랜으로 유럽을 재건하는 것만큼이나 제2차 세계대전 이후 미국의 가장 놀랍고 극적인 성공으로 손꼽힌다.[178] 미국의 지원과 경제 원조가 전쟁의 폐허에서 한국이 재활할 수 있게 도와주었고, 한국의 민주화는 빠르고 효과적이었다. 또 다른 자유민주주의의 성공 사례로는 대만이 있다. 미국은 일당 체제의 종식을 지원했으며, 1980년대에 야당들의 등장을 촉진했다.

민주주의의 추진은 아시아 국가들과 자주 마찰을 불러일으키기도 했다. 미얀마 군사 정부가 인권을 유린한 후, 피지에서 군사 쿠데타가 일어난 후, 그리고 중국에서 톈안먼 학살이 있은 후에 미국은 각 국가에 대해 경제 제재를 했다. 어떤 경우에는 미국의 법치주의와 민주주의에 대한 관심이 미국의 실용적 이익과 충돌하기도 했고, 독재 국가와 미국은 긴장 관계를 형성하기도 했다. 그 대표적 사례가 중국이다.

미국의 정책이 경제 제재에서 관여로 바뀌면서 예상치 못한 극적인 결과를 낳는 경우도 있었다. 2009년 오바마 정권은 미얀마를 고립시키고 50년 동안 버마(미얀마)를 통치하는 독재 정권을 압박하고 미얀마를 고립시켰던 부시 행정부의 정책을 바꿨다. 새 정책은 군사 정권과 직접 의사소통을 강조하며 공통의 이익과 관심사에 대한 협력도 강조했다. 이런 미국의 접근은 미얀마의 개혁을 격려하는 것이었고 미얀마 정권은 이를 환영했다. 몇 달 뒤 미얀마 정부는 전례 없이 대담한 민주화 조치를 취했다. 이후 미얀마는 새로운 헌법을 쓰고, 선거를 치렀고, 의회를 구성했으며, 노벨 평화상 수상자인 야당 지도자 아웅 산 수 치Aung San Suu Kyi를 포함한 수많은 정치범을 석방했다. 미얀마의 미래가 어디로 가는지 알 수 없고 아직도 많은 장애물이 놓여 있지만, 미얀마 정치 시스템의 변화는 놀랍고 감동적이다. 언젠가는 이 엄청난 다양성과 기회의 국가에 진정한 형태의 민주주의 정부가

들어설 것이다.

아시아 각각의 국가에서 민주주의의 탄생은 아시아 지역을 미묘하게, 하지만 근본적으로 바꿀 수 있다. 새뮤얼 헌팅턴Samuel Huntington 등이 지적한 것처럼 몇몇 국가에서 민주주의의 정착은 다른 국가의 통치 방식에 영향을 미치면서 민주주의라는 파도를 만든다.[179] 일본의 민주주의 변화는 한국과 대만의 변화에 영향을 미쳤고, 이는 다시 인도네시아의 변화에 영향을 주며, 이 흐름은 계속된다.

아시아에서 민주주의의 확산은 오랜 역사를 가지고 있으며, 한때 냉전 때문에 중단되기도 했지만 19세기부터 시작된 미국 정책의 일관된 주제였다. 그 결과 아시아는 꾸준히 경제적으로 성장했고, 지난 몇십 년 동안 더 민주적으로 변했다. 이런 변화는 모두를 위한 자유freedom and liberty를 특징으로 하는 아시아 세기를 미국이 만들어감에 따라 지속적으로 축적해야 할 유산을 형성했다.

결론

아시아에서 미국의 역사는 성공과 슬픔, 승리와 실패, 깊은 이해와 도움이 되지 않는 편견, 그리고 확신과 망설임이 뒤섞여 다면적이고 복잡하다. 이 장에서 언급된 여덟 개의 주제는 아시아에 대한 미국의 복잡한 이해뿐만 아니라 아시아가 미국에 대해 갖는 인식을 계속해서 형성해간다. 우리가 직접 본 것처럼 거리감의 횡포는 아시아로부터 미국을 지리적으로든 문화적으로든 멀어지게 했다. 이 거리감 때문에 오해는 곪을 대로 곪았고 편견이 가득한 생각들은 더욱 견고해져 정책에 영향을 줄 정도가 되었다. 아시아의 풍요함에 대한 신화는 기업가들에게 아시아의 기회를 과장하게 했고, 아시아인에 대한 무시는 정책 결정자들로 하여금 아시아가 안고 있는 위험들을 경시하게 했으며, 아시아계 이민자에 대한 비이성적 공포는 정책가들로 하여금 신중함과 실용주의를 버리게 만들었다. 지리적·문화적 차이를 넘어 미국은 아시아에 끌렸다. 아시아는 백만 장의 셔츠를 팔고, 영혼을 구하고, 민주주의를 확산시킬 땅이었다. 불확실한 미래를 가진 무역, 믿음 그리고 자유를 아시아에서 추구하며 미국은 많은 희생을 감수했다. 하지만 곧 국내 문제나 다른 지역의 문제로 인해 아시아에 대한 관심은 사그라들었다. 너무 오랜 기간 미국인들은 아시아를 부차적인 무대로 간주했고, 이 때문에 미국의 외교관들과 군인들은 임무를 수행하는 데 늘 인력과 자원 부족을 겪는 상황을 경험했다. 다음 장에서 언급하는 것처럼 미국의 대아시아 정책은 그 정의로 볼 때는 꽤 일관적이었지만, 실행에 있어서는 다양한 이유로 그렇지 못했다. 이런 일관되지 못한 미국의 대아시아 정책은 향후 아시아에서 미국의 미래에 매우 중대한 함의를 가진다.

# 04

**피벗의 선례 :
미국의 아시아 전략에서 반복되는 요소**

앞 장은 독립 이후 미국의 정책을 움직여온 여덟 가지 추세의 큰 특징과 동기 그리고 아시아에서 미국의 역사에 초점을 맞추었다. 이 장에서는 그런 역사에서 중요한 부분들만 선별하여 지난 2백 년간 아시아 지역에서 실행한 미국의 전략 가운데 좀 더 세부적인 주제들을 살펴본다. 더 나아가 현재의 아시아 피벗을 아시아에 대한 미국의 전략적 접근이라는 더 크고 역사가 오래된 유산과 전통의 맥락 속에서 파악하려 한다.

미국의 역사를 통틀어 미국의 대아시아 전략은 몇 가지 지속되는 특징을 갖고 있다. 아시아 지역에서 패권 국가가 등장하는 것을 방지하기 위해 미국은 외교적, 경제적, 군사적 수단들을 활용해왔다. 이를 통해 무역의 진흥, 믿음의 전파, 민주주의 확산, 영토 안보와 같은 미국의 목표들을 꾸준히 추진해왔다. 이런 전략 자체는 시기와 상관없이 논리적이고 일관된 것이었다. 그럼에도 불구하고 예상치 못한 외적 위기, 시급한 국내 현안, 그리고 전략적 수단들에 대한 불충분한 투자로 인해 이 전략의 실행이 어려웠던 적이 많았고 미국이 항상 이 전략을 고수한 것은 아니다. 그 결과 미국은 이 아시아 전략을 때로는 의욕적으로 실행하기도 하고 때로는 무시하는 등 비일관적으로 추진해왔다.

변화하는 21세기 아시아의 전략적 현실에서 일관성이 결여된 이런 접근은 더 이상 적절치 않다. 물론 미국 전략의 기초들은 대부분 튼튼하다. 자유무역과 자유주의적 가치의 보장 같은 미국의 장기적인 목표들은 변하지 않았다. 아시아에서 패권 국가 등장 방지가 이런 목표들을 달성하기 위한 방법이라는 것 또한 그대로다. 그러나 중국과 같은 간파하기 힘든 도전자의 부상과 기후변화부터 항행의 자유와 지역 경제 관리까지 수많은 비전통적·초국가적 문제들이 새로 등장했다. 이로 인해 전통적인 세력 균형에만 초점을 맞출 수는 없다. 이러한 문제들에 대처하기 위해 미국은 아시아 운영체제를 강화할 필요가 있다. 아시아 운영체제란 협력을 촉진시키고 아시아의 평화와 번영을 뒷받침해온 각종 제도, 규범, 가치들의 복잡한 배열 arrangement을 뜻한다. 외부 세력이 일방적으로 아시아 운영체제의 핵심 요소들을 강요할 수는 없다. 이 요소들은 반드시 아시아 내부에서 먼저 수용되고 그다음에 강화되어야 한다. 따라서 향후 우리가 고민해야 할 문제는 어떻게 미국이 아시아에서 패권 세력을 방지할 것인가, 그리고 어떻게 아시아 지역의 기본적인 운영체제를 강화할 것인가이다. 두 가지 목표는 별개이면서도 서로 연관되어 있다.

이 장에서는 우선 반복해서 나타나는 미국의 아시아 전략의 특징들을 살펴본다. 그다음 미국의 아시아 전략에 나타난 비일관성에 초점을 맞추고, 마지막으로 21세기 미국 국가 전략의 앞날에 관한 주요 질문들을 다룬다. 결론에서는 이 장에서 다룬 미국의 대아시아 전략이 보여준 초기 사례들과 현재의 아시아 피벗이 어떻게 연속성을 유지하고 진화했는지를 간략히 살펴볼 것이다.

아시아 전략에 지속되는 특징

서양의 카를 폰 클라우제비츠Carl von Clausewitz와 니콜로 마키아벨리 Niccoló Machiavelli부터 중국의 순자荀子와 인도의 카우틸랴Kautilya까지, 수천 년 동안 전 세계의 장군, 학자 그리고 역사가가 전략 문제의 수수께끼를 풀기 위해 씨름해왔다. 때때로 합의가 불가능할 정도로 다른 의견을 가진 이런 철학자들을 이해하려고 애쓰기보다는 미군이 쓰고 있는 명료하고 강력한 전략 이론을 사용하는 것이 더 나을 수 있다.

이 이론에 따르면 전략은 근본적으로 목표, 방법 그리고 수단과 관련된 문제다. 근본적 이익 혹은 목표는 정책 결정자들이 이용 가능한 자원과 도구 그리고 이것들을 효과적으로 결합하는 방법을 알려주는 이론이나 원칙을 결합할 때 성취된다. 때로는 목표, 수단, 방법이 뒤섞여 서로 구분하기 어려운 경우가 있는 게 사실이다. 그러나 이러한 현대적 분석틀을 활용해 미국의 아시아 전략에 꾸준히 나타나는 특징들을 체계적으로 탐구할 수 있다. 뒤에서 살펴보겠지만 미국의 국가 전략에 대한 접근은 명백하게 정의되거나 정책으로 명시되기보다는 종종 함축적이었다. 그럼에도 불구하고 시간의 흐름 속에서도 현저히 지속되는 몇 가지 특성들이 미국의 아시아 전략에 어느 정도 일관성을 부여해왔다.

미국이 지난 2백 년 동안 아시아에 대해 가지고 있던 네 개의 장기적 전략 목표가 있다. 이 중 세 가지는 앞 장에서 이미 자세히 다루었는데, 그것들은 (1) 상업적 이익, (2) 종교적 믿음의 전파, 그리고 (3) 자유주의적 가치의 확산이었다. 1784년 중국황후호로 시작된 미국 최초의 아시아 방면 상업적 항해부터 2백 년 이후 환태평양경제동반자협정(TPP)까지, 무역은 미국의 아시아 정책을 움직이는 중요한 동기였다. 예를 들어 미국이 청나라와 맺은 최초의 조약, 군함을 이용해 일본을 개항하도록 만든 페리 제독의 결정, 존 헤이의 문호개방각서의 핵심은 바로 무역이었다. 미국 선교사들의 신변 안전과 보호를 확실히 하는 것 또한 미국의 역사에서 줄곧 반복된 목표였으며, 이는 미국의 초기 조약들에서 자주 다루어졌다. 기독교를 전파하는 것은 더 이상 미국의 공식적인 정책이 아니지만 2백 년간의 선교 활동은 많은 아시아 전문가들을 배출했고, 그중 일부는 외교 분야에 큰 힘이 되었다. 1830년대 왕샤 조약 체결 당시 통역으로 일했던 피터 파커 박사나 최근에 주중 미국 대사를 역임한 존 헌츠먼 주니어Jon Huntsman Jr.가 그 예다. 미국의 대아시아 전략의 세 번째 목표가 기독교에 대한 강조를 대체했다. 바로 민주주의와 자유주의적 가치들을 지원하는 것이다. 이 임무는 이를테면 20세기 초 필리핀에서 입헌민주주의를 건설하려는 노력에서부터 일본, 한국, 대만에서 민주주의를 발전시키려는 시도, 그리고 오늘날 미얀마의 민주적 각성에 대한 지원까지 이어진 오래된 유산이다. 여기에 미국의 역사에서 분명히 드러난 네 번째 추가 사항을 올릴 수 있다. 바로 과거에는 필리핀을 포함했고 오늘날에는 괌과 하와이를 포함하는 아시아에 위치한 미국의 영토를 보호하는 것이다.

   미국은 이 네 가지 목표를 어떻게 달성할 수 있을 것인가? 이 목표들을 실현하기 위해 미국이 사용한 방법들은 매우 일관되어 있다. 헨리 키신저는 그의 책에서 "한 세기 이상 동안…… 아시아에서 패권국의 등장을 방지하는 것이 미국의 확고한 정책이었다"고 적었다.[1] 어느 한 국가가 아시아를 지배하지 않는다면 무역은 자유롭게 이루어질 것이고, 종교적 자유는 성장할 것이며, 자유주의적 가치들은 번창하고, 미국의 영토는 위협으로부터 안전할 것이라는 기대를 미국은 오랫동안 갖고 있었다. 바로 이 접근법에 대한 믿음 때문에 1899년 문호개방정책이 태동했다. 문호개방정책의 의도는 제국주의 열강들이 중국을 지배하지 못하도록 막고 중국이 다른 국가들과 무역할 수 있도록 계속 문을 열어놓는 것이었다. 아시아에서 패권국의 등장을 막는 것이 미국의 목표를 실현하는 데 가장 좋은 방법이라는 믿음은 시어도어 루스벨트 대통령이 1905년 러일전쟁을 성공적으로 중재한 데에서도 잘 나타난다. 루스벨트의 러일전쟁 중재에 동기를 부여한 것은 세계 무대에서 미국이 갖고 있는 대담한 이상주의뿐만이 아니었다. 일본의 남진에 대한 경계심과 함께 러시아와 일본을 모두 포함해 아시아에서 세력 균형을 유지하려는 미국의 바람도 있었다. 냉전 시기 미국은 아시아가 소련의 지배에 들어가지 않도록 소련과 힘을 겨루었다. 소련과 갈등이 한창일 때 미국은 중국과 관계를 정상화하고 일본 및 동맹국들과 협력하면서 소련의 힘을 견제했고 아시아에서 세력 균형을 추구했다. 그 후로도 계속 아시아에서 미국의 장기적 목표를 달성하기 위한 방법은 지역 패권국의 등장을 막는 것이었다. 물론 우리가 앞으로 살펴보겠지만, 아시아에서 정확히 어떻게 패권국의 등장을 방지할 것이며, 균형을 달성할 것인지에 대해서는 논쟁이 계속되고 있다.

　미국의 전략 목표와 방법에 대한 논의를 했으므로 이제는 전략을 수행하는 데 이용되는 수단들을 살펴보고자 한다. 미국은 전략을 추구하면서 일반적으로 세 가지 수단에 의지해왔다. 첫째는 외교적 노력(외교 사절이나 특사의 활용, 제도 구축, 조약 등)이고, 둘째는 경제적 영향력(무역과 제재)이고, 마지막은 군사적 힘(군사력의 직접 사용과 군사력 사용의 위협)이다. 중요한 것은 미국이 자신의 광범위한 전략을 수용할 수 있을 만큼 충분히 큰 '정책적 도구'를 항상 갖고 있진 않다는 것이다. 독립 초기의 미국은 태평양 함대가 없었고 태평양에 기지나 연료 보급항coaling station도 갖고 있지 않았다. 20세기에 들어와 괌, 필리핀, 하와이 같은 영토를 획득하고 전진 배치된 탄탄한 해군기지를 건설한 후에야 미국은 아시아를 무대로 펼쳐지는 게임판에서 더 많은 말들을 활용할 수 있었다. 아시아 전략에서 미국의 전략 수단들의 실제 조합은 시간이 지남에 따라 변화해왔다. 미국은 처음에는 강력한 군사력으로 뒷받침되지 않았던 문호개방정책과 같은 외교적 수단에 의지했던 반면 다른 경우, 즉 일본의 침략에 대응하고 공산주의를 패퇴시킨 경우에는 막강한 군사력을 사용했다.

　미국 역사 전 기간에 걸쳐 미국의 전략은 그 정의에 있어 명시적이지는 않았지만 꽤 일관되어 있었다. 아시아 지역에서 미국의 **목표**는 무역, 신앙, 민주주의, 영토의 안전 보장이었다. 이를 실현하기 위한 핵심적인 **방법**은 패권 국가의 등장을 막는 것이었으므로 미국은 아시아 지역에서 패권 형성을 방지하기 위해 외교적, 경제적, 군사적 **수단**을 혼합하며 전략을 운영해왔다. 우리가 앞으로 살펴보듯이, 이 전략 자체는 시간이 지나면서도 응집력 있게 일관되었지만, 전략의 실제 적용은 자주 불안정했고 비일관적이었다.

아시아 전략의 비일관된 적용

 미국의 대아시아 외교 정책에 관한 짧은 개괄을 통해 미국이 함축적인 아시아 전략을 충실히 추진했을 때가 있었고 그렇지 않았을 때도 있었다는 것을 알 수 있다. 미국이 **언제** 아시아 전략을 추구했고, 언제 이를 변화시켰는지에 대한 질문뿐만 아니라 **왜** 그렇게 했는지에 대한 물음 또한 중요하다.
 우리가 앞으로 살펴보듯이, 미국의 아시아 개입 역사에서 미국이 자국의 아시아 전략과 눈에 띌 정도로 어긋나게 행동한 세 가지 이유를 찾을 수 있다. 첫째, 우리가 앞 장에서 본 것처럼 미국은 유럽, 남북아메리카, 오늘날에는 중동에 비해 아시아를 부차적인 지역으로 간주해왔다. 그 결과 미국은 아시아 전략을 비일관적으로 추구했다. 미국은 아시아로 빠르게 들어갔다가 다른 지역 문제가 미국의 관심을 끌면 아시아에서 빠져나가는 아코디언과 같은 모습을 보였다. 아시아에서 일관된 전략을 고수하지 못한 두 번째 이유는 미국이 국내 경제적 문제, 정치적 교착 상태에 발목을 잡혀 국내 문제에 몰두하게 되어 아시아 전략을 추진하는 것이 어려웠기 때문이다. 앞의 두 가지 이유와 밀접하게 관련된 세 번째 이유는 미국의 아시아 전략 수단에 대한 투자가 꾸준하지 못하다는 것이다. 아시아 지역 정책 입안자들은 일손이 부족하고 아시아에서 벌어지는 문제들을 대처하기 위한 준비를 제대로 하지 못하고 있다. 이는 앞 장에서 살펴본 스미스 부대의 비극적 사례가 보여주듯 예기치 못한 결과들을 야기한다.
 미국의 아시아 전략은 1800년대 초 무역과 선교 활동이 증가하면서 생겨났다. 그러나 이 시기 미국의 아시아 전략은 피상적이고 모호했는데, 아시아 지역에서 벌어지는 일들에 대해 미국이 큰 영향력을 발휘할 수 없었기 때문이다. 미국의 목표는 동양에서 늘어나는 무역과 선교 활동을 보호하는 것이었다. 하지만 운용할 수 있는 함대의 부재로 이를 수행할 수 없었다. 대신 미국은 일종의 '수혜자 제국주의beneficiary imperialism'를 실행했다. 외교관이었던 존 페이턴 데이비스 주니어의 표현을 빌리자면, 수혜자 제국주의는 영국과 프랑스가 중국과 체결한 조약에 편승하고, 특히 영국 해군이 확보한 공해公海를 활용하는 것이었다.[2] 1860년대 함대를 이용해 일본을 개항시켰던 매슈 페리 제독뿐만 아니라 선교사 출신으로 외교관이 된 피터 파커 박사와 같이 아시아에 대한 열성주의자들은 태평양에서 미국의 좀 더 적극적인 전략 이행을 큰 목소리로 지지했다. 그러나 미국의 능력 증강이라는 대의를 위한 그들의 강력한 촉구와 로비는 다른 지역의 더 긴급한 관심사들과 기회 때문에 큰 관심을 받지 못했다. 국경을 넓혀가고 있던 미국은 여전히 미 대륙 개발에 더 관심이 많았고, 남북전쟁과 그 이후 내부 재건 사업에 여념이 없었다. 미국은 아시아에서 여전히 수동적인 역할 이상을 할 수 없었을뿐더러 의미 있는 아시아 전략을 수행할 수도 없었다.

아시아 전략을 위한 토대 마련

미국의 아시아 전략이 처음 본격적으로 추진되기 시작한 것은 1890년대였다. 아시아에 대한 이상을 가진 몇 안 되는 지도자들이 이를 주도했다. 그들은 더욱 강력한 아시아 정책을 추진하기 위한 외교적, 경제적, 군사적 수단들을 마련했다. 그들이 행동에 나선 것은 유럽 제국주의 국가들이 중국을 공격적으로 잠식해가고 있었기 때문이었다. 또한 1895년 청일전쟁에서 중국이 일본에 패하면서 무역과 기독교를 고취하는 데 있어 미국의 이익이 손상되었기 때문이었다. 이러한 염려스러운 상황들 때문에 해군 이론가 앨프리드 머핸Alfred T. Mahan과 시어도어 루스벨트 대통령 그리고 헨리 로지Henry Cabot Lodge 상원의원은 "미국의 이익을 보호하고 세력 균형을 유지하기 위한 동아시아에서의 적극적인 행동"을 역설했다.[3] 미국의 적극적인 행동을 위한 노력은 사실 우연히 시작되었다. 미국이 스페인과의 전쟁을 통해 아시아에서 영토를 획득하게 되었고 이 영토를 온전히 지키는 것이 미국의 새로운 국익이 되었기 때문이다. 마이클 그린은 "필리핀과 괌의 획득 그리고 별도로 이루어진 하와이 편입은 [미국 전략가들이]······ 처음으로 태평양 지역에 대한 미국의 일관되고 통합적인 대전략을 그릴 수 있는 도화지를 제공했다"고 표현했다.⁴

그 당시 미국의 정책 결정자들은 패권을 방지함으로써 미국의 이익을 지키려 했는데, 주로 외교적·군사적 수단들에 의존했다. 외교적 측면에서 1899년의 문호개방정책은 아시아에서 패권국이 등장하지 않도록 하고 독립된 중국과 자유무역을 유지하려는 목적을 가지고 있었다. 루스벨트 대통령이 러일전쟁을 중재한 것은 러시아를 아시아 세력 균형의 한 축으로 남아 있게 하려는 것이었는데, 이는 새로 부상하는 일본이 미국 영토를 위협할지 모른다는 경계심 때문이었다. 제1차 세계대전 이후 아시아 지역에서 유럽 국가들의 세력이 쇠퇴하는 가운데 미국의 워런 하딩 대통령이 1921년부터 1922년까지 워싱턴해군회의를 개최했다. 워싱턴해군회의는 다른 경쟁 국가들이 문호개방정책을 따르도록 강제하고 미국, 영국, 일본 함대의 크기, 무게, 무기를 제한함으로써 일본의 팽창을 억제하려 했다. 미국은 개방적인 아시아와 아시아 내 힘의 균형을 외교적 수단으로 유지하려 했지만, 머핸이 적절히 지적한 것처럼 "문호개방정책이 해군력을 필요로 하는 것도 명백"했다.⁵ 따라서 미국의 아시아 전략에는 외교적 수단들에 더해 연료 보급항, 해군기지 그리고 불과 몇 년 만에 세계 6위에서 2위로 성장한 함대와 같은 군사적인 수단도 추가되었다.⁶ 1907년 루스벨트 대통령은 '대백색함대Great White Fleet'라는 별명이 붙은, 흰색이 칠해진 16척의 전함으로 세계 일주를 시켰다. 이는 성장하는 미국의 해군력을 다른 국가들에 과시하기 위한 것이었다. 그와 함께 일본의 해군력에 대한 우려 때문에 루스벨트 대통령은 '오렌지전쟁계획War Plan Orange'을 세웠다. 이 계획은 일본과의 잠재적인 충돌을 대비해 비밀리에 만들어진 군사 작전이었다. 30년 동안 고위 관료들은 미국의 암묵적인 아시아 전략에 동의했고 미국의 대통령들은 그 전략을 열정적으로, 그리고 체계적으로 추진했다. 미국은 이제 아시아 지역의 행위자가 되었다. 미국은 아시아를 계속 패권으로부터 자유롭게 하고 무역, 종교, 영토에 걸린 미국의 장기적 이익을 확보하기 위해 외교적·군사적 힘을 활용했다.

잊힌 미국의 아시아 전략

1898년부터 1929년까지 미국의 아시아 전략이 처음 충실하게 실행되었던 시기라면, 1930년대는 미국의 아시아 전략이 처음으로 제대로 행해지지 못한 시기에 해당한다. 대공황Great Depression과 고립주의 정서가 커지면서 거의 30년간 증가해온 아시아에 대한 미국의 관심은 무관심과 퇴보로 바뀌었다. 이는 아시아에서 전진과 후퇴를 반복하는 미국의 모습을 적나라하게 보여준다. 지역 패권국의 등장을 방지함으로써 미국의 국익을 확보하겠다는 아시아 전략은 변하지 않았지만 미국의 관심은 국내 문제로 쏠렸고, 아시아 전략은 실행되지 않았다. 또한 그 전략을 실행할 수단들 역시 사라졌다. 첫째로, 미국의 외교적 수단들은 일본의 행동 앞에 무력해졌다. 일본은 워싱턴해군회의 규정들을 위반하고 해군력을 증강했으며, 중국을 침공했다. 또한 괴뢰 국가인 만주국을 세우고 심지어는 미 해군 전함 파나이Panay호를 침몰시켰다. 이러한 일본의 행위들에 대해 미국은 수년 동안 어떤 의미 있는 경제적·군사적 대응을 보이지 않았다. 둘째로, 미국은 아시아 전략에 필요한 군사적 도구들이 약화되도록 방치했는데, 일본이 열등하고 지적이지 못하다는 선입견과 미신 때문에 제대로 된 판단을 할 수 없었던 것처럼 보인다. 그래서 미국은 앞에서 언급했던 오렌지전쟁계획에 필요한 자원을 충분히 투자하지 않았다. 미국은 1941년 불명예스러운 사건

(일본의 진주만 공습을 의미한다 _ 옮긴이 주)이 발생하기 전까지 태평양에서 능력을 개선하거나 새로운 투자를 하지 못했다. 이 과정에서 필리핀의 방어력은 감퇴했고, 미국의 육군과 해군은 훈련 부족으로 약화되었다. 미국은 일본과 전쟁이 임박해서야 일본 해군의 순양함, 구축함, 항공모함 수가 미국 해군에 비해 더 많다는 사실을 깨달았다.[7] 군사력 자산에 대한 불충분한 투자로 미국은 일본을 억제할 힘을 가지지 못했다. 마침내 미국이 남아 있는 전략 도구 중 하나인 경제 제재를 가했을 때 이를 뒷받침해줄 군사력이 부족했다. 이런 미국의 한계는 분명 일본을 대담하게 만들었고 일본은 지역 패권을 향한 폭력적인 정복에 나섰다. 요컨대 미국은 1930년대 명확한 초점을 가진 이전 시기의 아시아 정책을 이어가지 못했기 때문에 전략적 목표들을 달성하는 데 명백하게, 그리고 의문의 여지 없이 실패했다.

미국은 일본의 진주만 공습 이후 잠깐 아시아 전략에 다시 공을 들였다. 아시아 전략에 전적인 관심을 쏟으면서 일본의 패권을 꺾기 위해 모든 전략을 태평양의 여러 섬과 군사 기지에 집중했다. 하지만 그 와중에도 아태 지역은 부차적인 무대에 지나지 않았다. 일본의 진주만 공격 이후 얼마 지나지 않아 미국은 아르카디아 회담Arcadia Conference을 통해 '유럽 우선주의Europe first' 전략을 재확인했다.[8] 이 전략의 내용은 먼저 나치 독일을 패망시킨 뒤에 일본을 물리치는 데 전념한다는 것이었다.

'유럽 우선주의' 전략은 제2차 세계대전이 끝난 후에도 계속되었다. 미국은 아시아에 대한 전략적인 초점을 순식간에 잃어버렸고 아시아 전략에 대한 투자를 줄였다. 대신에 유럽의 재건과 공산주의의 팽창으로부터 유럽의 선진 공업국들을 지켜내는 데 힘을 쏟았다. 1930년대에 그랬던 것처럼 미국이 일관된 아시아 전략으로부터 벗어나면서 아시아에서 미국의 이익은 즉각 심각한 타격을 받았다. 필립 젤리코가 언급했듯이, "냉전 초기 '유럽 우선주의'에 대한 강조, 그리고 그 반대급부로 아시아에서 공산주의의 움직임에 맞서는 데 주저하게 되면서 1949년 대만, 한국, 인도차이나를 미국의 힘으로 방어하지 않겠다는 결정을 했다."⁹ 이로 인해 공산주의에 '중국을 넘겨주는' 결과를 가져왔다는 것도 중요하다. 중국의 공산화는 많은 미국인들에게 충격적이었다. 왜냐하면 중국의 독립은 미국 정책에서 핵심적인 사안이었고 아시아 세력 균형뿐 아니라 무역, 신앙, 자유와 관련된 미국의 이익에 필수적이었기 때문이다. 아시아에서 일어나는 공산주의 팽창을 미국의 힘으로 막지 않겠다는 결정은 아시아에 대한 미국의 약속이 일관되지 못하다는 것뿐 아니라 아시아에서 미국의 전략적 목표들이 폐기되었음을 의미했다. 일본과 피비린내 나는 전쟁을 통해 지키려 했던 미국의 모든 이익을 지구 반대편의 긴급한 문제들을 처리하기 위해 포기한 것이었다. 이 시기는 미국의 전략적 초점이 이전하던 시기였을 뿐만 아니라 미국의 아시아 전략 자원들이 위험할 정도로 약화되는 과도기였다. 급격한 예산 감축으로 한국전쟁이 발발했을 때 일본에 주둔해 있던 미군이 제대로 준비되어 있지 않았던 것은 충분히 예견된 일이었다.¹⁰

더욱 강력한 아시아 전략

미국은 1945년부터 1950년까지 실질적으로 아시아 전략을 포기했다. 이후 북한이 남한을 침공한 뒤에야 다시 아시아 전략의 중요성을 극적으로 증가시켰다. 그리고 시어도어 루스벨트 대통령 이래 아시아 전략에 가장 포괄적 관여를 보이기 시작했다. 미국의 국가 전략의 핵심은 당시 고조되고 있던 공산주의 위협에 대한 대응으로 바뀌었다. 과거에는 아시아에서 패권 국가의 등장을 방지함으로써 장기적인 목표들을 보호하는 데 미국의 전략 도구들이 사용되었다. 반면 한국전쟁 시기에는 패권 국가의 부상이 아니라 이념적으로 연합한 국가들의 집단적 지배를 막는 것이 전략의 목표였다. 중요한 점은 이념적으로 뭉친 국가들이 아시아를 지배하지 못하도록 막는 과제는 해양에만 의존해서는 달성될 수 없다는 것이었다. 미국이 아시아 본토의 공산주의를 대적하기 위해서는 해양 영역(일본과 괌)에 있는 자원을 대륙 영역(한국, 베트남)으로 옮길 수밖에 없었다.

이 목적을 달성하기 위해 미국은 자신이 쓸 수 있는 전략의 칼을 칼집에서 꺼내 갈았다. 군사적 측면에서 미국은 한반도에 개입했고, 중국군이 대만의 진먼과 마주섬을 포격했을 때 중국에 위협을 가했고, 베트남에서는 피로 얼룩진 긴 전쟁을 치렀다. 일본, 한국, 필리핀, 심지어 대만에서까지 미국은 군사 기지를 유지했다. 경제적 측면에서 미국은 거대한 시장과 관세 및 무역에 관한 일반 협정General Agreement on Tariff and Trade(GATT) 체제를 통해 아시아 지역 비공산 국가들에 경제적 번영을 가져다주기 위해 힘썼다. 더 밝은 미래의 전망과 높은 임금을 통해 공산주의 이념이 아시아인들에게 갖는 호소력을 반감시키고자 했던 것이다. 마지막으로 외교적 측면에서 미국은 일본, 호주, 뉴질랜드, 한국, 태국과 동맹을 체결함으로써 지속적으로 아시아 지역에서 영향력을 행사할 수 있는 토대가 된 '허브앤스포크hub-and-spokes' 체제를 만들어냈다. 미국은 또한 동남아시아조약기구Southeast Asia Treaty Organization(SEATO)를 발족시켜 호주, 프랑스, 뉴질랜드, 파키스탄, 필리핀, 태국, 영국을 포함한 아시아식 NATO를 구축하려고 했다. 아시아식 NATO를 만들려는 시도는 상황의 변화와 서로 다른 목적을 가진 구성원들이 느슨하게 연결되어 있던 까닭에 단명하고 말았다. 궁극적으로 이 시기를 규정하는 것은 미국이 큰 대가를 치른 한국전쟁과 베트남전쟁이었고, 특히 후자의 경우 아시아에서 미국의 목표를 전략적으로 재평가하는 데까지 나아갔다.

더욱 현실적인 미국의 전략

앞 장에서 본 미국의 강력한 아시아 전략은 한국전쟁과 함께 시작해 베트남전쟁에서 실패, 그리고 미국의 국내 경기 침체로 인해 쇠퇴했다. 베트남에서의 실패와 국내 경기 침체는 미국의 국가 전략의 핵심적인 측면들에 대한 실질적인 쇄신을 가져왔다. 미국의 아시아 전략이 폐기된 것은 아니었지만 전략의 주요 구성 요소와 그 적용의 중요한 부분들이 큰 변화를 겪었다. 1969년 닉슨 대통령은 괌 독트린을 발표했는데, 점차적으로 동맹국들의 안보는 그들 스스로 책임지도록 한다는 내용이었다. 다시 말해 미국의 전략 수단들에 대한 투자를 줄여나가겠다는 의미였다. 군사력과 관련해 미국은 베트남에서 철수하고 아시아 주둔 병력을 줄여나갔다. 미국은 또 아시아 국가들의 경제를 부흥시킨다는 기존 경제 정책에서 벗어나 아시아 국가들을 상업적 경쟁국으로 간주하기 시작했다. 미국은 일본과의 마찰에 휩싸였고, 금본위제gold standard에서 탈피하고, 제2차 세계대전 이후 형성된 국제 통화 제도인 브레턴우즈Bretton Woods 체제의 핵심 요소들을 느슨하게 풀어버렸다. 더욱 결정적인 것은 닉슨이 지정학적 현실을 더 잘 반영하기 위해 미국 전략의 핵심 가정에 변화를 준 것이다. 닉슨은 또한 힘의 역학 관계에 관한 미국의 접근법 중에서 좀 더 전통적인 방식을 선호했다. 중국과의 관계 개선을 향한 닉슨의 비밀스럽고 대담한 움직임은 세력 균형 논리로의 회귀를 뜻했다. 뿐만 아니라 아시아에서 공산주의 국가들이 함께 단일 조직을 형성하고 있다는 잘못된 판단에서 벗어났음을 의미했다. 이처럼 더 현실적이고 전략적인 접근 아래, 그리고 소련과 중국이 갈등을 벌이는 상황에서 아시아가 어떤 특정 국가의 패권 아래 놓일 위험은 감소한 듯했다. 그런 이유로 아시아에서 벌어지는 일들에 대해 미국이 덜 개입하는 것이 정당화되는 것처럼 보였다. 한국과 베트남의 예처럼 아시아에서 벌어진 냉전 갈등의 대부분에는 중국이 끼어 있다. 일단 중국과 미국의 관계가 개선되자 아시아에서 냉전은 상당히 진정되었다.[11]

이 시기로부터 냉전이 끝날 때까지 미국의 아시아 정책은 눈에 띄게 축소되고 덜 포괄적으로 변했으며 동맹과 협력 관계를 유지하는 보다 어려운 일에 초점을 두었다. 이를 조지 슐츠George Schultz 국무장관은 "정원 가꾸기tending the garden"라고 불렀다. 미국의 정책 결정자들은 동맹국인 한국과 필리핀의 인권 문제, 일본과 경제적 마찰, 주로 인권 문제 때문에 중국과 계속되는 갈등, 대만에 대한 약속을 명확히 하는 일, 일본과 중국 중 어디와 더 긴밀하게 일해야 하는지에 대한 논쟁과 같이 광범위한 문제들을 다루었다. 이것은 극히 중요한 문제였지만 미국의 전략적 목표나 아시아에서의 세력 균형을 심각하게 위협하지는 않았다. 반대로 소련의 아프가니스탄 침공으로 데탕트détente가 종언을 고하자 고위 정책 결정자들은 유럽에서의 전쟁 가능성과 핵무기의 위험성에 더 큰 관심을 두었다. 확실히 냉전의 황혼기 동안 아시아는 미국 전략가들의 관심을 덜 받는, 상대적으로 중요도가 낮은 지역이 되었다. 상대적으로 안정되었던 이 시기에 미국의 역할을 과장하지 않는 것은 중요하지만 그럼에도 불구하고 미국의 힘과 행동은 늘 어떤 결론에 이르는 데 결정적이었다.

전략적 혼란, 중국의 부상 그리고 비전통적 위험들

냉전이 끝나고 아시아에서 소련 패권의 위협이 사라지면서 미국의 아시아 정책은 표류하기 시작했다. 미국의 전략은 여러모로 큰 성공을 거둔 것처럼 보였지만 다른 한편으론 미국이 앞으로 어떤 목표를 추구해야 할지에 대한 더 큰 질문들이 남아 있었다. 아시아는 점진적으로 민주화되고 번영을 누리고 있었다. 그리고 근면 성실함과 불굴의 용기를 통해 세계 경제의 주요 세력으로 변모했다. 아시아는 어두운 먹구름이 지평선 위에 맴돌 때조차도 평화로웠다. 중국의 급성장, 톈안먼 광장에서 학생들의 시위에 대한 무력 대응, 대만에 대한 위협적인 미사일 봉쇄는 장기간 지속될 권위주의적 강대국인 중국이 아시아의 정치를 지배하고 잠재적으로 미국의 이익을 손상시킬 수 있다는 우려를 자아냈다. 중국의 부상은 여러모로 미국의 전략이 역사적으로 다루어왔던 일종의 전통적인 세력 균형 문제이다. 물론 전통적 세력 균형과 현재 아시아의 세력 균형에는 중국의 거대한 규모, 미국 및 미국의 동맹국과 중국 간의 경제적 상호 의존성 같은 차이도 있다. 이런 다소 전통적인 문제들에 더해 다수의 초국가적, 비전통적 위협들도 추가되었다. 예를 들면 기후변화, 북한의 핵 프로그램, 사스(SARS)와 같은 신종 질병 등이 그것이다. 전통적·비전통적 위기 모두를 대비하기 위해 국방부의 조지프 나이는 나이 이니셔티브라는 계획을 실시했다. 이 계획의 목적은 주요 동맹국들과 유대를 강화하는 것으로 특히 일본과 관계 강화가 중요했다. 미국과 동맹국들 모두 냉전 시기와는 매우 다른 불확실한 시기에 전략적 협력을 위한 논리적 근거를 찾았다. 미국은 또 아시아에서 다양한 노력의 일환으로 경제적 수단을 강조했다. 그중 한 방법이 아시아태평양경제협력체Asia-Pacific Economic Cooperation(APEC)에서 미국의 역할을 더 명확히 하는 것이었다.

  9·11 테러 이후 미국은 중동과 남아시아 지역의 갈등 속으로 완전히 끌려들어갔다. 아시아는 다시 한번 부차적인 무대로 후퇴했다. 이미 다른 곳에서 논의했듯이 중동의 전쟁은 미국의 관심을 아시아로부터 멀어지게 했는데, 그 시기는 중국이 엄청난 군사적 발전을 이루고, 다른 아시아 국가들과 무역을 확장하며 외교적 유대를 맺고, 지역 기구에 참여하고, '매력 공세'로 일컬어지는 중국의 소프트 파워를 교묘하게 활용하던 시기였다. 미국은 여전히 중국의 부상에 대비해 전통적인 아시아 전략을 추구하고자 했다. 외교적 측면에서 미국은 안보 조약을 맺은 동맹국들과 유대를 확장하고 발전시켰다. 그리고 인도와 민간 핵 협정을 체결했다. 경제적 측면에서 미국은 싱가포르, 한국과 무역 협정을 추진했다. 하지만 군사적 초점은 다른 곳에 있었다. 이때는 중국이 반접근·지역거부(A2/AD) 능력을 포함하여

군사력을 강화하던 시기였다. 같은 시기 부시 행정부는 비전통적 문제들에 대한 대응의 중요성을 이해하고 중국을 '책임 있는 이해 당사국'으로서 현 제도들 안으로 끌어들이려는 노력을 추진했다. 그러나 글로벌 경제 위기로 미국의 장래가 초라해지고, 중동 문제로 수렁에 빠지면서 미국이 아시아에 미치는 영향력의 내구성과 회복성에 대한 심각한 우려가 제기되었다.

아시아 피벗 그리고 불확실한 미래

아시아 피벗은 미국의 정책 결정 공론장에서 아시아의 위상을 다시 한번 끌어올리기 위한 노력이다. 미국의 전략적 초점을 아시아로 다시 돌림으로써, 마이클 그린의 표현을 빌리자면 피벗은 "머핸과 루스벨트 대통령의 정신을 이어받아 태평양을 향한 전략적 사고를 회복"시키는 것이다.[12] 행정부가 교체되고 중동의 위기가 미국의 관심을 상당 부분 차지하면서 미래는 불확실했다. 그럼에도 불구하고 피벗은 초기에 중대한 성과들을 거두었다.

아시아 피벗은 아시아에서 미국 국가 전략의 다양한 수단들을 강화하는 데 초점을 맞추었다. 미국은 아세안 우호협력조약(TAC)에 가입하고 아세안안보포럼(ARF), 동아시아정상회의(EAS) 같은 지역 기구에 참여함으로써 미국 정책의 외교적 부문을 강화했다. 미국은 또한 미얀마를 국제 무대로 끌어냈고 동맹국, 파트너 국가와 외교 관계를 강화했다. 여기에는 중국도 포함된다. 경제적 국가 전략에 관해서는 미국은 부시 대통령 시절에 한국과 맺은 자유무역협정(FTA)을 통과시켰고, TPP 협상을 했고, 현재는 중국과 양자 투자 조약을 협상 중이다. 인도는 점진적으로 아시아-태평양 목표들을 공유하고 있다. 마지막으로 피벗은 아시아에서 미국의 군사적 능력을 강화시켰다. 미국은 호주에 2천5백 명의 해병대를 주둔시켰고, 플라카 해협에 연안 전투함을 배치했으며, 지금은 60% 이상의 해군력과 공군력을 아태지역에 투자하는 계획을 실행 중이다. 마찬가지로 대통령을 비롯해 주요 공직자들이 외교적, 전략적, 경제적 이유 외에도 왜 아시아에 대한 더 강력한 관여 정책을 필요로 하는지 계속해서 이유를 명확하게 밝히고 있다는 점 역시 중요하다.

피벗은 미국의 전략 **수단**에 다시 활력을 불어넣었다. 또한 미국의 **목표**를 보장하는 **방법**의 새로운 개념을 명확히 하는 역할을 했다. 미국이 역사적으로 아시아에서 패권국의 형성을 방지함으로써 미국의 이익을 확보하려 했던 방법은 아직 미국의 전략에서 핵심 요소로 남아 있다. 그러나 이러한 노력이 어떻게 추구되어야 하고, 미국의 목표를 달성하는 데 과연 충분한 방법인지에 관한 물음이 오늘날 존재한다. 우리는 이제 미국의 아시아 전략의 미래에 관한 폭넓은 전략적 논쟁을 살펴볼 것이다.

미래를 위한 아시아 전략 수정

미국은 2백 년 역사 대부분 동안 아시아 전략에서 일관된 핵심 원칙을 갖고 있었지만 그것을 적용하는 데는 일관되지 못했다. 그러나 21세기의 변화하는 현실, 특히 아시아의 새로운 전략적 도전들은 미국이 역사적으로 추구해왔던 것과는 다른 새로운 접근법을 요구한다. 미국은 최소한 과거보다 좀 더 일관성 있는 아시아 전략을 실행할 필요가 있다. 왜냐하면 중국의 부상을 비롯해 아시아 지역의 도전 요소는 계속 커지고 있어 미국의 아시아 전략이 실패할 경우 그 대가 역시 커지기 때문이다. 만약 아시아에서 미국의 목표를 확보하고자 한다면, 아시아는 더 이상 '부차적인 무대'로 취급될 수 없고, 아시아 정책은 더 자주 최고위급의 관심을 받아야 한다. 이와 더불어 민간 및 군사적 목적을 위해 필요한 투자를 더 많이 받아야 한다.

오늘날 미국의 전략에 관심을 갖고 있는 많은 사람들 눈에는 위와 같은 노력만으로는 충분하지 않다는 것이 분명해 보일 것이다. 미국은 자신의 전략을 일관되게 적용해야 할 뿐만 아니라 21세기의 현실에 맞게 전략을 수정할 필요가 있다. 기존 전략의 모든 요소에 수정이 필요한 것은 아니다. 예를 들어 자유무역과 자유주의 가치의 유지, 영토의 안전 보장은 계속해서 미국의 전략적 **목표**로 남아 있을 것이다. 미국의 전략적 **수단**에 관해서는 국가 운영의 경제적, 외교적, 군사적 도구들은 앞으로도 중요할 것이다. 다만 세 가지 중 어떤 것이 강조되어야 하고, 어떤 조합이 가장 효과적일지에 대해서는 의문이 남아 있다. 가장 극명하게 의견이 갈리는 지점은 미국이 어떻게 자국의 전략적 수단들을 활용해야 하는지 그 **방법**에 관한 것이다. 다시 말해서 미국은 전략적 목표를 달성하기 위해 여전히 강력한 미국의 힘을 어떻게 사용해야 하는가?

이 질문에 대한 2백 년 동안의 일관된 답변은 미국이 아시아에서 패권 국가의 등장을 방지하기 위해 국가 운영의 도구들을 활용해야 한다는 것이었다. 그러나 오늘날에는 패권 국가의 예방만으로는 충분하지 않다. 특히 중국과 같은 복합적인 도전자의 부상과 수많은 비전통적·초국가적 도전들의 등장, 예컨대 기후변화부터 항행의 자유와 핵 확산까지, 이 중 어떤 것도 단순히 세력 균형에 의해 해결될 수 없다. 이처럼 기존과는 다른 새로운 도전들로부터 바람직한 결과를 얻기 위해 미국이 어떻게 전략적 수단들을 활용해야 하는지에 관한 질문은 미국의 전략에서 점차 중요한 측면이 될 것이다.

냉전 종식 이래로 많은 학자들과 정책 결정자들이 그러한 문제들과 씨름해왔으며, 아시아의 불확실한 미래에 대비하여 미국이 어떻게 전략을 수행해야 하는지 토론을 벌여왔다. 학자들과 정책 결정자들의 입장은 크게 다섯 개의 학파로 분류될 수 있다.[13]

'중국 우선주의China first' 학파는 중국을 미국의 아시아 전략 중심에 놓는다. 그리고 다른 모든 양자 관계들은 베이징과 강력하고 탄탄한 관계 형성에 부차적인 것으로 여긴다. 전통적으로 미국의 중국 정책을 좌우하던 백악관의 핵심 인사들은 이런 접근법을 받아들였다. 이러한 접근법은 '제4차 공동선언fourth communiqué'이나 베이징과 양자 공동 관리(예컨대 G-2)를 통해 중국을 양극 체제 틀 속에 끌어들여 미국이 아시아에서 중국의 패권을 저지하거나 약화시킬 수 있다고 가정한다.[14] 이러한 일종의 대타협은 두 국가가 지역적 문제나 심지어는 지구적 문제에서 공동으로 협력하도록 해 새로운 초국가적 위협들을 관리 가능하게 할지도 모른다. 이렇게 미국의 이익을 추구하는 데 대한 반론도 있다. 미중 양극 체제가 핵심 이익을 내세우며, 지역 국가들을 줄 세우는 세력권 경쟁을 벌일지도 모른다. 또 국제 해로가 삼엄한 경계하의 영해 수로로 변질될 우려도 있다. 확실히 이는 열린, 법에 기반한 미국의 질서에 반하는 것이다. G-2 체제를 통해 중국에 세계 항행의 자유를 존중하도록, 그리고 미국의 동맹국들에 적대적인 정책을 추구하지 못하도록 설득시키는 것은 불가능할지도 모른다. 특히 세계 항행의 자유나 미국의 동맹국들의 이익이 중국의 이익과 배치된다거나 미국이 중국을 저지할 능력이 없다고 판단하면 더욱 불가능하다. 게다가 그러한 접근 방식은 중국의 기적적인 경제 성장의 기반이 되었던 세계적 무역, 운송, 통신의 핵심 요소들을 망가뜨려 중국의 국익을 손상시킬 수 있다.

중국에 주된 초점을 맞추는 것과는 반대로 '양자 동맹bilateral alliances' 학파는 미국과의 안보 동맹과 파트너십에 초점을 맞춘다. 동맹과 파트너십은 중국의 부상을 둘러싼 전략적 불확실성이나 북한의 핵 도발을 해결하기 위한 열쇠이다. 국무부와 국방부에 흩어져 있는 양자 동맹 지지자들은 동맹과 파트너십이 아시아를 패권 국가로부터 지키기 위한 미국의 노력을 강화해주는 동시에 안보 이외의 분야에서도 이득을 가져다줄 것이라고 믿는다. 이들은 동맹국과 파트너 국가들이 항행의 자유, 자유무역과 같은 가치에 동의하고, 이 동의를 바탕으로 합의가 만들어진다면 이 원칙들을 지켜나갈 수 있을 것이라 믿는다. 나아가 이를 통해 중국처럼 다루기 힘든 국가의 행동에도 영향을 미칠 수 있을 것이다.

'양자 동맹' 학파가 중국과의 협력적 관계의 여지를 남겨두는 반면, 아시아를 전략적 틀로 체계화하려는 독특한 세 번째 접근법인 '중국 위협론China threat' 학파는 미중 관계의 경쟁적 동학動學을 강조한다. 이 관점을 고수하는 사람들은 중국의 엄청난 경제적 잠재력 때문에 중국이 미국의 '친구와 같은' 경쟁자로 부상할 수 없다고 본다. 이러한 강경론자들은 중국과 긴장 고조뿐만 아니라 중국의 야심찬 패권적 부상을 예측한다. 미래에 벌어질지 모를 중국과 군사적 충돌에 대비할(이를 통해 그러한 충돌을 단념시키고 억제할) 필요성을 강조한다. 강경론자들은 아시아에서 영향력을 확대하고자 하는 중국의 시도를 공개적으로 밀쳐낼 때 중국의 패권이 가장 잘 억제될 수 있다고 주장한다. 이러한 전략의 문제점도 있다. 중국의 협조가 있어도 처리하기 어려운 지구적·지역적 문제 해결이 불가능해질 것이다. 또 공개적인 적대 전략은 어떤 파트너십도 무의미하게 만들 것이다. 나아가 아시아 지역에 있는 미국의 파트너 국가들 대부분은 미국의 확고한 의지와 용기를 바라지만 아시아 지역이 어렵게 이룬 번영을 위기에 빠뜨리는 부주의한 시도들은 거부한다. 여기서 중요한 점은 사실상 미국의 모든 동맹국들이 중국과의 경제적 관계에서 많은 혜택을 보고 있다는 것이다. 이처럼 간단한 사실을 무시하는 어떤 전략이든 필연적으로 실패할 것이다.

그에 비해 '초국가적 도전transnational challenges' 학파의 전략적 입장을 정의하는 특징은 파트너십이다. 이 견해를 지지하는 이들은 국제 체제가 직면한 가장 큰 도전들을 해결하기 위해 미중 관계에서 편협한 경쟁보다 포괄적인 협력이 필요하다고 믿는다. 워싱턴과 베이징 사이 조화를 통해서만 공동으로 직면한 심각한 위협을 제대로 대처할 수 있다. 이 학파는 전 세계적인 기후변화, 환경 파괴, 전염병, 재생에너지와 같은 공동의 문제들에 초점을 맞춘 다자주의적 메커니즘이 사소한 경쟁보다 우선해야 한다고 주장한다. 중요한 것은 이 학파가 단순히 중국에 초점을 맞추는 대신 다양한 국가들을 포괄하는 제도적 메커니즘의 건설과 강화에 초점을 맞추고 있다는 점이다. 하지만 이 주장의 가장 큰 단점은 아시아에서 패권을 방지하는 문제에 대해서는 어물쩍 넘어간다는 것이다. 초국가적 문제들이 전통적인 세력 균형의 문제들을 덮어버릴 것이라는 희망을 가지고서 말이다.

마지막은 학파나 전략으로 정의되기보다는 '단일 이슈singular issue' 접근이라 불릴 수 있는 아시아에 대한 접근법이다. 이 접근법은 구체적인 이슈나 위기들에 초점을 맞추는데, 이를 해결하는 것이 워낙 중요하기 때문에 더 광범위한 지역적 문제의 해결보다 우선한다는 것이다. 동아태 담당 차관보들이 부상하는 이슈에 모든 관심을 쏟는 국면마다 이런 접근법들이 수면 위로 떠오르고는 했다. 예를 들면 1980년대 캄보디아에서의 선거, 1990년대 인도네시아와 동티모르 사이의 긴장, 2000년대 북한의 도발 행위들이 그런 예다. 물론 심각하고 긴급한 사건의 전개에 대해 집중적인 관심이 요구될 때도 있지만, 미국의 아시아 전략은 장기적인 전략적 사고보다 단기적인 긴급 사태에 매몰될 때 전체적으로 다소 악화된다.

위의 전략들 중에서 가장 긍정적이고 피벗의 핵심이 되어온 전략은 '양자 동맹' 접근을 기반으로 한 수정판이다. 이는 안보 동맹을 넘어 아시아 전역에 있는 미국의 파트너 국가들, 중국과 우호적 관계, 초국가적 문제들에 대한 협력을 포괄하는 개념이다. 이 접근법을 실천하는 사람들은 '초국가적 도전' 학파의 주장과 '중국 우선주의' 학파의 강경한 입장을 절충하려 한다. 이 복잡한 절충이 미국의 미래 국가 운영을 위한 전략들 중 최선의 조합이다. 지금까지 미국은 양자 관계에서 종종 정원사 역할을 해왔다. 동맹국들과의 관계에서 드러난 분쟁과 논쟁을 충실하게 돌보아왔다. 하지만 앞으로는 정원사보다 오케스트라 지휘자가 되어야 한다. 파트너 국가들에 대한 관여와 관리뿐만 아니라 아시아의 미래를 결정할 공통의 대의를 위해 그들을 상호 조정할 수 있어야 한다. 이러한 포괄적 접근법은 미국이 아시아에서 더 안정적인 세력 균형을 만들어낼 수 있게 해줄 것이다. 그리고 아시아 운영체제의 중요한 요소들을 지탱하고 강화하는 공유된 합의를 만들어낼 것이다. 또한 이렇게 섬세하고 통합적인 외교는 다루기 힘든 부상하는 국가들의 행동에 영향을 줄 수 있다. 예를 들면 미국의 아시아 정책은 중국과 '대타협' 같은 양자 외교를 추구하거나 중국에 대해 적대적인 입장을 취하려 하지 않는다. 대신 지역 동맹국 및 파트너 국가들에 관여하고 조정하려는 이 정책은 지역적이고 다자주의적인 전략을 통해 중국의 행동 — 다른 저항적인 국가들의 행동 — 에 영향을 미치는 것이 가장 좋은 방법이라고 본다. 이 다자적 접근법은 모든 아시아 국가들을 포용하고, 현존하는 운영체제를 유지할 필요성을 공유하는 동시에 이 운영체제를 전복하려는 행동도 공동으로 막아낼 수 있다.

우리는 어떻게 위에서 언급한, 다소 복잡하고 모든 것을 고려한 접근을 미국의 전략에 반영할 수 있을까? 간단히 말하자면, 미국이 군사적, 외교적, 경제적 **수단**을 동원하여 아시아에서 패권 국가의 등장을 방지하고 이를 통해 자유무역과 민주주의 같은 장기적 **목표**를 달성해야 한다. 그러나 미국의 이익 실현을 위해서라면 아시아에서 패권국의 등장을 막는 것만으로는 충분하지 않다. 세력 균형만으로 아시아 국가들이 무역과 항해에 관한 21세기 규칙들을 받아들이거나 기후변화를 막는 지구적 노력에 동참하도록 하기에는 충분하지 않기 때문이다. 이처럼 점차 심각해지고 있는 이슈들을 해결하기 위해서는 미국이 **아시아 운영체제를 강화**할 필요가 있다. 아시아 운영체제란 협력을 촉진시키고 아시아의 평화와 번영을 뒷받침해온 제도, 규범, 가치들의 복합적 배열을 의미한다. 아시아 운영체제의 강화라는 목표는 패권 국가 등장의 방지와 더불어 미국의 아시아 전략에서 핵심 요소가 되어야 한다. 그다음에 미국은 국정 운영의 주요 도구들을 활용하여 장기적인 이익들을 달성해야 한다. 그리고 동맹국 및 파트너 국가들과 협력하여 패권 국가의 등장을 방지하고 아시아 운영체제를 강화해야 한다. 이러한 전략은 자동차 범퍼 스티커bumper sticker(자동차 범퍼에 붙이는 광고처럼 단순하고 쉽게 이해되는 것을 비유적으로 표현한 것이다 _ 옮긴이 주)에는 적합하지 않을지 몰라도 중국과의 매우 복잡한 관계뿐만 아니라 국제 정치를 결정짓는 초국가적 도전의 부상에 대처할 수 있는 정교하고 세밀한 전략이다. 분명 이러한 전략은 현재 미국의 정책에서 갈수록 두드러질 것이며, 아시아 피벗 정책의 초기부터 핵심적인 요소였다.

결론

미국 역사의 대부분 동안 미국의 전략은 함축적이지만 상당히 일관되어 왔다. 미국은 아시아에서 패권 국가가 등장하는 것을 막기 위해 외교적, 경제적, 군사적 **수단**을 활용해왔다. 그것은 아시아에서 무역, 신앙, 민주주의, 영토의 안전 보장과 같이 미국의 전통적인 **목표**를 달성하기 위한 핵심적인 **방법**이었다. 그러나 이젠 패권 국가 등장의 방지만으로는 충분하지 않다. 미국의 전략은 아시아 운영체제를 강화시키는 방향으로 진화할 필요가 있다. 미국의 전략은 시간이 흘러도 개념적으로는 상대적으로 일관되고 안정적이었지만 실제 전략을 운용하는 과정은 불규칙했다. 다른 지역에서 위기가 발생하거나, 국내에서 문제가 생겼을 때, 그리고 부족한 투자가 미국의 아시아 전략 실행을 방해했다. 이처럼 일관되지 못한 적용은 종종 미국의 외교적 노력들을 좌절시켰다. 이런 비일관적인 전략의 적용을 피하는 것이 좋은 정책의 출발점이다.

아시아 피벗은 최고위급의 전략적 관심과 자원들이 다시 아시아로 돌아갔음을 분명히 보여준다. 이는 앞으로 행정부들에서도 계속 이어져야 한다. 과거 미국이 아시아로부터 멀어짐으로써 아시아에서 미국의 이익을 손상시켰듯이, 현재의 부주의함이나 망설임 또한 아시아에서 미국의 이익을 손상시킬 수 있다. 급격히 변화하는 아시아의 전략적 환경이 미국의 목표에 압박을 가하고 있기 때문이다. 우리가 다음 장에서 살펴볼 것처럼 아시아의 궤도는 미국의 목표와 일치하는 밝은 미래 혹은 고통스럽게 쌓아온 아시아 운영체제가 조화를 이루지 못하는 어두운 미래 사이에서 왔다 갔다 하고 있다. 미국의 아시아 전략은 세력 균형을 요구하고 있다. 하지만 아시아의 힘의 배분 상황은 경제적·군사적으로 주변국들을 쉽게 능가하고 무색하게 만들 수 있는 중국에 유리한 방향으로 움직이고 있다. 미국은 아시아 국가들이 21세기 규범을 지지하고 글로벌 거버넌스에 참여하기를 바란다. 하지만 동시에 아시아 국가들은 19세기 특징인 세력권이라는 사고방식에 끌리고 있으며 초국가적 문제 앞에서 때론 이기적으로 행동한다. 마지막으로 자유무역과 민주주의는 미국의 아시아 전략에서 오랫동안 유지되어온 목표였다. 하지만 현재 보호주의와 권위주의로 이끄는 힘들이 아시아의 자유무역과 민주주의에 제약을 가하고 있다. 아시아의 미래가 유동적인 상황에서 아시아 세기에 미국이 자국의 이익을 성공적으로 확보하기 위해서는 변함없는 집중과 강한 의지 그리고 탄탄한 전략이 필요하다.

05

피벗과 아시아의 미래 :
변화하는 아시아의 선택을 위한 지침

피벗은 역사적으로 중요한 순간에 등장했다. 성장하는 아시아가 아시아를 넘어 전 세계적으로 반향을 일으킬 수 있는 문제로 고민하는 시점에 피벗이 등장했다. 아시아의 국내 정치, 군사력, 경제력 그리고 힘의 분배가 극적으로 변화하고 있다. 이 모든 변화들이 아시아의 미래에 의문을 제기하고 있다. 몇 가지 중요한 문제들이 정반대 방향으로 아시아를 끌어 당기고 있다. 이 과제들은 미국의 아시아 전략, 그리고 미래 아시아 발전에 매우 중요하다. 이 두 방향은 서로 상반되는 미래로 향하고 있다. 그중 하나가 미국의 목표와 일치하는 밝은 미래이고, 또 다른 하나는 미국의 국익 및 목적과 충돌하는 아주 위험한 미래다. 아시아는 결국 이 두 가지 극단의 스펙트럼 어딘가에 위치할 것이다. 그러므로 피벗에서 가장 중요하고 꾸준히 추진되어야 하는 요소는 아시아 세기의 미래 방향을 아시아의 평화와 번영의 원칙, 그리고 오래된 미국의 국익이란 방향으로 끌어오는 것이다.

이 장에서는 아시아의 미래를 위한 여섯 가지 중대한 선택에 대해 알아본다. 이 아시아의 선택들은 앞선 장에서 살펴본 미국의 아시아-태평양 지역 전략의 중요한 특징들과 긴밀히 연관되어 있다.

아시아가 직면하고 있는 첫 번째 질문은 중국의 경제적·군사적 성장과 아시아에서 미국의 역할에 대한 의문이 지속되는 시점에서 향후 아시아가 패권을 향해 갈 것인가 아니면 힘의 균형을 향해 갈 것인가이다. 아시아는 역사적으로 평화와 안정을 유지하기 위해 선의를 가진 외부 강대국의 적극적인 참여를 바라왔다. 그리고 수많은 전략가들과 정책 실행자들이 헤게모니가 아닌 균형에 의해 이 지역이 유지되도록 미국이 개입하는 것이 중요하다고 강조해왔다.

둘째, 아시아는 보다 개방적인 21세기 '운영체제'와 19세기 세력권 모델로의 회귀라는 갈림길에 서 있다. 예를 들어 중국은 19세기 힘의 정치 power politics 관행들을 상기시키는 행동을 지속하고 있다. 남중국해에서 중국의 영유권을 주장하고 항행의 자유에 도전장을 내밀며 아시아에서 외부 세력의 역할을 줄여야 한다고 주장하고 있다. 미국의 아시아 전략은 규칙에 기반하지 않았던 이전 시대에나 어울릴 법한 행동과 질서가 아니라 아시아 운영체제의 핵심에 자리 잡은 서로 합의된 21세기 가치라는 방향으로 아시아를 인도하려 한다. 이런 21세기 가치들은 국제 법정을 통한 영토 문제의 평화적 해결, 항행의 자유에 대한 존중 등을 포함한다.

셋째, 아시아는 현 체제의 이해 당사자가 되어 초국가적인 문제들을 해결하는 공동의 노력에 온전히 가담할 것인지, 아니면 방해자나 무임승차자가 되어 자신들의 국익에만 신경 쓸 것인지 선택의 기로에 놓인 신흥 강대국들이 모인 지역이다. 기후변화, 군비 통제, 핵 확산 방지, 재난 대응, 인신매매, 해적, 그리고 인권 등 사안에 대한 아시아 국가들의 행위, 그리고 특히 무위無爲는 이 지역이 어떤 방향으로 갈지를 결정할 것이다.

넷째, 지난 수년간 아시아의 화약고라 할 수 있는 지역들에서 영토 분쟁과 군비 증강이 있었다. 이후 국가 간 불만과 상호 불신이 지역의 긴장을 고조시키고 있다. 반면 경제적 상호 의존과 군사적 억지는 이런 경향을 다시 공존의 방향으로 되돌리려 하고 있다. 한반도, 남중국해와 동중국해 그리고 대만 해협과 같은 분쟁 지대의 잠재적인 작은 충돌들은 극적으로 확전되어 여러 나라 간의 큰 갈등 사태로 번질 수도 있다. 이런 상황에서 경쟁국들 사이 대화를 촉진하고, 사고와 실수가 가져올 위협을 줄이는 조치를 취하고, 경쟁국들 사이 모험주의적인 행동을 단념시키는 발언과 행동을 하는 것이 미국의 국익에 도움이 된다. 미국에 대한 가장 큰 도전은 아마도 기우뚱거리는 갈등의 시소seesaw에 앉아 평화와 안정을 보전할 수 있는 방안을 찾는 것이다.

다섯째, 미얀마와 태국 등 많은 과도기 국가들이 어떤 통치 방식을 선택할지에 따라 아시아의 정치는 국내 정치의 더 큰 자유화로 규정되거나, 민주주의의 실패로 규정될 수도 있을 것이다. 미국의 아시아 전략이 가진 오래된 목표는 이 지역이 민주적인 가치와 제도로 나아가도록 장려하고 동기부여를 하는 것이었다. 이러한 노력 속에 과도기 국가들의 향후 행보는 아시아가 민주주의의 발전과 후퇴라는 스펙트럼의 어디에 위치할지를 결정할 것이다.

여섯째, 아시아의 역동적인 경제는 아시아 경제 질서가 자유무역과 지적재산권을 보호하는 규범들로 규정될지 아니면 보호주의 및 외국 상품과 서비스에 대한 차별을 옹호하는 관행들로 규정될지 선택해야 한다. 아시아 국가들은 오래전부터 상품에 대한 관세를 꾸준히 줄여왔다. 이제 이들은 서비스업, 데이터의 유입과 저장, 지적재산권 그리고 비효율적인 국영 기업 등과 같이 새로운 경제의 주요 문제들을 어떻게 다룰 것인지 결정해야 한다. 미국의 아시아 전략은 태평양 지역의 자유무역을 꾸준히 추진해왔다. 미국의 TPP 같은 협정에 대한 지지는 보호주의보다 더 번영에 도움이 되는 아시아 경제 질서를 만들어나갈 것이다.

이러한 여섯 가지 선택이 명료하게 보여주듯, 아시아의 미래는 결정적인 전환의 순간에 와 있다. 이 전환은 21세기 아시아를 형성하는 데 중요하고 동시에 미국의 노력과도 맞아떨어진다. 미국의 아시아 피벗은 아시아 세기의 미래 형성을 지원하기 위해 고안되었다. 그리고 그 방법은 명백하면서도 섬세하다. 그리하여 이런 중요한 문제들에서 아시아의 평화 및 번영과 오래된 미국의 국익에 도움이 되는 방향으로 무게중심이 이동하도록 도와준다. 우리는 이제 이 여섯 가지 선택들을 좀 더 자세히 살펴볼 것이다.

패권인가 균형인가

 오늘날 미국의 쇠락 및 아시아에서 중국 패권의 불가피함에 대해 너무 많은 이들이 개탄하고 있다. 아시아 힘의 균형에 관해 과거에 했던 예언들이 현재 나오는 예언들을 판단할 기준이 된다고 가정해보자. 이 기준을 들이댄다면 현재 전문가들과 현인들은 아시아의 변화하는 힘의 분배에 대해 확실성보다는 모호성을 강조할 것 같다. 지난 40년간 아시아에서 힘의 이동이 불가피하다고 주장했던 전략 문제 관련 논평들이 얼마나 빗나갔는지를 보면 놀랍고 걱정스럽다. 1975년 리콴유李光耀는 미국이 베트남에서 패배한 것을 두고 미국의 아시아 지배 30년 역사에 종말을 고하는 사건으로 착각했다. 그로부터 대략 10년 후에, 미국의 전략 문제 전문가들은 소련의 대담한 아시아 정책을 선언한 미하일 고르바초프Mikhail Gorbachev의 '블라디보스토크 연설'이 아시아에서 소련 패권의 등장과 미국 쇠락의 시작을 보여주는 증거라고 잘못 파악했다. 그 후 1980년대 말과 1990년대 초 미국과 아시아에 있는 많은 사람들이 일본의 놀라운 경제 성장과 정치적 영향력을 보고, 일본이 미국을 대체하여 아시아의 지배적 군사 강대국이 될 것이고, 미국은 후기 산업화 사회 쇠락의 길로 접어들었다고 생각했다. 이런 과거의 예상들로부터 한 가지 사실이 명확해진다. 미래 아시아의 힘의 분배와 관련해서 가장 확실한 것은 이것이 늘 불확실하고 명확히 정의될 수 없으며 그에 따라 미국의 영향력이 늘 침투하기 쉽다는 점이다.[1]
 오늘날 아시아는 엄청난 경제적·군사적 변화를 경험하고 있다. 이 변화는 지금 명확히 알 수 없는 어떤 중요하고 심대한 결과를 아시아의 미래에 가져올 것이다. 우리가 미국의 힘이라는 변수를 제쳐두고 아시아의 시각만으로 이 지역을 보면 아시아 지역 전반의 힘의 균형이 현재 그 어느 때보다 불확실해 보인다. 아시아의 경제 대국인 중국이 여전히 가장 앞서 있는 듯하지만, 중국의 경제 성장은 둔화되고 있는 반면 인도와 같은 다른 아시아 강국들은 계속 성장하고 있다. 미래를 예측해 본다면 아시아가 중국의 지배권에 포함될 것이라는 결론은 조금 성급한 듯싶다. 오히려 아시아의 궁극적인 힘의 분배는 한 극단에 중국의 헤게모니가 있고 다른 극단에 불안정한 힘의 균형이 존재하는 스펙트럼의 어딘가에 위치할 것이다. 그 분배가 궁극적으로 스펙트럼에서 정확히 어디에 자리 잡을 것인지는 앞으로 10년 동안 아시아 각국과 미국에서 전개되는 상황에 따라 결정될 것이다. 그리고 그것은 미국의 국익과 밀접하게 연관되어 있다.

아시아는 현재 빠르지만 불균등한 경제 성장률로 균형을 잃고 있다. 독자들은 글로벌 무대에서 중국의 인상적인 성장에 대해서는 분명 많이 들어 보았을 것이다. 하지만 아시아 내에서 중국의 성장에 대해서는 잘 모를 수도 있다. 세계에서 가장 경제적으로 역동적인 아시아에서 중국은 다른 주요 아시아 국가들을 앞지르고 가장 빠르게 성장해왔다. 예를 들어 아시아 GDP 총합에서 중국이 차지하는 비중은 1980년대엔 7%에 불과했지만, 중국의 경제 성장 속도가 계속해서 둔화되어왔음에도 불구하고 2020년에 이르러서는 이 비중이 50%까지 오를 것으로 예상된다.[2] 중국의 GDP는 이미 중국 다음으로 큰 일본과 인도의 GDP를 합한 것의 두 배나 된다. 만약 중국만 저울 한쪽에 놓는다면 다른 모든 아시아 국가들을 저울 다른 쪽에 놓아야 균형이 맞춰질 것이다.

군사 지표 역시 점점 더 비슷한 양상을 보인다. 프린스턴 대학교 토머스 크리스텐슨 교수에 따르면, "미국이 중국에 대한 군사적 우위를 누리고 있지만, 중국은 (모두 그런 것은 아니지만) 아시아에 있는 미국과 친한 국가들 그리고 미국의 동맹국들에 대해 군사적 우위를 점하고 있다."[3] 2014년 일부 추정치에 따르면, 아시아의 총 국방비 지출에서 중국이 차지하는 비율은 40% 가까이 되는 수준으로 증가했다. 또 같은 해 중국은 아시아 신규 국방비 지출 총합의 3분의 2가량을 차지했는데, 이는 아시아 국방 지출에서 중국의 우세가 더욱 가속화된다는 의미이다.[4] 중국의 군비 지출 증가는 이웃 국가들에 비해 강력한 군사력으로 연결된다. 중국은 여러 종류의 제5세대 전투기, 진보한 반접근·지역거부(A2/AD) 무기, 차세대 잠수함과 수상함 surface vessel 그리고 항모 전단 몇 개로 구성된 함대를 개발하고 있다. 중국의 이웃 국가들은 대부분 이런 능력이 없다.

이런 복잡하고 새로운 힘의 역학 관계는 그 어느 때보다도 미국의 집중과 관심을 필요로 한다. 전통적으로 이 지역의 안정은 뚜렷한 의도를 가진 외부 세력, 특히 미국의 적극적인 참여를 통해 가능했다. 미국은 전통적인 동맹국 및 파트너 국가들과 더욱 긴밀히 협력하고 건설적이면서도 결연하게 중국의 참여를 이끌어내야 한다. 또 이 지역의 떠오르는 국가들과 무역 외교도 강화해야 한다. 이를 통해 미국은 아시아에서 역사적 역할을 다할 수 있고, 서서히 전개되고 있는 힘의 분배 상태가 패권이 아닌 힘의 균형에 보다 근접하도록 할 수 있다.

미국이 아시아의 경제적 기회와 성장을 촉진시키는 방향으로 개입을 더욱 강화하는 것은 이런 노력 중 하나다. 그동안 미국은 중국의 경제 개혁을 촉진하고, 중국 상품에 대해 시장을 열어놓고, 중국 기업에 투자하고, 아시아의 평화를 유지함으로써 다른 어느 나라보다 중국의 성장에 큰 도움을 주었다. 이제 미국은 이 지역의 다른 많은 국가들이 그들의 잠재력을 발휘하고, 그럼으로써 아시아의 힘의 균형이 지역 내의 번영과 조화를 유지하는 방향으로 실현되도록 돕는 쪽으로 관심을 돌릴 수 있다. 이것이 바로 국방부 장관 애슈턴 카터Ashton Carter가 "모두가 부상하고 모두가 승자가 되는" 접근법이라고 불렀던 것이다.[5] 그러나 미국의 역할은 단순히 시장 자유화나 법치주의 준수에 대한 지원을 넘어 더 나아가야 한다. 또한 미국은 이 지역의 성장하는 중산층과 신흥 기업들을 대상으로 한 미국산 재화와 서비스 수출 증대를 적극적으로 옹호해야 한다. 이를 통해 아시아 번영에 대한 미국의 이해관계를 더욱 늘릴 수 있고, 아시아와 미국 모두에 이익이 되는 복잡한 상호 의존 관계를 만들어낼 것이다.

몇몇 아시아 국가들이 좀 더 안정적인 힘의 균형을 만들어내는 데 힘을 보탤 수 있다. 대략 중국과 비슷한 인구를 갖고 있는 세속적 민주 국가인 인도는 지역 구조를 재편할 정도로 영향력 있는 대국으로 성장할 잠재력을 가졌다. 일본의 두 배 정도 되는 인구, 유리한 지리적 위치, 풍부한 천연자원을 가진 인도네시아는 작은 '아시아 호랑이들'처럼 성장을 이루어낼 수 있다. 미얀마, 말레이시아, 태국 그리고 베트남은 모두 합쳤을 때 대략 미국 정도의 인구를 갖고 있다. 자국 국민들을 가난으로부터 벗어나게 하고 글로벌 경제에서 더 큰 역할을 할 수 있기를 희망한다. 한 세대 전의 중국처럼 이 나라들은 모두 생산적인 일에 굶주린 젊고 풍부한 인구를 가졌다. 놀라운 성장 동력을 제공한 인구배당효과를 중국이 활용했던 것처럼 이 국가들은 그 많은 인구를 위한 일자리를 창출해야 한다. 이러한 도전이 성장을 가속화하고 아시아를 균형 상태로 만드는 데 장애물이 될 수도 있다. 이 국가들은 너무 오랫동안 구조개혁과 해외직접투자를 촉진하는 데 필요한 조치를 꺼리거나 그런 조치를 취할 능력이 없었다. 그들은 대부분 인프라 투자를 미루었고, 노동 시장 개혁을 연기했으며, 지적재산권 협정을 어겼고, 해외 투자에 반대하고, 교육에 충분한 재원을 공급하지 않았다. 바로 이런 문제들에 대해 미국은 현명한 조언, 뚜렷한 목표를 가진 투자, 아낌없는 기술적 지원, 그리고 21세기에 걸맞은 투자 및 무역 협정을 제안함으로써 이들 국가의 올바른 선택을 이끌어낼 수 있다. 실제로 이러한 노력들 — 환태평양경제동반자협정(TPP)에서부터 이 지역 여러 국가들 간의 정례화된 경제 대화에 이르기까지 다양한 이니셔티브 — 이 아시아 피벗의 주요 부분이다.

이러한 경제적 노력과 함께 미국은 아시아 지역 군軍과 관계를 더 깊게 하고 이 지역에서 미군의 존재감을 강화함으로써 아시아 힘의 균형을 보다 안정적으로 유지할 수 있다. 아시아는 영토 분쟁을 비롯해, 중동 지역의 폭력과 대학살에 점점 연계되는 과격한 테러리스트 집단, 해적 행위, 민족주의적 긴장 관계, 그리고 세계에서 가장 큰 피해를 낳는 파괴적인 자연재해 등으로 고통받고 있다. 아시아 지역에 피해를 입히는 이런 다양한 초국가적 문제에 아시아 국가들 스스로 대처하도록 하기 위해서는 군사훈련, 교육, 광범위한 교류, 합동 국가 방위 개발, 군사 장비 판매 등을 통해 아시아 국가들의 방위 능력을 향상시켜야 한다. 이런 과제들을 혼자서 다루기는 어렵다. 많은 국가들이 공동의 노력을 통해 건설적으로 협력해야 한다. 여기에 덧붙여, 아시아 국가들의 군사력을 강화하고 그들을 국방 협력과 합동 계획 수립 네트워크에 끌어들여야 한다. 그래야만 아시아에서 강한 국가들이 군사적 강압과 위협으로 작은 국가들을 지배하는 것을 방지할 수 있다. 마지막으로 제2차 세계대전 종전 이후 그랬던 것처럼 이 지역에서 강력한 미국의 전진 배치를 통해 주요 국가들 간 갈등을 억제하고, 미국의 투자와 아시아의 번영을 지킬 수 있다.

아시아 신흥 국가들에 대한 미국의 경제적·군사적 지원을 통해 더 균형 잡히고 더 안정적인 아시아가 가능할 것이다. 하지만 그 가능성에는 시간이란 제약이 뒤따른다. 향후 이런 목표 달성은 상당 부분 오늘 어떤 결정을 내리는가에 따라 달라진다. 예를 들어 아시아 국가들이 궁극적으로 그들의 경제적인 잠재력을 실현할 것인지는 오늘날 이루어지는 대담한 경제 개혁과 신중한 인프라 투자에 달려 있다. 마찬가지로 아시아 국가들이 미래에 선박과 항공기를 배치하려면 지금 디자인을 하고 예산을 책정하고 개발을 하고 있어야 한다. 경제적 번영과 군사적 힘, 이 두 가지 모두를 위한 기반은 대개 오래전에 마련된다. 결국 앞으로 몇 년이라는 기간이 향후 수십 년을 좌우하기 때문에 매우 중요하다. 지금 아시아는 갈림길에 놓여 있다. 오늘 어떤 행동을 취하느냐에 따라 아시아 개별 국가들이 미래의 아시아를 형성하는 데 일정한 지분을 가지고 목소리를 낼 수 있을지가 결정될 것이다.

경제적·군사적 균형은 평화로운 아시아를 이루는 데 필요하지만 그것만으로는 충분하지 않다. 헨리 키신저가 주장하듯, "평형equilibrium은 공동의 가치에 대한 합의가 뒷받침될 때 가장 잘 작동한다." 키신저에 따르면, 균형은 규칙을 일방적으로 새롭게 쓸 수 있는 한 특정 국가의 능력을 억제할 수 있는 반면, 그 국가가 기존 질서를 수정하려는 욕구를 억제하고 지역의 안정을 유지하는 방향으로 가기 위해서는 공유된 가치가 필수적이라고 한다.[6] 바로 앞 장에서 보았듯이, 공유된 가치를 주창하는 것은 앞으로 미국의 전략에서 더 핵심적인 부분이 되어야 하고, 그것은 곧 아시아 운영체제 — 이 지역의 성장과 번영을 뒷받침하는 규범, 규칙 그리고 제도들의 복잡한 체계 — 를 강화하는 데 노력을 집중해야 한다는 것을 의미한다. 이제 어떤 가치들이 아시아의 미래를 형성해나갈 것인가 하는 질문을 살펴보자.

21세기로 갈 것인가 19세기에 남을 것인가

아시아는 개방적이고 자유로운 21세기 질서와 19세기 세력권 모델로의 회귀라는 두 가지 선택지 사이에 놓여 있다. 항행의 자유, 투명성 강화, 갈등의 평화적 해결, 법적 계약에 대한 존중, 그리고 자유무역의 보장 등과 같이 간단하지만 오랜 기간에 걸쳐 입증된 원칙들이 위험에 처해 있다.

19세기에는 열강들이 자기 영역의 비공식적인 영토 경계를 놓고 서로 흥정하기 위해 특정 지역에 대한 지배권을 노리는 싸움을 벌이곤 했다. 그 과정에서 느슨한 세력권을 만들어냈다. 한 열강은 자기 세력권 내에 있는 국가, 수로 그리고 민족에 대해 어느 정도 통제력을 가졌고, 다른 열강은 자신들의 영역을 인정받는 대가로 그 권력을 암묵적으로 존중했다. 그러한 시대, 특히 대단히 파괴적이었던 나폴레옹 전쟁 이후에는 유럽 열강들이 대륙과 식민지 세계를 나누어 가져가 자신들의 세력권 안에 두었다.[7] 미국은 그로부터 오래 지나지 않아 자신만의 먼로 독트린Monroe Doctrine을 발표하여, 유럽인들이 미주 대륙의 일에 간섭하지 말아야 한다고 주장하며 미국을 북미 대륙 안전과 복지의 수호자로 내세웠다. 지난 2백 년간 국제 체제의 전반적인 진화에도 불구하고, 중국 측 인사들은 중국 주변 지역에서 자국이 취하는 행동에 대한 선례, 합리화의 근거로 먼로 독트린을 자주 인용한다.

어떤 사람들은 오늘날의 외교 문제에서 세력권 접근법으로 돌아갈 것을 제안한다. 전 호주 총리 폴 키팅Paul Keating은 '키팅 만트라Keating Mantra'를 선언한 바 있는데, "강대국들은 전략 공간이 필요하고 그 공간이 어느 정도 주어지지 않으면 스스로 그것을 취하려 한다"는 의미이다.[8] 어떤 사람들은 태평양을 세로로 자르는 선을 그린 뒤, 하와이로부터 서쪽 지역에서 중국의 헤게모니를 인정하고 미국은 하와이 동쪽으로 물러날 것을 제안한다. 명시적으로든 암묵적으로든 이러한 제안을 지지하는 사람들은 중국이 아시아에서 떠오르는 상황에서 미국이 중국에 공식적으로 세력권을 양도할 것을 제안한다. 그런 세상에서는 미국이 일본과 한국에서 군대를 철수시키고 각각의 안보 조약을 폐지해야 할 것이고, 대만은 본토에 재흡수될 것이다. 또한 남중국해는 중국의 영해가 될 것이고, 동중국해는 중국의 지배 아래 놓일 것이다. 아시아 무역은 중국 경제에만 이익을 가져다주는 식으로 이루어질 것이다. 항행의 자유가 사라지고 글로벌 경제에도 심대한 영향을 미칠 것이다. 중국은 이웃 국가들과 협상에서 자신의 군사적·경제적 수단들을 거리낌 없이 사용할 것이다. 아시아의 작은 국가들은 순전히 힘에 의해 규정되는 체계에 갇혀버릴 것이다. 이러한 접근법은 대부분의 아시아 국가들에 바람직하지 않을뿐더러 중국 스스로에도 좋지 않을 것이다. 분명 중국의 긴 역사에서 최고의 시기는 가장 최근의 40년이었다. 중국의 정책 결정자들과 전략가들은 중국의 성장을 가져온 바로 그 운영체제의 구성 요소들을 밀쳐내려 안간힘을 쓰지만, 바로 이 요소들이 중국의 부상과 떼려야 뗄 수 없는 요소들이라는 것 또한 사실이다. 19세기의 원칙으로 돌아가면 지금까지 중국의 성장과 번영에 중요한 요소들 중 일부는 손상될 것이다. 따라서 아시아에서 19세기적 특징들을 거부하는 것은 분명 미국에 득이 될 뿐만 아니라 중국의 국익을 위한 일이기도 하다.

또한 이 지역의 민주 국가들, 친구들 그리고 동맹들을 19세기 질서에 넘겨주는 것은 오랫동안 이어져 내려온 미국의 전략적 이익과 가치에 상반되는 일이다. 세계가 세력권으로 나뉘어야 한다는 생각은 상호 의존 시대에 뒤떨어진 구식의 생각이다. 이런 발상은 21세기 글로벌 질서를 규정하는 가치인 자유무역, 항행의 자유, 인권, 국제법, 민주주의, 세계화, 주권 평등과 같은 개념이 나타나기 이전의 시기를 규정하는 생각이다. 또한 이런 사고방식은 아시아가 먼 지역의 국가들까지도 하나의 경제권으로 묶는 복잡한 공급망을 통해 세계에서 가장 경제적으로 연관된 지역으로 부상하는 것과도 상반된다. 마지막으로 세력권이라는 접근법은 수백만의 사람, 수십 개 국가의 운명을 몇몇 강대국의 손에 맡겨두는, 근본적으로 비민주적이고 비자유주의적인 접근이다.

시대에 뒤떨어진 과거의 모델과 개방적이고 자유로운 미래의 모델 사이에서 아시아가 어디에 자리 잡을 것인가 하는 질문은 앞으로 수십 년 안에 결정될 것이다.

중국은 지난 10년간 주변국들에 포위되는 것을 우려해 '화평굴기和平崛起'라는 전략을 조심스럽게 취해왔다. 하지만 글로벌 경제 위기가 끝난 이후 갈수록 대담하게 자기주장을 펼치기 시작했다. 중국이 단순히 현상 유지를 추구하는 세력이라거나 수정주의적인 세력이라고 주장한다면 이는 너무 순진한 생각이다. 사실 중국은 두 가지 특징을 모두 가지고 있다. 중국은 아시아의 현존하는 운영체제를 통해 커다란 이득을 본 열강이기도 하지만 동시에 민족주의적이고 구시대적인 방법으로 이 운영체제를 수정하려는 열강이기도 하다. 특히 시진핑 주석은 세력권 사고방식과 비슷한 정책이나 접근법에 관심이 많다. 그의 행동은 세력권 개념과 양립 불가능한 기반 개념인 항행의 자유 원칙을 중대하게 훼손했다. 그는 남중국해에 대한 중국의 소유권 주장을 확대하고, 그 안에 인공섬을 건설하고 군사화하며, 동중국해 위로 방공식별구역(ADIZ)을 선언하고, 국제 공해에서 운항 중인 항공기와 선박들을 위협하는 데 중국의 군사력을 사용했다. 이런 영토에 대한 민감성은 "아시아인들을 위한 아시아"라는 주장과 외부 강대국 및 아시아 내 미국 동맹국들의 역할에 대한 비판으로 더욱 강화되었다.[9] 페이민신裴敏欣 교수가 주장하듯, "시 주석의 발언은 아태지역에서 미국의 존재에 대해 중국이 오랫동안 견지해온 기존 입장에서 벗어났음을 의미하는데", 한때 중국은 아시아 지역에서 "미국의 역할에 대해 의도적 모호함"을 유지했었다.[10]

중국과 아시아의 다른 국가들은 때로 아시아 운영체제의 핵심인 21세기적 가치들이 미국의 가치가 아니라 서로 공유된 것이며 나아가 전 세계적인 가치라는 점을 간과하고 있다. 더 많은 참여와 대표성, 자유무역, 항행의 자유, 투명성, 그 밖의 또 다른 우선순위들이 널리 받아들여지고 있음을 인식시키기 위해 미국이 지역의 동맹국 및 파트너 국가들과 노력한다면, 중국과 양자 관계에서 이런 가치들은 더 이상 논란거리가 되지 않을 것이다. 또한 미국은 지난 천 년간 가장 놀라운 아시아의 번영뿐 아니라 중국의 부상도 가능케 한 가치와 규범들을 어떻게 지속시킬 수 있는지에 관한 21세기 대화에 중국을 참여시킬 수 있다.[11] 이를 정확히 어떻게 달성할지에 대한 계획은 다음 장에서 더 자세히 다루겠지만, 핵심은 현 체제의 이점을 설득시키고 현 체제를 지지하는 것이 중국에도 이익인 반면 이를 반대하면 그에 상응하는 대가가 따를 것이라는 점을 명확히 하는 것이다.

아시아가 19세기의 관행으로 돌아갈지 아니면 21세기에 남아 있을지는 미국 정부의 능력에 달렸다. 미국은 피벗을 지속하고, 우방국과 동맹국에 아시아 운영체제를 강화하기 위한 협조를 요청해야 한다. 또한 미국은 중국을 강하게 밀어붙이는 정책과 충분히 달래는 정책 사이에 현명하게 균형을 잡고 정책을 실행해야 한다. 여기서 제기되는 도전은 국제 체제의 구성 요소들을 바꾸려 하는 중국의 노력에 대해 미국이 어떻게 반응해야 하는가다. 좀 더 기교적으로 표현하자면, 미국과 다른 국가들은 현 국제 체제에 새로운 요소들을 더하려는 중국의 노력을 지지하는 것처럼 보여야 한다. 예를 들어 미국은 중국의 아시아인프라투자은행Asian Infrastructure Investment Bank(AIIB) 출범 과정에서 이 기구와 현존하는 브레턴우즈 체제가 조화되도록 미국이 중국과 함께 노력할 준비가 되어 있음을 더 일찍, 그리고 더 효과적으로 전달할 수도 있었을 것이다.

이해 당사자, 무임승차자 또는 훼방꾼

오늘날의 세계는 비길 데 없는 도전 그 자체이고, 이런 도전들을 다루는 데 아시아 국가들과 긴밀한 협력이 필요하다. 아시아는 다른 어느 지역보다도 더 많은 온실가스를 배출한다. 아시아에는 세계에서 가장 큰 외환 보유고와 가장 큰 경제 규모를 가진 국가들이 있다. 또한 세계의 핵 보유국들 중 절반이 위치해 있고, 그중 세 개의 국가는 핵 확산 방지와 관련된 기록이 깨끗하지 못하다. 궁극적으로 기후변화, 경제적 거버넌스, 핵 확산 방지 그리고 다른 수많은 글로벌 문제 해결로 가는 길도 결국에는 이 역동적인 아시아와 아시아의 부상하는 국가로 연결된다. 아시아 국가들의 도움에도 불구하고 글로벌 차원의 문제들을 다루기 어렵다면, 아시아 국가들 없이 이 문제들을 다루는 것은 더더욱 불가능하다.

아시아 지역이 19세기의 행동 양식으로 회귀할 것인지 아니면 21세기의 행동 양식으로 진보할 것인지는 아시아 국가들이 글로벌 거버넌스에 기여자가 될 것인가 하는 질문과 관련되어 있다. 최근 20년간, 아시아 국가들은 거대한 경제 대국으로 그리고 글로벌 차원의 강대국으로 변신했다. 이런 아시아 국가들의 행동 — 혹은 무위 — 은 전과 비교할 수 없을 정도로 서로 긴밀히 연결된 세계에 반향을 일으키게 마련이다. 아시아 국가들이 자신이 가진 새로운 힘과 영향력을 놓고 고심하는 동안 다른 한편으로 엄청나게 큰 글로벌 차원의 결과를 가져올 한 가지 선택에 직면해 있다. 아시아 국가들은 초국가적인 문제를 해결하기 위한 공동의 노력에 이해 당사자가 될 것인가, 아니면 자기 이익만 챙기는 무임승차자나 훼방꾼이 될 것인가?

미래의 문제 해결은 현재의 글로벌 체제 안에서 노력을 통해 이루어진다. 따라서 아시아 국가들은 현 체제의 성공을 위해 노력해야 한다. 여러 제도들과 관행으로 이루어진 현재 글로벌 체제는 제2차 세계대전 이후 미국과 그 동맹국 그리고 파트너 국가들에 의해 만들어졌다.[12] 이 제도에는 UN, IMF, 세계은행, WTO, WHO 그리고 군비 통제에서부터 인터넷 거버넌스에 이르는 다양한 이슈를 다루는 제도들이 포함된다. 그리고 많은 제도들이 아시아 국가와 아시아 목소리에 더 많은 역할을 주는 방향으로 진화해 왔다. 아직 개선할 여지가 많기는 하지만 아시아적 관점을 더 많이 반영하려는 욕구가 커지고 있고 이를 거부하기는 어렵다. 이 체제의 운명과 이 체제 안에서 초국가적 도전들에 맞서는 공동 행동의 성공 여부는 아시아 국가들의 선택에 달려 있다.

동시에 현재 아시아는 스스로 상당히 광범위한 제도 건설의 시기를 겪고 있으며, 그 중심에는 아세안이 있다. 이런 제도 건설은 지역과 글로벌 차원의 초국가적 문제 해결에 크게 공헌할 것이다. 회원국으로서든 이해관계를 가진 참관인으로서든, 미국은 새로 건설되는 아시아의 제도에 참여함으로써 미국과 파트너 국가들이 수십 년 동안 건설해온 글로벌 차원 제도의 네트워크에 새로운 아시아 제도들이 안착할 수 있도록 도울 것이다. 궁극적으로, 아시아 국가들이 글로벌 문제를 해결하려는 공동의 노력에 이해 당사자가 되는 쪽을 선택한다면 이는 미국과 전 세계를 위해 좋은 일이 될 것이다. 아시아 국가의 이런 선택은 제2차 세계대전 이후에 건설된 글로벌 차원의 제도를 통해서든 혹은 현재 아시아에서 성장하고 있는 지역 제도들을 통해서든 어떤 형태로든 가능하다. 오늘날 널리 확산된 체제를 만든 국가 중 하나인 미국은 아시아 국가들을 국제 문제에 대한 공동의 책임과 협력을 논하는 대화로 끌어들일 만한 위치에 있다. 그럼에도 불구하고 이런 미국의 노력은 두 가지 큰 도전에 직면할 수 있다.

첫째, 아시아의 떠오르는 국가들은 아직 개발도상국이다. 아시아 국가들은 초국가적 문제 해결에 있어 자신들보다 1인당 소득이 네 배에서 열 배 높은 서구 국가들과 똑같이 책임져야 한다고 생각하기가 쉽지 않다.[13] 예를 들어 아시아에서 가장 중요한 세 국가라고 할 수 있는 중국, 인도 그리고 인도네시아는 각각 에콰도르, 우즈베키스탄 그리고 보스니아 정도의 1인당 소득 수준을 보인다. 그러나 아무도 후자의 세 국가가 글로벌 거버넌스에 크게 기여할 것이라곤 기대하지 않는다.[14] 아시아의 신흥 국가들은 아직 복지 및 기본적인 발전 수준과 관련하여 심각하고 긴급한 국내적 도전들과 씨름하고 있다. 그래서 이 국가들은 IMF 같은 서방 제도들의 요구 조건을 맞추기 어렵고, 기후변화와 같은 초국가적인 문제 해결에 적극 나서기를 꺼린다. 때문에 이 국가들이 '책임 있는 이해 당사국'으로 행동하도록 하는 것이 쉽지 않다.

둘째, 많은 아시아 국가들은 제2차 세계대전 이후에 건설된 현재 국제사회 구조의 많은 부분들이 이미 오래전에 사라진 전후 상황을 반영하고 있기 때문에 불공정하다고 생각한다. 인도와 일본은 UN 안전보장이사회에 의석이 없지만 영국과 프랑스는 한 자리씩 가지고 있다. 선진국, 개도국 할 것 없이 많은 국가들에 이런 상황은 시대에 뒤떨어진 것으로 비친다. 세계은행과 IMF의 투표권 비중이 아시아의 경제적 영향력을 한동안 반영하지 못했다는 사실도 마찬가지다. 물론 최근 IMF에서 아시아 투표권 비중을 늘리는 방향으로 개혁이 추진되고 있기는 하다. 그럼에도 불구하고 느린 개혁 속도에서 오는 불만으로 아시아 국가들은 이미 BRICS 개발은행과 AIIB처럼 그들의 지위를 더 잘 반영하는 대안적인 제도들을 만들기 시작했다.

기후변화는 그 어느 문제보다도 지속적인 협력의 중요성이 큰 반면 어려움도 많은 문제이다. 중국과 인도는 이미 세계에서 첫 번째, 세 번째로 큰 탄소 배출국이고, 일본과 한국은 다섯 번째와 일곱 번째로 큰 탄소 배출국이다. 아시아 지역은 다른 어느 지역보다도 더 많은 탄소를 내뿜고 있다.[15] 탄소 배출 증가를 멈추기 위해선 아시아 국가들의 협조를 구하는 일이 매우 중요하다. 하지만 이런 노력이 쉽지만은 않다. 아시아 국가들은 오늘날 직면한 문제가 그들이 만든 것이 아니라 이미 경제 성장을 이루고 그 과정에서 상당한 탄소를 배출한 선진국의 과거 행동 때문이라고 주장한다. 그들의 관점에 따르면, 배출 규제에 대해서는 서구가 아시아 개발도상국들보다 더 큰 책임이 있다. 나아가 아시아 국가들은 현재 자신들이 주요 탄소 배출국이기는 하지만, 1인당 배출량을 보면 선진국보다 훨씬 적다고 주장한다. 예를 들어 미국은 중국과 인도보다 1인당 두 배에서 열 배나 많은 탄소를 배출한다.[16] 아시아의 이런 주장이 말이 안 되는 것은 아니지만 서구 국가들이 일방적으로 크게 감축한다 해도 아시아의 협조 없이는 문제 해결에 실패할 수밖에 없다. 분명히 아시아 국가들이 주장하는 역사적 공정성과 분배 정의는 현재 아시아 국가들이 관심을 두는 효율성과는 들어맞지 않는다. 세계 강대국들이 이 골치 아픈 문제를 해결하는 방법을 찾는다 해도 한 가지 중요한 문제가 남는다. 안정적인 기후라는 것은 공공재이고, 비배타적 재화는 '공유지의 비극' 문제에 시달릴 수밖에 없다.[17] 간단히 말해 스스로 배출량을 규제하는 책임 있는 이해 당사국들은 기후 안정을 위해 높은 비용을 지출하는 반면, 어떤 비용도 지불하지 않는 무임승차자들이나 훼방꾼들은 편히 쉬면서 다른 이들의 힘든 노력으로부터 이득을 취할 수 있다. 이 논리대로라면 국가들은 부정행위를 하거나 다른 국가들이 약속을 지키지 않을 것을 우려해 구속력 있는 약속을 꺼리는 행동을 하게 되고 따라서 협력은 어려워진다.

물론 해결 방법은 있다. 특히 세계 최대 탄소 배출 국가들이 협력을 위한 참여의 공식을 찾아낸다면 문제 해결이 가능하다. 이 때문에 최대 탄소 배출 국가인 미국과 중국의 합의로부터 글로벌 기후변화를 막기 위한 노력은 시작되어야 한다. 양국 지도자들은 양자 관계의 중요성을 이해하고 여러 기대되는 조치들을 취해왔다. 2014년 미국은 2025년까지 배출량을 2005년 기준치에서 26~28% 줄이겠다고 선언했고, 중국은 2030년을 정점으로 배출량을 줄이겠다고 약속했다. 이 합의는 역사적 유산들과 분배의 불공평함을 극복한 것으로 보였기에 특히 중요했다. 또 이는 주요 선진국과 개도국이 이산화탄소 배출 규제를 처음으로 약속한 일이었다.[18] 다음 해 미국과 중국은 양국이 취할 추가적 단계들이 언급된 공동 선언문에 서명했다. 이 선언문에는 중국의 배출권 거래 제도와 양국의 보다 엄격한 연료 효율성 및 발전 관련 규제들을 담고 있다. 이 두 가지 양자 협정은 기후변화 관련 협력을 어렵게 하는 선진국과 개도국 간 의견 충돌을 공동의 노력으로 극복할 수 있다는 점을 국제 사회에 보여주었고, 그 결과 2015년 12월에 열린 파리 기후 정상 회의에서 큰 진전을 이루는 합의에 이르는 기반을 다졌다. 파리 합의는 처음으로 거의 모든 국가들이 온실가스 배출을 줄이도록 만들었다. 또한 기후변화에 있어 전 지구적인 진전은 여전히 여러 측면에서 아시아와 깊이 관련 있다는 것도 보여주었다. 물론 이러한 합의들이 구속력 있는 것은 아니고, 지속적이고 중요한 진전은 궁극적으로 모든 국가들 — 특히 아시아의 떠오르는 강국들 — 이 공동의 노력을 기울이고 훼방꾼이나 무임승차자보다는 이해 당사자가 될 때 가능할 것이다.

기후변화 이외에도, 미국이 여러 중요한 문제들을 해결하고자 한다면 아시아 국가들의 도움을 필요로 한다. 아시아는 세계에서 가장 빠르게 군비 지출이 증가하는 지역이고, 아시아 국가들을 빼놓고선 어떤 군비 억제 노력도 성공할 수 없다. 대량 살상 무기를 탑재할 수 있는 미사일의 기술 확산을 막기 위해 고안된 미사일 기술 통제 체제Missile Technology Control Regime(MTCR)에는 중국, 인도, 이란, 북한 그리고 파키스탄이 아직 참여하고 있지 않다. MTCR이 무인 항공기와 관련 위협까지 포함하도록 진화하려면 이 국가들을 포함한 여러 국가들의 적극적인 지지가 필요하다. 마찬가지로 세계가 드론, 자율 전쟁 무기, 사이버 무기 그리고 수많은 새로운 군사 기술을 다루는 관리 체계를 만들고자 한다면, 이러한 무기들을 개발하고, 배치를 늘리며, 다른 국가들에 기술 판매를 하는 아시아 국가의 협조를 확실히 받아내야만 한다.[19]

핵 확산은 세계 안보에 무서운 위협이다. 세계를 핵 테러나 핵전쟁의 위험으로부터 지키려면 미국은 위험한 국가로 핵 기술이 흘러드는 것을 막기 위해 다른 국가들과 공동 노력을 전개해야 한다. 중국, 인도 그리고 파키스탄과 같은 아시아 핵 보유국들은 그러한 노력에 매우 필요한 국가들이다. 하지만 이것만으로 핵 확산을 막는 데 충분하지 않을 것이다. 핵 프로그램을 추구하는 국가들에 대한 제재는 중요한 도구다. 하지만 아시아의 거대하고 영향력 있는 경제권이 이 논리를 수용하지 않고 협조하지 않는다면 제재 효과는 크게 약화될 것이다. 이란 제재의 성공은 작지 않은 부분이 중국이나 인도와 같은 아시아의 주요 이란산 원유 구매국들과 제재 관련 조건들에 대한 합의를 보고 이란 정권에 실제적인 압력을 가하도록 만든 미국의 능력 덕분이었다.

비슷한 논리가 개발 및 거버넌스 문제에도 적용된다. 아시아의 경제 대국들이 양자적으로 혹은 BRICS 개발은행과 AIIB 같은 새로운 경제 기구들을 통해 개발도상국 정권들에 조건 없는 대출을 해준다면, 긍정적이고 지속 가능한 변화를 촉진하기 위해 국제사회가 대출을 도구로 사용하는 일은 점점 더 어려워질 것이다. 예를 들어 국제 은행이나 주요 정부 지도자들이 공유된 기준을 지키지 않는다면 좋은 거버넌스를 촉진시키기 위해 투명성과 책임성의 조건을 내건 대출이나, 개발을 장려하기 위해 지속 가능하고 장기간의 성장 조건을 내건 대출은 효과적이지 않을 것이다.

인권 문제와 관련해서 UN 안전보장이사회를 통해 문제 있는 정권들에 압력을 가하려면, 그리고 경제 제재의 효과를 확실히 하려면 아시아 국가들과 협업, 협조는 필수적이다. 중국, 인도 같은 아시아 국가들은 UN의 보호책임Responsibility to Protect과 같은 인권 체제에 회의적이다. 이런 체제가 주권의 원칙을 약화시키고, 서구 국가들이 인권 침해를 저질렀거나 이를 방조했다고 여겨지는 국가에 대해 자주 택하는 일방적 행동을 허용하기 때문이다. 인권 침해국 상당수가 자원을 풍부하게 보유하고 있으며, 늘 자원 부족에 시달리는 아시아 국가, 특히 중국, 인도와 공급 계약을 맺고 있다는 점도 일부 아시아 국가들이 제재를 시작하거나 무력 사용 승인을 주저하게 만드는 또 다른 중요한 이유이다. 소련 붕괴 이후 등장한 글로벌 인권 체제가 계속 성장하려면 미국은 아시아 이해 당사국들이 이 체제의 성공을 위해 노력할 수 있는 방법을 찾아야 한다.

　아시아의 성장은 글로벌 거버넌스에 도전장을 던질 뿐만 아니라 국제 질서의 구조, 기후변화와 군비 통제 등 수많은 영역에 보편적인 국제 규범과 원칙에도 문제를 제기한다. 수십 년 동안 이런 규칙을 어긴 국가들은 좋지 않은 결과에 직면했다. 아시아 여러 국가들이 성장한 결과 무역 관례, 핵 확산, 기후변화 등의 분야에서 자신들이 동의하지 않는 글로벌 조치들에 효과적으로 거부권을 행사할 능력을 갖게 되었다. 따라서 미국은 자국이 큰 역할을 해 형성한 제도 안에서 아시아 국가들이 더 큰 지분을 가지도록 해야 하고, 이를 통해 현 질서의 공정성에 대한 그들의 우려를 해소해야 한다. G-20은 전 지구적 문제들을 해결하는 데 많은 지역 강대국에 더 중요한 역할을 부여하는 포괄적인 기구가 등장할 수 있음을 보여준 하나의 예이다. 새로운 G-20의 20개 국가 중 9개국이 (싱가포르를 포함해 이 회의에 자주 참여하는 참관 국가들처럼) 아태지역의 행위자이다. 이 국가들은 새로 등장하는 일종의 글로벌 이사회에서 아시아의 지위를 높여왔다. 하지만 변화의 속도는 너무 느렸고, 아시아 국가들은 현 체제 밖에서 점점 더 많은 제도를 만들고 있다. 이 같은 추세는 현 제도에 대한 합리적 개혁과도 양립할 수 있다. 존 아이켄베리 John Ikenberry가 지적하듯이 현 체제는 "과거의 제국 체제와는 달리", 규칙에 기반하고, 개방적이고, 다자적이다. 다른 말로 표현하자면, "가입하기는 쉽지만 번복하기는 어렵다." 그에 따르면, "현 체제의 가장 중요한 특징 중 하나는 서구 질서가 부상하는 강대국을 수용할 능력이 충분하다는 점이다."[20]

　부상하는 강대국들 중에서 아마 중국이 가장 중요할 것이다. 실제로, 로버트 졸릭이 2005년에 처음으로 아시아 국가들이 '책임 있는 이해 당사국들'이 되어야 한다고 말했을 때, 그는 특별히 중국을 염두에 두었다.[21] 중국의 부상이 글로벌 거버넌스에 도전을 제기한다는 의미는 중국이 전 지구적인 문제에 대해 때때로 모순적인 무임승차 경향을 보인다는 의미만은 아니다. 미국과 중국의 경쟁이 초국가적인 문제에 대한 협력을 좌초시킬 수 있는 방식으로 일어난다는 의미이기도 하다. 헨리 키신저는 이 같은 역학 관계를 다음처럼 밝히고 있다.

> 두 국가 사이의 냉전은 태평양 양쪽 모두의 발전을 한 세대 정도 지체시킬 것이다. 핵 확산, 환경 문제, 에너지 안보, 기후변화로 인해 범세계적인 협력이 요구되는 시기에 오히려 지역 내 갈등이 확산될 것이다.[22]

달리 표현하면, 글로벌 거버넌스는 미국과 중국이 협력할 때 효과를 얻을 가능성이 가장 크다. 하지만 안보 문제로 인해 함께 노력하고자 하는 의지를 방해하는 불신과 상호 적대감이 야기될 수도 있다. 두 국가 관계에 스며들어 있는 긴장감은 상당 부분 미국과 중국 사이에 매우 현실적인 갈등이 일어날 가능성으로부터 유래한다. 우리는 이제 그 가능성에 대해 좀 더 자세히 알아볼 것이다.

전쟁이냐 평화냐

1520년 페르디난드 마젤란Ferdinand Magellan은 아메리카 대륙 최남단에 있는 티에라델푸에고Tierra del Fuego와 남미 대륙을 갈라놓는 좁은 해협을 조심스럽게 항해하며 대서양에서 새로운 바다로 항해한 첫 번째 유럽인이 되었다. 잔잔함과 순풍에 인상을 받아 마젤란은 이 새로운 바다를 '평화의 바다'라는 뜻의 'Mar Pacifico'로 이름 지었다. 하지만 현실은 달랐다.

그 후 이 광활한 바다는 온갖 피비린내 나는 전쟁과 갈등으로 얼룩졌다. 마젤란으로부터 이름을 부여받은 지 5백 년이 지난 지금 그 바다는 평화로움과는 거리가 멀다.

국제관계학자들을 당황하게 만드는 쉽고 빠른 방법은 세계의 어느 지역이 가장 위험한지 물어보는 것이다. 이런 질문이 답하기 까다로운 이유는 판단이 쉽지 않은 데다, 세계가 더 복잡하고 상호 의존적이 되면서 위험한 지역들이 계속 늘어나고 있기 때문이다. 많은 학자들이 핵으로 무장한 인도와 파키스탄 사이에 분열된 카슈미르Kashmir가 세계에서 가장 위험한 지역이라고 즉답할지 모른다. 다른 학자들은 이스라엘과 적대적인 이웃 국가들 중 하나 사이의 갈등 혹은 시리아에서 진행 중인 전쟁이 국제 평화와 안정에 가장 큰 위험을 제기한다고 할지 모른다. 이 목록에 전쟁 때문에 부자에서 빈털터리로 변할 수 있는 아시아의 네 지역을 포함시켜야 한다. 한반도, 대만 해협, 동중국해 그리고 남중국해가 그 곳이다.

이 잠재적 긴장 지역이 특히 문제 되는 것은 다음과 같은 이유에서다. 이 지역의 국가 관계는 근본적으로 예측 불가능한 변수들, 즉 국가 간 긴장 관계, 군사적 교류 부재, 그리고 작은 갈등이 큰 분쟁으로 번지는 것을 막기 위한 사전 합의된 절차가 거의 없다는 것 등으로 규정된다. 이 위험한 혼합물에 뚜렷한 역사적 불만 정서와 경쟁적인 민족주의자들의 소리를 더하면 위험할 정도로 불이 붙기 쉽다. 거의 40년 동안 대부분 아시아 지도자들은 이러한 문제들을 못 본 체하거나 대단치 않게 여기며 그것들을 미래 세대에 미루고 대신 공동으로 번영과 성장을 탐색하는 일에 참여하는 지혜가 있었다. 하지만 이제 부분적으로는 중국의 성장과 그것을 둘러싼 우려 등의 이유로 인해 이런 지엽적이고 다루기 힘든 분쟁들이 전면에 나타나고 있다.

대개 아시아는 활력이 가득 찬 상업 지역으로 알려져 있지만, 또한 매우 현실적인 위험과 갈등의 위협이 존재하는 곳이다. 이 지역은 한편으로 전쟁으로 향하는 민족주의와 불신에 의해, 그리고 다른 한편으로는 평화로 향하는 상호 의존성과 자제에 의해 양쪽으로 끌려가고 있다. 이런 상황에서 갈등으로부터 멀어지고 상호 존중의 방향으로 아시아가 움직이도록 하려는 미국의 관심과 행동은 늘 그래왔듯 절박하다.

한반도

2천 년 넘게 "고요한 아침의 나라"로 알려진 한국은 미래 강대국들의 경쟁과 갈등의 초점이 되기에 충분했다.[23] 중국, 일본, 러시아 그리고 미국을 포함한 많은 강대국의 이해관계가 수십 년 동안 수백만 한국인들의 운명과 자유에 복잡하게 얽혀왔다. 연쇄적 도발을 하고 있는 위험하고도 불투명한 국가인 북한이 한반도를 어려운 지역으로 만들고 있다. 미 태평양사령부 Pacific Command(PACOM, 태평양사령부는 2018년 인도-태평양사령부 Indo-Pacific Command로 명칭이 바뀌었다_옮긴이 주)의 사령관 해리 해리스 제독이 직설적으로 말하기를, "내가 매일매일 마주한 가장 큰 위협은 북한에서 오는 것이었다. 왜냐하면 북한에는 그 나라와 군사의 명령권을 완전히 장악한 예측 불가능한 지도자가 있기 때문이다."[24]

북한보다 더 성가시거나 당혹스러운 아시아의 문제는 없을 것이다. 내 직업적인 경험에서 사실상 북한과 관계된 모든 측면은 좌절스럽고 직관을 거스른다. 지난 수십 년간 북한과 관련된 나의 예측은 한 번도 성공한 적이 없다. 나는 북한 지도부가 보다 친근한 한국 정부가 들어섰을 때 조심스럽게 관계 개선을 모색할 것으로 생각했는데, 오히려 위험한 대치의 길에 접어들었다. 반대로 미국과 한국이 결전의 준비가 되어 있을 때 평양은 갑자기 태도를 바꾸어 평화적인 관계를 얘기했다. 다른 어떤 나라도 이보다 더 대담하고 위험하게 나쁜 수를 둔 적이 없었다.

2010년 104명의 해군이 희생당한 천안함 침몰 사건과 같은 해 19명의 민간인 부상자를 낸 연평도 포격 사건을 일으킨 북한 정권의 뻔뻔스러울 정도로 도발적이고 폭력적인 행동은 전 세계적인 우려와 즉각적인 규탄을 불러왔다. 이 사건들에서 한국 정부는 놀라운 자제력을 보여주었지만, 그 어느 국가도 국민들이 어떤 공격적인 정부에 의해 무분별하게 죽임을 당하는 일을 좌시할 수는 없다. 미래에 북한의 유사한 도발이 한국과 큰 충돌을 유발한다 해도 결코 이상한 일은 아니며, 그 충돌은 조약 동맹국인 미국과 심지어는 중국까지도 끌어들일 수 있다.

북한은 한국을 위협하고 공격하려 할 뿐만 아니라 핵무기와 고도의 미사일 운반 수단 보유를 계속 추구한다. 북한은 핵 장비들을 세 차례에 걸쳐 시험했다.[25] 또한 여러 차례의 미사일 실험을 감행했는데, 그중 가장 중요한 것이 2012년 12월 위성을 성공적으로 궤도에 안착시킨 실험이었다. 이는 곧 북한이 미국 본토를 공격하는 대륙간 탄도 미사일을 만들 수 있는 역량을 의미했다. 간단히 말해서, 북한이 이러한 역량을 추구하는 것은 일본과 한국에 무서운 위협을 가할 뿐만 아니라 결국에는 미국에도 생존의 위협이 될 것이다. 북한의 무기 실험은 이웃 국가들의 인내심을 시험했을 뿐만 아니라 동시에 미국과 그 동맹국인 일본과 한국 사이의 연결 고리를 강화시키기도 했다.

냉전 시대에 미국과 소련은 교섭도 하고 긴장 관계를 완화하려는 신중한 조치들도 취했다. 북한과의 교섭은 물론 중요하지만 이것이 안보를 지키는 데 효과적일지는 의문이다. 나는 북한 사람들을 상대한 일이 있다. 1990년대 북한군과 공식 회의를 했고, 2002년 마카오에서는 '사업가들(실제로는 북한 정부 사람들)'과 우연히 마주친 적도 있다. 그리고 가장 최근에는 내가 정부에 있을 때 다자 행사들을 통해 북한 외교관들을 주기적으로 만났다. 이런 경험들을 통해 나는 그들이 다루기 힘든 사람들이란 것을 알았다. 가장 눈에 띄었던 것은 다른 어떤 나라의 대표들도 이렇듯 본국에 의해 강하게 통제되지 않는다는 것이다. 사실상 내가 가졌던 거의 모든 만남에서 북한 당국자들은 미국의 '약속'을 원했지만, 내가 상대한 북한 측 인사들은 좀처럼 터놓고 얘기하는 법이 없었다. 그들은 미국이 배신했다고 하는 몇몇 일들에 매우 분개하거나 아니면 국가에서 승인한 주장에서 벗어나지 않으려 했다. 그런 까닭에 대개의 경우 북한과의 외교는 무척 어려웠다.

북한에 어떠한 영향력이든 행사하는 나라가 있다면 그것은 중국이다. 마오쩌둥이 김일성의 남침을 지원해 미국과 중국은 한반도에서 전쟁을 벌인 적이 있다. 이후 중국은 북한의 주된 후원자였다. 중국은 북한에 대해 자국이 갖고 있는 그 어떤 외교적 영향력도 사용하기를 꺼려왔고 북한 정권 교체 가능성을 논하기를 꺼렸다. 중국은 북한의 붕괴를 경계하는데, 북한이 붕괴할 경우 수백만 명이 국경을 넘어올 수 있기 때문이다. 중국은 미국과 동맹을 맺은 통일 한국을 두려워한다. 왜냐하면 중국의 안보를 저해할 수 있고, 통일이 된다면 중국과 미국 주도의 동맹 체제인 한국 사이의 유용한 완충 지대 국가가 사라져 이 지역의 정치적 동학을 새롭게 짤 수 있기 때문이다. 또한 북한의 불안정성이 미국과 중국을 포함한 외부 세력의 개입을 초래하고 위험한 계산 착오, 심지어는 강대국 간 전쟁으로 비화할 가능성이 있기 때문에 조심스러운 태도를 취하는 것도 분명 있다.

이러한 세 가지 이유(주로 한반도 불안정에 대한 외부의 영향)에 덧붙여, 중국의 망설임에는 큰 양자적 요인이 하나 있다. 중국과 중국의 이념적 사촌인 북한을 이어주는 일종의 혁명에 대한 향수라는 것이 있다. 북한의 세습적 권력 교체와 파산 직전의 자립 개념인 주체라는 독특한 특징을 제외하면 스탈린의 러시아나 문화혁명의 공포를 경험한 마오쩌둥의 중국을 닮은 국가의 모습이 드러난다. 이외에도 중국이 큰 대가를 치른 한국전쟁 참전은 중국 입장에선 중국 인민해방군이 미 제국주의에 맞서 싸운 것으로 성대하게 기념된다. 중국이 대북 정책을 전환한다면 이는 수십 년간 한국전쟁에서 중국의 노력을 칭찬한 선전 선동에도 불구하고 중국 군인들의 희생을 암묵적으로 버리는 일이 될 것이고, 마오쩌둥의 판단력이 부족했음을 고발하는 일이 될 것이며, 이념적으로 그리고 민족주의 입장에서도 매우 어려운 일이 될 것이다.[26] 따라서 상당한 국내 비판을 받을 수도 있다. 그러므로 역사의 잔재인 북한 정권의 성격에도 불구하고 중국이 그 뒤틀린 이념적 사촌을 버릴 가능성은 적다. 대신 중국은 인내, 점진적 개혁 그리고 자제를 계속 권하면서 일이 저절로 해결되기만 바라고 있을 것이다.

중국이 북한을 불안정하게 만들기를 원치 않지만 최근 몇 년간 중국은 북한의 도발적 행위, 특히 핵 확산과 관련해서는 불쾌감을 표하는 조치를 취해왔다. 중국은 정기적으로 한반도의 비핵화를 요청하고, 시 주석은 한국의 박근혜 대통령을 만난 이후 북한의 핵 프로그램에 대한 공개적 우려를 표했다. 시 주석은 박 대통령과 여섯 번 이상 만났지만, 북한 지도자 김정은과 만남은 피해왔다. 심지어 중국 상무부는 북한에 판매해선 안 되는 재화 목록을 펴내기도 했다. 시 주석의 재임 초기에는 북중 관계가 좋지 않았으나, 결국은 시진핑이 김정은에게 양자 관계를 더 깊게 하는 조치에 대해 논의하는 편지를 보내는 등 그 관계가 조금씩 반등하는 것 같았다.[27] 그러나 북한이 2016년 1월 수소폭탄 실험을 했다고 주장한 이후 중국은 다시 북한에 등을 돌렸다. 중국은 북한의 도발을 규탄하는 UN 결의안을 지지했으며, 미국과 함께 북한 정권에 대한 새로운 제재안을 작성했다. 그러나 지금으로서는 중국의 더 강경한 노선이 북중 관계 단절의 서곡이 될 것이라는 신호는 없다. 특히 그러한 관계 단절이 북한의 불안정성, 중국으로의 난민 유입, 그리고 미국과 동맹을 맺은 통일 한국으로 이어질 수 있는 북한의 붕괴를 촉진할 경우 더욱 그렇다.

중국이 북한을 압박하고 싶어 하지 않는다는 점을 고려할 때, 그리고 최근 핵 실험에서부터 포격에 이르기까지 북한의 연속된 도발을 고려할 때 논평가들이 미국의 대북 정책을 비판하는 것은 그리 어렵지 않다. 그러나 이러한 비판은 대개 부당하다. 한반도에서는 좋은 선택지가 거의 없고, 아직까지는 만족스럽지 않을지 몰라도 미국은 북한보다 더 장기적이고, 더 인내심이 있고, 그리고 더 전략적인 게임을 하고 있다. 미국은 북한과 협상을 하려 하지만 미국의 입지를 훼손하거나 북한의 이웃 국가들을 소외시키거나 혹은 예를 들어 북한의 핵 국가 지위 인정처럼 전 세계적인 규범을 약화시킬 전략적 문제에 대해서는 조금도 양보할 생각이 없다. 미국은 북한이 미얀마와 중동 국가에 군사 물품과 미사일을 수출하는 것을 제약하기 위해 다른 국가들과 공동으로 노력하여 평양 지도부로 들어가는 경화硬貨의 흐름을 규제했다. 또한 UN을 통해 북한을 제약하려는 외교적인 노력에 협조하도록 중국을 압박하고 설득했다. 마지막으로 미국은 일본 및 한국과 협력 그리고 그들 사이의 협력을 더 심화하고자 노력했으며, 미국이 그들을 보호할 것이라는 의지를 지속적으로 천명해왔다.

   북한에 대한 미국의 노력이 커다란 돌파구를 만들어내지는 못한다 해도, 발 빠른 외교와 관심은 참사의 위험을 줄일 수 있다. 만약 북한이 한국을 상대로 전쟁을 일으킨다면, 또는 내부 모순이 북한 붕괴로 이어진다면, 이 지역은 한순간에 전쟁의 소용돌이로 빨려들 수 있다. 수백만 명의 난민들이 거처를 필요로 할 것이고, 핵무기와 다른 위험한 물질들을 안전하게 지켜야 하고, 한국은 미국의 보호와 지지를 필요로 할 것이다. 중국은 북한 정권이 넘어지지 않도록 받쳐줄 것인지, 북한의 일부 또는 전부를 점거하고 중국 스스로의 정부를 수립할 것인지, 아니면 아무것도 하지 않을 것인지 결정해야 한다. 이처럼 무섭고 유동적인 환경에서 미국과 중국의 군軍이 충돌할 가능성은 매우 높다. 이런 위험을 고려할 때, 미국의 가장 중요한 임무 중 하나는 경계를 게을리하지 않고, 동맹들의 단결을 도모하고, 그리고 특히 중국을 포함한 한반도 주변국들 사이에 어느 정도 수준의 소통과 대화의 장을 마련하는 것이다. 그럼으로써 극적인 변화가 전개된다거나 재앙이 닥쳤을 때 생겨날 한반도 불확실성과 불안정성에 대비해야 한다. 북한은 놀라운 번영의 한중간에 있는 시대착오적인 존재이고 세계에서 가장 퇴보하는 국가들 중 하나일 수 있다. 그럼에도 불구하고 평화롭고 안전한 아시아에 심각한 위협을 제기하며 미국이 지속적이고 장기적인 집중과 관심을 기울이기에 충분한 이유를 제공한다.

남중국해

태평양에서 중국, 말레이시아, 필리핀 그리고 베트남으로 둘러싸인 남중국해로 알려진 지역에 들어가볼 용기가 있다면 아주 놀라운 광경을 목격할 것이다. 멀리서 보면 트럭, 크레인 그리고 건물들이 물에 떠 있는 것처럼 보인다. 이 지역의 중국 순시선을 따돌리고 더 가까이 접근한다면 이 구조물들이 물 위로 간신히 드러난 가느다란 산호초 위에 설치되어 있는 것을 볼 수 있다. 간조기를 제외하고 늘 물에 잠겨 있는 이 띠들은 현재 중국의 준설 팀과 건설 팀에 의해 더욱더 수면 위로 높아지고 있다. 선박과 준설선들은 수백만 톤의 암석과 모래를 해저에서부터 산호초로 옮기고, 그다음엔 굴착기와 크레인으로 그것들을 여기저기에 채우고 나서 시멘트를 부어 굳히고 있다. 이런 거대한 영토 간척을 통해 중국은 일곱 개의 암초를 인공섬으로 만들었다. 그중 세 개에는 활주로가 건설되어 있는데, 중국은 이를 통해 이 지역에 힘을 투사할 수 있다.[28]

중국이 이 바다에 영토 주장을 하는 유일한 국가는 아니다. 브루나이, 말레이시아, 필리핀, 대만 그리고 베트남도 이 지역의 많은 섬들에 대한 권리를 주장하고 때로 자신들의 섬을 건설하고 있다. 하지만 중국의 섬 간척 규모는 경쟁 국가들과 비교할 때 훨씬 크다. 2년이 채 안 되는 기간 동안 중국은 다른 경쟁 국가들이 지난 40년 동안 간척한 것을 합한 것보다 열일곱 배나 더 많은 땅을 간척했다. 이는 남중국해에서 간척된 땅의 약 95%에 해당한다. 최근 미국 정부 보고서에 따르면, 중국은 활주로 건설을 넘어 기동 포병도 배치했다.[29]

남중국해를 둘러싼 분쟁은 여러 가지 복잡한 요소들이 그 이면에 있다. 영토를 주장하는 국가들 입장에서는 명예와 국위를 고려하는 것이 중요하다. 또한 손에 잡히는 물질적 유형의 고려 사항도 있다. 남중국해 해저에는 좋은 어장이 있어 어선들과 해상보안 당국 선박들 간의 충돌로 자주 이어진다. 잠재적인 에너지 자원도 풍부하다. 미국 에너지정보국은 남중국해가 110억 배럴의 원유와 190조 세제곱피트의 천연가스를 보유하고 있을지도 모른다는 수치를 인용하곤 한다.[30] 세계에서 가장 큰 원유 수입국인 중국 입장에서 남중국해는 극적으로 에너지 의존도를 낮추고 에너지 안보를 증진시킬 가능성을 제공한다.

사람이 거주하지 않는 남중국해의 지형들 — 그중 일부는 심지어 섬도 아니다 — 을 둘러싼 경쟁이 도대체 미국과 무슨 상관인가 하고 질문할 수 있다. 미국의 전략과 국익의 관점에서 볼 때 대양에서 항행과 비행의 자유는 오랫동안 지속되어온 미국의 중요한 원칙이다. 이 원칙은 바버리Barbary 해적들이 미국 선박을 괴롭힌다는 이유로 전쟁을 벌였던 1801년까지 거슬러 올라간다.[31] 다소 명확하지 않을 수도 있지만, 남중국해는 물동량이나 액수 기준으로 볼 때 세계에서 가장 중요한 무역로이자 에너지 수송로이다. 그 때문에 남중국해에서 항행의 자유는 미국과 세계의 전략적·경제적 우선순위에서 중요하다. 전 세계 연간 상선 용적 톤수의 절반 이상과 전 세계 LNG 무역의 절반, 전 세계 원유 수송의 3분의 1이 남중국해를 통과한다.[32] 일부 추정치에 따르면, 이 바다를 통과하는 제품의 가치는 매년 5조 달러를 넘는다. 또 다른 기준에 따르면, 남중국해는 세계의 유명한 몇몇 관문들보다도 더 중요하다. 남중국해를 경유하는 원유의 양은 수에즈 운하보다 세 배나 많고 파나마 운하보다 열다섯 배 많다. 로버트 캐플런Robert Kaplan 의 주장에 따르면, "남중국해는 태평양 서부와 인도양의 목구멍 같은 역할을 한다. 전 세계의 항로들이 합쳐지는 거대한, 서로 연결된 경제적 세포라고 할 수 있다."³³ 중국과 같은 주요 열강들이 이 거대한 바다를 두고 주권을 주장한다면, 이는 70년 넘게 국제 무역이 국가의 간섭 없이 진행되고 아시아 경제 기적의 기반이 되었던 항행의 자유 원칙을 훼손할 것이다.

중국의 주장은 전 세계 항행의 자유에 가장 위협적이다. 중국은 남중국해에서 권리를 주장하는 국가들 중에서 단연코 가장 큰 경제적·군사적 역량을 가졌고 나아가 섬뿐만 아니라 바다에 대한 권리도 주장하고 있다. 중국은 공식적으로 1947년 통킹만에서부터 베트남 주변으로, 그리고 말레이시아와 필리핀 해안을 따라 다시 중국으로 올라가는 열한 개의 단선을 나타낸 지도를 근거로 남중국해에 대한 자국의 권리를 주장했다. 이후 그 모양 때문에 '소의 혀'라고 불리는 아홉 개의 단선으로 업데이트되었다. 중국의 주장은 모든 국가들에 해안에서부터 최대 2백 해리까지 육지로부터 확장된 해양에 대한 특별한 경제적 권리를 부여하는 유엔해양법협약United Nations Convention on the Law of the Sea(UNCLOS)과 충돌한다. 이 협약 때문에 남중국해는 여러 국가들의 소유권이 서로 겹치는 지역이 되었다.

권리를 주장하는 국가들의 갈등 가능성이 남중국해 상황을 보다 위험하게 만든다. 이런 갈등은 해상 무역을 방해하고, 운송 보험 요금을 인상시켜 추가 요금을 부과하게 하고, 더 큰 충돌로 번질 수도 있다. 심지어 영토를 주장하는 필리핀의 동맹국인 미국까지도 분쟁에 끌어들일 수 있다. 이 잠재적인 갈등에 대한 우려가 허무맹랑한 것은 아니다. 1974년에 남베트남은 존슨 산호초Johnson Reef 북쪽의 시사西沙군도를 두고 중국과 충돌했고 양측에서 각각 53명과 18명이 목숨을 잃었다. 14년 뒤, 중국과 베트남의 해군 전함들은 남존슨 산호초에 대한 상대방의 접근에 이의를 제기하며 서로 발포했다. 화력에서 밀린 베트남은 70명이 넘는 사상자를 남기고 후퇴했다. 더 최근인 2014년 5월에는 베트남의 배타적 경제수역Exclusive Economic Zone(EEZ) 내에서 중국이 도발적으로 국영 석유 회사의 굴착 장치를 설치하고 인민해방군 해군People's Liberation Army Navy(PLAN) 군함을 배치하여 이를 방어한 바 있다. 이때 중국과 베트남의 무력 충돌 가능성이 다시 제기되었다. 베트남 해안 경비함들이 중국인들을 막으려 했지만 그들은 곧 호위함과 초계정을 포함한 수십 척으로 구성된 중국 함대들에 의해 쫓겨났다.[34] 3주 뒤 이 근방에서 베트남 어선이 중국 선박에 들이받힌 뒤 침몰했다. 이런 도발로 촉발된 중국인 소유 공장과 사업체들에 대한 폭동이 베트남 전역에서 일어났고, 많은 중국인의 생명을 앗아갔다. 결국 중국은 처음 계획보다 한 달 빠른 6월에 석유 굴착 장치를 철거했지만, 생명과 재산 문제를 포함하여 베트남과의 관계에 가해진 손실은 상당했다.

섬 건설 중단에 대한 중국의 거듭된 약속에도 불구하고, 현재 인공섬 건설은 빠른 속도로 진행 중이며, 남중국해 무장화militarization 가능성은 그 어느 때보다 높아지고 갈등 가능성도 계속 커지고 있다. 모든 국가들이 자국의 주장은 정당하고 다른 국가들은 표리부동하며 정직하지 못하다고 간주한다. 이처럼 감정적으로 격앙된 상태에서 각 국가들은 다른 국가들의 권리 주장을 인식하고 있다. 미국은 남중국해의 평화를 유지하는 동시에 항행의 자유에 대한 미국의 결연한 의지를 보여주려는 아슬아슬한 행보를 내딛고 있다. 만약 미국이 남중국해에 대한 중국의 영유권 주장에 이의를 제기하지 않는다면 강대국들에 의해 항행의 자유가 제한되는 것을 방관하는 결과를 낳을 것이다. 다른 한편으로 남중국해에서 자유 항행을 주장함으로써 미국이 중국에 공격당할 위험과 미중 사이에 더 큰 갈등을 불러올 위험이 있다. 최근 2015년과 2016년에 미국은 항행의 자유에 대한 신념을 보여주기 위해 중국이 권리를 주장하는 인공섬 주변 12해리 수역을 통과해 미 해군 함정과 항공기들을 파견했다. 군사 작전을 통해 원칙을 재확인하는 것은 필요한 일이기는 하지만 동시에 위험한 일이다. 이 작전이 적절히 통제되지 않을 경우 전면적인 국제 위기로 번질 수도 있기 때문이다.

2001년의 'EP-3 사건'은 그러한 위기에 빠질 뻔한 가장 잘 알려진 사건이다. 미국은 미 해군의 신호 정찰 항공기 EP-3를 남중국해 공해 상공에서 전자 첩보 수집을 위해 활용해왔다. 작전을 수행하는 동안 EP-3는 주기적으로 중국 전투기들의 방해를 받았고 이런 방해는 유별날 것도 특이한 것도 아니었다. 그러나 EP-3 사건이 일어나기 직전부터 중국의 방해는 갈수록 심해졌다. 이 사건이 나던 날 유별나게 공격적인 한 중국인 조종사가 미국 항공기로부터 10피트(약 3m) 이내로 두 번 지나갔고 세 번째 지나가려 하다 두 항공기가 충돌했다. 중국인 조종사는 사망했고, 미국 항공기는 중국령 하이난섬의 활주로에 비상 착륙을 해야 했다. 미국 군인들은 11일 동안 억류되어 조사를 받았다. 미중 긴장이 눈에 띌 정도였다. 이후 전개된 미중 간의 긴장은 군사력과 무력이 증강되었을 때, 특히 지역 국가들이 상충하는 주장들을 실현하기 위해 군사력을 동원했을 때 심각한 오판이 어떤 중대한 결과를 가져오는지 잘 보여주었다.

최근 몇 년간 중국군은 남중국해에서 미군과 조우할 때마다 더 도발적이었다. 2009년 중국 인민해방군 해군 호위함이 남중국해에서 작전 중인 미 해군 함정 임페커블Impeccable호를 방해했다. 조타실 간 Bridge-to-bridge 교신을 통해 미국 함정에 그 구역에서 떠나지 않을 경우 "결과에 대해 책임져야 할 것"이라 하면서 함정이 나아가는 길에 나무토막들을 떨어뜨렸고, 다른 중국 함정들은 갈고리로 미국 함정의 음파탐지기를 잡아채려 했다.[35] 전 국방부 장관 로버트 게이츠Robert Gates에 따르면, "중국의 행동 자체도 위험했을 뿐만 아니라 중국의 이런 행동은 미국이 그 해역에 들어갈 수 없다는 주장을 하는 것과 다름없었기 때문에 이는 매우 심각하고 잠재적으로 위험한 사고였다."[36] 그것이 중국의 마지막 공격이 아니었다. 2013년 남중국해에서 중국 군함이 미 전함 카우펜스Cowpens 앞으로 끼어들어 두 함정이 거의 충돌할 뻔했다. 이를 두고 국방부 장관 척 헤이글은 "무책임한" 행동이었다고 말했다. 그다음 해에도 EP-3 사건이 거의 다시 한번 재현되었다. 중국 영공이 아닌 남중국해 상공에서 정례적인 임무를 수행하며 날고 있던 미 해군 P-8 순찰기 코앞으로 중국 J-11 전투기가 90도로 가로질러 지나갔다. 중국 전투기는 20피트(약 6m) 이내로 되돌아와 P-8 위로 대담한 연속 횡전(수평으로 나선형을 그리는 비행이다_옮긴이 주)을 해 충돌할 뻔했다.[37] 미 국방부는 중국의 이런 행동에 대해 "우리가 2013년 말 이후부터 목격해 온 비상식적이고, 전문적이지 못하고, 그리고 안전하지 않은 방해 행위가 증가하는 경향을 보여주는 가장 최근 사건이다"라며 불만을 표했다.[38]

교전을 위한 행동 지침과 양국 군 사이의 신뢰할 만하고 지속적인 의사소통 라인을 만들면 사고가 갈등으로 치달을 위험을 줄일 것이다. 냉전 시기 동안 미국과 소련 사이에 수많은 군사적 조우가 있었지만 이런 조치들 덕분에 확전의 위험을 줄일 수 있었다. 중국은 부주의에 따른 위험을 줄이기 위해 위험한 군사훈련 지역들을 조정하고 미국과 군사 외교에 있어 몇 가지 조치들을 취했다. 군사해양안보협력Military Maritime Consultative Agreement이 대표적인 예다. 하지만 중국은 전략적인 이유로 이보다 더 나아가는 것에 대해서는 지금까지 난색을 표해왔다. 중국은 남중국해에서 미국의 작전을 저지하기 위해 불확실성을 잘 활용한다. 이를 통해 미국 함정이 남중국해에 들어왔을 때 심각한 위기의 위험을 감수해야 하는 부담을 준다. 이런 점으로 미루어볼 때 군사적 조우 시 미중 행동 지침을 만들면 과속 운전자들에게 안전벨트를 주는 것과 유사하다. 이 지침은 미국이 위기를 관리하고 위기에서 탈출할 수 있게 함으로써 그 지역에서의 항행의 자유를 계속 보장할 수 있게 할 것이다.

중국의 군사 배치, 정책 선언, 도발적인 해군 기동 훈련, 그리고 귀에 거슬리는 언사의 증가 등을 볼 때 미국 정책 입안자들은 중국의 외교 정책 목표에 대한 관점을 바꿀 필요가 있다. 일반적인 통념은 중국이 개발에 집중하려면 안정적이고 도움 되는 국제 환경이 필요하고, 이를 위해 중국은 영토 분쟁을 해결하거나 보류하고자 한다는 것이다. 일련의 사건·사고들은 계획적으로 발생하지 않은 사안이라 여겼다. 하지만 시진핑의 리더십 아래 일어난 최근의 사건들이 여전히 고립된 별개 사건인지, 아니면 해양에서 현상 유지를 바꾸기 위해 고안된 더 큰 전략의 일부인지 따져볼 필요가 있다. 한 중국인 학자는 다음과 같이 말한다. "이 지역은 역사적으로 우리 것이었다. 하지만 그것만으로는 소용이 없다. 우리가 실제로 통제권을 갖고 있는지가 관건이다. 중국의 해양 통제는 중국의 존재감을 드러내야 하고, 자국의 관할권 아래 있는 이 해양에서 적극적으로 관할권을 행사해야 한다."[39] 시진핑은 그의 전임자들보다 크고 작은 일들을 만들고 실행하는 데 더 두드러진 역할을 하는 것처럼 보인다. 심지어 작은 어선들까지도 중국 고위 당국의 연락과 지시를 받는다. 이를 고려할 때 최근 일련의 도발들은 우연한 실수로 여겨서는 안 되고, 중국이 스스로의 필요에 따라 움직이는 명백한 예로 받아들여져야 한다.

위기 시 의사소통과 미중 간의 효과적이고 합의된 기준의 부재는 잠재적인 문제의 근원 중 하나일 뿐이다. 많은 나라들이 모두 자국의 주장을 관철하기 위해 군사 자원을 사용하는 상황에서, 그리고 공동의 행동 수칙에 의해 통제되지 않고 군사 핫라인으로 의사소통이 일어나지 않는 상황에서 남중국해는 갈수록 위험해지고 있다. 이러한 환경에서 지역의 성공적인 해양 협력 사례들은 자원 공유의 가능성을 보여준다. 예를 들어 일본과 대만은 2013년 분쟁 대상인 해역에서 어류 자원을 공유하는 조약에 서명했다.[40]

인도네시아와 말레이시아는 그 전해에 비슷한 조약을 맺었다.[41] 이런 노력에서 가장 중요한 점은 영토의 포기나 양보 없이 공동으로 자원을 개발하는 협정을 맺는 것이다.

동중국해

중국은 동중국해에서 섬의 소유권을 두고 일본과, 그리고 배타적 경제수역의 위치를 두고 한국과 분쟁에 휘말려 있다. 특히 일본은 센카쿠尖閣라 부르고 중국은 댜오위釣魚라고 부르는 몇 개의 무인도에 대한 갈등이 가장 심각하다. 현재는 일본이 대만 해안 북동쪽에 위치한 이 작고 황량한 섬들을 지배하고 있다. 오랫동안 이 섬들은 큰 관심 대상이 아니었으나 1968년 UN 조사를 통해 이 지역에 상당량의 석유가 매장되어 있는 것으로 알려지면서 갑자기 중요해졌다.[42] 이 자원을 둘러싼 이해관계에 민족주의와 역사라는 곤란한 문제가 결합된다. 중국은 제국주의 일본이 제1차 중일전쟁 후 이 섬들을 강점했다고 한다. 제2차 세계대전 후 카이로Cairo 선언과 포츠담Potsdam 선언에 따르면 제국주의 일본이 중국으로부터 빼앗은 모든 땅은 중국에 귀속되고 따라서 이 섬들도 중국의 영토라고 주장한다. 일본은 이 섬들을 일본이 점령한 것이 아니라 원래 주인 없는 땅이었다고 본다. 그러므로 중국은 이 섬들에 대해 어떤 역사적 권리도 없다고 반박한다. 최근 이 섬들의 소유권 문제가 양국 민족주의에 불을 질렀고 이로 인해 양국 간 타협이나 협상은 매우 어려워졌다.

이 섬들을 둘러싼 문제는 미중 간 갈등으로 비화할 수 있는 몇몇 해양 분쟁 중 하나다. 미국은 이 섬들의 주권 문제에 대해 어느 편도 들지 않지만 일본의 행정적 지배는 인정한다. 미국은 1971년 전후 점령지 반환 시 이 섬을 포함한 몇몇 섬들을 일본에 돌려주었다. 미국은 또 무력으로 이 섬에 대한 현상 변경을 시도할 때 미일 방위조약이 적용된다는 점을 강조한다.

2010년 당시 클린턴 국무장관은 센카쿠를 둘러싼 분쟁이 일어날 경우 미일 방위조약이 적용됨을 명확히 했다. 2014년 오바마 대통령은 한 일본 신문과의 인터뷰에서 "미국의 정책은 명확하다. 센카쿠 열도는…… 미일 상호협력 및 안보 조약US-Japan Treaty of Mutual Cooperation and Security 제5조 범위에 포함된다"고 했다.[43] 센카쿠를 둘러싼 중일 갈등이 미국을 끌어들일 수 있다는 데는 별 의문이 없다.

20세기 초 유럽 국가들 간의 복잡한 동맹과 전쟁 전 긴장 고조가 제1차 세계대전 분위기를 조성했다. 그와 똑같은 1914년의 유럽 느낌이 센카쿠를 둘러싼 바다와 상공에서 물씬 느껴진다. 이런 분위기는 강한 민족주의적 감정, 자신의 입장이 옳다는 양쪽 주장, 그리고 일련의 위험한 도발로 후끈 달아오르고 있다. 최근 6년간 중국과 일본 사이에 섬을 둘러싼 세 차례의 위기가 충돌로 이어질 뻔했다.

2010년 첫 번째 사건이 일어났다. 한 중국 어선이 두 척의 일본 해상보안청 함정을 들이받았고, 중국 어선 선장이 체포되었다. 중국 정부는 선장의 석방을 요구했지만 일본 정부는 거부했다. 이에 따른 양국 간 교착 상태는 심각한 외교 사태로 비화되었다. 몇몇 보도에 따르면, 중국 정부는 이 사건에 대한 대응으로 일본에 희토류 수출을 중단하거나 줄였다고 한다. 실제로 그런 수출 통제가 있었는지는 아직 밝혀지지 않았다. 결국 일본은 중국인 선장을 석방했지만 이미 양국 관계에는 상당히 금이 갔다.

두 번째 사건은 2012년에 일어났다. 당시 일본 총리 노다 요시히코野田佳彦는 센카쿠를 소유하고 있던 일본인 가족으로부터 센카쿠 열도 중 세 개의 섬을 사들여 국유화했다. 민족주의자들이 이 섬을 사들여 중국을 자극하는 행위를 막기 위해서였다. 이런 조치를 고민하던 와중에 일본과 미국은 비밀 회담을 진행했다. 회담에서 미국은 왜 일본이 이 섬을 사들이려는지에 대해 중국과 직접 이야기할 것을 제안했다. 일본 정부는 중국에 일본

정부의 의도를 이야기함으로써 중국의 '이해'를 구했다고 생각했지만 실제 상황은 달랐다. 일본이 센카쿠 열도의 섬을 매입하자 중국 정부는 격하게 반응했고 중국 내에서는 폭동과 일본 제품 불매 운동이 벌어졌다. 이로 인해 일본 제품의 대중국 수출이 급감했고, 일본의 산업 생산은 1.7%나 떨어져 2011년 동일본 대지진 이후 최저를 기록했다.[44] 이런 위기 이후 중국은 이 지역에 대한 순찰을 강화했고, 일본 해상보안청도 마찬가지 조치를 취했다. 미국은 중국과 일본 사이에서 대화 및 상호 이해를 추진하며, 양국이 냉정을 되찾도록 노력했지만 별 성과가 없었다. 이후 중국 정찰기가 일본 상공에 진입하고 이에 대응한 일본 항공자위대 전투기들이 긴급 발진하여 양국 군이 충돌 직전까지 갔다. 한 달 후 일본의 해상자위대는 중국의 프리깃frigate함이 일본 구축함을 향해 미사일 발사 레이더를 겨냥했다고 발표했다.[45]

그로부터 1년 뒤, 여전히 양국 관계가 좋지 않고 충돌 가능성이 상존한 상황에서 중국이 센카쿠를 포함한 전체 동중국해에 방공식별구역(ADIZ)을 선포했다. 이로써 세 번째 위기가 시작되었다. 중국은 자국의 ADIZ 안으로 들어오는 모든 항공기는 중국 당국에 통보해야 하고 그렇지 않을 경우 격추될 수도 있다고 했다. 일본은 중국의 ADIZ를 비난하고 이에 따르지 않았다. 미국은 중국에 통보하지 않고 비무장 B-29 폭격기를 중국 ADIZ 안에서 비행시킴으로써 중국의 조치에 항의했다.

이 세 개의 사건으로 중일 양국 관계는 바닥을 치고 있으며 조만간 근본적으로 개선될 것 같지는 않다. 중일 양국 지도자들이 이 문제를 신중하게 다루지 않는다면 또 다른 계획적 혹은 우발적 충돌이 발생할 수 있다. 이런 충돌은 동북아 전체를 뒤흔들고 세계 경제에 큰 타격을 입힐 것이다. 중국은 일본의 주장에 맞서 이전보다 훨씬 더 많은 해양 순시선, 어선, 전투기를 동원하고 불법적 상륙을 감행하고 있다. 일본 역시 순찰을 강화하고, 수년간 엄청난 횟수의 전투기 긴급 출동을 지시하고 있다. 충돌 위험이 매우 높아졌다.[46] 양국 간 긴장이 줄어든다 해도 어민이나 중국 민족주의자 등 예기치 못한 제3자가 이 갈등에 끼어들 수 있다. 중국이나 일본 모두 원치는 않지만 이런 상황이 발생한다면 미국을 끌어들이는 갈등으로 이어질 수 있다. 튼튼한 중일 관계가 근대 아시아의 기적적인 경제 성장의 바탕이라는 점은 의심할 여지가 없다. 중일 관계가 원만하지 않으면 아시아 지역 전체는 불안하고 긴장이 가득한 미래를 맞게 될 것이다.

따라서 미국의 이익에 비추어볼 때 이 갈등을 평화적으로 관리해야 하고 파국으로 가지 않도록 하는 조치들을 취해야 한다. 중국과의 분쟁 가능성, 미일 동맹과 전 세계 다른 지역에 했던 미국의 약속에 대한 신뢰, 그리고 이 지역의 장래가 위험에 처해 있다.[47] 다른 아시아의 분쟁 지역처럼 동중국해는 전쟁, 평화 그리고 모호하고 비공식적인 도발이라는 회색 지대 어디쯤에 놓여 있다. 미국은 이 지역에서 명확하고 잘 계획된 행동을 취해야 한다. 그렇게 함으로써 중국의 일방적인 자기주장을 저지하고, 양측이 도발을 자제하도록 하고, 갈등을 관리(아마도 자원의 공유를 통해서)하는 노력을 지원하고, 군사적 투명성을 제고하고, 중일 간 교전 규칙rule of engagement을 발전시키도록 지원해야 한다.

대만 해협

최근에는 조금 잠잠하지만, 대만 해협은 오랫동안 세계에서 가장 위험한 분쟁 지역 중 하나였다. 중국 내전에서 마오의 공산군이 승리를 거둔 후 패배한 중국 국민당은 장제스의 지도 아래 중국 본토에서 1백 마일 정도 동쪽으로 떨어진 섬인 대만으로 퇴각했다. 본토 중국이 대만에 대한 주권을 주장했지만, 국민당은 이 섬에 대한 지배를 유지했다. 언젠가는 무력으로 대륙을 통일할 것이라는 꿈을 꾸면서 대만은 중국 전체의 합법 정부임을 주장했고, 1971년까지 UN에서 중국 전체를 대표했다.

비록 그 꿈이 멀어지기는 했지만 대만은 여전히 중국 공산당에 위협적인 요소이다. 특히 1990년대 대만이 민주주의를 받아들이고, 중국과는 전혀 다른 별개의 대만 국가라는 개념을 상상하면서 중국 공산당에 대한 위협은 더욱 가중되었다. 역대 모든 중국 지도자들이 명확하게 대만과의 통일을 가장 중요한 정치적 목표로 천명해왔다. 다른 아시아 국가의 정치와 마찬가지로 대만 독립에 대한 지속적인 반감은 감정과 역사에 그 뿌리를 두고 있다. 대만은 대륙 중국인들에게 아주 어두운 심리적 그림자를 드리우고 있다. 중국인들은 대만 문제를 여전히 지속되는 '백 년의 치욕Century of Humiliation'이 남긴 상처로 보고 있다. 중국인들에게 1895년 대만의 분리는 일본 제국주의와 미국의 국민당 지원이 만들어낸 역사적 탈선이었다. 대만의 존재는 중국 공산당의 정통성에 문제를 제기하기 때문에 위협적이다. 대만의 존재는 중국 공산당이 국가를 통일하지 못했고 식민주의의 유산을 다 되돌리지도 못했다는 의미가 된다. 나아가 시간이 흐를수록 대만의 사례는 중국 문화와 민주주의 전통이 양립할 수 있다는 것까지 증명한다.

대만 문제가 특별히 위험한 것은 역사 문제 때문만이 아니라 미국의 안보 공약과 역사 문제가 서로 얽혀 있기 때문이다. 미국은 한때 대만과 상호방위조약을 맺고 있었다. 1979년 카터 대통령이 중국과 국교 정상화를 하고 타이베이로부터 미국 대사관을 철수하면서 이 조약은 끝이 났다. 이후 미국은 중국을 인정하고 대만과는 비공식적 관계만을 유지했다. 같은 해 미 의회는 대만관계법Taiwan Relations Act(TRA)을 통과시키고 카터 대통령은 이에 서명했다. 이 법은 이후 지속된 미국-대만 간 비공식 관계의 국내적, 법적 근거가 된다. 이 법을 통해 미국은 방어 목적의 군사 장비뿐만 아니라 암묵적으로 안보 공약을 대만에 제공했다. 이 안보 공약은 의도적으로 모호한 성격을 띠었는데 서로 긴장 관계에 있는 두 가지 정책 목표를 달성하기 위한 '전략적 모호성strategic ambiguity'을 내포하고 있었다. 즉, 대만에 대해 중국이 무력을 행사하는 것을 막고, 대만이 독립을 추구하지 못하도록 하는 것이다. 이는 매우 조심스럽게 균형을 맞추는 정책이었다. 만약 이 균형을 제대로 관리하지 못한다면 중국과 전쟁을 치를 수도 있기 때문에 미국은 이 균형을 잘 맞추어야만 했다.

이런 시나리오가 전혀 상상 불가능한 것은 아니다. 지난 60여 년간 이 지역을 전쟁 직전까지 몰고 간 위기가 대만 해협에서 세 번 일어났다. 한국전쟁이 끝난 지 채 1년이 되지 않아 첫 번째 대만 해협 위기(1954~1955)가 발생했다. 중국은 대만보다 본토에 가까운 대만의 두 섬, 즉 진먼과 마주섬을 포격했다. 두 섬이 대만과의 상호방위조약에 포함된 것은 아니었지만, 포격으로 두 명의 미군이 사망했다.[48] 그리고 중국은 두 개의 작은 섬, 다천과 이장산에 침투했다. 이 사태는 미 대통령 아이젠하워와 국무장관 덜레스가 대만을 지키기 위해 전술 핵무기를 사용하겠다는 엄포를 놓고 중국의 동맹인 소련이 참전할 것을 우려해 중국에 침략을 중단하도록 압력을 넣으면서 종료되었다. 미국과 중국은 서로에 대한 강압 외교를 시행했을 뿐이고 실제로 전쟁을 일으킬 의사는 없었다. 그러나 상황에 대한 오판으로 인해 하마터면 미국, 중국, 소련이 그리 중요하지도 않은 대만의 섬 몇 개 때문에 전쟁에 돌입할 뻔했다.

두 번째 대만 해협 위기(1958)는 여러모로 첫 번째 사례와 유사하다. 또다시 중국이 대만의 섬들을 포격하여 거의 천 명에 가까운 민간인과 대만 군인들이 희생되었다. 이번엔 마오쩌둥이 매우 정치적인 의도, 즉 미국을 중국과의 대화 테이블로 끌어들이려는 의도로 벌인 일이었다. 사태 막바지에 미국과 소련은 이 섬 문제로 서로에게 핵 위협을 가했다. 마오쩌둥은 중국을 포함한 누구도 전략적으로 중요하다고 생각지 않은 이 섬을 이용해 미소 두 강대국이 핵 사용 위협을 하도록 만들었다.[49]

세 번째 대만 해협 위기는 냉전 뒤에 일어났다. 아마 앞으로 닥칠 네 번째 대만 해협 위기는 이 세 번째 위기와 매우 닮은 모습일 것이다. 이 세 번째 위기는 대만의 민주화로 인해 발생했다. 대만의 민주화는 고령의 장징궈蔣經國가 계엄령을 철회하고 자유화를 시작한 1987년에 시작되었다. 1994년 개헌과 보통선거 도입으로 총선의 길이 열렸는데, 이는 독립으로 이어질 가능성도 있었다. 장징궈에 이어 국민당의 지도자가 된 리덩후이李登輝는 1996년 선거가 다가오자 국민당의 전통적인 '하나의 중국One China' 원칙과 모순되는 조치들을 취하기 시작했다. 하나의 중국 원칙은 본토와 대만은 하나의 중국에 속해 있지만 누가 적법한 리더인지에 관해 생각이 다르다는 입장이다. 중국 입장에서 가장 신경에 거슬렸던 것은 리덩후이 총통이 1995년 개인 자격으로 연설하기 위해 모교인 코넬 대학을 방문한 것이다. 리덩후이의 방문은 전례를 깨뜨리는 것이었는데, 미중 국교 정상화 이후 미국은 현직 총통의 미국 방문을 허락하지 않았다. 리덩후이 총통이 반半공식적으로 미국을 방문하고, 연설에서 대만이 중국과 별개의 국가가 될 수 있다고 언급한 것 때문에 중국은 대만의 독립 가능성에 잔뜩 신경을 곤두세우고 있었다.

이에 대한 대응으로 중국은 무력시위를 했다. 1995년 7월과 8월에 미사일 훈련을 감행하고 같은 해 11월과 12월에 한 번 더 훈련을 시행했다. 1996년 선거가 다가오면서 중국은 수십만의 군대를 동원하고 대만의 지룽基隆과 가오슝高雄항 근처에 미사일을 발사하면서 대만 사람들이 리덩후이에게 투표하지 못하도록 위협했다. 이 지역은 대만 해운의 대부분이 지나가는 길이어서 중국은 대만을 미사일로 봉쇄할 수 있는 능력이 있음을 보여주었다. 미국은 중국이 군사적 과시를 통해 대만을 위협하는 것을 문제 삼으며 베트남전 이후 가장 큰 규모의 무력시위로 맞서 항공모함 전단 두 척을 대만 해협으로 파견했다. 결국 중국이 물러서기는 했지만 정치적으로 큰 비용을 치러야만 했다. 중국의 압박 시도는 역효과를 낳아 리덩후이 총통에 대한 지지가 엄청나게 증가했다. 그 결과, 리덩후이 총통은 단순한 다수를 넘어 의회 과반수를 점할 수 있었다. 중국의 행동으로 인해 미국은 대만에 계속 무기를 팔 수 있는 명분을 얻었다. 이 분쟁으로 대만 해협에 걸린 새로운 전략적 이해관계가 드러났다. 이제 막 민주화된 대만은 독립 카드를 만지작거렸고, 중국은 이를 막기 위해 전쟁까지 고려했다. 미국은 중간에 끼여 어느 쪽도 일방적 현상 변경을 시도하지 못하도록 해야 할 부담을 안게 되었다.

이후 대만 해협에서 또 다른 무력 긴장은 없었다. 그러나 리덩후이를 뒤이은 천수이볜의 민주진보당Democratic Progressive Party 행정부는 독립 문제에 대해 리덩후이보다도 더 중국에 도발적이었다. 그는 본토를 도발하지 않겠다는 미국과의 약속을 깨고 대만이 독립된 주권 국가임을 주장하는 연설을 많이 했다. 중국은 대만의 독립을 지지하지 않겠다는 미국의 약속에 안심했고, 가장 최근의 대만 해협 위기의 경험 때문에 천 총통이 재선으로 가는 길목에서도 군사훈련이나 무력을 쓰지 않았다. 하지만 천 총통이 재선에 성공하자, 대만이 독립할 경우 군사력을 사용할 의지가 있음을 명확히 하는 분리반대법Anti-Secession Law을 입안했다. 나아가 중국은 대만 해협 건너편에 중국의 중단거리 탄도 미사일을 집중 배치하기 시작했다. 대만의 도발은 2008년 정점에 달했다. 천 총통은 대만이 중화민국Republic of China이 아닌 대만Taiwan이란 국호로 UN에 회원 신청을 허용케 하는 방안을 국민투표에 부쳤다. 그것은 단순한 선거 전략이었다. 하지만 미국은 대만이 이 방안을 추진할 경우 이는 일방적인 현상 변경에 해당되며 대만의 안전과 안보를 위협할 것이라는 점을 명확히 했다. 천 총통은 선거에서 패했고, 보수 정치인인 마잉주馬英九가 당선되었다. 마잉주는 대만 해협의 긴장을 낮추려 했고, 천 총통의 독립을 향한 움직임에 반대하는 입장이었다.

마잉주의 임기 동안 대만을 둘러싼 긴장은 냉전 이후 가장 낮았고, 대만과 대륙의 관계는 극적으로 개선되었다. 마 총통은 포괄적 경제 기본 협정을 포함해 중국과 몇 개의 중요한 경제 협정을 맺었고, 중국과 직항 비행편도 개설했다. 중국도 군사적 압박보다 경제 협정을 통해 대만에 영향력을 행사하는 것이 보다 효과적이라고 생각했다. 양안 관계는 마 총통과 시 주석이 만난 2015년 최고조에 달했다. 이는 1949년 중국 내전이 끝난 이후 중국과 대만 지도자의 첫 만남이었다.

마 총통의 임기가 끝나가면서 대만인들은 대만 경제가 중국에 상당히 의존적이라는 데 불안을 느꼈다. 학생들은 중국과 대만 간 무역 자유화의 서비스 협정Trade-in-Services Agreement에 반대하며 의사당을 점거했다. 여론조사에 따르면, 대만과 중국의 긴밀한 경제적 상호 의존에 대해 대만인들은 더 이상 크게 지지하지 않았다. 마 총통의 지지율이 바닥을 치면서 민진당의 차이잉원蔡英文 후보가 2016년 선거에서 승리했다. 민진당은 역사적으로 독립을 선호하고 중국에 반대하는 노선을 걸어왔고, 차이 총통은 천수이볜 행정부에서 일했던 사람이다. 이런 이유로 중국은 차이 총통이 독립을 추구하는 노선을 택하거나 대륙과 정치·경제적 관계를 늦출 경우 대만의 정치적 변화가 양안 관계의 불확실성을 더할 것을 우려하고 있다.

중국과 대만 관계의 장기적 궤적은 대만의 변화하는 정치적 정체성으로 인해 불확실하게 되었다. 근대적 민주 국가인 동시에 경제적으로 번영한 대만의 성공은 독특한 대만인의 정체성에 대한 자부심을 낳았다. 대만에 대한 대륙의 위협도 이를 강화시켰다. 대만 국립정치대학교National Chengchi University가 시행한 연례 여론조사에 따르면, 스스로를 대만인으로 보는 사람들은 1992년 18%에서 2016년엔 61%로 증가한 반면, 스스로를 중국인으로 보는 사람들은 같은 기간에 20% 이상에서 4% 정도로 떨어졌다.[50] 이러한 변화는 주로 세대 변화에 따른 것인데, 이와 함께 통일에 대한 반대도 따라서 증가했다. 중국이 이런 추세를 본다면 평화적인 방법으로 통일을 이루는 데 회의적이 될 것이고, 대놓고 군사적인 방법이나 혹은 경제적으로 강압적인 방법으로 통일을 이루려 할지 모른다. 최근 홍콩에서 나타나는 정치적 혼란은 중국과 대만에 서로 다른 성격의 매우 실질적인 우려를 낳았다. 이런 우려는 향후 양안 관계가 진전하는 데 걸림돌이 될 수도 있다.

미국의 저명한 아시아 전문가들은 자주 미국이 대만을 사실상 포기해야 한다고 주장한다. 이들은 역사적으로 볼 때 대만 문제를 놓고 미중 사이에 벌어졌던 혼란의 경험에 근거를 두고 지금 그런 혼란이 다시 수면 위로 떠오르고 있기 때문에 이런 주장을 한다. 조지워싱턴 대학의 찰스 글레이저 Charles Glaser 교수는 "미국이 대만을 더 이상 지원하지 말아야 한다"고 주장한다. 유명한 중국 전문가인 차스 프리먼Chas Freeman은 미국의 대만 전략이 "이상하게 엉뚱한 방향으로 갔다"고 한다.[51] 브루스 길리Bruce Gilley 교수는 대만의 "핀란드화 Filandization(냉전 시기 당시 핀란드가 독립 국가였음에도 외교 정책에서 소련의 영향을 크게 받았다. 이처럼 독립 국가이지만 주변 대국의 영향권 아래 들어가 있는 상태를 일컫는다 _ 옮긴이 주)"를 언급하며 미국의 대만 안보 공약을 종식시킬 것을 주장한다.[52] 이런 정책은 미국의 이익에 반한다. 미국의 안보 공약 신뢰성에 문제를 일으키고, 대만 해협뿐만 아니라 다른 지역에서도 미국의 지위를 약화시킬 것이다. 나아가 이런 미국의 정책은 이 지역에서 중국의 자기주장 강화를 부추길 것이다. 보니 글레이저Bonnie Glaser와 중국 역사학자 낸시 터커Nancy Tucker가 주장하듯 미국이 대만을 버린다면, "자신감을 더해가는 중국에 이제 미국이 약해지고 있고, 흔들리고 있으며, 믿을 만하지 못하다는 것을 보여줄" 뿐이며 앞으로 평화를 유지하기 위해 미국은 중국에 더 많은 양보를 해야 한다.[53] 마지막으로 민주 대만의 상징적 가치는 매우 중요한데 이는 과소평가되고 있다. 대만의 민주주의는 중국 본토 사람들에게 민주주의가 서구의 것이라는 그들의 주장이 근거 없다는 점을 잘 보여준다.

미국은 후퇴하는 대신 강력하지만 비공식적인 대만 정책을 유지해야 한다. 이 정책의 대강은 다음 장에서 밝힐 것이다. 이 장에서는 미국이 대만의 번영하는 민주주의를 지원하고, 양안 관계의 발전을 촉진하고, 양측의 도발을 억제하는 안정 유지 세력으로 깊이 관여해야 한다는 점을 명확히 밝혀두려 한다.[54]

민주적 발전인가 후퇴인가

몽골은 아시아에서 가장 묘한 매력을 지닌 국가들 중 하나이다. 두 개의 거대한 전제 국가인 중국과 러시아 사이에 샌드위치처럼 끼여 있고 자유주의의 역사가 없음에도 몽골은 번성하는 민주주의 정부를 수립했다. 한때 유라시아 대부분을 점령한 기마 민족으로 알려진 몽골은 작은 군대를 가진 평화로운 국가이다. 몽골의 이 작은 군대는 최근 10년 동안 열다섯 차례의 국제적 평화 유지 임무를 수행했으며, 민주주의 공동체Community of Democracies라는 국제 회의를 개최한 바 있다.[55] 몽골의 지도자와 국민은 민주주의 성공으로 엄청난 칭찬을 받을 만하다. 미국도 여기에 한몫했다. 수년간 미국은 몽골이 민주주의적 성과를 공고히 할 수 있도록 지원을 아끼지 않았다.

우리가 앞 장에서 본 것처럼 아시아 민주주의에 대한 미국의 관여는 오랫동안 미국 전략의 한 요소였다. 장기적인 관점에서 보면 아시아 민주주의를 위한 미국의 노력은 매우 분명하고 깊이가 있다. 미국이 공산주의에 대항해 한국과 베트남에서 전쟁을 일으킨 적이 있기는 하지만, 미국은 힘이나 강요를 통해 민주주의를 주입하려 하지 않았다. 대신 성명, 제도 건설, 법적 지원, 인적 교류와 경제 성장을 통해 민주주의를 지원하는 보다 섬세하고 효과적인 방법을 선호했다. 이런 정책은 특히 일본, 한국, 필리핀, 대만 같은 미국의 동맹국과 파트너 국가에서 큰 성공을 거두었다.

아시아 전체를 조망해보면 이 지역에 중국, 라오스, 북한, 베트남 등 소수의 강력한 독재 국가들이 자리 잡고 있음을 부인할 수 없다. 또 이 지역에는 인도, 인도네시아, 일본, 몽골, 필리핀, 한국 그리고 대만과 같은 민주주의 국가들도 있다. 다른 한편으로 이 지역에는 민주주의 방향으로 향하거나 아니면 민주주의에서 멀어지는 방글라데시, 미얀마, 캄보디아, 말레이시아, 네팔, 싱가포르, 스리랑카 그리고 태국 등 훨씬 더 많은 수의 과도기 국가들이 분포되어 있다. 이 지역의 미래를 위해서는 이 국가들이 중요하다.

이 과도기 국가들이 여러모로 아시아의 정치적 미래를 규정하게 될 것이다. 이 국가들은 지금 어떻게 스스로를 통치할 것인가 하는 중요한 결정을 내리는 과정에 있다. 향후 이들의 정치적 진화 방향에 따라 세계 인구의 절반을 차지하고 세계 경제의 성장을 이끄는 아시아가 자유주의적이고 진보한 민주주의 공동체가 될지 아니면 고통스러운 민주주의 후퇴로 기억되는 지역이 될지가 결정될 것이다. 저명한 정치학자 래리 다이아몬드Larry Diamond가 2012년에 예측한 것처럼, "만약 향후 10년 이내에 세계적으로 민주주의에 큰 발전이 이루어진다면, 그것은 아마도 동아시아로부터 생겨날 것이다."[56]

향후 미국의 민주주의 촉진 정책은 많은 도전에 직면할 민주주의 이행기에 있는 아시아 국가들을 지원하는 데 초점을 두어야 한다. 미국의 전략은 끈질기고 유연해야 한다. 기본적으로 가장 효과적인 전략은 미국이 민주주의와 인권 원칙에 천착하는 것이다. 다만 교조주의적 태도나 미국의 영향력을 저해하는 방식은 지양해야 한다. 미국은 필리핀이나 한국 같은 국가들이 민주주의를 수용하는 데 중요한 역할을 했다. 그리고 앞으로도 아시아의 다른 국가들에 대해 똑같은 역할을 할 수 있을 것이다. 최근 나는 미얀마의 개방을 이끌어내는 일에 참여하는 영광을 누렸다. 미얀마는 2010년까지도 세계로부터 고립되어 있었고 경제적으로 중국과만 관계를 맺고 있었다. 개방 이후 전체주의적이었던 미얀마 정부는 의회를 소집하고 헌법을 새로 만들고, 선거를 치렀으며, 노벨 평화상을 탄 야당 지도자 아웅 산 수 치를 석방했다. 아웅 산 수 치는 지금 그 어느 때보다 미얀마의 민주주의에 적절한 인물이며 그 태도는 매우 단호하다. 민주주의로 향한 진보뿐만 아니라 가슴 아픈 퇴보도 경험하게 될 미얀마가 앞으로 가야 할 길은 멀다. 그럼에도 불구하고 지금 우리가 가져야 할 문제의식은 미얀마가 뒷걸음질을 칠 것인지가 아니다. 어떻게 미래를 향해 앞으로 나아갈 것인가, 그리고 지금 하는 것처럼 미국이 미얀마를 계속 지원할 것인가라는 질문이 중요하다. 미얀마와 다른 국가에 대한 미국의 정책이 성공적이고 아시아의 이행기 국가들이 민주주의를 받아들인다면, 아시아는 유럽처럼 국제질서의 민주주의를 떠받치는 기둥으로 성장할 것이다. 이런 변화는 규칙에 기반한 질서, 경제 협력, 평화와 안정, 그리고 통합적인 국제 제도를 강화할 것이다.

어떤 사람들은 이른바 베이징 컨센서스Beijing Consensus가 이런 전망에 도전을 제기할 것이라고 한다. 베이징 컨센서스는 서구 가치에 대해 논리적 대안을 제공한다고 한다. 지금은 다소 정체되어 있지만 국가 자본주의, 독재 그리고 억압이 독특하게 결합된 중국식 비전이 때로는 미국식 모델보다 더 빠른 경제 성장을 이뤄냈다. 하지만 이런 중국식 정부 형태를 다른 국가로 수출할 수 있는 이념적 모델로까지 여기는 사람들은 이 중국식 모델의 일관성과 매력을 과장하고 있다. 더욱이 중국이 자기 체제를 외부로 확산하려 하지 않는다는 점을 간과하고 있다. 중국이 주권 존중과 내정 불간섭 원칙 아래 세계의 독재 국가들이나 다른 국가들을 지원하고 있기는 하지만 과거 소련이나 마오 시대의 중국처럼 다른 국가의 민주적 거버넌스를 전복하려는 의도를 가진 것은 아니다. 민주주의를 중국식 이데올로기와 경쟁하는 미국의 이데올로기로 보는 것은 오늘날 민주주의의 보편성을 간과하는 것이다. 냉전 종식 이후 전 세계적으로, 특히 아시아에서 민주주의의 성공으로 인해 민주주의는 더 이상 미국의 수출품이 아닌 국제적 규범이 되었다.

사실 어떤 경우에는 민주주의가 몽골의 수출품으로 여겨지기도 한다. 불과 25년 전에 서구의 도움을 받아 민주주의를 받아들인 몽골은 이제 그들이 어렵게 얻은 민주주의 지식과 경험을 아프가니스탄, 미얀마 그리고 키르기스스탄 같은 나라들과 나누고 있다.[57] 전 세계 사람들이 민주주의를 더 이상 미국의 독특한 특징으로 생각하지 않는다는 사실이 미국 민주주의의 성공을 보여주는 가장 훌륭한 척도 중 하나일지도 모른다.

번영으로 갈 것인가 보호주의로 갈 것인가

미국의 역사 대부분 기간 동안 미국의 대아시아 전략은 자유무역을 지지했다. 이미 앞 장에서 본 바와 같이 역사가들은 1784년에 중국황후호를 타고 무역을 목적으로 아시아로 떠난 미국의 첫 탐험과 두 세기가 넘게 지난 후 시작된 TPP 관련 협상을 연결하는 하나의 선을 그을 수 있다. 물자의 자유로운 이동을 촉진하는 규칙과 개별 국가의 보호무역주의 정책을 막는 규칙이 오늘날 자유무역에 필수적이다. 미국은 대공황 기간에도 이런 규칙들을 늘 되새겨왔다. 대공황 기간에 주요 국가들이 국내 산업을 보호하기 위해 취한 조치들은 지속적으로 보호무역을 강화시켰고, 이는 결국 국제 무역과 번영에 재난을 초래했다. 제2차 세계대전 후 미국과 동맹국 그리고 파트너 국가들은 규칙을 마련해 정책 결정자들이 시장을 열어놓도록 했다. 아시아는 이런 체제의 가장 직접적인 수혜자였다. 세계은행 같은 국제기구들이 아시아 국가들의 근대화를 지원했고, GATT와 WTO는 무역 장벽을 낮췄다. 그 결과 국제 무역과 서방 국가로의 수출이 급증하며 아시아의 기적을 가져왔다. 아시아의 성장은 상당 부분 현존하는 이 체제 때문이다. 그리고 현존하는 체제와 글로벌 자유무역의 미래는 바로 아시아에서 쓰일 것이다. 아시아가 글로벌 경제의 역동적인 중심이기 때문이다. 현재 아시아의 경제 체제는 미래 지향적인 높은 수준의 경제 체제로 갈 것인지, 아니면 과거로 돌아가는 낮은 수준의 경제 체제 그리고 연성 보호무역주의로 회귀할 것인지 갈림길에 놓여 있다. 향후 미국 정책의 우선순위는 아시아가 더 높은 수준의 미래 경제 체제로 가도록 하는 데 있다. 이는 아시아인, 미국인 그리고 세계 경제의 성장을 위해서이다.

사실 지금 아시아는 21세기 경제의 맨 앞에 서 있고, 그 21세기 경제가 제기하는 도전을 가장 먼저 맞고 있다. 현대 아시아의 무역은 애덤 스미스 Adam Smith나 데이비드 리카도David Ricardo의 단순한 무역 이론과 전혀 동떨어진 모습을 하고 있다. 이들은 영국의 섬유가 어떻게 서로의 이익을 위해 포르투갈의 와인과 교환되어야 하는지를 이론화했다. 아시아는 지금 세계에서 가장 연계되고 서로 의존하는 지역이다. 공급망과 자본 흐름의 복잡한 연결망이 아시아의 다양한 경제들을 성장, 일자리 창출 그리고 수출의 강력한 원동력인 '아시아 공장Factory Asia'이라는 것으로 묶어내고 있다.[58] 아주 단순한 바지 한 벌도 중국산 단추, 일본산 지퍼, 방글라데시에서 짠 실로 이루어져 있고, 바느질은 파키스탄에서 완성된다. 아마 휴대전화나 컴퓨터는 더 복잡하게 연계되어 있을 것이다.[59] 아시아가 유럽과 미국에 수출을 많이 하는 것은 잘 알려져 있는데, 사실 아시아 무역의 56%가 아시아 역내에서 일어난다. 이는 완벽하게 자유화된 단일 시장인 유럽에 이어 세계 2위에 해당하는 수치이다.[60] 그와 동시에 아시아 국가들은 지속되는 영토 갈등이나 안보 문제는 말할 것도 없고 여전히 다양한 관세 및 비관세 장벽을 가지고 있다. 이 점이 바로 에번 파이겐바움Evan Feigenbaum과 로버트 매닝Robert Manning이 말하는 것처럼 번영하는 "경제적 아시아Economic Asia"와 군사적 대결로 정의되는 "안보적 아시아Security Asia"의 불편한 동거이다.[61]

경제적 아시아의 출현은 아시아 지역에 큰 혜택이었고, 수백만 명을 가난으로부터 구제했다. 그렇다고 해서 아시아의 미래 번영과 세계의 경제적 미래가 보장된 것은 아니다. 중국을 포함한 아시아 지역 국가들은 여전히 '중진국 함정middle income trap'에 빠질 위험을 안고 있다. 특히 이들 국가들이 지속적으로 성장하지 못하거나 고부가가치 제품의 생산으로 옮겨가는 데 실패한다면 말이다. 또한 글로벌 경제의 성격이 변화함에 따라 아시아 국가들도 새로운 21세기의 도전을 맞이해야 한다. 예를 들어 과거 많은 아시아 국가들이 상품에 대한 관세 인하로 낮은 수준의 이익을 봤다. 그러나 이제 아시아 국가들은 남아 있는 비관세 무역 장벽을 제거하고 서비스 분야 무역의 새로운 규칙을 만들어야 하고, 지적 빈곤, 초국경적 데이터 이동, 국영 기업의 역할과 같은 21세기적 과제들을 다루어야 한다. 과거에 맺어진 1차 산품과 공산품에 초점을 둔 경제 협정들은 이런 문제들을 다룰 수 없기 때문에 새로 업데이트되어야 한다.

아시아의 번영과 자율성을 위해 새로운 무역 협정과 규칙을 만들 때 가장 중요한 문제는 바로 21세기의 표준이다. 이 질문은 아시아의 범위를 한참 벗어난다. 아시아는 글로벌 경제의 핵심으로 부상한 역동적 지역이고, 따라서 아시아 국가들이 채택하는 규칙은 글로벌 경제 성장에 큰 영향력을 미칠 것이다.

미국과 동맹국들은 아시아의 번영을 지금까지 유지해온 시스템을 만들었고 이 시스템은 매우 단순한 가정, 즉 경제 규칙은 자유무역을 촉진하고 보호무역주의를 억제해야 한다는 가정에 기반하고 있었다. 미국은 이전과는 완전히 달라진 경제 현실을 반영하지 못하는 규칙들을 업데이트해서 자유무역이 21세기 경제의 근본으로 작동하기를 바란다. 이런 점을 염두에 두고 미국은 환태평양경제협정(TPP)과 범대서양무역투자동반자협정 Transatlantic Trade and Investment Partnership(TTIP)을 높은 수준의 21세기 자유무역 체제를 만드는 도구로 추진해왔다. 유럽과 미국이 TTIP의 구성원이다. TPP에는 호주, 브루나이, 캐나다, 칠레, 일본, 말레이시아, 멕시코, 뉴질랜드, 페루, 싱가포르, 미국 그리고 베트남으로 구성되는 태평양 연안 국가들이 참여하고 있는데, 이들 국가의 GDP 합은 세계 GDP의 40%에 이른다. 하지만 아시아의 미래 비전을 제시하는 건 미국만이 아니다. TPP 회원국이 아닌 중국은 16개 국가로 구성된 역내포괄적경제동반자협정 Regional Comprehensive Economic Partnership(RCEP)이라는 낮은 수준의 접근법을 추진하고 있다. 이 협정은 자유무역 촉진이라는 측면에서 기여하는 바가 더 적을 뿐 아니라 TPP가 해결하고자 하는 많은 이슈들을 제외하고 있다.

    TPP나 RCEP은 많은 아시아 국가들이 최종 목적지로 가는 도상의 중간 기착지이다. 아태자유무역지대 Free Trade Area for the Asia-Pacific(FTAAP)라는 이 최종 목적지는 엄청난 규모지만 결론까지는 아직 거리가 있다. 아태 지역의 규모와 번영을 감안하면 FTAAP는 의심할 여지 없이 앞으로 수십 년 동안 글로벌 무역을 규정하게 될 것이다. 그 내용은 부분적으로 향후 아시아가 TPP 표준을 택할 것인가 아니면 RCEP 표준을 택할 것인가에 따라 결정될 것이다. 또한 지금 이 협정들이 협상 중이며 마무리 단계에 있으므로 향후 몇 년이 미래 글로벌 무역을 형성하는 데 아주 큰 영향을 미칠 것이다. 아시아는 미래 글로벌 경제의 모습을 결정할 전쟁터라 해도 과언이 아니다.

자유무역을 국제적인 원칙의 기초로 만드는 것은 미국의 국내적 이해관계에도 중요하다. TPP에 대해 설명하면서 오바마 대통령은 "가장 빠르게 성장하는 지역인 아시아-태평양에서 우리가 무역 질서를 형성해야 합니다. 중국이 우리에게 적용될 질서를 만들게 해서는 안 됩니다. 그렇게 된다면 미국 기업들과 미국 노동자들이 손해를 보게 될 것입니다"라고 덧붙였다.[62] 21세기형 경제인 미국은 21세기에 맞는 규칙을 제시해야 할 필요가 있다. 그 규칙들이 미국의 재화와 서비스의 수출에 더 바람직한 세상을 만들기 때문이다.

이 규칙과 기준들은 다소 추상적인 것들이므로 여기서 잠시 중요한 부분들을 짚고 넘어갈 필요가 있다. 먼저 미국 협상가들은 특허권, 상표 그리고 다른 종류의 지적재산권 문제를 고집하고 있다. 이런 지적재산권들은 해적 행위, 위조, 사이버 절도 그리고 중국이나 인도의 토착화 혹은 현지화 조건들에 의해 위협받고 있다. 현지화 규정은 국내에 있는 경쟁 기업에 외국 기업이 기술을 이전할 것을 강요한다. 지적재산권이 보호받지 못한다면, 기업들이나 기업가들이 생명을 구하는 신약, 영화 판권, 첨단 제품들을 개발하는 위험을 감수하고 투자할 만한 동기를 상실한다. 둘째, 자유무역의 가장 기본 원칙은 상호성이다. 하지만 개별 국가들은 외국에 생산품을 팔면서도 국내적으로는 연성 보호무역주의를 선호하여 유치 산업에 보조금을 주거나 다른 형태의 보호를 제공하고, 비관세 장벽을 세우고, 무역에서 유리한 상황을 만들기 위해 환율을 조작한다. 이런 조치들은 무역 규칙들을 우회할 수 있지만 그로 인해 피해를 입은 국가들이 무역 제재를 하도록 만든다. 거래 조건을 공정하게 만들려는 무역 제재는 결국 글로벌 무역을 망치는 보호무역주의를 가속화할 것이다. 셋째, 경제 협정들이 오랫동안 상품 무역은 다루어왔지만 서비스 무역은 아직 포괄적으로 다루지 않고 있다. 서비스는 미국 경제의 가장 큰 분야이고, 인도 경제의 절반을 차지하고, 중국 경제에서도 가장 빨리 성장하는 분야이다. 서비스 무역의 촉진으로 얻는 경제적 효과는 실로 엄청날 것이다. 넷째, 인터넷 상거래의 등장은 새로운 무역에 관한 이슈들을 만들어냈다. 미국은 대개 국경을 넘나드는 데이터의 이동을 지지하고 인터넷 검열에 반대한다. 이는 원칙 때문이기도 하고, 또 때로는 검열이 신생 인터넷 산업을 외국과의 경쟁에서 보호하는 방패막이로 쓰일 수도 있기 때문이다. 마지막으로 TPP와 TTIP는 노동법, 정부 조달, 국영 기업, 환경 문제와 같은 어려운 주제들도 포함한다. 이런 분야는 향후 아시아 세기의 진전을 위해 매우 중요하다.

많은 아시아 국가들이 이런 TPP 규정을 부담스러워할 것이다. 반면 상품에 대해서만 초점을 맞춘 중국의 접근법이 덜 복잡하고 논란을 덜 불러일으킬 것이라 생각하기 쉽다. 나아가 미국 시장은 이미 개방적이어서 다른 국가들을 미국이 제시한 무역 규칙으로 끌어들일 수 있는 경제적 수단이 보호된 중국 시장의 경우보다 더 적다. 이런 문제들이 극복 불가능한 것은 아니다. 높은 수준의 경제 협정 체결에 따른 경제적 이익이 실제로 엄청나기 때문이다. 최근 한 연구에 따르면, TPP 기준을 채택한 아태지역의 무역 협정이 RCEP 기준을 채택한 무역 협정에 비해 약 1조 달러나 더 많은 경제적 이익을 가져다준다. 브루킹스 연구소Brookings Institution의 조슈아 멜처Joshua Meltzer가 지적하는 것처럼 RCEP의 기준은 "TPP의 규모나 포괄성을 따라오지 못하고 TPP의 대안이 될 수 없다."[63] 또 다른 연구는 TPP가 중국에 얼마나 큰 이익을 가져다주는지 잘 보여준다. 두 명의 미국 경제학자와 중국투자유한책임공사China Investment Corporation 소속 중국 경제학자는 TPP가 향후 10년간 중국에 약 8천억 달러의 이익을 가져다줄 것이라고 한다.[64] 중국의 경제학자들도 유사한 계산을 했을 것이고 최근 중국 정부는 과거 TPP에 대한 적대감을 누그러뜨리고 TPP에 가입하려는 의사를 드러내기 시작했다. 이는 장기적으로 TPP가 성공한다면 중국이 높은 기준을 받아들이도록 할 수 있음을 보여준다. TPP는 개방적인 협정으로 적정 기준만 맞춘다면 어떤 국가도 가입할 수 있다. 이미 인도네시아, 필리핀, 한국, 대만, 태국 등이 가입할 의사가 있음을 밝혔다.[65 66] 이런 측면에서 TPP는 중앙 정책 결정자들의 입장에서는 초대를 기다릴 문제가 아니라 가입하기를 희망해야 하는 것으로 인식되고 있다. 중국이 마지막으로 쉽지 않은 무역 협정에 서명했던 것은 WTO에 가입할 때였다. WTO 가입 후 비용도 많이 들고 어려웠던 국내 개혁을 이뤄내며 엄청난 혜택을 받았다. 중국 내 많은 사람들이 동의하는 것처럼 자유무역은 단기적, 정치적으로는 고통스럽지만 장기적, 그리고 경제적으로는 얻을 것이 많다.

마지막으로 아시아에서 지정학과 경제학은 서로 밀접하게 연관되어 있다. 아시아의 몇몇 작은 국가들은 자국 경제가 중국 경제에 크게 의존할 경우 중국의 경제적 강압에 노출될 것을 우려한다. 이런 우려는 단순한 피해망상이 아니다. 특히 과거에 중국은 자국의 경제적 규모를 다른 나라에 압력을 넣는 데 사용한 바 있다. 필리핀에는 과일 수입 금지를 통해, 일본에는 희토류 수출 금지로, 노르웨이에는 수산물 수입 금지로, 그리고 미국에는 항공기 수입 금지를 통해 압력을 행사했다. 따라서 이 작은 국가들은 경제적 관계를 다변화하고 이를 통해 자율성을 높이는 것이 바람직하다고 생각한다.

결론: 개입할 것인가 물러날 것인가

아시아 미래를 좌우하는 많은 이슈들에 있어서 이 지역은 끊임없는 변화와 불확실성의 상태에 있다. 아시아는 헤게모니와 지역 내 힘의 균형 양쪽으로부터 유혹을 받고 있다. 아시아의 운영체제는 21세기로 갈 것인가 아니면 19세기로 갈 것인가 하는 갈림길에 있다. 그 지역의 강대국들은 이해당사자가 될 것인지, 방해자가 될 것인지를 결정해야 한다. 각국의 군대는 전쟁이냐 평화냐의 기로에 있다. 아시아 이행기 국가들은 민주주의를 채택할지 아니면 억압으로 갈지 선택해야 한다. 아시아의 경제도 높은 수준으로 갈지 아니면 연성 보호주의로 갈지 고민에 빠져 있다.

아시아의 미래를 결정할 이런 중요한 질문은 미국의 선택과도 관련이 있다. 개입할 것인가 아니면 물러날 것인가. 만약 미국이 아시아 세기의 향후 진로를 미국의 이익과 아시아의 평화, 번영의 방향으로 이끄는 역할을 하려면 매우 집중해서 아시아에 관여해야 한다. 반면 이 매우 중요한 이행의 시기에 망설이거나 주의를 집중하지 않는다면 아시아는 많은 이슈에서 위험하고 비생산적인 방향으로 돌이킬 수 없는 길을 가게 될 것이다. 변화하는 아시아의 선택을 성공적으로 유도하려면 '피벗의 계획'이 필요하다. 이제 미국이 아태지역에서 사용해야 할 전략들을 살펴보자.

06

피벗의 계획 :
미국의 열 가지 아시아 전략

미국은 독립 이후부터 아시아 지역에 지속적으로 깊은 관심을 보여왔다. 그리고 아시아 지역의 국가들은 아시아에 오랫동안 진정 효과를 가져온 미국의 영향력을 반겼다. 미국은 영국, 일본, 러시아 등의 제국주의 야망을 억제했을 뿐만 아니라 지금처럼 중국의 외교 정책이 자기주장을 강화하는 시점에서 아시아 국가들을 안심시켜줄 수 있기 때문이다. 이미 앞 장에서 이야기한 것처럼, 아시아는 미국의 이익과 21세기 형성에 중요한 이슈들과 관련하여 중요한 전환기에 직면했지만, 다행히도 미국의 노력과 보조를 잘 맞추고 있다. 아시아 재균형 정책은 아시아 국가들이 헤게모니보다는 세력 균형을, 19세기의 압력 행사보다는 21세기의 규칙들을, 지역의 이익보다는 글로벌 거버넌스를, 갈등보다는 평화와 공존을, 압제보다는 민주주의적 가치를, 그리고 보호주의보다는 번영을 추구하는 데 도움이 된다. 아시아의 밝은 미래와 이를 통한 미국의 안보와 번영을 위해 미국의 선택은 분명하다. 아시아에서 철수할 것이 아니라 더욱더 관여해야 한다.

앞 장에서 이야기했듯이 미국의 아시아 개입은 종종 일관적이지 못하고 불안정했다. 정책 결정자들은 아시아를 유럽이나 중동보다 '부차적인 무대'로 치부했다. 아시아에 대한 이런 무계획적인 대응은 자주 의도치 않은 상황이나 위험한 상황을 낳았다. 미국이 아시아 지역뿐만 아니라 전 세계에서 자국의 이익을 실현하려 한다면 정권이 변하더라도 반드시 지속적이고 안정적인 아시아 외교 정책을 펼쳐야 한다.

이를 위해선 일관성 있는 피벗 계획이 필수적이다. 크고 작은 방식으로 미국이 아시아 세기에 필수적이고 선도적인 역할을 하기 위한 통합된 의지와 지속적인 경제적·정치적 힘을 지니고 있음을 보여주어야 한다. 이후 다가올 수많은 문제와 장애물을 극복하려면 미국은 모든 분야에 걸친 다각도의 아시아 접근법이 필요하다. 이를 위해 이번 장에서는 열 가지의 핵심 요소로 구성된 피벗 계획에 대한 개요를 살펴보고자 한다.

첫째, 중앙정부 차원에서 명확하고 권위 있는 미국의 대아시아 전략을 발표함으로써 피벗을 명확히 하고 시민들의 동참을 이끌어내야 한다. 이런 미국 내 공공 외교 노력은 피벗의 핵심적 내용을 밝히고, 왜 이런 노력이 미국과 나아가 전 세계의 이익에 부합하는지 설명해야 한다. 이는 대통령 연설이나 담화문뿐만 아니라 미국의 아시아 지역 국가에 대한 범정부적 접근법을 상술하는 연례 전략 보고서를 통해서도 가능하다. 피벗을 더욱더 명확히 설명하여, 아시아에서 철수를 주장하는 미국 시민들을 설득하고 아시아 정책을 전면적으로 수용하도록 하는 동시에 아시아 국가들에게도 미국의 의도, 전략, 결의를 보여줄 수 있다.

둘째, 일본, 한국, 호주, 필리핀, 태국 등의 동맹 국가와 준동맹 국가인 싱가포르와 관계를 더욱 강화해야 한다. 미국과 긴밀한 협조, 아시아 국가들 간 협력을 통해 이들 국가들이 이른바 아시아 세기에서 더욱 중요한 역할을 맡을 수 있을 것이다. 이 동맹국들은 미국이 아시아에서 계획을 실현해 나가는 발판이다. 나아가 이 국가들은 아시아에서 힘의 균형을 유지하는 데, 그리고 아시아의 운영체제, 즉 지난 40여 년간 아시아의 번영과 안보에 기여한 복잡한 법적, 안보적 그리고 실용적 합의를 지탱하는 데 필수적 요소이다. 특히 미국이 국내적으로 자원이 부족하고 다른 지역에서 많은 외교적 도전에 직면해 있는 지금, 아시아에서 성공적으로 외교 정책을 펼치기 위해서는 지역 동맹 국가들의 협조가 필수적이다.

셋째, 미국은 계속 성장하는 중국을 어떻게 이끌 것인가 고민해야 한다. 보다 큰 아시아 정책 안에 대중국 정책을 통합하는 전략을 취해야 한다. 반면 국가 간 공식 성명이나 중국과 큰 타협에 지나치게 의존해 중국이 미국 아시아 정책의 전부인 것처럼 생각하는 '중국 우선주의' 전략을 지양해야 한다. 미중 관계는 향후에도 지속적으로 경쟁과 협력이 뒤섞인 도전 과제로 남을 것이다. 또한 미국은 앞으로 아시아 운영체제를 떠받치고, 많은 글로벌 이슈에서 공통의 입장을 찾아내고 악명 높은 '투키디데스 함정Thucydides Trap'을 피해야 한다. 이를 위해 미국은 중국 자기주장 강화 이면의 동인을 이해하고 미중 간 협력이 꼭 필요한 이슈들에 관한 한 경쟁을 줄이고 대신 더 큰 협력을 이끌어내는 묘안을 짜내야 한다.

넷째, 대만이나 뉴질랜드 같은 오랜 동맹국뿐만 아니라 인도, 베트남, 인도네시아, 말레이시아 그리고 태평양 제도 국가들 같은 새로운 협력 대상국들과 관계 증진은 미국에 이득이 될 것이다. 이들 국가와 관계 증진을 통해 미국은 아시아 발전 방향에 영향을 끼치며 전통적인 허브앤스포크라는 양자 관계를 넘어 영향력을 더욱 확대할 수 있다.

다섯째, 미국은 자유무역협정(FTA) 확대와 환태평양경제동반자협정(TPP)을 비롯한 경제적 교류를 통해 아태지역의 통합은 물론 이 지역과 국제 사회의 통합을 추구해야 한다. 아시아는 세계 경제를 이끄는 역할을 하고 있으며 향후 아시아 지역이 채택하는 경제 규칙들은 한 세기 동안 세계 경제 거버넌스에 영향을 미칠 것이다. 이런 이유로 미국은 21세기 높은 수준의 경제 조약들을 굳건히 옹호해야 한다.

여섯째, 미국은 아시아 지역에서 확산되는 지역 통합을 위한 국제기구의 발전에 꾸준히 관여해야 한다. 이 다자 기구들은 미국의 이익과 아시아의 운영체제에 큰 영향을 미치는 규칙과 규범들을 형성하고 강화하는 힘이 있다. 미국은 아시아의 미래를 논의하는 어떤 자리에도 빠져서는 안 된다. 따라서 미국은 미국을 배제한 범아시아 차원의 협력보다는 범태평양 제도를 지원하는 데 무게를 두어야 한다.

일곱째, 미국은 아시아에서 미군의 군사력을 강화하고 현대화해야 한다. 이는 아시아에서 미국 동맹의 중추가 되어 아시아 지역 평화와 안정의 기초를 놓을 수 있다. 민병대 등이 개입된 영토 분쟁처럼 낮은 수준의 '회색지대grey zone' 문제뿐만 아니라 중국의 반접근·지역거부(A2/AD) 능력처럼 새로 등장하는 고차원 도전에도 대처할 수 있는 길을 찾아야 한다. 동시에 미국은 점차 진화하는 사이버 안보 위협에 대비하고 동남아시아 지역과 인도양에 접근성을 높이고 군사 기지를 두어 미국의 존재감을 유지해야 한다. 이를 통해 아시아 지역의 위기와 인도주의적 문제 그리고 그 밖의 문제들을 관리해야 한다. 그리고 아시아 지역의 자연재해에 대처하기 위한 군사 및 국방 협력의 강화도 매우 중요하다.

여덟째, 미국은 자유와 민주주의에 지속적으로 헌신하는 자유주의 세력이다. 미국의 아시아 지역 정책 핵심은 바로 이러한 가치들이다. 신중하고 유연한 접근을 통해 미국은 아시아 지역의 이행기 국가들이 민주주의로 가는 여정, 시민 사회 발전, 그리고 아직은 초기 단계인 경제 발전을 지원해야 한다.

아홉째, 인적 교류를 통해 추상적이고 비인격적인 미국의 관여를 보다 효과적인 인간의 얼굴을 띤 관여로 만들 수 있다. 교류와 교육의 기회는 오해의 장벽을 무너뜨리고, 지속적인 인적 연계를 형성하고, 특정 지역에 대한 전문성을 키울 수 있다. 이는 향후 미국의 아시아 관여에 큰 함의를 갖는다. 미국은 새로운 프로그램으로 인적 교류를 활성화시키고 이런 교류를 더욱 강화시키기 위해 고위급 외교적 노력으로 협력 국가들도 참여시켜야 한다. 또한 영향력 있고 전도유망한 아시아계 미국인 공동체를 정책에 포함시켜야 한다.

열째, 미국만 아시아로 피벗을 해서는 안 된다. 국제 무대에서 미국의 주요 활동들은 유럽 동맹국들과 함께 이루어졌으며, 피벗이라고 예외일 수는 없다. 유럽 국가들은 아시아에서 거시경제 및 무역 관련 조정에서부터 무역 협력, 민주주의 추구, 인권 문제에 이르기까지 다양한 분야에 걸쳐 미국과 공통의 이익을 확장하고 지원할 잠재력이 있다. 이를 위해선 아시아 지역의 문제들에 대해 대서양 지역의 더욱 통합된 접근이 필요하며, 유럽과 미국의 공동 이익을 달성하기 위해 서로의 능력을 상호 보완할 수 있어야 한다.

이렇게 언급한 열 가지 측면에서 정부의 지속적이고 통합된 헌신 없이 피벗의 성공은 어렵다. 역량을 집중하고 제대로 된 노력을 한다면, 그리고 이를 치밀하고 강력하게 실천한다면 미국은 이 지역에서 결정적인 역할을 해낼 것이다. 그리고 미국의 성공은 당사자 모두에게 이익이 될 것이다. 이번 장에서는 이처럼 중요한 아시아 지역에서 미국이 기울여야 할 노력의 청사진을 그리기 위해 이 열 가지 전략을 세심히 살펴보고자 한다.

피벗을 설명하고 지지를 이끌어내라

최근 한 보고서는 "오바마 행정부가 재균형에 대해 수차례 연설과 문서를 남기긴 했지만 미국 정부의 재균형 전략에 관한 핵심 설명은 없다"는 점을 꼬집었다.[1] 피벗과 관련된 소수의 보고서나 문서들은 정부가 아닌 사적 기관이 발행한 것이며, 제한적이고 지엽적인 시각을 가지고 있다. 권위 있는 중앙정부 차원의 설명이 부족하기 때문에 '피벗'이라는 용어에 관한 초기 혼란이 일어났다. 또 이 때문에 동맹국, 파트너 국가 그리고 미국의 일반 시민들도 피벗의 목적과 피벗이 하는 약속에 대해 불확실하다고 생각하는 혼란이 발생했다. 피벗 정책이 성공하려면 이런 상황이 바뀌어야 한다. 미국은 피벗 정책의 전략을 국내 그리고 외국의 청중들에게 명확하게 설명하고 이 정책에 대한 광범위한 지지를 이끌어내야 한다.

이러한 노력의 첫 단계로, 미국은 국가안전보장회의(NSC)의 주도 아래 아시아 피벗에 관한 범정부적 그리고 기관별 전략을 담은 연례 전략 보고서를 발표해야 한다. 이 보고서는 미국의 아시아 지역 전략의 목표, 목표 달성을 위한 방법, 그리고 정책 입안자들이 사용할 수 있는 수단들에 대한 논의를 포함해야 한다. 안보에 집중했던 이전 보고서들과 달리, 이 보고서는 다양한 분야에 초점을 두고 각 지역의 주요 현안들, 미국의 동맹과 파트너 국가들을 위한 행동 프로그램, 경제·군사·외교적 수단까지 고려해야 한다. 이러한 노력을 통해 매년 향상된 부분과 미진한 부분을 점검하는 성적표를 도출할 수 있다. 또한 종합적이고 일관성 있는 아시아 전략 보고서를 발간함으로써 피벗의 요소를 명확히 설명할 수 있다.

둘째, 미국 정부는 다른 국가에도 피벗의 목적과 전략을 더욱 구체적으로 설명해야 한다. 미국의 외교관 및 동맹 문제를 다루는 관계자들은 아시아 지역 외교 관계자들에게 미국의 지역 전략에 대해 직접 설명할 필요가 있다. 아시아 국가들에 직접 명확하고 일관성 있는 신호를 보냄으로써, 또한 미국의 정부 부처와 기관들을 아우르는 내적 합의를 이룸으로써 대통령 연설과 공식 전략 보고서 역시 좀 더 명확해질 수 있다. 이런 식의 합의는 피벗 정책에 대한 아시아 국가들의 혼란을 줄일 수 있다. 이런 노력은 가까운 동맹국들과 협력 국가들에 미국의 동맹 방기abandonment에 대한 두려움을 완화시키고 양자 협력을 위한 보다 긍정적인 어젠다를 형성하는 효과를 가져온다. 한편 피벗에 대한 권위 있는 고위층의 설명은 중국을 포함한 다른 국가들에는 피벗이 봉쇄 정책이 아니며 미국은 아시아 지역 문제에 적극적으로 관여할 것이라는 점을 중국에 명확히 함으로써 오판의 위험을 줄일 수 있다.

셋째, 미국은 피벗과 아시아 정책에 대해 폭넓은 국내 지지를 이끌어내야 한다. 미국 행정부는 피벗의 실행을 위한 충분한 자원 확보와 더불어 피벗이 당파 논쟁의 인질로 잡히는 일이 없도록 미 의회에도 충분한 설명을 해야 한다.[2] 더불어 가장 근본적으로 피벗의 성공을 위해서는 대중들의 지지가 필요하다. 물론 이런 일들이 쉽지는 않다. 이라크전쟁과 세계 경제 위기로 미국 국민들은 미국의 국제적 개입과 경제적 세계화를 못마땅하게 보고 있다. 미국 대통령 한 사람이 이런 분위기를 하루아침에 바꾸기는 어렵다. 그럼에도 불구하고 분위기 반전을 위해 왜 아시아가 미국 이익에 중요한지 설명해야 한다. 미국인들은 아시아가 세계에서 가장 빠르게 성장하는 지역이며, 세계의 경제 대국들이 위치한 지역이고, 미국 수출 증가의 가장 많은 부분을 차지하는 지역이며, 전 세계에서 중산층이 가장 큰 지역이라는 점을 알아야 한다. 따라서 효과적으로 미국 경제를 재생하고 부흥시키기 위해서는 아시아에 대한 긍정적인 정책이 필요하다. 또한 기후변화와 핵 확산 방지 등 미국이 우선순위를 둔 문제들에 진척을 이끌어내기 위해서는 아시아 지역의 신흥국들이 필요하다는 점도 강조해야 한다. 마지막으로 중동의 적대감과 반미 정서에 지친 이들에게 아시아가 중동과 다르다는 점은 희소식이다. 아시아 국가들은 오히려 미국의 영향력과 존재감을 반긴다. 뿐만 아니라 아시아는 정치, 전략 및 경제적 투자에서 미국 정책 결정자들이 분명히 득을 볼 수 있는 지역이다. 고위 지도자들이 이 점을 언급한다면 아시아 정책에 대한 대중들의 충분한 지지를 이끌어낼 수 있을 것이다. 오바마 대통령이 해외에서 아시아 정책에 대한 설명을 한 적이 있기는 하지만 미국 내에서 아시아 정책의 개요를 설명하거나 정당화하는 연설을 남긴 적은 아직 없다. 이는 지난 15년 동안 중동에 대해 많은 연설을 하고 세간의 이목을 끄는 선언을 했던 것과는 매우 대조적이다. 미국 국민들의 지지는 피벗의 성공을 위해 중요하다. 국내의 지지 없이는 미국의 아시아 정책은 일관성 없고 비효율적인 일회성 정책으로 그칠 것이다.

동맹의 강화와 통합

미국은 지난 반세기 이상 이른바 '허브앤스포크' 양자 관계를 통해 아시아 지역에 질서와 안정을 가져왔다. 허브앤스포크는 존 포스터 덜레스 전미 국무장관이 쓴 용어로 지금까지 사용되고 있다. 이 시스템은 미국을 중심에 두고 아시아 동맹국들을 지역 안정의 바큇살, 즉 주변에 두는 것이다. 유럽은 NATO와 같은 다자간 안보 조약에 미국과 함께 참여했다. 반면 아시아 지역 국가들은 독특한 안보 문제와 비슷한 수준의 군사 능력을 갖춘 파트너의 부족, 그리고 서로 다른 문화 사이 역사적 불신과 문화적 차이로 인해 미국과 양자 간 관계를 필요로 했다. 이런 문제들 때문에 유럽의 다자간 안보 시스템을 아시아 지역에 이식하려던 시도는 실패했다.[3] 미국 정부 관계자들은 허브앤스포크 전략이 공산주의 확산을 막기 위해 지역 국가 간 긴밀한 관계를 형성하는 데 필요한 최상의 해결책으로 봤다. 이런 접근법을 통해 미국은 오랫동안 다양한 상황에서 관여의 수위를 조절하며 개별 동맹 국가를 지도하고 지원할 수 있었다.[4]

첫 번째 바큇살, 즉 첫 번째 동맹은 1951년 일본이 샌프란시스코에서 미국과 안보 조약에 서명함으로써 이루어졌다. 또 1954년에 미국은 호주, 뉴질랜드, 필리핀, 한국, 대만 그리고 태국과도 공식 동맹 관계를 맺었다. 당시 미국은 이들 동맹 국가 중 여러 국가를 동남아시아조약기구(SEATO)를 통해 한데 묶었는데, 아시아의 NATO를 만들고자 했던 원래 계획과는 달리 SEATO는 별다른 힘을 발휘하지 못하고 단명했다. 오히려 이를 통해 다자간 안보 협정의 어려움을 확인하고 미국의 양자 동맹 구조의 중요성을 다시 짚어보는 계기가 되었다. 드와이트 아이젠하워와 존 포스터 덜레스 재임 시 미국이 단기간에 수많은 국가들과 외교 관계를 맺던 '팩토마니아 pact-o-mania'(팩토마니아란 냉전 초기, 즉 드와이트 아이젠하워 대통령과 존 포스터 덜레스 국무장관 시기로 약 42개의 동맹 조약과 여타 100여 개의 조약이 체결되었다 _ 옮긴이 주) 외교 이후 아시아 지역에서 미국 동맹 구조는 수십 년 동안 고스란히 이어져왔다.

사실 냉전 종식과 사회주의 국가의 붕괴에도 불구하고 미국의 동맹국들은 굳건히 유지되었다. 뿐만 아니라 존 아이켄베리의 표현을 빌리자면, 동맹은 "아시아 지역 안정성을 지키는 가장 중요한 지주"로 계속 남아 있다.[5] 미국의 동맹 약속은 단순한 협약서 이상의 의미를 갖는다. 미국의 동맹은 가까운 파트너 국가들의 주권 수호와 독립 유지에 기여했으며, 갈등을 예방하는 데에도 큰 도움이 되었다. 동맹국들은 아시아 지역에서 미국이 존재감을 굳건히 하는 데 기여했다. 나아가 미국이 힘의 균형, 항행의 자유, 급성장하고 있는 무역 및 상업 제도의 확립, 갈등의 평화적 해결, 투명성 증진, 그리고 자유주의 가치의 지속 등으로 구성된 아시아의 운영체제를 형성할 기회를 주었다. 특히 앞선 장에서 이야기했듯이, 미국 동맹 구조의 이러한 특징은 아시아 국가들이 아시아뿐 아니라 글로벌 차원의 미래에 중요한 문제들을 결정하는 갈림길에 서 있는 지금 더욱더 중요하다. 요컨대 미국의 안보 보장은 아시아 지역에 대한 미국의 기여를 상징적으로 보여주며 미국의 이런 안전 보장 역할이 없다면 미국의 리더십은 저평가받고 축소될 것이다.

허브앤스포크 체제가 미국의 대아시아 외교에서 중심적 역할을 하고 있지만, 이 체제에도 현대화와 쇄신을 위한 노력이 필요하다. 현재 아시아 안보 문제는 더 이상 공산주의 확산 위협이라는 단일 문제에 국한되지 않는다. 아시아 안보 문제는 영토 및 해양을 둘러싼 분쟁과 민족주의 확산, 지속되는 불신, 중국의 자기주장 강화 등을 둘러싼 지역 불안정성의 심화로 나타나고 있다. 테러리즘, 핵 확산, 해적, 난민, 사이버 위협 등 상호 연결된 초국가적인 문제들을 해결하기 위해서는 더 많은 관심과 긴밀한 협조가 필요하다. 우리 앞에 놓인 다양한 문제들을 다룰 때 미국은 주요 동맹국들에 양면 접근법을 펼쳐야 한다. 바로 동맹국들과의 개별 관계를 강화하는 동시에, 공통의 목적으로 각 동맹국들을 하나로 묶는 것이다.

첫째, 미국은 각 동맹국들과 안보 협력을 더욱 강화해야 한다. 안보 문제를 외교 관계의 중심에 두고 각 동맹국들과 군사훈련, 전략 대화, 무기 판매, 군수 산업 협력 등을 통해 긴밀한 국방 협력을 추구해야 한다. 예컨대 미국은 호주와 육해군 합동 작전 능력 향상에 힘쓰고 있다. 필리핀에는 해군 함정과 헬리콥터를 수출함으로써 해역 순찰 능력을 갖추도록 하고 있다. 미국이 동맹국과 맺은 기지 주둔 및 사용 조약은 복잡다단한 문제에 직면해 있다. 사실 주권을 가진 민주 국가에 미군을 주둔시키는 일만큼 정치적으로 민감한 문제는 없다. 미국의 고위 정책 결정자들은 주둔군지위협정 Status of Forces Agreement(SOFA)과 협의 메커니즘 등 동맹 관리 문제에 심혈을 기울여야 한다. 이 문제들은 재미없고 지루하지만 동시에 놀라울 정도로 위험하기 때문이다. 뻔한 이야기로 들릴 수도 있겠지만, 오랜 동맹 국가들을 당연시하기 쉬우며, 또한 동맹 관리가 결코 수동적인 일이 아니라 적극적인 일임을 잊기도 쉽다. 조지 슐츠 전 미 국무장관은 동맹 관리를 정원 관리에 비유한 것으로 유명하다. 동맹 관리는 마치 정원 관리처럼 인내심을 필요로 하며, 민감한 문제에 대해 조심스럽게 대처해야 한다. 가시 돋친 풀들 사이로 꾸준히 잡초를 골라내야 하고, 장기적인 안목을 갖고 새로운 협력 관계를 만들어내야 하기 때문이다. 이런 전제하에 미국과 동맹국들은 동맹 관리 문제가 양자 관계의 전부가 되게 해서는 안 된다. 미국은 각 동맹국들과 함께 21세기의 지평선 너머로 새롭게 떠오르는 문제들의 본질과 복잡함에 대처할 수 있는 동맹을 만들기 위한 더 넓은 비전을 개발하고 공표해야 한다. 안보 관계 강화와 더불어, 미국은 각 동맹국들과 관계를 더욱 넓혀 공동의 안보 이익에만 머물지 않고 추가적으로 경제, 외교 그리고 인적 교류 등 분야에서도 관계를 이어가야 한다. 이렇게 해야만 변화하는 전략 환경에서 동맹이 여론에 휩쓸려 희생되지 않고 오히려 더 굳건한 기반 위에 놓일 수 있다. 마지막으로 미국은 중국 같은 주요 국가와 하는 것처럼, 아시아의 동맹 국가들과 정기적으로 고위급 외교를 이어나가야 한다. 이러한 포괄적이고 다면적인 접근이 없다면 미국은 중국과 고위급 외교 관계 하나로 모든 아시아 지역 국가들과 외교 관계를 대체한다는 인상을 다른 아시아 국가들에 줄지도 모른다.

둘째, 동맹국과 파트너 국가들이 효과적으로 힘을 합친다면 급부상하는 아시아의 여러 문제에 대한 미국의 대처가 더욱 수월해질 것이다. 다시 말해 양자 관계에 있어 정원사 역할뿐만 아니라, 다자간 포럼에서 오케스트라 지휘자와 같은 역할을 수행하며 때로는 동맹국과 파트너 국가들의 개별 활동과 프로그램들을 공통의 명분 아래 조율해야 한다. 호주, 일본, 필리핀, 한국 그리고 태국 등 아시아-태평양 지역의 미국 안보 조약 동맹 다섯 국가는 개별 국가로서뿐만 아니라 하나의 공동체가 되어 각자의 역할과 지역 내 주도적 역할을 증진시킬 수 있다. 이를 닉슨 대통령의 괌 독트린처럼 미국이 한 발짝 물러나 팔짱 낀 채 다른 국가들의 역할 증대를 바라만 보는 것으로 여기는 시선도 있지만, 이런 비유는 지금 상황에 잘 맞지 않는다. 이는 닉슨 시절의 미국 개입 축소가 아니라 21세기 네트워크 형성이다. 다시 말해 허브앤스포크 체제에서 중심축에 있는 미국과 관계를 그대로 유지하는 동시에 바큇살에 해당하는 각 동맹국들 간 관계를 연결해주는 타이어를 새로 끼우는 것과 같은 일이다.

미국이라는 중심 없이도 이들 국가 간 협력이 상당수 진행 중이다. 주요 동맹국과 파트너 국가들이 공동의 이익을 위해 스스로 허브앤스포크 체제에 추가로 타이어를 씌우듯 서로 경제·군사·정치적 관계를 발전시키고 있다. 그중에서도 특히 일본이 우수한 사례다. 일본은 호주에 디젤 잠수함을 공급하는 입찰에 참가했으며 2015년에는 필리핀과 국방 협력 조약을 맺었고, 군사훈련과 무기 수출 등을 통해 미국의 주요 파트너 국가인 인도와도 군사 관계를 발전시키고 있다.[6] 인도 역시 호주, 필리핀, 베트남과 관계를 증진시키고 있으며, 호주와 한국도 더욱 긴밀한 군사 협조를 위한 청사진을 그리는 데 기여하고 있다. 물론 일본과 한국의 협조 증진 등을 비롯해 할 일이 많이 남아 있지만 서로 연결된 아시아 동맹국들 관계가 아시아 지역 내에서 형성되고 있는 것은 분명하다. 이제 미국의 남은 숙제는 미 동맹국과 파트너 국가들 사이의 이러한 유기적 연결을 어떻게 더욱 증진시키고 활용하는가이다.

우선 미국은 이른바 '연합 접근법federated approach'이라는 접근법을 생각해볼 수 있다. 이 접근법은 동맹국들의 방위 산업과 국방 능력 통합을 심화하는 방법이다. 마이클 그린, 캐슬린 힉스Kathleen Hicks, 잭 쿠퍼Zack Cooper가 밝힌 것처럼, "연합 접근법 아래 동맹국과 파트너 국가들은 훈련, 물류 지원, 전술 개발 그리고 잠재적으로는 작전 임무 등을 통해 서로 간의 연계를 형성하고 미국은 한 발짝 뒤로 물러나 있게 될 것이다."[7] 전략적 협력 외에 연합 접근법을 통해 독자적으로 연대를 추구하는 노력이 부족한 동맹국이나 파트너 국가들 사이에 더 긴밀한 경제적·외교적 관계를 미국이 촉진할 수도 있다. 일본과 한국의 관계가 좋은 예가 될 수 있다.[8] 미국은 일본과 한국이 연합 작전에서 더 중요한 역할을 맡도록 독려하고 있으며, 한일 간 군사 정보 공유 조약 체결을 추진하고 있다.[9] 더욱이 정기적인 다자간 회의를 통해 아시아 지역 국가들이 함께 모일 수 있도록 미국이 각 국가들을 불러 모으는 역할을 할 수도 있다. 예컨대 2014년 호주의 브리즈번Brisbane에서 열린 G-20 정상 회담에서 미국, 일본 그리고 호주 3국 정상은 3국 간 관계와 군사 협력을 강화하는 데 합의했다.[10] 마찬가지로 미국-인도-호주, 미국-인도-일본 그리고 미국-일본-필리핀의 3자 협력은 미국 동맹국과 파트너 국가들 사이 통합 네트워크 형성에 매우 중요한 역할을 할 것이다.

궁극적으로 이런 통합 노력이 성공할 경우 지역 긴장감과 불안정성 관리의 측면에서뿐만 아니라 아직 초기 단계에 머물러 있는 아시아 지역 안보 공동체 형성에 기초를 제공한다는 차원에서도 의미가 크다. 이러한 그룹에는 중국도 포함되어 공통의 문제를 해결하기 위한 공동의 노력을 기울여야 한다. 공통의 목적으로 한데 묶어 힘을 합칠 때 미국과 동맹국들은 아시아 지역에 신뢰를 확대하고, 지역 내 관계를 증진시키고, 경제 발전을 추진하고, 주요 국가들 사이 갈등을 개선하고, 개방된 항로를 유지하며, 극단주의를 격퇴하고, 비전통 안보 위협에 대처할 수 있는 지속적인 안보 질서를 형성할 수 있다. 미국은 미국과 동맹국 그리고 동맹국과 동맹국 간의 긴밀한 관계를 형성하는 데 외교·경제·군사적으로 노력을 확대할 것이다. 이런 전략을 잘 만들기 위해 이제 각 동맹국들과 준동맹국들을 살펴보고자 한다. 각 동맹국들의 전략적 환경과 동맹 관계의 역사, 양자 관계를 살펴본 다음 이 협력 관계를 더욱 발전시키는 데 직면한 도전 과제들과 이를 해결하기 위한 제안들을 살펴볼 것이다.

일본

미국과 일본의 동맹 관계는 60년 전으로 거슬러 올라간다. 미일 동맹은 냉전과 북한의 도발부터 오늘날 중국의 성장을 둘러싼 전략적 불안정성에 이르기까지 많은 일들을 겪으면서 이어져오고 있다. 미일 관계의 획기적인 발전은 제2차 세계대전에서 일본이 항복한 뒤 미국의 전후 일본 점령 시기에 이루어졌다. 미국과 일본은 1951년 안보 조약과 1960년 안보 조약 개정안을 통해 공식적으로 동맹 관계를 형성했다. 조약에 따라 미국은 일본에 군대를 주둔시켰고, 이는 오늘날 아시아 지역에 전진 배치된 미군의 핵심으로 자리 잡았다. 그와 함께 일본에 대한 공격이 발생하면 미국은 일본을 보호할 의무를 지게 되었다. 현재 맥락에서 가장 중요한 것은 무엇보다도 버락 오바마 대통령과 다른 관계자들이 이미 언급했듯이, 미국의 일본 방어 의무는 현재 일본이 실효 지배 중이고 중국이 영유권을 주장하고 있는 센카쿠 열도에도 해당하며, 이에 대한 적대적 행위는 종류에 상관없이 미국의 개입을 가져온다는 점이다.[11]

냉전 기간 동안 미일 동맹은 비대칭적이었다. 일본의 평화 헌법과 이른바 '전수방위defensive defense, 專守防衛'는 미국이 일본의 안보를 보장하는 한편 일본은 방위 협력에 덜 관여하는 것을 뜻했다. 이후 미국과 일본은 1978년, 1997년 그리고 2015년 몇 차례에 걸쳐 미일 방위협력지침 Guidelines for U. S. A-Japan Defense Cooperation을 개정하여 동맹을 강화함으로써 방위 협력의 기반을 마련하고 동맹의 범위를 확장시켰다. 이 과정을 통해 일본은 최근 중동 지역 갈등에서 적정한 수준의 역할을 하는 등 미일 동맹에서 역할과 방위 의무를 점점 키워나갔다. 미국 역시 일본이 어려울 때 원조를 제공하기도 했다. 2011년 도호쿠 지방에서 발생한 지진과 쓰나미 그리고 이로 인해 발생한 후쿠시마 원전 사고에 미국은 재난 구호 차원에서 2만 4천여 명의 병력을 파견하고 189대의 항공기와 24척의 해군 군함을 지원했다. 이는 핵 재난 시 미국이 제공한 원조 중에서도 전례 없는 규모이다.[12] 이런 미일 동맹의 발전은 최근 일본의 2015년 안보법 제정으로 이어져, 일본은 방위 협력에 더욱 기여할 수 있게 되었을 뿐만 아니라 아시아 지역에서 더욱 적극적인 안보 협력 파트너로 자리 잡게 되었다.

미일 동맹 관계는 양국 이익의 합치뿐만 아니라 그 기반이 매우 폭넓기 때문에 매우 굳건하다. 양국의 경제는 깊이 얽혀 있으며, 외교 정책 역시 폭넓게 조율되고 있고, 양국이 공유하는 민주주의적 가치와 자유주의 세계 질서에 대한 헌신 역시 꾸준하고 모범적이다. 수십 년 전부터 미국은 일본으로부터 수입을 함으로써 제2차 세계대전으로 황폐해진 일본을 재건하고 일본이 세계에서 가장 큰 경제 강국 중 하나로 자리 잡는 데 기여했다. 오늘날 일본은 미국의 교역 상대국 중 네 번째, 미국은 일본의 교역 상대국 중 두 번째 규모를 차지하고 있으며, 두 나라 모두 TPP 회원국이다.[13] 또 외교 측면에서 미국과 일본은 UN, G-20 같은 국제 다자간 기구와 아시아태평양경제협력체(APEC), 아세안안보포럼(ARF) 같은 지역 다자 기구에서 공조를 이어가고 있다. 일본은 미국과 동맹국들이 제2차 세계대전 이후 세워놓은 세계 체제에 열심히 참여하고 있으며, UN 예산 분담에서 미국에 이어 2위를 차지하고 있다.[14] 미국과 마찬가지로 일본은 민주주의, 인권 그리고 국제사회 법규의 강력한 지지 국가로서 국제 평화 유지를 위해 적극적으로 노력하고 있다.

미일 동맹 관계자들은 전후 역사에서 양국의 관계에 도전하는 온갖 문제들에 직면하곤 했다. 우선 일본이 제2차 세계대전 당시 일으킨 행위들에 대한 처리는 일본 행정부의 계속된 노력에도 불구하고 많은 중국인들과 한국인들을 만족시킬 만한 수준으로 이루어지지 않아 여전히 어려운 문제로 남아 있다. 이로 인해 한일 협력이 어려움에 처하고, 때론 중일 간 긴장이 고조되기도 한다. 둘째, 구체적 사안들, 특히 미국의 아시아 전진 배치를 지원하는 오키나와 미군 기지 문제가 양자 관계를 유지하는 국내적 기반을 흔들고 있다.[15] 셋째, 경제 성장 둔화와 인구 고령화 등 국내 문제로 인해 아시아 지역에서 일본의 역할 증진이 제약을 받고 있다.[16]

아마도 가장 근본적인 문제는 일본이 현재 새 국면을 맞이하고 있다는 점일 것이다. 일본 역사의 특징은 큰 변화 없이 장기간 지속되는 불변성이다. 그러나 최근 '잃어버린 10년' 이후, 일본이 변화의 시기를 겪을 가능성이 있다. 일본의 근본적인 태도 변화와 그에 따른 정치 변화는 2012년 12월 자민당의 압도적인 승리로 인한 정권 탈환과 2014년 12월 중의

원 선거의 승리로 이어졌다. 아베 신조安倍晋三 총리의 지휘 아래 일본은 한 세대 동안 이어진 경제 침체로부터 일본을 구하고자 이른바 아베노믹스 Abenomics라는 대담한 거시경제 및 구조개혁을 펼치기도 했다. 또한 일본은 집단 방위 참여와 해외 군사 작전 등을 위해 평화 헌법을 재해석하는 등 더 강력한 국방 정책을 펼치면서 군 현대화에 투자하고 있다. 동시에 아시아 지역의 새로운 안보 협력 관계 형성을 추진하고 있으며 아시아 지역 내 군수 물자 판매 등을 추구하고 있다. 미국은 이처럼 일본이 변화하는 시기에 일본과 긴밀한 관계를 유지하면서 일부 일본 전략가들이 열망을 담아 부르짖는 '보통 국가'로 나아가기 위한 불확실한 과정을 어떻게 만들어갈지 조언해야 한다. 이 과정에 위험과 불확실성이 존재하겠지만, 이는 아시아 지역 내 미국의 가장 중요한 양자 외교 관계를 지켜낼 최선의 방법이다. 이에 맞춰, 미일 양자 관계의 중요한 요소들을 발전시킬 행동 계획들을 다뤄보기로 한다.

첫째, 미국은 일본 경제에 새 활력을 불어넣는 노력을 장려하고 지원해야 한다. 제2차 세계대전 이후 수십 년간 괄목한 만한 성장을 이뤘던 일본은 1991년부터 급작스러운 경제 침체를 겪었다. 이후 경제 성장을 위해 노력하고 있으나 지난 5년 사이 부채가 GDP의 240%에 달했고 네 차례의 경기 침체를 겪었다.[17] 일본이 무기력에서 벗어나 보통 수준의 경제 성장을 이루기 전에는 아시아나 다른 지역에서 적극적인 역할을 하기가 불가능할 것이다. 아베노믹스를 통해 일본 경제를 되살리려는 시도는 아직 일본 경제의 궤도를 바꿔놓지는 못했다. 향후 일본 정부는 외교 및 국방 정책보다 경제 문제에 더 초점을 맞춰야 한다. 오랫동안 미뤄왔던 구조개혁뿐만 아니라 재정이나 통화 방면의 부양 정책을 실행해야 한다. 이 같은 노력에 대한 지원과 기술적 지원 그리고 구조개혁과 TPP 등의 경제 협정을 서로 이을 기회를 제공함으로써, 미국은 일본이 장기간 침체되었던 경제를 되살리는 데 기여할 것이다.

둘째, 미일 양자 동맹은 미국이 방위 부담의 대부분을 떠안으며 오랜 기간 불균형 상태였다. 그러나 동맹 관계의 장기적 안정과 타당성을 위해 양쪽 모두 좀 더 평등한 협력 관계를 위한 합의에 도달해야 한다. 일본은 역사적으로 미국의 보호 아래 머물면서 국가 안보 등의 주요 사안에 있어 중요한 역할을 맡는 데 애매한 태도를 보였다. 반면 미국은 일본 방위를 지원하고 아시아 지역의 위협을 다루는 데 주도적인 역할을 해왔다. 하지만 일본이 적극적인 파트너가 되려는 움직임을 보이면서 이런 경향이 점차 사라지고 있다. 일본은 무기 수출 금지를 철회하고 자위대의 해외 진출을 쉽게 하는 법안을 통과시켰다. 다른 국가들과 군사 협력을 추구하고 있으며, 아시아 지역 내 일촉즉발의 갈등에서 일본 자위대가 미국을 지원할 수 있게 하는 미일 방위협력지침에 서명하기도 했다. 전환 및 불확실성의 시기에 인도와 교류하고 러시아와 교섭하는 등 일본의 독립적인 외교·안보 정책에 미국이 동의한다는 확신이 필요하다. 동시에 단순히 미일 외교 관계에서 파생된 것이 아닌 일본의 독립적인 외교 정책에 대해 미국이 지원할 것이라는 확신도 필요하다. 일본의 독립적인 활동에 대한 신뢰는 미일 협력을 더욱 공고히 할 것이다.

셋째, 아시아 내 일본의 영향력 행사에 가장 큰 장애물이 바로 일본의 제2차 세계대전 역사다. 미국은 이를 극복하기 위해 일본과 협력해야 한다. 일본의 관점에서, 일본은 이미 전쟁 당시 저지른 범죄를 공개적으로 사죄했으며 이에 대한 보상의 차원으로 기금과 공적개발원조Overseas Development Assistance(ODA)를 제공했다. 또 중국과 한국이 국내 정치에서 반일 정서 고취를 정치적 목적으로 이용하고 있다고 여기는데 일부 타당한 점도 있다.[18] 일본은 현재 제2차 세계대전의 역사를 해결하기 위해 적극적인 조치를 취하고 있으며, 일본과 한국은 지난 2015년 12월 일본 제국군에 의해 강제로 성노예로 동원된 '위안부 여성'에 대한 '최종 및 불가역적' 합의를 보았다. 이를 통해 그간 미국의 주요 동맹국인 일본과 한국 양국 사이의 긴밀한 협조에 가장 크고 오래된 문제를 해결하고자 했다.[19] 미국은 중국과 한국이 국내 정치적 목적으로 반일 정서를 이용하는 일이 없도록 하는 동시에, 일본의 역사 수정주의 성명 역시 만류해야 한다. 미국은 또 일본 고위층이 14명의 A급 전범을 포함한 참전 군인들의 위패를 두고 있는 야스쿠니 신사 참배를 자제하도록 해야 한다. 야스쿠니 참배는 중국과 한국의 거센 반발을 일으킨다. 또한 미국은 일본의 방위 개혁을 둘러싼 오해를 불식시키는 데도 기여할 수 있다. 예를 들어 중국과 한국은 일본의 특정비밀보호법 통과를 일본의 군국주의 회귀로 오해하고 비판했다. 그러나 실상 이 법안은 미일 협력 증진을 위한 수순이며 주요 정보 보호 및 보안 유지를 위한 법이었다.[20] 이와 마찬가지로, 평화 유지와 해적 단속을 목적으로 일본 자위대와 긴밀한 협력을 통해 주변 국가들에 일본의 선한 의도를 확신시킬 뿐만 아니라 민족주의적 비판과 논쟁들을 사전에 방지할 수 있다. 근본적으로, 미국은 지난 70년간 일본이 전 세계적으로도 훌륭한 평판을 얻었던 모범 국가였다는 사실을 부각시키면서, 제2차 세계대전으로 치닫던 비극의 시기와 전쟁의 시기 일본에 관한 이야기는 점차 줄여나가야 한다.

넷째, 미국과 일본은 아시아 지역에 새로 생겨나는 문제들에 정치적으로나 군사적으로 모두 대처할 수 있는 동맹을 만들어 적극적이고 창의적으로 발전시켜야 한다. 미일 양국 모두 한국, 괌 그리고 일본 내 미군 전진 배치를 위협하는 중국의 반접근·지역거부(A2/AD) 전략에 대처할 수 있어야 한다. 이를 위해선 군 조직부터 새로운 역량, 국방비, 시설 방어에 이르기까지 전방위에 걸친 논의와 혁신이 필요하다. 미일 양국은 일본 내 미군 기지의 지속적 활용과 일본 주변 지역의 군사적 기동을 어떻게 보장할지 논의해야 한다. 또 양국은 미국의 노력에 추가로 일본이 A2/AD 전략에 대한 비대칭 대응에 얼마나 투자할 수 있는지 논의해야 한다. 더불어 양국 모두 사이버 분야에 집중해야 하고, 북한의 핵미사일 프로그램 실험을 고려할 때 탄도 미사일 방어 협력이 필요하다. 마지막으로 센카쿠 열도를 둘러싼 중국과 일본의 충돌 가능성을 고려해봤을 때 미국은 평화와 안정성 유지에 대한 신념을 계속해서 강조해야 하며, 일본에는 미일 조약의 의무 사항을 준수하려는 미국의 의도를 정치적으로 그리고 군사적으로도 확신시켜주어야 한다.

다섯째, 미국은 민감한 문제를 놓고 일본과 협력할 때 신중해야 한다. 미국은 일본이 조약을 통해 동맹을 맺은 유일한 국가이며 일본이 미국에 대한 과잉 의존을 우려한다는 점을 간과한다. 일본의 이익을 가볍게 생각해 밀어붙이거나 일본 지도자들의 '체면'을 살려주지 못한다면 일본뿐만 아니라 아시아 전역에서 미국의 영향력은 감소할 것이다. 특히 지도자들의 체면을 살리는 것은 아시아 어디서나 예외 없이 중요하다. 또 일본은 미국이 중국을 대하는 태도와 비교해 일본을 어떻게 대하는지에 매우 민감하다. 일본과 고위급 회담을 더 늘리고, 아시아에서 미국의 역할에 대해 더 많이 일본과 논의하고, 그리고 일본에 영향을 주는 이슈들에 대해 더 많이 토론하면 이런 염려를 줄일 수 있다. 때로 양국 당국 관계자들은 오키나와 같은 복잡하고 중요한 문제에 너무 집중한 나머지 보다 큰 전략 문제를 간과할 수도 있고, 동맹의 전략적 방향을 잃을 수도 있음을 상기해야 한다. 양국 외교 담당자들 간의 신뢰를 강화하고 존중하는 분위기를 형성하는 동시에 적극적이고 긍정적으로 양국 사안에 집중한다면 미일 동맹을 더욱 굳건히 할 뿐만 아니라 21세기에 맞춰 양자 동맹을 더 발전시킬 수 있을 것이다.

한국

한미 동맹은 한국전쟁이 끝난 다음 해인 1954년 양국이 상호방위조약을 체결하면서 이루어졌다. 일본과 마찬가지로, 한국 역시 미국의 전후 복구 원조를 통해 미국과의 관계를 형성했다. 한국전쟁은 미군 3만 6천여 명과 한국군 13만 7천여 명의 목숨을 앗아가는 희생을 치른, 피로 물든 전쟁이었다. 한미 동맹은 이처럼 희생의 역사를 공유하는 데 뿌리를 두고 있다. 한국은 베트남전에서 미군과 함께 싸웠고, 이라크와 아프가니스탄에도 미국을 지원했다. 미국 역시 2만 8천여 명의 미군을 한국에 주둔시켜 한국의 방위에 기여하고 있다. 초기 공산주의의 확산 방지가 목적이었던 한미 동맹은 이제는 핵으로 무장한 북한의 도발 위협에 초점을 두고 있다. 2010년 북한은 연평도 포격과 천안함 폭침 사태를 일으켰다. 2015년과 2016년에는 새로운 미사일 실험을 진행하며 수소폭탄 실험에 성공했다고 주장했다. 애슈턴 카터 미 국방부 장관은 이를 두고 "한반도의 긴장감을 상기시켜주는 동시에 한미 동맹의 중요성을 일깨운 사건"이라고 표현한 바 있다.[21]

양국을 묶어주는 군사적 도전 외에도 한미 관계는 여러 차원에서 점차 다양해지고 있다. 미국의 지원으로 한국은 1인당 소득 세계 최저 국가에서 이제 정보 기술부터 사회기반시설에 이르기까지 역동적이고 혁신적인 산업을 갖춘 세계 최고 경제 강국 중 하나로 성장했다. 또한 양국의 경제는 점점 더 상호 의존성을 더하고 있다. 한국과 미국은 한미 FTA를 체결해 2012년 3월부터 발효되었다. 이후 양국의 교역량은 15%가량 늘었는데 그중에서도 미국의 자동차 수출은 140%가량 증가했다.[22] 국제 외교 무대에서도 한미 양국은 국제기구 및 지역기구에서 협력하고 있으며, 양국 모두 자유주의 가치를 지지하고 공통의 초국가적 문제 해결을 위한 노력을 기울이고 있다.

이처럼 놀라운 관계 진전에도 불구하고, 한국과 미국은 21세기 양국의 동맹 관계를 더욱 강화하고 확대하기 위한 구체적인 방안들을 실천해나가야 한다. 이런 구체적 방안들은 의심할 여지 없이 양자 동맹의 핵심인 안보

뿐만 아니라 경제 및 외교 영역에도 초점을 두어야 한다.

첫째, 더욱 긴밀한 협조와 통합으로 한미 방위 관계는 더 강화될 것이다. 두 나라 모두 군사훈련, 교육 그리고 교류를 강화해야 한다. 뿐만 아니라 F-35 전투기 구매에 따르는 기술 이전과 기술적 지원을 지속해야 한다. 2016년 2월 북한의 미사일 실험에 이어, 한국과 미국은 사드Terminal High Altitude Area Defense(THAAD) 배치에 관한 공식 논의를 하기로 했다. 사드는 북한의 탄도 미사일로부터 한국을 지키는 데 도움이 된다. 미국은 이미 한국에 이지스Aegis 시스템을 장착한 함정과 패트리어트Patriot 미사일 포대를 배치했지만, 중국의 강력한 반대로 한국은 사드 포대 배치를 망설여 왔다.[23] 최근 한국의 여론조사는 국민의 사드 찬성 비율이 증가하고 있음을 보여준다.[24] 따라서 한국에 사드 구입과 운영을 주문하기보다 미국이 사드를 한국에 무상 배치하는 식으로 한국의 체면을 지킬 수 있다. 북한의 미사일 위협과 더불어 한국은 현재 사이버 공격 위협에도 직면해 있다. 지난 2013년 한국의 가장 큰 은행 세 곳과 주요 방송사 두 곳의 시스템 마비는 북한 해커들의 소행일 가능성이 있으며, 이로 인해 양국 동맹의 사이버 위협에 대한 관심 증대가 필요해졌다.[25]

둘째, 한미 양자 동맹의 가장 중요한 질문 중 하나는 미국이 한일 간 협력을 촉진시킬 수 있는가이다. 잘 작동하는 한-미-일 삼각관계는 북한의 한국 공격에 더욱 효율적으로 대응할 수 있다. 나아가 중국의 반접근·지역거부(A2/AD) 능력, 남중국해 지역 분쟁 그리고 북한의 핵미사일 프로그램에 대해 체계적인 대응을 가능케 한다. 그러나 한국과 일본 사이의 긴장감으로 양국의 협력이 자주 저해되곤 한다. 북한이 2016년 2월 대륙간탄도미사일(ICBM)을 발사했을 당시, 한미 이지스 시스템과 미일 이지스 시스템 사이 통신은 이루어졌으나 한국과 일본의 경우 이루어지지 않았다. 2012년 한국과 일본 양국은 정보 공유 협정 체결을 준비하고 있었는데, 이는 일반적인 조약으로 양국의 소통을 증진하고자 하는 용도였다. 더불어 양국은 상호 물자 제공 조약 체결을 준비하고 있었다. 그러나 한국 내 반일 정서로 두 조약 모두 무산되었다. 민족주의와 양국의 역사 속 긴장감이 때로는 국익에 완전히 배치될 수 있다는 점이 증명되었다.[26] 또 다른 예로, 남수단 한국 평화유지군이 일본 측에 탄약 제공을 요청한 사실이 알려지자 한국 국민들은 일본 측에 탄약을 되돌려줄 것을 요구했는데, 이를 통해 한국의 일본에 대한 반감이 자국 군대의 적절한 무장 여부보다도 중요하게 받아들여진다는 사실을 알 수 있다.[27]

한일 간의 협력을 위해서는 미국의 노력이 필수적이다. 장기적인 관점으로 볼 때 아시아 지역에서 미국 안보 구조의 핵심 요소인 한-미-일 삼각 협력이 작동하도록 해야 한다. 나아가 삼각 협력을 통해 한미 관계와 미일 관계 수준으로 한일 관계를 끌어올려야 한다. 이를 위해서는 전략 대화와 공동 작전 기회를 늘리고 이를 구조화하고 정기화해야 한다. 또한 양국 정상급 외교 관계 증진이 매우 중요하며, 배후에서 미국의 격려와 촉구가 필요하다. 예를 들어 2014년 3월 미국의 초청으로 박근혜 한국 대통령과 아베 신조 일본 총리가 핵 문제에 관한 합동 회의에 참가했는데, 그전까지 양국의 두 지도자는 단 한 차례도 만난 적이 없었다. APEC이나 동아시아정상회의(EAS) 같은 국제 정상 회담을 빌려 매년 한-미-일 3자 정상 회담을 개최하고 3자 장관급 회담을 늘림으로써, 미국은 일본과 한국의 고위급 관계를 정기화할 수 있는 의장국 역할을 할 수 있을 것이다. 민간 차원의 협의 역시 양국 관계에 중요한 역할을 할 수 있다. 미국은 한국 정치인들이 국내 정치적 목적으로 반일 정서를 사용하는 일을 지양하도록 적극 설득해야 한다. 더욱이 엘리트층이 아닌 일반 대중이 양국 관계 증진을 반대하는 만큼, 미국은 군사훈련이나 평화 유지 작전 등을 통해 양국 협조를 더욱 가시적으로 보여주어야 한다. 이 과정에서 단기적으로는 긴장감이 고조될 수 있으나 장기적으로 봤을 땐 양국 국민들이 한일 방위 협력의 새 국면에 적응할 수 있게끔 하는 역할을 할 것이다. 또 이러한 방위 협력은 정보Intelligence, 감시Surveillance, 정찰Reconnaissance 확대, 상호운용성 증진을 위한 노력, 그리고 군사훈련 증대 등을 통해 북한의 다양한 위협에 대처할 수 있도록 확대되어야 한다. 또한 안보에 그치지 않고, 미중 관계 강화에 도움이 되었던 것처럼 민간 교류와 경제 협력 증진 역시 한일 양국의 관계 개선에 도움이 될 것이다. 양국의 아픈 역사로 생긴 틈은 단시간에 메워지지 않겠지만, 그 틈을 메우는 데 성공한다면 아시아 지역의 안보 및 안정성이 증가하고 미국의 국익 역시 크게 증가할 것이다.

셋째, 미국과 한국의 가장 중요한 과제 중 하나가 바로 급변 사태에 대한 대비와 협조 강화를 통해 북한의 불안정성과 불확실성에 대비하는 것이다. 한반도 급변 사태에 대한 준비는 아무리 강조해도 지나치지 않다. 한미 양국은 많은 대화를 통해 군사훈련과 계획 그리고 포격부터 만일의 핵무기 공격에 이르기까지 모든 가능한 북한의 도발 위협, 북한 붕괴, 난민 대량 유입, 중국의 군사적 개입 등 이후 따라오게 될 후폭풍에 조금이라도 더 대비하기 위해 노력해야 한다. 마지막으로 한반도 전쟁 발생 시 미군과 한국군은 한미 연합사령부Combined Force Command(CFC) 관할에 들어간다. 이 연합사령부는 미군 장군의 통제를 받으며, 이에 따라 한국군의 전시작전통제권Wartime Operational Control(OPCON) 역시 미국이 갖게 된다. 한국의 일부 정치인들이 한미 연합사령부 해체와 전시작전통제권의 반환을 요청하고 있는 상황이지만, 한미 군사 관계는 현 상황대로 유지되어야 한다. 기존의 한미 군사 관계는 수십 년간 양국 모두에 도움이 되었는데 작전통제권 이전은 군사 협력을 약화시키고 위기 발생 시 혼란만 가중시킬 것이다. 또 작전통제권 이양에 관한 논의가 한국의 군사 능력과 국민 정서에 대한 존중이란 의미가 있다고 하지만 미국의 아시아 지역 철수 및 한국 지원 감축으로 비칠 수도 있다.

넷째, 한국의 TPP 가입에 대한 미국의 지원을 통해 한국과 미국의 굳건한 경제 관계를 한층 더 강화시킬 수 있다. 박근혜 대통령은 한국이 TPP 가입에 관심이 있다고 언급한 바 있으며, 미국은 협의와 기술적 지원으로 한국의 TPP 가입 기준 충족을 도울 수 있을 것이다. 이는 한미 FTA의 명확한 확장판이 될 것이다.[28]

다섯째, 한미 동맹은 세계 무대에서 역할 증진을 위한 노력을 해야 하고, 미국은 한국이 아시아를 넘어선 무대에서도 역할을 확대할 수 있도록 지원해야 한다. 한국은 대표적인 민주주의 국가이자 세계 15위 규모의 경제 대국으로 삼성, 현대와 같은 글로벌 기업의 본거지이기도 하다. 한국은 북한 문제를 한국의 외교 정책과 분리시키고 국제 무대에서 한국만의 정체성과 이익을 명확히 해야 한다. 한국은 또한 해외 원조와 개발 협력에 있어서도 역할을 크게 늘려가고 있다. 이런 맥락에서 한국과 미국은 해적, 인도적 지원 및 재난 구호Humanitarian Assistance and Disaster Relief(HADR), 평화 유지, 해외 원조, 기후변화, 글로벌 경제 거버넌스 등 다양한 국제사회의 도전 과제를 해결하는 데 협력할 수 있다.[29] 마지막으로 한국이 아시아와 세계 무대에서 역할을 확대하기 위해서는 중국을 비롯한 세계 강대국들과 협력 증진이 필수적이다. 더 긴밀한 한중 관계를 미국이 수용한다면, 이를 통해 국제 무대에서 한국의 위상이 올라가고, 한반도 문제 해결에도 도움이 될 것이다.

호주

미국과 호주의 동맹 관계는 1951년에 공식적으로 시작되었지만 양국이 공유하고 있는 희생의 역사는 훨씬 이전에 시작되었다. 호주는 미국의 주요 파트너 중 하나로, 제1차 세계대전과 제2차 세계대전을 비롯해 한국전쟁과 베트남전쟁 그리고 최근 이라크와 아프가니스탄 전쟁까지 21세기의 주요 갈등 상황에서 항상 미국과 함께했다. 이러한 양국의 동맹 관계는 협력의 표준과도 같다. 특히 호주는 미국에 이어 중동 지역 군사 작전에 두 번째로 큰 규모의 병력을 파병하는 등 중요한 역할을 하고 있다. 호주에는 공식적으로 미군 기지가 없지만, 호주 북부 다윈에 미 해병 2천5백 명을 배치하는 것에 합의함으로써 양국의 안보 관계는 한층 더 강화되었다. 게다가 호주가 미군의 접근을 허락하면서 호주는 인도양부터 태평양 제도에 이르는 미국의 인도-태평양 전략의 남부 중심축으로 자리 잡았다.

미국과 호주의 관계는 성숙해 있고 안보 문제를 넘어 순조롭게 확대되고 있다. 경제 영역에서 양국은 2005년 FTA를 체결했으며 두 나라 모두 TPP 회원국으로, 재화 및 서비스 무역 규모는 연간 6백억 달러에 달한다.[30] 게다가 미국은 호주 입장에서 제2위의 투자국이고, 호주 역시 미국에 대한 해외 투자 규모에서 열 번째 안에 드는 국가다.[31] 호주는 여러 다자간 포럼에서 미국과 공조하고 있으며 민주주의, 법치, 인권 등의 신념을 공유하고 있다. 양국의 여론조사에서도 동맹 관계에 대한 지지율이 꾸준히 높은 상태로 유지되고 있다.[32]

첫째, 미 해병의 다윈 순환 배치로 미국과 호주의 국방 협력 관계는 굳건하지만, 더 긴밀한 상호 협력의 여지가 있다.[33] 한층 더 복잡해질 미래에 대비하기 위해 양자 동맹의 비전을 세워야 한다. 호주는 지리적 이점, 전략적 중요성, 긴 해안선과 깊은 수심, 그리고 매우 발전된 사회기반시설을 자랑한다. 이를 감안하면 미국이 아시아에서 입지를 넓히고 보다 남쪽으로 군사력을 재배치하는 데 호주가 중요한 역할을 할 수 있다.[34] 미국과 호주는 미군 추가 배치, 그중에서도 해군 함정 배치를 고려해야 한다. 미군 함정 배치를 통해 양국은 지역 내 위기 상황에 좀 더 빠르고 효과적으로 대처할 수 있다. 뿐만 아니라 협력과 상호 운용성 증진을 위한 기회를 마련하여 양자의 군사 관계를 더욱 확고히 할 수 있다. 다윈에 순환 배치된 2천5백 명의 해병만으로는 미국의 군사적 존재감 형성에 충분하지 않다. 그러나 이러한 미군 배치와 추후 추가 배치를 통해 양국은 합동훈련을 더 크게, 더 자주 실행할 수 있다. 이는 아시아 지역 내 모든 종류의 위기 상황에 대처하기 위해 필요하다. 마지막으로 동아시아 및 인도-태평양 지역에서 탄도 미사일과 크루즈 미사일 기술이 확산되고 있다. 이에 따라 양국은 미사일 방어 협력 등을 강화해 반접근·지역거부(A2/AD) 전략에 대처할 수 있는 전략을 개발해야 한다.[35]

둘째, 호주는 미국이 인도-태평양 지역으로 들어가는 입구다. 인도-태평양 지역은 21세기에 그 중요성이 더해질 지역이며 세계에서 가장 경제적으로 중요한 에너지 수송로다. 이 해상 수송로는 아라비아해로부터 벵골만, 남중국해를 걸쳐 서태평양으로 이어지는 엄청난 지역을 구성하는데, 이 지역은 해상 무역에 매우 중요한 교통로이자 갈수록 통합되는 상업 지대이다.[36] 미국과 호주 양국은 이 지역에서 협력과 공조를 강화해야 한다. 이러한 노력은 인도-태평양 안보 협력 개념의 형성으로부터 시작한다. 이 개념은 미래에 향후 이 넓은 지역에서 미국과 호주의 공동의 이익과 실행 가능한 정책의 윤곽을 보여준다. 또한 양자 관계를 넘어 인도-태평양 지역에 초점을 맞춘 미국-호주-인도 3자 회의를 추진하는 것도 미국과 호주에 중요한 이익이다. 인도와 호주는 인도-태평양 지역의 주춧돌 같은 국가들이다. 2011년 호주가 인도의 우라늄 수출 금지를 철회한 뒤 2014년에 호주와 인도의 정상 회담이 이루어졌고, 이후 양국 관계 증진 노력이 지속되었다. 미국은 미국의 이익과 아시아의 안정성 증가를 위해 호주와 인도의 무역 확대, 인적 교류 증진 그리고 방위 협력 강화를 지지해야 한다.[37] 또한 더욱 폭넓게, 미국은 호주뿐 아니라 인도와 공조를 통해 인도-태평양 지역 국가들 간의 다자 회의를 열어 더 넓은 지역의 군사 작전 개념을 마련하는 한편, 인도양 전역의 정보·감시·정찰(ISR)을 위한 공통의 노력을 강화해야 한다. 또한 미국과 호주 양국은 인도와 협력하여 정기 군사훈련, 인도적 지원 및 재난 구호(HADR), 해양 상황 감시Maritime Domain Awareness(MDA) 등을 통해 인도양 지역 국가들과 안보 협력을 확대해야 한다.

셋째, 호주는 서쪽의 인도양뿐만 아니라 동쪽에 위치한 남태평양 제도에도 관심이 있다. 호주의 뒷마당이었던 남태평양은 해수면 상승부터 비만 문제와 경제 침체 등을 비롯한 여러 심각한 문제에 직면해 미국, 호주와 긴밀한 협력을 바라고 있다. 호주는 남태평양에서 가장 큰 원조 공여국이다. 미국은 큰 격차로 그 뒤를 잇는 2위 원조 공여국이고, 남태평양 문제에 가끔 개입하는 정도다. 반대로 호주와 뉴질랜드는 남태평양 지역의 미래에 여러모로 중심적인 역할을 하고 있으며, 이 지역의 작은 국가들을 지원하는 데 필수 불가결한 존재이다. 이 두 국가는 지역 정책에서 미국의 적극적인 협조를 기대하고 있다. 미국, 호주, 뉴질랜드 세 국가는 태평양 제도 국가들의 다양한 도전 과제에 관해 삼각 대화를 확대하는 한편, 원조 정책에 대한 협력을 더욱 정교화하고, 합동 외교 정책을 펼쳐야 한다. 더 나아가 태평양 지역만의 독특한 도전 과제들에 잘 대처하기 위해서는 태평양도서국포럼Pacific Islands Forum(PIF) 등과 같은 태평양 지역 외교 기구와 교류를 이어나가야 한다.[38]

넷째, 아시아는 현재 전례 없는 중요한 제도 형성의 시기에 있는데, 이는 아시아 지역 운영체제의 미래를 결정할 것이다. 아시아 지역 기구들은 점차 협력의 능력을 키우면서 지역 전반에 걸친 아시아 의제를 발전시키고, 사무국을 세우는 동시에 직원을 채용하고 있다. 미국과 호주 역시 이러한 아시아 지역 기구들의 발전을 효과적으로 지원함으로써 21세기적 가치를 확고히 해야 한다. 이를 위해 미국과 호주는 공조해야 한다. 호주는 동아시아정상회의(EAS), 아세안안보포럼(ARF), 태평양도서국포럼(PIF) 그리고 아시아태평양경제협력체(APEC) 등 지역 기구를 규정하고 강화하는 데 핵심적인 역할을 했다. 또 미국이 다양한 지역 포럼에 적극적으로 참여하는 결정을 내리는 데 큰 영향을 미쳤다. 2014년 3월 말레이시아항공 370편 실종 당시 호주가 조사를 책임졌던 경우처럼, 호주가 아시아에서 뛰어난 리더십을 발휘할 수 있도록 미국은 호주를 더욱 독려해야 한다. 또한 호주 역시 미국이 아시아 지역에서 리더십을 발휘하도록 격려해야 한다. 마지막으로 호주의 이웃 국가들, 특히 동남아 국가들은 광활한 해역에 걸쳐 있는데, 이 해역에는 중요한 해상 경로가 있는 반면 감시에 어려움이 따른다. 미국과 호주는 동남아시아 국가들의 군이 인도적 지원 및 재난 구호(HADR), 해양 상황 감시(MDA)를 더욱 효과적으로 할 수 있도록 아세안을 통해 훈련 기회를 제공해야 한다.

다섯째, 일부 유명한 호주 논객들은 중국의 성장에 맞춰 호주가 미국과 중국 사이의 균형을 유지하기 위해 노력해야 한다고 주장한다. 향후 10년 미국과 중국 중 어느 국가가 아시아 지역의 최강국이 될 것인지 묻는 조사에서, 호주 국민들의 의견은 반으로 갈렸다.[39] 동맹에 대한 호주 국민들의 이런 정서에 대해 미국은 주의해야 한다. 미국은 아시아 지역 정치가 결코 제로섬 게임이 아니라는 점을 호주에 재확인시킬 필요가 있다. 미국은 호주가 미국과 중국 사이의 가교 국가로서 독특한 역할을 수행하는 것을 지지하고 감사하게 생각하고 있다는 점도 재확인시켜야 한다. 중국과 호주는 2015년 FTA를 체결했다. 이런 노력은 미국의 동맹국들이 중국을 억제하려는 것이 아니라 오히려 포괄적이고 규칙에 기반한 아시아 경제 질서를 세우고자 하는 것이며 중국에도 기회가 열려 있음을 증명한다. 이는 미국의 목표 달성에도 도움이 된다.

마지막으로 미국은 호주가 미국의 동맹국과 파트너 국가와도 관계를 형성하도록 독려해야 한다. 이를 통해 허브앤스포크 동맹 체제를 더욱 굳건히 만들 수 있다. 이 장 후반부에서 더 자세히 다루겠지만 테러 대응부터 정보 공유 그리고 태평양 제도와 인도-태평양 등의 다양한 문제에서 미국, 호주 그리고 뉴질랜드 3국의 대화와 노력을 증진시키는 것이 중요하다. 뉴질랜드는 차치하더라도 미국은 호주와 일본의 관계 증진을 환영하며 이러한 관계 진전은 계속되어야 한다. 최근 몇 년 사이 호주와 일본은 미국의 아시아 동맹국들 간 협력의 대표적인 모범 사례가 되고 있다.⁴⁰ 토니 애벗Tony Abbott 전 호주 총리는 일본이 신설한 국가안전보장회의National Security Council에서 연설한 첫 외국 정상이다. 일본은 호주에 최신예 디젤 잠수함을 판매하고자 했으며, 양국은 2014년에 FTA를 체결했다. 마지막으로 앞서 이야기했듯이, 미국은 호주가 다른 동맹국들과 인도를 비롯한 파트너 국가와도 유사한 노력을 하고, 3국 이니셔티브와 회의를 통해 관계를 증진해나가도록 격려해야 한다.

싱가포르

싱가포르는 미국에 흔치 않은 능력과 지원을 제공함으로써 '파트너'의 정의를 넓힌 가장 좋은 예일 것이다. 싱가포르는 미국에 전략적 조언과 군사 접근권을 제공하는 미국의 강력한 파트너 국가이다. 리셴룽 싱가포르 총리는 미국 쇠퇴론자들의 주장과 반대로, 아시아의 전략적 리더십에 있어 미국이 계속해서 중요한 역할을 하게 될 것을 믿는다고 종종 밝히기도 했다.⁴¹

싱가포르와의 전략적 파트너십은 오랜 역사를 가지고 있다. 미국과 싱가포르는 냉전 시기부터 긴밀한 관계를 이어왔다. 1991년 필리핀이 미국의 클라크Clark 공군기지와 수비크만Subic Bay 해군기지 철수를 강행한 후, 싱가포르는 창이Changi 해군기지 등의 군사 시설에 미군의 순환 접근을 허용했다. 현재 싱가포르에는 미국의 아시아 해군 작전에 중요한 미 해군 물류 지휘부가 있으며 연안 전투함 몇 척과 P-8 포세이돈 전투기가 주둔해 있다. 싱가포르는 이라크와 아프가니스탄에서 미국을 지원했고, 동남아 국가 최초로 미국의 반反ISIS 연합군에 참여했다. 물론 양자 군사 협력은 일방통행이 아니다. 미국 역시 싱가포르에 F-15와 F-16 전투기를 비롯해 최신 무기를 제공하고 있다. 미국은 연간 1천 명 이상의 싱가포르 군인을 훈련시키고 있으며 싱가포르군과 함께 많은 군사훈련을 행하고 있다. 양국 외교관계 수립 60주년을 맞아 미국과 싱가포르는 2015년 방위협력협정을 체결했는데, 이는 방위 협력과 대화의 영역을 한층 더 넓혔다. 쉽게 말해, 싱가포르와 미국의 방위 관계는 양국 모두에 필수적이다.[42]

이처럼 활발한 방위 및 전략적 관계 외에도, 미국과 싱가포르의 경제 및 외교 관계 역시 매우 강건하다. 싱가포르는 2004년 아시아 국가 최초로 미국과 FTA를 체결했고, 두 나라 모두 현재 TPP 회원국이다. 2014년 미국은 인도에 투자한 금액의 6배 이상인 1천 8백억 달러를 싱가포르에 투자하고 있으며 싱가포르는 미국에 210억 달러를 투자했다.[43] 외교 측면에서 싱가포르는 오랫동안 미국을 아시아 문제에 깊이 끌어들이며 외교적 조언을 제공했다. 아세안에서 미국과 공조하는 한편 때때로 미중 고위급 회담의 중개 역할을 하기도 했다. 또한 싱가포르는 아태지역 중소 4개국 간 자유무역협정(P-4)에 미국의 가입을 촉구하기도 했는데, 이는 결국 TPP로 이어졌다.

미국은 양국의 이러한 관계를 한층 더 강화해나가야 한다. 싱가포르는 미국과 긴밀한 역사적 관계를 맺고 있는 경제 강국으로, 다양한 문제에서 미국과 깊고 폭넓은 관계를 유지하고 있다. 또 중국과 긍정적인 관계를 유지하는 한편 아세안에서 리더십을 발휘하는 등 아시아 지역 외교의 핵심 국가이다. 이 때문에 싱가포르는 미국의 매우 중요한 파트너이며, 미국은 다방면으로 싱가포르와의 관계를 더욱 적극적으로 증진시킬 수 있다.

첫째, 미국과 싱가포르는 정기적이고 제도화된 고위급 회의와 정치적 관여를 통해 상호 이익을 볼 수 있다. 대개 미국 고위 정책 결정자들과 관료들은 아시아 지역 내 미국의 입지에 중요한 파트너 국가들에는 전략적 관심을 쏟는 한편 싱가포르에 대해서는 그러한 관심을 쏟지 않고 있다. 나는 2011년에 양자 관계 증진을 위한 미국-싱가포르 전략 파트너십을 시작해 싱가포르 외교부 장관과 함께 의장 직을 수행한 적도 있다. 그러나 이 회의는 매년 개최되지 못했으며 회의 개최 일정을 잡지 못하는 문제로 싱가포르 외교부는 곤욕을 치렀다. 그러나 여전히 이러한 이니셔티브를 더욱 깊고 넓게 이어나가면서 매년 회의를 개최하는 동시에 양국 고위급 인사들의 참여를 확보할 여지는 있다. 이를 통해 미국-싱가포르 협력이 미국에 주는 가치를 싱가포르에 확신시켜줄 수 있을 것이다.

둘째, 싱가포르와 미국의 안보 파트너십은 이미 활발하지만, 그럼에도 선택과 집중을 통한 파트너십 확장으로 더 큰 이익을 거둘 수 있다. 미국은 해적 소탕과 해양 상황 감시(MDA)를 지원하기 위해 해마다 많은 싱가포르 장병들을 훈련시키고, 싱가포르군과 추가 훈련을 할 수도 있고, 군사 인적 교류를 더 활발히 할 수 있고, 더 많은 미군 자산을 싱가포르에 추가로 배치할 수도 있다. 작전 측면에서 싱가포르는 매년 수많은 인도적 지원 및 재난 구호(HADR)를 펼치고 있으며, 자연재해 발생 시 양국은 긴밀한 협조를 통해 이득을 볼 수 있을 것이다. 마지막으로 싱가포르와 미국은 종종 다른 아세안 국가들을 초청하여 훈련, 역량 강화 그리고 HADR 등 중요한 군사 협력 관계를 다각화해야 한다.

셋째, 싱가포르는 미국에 시설 접근 권한은 물론 아시아 지역 문제에 대한 솔직하고 세련된 조언을 제공하고 있다. 이는 미국 정책 입안자들에게 큰 도움이 된다. 특히 싱가포르는 중국과 고위급 정치 관계를 맺고 있어 미국에 중국의 불투명한 정책 및 의사결정 과정을 꿰뚫어 볼 수 있는 시야를 제공하는 한편 미국과 중국 사이 유용한 중개 역할을 할 수 있다. 또한 싱가포르는 인도네시아와도 긴밀한 고위급 관계 및 교육 관계를 맺고 있어 미국 정책 입안자들에게 동남아에서 가장 크고 인구가 많은 국가인 인도네시아에 대해 핵심적인 통찰력을 제공하기도 한다.

넷째, 미국과 싱가포르는 아시아의 미래를 좌우할 동남아 다자 포럼에서 지속적으로 협력해야 한다. 양국 모두 항행의 자유, 분쟁의 평화적 해결 그리고 자유무역 등 21세기의 규칙에 큰 관심을 갖고 있다. 싱가포르는 ARF, EAS, APEC 그리고 미국이 아직 회원국으로 가입하지 못한 다른 여러 포럼에서 이러한 21세기 가치들을 옹호하는 데 미국에 힘이 될 수 있다. 이런 다자 포럼 혹은 일회성 다자 회의를 통해 양국은 해적, 마약, 테러, 환경, 재난 구호 등 아시아 지역 도전 과제 해결을 위한 노력에서 서로 협력할 수 있다. 싱가포르는 스스로 남중국해 분쟁의 관리와 해결을 위한 다자 외교에서 핵심 역할을 하고 있는 것으로 보고 있다. 남중국해 분쟁처럼 복잡하고 미묘한 문제들에 있어 싱가포르의 조언은 매우 중요하다. 동남아 지역의 수많은 문제에서 진전을 이루기 위해서는 해양 상황 감시(MDA) 강화가 필수적이다. 또 미국은 동남아 지역의 선박 및 항공 교통 정보 통합과 밀수, 해적 활동에 관한 정보 통합에 기여하는 정보 융합 센터Information Fusion Center 운영과 관련해 싱가포르의 리더십을 지원해야 한다. 이런 관점에서 양국은 동남아시아 국가들의 역량 강화를 위해 협력해야 한다.

다섯째, 싱가포르는 장기간의 정치적 전환기에 접어들었다. 이에 미국은 싱가포르 사회 전반에 관계를 확장해나가는 한편 민간, 시민 사회 그리고 야당 세력도 폭넓게 아울러야 할 것이다. 싱가포르의 성공은 국내외 모든 차원에서 상대적으로 안정된 정치와 싱가포르 정부의 이성적인 정책 입안 및 실행 능력을 바탕으로 가능한 일이었다. 하지만 싱가포르 집권당인 인민행동당People's Action Party은 2011년 선거에서 사상 최저치인 60% 지지율을 기록하며 지지 기반이 많이 약화되었다. 이는 부분적으로 정부의 이민 정책과 물가 상승으로 인한 불만 때문인데, 그 이유로 일부 선임 장관들이 사임하기까지 했다.⁴⁴ 2015년 싱가포르는 최초로 의회 모든 선거구에서 여당과 야당이 맞붙는 총선을 치른 결과(과거 싱가포르 총선에선 야당이 매우 취약해 모든 의석에 후보를 내는 것이 거의 불가능했다 _ 옮긴이 주), 인민행동당은 70%의 득표율을 기록하며 괜찮은 성과를 보였다. 그러나 여야가 모든 의석에서 맞붙는 이런 정치적 변화는 미래에 싱가포르의 정책 입안 과정이 국내 변화를 반영할 것이라는 점을 시사한다. 국제전략문제연구소(CSIS)의 어니스트 바우어Ernest Bower는 싱가포르가 변화함에 따라 "미국은 싱가포르 정치인뿐만 아니라 싱가포르 사회 전반에 다가가야 한다. 이를 통해 미국은 양국 관계에 깊이를 더하고 균형을 잡을 수 있으며 미국을 신뢰할 수 있는 파트너로 자리 잡게 할 수 있다"라고 한다.⁴⁵

필리핀

미국과 필리핀의 현재 관계는 지난 20년 그 어느 때보다 우호적이다. 필리핀 국민들은 미국-필리핀 동맹에 갈수록 우호적이지만 양국의 복잡한 역사 문제로 인해 미국에 대한 필리핀의 태도는 존중과 민족주의적 경계심이 뒤섞여 있다. 1898년 미국은 스페인으로부터 필리핀의 지배권을 가져온 뒤 필리핀 독립운동을 억압하며, 향후 50년간 온정주의적인 태도로 필리핀 독립을 위한 입헌 민주주의 기초를 마련했다. 이후 제2차 세계대전에서 일본을 상대로 미국과 필리핀이 함께 싸운 1년 뒤 미국은 필리핀의 독립을 승인했다. 이후 양국은 긴밀한 전략 파트너십을 유지하고 있다. 필리핀은 수비크만과 클라크 공군기지에 미군 기지 건설을 허용하고, 한국전쟁과 베트남전쟁에 미국과 함께 참전했으며 이라크와 아프가니스탄에서도 미국을 지원했다. 미국 역시 필리핀 내 사회주의 게릴라와 이슬람 테러리스트 퇴치를 도왔다. 1991년 민족주의가 대두되면서 필리핀은 미국에 수비크만과 클라크 공군기지에서 철수할 것을 요구했지만 최근 중국과 남중국해를 둘러싼 분쟁으로 미국이 지역에 머무르는 것을 선호한다. 2014년 양국은 방위협력확대협정Enhanced Defense Cooperation Agreement(EDCA)을 체결했는데, 미국-필리핀 동맹 역사상 가장 중요한 조약 중 하나다. 이 조약의 체결로 미국은 필리핀 내 여덟 개의 기지에 군인, 전투기 그리고 선박의 순환 배치를 할 수 있게 되었을 뿐만 아니라 사전 물자 및 설비를 갖출 수 있게 되었다.[46] 덕분에 미국은 지역 안보에 더욱 적극적인 역할을 맡으면서 동시에 필리핀의 군 현대화를 지원할 수 있게 되었다. 뿐만 아니라 동남아 지역의 군사적 활동 증대를 위한 출발점을 마련했다.

미국-필리핀 관계의 전략적 기반은 점점 확고해지고 있으나, 미국과 다른 국가의 관계만큼 폭이 넓지는 못하다. 필리핀은 인구가 많고 연평균 6%의 성장률을 기록하고 있지만 양국의 경제 관계는 여전히 뒤처져 있다. 무역 교류는 사실상 지난 20년간 침체 상태로 투자 장벽이 남아 있고 미국과의 경제 관계 역시 다른 동남아 국가와 관계보다 뒤처져 있다.[47] 양국이 공통의 역사 때문에 오랜 민간 교류와 외교 관계를 유지하고 있지만, 관계 확장과 증진을 위한 여지가 더 있다. 현재로서는 전략적 문제들이 양국 관계의 핵심으로 가장 많은 관심을 받는다. 필리핀은 중국의 남중국해 침범이 가장 큰 걱정이다. 예컨대 2012년에 필리핀은 중국과 10주 간의 교착 상태 끝에 양국이 영유권을 주장하던 스카버러 암초Scarborough Shoal(중국명 황옌다오黃岩島)를 잃었다. 필리핀산 농산물 수출을 비공식적으로 강력하게 제재했던 중국 측의 항의와 시위 끝에 결국 필리핀 정부는 중국과의 영해 분쟁을 국제해양법재판소International Tribunal for the Law of the Sea(ITLOS)에 회부했다. 미국은 해양 영토 주권 분쟁에서 중립을 유지하지만 필리핀의 국제법을 통한 해양 영유권 조정을 지지한다. 2016년 중순 재판 결과가 나올 예정인 이 사건의 최종 결과는 유엔해양법협약(UNCLOS)의 타당성 측

면에서 큰 의의를 가질 것이다.[48]

남중국해의 불안정성과 다른 문제들에 대한 효과적인 대응을 위해 미국과 필리핀은 다양한 공통의 정책으로 양국 동맹 관계를 증진시켜야 한다.

첫째, 최근 EDCA 체결에 맞춰, 양국은 방문 절차를 본격화하는 한편 필리핀 내 순환 배치되어 작전을 펼치고 있는 미군 증강에 발맞추어 법적 조약들을 정비해야 한다. 미국은 현재 필리핀 내 임시 주둔 중인 미군의 방문군지위협정Visiting Forces Agreement(VFA)을 체결한 상태지만, 진행되고 있는 양국 방위 관계 변화와 늘 존재해왔던 필리핀의 민감한 반응에 대처하기 위해 협정을 재논의하거나 개정하여 양국 관계를 더 굳건히 해야 한다.

둘째, 미국과 필리핀의 복잡한 식민지 역사를 고려할 때 동맹에 대한 양국 국민들의 굳건한 지지와 이해가 필요하다. 그래야만 향후 발생할지 모를 양국 관계의 위기를 견뎌낼 수 있을 것이다. 필리핀은 미국에 우호적이지만 민족주의, 주권에 대한 염려, 미군의 행동으로 발생하는 분쟁 때문에 양국 관계가 저해되기도 하고 국내 정치에 영향을 주기도 한다. 이러한 요소들은 결국 1991년 필리핀의 수비크만과 클라크 공군기지 미군 철수 요청에 영향을 주기도 했다. 따라서 양국 모두의 관리가 필요하다. 미국은 필리핀을 동등한 파트너로 대우해야 한다. 그리고 필리핀 정치 지도자들은 국민들에게 미국과의 동맹 관계가 주는 이점을 설명하는 한편 양국 관계에서 문제가 생겼을 때 반미 정서를 자극해서는 안 된다. 근본적으로 이런 긴밀한 안보 협력의 새 국면은 기존의 온정주의적 파트너십과는 달라야 할 것이다.

셋째, 양국 모두 방위 협력 심화와 EDCA를 최대한 활용하려는 노력을 기울여야 한다. 필리핀군은 오랫동안 테러 방지에만 중점을 두어 낙후된 상태이고 자력으로는 현대화하기 힘든 실정이다. EDCA 덕분에 필리핀에 순환 배치와 군 시설 배치 증가가 이루어짐으로써 남중국해 위기 상황

발생 대응 훈련을 비롯해 필리핀과 군사훈련 및 연습을 훨씬 더 증진시킬 수 있다. 이와 마찬가지로 미국은 EDCA를 최대한 활용하여 필리핀에 미군 기지 시설을 만들 수 있다. 이를 통해 미군뿐 아니라 필리핀군에 필요한 시설을 제공할 수 있을 것이다. 미국은 필리핀군 시설을 향상시키고, 여분의 전함과 전투기를 양도하고, 필리핀에 대한 대외군사기금Foreign Military Financing(FMF)을 늘려 필리핀의 군대 현대화를 앞당길 수 있다.[49] 미 국방부는 동남아에 대한 4천250억 달러 규모의 파트너 역량 강화 정책을 발표했는데 필리핀이 가장 큰 수혜자가 될 것이다.[50] 그러나 필리핀군의 상황이 매우 열악하기 때문에 미국은 장비와 훈련을 최대한 활용해야 한다. 나아가 일본 같은 파트너 국가와 함께 필리핀의 역량 강화를 위해 노력해야 한다. 마지막으로 필리핀은 넓은 영해를 지닌 군도 국가이므로, 해양 상황 감시(MDA)와 이후로도 지속 가능한 인도적 지원 및 재난 구호(HADR) 역량 증진을 위한 미국의 지원이 필요하다.

넷째, 양국이 안보 관계를 강화하고 있으나 경제 관계는 아직 기대에 미치지 못하고 있으므로 이에 대한 더 많은 관심이 필요하다. 필리핀이 TPP 가입 의사를 공개적으로 밝힌 점은 고무적이다. 필리핀은 TPP 필수 기준 충족을 위한 개선을 해나가야 하고, 미국은 이를 지원해야 한다. 또 미국은 양국의 긴밀한 경제 관계 형성을 저해하는 필리핀의 해외 투자 장벽을 철폐하도록 촉구해야 한다. 미국을 비롯한 다른 아시아 지역 국가들과 무역 및 투자를 증진하면 미국-필리핀 양국 관계만을 증진하는 것뿐 아니라, 향후 발생 가능한 중국의 경제적 압력에 대응하는 필리핀의 대처 능력을 강화하게 된다.

다섯째, 그동안 미국과 필리핀은 중국의 남중국해 자기주장 강화에 대해 임시변통의 '준상설 위기 관리 모드'로 대응했다. 그러나 이제는 보다 조직적인 장기 전략을 수립하기 위해 협력해야 한다.[51] 양국은 목표를 설정하고 전략적 능력을 재점검해야 한다. 또한 공동 개발 가능성에 대해서도 검토해야 한다. 공동 개발을 할 경우 주권 문제는 잠시 접어두고 분쟁 대상이 되는 자원을 공동으로 분쟁 당사자들이 활용하게 된다. 미국은 해안 감시 시스템을 통해 필리핀의 배타적 경제수역(EEZ) 감시 능력 개발을 지원하기 시작했는데, 이를 위해 군사 장비 이전, 훈련 그리고 보다 통합된 정보 공유를 지속해야 한다.[52]

태국

태국은 미국의 가장 오랜 아시아 지역 동맹이며, 동남아에서 식민 통치나 외세의 지배를 받지 않은 유일한 국가다. 태국 지도자들은 외세 사이에서 균형을 유지하는 데 탁월했다. 식민지 시대에 북쪽에서 유럽 국가들이 중국을 나누는 동안 태국은 영국과 프랑스 사이에서 완충국 역할을 하며 서쪽에 있던 영국 식민지의 확장을 이용해 동쪽의 프랑스의 식민지 계획을 저지했다. 사방이 식민지로 둘러싸인 상황에서 태국의 지도자들은 서둘러 강력한 군사력을 만들고 명확한 국경을 갖춘 근대 국가로 만들고자 했다. 자주적인 국력 강화와 전술적 양보 그리고 세력 균형이란 세련된 접근을 통해 태국은 어려운 상황에서도 독립을 유지할 수 있었다.

태국과 미국이 우정을 쌓기 시작한 것은 이런 유럽 식민지 정복이 한창이던 때였다. 태국은 아시아 국가 중에선 최초로 미국과 외교 관계를 맺은 국가이며 미국의 가장 오래된 아시아 동맹이다. 양국의 공식 외교는 앤드루 잭슨Andrew Jackson 대통령 시절까지 거슬러 올라간다. 태국은 한국전쟁, 베트남전쟁 그리고 두 번의 이라크전쟁에서 미국과 함께했다. 또 미군에 거의 무제한으로 태국의 전략적 요충 시설에 대한 접근권을 제공했으며, 미국 국제개발처United States Agency for International Development(USAID)와 연방수사국Federal Bureau of Investigation(FBI) 같은 기관의 동남아 지역 본부가 태국에 설치되어 있다. 2003년 조지 W. 부시 미국 전 대통령이 태국을 비非NATO 주요 동맹 국가로 지정함으로써 태국은 무기 구매를 위한 특별 원조와 지원을 받을 수 있게 되었다. 경제 관계의 경우 미국은 태국의 가장 큰 투자국 중 하나이자 세 번째로 큰 무역 국가로, 연간 양자 무역 규모는 440억 달러에 달한다.[53]

태국은 현재 미국의 즉각적인 원조가 필요한, 아주 위험한 상황에 직면해 있다. 엄청난 내부 변화와 함께 복잡한 외부 환경에 직면한 태국은 미국의 신속하고도 섬세한 접근을 필요로 하고 있다. 태국과 미국의 관계는 태국이 지난 2006년에 이어 최근에는 2014년에 군사 쿠데타를 겪으면서 긴장 관계에 놓였다. 태국 군사 정부는 쿠데타에 대한 미국의 반응에 반발하여 대외 관계 균형 유지를 위해 중국 쪽으로 돌아서고 있다. 중국은 태국의 군 수뇌부를 포용하는 한편 2015년에는 태국에 공격용 잠수함 세 대를 판매하기도 했다. 잠수함 구매로 중국의 장기간 유지보수가 이어질 것이고 이로 인해 미국과 태국 동맹의 장기 전망에 우려가 나타나고 있다. 만약 미국이 태국의 정치 변화에 대처하지 못한다면, 미국은 중요하고도 가장 오래된 동맹국인 태국에 대한 영향력을 잃을 위기에 놓일 지도 모른다.[54]

현재 태국의 정책은 복잡하고 염려스러우며, 이 상황을 예의 주시하고 있던 이들조차도 종종 태국에서 벌어지는 상황에 허를 찔리기도 한다. 2014년 2월 2일 치러진 총선에 손도 대지 않은 투표함이 줄지어 서 있는 광경과 자신들이 투표 진행을 저지했다고 자랑하는 허울뿐인 민주주의 옹호자들의 모습이 함께 나타나는 것을 이해하기 힘들다.[55] 태국 남부의 부유한 지역에 기반을 둔 야당인 민주당은 북쪽 시골 지역의 지지를 받는 후보자들 때문에 1992년 이래 선거에서 번번이 패했다. 민주당은 대중의 지지를 받고 경제 개혁을 촉진하는 경쟁력 있는 야당이 되는 데 실패했다. 뿐만 아니라 민주당 그리고 사법부와 군의 민주당 지지자, 왕실 측근들은 2006년 이후 민주적으로 선출된 정부를 세 번이나 쫓아냈다. 이러한 반동 세력은 비록 명칭과 형태는 변해왔지만, 오래된 '옐로셔츠' 세력이다. 태국이 민심을 반영한 민주주의로 전환하는 것을 막기 위해 관공서를 습격한 것은 바로 이들의 연합 세력과 군인들이다.[56] 이런 불안정성에 대응해 2014년 5월 22일 쿠데타를 일으켜 정권을 장악한 군부는 민간에 정권을 이양할 조짐을 보이고 있지 않다.[57] 태국의 정치 운동가이자 역사학자인 통차이 위니차꿀Thongchai Winichakul은 "2006년 이전의 선거 민주주의는 한동안 돌아오지 않을 것이다"라고 한다.[58] 이러한 태국 내 혼란 속에 미국은 조심스럽게 태국과 관계를 유지하면서 태국이 민주주의로 복귀하도록 해야 한다.

첫째, 미국은 태국 고위 관계자들과 대화 채널을 열어놓는 한편 정당과 군부 지도자들 간 대화를 독려함으로써 어려운 시기의 태국을 지원해야 한다. 미국은 태국의 정치인, 야당 인사, 군부 지도자들과 긴밀한 관계를 유지해야 한다. 그래야만 태국이 민주주의 절차로 복귀하도록 힘을 행사할 수 있다. 미국이 태국 고위층과 지속적으로 대화하지 않는다면 오히려 역효과를 낳을 것이다. 미국은 태국의 정당과 군부 그리고 왕실을 비롯한 주요 제도들이 민주적 선거로 복귀할 시간표를 함께 작성하고 이를 준수하도록 해야 한다.

둘째, 태국 국내의 불안에도 불구하고 태국과 군사 및 정보 협력은 계속되어야 한다. 군사 원조, 연습, 교류, 훈련, 정보 협력은 지역 안정성 유지와 태국 내 미국의 영향력 형성에 기여한다. 미국의 영향력은 태국이 민주주의로 복귀하도록 미국이 역할을 하는 데 중요하다. 미국은 태국의 민주주의가 회복되기 전까지 군사훈련을 축소하고 원조를 제한할 수도 있다. 하지만 무엇보다 중요한 것은 미국의 이런 대응이 미국과 태국 간의 전략적 관계를 저해하고, 미국의 전략적 시설 접근권을 줄이거나 또는 동맹 관계에 대한 우려를 일으켜 되레 태국이 중국을 비롯한 다른 동맹 쪽으로 기울게 만들어서는 안 된다는 것이다. 태국과 중국의 우호적인 관계는 격려할 일이지만, 미중 양쪽과 확고한 접점을 유지하는 등 역사적 균형을 유지하는 편이 태국의 이익에 부합할 것이다. 이런 측면에서 쿠데타와 함께 중단되었던 고위급 회담의 복구가 매우 중요하다. 마지막으로 미국은 28개국이 참가하는 동남아시아 최대 규모의 코브라골드Cobra Gold 군사훈련에 계속 참가해야 한다. 이 훈련은 아주 귀한 관찰 및 관여의 기회이며, 미국에 중요한 군사 외교 수단이다.

셋째, 태국은 역사적으로 아시아 다자간 기구, 특히 아세안의 리더였다. 태국은 미얀마의 민주주의 전환에 기여했으며, 남중국해 행동 강령에 대해 아세안과 중국의 대화를 조율했고, 아세안 주도 기구들의 지위 향상에 일조했다. 최근 쿠데타 이후 태국은 다자 기구에서 중국 쪽에 더 가까운 입장을 취하면서, 중국과 영토 분쟁에 휩쓸린 아세안 소속 국가들과 중국 사이 가교 국가로서의 능력을 잃고 있다. 그보다 더 염려스러운 점은, 한때 동남아 문제에 활발했던 태국의 외교가 국내 정세가 불안한 시기 동안 크게 위축되었다는 것이다. 이에 미국은 아세안 내에서 태국의 지위를 회복하고 미국이 생각하는 아세안의 미래 발전 방향을 공유함으로써 태국이 아세안 내 외교에서 영향력을 회복하도록 지원해야 한다.

마지막으로 태국의 정치 상황은 매우 유동적이며 불안정하다. 군사 정부는 당분간 권력을 장악하고 있을 것이다. 미국은 태국이 민주주의로 복귀하도록 도와야 하지만 만에 하나 태국이 권위주의로 후퇴하거나 미국의 성급한 행동으로 인해 태국 민주주의 회복에 필수 불가결한 요소인 미국의 영향력이 감소하지 않도록 주의해야 한다.

중국 부상의 경로 만들기

미국과 중국의 관계는 21세기에 가장 중요한 관계이다. 동시에 미중 관계는 피벗의 가장 어려운 측면이다. 미국 외교 역사를 보면 중국의 도전이 가져오는 복잡한 상황에 대비한 적이 없다. 미국과 소련의 40년간 냉전은 극명한 지리적·이데올로기적 구분 때문에 상대적으로 단순한 흑백 논리의 관계였다. 반면 미국과 중국의 관계는 총천연색이 등장한 첫 영화 "오즈의 마법사The Wizard of Oz"와 흡사하다. 미중 양국 간의 상당한 통합에도 불구하고 전략적 불신 때문에 인류 역사상 가장 복잡한 양자 관계가 나타난 것이다. 게다가 중국은 근대 어느 국가보다도 빠른 속도로 성장했다. 이러한 중국의 급성장으로 미국은 처음으로 신흥 세력인 동시에 미국에 버금가는 세력을 직면하게 되었다. 더구나 미국은 이런 중국과 협력하면서 동시에 경쟁해야 한다.

미국과 중국의 경제는 근본적으로 연결되어 있으며 매우 상호 의존적이어서 협력은 필수적이다. 무역 규모에서 중국은 미국의 두 번째로 큰 무역 상대국이며, 미국은 중국의 가장 큰 무역 상대국이다. 따라서 양국 사이 공공연한 적대감과 갈등이 생기면 양국에 큰 경제적 부담이 될 것이며 주변 지역 경제에 큰 피해를 끼칠 것이다.[59] 일정 수준의 공통 목적을 달성하기 위한 노력 역시 필수적이다. 기후변화, 핵 확산, 경제 거버넌스 등 여러 초국가적인 문제들은 중국과 함께 노력해도 풀기 어렵고, 중국 없이 해결하기란 더더욱 어렵다. 버락 오바마 대통령이 선언한 것처럼 "바로 이런 이유 때문에 상호 관심사에 있어 중국과 실용적으로 협력하는 것이 중요하다. 어떤 국가도 21세기의 도전들을 혼자서 상대할 수 없기 때문이다."[60]

또한 양국은 경쟁 관계이기도 하다. 이런 측면에서 우리 앞에 놓인 문제들이 아주 해결하기 어려운 것들이란 점이 지난 몇 년 동안 드러났다. 시진핑 주석의 대담하고 강력한 리더십 아래 중국은 점차 자기주장을 강화해왔다. 이런 변화는 지역에서 미국의 리더십과 현존하는 국제적 원칙들에 대한 큰 도전이다. 중국은 항행의 자유 원칙에 도전했다. 미국의 동맹국 및 파트너 국가들과 광범위한 영토 분쟁을 일으키고, 이웃 국가들에 경제적 압박을 가하고 있으며, 국내적으로는 반대파를 차단하고 엄청난 군비 지출을 하고 있다. 양국이 이런 문제들을 두고 대립하면서 '투키디데스 함정'이란 끔찍한 유령이 미중 관계에 드리우고 있다. 이는 신흥 강대국이 기존 강대국에 맞설 때 발생하는 위험을 말한 그리스 역사가 투키디데스Thucydides의 이름을 딴 것이다.

투키디데스 함정의 그림자로부터 벗어나기 위해 미국은 미중 관계를 새로 만들어갈 계획이 있어야 한다. 양자 관계를 위해 무엇을 해야 할 것인지를 설정하고, 클린턴 미 국무장관의 말처럼, 중국과 협상하면서 "공통점을 찾아내는 한편 미국의 입장을 고수하는 방법"을 찾아야 한다.[61] 그러나 이 계획이 아시아 지역에 대한 미국의 광범위한 관여를 대체해서는 안 된다. 정책 결정자들은 과거 미국 정부가 추구했던 '중국 우선주의' 정책을 피해야 한다. 이는 미중 양자 관계를 바로잡으면 아시아 정책을 바로잡을 수 있다는 잘못된 가정에서 나온 정책이다. 이론상으로 그것은 공동성명, 권력 분점 그리고 대타협을 통한 상호 존중과 이해의 시대로 회귀하는 데 초점을 맞출 것이다. 대만의 지위 문제가 해결되고 미국은 중국이 '핵심 이익'이라고 묘사하는 부분을 존중할 것이다. 하지만 현실적으로 이런 강대국 위주의 접근이 이전에 없었던 미중 관계의 '황금기'를 가져올지 모르나, 미국 동맹국들과 파트너 국가들은 불안해질 것이다. 특히 협력만큼이나 긴장 관계에 놓여 있던 미중 관계에서는 더욱더 그렇다.

가장 효과적인 중국 정책은 더 크고 확장 가능한 지역 구도 내에서 이뤄져야 한다. 이러한 접근법으로 미국은 지역 전체에 공통의 접근법을 펴기 위해 필요한 힘을 키우는 데 가까운 동맹국, 파트너 국가와 관계를 활용할 것이다. 이로써 미국은 민주주의, 무역, 항행의 자유와 관련된 규범을 강화하고, 아시아 번영의 기반이 된 운영체제를 해치려는 시도들을 좌절시킬 것이다. 이 지역 전체에서 경제·전략·외교적 도구들을 통합하고 조율한 다원적 전략이 이 운영체제를 지탱하고, 부상하는 중국의 미래를 결정지을 수 있다. 이 절의 제목이기도 한 이런 접근법이 미국의 아시아 피벗을 규정한다.

이러한 지역 체제 내에서, 미중 양자 관계를 위한 간단명료한 격언이 있다. 미국은 중국과 관계에서 필요한 분야의 주요 핵심 이익을 반드시 지키는 동시에 가능한 한 실질적이고 지속적인 관계를 유지해야 한다는 것이다. 이러한 접근법을 구체화하고자, 이번 장에선 미중 관계를 위한 실행 계획을 보여줄 것이다. 우선 중국의 자기주장 강화를 불러온 요인들을 살펴보고, 이후 중국과의 경쟁 관리와 협력 증진을 위한 정책 대안을 제공할 것이다.

중국의 자기주장 강화

후진타오胡錦濤 전 중국 주석 재임 기간 후기부터 오늘날에 이르기까지, 중국의 외교 정책은 분명히 적극적인 방향으로 변했다.[62] 후진타오 재임 기간 동안 중국은 이웃 국가들과 외교 증진에 초점을 맞춘 이른바 '매력 공세'에서 점점 멀어졌다.[63] 중국은 일본, 인도, 필리핀 그리고 베트남과 지역 분쟁을 심화시켰을 뿐 아니라 남중국해와 동중국해에서 이웃 국가의 함선은 물론 미 해군 함정 임페커블호와 대치하기도 했다. 심지어는 경제 제재에 대한 조심스러움도 접어두고 분쟁 중에 일본, 필리핀, 노르웨이에 비공식적으로 경제적 제재를 가했다.[64] 많은 학자들이 후진타오 정권부터 시작된 이러한 경제 전략과 강압적인 협상을 중국 외교 정책의 새로운 시작으로 보고 있다.

시진핑 주석의 등장으로 중국 외교 정책에서 자기주장 강화 추세는 더욱 강화되었다. 시진핑 주석은 사실상 모든 부문에서 강경 노선을 추구해왔다. 시진핑 정부는 동중국해에 방공식별구역(ADIZ)을 선언하고 남중국해에서는 전례 없는 간척 사업과 활주로, 부두, 포병대를 갖춘 인공섬을 만드는 행보를 취하기도 했다. 심지어 베트남과 필리핀 너머 말레이시아와 브루나이까지 영토 분쟁 범위를 확장해 이들 국가 해상에 중국 선박이 나타나기도 했다. 지역 거버넌스의 경우, 시 주석은 아시아인프라투자은행(AIIB) 등의 국제기구를 창설해 중국 경제 전략의 도구로 사용하기도 했다. 2014년에는 국제 모임에서 미국 동맹을 비판한 데 이어 '아시아를 위한 아시아Asia for Asians'라는 대담한 발표를 하기도 했다. 이런 중국의 움직임은 무엇보다 중국이 장기적으로 아시아 지역에서 헤게모니를 행사하고, 미국의 역사적 역할을 줄이려는 의도가 있다는 우려를 낳기도 했다.

중국의 이런 대담한 외교 정책은 설명이 필요하며 종종 학문 토론의 주제가 되기도 한다. 현재 중국의 적극적인 태도는 세 가지 요인과 관련 있는 것으로 보인다. 첫 번째는 힘의 균형이 중국 쪽으로 이미 기울었거나 아니면 적어도 기울고 있다는 인식, 두 번째는 시진핑의 외교 정책 장악, 그리고 세 번째는 국민과 엘리트 계층에서 확산되고 있는 민족주의이다.

첫째, 2009년 무렵 중국은 자국을 떠오르는 세력으로 보는 한편, 미국은 세계 경제 위기의 여파와 이라크·아프가니스탄 전쟁 비용 때문에 허우적거리는 것으로 인식했다. 그해 중국은 자국 외교 정책의 미래에 관한 내부 논의를 시작했다. 1990년대 초기 이래로 중국의 대외 정책은 덩샤오핑鄧小平 주석의 스물네 글자로 된 외교 지침을 따랐는데, 이는 다음과 같다. "냉정하게 관찰하고冷靜觀察, 입지를 확고하게 하며站穩脚筋, 침착하게 대응하고沈着應付, 능력을 감추고 때를 기다리며韜光養晦, 세태에 융합하지 말고 우직함을 지키며善于守拙, 실력이 될 때까지 절대로 우두머리가 되지 마라絕不當頭." 이른바 '숨어서 때를 기다리는' 이 전략의 목적은 다른 강대국들의 반발을 사지 않고 중국의 발전을 성취하는 것이었다. 미국에 비해 상대적으로 중국이 빠르게 성장함에 따라, 중국 정부는 덩샤오핑의 지침에 수정과 개선이 필요하다고 판단했다. 중국 정부는 '적극적인' 성취의 중요성을 강조했는데, 이는 작은 변화로 보일지라도 전례 없이 엄청난 결과를 초래했다. 이 새로운 외교 공식이 채택된 시기, 중국은 급성장하는 경제 규모와 군사력 투자에 어울리는 자기주장 강화를 시작했다. 중국의 구매력 기준 경제력은 미국보다 이미 앞섰는데, 다만 중국 고위 관계자들이 이를 공식적으로 인정하지 않고 있을 뿐이다.[65] 동시에 중국의 빠른 군사적 현대화와 반접근·지역거부(A2/AD) 전략으로 중국의 지도자들은 국경 주변에서 발생하는 갈등에 미국이 개입하지 못할 것이라는 자신감을 얻었다. 이러한 미중 관계의 구조적인 변화는 중국 정책 변화의 주요 이유 중 하나다. 토머스 크리스텐슨이 언급한 것처럼, "중국은 지금 자신이 강해진 반면 미국은 경제 위기 이후 약해졌다고 믿고 있다. 더욱 강력한 외교 정책을 요구하는 중국 내부의 목소리가 정치 환경을 더 뜨겁게 달구고 있다."[66]

둘째, 시진핑 주석은 중국의 통치 시스템을 근본적으로 변화시켰다. 덩샤오핑 시기의 합의와 집단 지도 체제를 약화시키는 한편 자기 스스로에게 외교 정책 결정 과정에 대한 강력한 권한을 부여했다.[67] 여러 측면에서 시진핑은 덩샤오핑 이후 가장 강력한 지도자다. 오른팔인 왕치산王岐山을 통해 이루어진 반부패 캠페인은 저우융캉周永康 같은 전 상임위원회 구성원들과 쉬차이허우徐才厚 등 위험한 반대파 고위급들을 목표로 삼았다. 그러고 나서 시진핑은 국무원, 외교부 그리고 군대의 외교 정책 역할을 축소시킨 뒤 의사 결정권을 자신과 자기 통제하에 있는 소규모 집단으로 집중시켰다. 중요한 결정은 자신이 직접 창설해 감독하고 있는 국가안전위원회를 통해 내렸다. 시진핑은 외교 정책 기구를 전례 없이 강하게 장악하면서 보다 신중한 관료로부터 오는 제약에서 벗어났다. 그리고 '일대일로One Belt One Road'와 아시아인프라투자은행(AIIB) 등 주요 정책을 실행하기 위해 이 위원회에 깊숙이 관여했다. 시 주석의 외교 정책은 그의 적극적이고 민족주의적인 성향을 반영할 것이다.

세 번째이자 앞선 내용과 깊은 연관이 있는 요소는 바로 중국 국민과 엘리트 계층의 민족주의가 중국의 외교 정책 형성과 실행에 미친 영향이다. 사회주의 정체성이 무너진 뒤 중국의 정통성은 경제 발전과 민족주의 이데올로기라는 두 가지 기반 위에 세워졌다. 톈안먼 사태 이후 중국 지도부는 학교에서 '애국 교육' 캠페인을 통해 민족주의를 고취시켰다. 이는 광신적 애국주의, 관영 언론, 텔레비전 프로그램 그리고 영화 등을 통해 꾸준히 강화되었다.[68] 중국 정부는 중국이 1839년 제1차 아편전쟁부터 1949년 공산주의 승리 이전까지 이른바 '백 년간의 굴욕'을 겪었다고 한다. 공산당은 일본과 서구 제국주의를 몰아내고 중국을 오늘날의 강대국으로 재건한 구원자로 등장한다. 이런 중국 역사의 재서술 과정에서 공산당의 임무는 사회주의 유토피아를 만드는 것이 아니라 영토 분쟁과, 대만과 분단으로 표상되는 백 년간의 굴욕이 남긴 흔적을 없애는 것이다. 이러한 주장은 깊은 불만과 회한을 만들어냈다. 이런 감정은 지역의 영토 분쟁, 특히 일본과 영토 분쟁에 대한 해결을 어렵게 하면서 중국의 자기주장 강화에 일조하고 있다. 그것은 또한 정치적 정통성의 원천이 되기도 한다. 시진핑은 집권 후 자신의 가장 중요한 목표가 "중국의 위대한 부활"이라고 선언했다.[69]

그러나 이러한 추세는 중국의 경기 성장 둔화라는 돌발 변수를 만났다. 지난 30년간 이어져온 연 10% 성장의 시기는 이제 끝나가고 있는 것으로 보인다. 국가 공식 통계에 따르면, 국내총생산은 7% 이하, 심지어 많은 주요 은행과 전문가들이 실제론 이보다 훨씬 낮은 수치를 주장하며, 향후 수

년간 5% 이하에 머물 것으로 보고 있다.[70] 중국의 역사적 성장은 생산성 낮은 농촌 노동자들을 임금이 낮고 생산성 높은 제조업 분야로 이동시키고, 수출에 집중한 결과였다. 그러나 이러한 발전 모델의 모든 요소들이 현재 한계에 이르렀다. 노동력은 감소하고, 임금은 상승하며, 노동생산성 증가는 둔화되고, 중국의 수출 시장은 포화 상태다.[71] 중국은 기록적인 투자를 통해 성장세를 다시 높여보려 했지만, GDP 성장에 대한 투자의 기여가 역대 최고인 50%를 달성하면서 성장률은 다시 감소세로 돌아섰다. 달러 기준 투자 생산성이 10년 전보다 40%가량 감소했고 텅 빈 아파트 복합 단지와 불필요한 사회기반시설 등 투자 자체도 더 이상 효과가 없다.[72] 중국 지도자들은 수출과 투자 위주의 경제를 내수에 초점을 둔 경제로 재조정하려고 한다. 그러나 이런 변화는 복잡하고 불안정해서 성패 여부가 드러나기 전까지는 충분한 시간과 실험 그리고 인내가 필요하다. 한편 수출과 투자 노력이 제대로 먹혀들지 않으면서 중국의 성장은 당 지도부가 염려할 수준까지 내려갔다. 원자바오溫家寶 전 총리와 같은 당 원로들은 사회적 안정을 유지하기 위해서는 최소 8% 성장률이 필요하다고 한 바 있다. 그러나 중국의 경제가 그만한 성장률을 다시 기록하기란 요원하다. 당 지도자들은 지난 1986년과 1989년의 경제 위기로 결국 중국공산당 중앙위원회 총서기인 후야오방胡耀邦과 자오쯔양趙紫陽이 자리에서 물러났다는 사실과 톈안먼 사태가 일어났다는 점을 기억하고 있다.

경제학자들은 중국의 역사적인 경제 성장이 둔화되고 경제 모델을 재조정하려는 노력이 시행되는 가운데 중국 경제가 '경착륙'과 '연착륙' 중 어느 쪽으로 갈 것인가를 두고 논쟁하고 있다. 이런 극단적인 경우는 아니더라도 경제 둔화와 사회 불안 위험은 중국 외교 정책에 영향을 미칠 가능성이 있는데, 이 경우 중국은 전략적 후퇴보다는 오히려 더욱 적극적으로 자기주장 강화로 나갈 것이다. 중국 정부의 경제적 정당성이 침식당함에 따라 중국 공산당은 민족주의에 더 기댈 가능성이 크다. 시진핑은 몇 세대에 걸쳐 가장 강력한 지도자일 수 있지만 동시에 외부 노출이 많이 되었으며 이로 인해 중국의 경제 성장 둔화에 대한 책임의 화살을 맞을 수도 있다. 시진핑은 영토 분쟁을 강조하고 거대 외교 프로젝트를 추구하는 동시에 서구에 맞서는 방식으로 중국의 경제적 불안에 집중된 시선을 분산시키는 한편, 국민들 그리고 아직은 조용한 정치적 도전자들의 민족주의적 비판으로부터 자신을 보호하려 할 것이다.

아시아 피벗의 목적 중 하나는 바로 중국의 적극적인 외교 정책에 대응하는 것이다. 피벗은 미국이 아시아 지역에 적극적으로 관여할 의도가 있는지 시험하는 중국에 대처한다. 동시에 오바마 대통령이 언급했듯이, "중국과 굳건하고 협력적인 관계는 미국의 아시아 피벗 정책의 핵심이다."[73] 미국이 중국의 가열된 민족주의 열망을 모두 식힐 수는 없을지라도 초국가적 도전에 대한 협력, 군사 교류 그리고 신뢰 구축 조치 등을 통해 양국 관계가 갈등과 절망적인 적대감으로 치닫는 위험은 줄일 수 있을 것이다. 이제 미중 관계의 갈등 영역에 대해 다뤄보고자 한다.

불협화음 다루기: 경쟁 관리를 위한 실행 계획

중국의 외교 정책이 적극적으로 변하기 이전부터, 미국이 오랫동안 유지해왔던 아시아 운영체제의 주요 부분에 대한 중국의 문제 제기가 있었다. 최근 중국의 대외 활동이 더욱 대담해지면서 이런 불협화음을 일으키는 분야는 더 시급한 문제가 되었다. 여기서는 긴장을 초래하는 다섯 가지 분야, 즉 반접근·지역거부(A2/AD) 전략, 영토 분쟁, 사이버 안보, 경제적 분쟁 그리고 인권에 대해 논의할 것이다. 또한 이에 대처하면서 중국과 미국 관계의 경쟁적 요소를 관리할 수 있는 행동 계획도 제시하려 한다.

첫째, 미국은 중국의 빠른 군사적 현대화가 아시아의 전략적 균형을 변화시킴으로써 지역 안정을 저해하고 전략 경쟁을 더욱 심화시키는 것으로 인식한다. 중국 인민해방군의 A2/AD 전략은 동아시아 지역 내 미군의 영향력 행사 및 효율적인 작전 능력을 약화시키고자 개발된 것으로 보인다. 중국 인민해방군의 현대화는 고전적 안보 딜레마를 자아내고 있는데, 안보에 위협을 느낀 주변국들이 자국 군대에 더 투자함으로써 상황을 더욱더 악화시키는 결과를 낳을 것이다. 이 장 후반부에서는 이러한 전략 상황의 변화에 미국이 어떻게 대처할지를 논의할 것이다. 이 문제에 대한 해결책은 타협할 수 없는 접근의 자유freedom of access를 유지하는 새로운 작전 개념과 능력, 장거리 타격 능력과 해저 군사력 확충, 시설 보강, 강력한 지휘·통제·통신·컴퓨터·정보·감시 및 정찰(C4ISR) 능력 그리고 동맹국 및 파트너 국가 역시 이와 비슷한 조치를 취하게끔 만드는 전략 등을 포함한다.[74] 이러한 방식의 미군 구조 및 군사 전략 조정은 중국이 자신의 쪽으로 유리하게 힘의 균형이 변한다고 확신한다 해도 동중국해, 남중국해, 대만 해협 그리고 한반도 등의 지역 분쟁 가능 지역에서 미국의 존재감을 시험하거나 자극해선 안 된다는 점을 중국에 상기시켜 지역 안정을 강화할 것이다.

둘째, 아직 군사 행동의 선을 넘지는 않았지만 중국은 남중국해와 동중국해에서 적극적으로 영해 영유권을 주장하며 항행의 자유와 분쟁의 평화적 해결과 같은 아시아 운영체제의 근본 원칙에 의문을 제기하고 있다. 최근 중국은 분쟁 해역에 점점 더 많은 순찰함을 보내고 있고, 일본 실효 지배 영역에 방공식별구역(ADIZ)을 설정했으며, 미 해군 함선과 대치를 벌이고 있다. 또한 지질 탐사를 수행 중이던 민간 선박의 케이블을 절단하고, 필리핀과 분쟁 중인 영토를 점거하며, 베트남 연안에서 120마일 떨어진 곳에 80척의 함선이 보호하는 석유 굴착기를 파견하고, 남중국해에서는 황당하고 전례 없는 해양 매립 작업을 하고 있다.[75] 중국의 입장에서는 정당한 소유권을 주장하는 적법한 활동으로 보일지 모르지만, 다른 아시아 국가들,

미국 그리고 주요 외부 행위자들은 동의할 수 없다. 어떤 분쟁 당사국도 현재 중국이 벌이고 있는 적극적인 움직임의 규모와 범위에 필적하는 행위를 한 적이 없다. 한 예로 남중국해에서 일어나는 해양 영토 매립의 95%는 중국에 의한 것이며, 중국이 차지한 이 섬들은 군사용 활주로와 이동 포대로 쓰이고 있다.[76] 중국은 남중국해에서 군대 혹은 유사 군사 조직에 의존하면서 분쟁 관리를 위한 평화적 외교 수단들을 외면하고 있다. 중국은 아세안과 구속력 있는 행동 규약에 서명하는 데 뜸을 들이고 있으며 국제 중재를 통해 중국의 해양 영유권 주장에 문제 제기를 하려는 필리핀의 노력을 좌절시키려 하고 있다. 중국의 이러한 행동은 미국의 주요 국익과 마찰을 일으키면서 중국의 화평굴기에 대한 의문을 키우고 있다.

중국의 끊임없는 해양 영유권 주장에 효과적으로 대응하려면 군사 및 외교적 정책의 미묘하고 섬세한 조합이 필요하다. 동중국해의 경우, 중국의 모험주의를 저지하고 무력을 통한 센카쿠 열도의 현상 변경을 추구하는 어떠한 시도에도 반대한다는 점을 상기시키기 위해 미국은 센카쿠 열도가 미일 안보 조약 제5조에 해당한다는 사실을 지속적으로 천명해야 한다. 또한 미국은 앞서 논의된 사항들뿐만 아니라 일본의 해상 인식과 순찰 능력에 투자함으로써 미일 동맹을 강화해야 한다. 남중국해의 경우, 해당 지역 동맹국 및 파트너 국가들과 함께 영해 인식 증진을 위해 군사훈련, 교류 그리고 지원을 활용해야 한다. 필리핀에 대한 새로운 순환 배치를 통해 남중국해에서 미군 주둔을 확대해야 한다. 더불어 미 해군 래슨Lassen함을 중국이 영유권을 주장하는 난사南沙 군도 내 수비 환초Subi Reef(중국명 주비자오渚碧礁) 12해리 내로 보냈던 것과 같은 항행의 자유 작전, 다자 훈련 등을 통해 지역 동맹국 및 파트너 국가와 협력해야 한다.[77] 외교적 차원에서 미국은 항행의 자유에 대한 국제사회의 지원을 모으는 한편 군사화와 해양 매립 활동을 중단시킬 수 있는 아세안과 중국 간 지역 행동 규약에 대한 국제적 지지를 만들어내려는 노력을 강화해야 한다. 필리핀 대 중국 건에 대한 국제중재재판소 결정 이후 미국은 국제해양법을 통한 분쟁 해결 노력뿐만 아니라 이 결정을 공개적으로 지지함으로써 국제적인 규범을 강화할 수 있다. 이런 노력으로 미국이 국제사회의 광범위한 지지를 확보한다면 중국의 정책에 대한 미국의 비판이 양자 관계 차원을 넘어 널리 지지받는 국제 규범에 근거를 둘 수 있게 된다. 예를 들어 호주와 일본은 공개적으로 수비 환초 인근에서 미국의 항행의 자유를 위한 작전을 지지했고, 인도와 한국은 좀 더 완곡한 지지 의사를 표명했다.[78] 마지막으로 현재 분쟁들에 대한 대처가 매우 어렵다는 점을 고려해볼 때, 주권 문제를 잠시 보류하고 자원의 공동 이용을 촉진하는 공동 개발 협정을 미국이 지지한다면 지역의 평화와 번영을 증진시킬 수 있을 것이다. 궁극적으로 미국은 이러한 까다로운 영토 문제들에 유연성을 잃지 않음으로써 향후 외교를 통해 창의적이고 지속 가능한 해결책을 찾아낼 수 있도록 능숙하게 대처해야 한다.

 양국 사이의 긴장감을 높이는 세 번째 요소는 바로 사이버 공간에서 중국의 활동이다. 미 연방수사국(FBI)은 중국의 해킹으로 미국이 연간 수십억 달러의 피해를 보는 것으로 추정하고 있는데, 이러한 해킹은 중국 국유기업을 지원하기 위해 중국 인민해방군이 설계 및 조직하고 있을 가능성이 크다.[79] 스파이 소설에서나 나올 법한 61398부대라는 잘 알려지지 않은 조직이 수많은 산업 첩보 활동을 펼치고 있다. 게다가 중국 해커들은 미국 언론인, 싱크탱크, 시민 단체 그리고 학자들을 표적으로 삼는 것으로 보인다.[80] 더욱이 2015년 4월 미 당국은 중국이 미 인사관리처에 저장된 약 2천만 명의 공직자 명단을 빼내갔다는 사실을 발견했으며, 이로 인해 일부 미국 비밀 요원들의 신분이 드러났다.[81] 그럼에도 이를 외교적으로 처리할 수 있는 방법은 없었다. 미 법무부가 불법 해킹 활동에 가담한 중국 인민해방군 소속 군인 다섯 명을 기소한 뒤 양국의 주요 대화 수단이었던 미중 사이버워킹그룹Cyber Working Group을 중국 측에서 취소했기 때문이다. 그러나 2015년 11월 오바마 대통령과 시진핑 주석의 정상 회담에서 양국은 평화 시 주요 기반 시설의 해킹을 금지한다는 데 합의하고 미국은 미국 기업의 비밀 자료 해킹을 중단하겠다는 시진핑 주석의 약속을 받아냈다. 중국 측의 합의 사항 준수는 아직 멀었지만 에번 메데이로스 같은 전직 관계자들은 진전의 기미를 발견하고 있으며, 이는 미국이 중국 기업에 대한 기소와 제재 위협 등 강경한 외교적 자세를 취한 덕분이라고 평가하고 있다.[82]

미국은 이러한 접근법을 계속 유지해나가는 한편 중국이 최근의 합의 사항을 이행하지 못할 경우 사이버 해킹에 가담하거나 그로 인해 이득을 본 기업을 단호히 제재해야 한다. 미국과 중국 모두 사이버워킹그룹과 같은 사이버 이슈를 논의하는 제도를 통해 의견 충돌과 긴장을 조정한다면 큰 도움이 될 것이다. 다자 차원에서 양국은 이런 새로운 글로벌 공공재 부문에 대한 행동 규범과 규칙을 마련하는 데 협력할 수 있을 것이다.

넷째, 경제 이슈와 관련하여 미국 정부와 기업들은 환율 조작과 지적재산권 침해, 불공정한 반독점법 그리고 해외 자본의 투자 제한 등 중국의 보호주의 행동을 염려하고 있다. 이 때문에 중국은 미중 관계의 안정을 유지해주는 미국 기업들의 지지를 상실할 위험이 있다. 미국은 가능한 한 세계무역기구(WTO) 분쟁 해결 절차에 의지하여 무역 분쟁을 국제법과 무역 협정에 따라 처리하려 한다. 나아가 미국은 동맹국 및 파트너 국가들과 함께 국제 경제 규범을 만들어 중국이 21세기 무역의 규칙을 따르게 할 수도 있다. 예를 들어 아시아에서는 TPP, 유럽에서는 TTIP를 통해 국제 무역 전반을 관장하는 기준을 세울 수 있다. 많은 세계의 큰 경제들이 이 규칙을 채택하면 협정의 구성원이 아닌 중국과 같은 나라들의 행동에 영향을 줄 수 있을 것이다. 중국이 이런 협정의 높은 기준을 맞추려고 노력하면 미국은 궁극적으로 중국이 TPP에 참여하도록 하고 이를 환영할 것이다. 이 협정에 참여하는 각국 지도자들도 기꺼이 이에 동의했다. 마지막으로 미국은 경제 문제 해결을 위한 중국과 양자투자협정에 관한 협상을 통해 이득을 볼 수 있을 것이다. 중국이 이 계획을 받아들인다면 자국의 경제 개혁 의지를 확실하게 보여줄 것이며 나아가 양국의 경제 협력에 새로운 기회를 창출할 수 있다.

다섯째, 인권 문제는 미중 관계에 지속적으로 긴장의 원인이 되고 있다. 중국은 미국이 국내 정치에 개입한다고 반발하는 반면, 미국은 중국의 종교 지도자, 국내외 언론인, 정치 활동가, 예술가 그리고 그 외 중국의 관점에서 집권 세력의 정통성에 위협이 되는 사람들에 대한 억압이 재개되는 것을 우려하고 있다. 저명한 중국 인권 학자 제롬 코언Jerome Cohen이 언급한 것처럼 특히 염려스러운 점은 중국 정부가 정치적 반대 세력의 가족을 대상으로 연좌제를 적용해 이들을 침묵시키거나 중국으로 돌아오도록 하는 것이다.[83] 또 중국의 NGO법 초안 역시 매우 염려스러운데, 이 법이 중국 내에 싹트는 비영리 부문의 성장을 저해하고 미국 기구들을 폐쇄시킬 수 있기 때문이다. 중국은 또한 빅데이터를 통한 시민 감시에 관심을 보이는데, 조지 오웰이 예언했던 것과 같은 '시민 점수citizenship score' 제도를 도입하려는 잠정적인 계획을 세우고 있다. 이는 신용 점수와 비슷하지만 개인의 도서관 열람 목록, 인터넷 검색 기록, 비디오 게임 구매 목록, 심지어는 본인뿐만 아니라 친구 및 동료들의 활동과 기록들로 적립된다. 이런 이야기가 믿기지 않는다면, 중국 교육부가 최근 빅데이터를 통한 학생들의 사상 확인을 제안했다는 점을 참고하면 좋을 것이다.[84] 이러한 움직임은 중국 국경 너머 외부에도 시사점을 갖는다. 중국은 국내적 목적으로 인터넷 주권 개념을 국제화하려 하는데, 이를 통해 전 세계 다른 국가들도 생각과 정보의 흐름을 더 쉽게 통제하게 될지도 모른다.[85]

미국은 중국의 인권 문제에 사실상 영향력이 거의 없지만 그럼에도 장기적으로 효과를 거둘 수 있는 조치들이 있다. 미국은 중국이 탄압 대상으로 삼거나 위험에 처하게 한 정치적 반대 세력을 옹호해왔다. 설령 중국이 외국의 개입에 반감을 드러낸다 해도 이런 정책은 지속되어야 한다. 인권 문제를 둘러싼 긴장감으로 양국의 관계가 종종 흔들리곤 한다. 그럼에도 불구하고 미중은 양자 대화에서 인권 문제를 꾸준히 논의함으로써 인권 문제와 관련된 양국 간 긴장을 보다 효율적으로 관리할 수 있다. 최근 중국의 NGO 관련 법은 특히 염려스럽다. 이 법이 국내 비영리 조직들과 해외 원조 조직들을 모두 폐쇄시킬 수 있기 때문이다. 해당 법안에 효율적으로 대항하기 위해 미국은 비슷한 우려를 하고 있는 우방국들의 지지를 이끌어내야 한다. 중국의 인권 상황이 단기적으로는 크게 개선되지 않겠지만, 법안 개선 등을 위한 노력을 통해 장기적인 개혁의 기초를 마련할 수 있을 것이다. 이러한 목적을 달성하기 위해 미국은 법과 관련된 문제에서 양국 교류와 판사, 검사, 변호사 그리고 경찰의 훈련 등을 지원할 수 있을 것이다. 마지막으로 미국은 인터넷을 통해 국경을 넘나드는 정보의 공유와 흐름을 계속 지지하는 한편, 중국이 자국의 시민 감시와 검열에 사용할 가능성이 있는 서방의 기술과 지식의 대중국 수출을 금지해야 한다.

여섯째, 중국과 대만의 관계가 최근 몇 년간 경제 및 민간 교류 증가로 안정적이었지만, 향후 갈등이 다시 커질 조짐들이 나타나고 있다. 이 장 후반부에선 대만과 관련된 미국의 정책에 대해 자세히 다룰 예정이다. 그에 앞서 2016년 대만 민진당의 승리, 독립 옹호 분위기 증가와 중국의 적극적 대만 정책이 어우러져 양국 사이의 긴장감을 고조시킬 가능성이 높아지고 있다는 사실을 먼저 언급해야겠다. 중국과 대만은 그간 중국이 홍콩의 정치 및 경제적 자주권을 인정하는 '일국양제―國兩制'를 고수하는 태도를 통일 후 대만에 대한 중국의 생각을 판단하는 기준으로 인식했다. 하지만 2014년 홍콩 시위 탄압, 같은 해 홍콩 자치권을 수정하는 백서 발행, 그리고 공산당 서적을 출판하는 홍콩 출판업자들의 명백한 납치 사건으로 중국의 '일국양제'에 대한 태도에 우려가 생기고 있다. 이 같은 행동들이 대만 여론에 미칠 영향에 대해 중국이 크게 개의치 않는다는 점은 중국이 대만에 더 강경한 노선을 취할 것이라는 점을 시사한다. 다시 말해 설득보다는 경제 및 전략적 압박에 집중할 것이라는 점을 보여준다. 만약 중국이 대만에 공세적인 정책을 취한다면, 미국 역시 적극적이고 분명한 태도로 대만을 지원하고, 양안 관계 대화 및 교류를 촉진하고, 양국 모두 현재 상황을 일방적으로 변경하지 않도록 촉구해야 한다.

이러한 차이점들을 구구절절 설명하는 목적은 상황을 비관적으로 보거나 중국을 비난하려는 것이 아니다. 오히려 그와 반대로 미중 관계를 더 긍정적인 방향으로 설정하기 위해 앞에 놓인 과제의 중요성을 강조하려는 것이다. 이러한 문제들로 양국 관계에 경쟁 요소가 늘어나는 일을 피하려면 상당한 의지와 인내 그리고 창의력이 필요하다. 그리고 최악의 상황이 불가피한 것은 아니라는 희망도 가져볼 만하다. 그 유명한 투키디데스 함정을 피하기 위해서는 경쟁 관리 전략뿐만 아니라 양국의 협력을 증진하는 진취적이고 확고한 의제 역시 필수적이다. 이제 그러한 임무를 달성하기 위한 도전 과제들을 살펴보기로 한다.

투키디데스 함정 피하기: 협력 증진을 위한 실행 계획

그레이엄 앨리슨Graham Allison은 중국과 우호 관계를 유지하는 동시에 아시아로 회귀 정책을 펼치는 과정에서 미국이 직면한 문제들을 "투키디데스 함정을 피하려는 노력"으로 요약했다. 과연 기존 강국과 신흥 강국이 전쟁으로 치닫는 일 없이 서로 간 합의를 도출해낼 수 있을 것인가? 투키디데스는 기원전 431년에 일어난 펠로폰네소스 전쟁Peloponnesian War을 기록하면서 아테네Athens와 스파르타Sparta 사이의 갈등이 "아테네의 성장과 이로 인한 스파르타의 두려움" 때문에 피할 수 없는 일이었다고 서술한다. 서기 1500년 이후 기존 강국과 신흥 강국이 교차한 15개의 사례에서 11개의 사례가 전쟁으로 이어졌다. 이는 기존 강국이 신흥 강국의 성장을 거부하는 반면 신흥 강국은 기존 힘의 균형에 분노했기 때문이었다.

현재 미국과 중국의 관계에서도 이와 유사한 점을 찾아볼 수 있지만, 이전 사례들과는 다른 차이 역시 찾아볼 수 있다. 중국이 기존 힘의 균형에 불만을 토로하는 이유는 여러 가지다. 미국은 중국이 대만과 통일하는 데 가장 중요한 걸림돌 중 하나다. 동시에 남중국해와 동중국해 영토 문제에 대한 미국의 입장에 중국은 분노하고 있다. 중국은 아시아 지역에서 미국의 군사 동맹을 우려하고 있으며, 중국에 무기를 수출하지 못하도록 유럽에 압력을 넣는 미국에 불만을 가지고 있다. 또한 미국의 세계 경제 지배에 대해서도 못마땅하게 생각한다. 그러나 중국은 과거 독일의 부상과는 다르다. 독일을 억압했던 베르사유 조약처럼 중국을 억압하는 조약은 존재하지 않는다. 오히려 미국은 중국의 세계 질서 편입을 환영하며, 중국산 수출품에 시장을 개방했고, 중국 제조업에 엄청난 금액을 투자했다. 비록 양국 간 전략적 차이가 있긴 했지만 일본 점령군과 맞서 싸우고, 소련 확장에 맞서 균형을 유지하고, 테러리즘에 대항해 싸우는 등 세계 정치에서 중국과 여러 차례 협조했다. 또한 지난 10년간 미국은 중국의 성장을 꾸준히 지원해왔다.

아마도 양국 간 관계 증진에 가장 큰 장애물은 전략적 불신일 것이다. 역사적 경험으로 인해 중국은 미국의 의도에 강한 의심을 품고 있다. 중국 당국자들은 미국이 중국의 성장을 저해하고자 중국을 함정에 빠뜨리고 약화시키려 한다고 믿는다.[86] 이러한 의심은 서구 문화로까지 확장된다. 시진핑 정부는 민주주의와 사법부 독립 등 서구 가치관의 위협에 경고를 보내고 이에 대한 반응으로 애국주의에 더욱 초점을 맞추는 지시들을 내리곤 했다.[87] 미국 관계자들은 중국 엘리트와의 만남에서 주기적으로 이러한 불신을 마주한다. 2011년 12월, 중국 인민해방군 부참모총장과의 회담에서 미셸 플로노이 미 국방부 정책 담당 차관은 이러한 중국의 불신으로 인한 비타협적인 태도를 직접 목격했다. 당시 중국 관계자들은 중국 주변에서 행하는 미국의 전략적 정찰 임무가 냉전 시기로의 회귀라는 불만의 목소리를 냈다. 이전에도 종종 제기되던 불평이었다. 이러한 인식을 없애기 위해, 플로노이는 냉전 시기엔 이 같은 정찰 비행이 미군 임무의 80~90%를 차지한 반면 현재 중국 주변에서의 정찰 활동이 미군 임무에서 차지하는 비율은 한 자릿수에 그친다는 점을 밝혔다.[88] 이에 중국 관계자들은 수긍하듯 고개를 끄덕였고, 플로노이는 "몇 분 동안 인지 부조화를 겪었다"고 나중에 말한 바 있다. "수긍하는 듯 고개를 끄덕이던 중국 측 관계자들이 갑자기 '아냐, 아냐, 잘못된 정보가 틀림없어. 당연히 우리 중국을 봉쇄하려는 거야'라는 반응을 보였다"라고 덧붙였다.[89] 중국 관계자들을 만나본 미국 관료라면 누구든 중국 고위층에 팽배한 이런 불신과 미국이 중국을 압박하려 한다는 끈질긴 주장을 극복하는 데 어려움을 겪었을 것이다.

역사적 서사는 매우 강력하다. 이러한 불신의 유산을 극복하기 위해 미국은 미중 관계를 위한 실행 계획을 마련해야 한다. 이 실행 계획은 명확한 일련의 과제들이 앞에 있을 때 양자 관계가 가장 건강하다는 가정하에 더 강한 유대 관계의 기초를 세우기 위한 공동의 이익과 협력적 노력을 활용해야 한다. 이 실행 계획은 여섯 가지 요소로 이루어진다. 그것은 (1) 미국의 전략에 대한 명확한 공표, (2) 폭넓고 깊은 정부 차원의 관여, 특히 지도자급의 관여, (3) 양자 관계를 위한 구체적인 프로젝트, (4) 아시아 지역의 초국가적 문제 해결을 위한 대화와 협력, (5) 글로벌 이슈를 해결하기 위한 공동의 노력, (6) 위기 방지와 재해 구호에 초점을 둔 긴밀한 군사 관계이다.

첫째, 이 장 초반에서 이미 논의했듯이 미국은 피벗에 대한 접근법과 전략을 명확히 밝혀야 한다. 대통령과 고위급 정치 지도자들이 마련한 연례 전략 문서에서 구체화될 이런 입장은 동맹국 및 파트너 국가뿐만 아니라 중국의 정책 입안자들에게도 도움이 될 것이다. 미국의 목적과 의도를 명확히 밝힘으로써, 미국은 아태지역에 앞으로도 계속 관여하고 기여할 의도가 있음을 분명히 할 수 있다. 또 피벗이 중국을 봉쇄하는 데 초점을 맞추고 있다는 우려를 없앨 수 있고, 이를 통해 양자 관계에서 계산 착오에 따른 위험을 감소시킬 수 있다. 미국이 중국의 경제 성장과 영토 보전 그리고 정치적 안정을 바라고 있음을 재확인시키기 위해선 이러한 공식적인 선언이 필수적이다. 피벗이 중국을 봉쇄하는 수단이 아니라는 선언에 중국은 계속 회의적이겠지만, 시간이 지남에 따라 반복적인 상호작용을 통해 양측은 신뢰의 기반을 마련해 갈등의 발생 여지를 줄일 수 있을 것이다.

둘째, 미국은 모든 차원에서 중국과 정부 간 교류를 증진해야 한다. 이를 위해서는 미국 역사상 그 어떤 외교적 노력보다도 더 깊고 정기적인 양국 간 상호작용이 필수적이다. 이를 통해 미국의 국익을 보호하는 동시에 중국에 안심하라는 메시지를 계속 보내야 한다. 특히 피벗이 중국을 약화시키기 위한 것이 아니며, 미국은 중국의 성장을 환영하고, 동맹국들과 파트너 국가들이 미국과 중국 사이에서 한쪽을 택하도록 요구하지 않는다는 점을 분명히 해야 한다. 아시아 피벗 정책의 하나로 미국과 중국의 국무부 및 재무부 장관이 의장을 맡는 포괄적 회담인 미중 전략경제대화를 설립했다. 또한 미국은 전략안보대화를 열고 양국이 영해 안보와 사이버 안보 등을 비롯해 민감한 문제들에 대해 전례 없는 고위급 논의를 진행했다. 이런 노력들은 미국과 중국의 협력을 위한 것이다.[90] 상당한 진전이 있었지만 개선의 여지는 여전히 남아 있다.

미국은 다양한 기관의 관계자들이 만나는 자리를 만들어 중국과 더 자주 대화할 수 있도록 지원해야 한다. 모든 실질적인 정부 대화가 전략경제대화를 통해 이루어질 필요는 없다. 정부의 모든 영역에서 보다 폭넓은 관계를 맺는 것과 더불어, 미국은 고위 관계자들이 21세기의 문제를 함께 풀어나갈 기회를 만들기 위한 창의적 방법을 찾아야 한다. 특히 시진핑 주석이 중국의 의사결정을 장악하면서 중국의 의사결정이 더 불투명해지고 예측 불가능해지고 있다. 따라서 시진핑 주석과 직접적인 의사소통이 더욱 중요해지고 있다. 한편 지도자급에서 긴밀한 관계 형성에 국빈 방문이 항상 최선의 방식은 아니다. 국빈 방문은 복잡할 뿐만 아니라 중대한 이해관계가 위태롭게 얽혀 있고, 상징성도 많기 때문이다. 다자간 회담 역시 성급하고 부적절할 수 있다. 오히려 외교적 절차와 관례를 최소화한 지도자 및 소수의 보좌진 간 비공식적 '업무 미팅'이 더 바람직하다. 양국 모두 냉전 이미지를 피하고 싶어 한다. 미국과 소련의 경우 수십 년 동안 자국에서 회담이 불편할 때는 몰타Malta, 레이캬비크Reykjavik 그리고 빈Wien 등의 중립적인 장소에서 회담을 가지곤 했다. 지난 2013년 캘리포니아 서니랜즈Sunnylands에서 열린 버락 오바마 미 대통령과 시진핑 중국 주석의 첫 정상회담이 바로 자국에서 진행된 비공식 회담의 좋은 예다. 미국과 중국의 고위급 외교는 이 같은 방식으로 이루어져야 한다. 미국이 시진핑에 대한 이해와 영향력을 높이고 양국 간 전략적 신뢰와 관계를 구축하려면 양국의 관계가 좋고 나쁨을 떠나 이런 방식이 양자 외교에서 정례화되어야 한다.

셋째, 더 넓은 양자 관계의 틀에서 미국과 중국이 힘을 합쳐 성취할 수 있는 분명한 목적과 목표를 설정해 큰 이익을 볼 수 있다. 경제적인 측면에서 미중 양자투자협정(BIT) 등과 같은 새로운 조약들을 마무리하고 양자 간 무역과 투자 목표를 설정해야 한다. 관광객, 학생 그리고 사업가들의 방문을 위한 양국의 명확한 목표를 설정함으로써 민간 교류 증진에도 이와 비슷한 노력을 기울일 수 있을 것이다. 향후 5년 내 10만 명의 미국 학생을 중국에 보내겠다는 10만 명 이니셔티브100,000 Strong Initiative의 경우 여러 영역에서 채택 가능하며 유용한 민간 교류 협력 모델이다. 과학 기술 분야 협력은 더 대담하고 미래 지향적으로 확대되어야 한다. 과거 미국과 소련이 그 유명한 아폴로-소유즈Apollo-Soyuz 임무를 통해 우주 개발 협력 분야에서 양자 관계를 군건히 했듯이, 미국과 중국 역시 특화된 영역에서 협력해야 한다. 물론 우주 프로그램도 가능하지만 혁신적인 녹색 기술이나 암 혹은 알츠하이머 같은 난치병 치료 연구처럼 현실적인 문제를 해결하는 데 관련된 것이어야 한다.

넷째, 미국과 중국 사이 가장 첨예한 갈등은 지역 차원이 될 것이므로 양국 모두 보다 확고하고 협력적인 대화를 이어나가야 할 것이다. 양국은 이미 아시아 문제 관련 미중 실무자대화US-China Working Group Dialogue on Asia를 개최했다. 나아가 미래의 이슈에 관한 보다 정기적인 새로운 대화체를 만들면 아시아 지역 전반의 활발하고 건설적인 협력을 촉진하는 기회가 될뿐더러 더 큰 이익을 얻을 수 있다. 양국은 상호 협력 분위기를 지속적으로 만들고 상호 위협 인식을 다룰 수 있는 신뢰를 형성해야 한다. 이런 여러 회담의 목적은 상호 협력과 신뢰를 형성하기 위해 지역적 협력이 가능한 프로젝트를 적극적으로 찾아내는 것이다. 제1장에서 다룬 바 있듯이, 아시아는 기회의 땅인 동시에 선두 국가들 간의 협력을 필요로 하는 개발 문제들로 고통받고 있다. 미국과 중국은 개발, 사회기반시설 건설, 질병 예방, 인도주의적 지원 및 재난 구조, 지역 경제 관리 그리고 증가하는 난민 등에 대한 체계적인 양자 협력을 위한 메커니즘을 만들 수 있다.

다섯째, 미국과 중국은 최근 몇 년간 다양한 지구촌 문제를 해결하는 데 협력해왔다. 중국은 이란의 핵 야망 억제에 개입했으며, 미국과 기후변화 협약을 체결했다. 또한 공해空海에서 해적 퇴치에 적극적인 역할을 하고, 아프가니스탄의 미래를 구체화하는 데 적극적인 태도를 보였다. 그리고 다른 글로벌 차원의 문제 해결을 위해 양측 모두 보다 긍정적인 협력의 어젠다를 필요로 한다. 예컨대 세계 경제는 중국과 미국 경제 관료의 정책 결정에 매우 민감하게 반응하며, 세계 경제 거버넌스에서 양국 협조가 국제 사회의 번영을 위해 점점 더 중요해지고 있다. 양국 모두 핵 확산의 위협을 받고 있으며 아시아와 전 세계의 핵 기술 확산 방지에 큰 관심을 갖고 있다. 미국과 중국 모두 북한의 핵 개발과 미사일 프로그램에 반대하는 입장이며, 중국은 특히 지난 2016년 북한 핵 실험 이후 미국의 대북 UN 결의안 요청에 함께하는 등 북한 김정은 정권의 도발에 점점 비판적인 태도를 취하고 있다. 미국과 중국이 쉽게 합의할 수 있는 분야로는 핵 수출 통제와 핵 물질 안전 조치 등이 있는데 전 세계 핵 안보 강화를 위해 양국이 협조할 수 있다. 마지막으로 두 나라 모두 이산화탄소를 가장 많이 배출하는 국가로 국제적인 기후변화 해결을 위한 노력의 중심에 서 있다. 최근 서명한 양자 협정은 구속력이 없고 장기적이기는 하지만 이전에 없던 선례를 남기는 일이었다. 양측은 재생 에너지 투자, 친환경 건축물 규정, 사회기반시설의 친환경 기준 등에 합의함으로써 국제적 노력에 힘을 실어주었다. 중국의 관심과 능력이 점점 더 전 세계적인 차원으로 증대함에 따라 미국과 중국은 해적 퇴치, 중동 지역의 안정, 아프간 평화 절차 그리고 테러 방지 등 다양한 문제에 대해 의견 일치를 만들어나갈 수 있을 것이다.

여섯째, 위험한 계산 착오와 갈등 고조를 피하고 위기 상황 때 의존할 수 있는 필수적인 전략적 신뢰 구축을 위해 보다 많은 군사 교류 및 방위 협정이 필요하다. 양측 모두 갈등을 피하고자 하지만 의도치 않은 사건 및 사고의 위험은 계속 증가하고 있다. 특히 남중국해와 동중국해, 대만 해협 그리고 한반도에서 갈등이 지속됨에 따라, 미국과 중국 모두 아태지역에서 군사력을 강화하고 있다. 한 국방부 관계자의 말에 따르면, 이로 인해 양국이 "점점 더 서로를 자극하고 있는" 상황이다. 이는 위험한 결말로 치달을 수 있다. 한 예로 중국 정찰기가 미국 EP-3 정찰기와 충돌하면서 중국 조종사는 사망하고 미국 조종사가 중국 정부에 억류되어 긴장이 고조된 적도 있다. 최근에는 미 해군 함정 임페커블호와 미 순양함 카우펜스호가 남중국해에서 중국 함정과 마찰을 빚기도 했다. 위기가 충돌로 번지지 않도록 막는 것이 미국의 아시아 전략에서 매우 중요하다. 이후의 또 다른 위기 상황이 충돌로 이어지는 것을 방지하기 위해선 중국과 군사 외교를 지속해야 한다.

군사 관계 증진을 위한 노력은 커다란 장애물에 부딪혀 순탄치 않았으며, 신뢰 증진과 상호 이해 구축이라는 목적을 달성하는 데 실패하곤 했다. 중국은 잠재적인 해외 적대 세력에 자국 군대의 취약점이 노출되는 것에 대한 두려움이 있고 자국 군의 열세를 알리기 꺼려 한다. 중국이 군사 근대화를 추진하면서 취약점이 극복되었음에도 이런 두려움은 지속되고 있으며 이런 태도가 군사 관계 증진의 장애물 중 하나다. 기본적으로 미국은 판단 착오를 줄이고 신뢰를 증진하는 수단으로 투명성 증대를 환영하지만, 중국은 억제력 강화를 위해 불투명성과 불확실성을 선호한다. 양국의 군사 관계에서 더 근본적인 장애물이 있는데 두 나라 모두 비군사적 양자 관계에서 만들어진 불만을 표현하기 위해 군사 관계 단절을 이용해왔다는 점이다. 한 예로 1989년 톈안먼 사태 이후 양국 군사 관계가 중단되었다. 이후 몇 년간 진전이 있었으나 1995년부터 1996년 사이 대만 해협 위기와 1999년 코소보전쟁 당시 베오그라드Beograd의 중국 대사관을 미군이 실수로 폭격하는 일이 발생하면서 양국 관계는 다시 무너졌다. 이러한 패턴은 중국이 미국의 대만 무기 수출을 이유로 미국과 관계를 단절하면서 2000년대까지 이어졌다.

미국과 중국은 양국 관계 증진을 위해 이런 굴레에서 벗어나야 한다. 미중 간 군사 교류는 요리사와 군악대 교류부터 실제 전략상 중요한 문제에 이르기까지 오랜 기간 일관성 없이 진행되었다. 현재 필요한 것은 양국 군 사이에 다양한 계급, 특히 고위급에서 체계적이고 규칙적이며 충분한 소통과 협력이며 이는 정치적 위기에도 굳건히 유지되어야 한다.

첫째, 미 국방부와 태평양사령부(PACOM)는 중국 인민해방군 고위 관계자들과 자주 논의를 가져야 한다. 논의는 군 문제의 핵심이 되는 사안에 초점을 맞춰야 하고, 기본 원칙부터 비상 대책에까지 이르는 주제들을 포괄할 수 있다. 이 같은 주제를 가지고 정기적인 고위급 접촉을 통해 오해의 위험을 떨쳐내는 한편 전략적 신뢰를 조금이나마 형성하고, 미래의 위기 예방에 도움이 될 개인적인 친분도 형성할 수 있을 것이다.

둘째, 미국과 중국 군은 다양한 기구와 협약에서 협력함으로써 작은 사건이 대형 위기로 번지는 것을 사전에 방지할 수 있다. 지금은 중국의 계속된 미군 항공기, 해군 함정과 마찰로 사건 발생 위험성이 높은 상태다. 특히 양국 해군이 남중국해 부근에서 작전을 펼치면서 위험 가능성은 더욱 고조되고 있다. 우셩리吳胜利 중국 인민해방군 해군 제독은 바다나 공중에서 "사소한 사건"이 "전쟁 발발의 계기"가 될 수 있다고 경고한 바 있다.[91] 냉전 시기에 미국과 소련은 이러한 위기 상황을 예방하고자 해상사고협정Incidents at Sea Agreement을 체결했다. 미국과 중국은 해상에서 우발적 충돌방지규약Code for Unplanned Encounters at Sea(CUES)을 체결했으며 최근에는 항공기 및 함정의 '충돌 예방 규칙' 제정을 위한 두 개의 약정서에 서명하기도 했다. 이 규범은 아직 실행되지 않았으며 더 구체적인 사항을 논의한 후 공식적인 협정을 맺어야 한다. 양국은 여러 층위에 걸쳐 다양한 사안을 논의할 군사적 핫라인을 필요로 한다. 현재는 양국 간 핫라인이 거의 없고, 있다 해도 자주 사용되지 않으며 미국에 의해 무시당했다고 느끼면 중국이 일방적으로 중단하기도 한다. 양국 군대가 좀 더 정기적으로 접촉할수록 우발적인 사고가 의도치 않은 충돌로 이어지는 일은 줄어들 것이다.

셋째, 양국 모두 특히 양국의 견해가 일치할 때, 인도적 지원 및 재난 구호(HADR), 해적, 평화 유지 등의 문제에서 실질적 협력 기회를 추구해야 한다. 또한 양국 합동 군사훈련 기회를 늘리는 방안도 고려해보아야 한다. 운영 수준에서의 협력을 통해 양측은 상대방의 표준 운영 절차에 익숙해질 것이다. 이는 양국 사이 오해와 위기를 예방하는 데 도움이 되고 더 나아가 신뢰를 증진시킬 수 있다.

마지막으로 미국은 중국이 주변 국가 및 파트너 국가와 군사 외교를 확대하고 나아가 UN 평화유지군 등 국제적인 임무에 더 많이 참여하도록 독려해야 한다. 지역의 군대 간 외교를 통해 남중국해 및 동중국해 해양 영토 분쟁에서 투명성과 안정성을 증진할 수 있다. 이 같은 노력이 성공한다면, 위기 발생 방지와 더불어 작은 사건들이 위기로 치닫는 위험을 줄임으로써 지역 평화에 기여하고, 미군의 개입을 불러올 중국과 미국 동맹국 간의 갈등 발생 가능성 역시 줄일 것이다.

앞선 논의를 통해 제시했듯이, 우리는 긴장과 상대방에 대한 불만이 팽배한 미중 관계의 새로운 국면에 들어서고 있다. 그러나 양국의 협력이 불가능한 것은 아니다. 오히려 아무런 긴장 구도가 없다면 어느 한쪽이 할 일을 하지 않고 있다는 의미가 될 수도 있다. 미국과 중국은 모두 쉽지 않은 국내 문제와 더불어 국제사회에서 이익 충돌을 겪고 있지만 양자 관계의 중요성을 잘 인식하고 있다. 양국은 오로지 더 깊은 협력과 이해를 통해서만 더 평화롭고 번영하는 21세기를 만들어줄 관계를 구축해나갈 수 있다.

파트너십 형성

미국의 대아시아 전략은 바큇살에 새로운 타이어를 연결한 허브앤스포크 체제를 유지하되, 새롭게 부상하는 국가와 오래 협력해온 국가 모두를 협력 대상에 포함시키는 방향으로 확장되어야 한다. 피벗은 사실 아시아의 모든 국가와 관계를 강화하기 위해 계획되었다. 이러한 협력 관계의 강화는 아시아 지역에 보다 나은 균형을 가져온다. 또한 미국이 아시아 지역에서 21세기적 원칙을 강화시키고, 아시아 국가들을 글로벌 거버넌스에 참여시키며, 지역 안보와 안정성을 강화하고, 자유주의 가치를 신장시키며, 자유 무역을 가능하게 할 수 있다. 본문에서는 특히 인도, 대만 그리고 여러 동남아 국가들에 집중해 논의를 이어갈 것이다.

인도

인도는 전 세계에서 가장 큰 민주주의 국가이자 두 번째로 많은 인구를 보유하고 있으며 가장 빠른 속도로 성장하는 나라라는 측면에서 21세기의 주도 세력이 될 잠재력이 충분하다.[92] 미국과 인도의 관계는 현재 최고조를 향해 가고 있다. 그러나 과거 양국의 관계는 종종 불안정했고, 양자 관계가 가진 잠재력에 훨씬 못 미치는 수준으로 뒤떨어져 있었다. 따라서 현재의 친미적인 인도 정권은 21세기 미-인도 관계를 보다 안정적인 상승 궤도에 올릴 기회이다. 인도와 관계를 상승 궤도에 올리는 것은 미국의 아시아 피벗에서도 중요한 부분을 차지한다. 하지만 이는 양국 모두의 끈기와 책임감을 요구하는, 분명 쉽지 않은 과제이다. 인도와 관계를 처음 개척했던 한 현자는 "현대 외교에서 인도와 협력 관계를 갖지 않는 것보다 더 어려운 유일한 과제는 협력 관계를 형성하는 것이다"라고 말하기도 했다.

미국과 인도 간 관계의 역사에는 역경이 많았다. 영국으로부터 독립한 이후 반反식민지 정서가 강해진 인도는 제3세계 국가들의 비동맹 움직임을 주도하는 국가가 되었고 냉전 시대의 강대국들과 동맹을 맺는 것을 꺼려했다. 비동맹 움직임이 잦아들고 미국이 중국과 파키스탄을 지원하던 때 인도는 소련과 관계를 맺기 시작했다. 이 때문에 인도 관료와 정치인 중 한 세대 이상이 반식민지적 정서와 냉전적 의심이 뒤섞인 감정을 느끼며 자랐고 이러한 태도가 종종 표출되어 인도와 미국 관계를 복잡하게 한다. 그럼에도 불구하고 양국 관계는 이러한 장애물들을 넘어 짧은 시간에 먼 길을 지나왔다. 16년 전만 해도 미국은 핵 실험을 이유로 인도에 제재를 가했었다.[93] 2000년 클린턴 대통령의 인도 방문과 2001년 부시 정부의 대인도 제재 중지 이후 미국은 인도와의 협력 관계를 보다 돈독히 하기 위해 꾸준히 노력했다. 그리고 이러한 노력은 2005년 로버트 블랙윌 대사가 인도의 핵 클럽 가입을 사실상 정당화한 비군사 핵 협정에 서명하면서 정점에 달했다.

오늘날 양국의 관계는 한층 더 확장되고 다각화되었다. 외교적 차원에서 미국은 인도가 G-20, 유엔 안전보장이사회, 원자력공급국그룹Nuclear Suppliers Group(NSG) 등에 가입하는 것을 적극 지원했다. 또한 양국은 2015 방위기본협약을 통한 군사 기술 공동 연구 및 개발, 정기 훈련, 무기 판매 등으로 군사적 관계를 강화시키려고 노력해왔다. 그 결과로 인도는 2013년 기준 미국 무기의 최대 구매자가 되었다.[94] 경제적인 관점에서도 양국의 상품 및 서비스 교역량은 1천억 달러를 넘고, 미국은 인도의 가장 큰 무역 파트너 중 하나가 되었다.[95] 경제적 협력 관계에 온갖 장애물이 있음에도 양국의 투자 또한 증가하고 있다.

미국-인도 양자 관계의 전망은 상당히 긍정적이다. 한때 역사적 감정과 종종 있었던 오해나 전반적인 협력 의지의 부족이 장애물로 작용하던 때도 있었지만 친미 성향의 나렌드라 모디 총리의 등장 이후 인도는 이전까지 가지고 있던 비동맹의 역사적 그늘에서 조금씩 벗어나 미국과의 관계를 받아들이기 시작했다. 더불어 오랜 정책 논쟁도 잦아들었다. 이란과 가까운 관계를 유지해온 인도는 미국의 대이란 정책에 동의하지 않는 입장이었으나 미국과 인도의 핵 협약 이후 이 같은 불만이 사라진 것이다. 비슷한 예로 미국과 인도는 한때 WTO에서 인도의 식량 비축과 관련해 상반된 입장을 가지고 있었으나 최근의 협약으로 양국의 경제적 관계 속에 있던 걸림돌을 제거했다. 최근 늘어난 두 국가의 결속은 강한 전략 논리에 따른 것으로, 부상하는 동쪽에 대한 정책을 조율하는 데 더 많은 노력을 쏟아야 할 필요성을 모두 느끼고 있었다. 미국의 아시아 피벗 정책은 부상하는 아태지역에서 입지를 강화하려는 인도의 '동방 정책Look East'과 잘 맞아떨어졌다.[96] 미국과 인도 모두 중국과 강한 협력 관계를 환영하는 입장이지만 동시에 중국의 빠른 부상과 군사적 현대화에 대한 우려도 가지고 있다. 인도는 인도양에서 존재감을 높여가는 중국 해군, 중국의 파키스탄 지원, 1962년 중국-인도 전쟁 이후 남아 있는 감정, 그리고 국경에서 충돌 등에 대한 우려를 여전히 가지고 있다. 또한 미국과 인도 모두 인도양 지역과 인도양의 중요한 해상로에서 일어나는 전략적 움직임에 초점을 맞추고 있다. 양국의 이런 이해관계 일치와 정치 지도자의 뒷받침은 양국 관계의 깊이와 넓이를 확장할 기회이며, 따라서 미국은 이러한 기회를 잘 이용할 수 있도록 서둘러야 한다.

첫째, 미국과 인도는 다양한 분야의 관료들을 포함한 정부 간 교류를 더 넓고, 깊게, 그리고 자주 함으로써 얻는 이익이 많을 것이다. 미국-인도 간 전략 및 무역 대화를 매년 갖게 된 것은 분명 고무적이지만, 이 대화를 넘어서 보다 크고 야심 찬 상호작용을 하는 것이 매우 중요하다. 특히 아태지역에 대해서는 양국이 공통의 관점과 이해관계를 가지고 있기 때문에 정기적이고 제도화된 양자 회담이 필수적이다. 이런 회담에서 미국은 인도를 인도-파키스탄 관계나 인도-중국 관계 등의 맥락에서 인식하지 말고 인도라는 국가 자체로 인식해야 한다.

둘째, 미국은 인도의 경제 개혁과 탄탄한 성장을 견인하고 이를 통해 이익을 얻을 수 있다. 또한 인도의 경제적 성장이 궤도에 오르도록 촉진하는 전반적인 분위기를 형성할 수 있다. 이러한 노력에서 중요한 점은 인도 정부가 인적 자원과 인프라 건설에 투자하고 국내 노동 시장, 지적재산 관리

체제 그리고 투자법을 개혁하도록 지원하는 것이다. 지연되고 있는 인도의 아시아태평양경제협력체(APEC) 가입을 위해 미국이 힘을 실어주는 것 또한 매우 중요하다. 인도 정부는 이 같은 미국의 지원을 환영할 것이다. APEC 가입은 인도의 국내 제조업을 활성화시켜 연간 1천2백만 명씩 새로 노동 시장에 진입하는 인도인에게 일자리를 제공하려는 '메이크 인 인디아 Make in India' 전략과 일맥상통하기 때문이다. 인도는 민관 협력을 통해 매년 1조 달러가 넘는 돈을 열악한 인프라 개선을 위해 투자할 계획을 세우고 있으며 미국계 기업은 이 계획에 함께할 동반자가 될 수 있다.[97] 또한 인도는 전 세계에서 가장 큰 에너지 소비국이다. 따라서 미국이 인도에 원유와 액화천연가스(LNG)를 수출하면 양국 모두에 이익이 될 수 있다. 마지막으로 미국으로부터 인도로 투자 유입이 여전히 미미한 수준이기 때문에 양국은 미국-인도 양자투자협정(BIT) 등을 맺어 해외 자본 투자의 장벽을 낮출 수 있다. 이러한 방식으로 경제적 관계를 확장하는 것은 결과적으로 미국-인도 간 결속력을 높여 향후 발생할 수 있는 불협화음을 헤쳐나가고 정치적 지지층을 확보하는 데 도움이 된다. 이는 또한 아시아에서 중요한 역할을 할 수 있을 만큼 경제적으로 활기찬 인도를 지역 문제에 끌어들이는 데에도 도움이 된다.

셋째, 미국과 인도 간의 전략적 관계가 빠른 속도로 성장하는 것은 사실이지만 아직도 발전의 여지가 더 있으며 향후 미국과 동맹에 가까운 관계를 맺을 가능성도 있다. 예를 들어 인도는 고도화된 무기 체계와 군사력을 필요로 하는데, 미국은 군사훈련과 연습을 매우 구체적인 영역까지 확대함으로써 인도가 이를 잘 활용하도록 할 수 있다. 나아가 미국의 군사훈련 학교 입학을 인도에 허가하여 국제군사교육훈련International Military Education and Training(IMET) 기회를 제공할 수 있다. 애슐리 텔리스의 말을 인용하면, 다른 동맹국들에 하는 것처럼 미-인도 양자 훈련도 "더 정교하고 더 정기적으로 이루어져야 하며 양국 최고의 전투력을 동원해야 한다."
[98] 미국과 인도는 인도적 지원 및 재난 구호(HADR) 협력을 더 넓은 범위의 인도-태평양 지역으로 확대함으로써 상호운용성을 높일 수 있다. 허브앤 스포크 체제를 확장하는 방법의 하나로 인도와 미국의 동맹 및 파트너국들 사이의 협력을 촉진해야 한다. 미국은 군사훈련뿐만 아니라 미국의 동맹국 외교에 인도를 포함해야 한다. 또한 말라바르Malabar 훈련처럼 미국과 인도가 함께하는 훈련의 범위를 확장해 호주 같은 미국의 동맹국들을 이 훈련에 참가시켜야 한다.

넷째, 양국은 두 나라의 협력 관계를 지역적·국제적 이슈를 포함하는 범위로 확장시킬 수 있다. 미국과 인도는 아프리카에서 동아시아까지 이르는 광활한 인도-태평양 지역에서 이해관계를 상당 부분 공유하고 있다. 해적에 공동 대처하고, HADR 작전을 함께하며, 해양 인식을 더 강화해야 한다. 또한 ARF나 EAS 같은 다자간 기구에서 상호 의제를 조율해야 한다. 이 기구들에서 인도는 항행의 자유, 분쟁의 평화적 해결 등 21세기적 가치를 옹호하는 중요한 행위자이다. 마지막으로 미국은 양자 관계를 통해 기후변화와 중동의 불안정성에 대응하고 인도의 협력과 참여가 필요한 국제적 이슈를 논의하는 장에 인도를 적극적으로 포함시키는 노력을 해야 한다.

대만

공동의 이익에 기반한 대만과 미국의 동맹 관계는 미국의 경제와 안보에 이익을 가져다줄 뿐만 아니라 아시아 도처의 미국 동맹국들이 미국을 인식하는 데에도 긍정적인 영향을 준다.[99] 1979년 미국이 대만과 공식적인 외교 관계를 중단하고 중국을 공식 국가로 인정한 이후 미 의회는 대만관계법을 통과시켰다. 대만관계법과 6항 보장Six Assurances to Taiwan, 세 개의 미중 공동성명US-China Joint Communique은 30년이 넘도록 미국이 대만과 중국 사이에 어떤 관계를 맺어야 할지에 대한 방향을 제시해왔다.

이 법과 협정을 바탕으로 설정된 미국의 대만 정책은 몇 가지 주요 원칙에 입각해 있다. 미국은 중국을 하나의 통합된 국가로 여기고 대만을 중국의 일부로 본다. 미국은 무력을 통해서든 선언을 통해서든 중국과 대만 어느 일방에 의한 현상 변경에 반대한다. 그리고 양국 사이의 긴장 상태를 줄이고 접촉을 늘리는 모든 대화를 지지한다. 또한 미국은 양안 간 차이를 양쪽 국민이 원하는 바에 따라 평화적으로 해결하기를 바란다. 미국은 대만해협의 평화와 안전을 지킬 것이다. 대만관계법에 입각해 미국은 지금까지 고수해온 정책적 방향에 따라 중국과 사전 상의 없이도 대만에 필요한 군사적 방어 시스템을 제공할 것이다.

미국과 대만의 관계는 비공식적인 형태이지만 그럼에도 불구하고 양자 관계는 매우 긴밀하게 발전해왔고 외교·경제·군사적 관계부터 민간 외교까지 그 범위가 다각화되어 있다. 미국은 WTO, ADB, APEC 등 독립 국가의 지위를 요구하지 않는 국제기구들에 대한 대만의 모든 외교적 참여를 지지한다. 또한 WHO나 유엔기후변화협약(UNFCCC) 등 주권 국가의 지위를 요구하지 않는 주요 국제기구들에 대한 대만의 참여를 지지한다. 미국과 대만의 경제적 관계 또한 매우 활발하다. 미국과 대만은 1994년 무역투자기본협정Trade and Investment Framework Agreement(TIFA)을 체결했으며, 그 결과 대만은 미국의 열 번째로 큰 교역 파트너이자 미국의 중요한 수출 시장이 되었다. 안보와 관련해서 미국은 대만의 가장 주요한 방위력 제공국이며 양국은 긴밀한 군사적 관계를 맺고 있다. 인적 교류 또한 미국이 대만을 비자면제프로그램Visa Waiver Program(VWP)에 포함시킨 이후 더욱 확장되었다. 마지막으로 대만은 한때 군사 독재 시기를 경험하기는 했지만, 이제는 수차례 선거를 치렀고 미국의 자유주의적 가치를 공유하는 강력한 민주주의 체제를 가지고 있다. 경제 강대국, 민주주의 국가로서 대만의 성장은 대만의 강인한 민족성과 성공적인 미국 정책을 입증한다.

미국은 대만과 끈끈한 관계를 유지하려는 노력을 계속해야 한다. 중국과 관계를 맺으려 했던 국민당은 2016년 민진당에 패했다. 민진당은 역사적으로 국민당보다 더 독립을 찬성하는 입장을 견지해왔다. 민진당은 "세상에는 하나의 중국만 존재하고 중국과 대만은 모두 그 일부이다"라는 1992년 비공식 합의에 회의적이다. 민진당 집권 이전 시기인 2000년부터 2008년까지 미중 관계는 대만의 독립 선포에 대한 우려로 불안정한 상황이었다. 민진당의 집권 시기에 양안과 관련된 의제가 어떻게 전개될지 불확실하다.

첫째, 미국은 대만관계법과 6항 보장에서 합의한 의무를 꾸준히 이행함으로써 지금까지 유지된 안보 기반을 더욱 발전시킬 수 있다.[100] 대만관계법은 대만 해협의 현상 유지를 위협할 만한 잠재적 요소에 미국이 대응할 수단을 유지하고 평화와 안정을 지키는 데 중요한 역할을 하는 미군의 전진 배치를 지속하라는 의회의 요구이다. 또 이 법안은 중국과 사전 협의 없이도 대만에 방어용 무기 시스템을 공급할 수 있어야 함을 요구하고 있다. 방어 시스템을 확장하는 데 있어 양국은 군사적 교류와 교육, 무엇보다 대만이 공개적으로 동참 의사를 표명한 군사훈련을 확대해야 한다. 마지막으로 양안 간 군사적 균형추가 결정적으로 중국 측으로 기우는 상황에서 대만은 징병제를 폐지하고 국방 예산을 감축했으며 국방 전략의 근본적인 개혁을 주저하고 있다. 이러한 상황을 고려했을 때 미국은 대만의 고위 관료들로 하여금 자국의 방어를 위해 전력으로 노력해야 하며, 수중 지뢰와 같은 전통적인 군사적 기술에서 벗어나는 분야에도 투자해 중국의 군사적 우위를 상쇄시켜야 한다고 강력하게 설득해야 한다.

둘째, 미국은 대만과 중국이 경제적·문화적·인적 교류를 늘림으로써 대만 해협의 평화와 번영을 가져올 수 있도록 장려해야 한다. 이러한 전략은 긴장 상태를 줄이고 안정을 유지할 수 있으며 양안을 넘나드는 교류를 증가시킬 수 있다. 다만 양안 간 교류를 지원하는 데 미국이 교류를 중재하거나 대만이 중국과 협상하도록 압박할 수 없음을 제시하고 있는 6항 보장은 준수해야 한다.

셋째, 중국과의 경제적 관계는 대만에 경제적 번영과 정치적 안정을 안겨주었지만 동시에 중국에 대한 과잉 의존 문제를 가져오기도 했다. 대만이 지속 가능한 경제적 번영의 기반을 형성하도록 돕고 중국으로부터 오는 경제적 압박에 대한 취약성을 줄이는 것을 돕기 위해 미국은 대만이 경제 관계를 다각화하도록 장려해야 한다. 구체적인 방안으로 미국은 차이잉원 대만 총통의 공약이자, 대만이 주요 경제 체제들과 경제적 협력을 맺을 첫 발판인 TPP 합류를 지지하고 도와야 한다.

넷째, 주권 국가의 위치가 요구되지 않는 주요 기구에 대만이 가입하는 것을 지속적으로 지지해야 한다. 정회원 가입이 불가능한 경우에는 비공식적 혹은 반¥공식적 참여가 가능하도록 하는 창의적인 방법을 찾아내는 것도 필요하다. 이 과정에서 대만의 국제사회 참여가 중국의 허가를 전제로 하는 선례를 가능한 한 만들지 말아야 한다. 최근 대만의 유엔기후변화협약(UNFCCC)과 국제민간항공기구International Civil Aviation Organization(ICAO) 가입은 기후변화 대응과 항공 여행의 안전을 위해 매우 중요한 발전이다. 대만은 이미 WHO, APEC, ADB 등의 회원국이고 다른 조직들에도 참여할 수 있지만, 대만이 참여하지 않은 기구들이 아직 많다. 이 과정에서 미국은 대만 편을 들어주고 대만과 다른 국가 사이에 중재를 해서 대만을 지원할 수 있다.

다섯째, 미국은 대만을 공식 국가로 인정하지 않기 때문에 양국 관계는 1979년 이후 외교 관계를 비공식적으로 활성화하는 쪽으로 유지해왔다. 하지만 이제는 그런 관성에서 벗어나 양자 관계를 더욱 긴밀히 해야 한다.

대만과 미국은 내각 수준의 혹은 고위 정부 관료 간의 상호작용이 적은 편이다. 따라서 고위급 접촉을 좀 더 활발하게 하기 위한 창의적 방안이 필요하다. 미국 관료들은 대만이 미국의 열 번째로 큰 교역 파트너이자 더 큰 관여가 필요한 경제 대국이라는 사실을 자주 잊어버린다. 이 사실을 정부 내에서 자주 상기시키고 결속력을 높이기 위한 과정을 좀 더 발전시켜 미국은 대만과 양자 관계에서 그들의 체면을 세워줄 수 있다.

마지막으로 미국이 대만과 교류할 때 그들의 국내 정치에 개입하지 않도록 주의하는 것이 필요하다. 대만과 관계는 행정부가 교체되더라도 계속되어야 하는데, 이는 곧 미래에 있을 대만 선거로부터 미국이 거리를 두어야 한다는 점을 의미한다. 이와 관련해서, 미국은 중국이 국민당뿐만 아니라 다른 정당과도 접촉하도록 장려해야 한다. 이를 통해 중국은 대만의 행정부가 교체되는 상황에서 덜 위협을 느낄 수 있고, 이는 해협 간 안정성을 높이는 데 기여할 것이다.

뉴질랜드

미국과 뉴질랜드는 더 이상 동맹 관계를 맺고 있지 않지만 두 국가는 전쟁터에서 20세기와 21세기를 함께 보낸 긴 역사를 가지고 있다. 미국은 뉴질랜드와 제1·2차 세계대전, 한국전쟁과 베트남전쟁에서 어깨를 나란히 했었다. 1951년 안보 협약을 통해 공식화했던 동맹 관계와 방위 협력은 1980년 중반에 뉴질랜드가 핵무기를 갖춘 핵 추진 함정이 자국 항구에 접근하는 것을 막는 정책을 시행한 이후 비극적인 끝을 맞았다. 그러나 9·11 테러 이후 뉴질랜드가 정규군과 특수부대를 아프가니스탄에 파병하기로 결정하면서 전략적인 동맹 관계는 새로운 국면을 맞기 시작했다. 2010년 힐러리 클린턴 국무장관의 뉴질랜드 방문과 웰링턴 선언Wellington Declaration 서명이 이에 박차를 가하는 듯싶었으나 선언에서 명시된 "중요한 관계를 더욱 심화·확장·강화"하는 노력은 시행되지 않았다.[101] 이로부터 2년 후 워싱턴 선언Washington Declaration은 더 끈끈한 안보 동맹을 다시 가져오는 계기가 되었다. 그리고 몇 년 후, 미국은 뉴질랜드 함정에 미국의 해군 항구를 다시 열었으며 뉴질랜드는 환태평양군사훈련(RIMPAC) 가입 후 미국과 한층 더 긴밀하게 협력했다. 이로 인해 미국과 뉴질랜드의 안보 동맹은 과거 30년 그 어느 때와 비교해도 높은 수준이 되었다.

미국과 뉴질랜드의 방위 협력 관계는 1980년 이후로 어려운 시기를 거쳤지만 다른 분야의 관계는 성장세를 보여왔으며, 다방면으로 다각화되어 왔다.[102] 경제적 관계를 보면 두 국가는 1992년 무역투자기본협정을 맺었으며 현재는 양국 모두 TPP 회원이다. 또한 미국은 현재 뉴질랜드의 세 번째로 큰 교역 파트너이기도 하다. 2011년의 크라이스트처치Christchurch 지진 때 미국은 뉴질랜드에 경제적 지원과 함께 재해 복구 팀을 보낸 가장 큰 지원 국가였다.[103] 미국과 뉴질랜드는 ARF, EAS, APEC 등 지역 다자 기구에 함께하고 있다. 또한 태평양 제도와 관련된 여러 지원 정책들에 협력하고 있다. 민간 교류와 문화 교류 역시 교육, 직업, 과학 등 다방면에서 강화되고 있다. 양국 간 관계가 지난 몇십 년 동안 여러 면에서 성과를 거두고 있는 것은 사실이지만 개선이 필요한 분야도 여전히 존재한다.

먼저 미국과 뉴질랜드는 안보 협력 관계를 강화해야 한다. 인도적 지원 및 재난 구호(HADR)에서 태평양 어업 감시 분야에 이르기까지 다양한 분야에서 교류, 훈련, 교육, 장비 이전 그리고 공동 작전을 더 많이 해야 한다. 강화되어야 할 영역 중 가장 중요한 것은 해군 협력이다. 이는 그 잠재력에도 불구하고 1980년의 핵 관련 갈등 이후로 회복되지 않고 있다. 뉴질랜드 선박이 미국의 항구에 들어올 수 있게 된 것은 2012년 이후의 일이며, 미 해군이 뉴질랜드 해역에서 훈련하고 작전을 펼치는 데 여전히 장애물들이 많다. 마지막으로 양국은 호주와 함께 인도양, 동남아시아, 남태평양에서 3

자 간 협력, 상호운용성, 그리고 작전 연계성을 강화하기 위한 노력을 해야 한다.

둘째, 뉴질랜드와 미국 간 관계는 과거 고난 어린 역사를 넘어서 성공적으로 성장해왔다. 이제는 아시아를 향한 보다 넓은 비전을 공유하고 발전시킬 긴밀한 정치적 연계를 이루어가는 것이 중요하다. 미국과 뉴질랜드 사이에 지역 문제에 관한 서로의 생각을 공유할 수 있는 정기적인 고위급 대화가 충분하지 않다. 아시아 지역이 급격한 변화를 겪고 있는 현 상황에서 양국은 아시아에 대한 전략적이고 긴밀한 대화를 나누어야 하고, 이를 통해 양국 모두 이익을 볼 수 있다.

셋째, 뉴질랜드는 호주와 함께 남태평양에서 가장 중요한 영향력을 지닌 국가이다. 따라서 미국의 태평양 정책이 성공하려면 뉴질랜드의 지지가 필요하다. 뉴질랜드는 사실상 남태평양 국가들과 국경을 나누고 있으며, 이 지역에서 네 번째로 큰 공적개발원조(ODA) 공여국이고, 미국이 대화 상대로만 참여하고 있는 태평양도서국포럼(PIF)의 정회원 국가로 남태평양 작은 도서국들과 긴밀한 인적·외교적·경제적 관계를 맺고 있다. 미국과 뉴질랜드는 태평양 도서국 주민의 삶을 위협하는 불법 어업 등의 관리를 위한 군사 작전을 포함해 이 지역에서 협력을 더욱 강화해야 한다.

마지막으로 비교적 작은 국가인 뉴질랜드는 항행의 자유, 지역적 투명성, 자유무역, 분쟁의 평화로운 해결, 지역적 규범 등 아시아의 안정적인 시스템으로부터 이익을 보고 있다. 이러한 시스템을 유지하기 위해 미국과 뉴질랜드는 해당 지역의 많은 다자 기구나 다양한 포럼과 계속해서 협력해야 한다. 또한 뉴질랜드의 TPP 합류는 21세기적 기준에 부합하는 아시아 교역에 중요하고 미국, 호주 등 국가들과 아시아의 미래에 대한 공동의 가치와 규칙을 공유하는 등의 협력은 지역적 전환기에 매우 중요하다.

동남아시아

미국의 대아시아 정책은 오랫동안 동북아시아에 집중되어 있었다. 그러나 아시아 피벗 정책의 중요한 부분은 사실상 아시아 내에서 동남아시아 국가들로 방향을 전환하는 것이다. 동남아시아 지역의 통합 GDP는 2조 3천억 달러를 넘어서고, 이는 브라질, 러시아, 인도, 중국(BRICs) 전부의 수치에서 중국을 제외한 것보다 큰 수치이다. 또한 이 지역의 전체 인구는 6억이 넘는데, 중국과 인도를 빼면 가장 큰 규모이다.[104] 그러나 무엇보다 중요한 것은 동남아시아가 미국이 앞으로 긴밀한 협력을 발전시켜야 할 인도네시아, 베트남, 말레이시아, 브루나이 등 성장 가능성이 큰 잠재적 파트너들이 모여 있는 지역이라는 점이다.

인도네시아는 전 세계에서 가장 큰 무슬림 인구가 있는 국가이며 세 번째로 큰 민주주의 국가이자 네 번째로 많은 인구를 가지고 있는 국가이다. 인도네시아와 미국은 냉전 시기와 특히 인권 탄압 문제가 불거진 1990년대에 긴장 상태를 겪기도 했지만 부시 행정부 때부터 관계가 개선되기 시작했다. 어린 시절 4년간 인도네시아에 살기도 했던 오바마 대통령은 집권 기간 동안 2010년 미-인도네시아의 포괄적 동반자 관계 수립을 포함해 놀라울 정도로 양국 관계를 발전시켰다. 특히 두 국가는 안보 협력 관계를 강화했는데 훈련 확대, 교육, 방산 거래 ― 인도네시아가 받은 C-130 수송기, 아파치 헬리콥터, F-16 전투기 ― 등이 구체적인 예이다. 이러한 상승 궤도에 박차를 가하기 위해서는 합동훈련 범위를 확장하고, 동맹국과 훈련에 인도네시아가 참여하고, 군 현대화를 위한 예산을 증강하고, 군 인사 간의 교류를 정기화하며 군수 산업에서 협력을 확대하는 노력이 필요하다. 또한 인도네시아는 남중국해에서 중국의 자기주장 강화에 우려를 표하고 있다. 인도네시아의 넓은 배타적 경제수역(EEZ) 등을 고려할 때, 미국은 다른 지역적 파트너들과 함께 인도네시아의 해상 인식 능력을 향상시키고 항행의 자유와 관련된 외교적 노력을 위해 협력해야 한다.[105] 마지막으로 양국 간 관계 중 가장 약한 고리인 무역과 투자에 관련해 미국이 인도네시아의 경제적 개혁을 지원하면 양국 모두 이득을 볼 수 있을 것이다.

베트남은 유럽 어느 국가보다 인구가 많으며 빠른 경제 성장을 보이고 있는 잠재력이 큰 국가이다. 미국과 베트남의 관계는 베트남전쟁의 그림자에서 오래전에 벗어났으며, 1995년 정상화되었다. 베트남과 긴밀한 관계는 피벗 정책의 중요한 요소 중 하나이다. 양국 모두 TPP에 가입했으며 2013년 미-베트남 포괄적 동반자 관계를 맺음으로써 안보, 특히 남중국해와 관련된 외교 문제를 놓고 협력하기 시작했다. 베트남 선박에 대한 공격, 인공섬 건설, 2014년 분쟁 해역에 시추선 파견 등 남중국해에서 보여준 중국의 공세적 행동이 베트남과 미국의 관계를 더욱 가깝게 만들었다. 미-베트남 관계가 최근 수십 년간 성장해왔고 최고점에 이르게 되었지만 여전히 개선할 점은 있다.[106] 안보 영역에서 미국은 베트남과 훈련 및 교류 등을 늘려야 하고 인도적 지원 및 재난 구호(HADR) 영역에서 협력 강화, 해양 인식 개선, 군사 무기 판매 금지 완화 등을 위해 노력해야 한다. 미국은 현재 베트남의 가장 큰 수출 시장이다. 따라서 베트남 비시장 경제국non-market economy 지위를 철회하는 협상을 진행해야 한다. 마지막으로 지속 가능하고 안정적인 베트남과 관계는 인권 문제에 대한 현실적인 접근을 필수적으로 요한다. 미국은 인권 문제에 대해 공개적인 비난을 삼가고 대화와 비공식적 조언 등을 통해야 하며 베트남의 개혁을 지원해야 한다.

말레이시아는 주변국인 인도네시아 인구의 8분의 1밖에 안 되지만 빠르게 성장하고 있으며 국가 크기에 비해 중요한 온건한 무슬림 국가이다. 말레이시아와 미국의 관계는 국내 반미 감정, 그리고 냉전 시기와 아시아 경제 위기 때 만들어진 이견으로 악화된 적도 있다. 하지만 압둘라 아마드 바다위Abdullah Ahmad Badawi와 나집 라작Najib Razak 내각 때 관계 회복이 눈에 띄게 이루어졌다. 2014년 미국-말레이시아의 포괄적 동반자 관계가 체결되고, 1967년 이후 처음으로 미국 대통령의 말레이시아 방문이 이루어지면서 정점을 맞았다. 두 나라는 활발한 경제적 교류를 이어왔고 말레이시아는 아세안 국가 중 세 번째로 1인당 국민소득이 높다. 또한 아세안 국가들 중 두 번째로 큰 미국의 교역 상대이다. 반대로 미국은 말레이시아의 제2의 무역 대상국이고 미국과 말레이시아 모두 TPP 가입국이다. 이렇듯 경제적 관계는 강화되고 있지만 말레이시아가 경제적 발전과 미중 사이의 균형에 초점을 두고 있기 때문에 미국과 말레이시아의 안보 협력 관계는 상대적으로 약한 편이다. 그러나 말레이시아 영토인 남중국해 제임스 사주James Shoal(해안이나 호수에 모래와 자갈 등이 쌓여 만들어진 지형을 지칭하며, 제임스 사주는 말레이시아 보르네오섬 해안으로부터 약 80km 떨어진 곳에 있다 _ 옮긴이 주)에 중국이 침범하면서 말레이시아와 미국 사이에 조용하지만 깊은 전략적 관계가 형성되고 있다. 말레이시아는 제임스 사주 근처에 육해공군 합동 작전 기지를 만드는 데 미국이 지원해줄 것을 요청했으며 미 정찰기의 인근 지역 진입 허용까지 고려하고 있다.[107] 이런 상황에서 미국은 연례 해상합동군사훈련Cooperation Afloat Readiness and Training(CARAT) 등의 훈련을 진행할 때 말레이시아의 민감성을 고려해 조심스럽게 접근해야 하며 상호운용성을 강화하고 육-해상 합동 작전 능력을 증진시키며 교육을 제공하고 말레이시아의 해양 인식 능력 향상을 지원해야 한다. 인도적 지원 및 재난 구호(HADR), 해양 인식 문제와 관련해서는 아세안과 같은 다자협약을 통해 접근하는 것이 말레이시아의 해당 문제에 대한 민감함을 고려했을 때 더 나은 전략이다. 마지막으로 부패 관련 스캔들이 친미 성향의 나집 라작 정권에 어떤 미래를 불러올지, 또 2018년의 미국 대선이 미-말레이시아 관계에 어떤 영향을 미칠지는 미지수이다. 따라서 미국은 말레이시아와 관계를 유지하고 향상시키기 위해 말레이시아의 불확실한 국내 정치적 상황을 신중하게 생각해야 한다.

    브루나이는 보르네오섬에 위치한 무슬림 입헌 군주제의 섬나라로, 동남아 국가 중 가장 간과되어온 국가이지만 미국의 중요한 파트너이다. 인구가 50만 명에 불과한 이 작은 국가는 미국과 더욱 가까운 관계를 만들려 한다. 브루나이는 TPP와 아세안 가입 국가이기도 하며, 남중국해에서의 권리를 주장하고 있기 때문에 관심을 가질 이유가 충분한 국가이다. 미국이 브루나이와 공식 수교를 맺은 것은 1850년으로 거슬러 올라가지만, 근대적 의미의 양자 외교 관계가 시작된 것은 브루나이가 1984년 영국으로부터 독립한 이후이다. 양자 경제적 관계에서 브루나이는 자국을 선진국 반열에 올려준 자원에 의존적인 경제를 다각화하고 싶어 하는데, TPP 가입이 이러한 노력에 도움이 될 것이다. 또한 브루나이는 미국을 포함한 국제사회의 주요 투자국이며 헬리콥터나 항공기 같은 미국의 첨단 기술 상품의 주요 수입국이다. 특수부대 간 협력처럼 특정 분야에서 전략적 협력 관계를 맺고 있음에도 양국 간 관계의 잠재력은 완전히 실현되지 못했다. 군사적 교류, 교육, 훈련, 브루나이의 해양 인식 개선을 위한 노력 등 보다 긴밀한 협력이 양국 간 관계를 이어가는 데 중요하다. 지역 외교와 관련해서 브루나이는 미국이 아세안에 가까이 다가가는 데 큰 도움을 주었다. 브루나이가 아세안 의장국이었던 2013년 세 번의 미 국무장관 방문과 다른 내각 각료들의 방문이 있었다. 뿐만 아니라 브루나이는 미국과 중국이 참여한 인도적 지원 및 재난 구호(HADR) 관련 회의를 주관했다. 미국과 브루나이의 긴밀한 협력 관계, 특히 아시아 지역 제도 내에서의 협력은 양국 모두에 중요한데, 특히 남중국해의 영토 분쟁에 관련된 브루나이에는 더욱더 그렇다.

    동남아시아에 대한 미국 정책은 피벗의 가장 중요한 구성 요소이다. 미국은 동남아시아에서 경제적·외교적·전략적 관계를 향상시켜야 한다. 뿐만 아니라 미얀마, 캄보디아, 말레이시아, 태국 등이 현재 다양한 단계의 정치적 동요를 겪고 있는데, 그것이 이 국가들의 미래 대외 정책과 우선순위를 변화시킬 수도 있다는 사실을 미국은 인지해야 한다. 동남아시아에서 미국의 정책이 성공하려면 최종 결과에 상관없이 민주주의 확산과 인권 존중이라는 기본적인 원칙을 고수해야 한다. 그러나 다른 한편 이를 교조적으로 추진해서는 안 되며 미국의 영향력을 감소시키는 방향으로 추진해서도 안 된다. 승자에게 베팅하는 것보다 누가 힘을 가지고 있느냐와 상관없이 교육, 빈곤 완화, 자연재해에 대한 대응 등 해당 지역의 모든 사람들에게 중요한 이슈에 집중하는 것이 가장 좋은 접근 방법이다. 따라서 국무부가 2009년 시작한 미-메콩 협력체Lower Mekong Initiative(LMI)의 역할을 확장하는 데 더 많은 관심을 기울여야 한다.[108] LMI는 동남아시아 국가 간 발전 격차를 좁히는 데 효과적이었을 뿐 아니라 역사적으로 과소평가된 떠오르는 동남아 지역 국가의 통합을 강화시켜왔기 때문이다.

마지막으로 동남아시아 국가들은 모두 아세안 회원이며 항구적이고 영향력 있는 아시아의 조직을 만들고자 노력하는 국가들이다. 이 장 후반부에서 논의하겠지만 미국은 항행의 자유, 지역적 투명성, 분쟁의 평화적 해결, 자유무역 등과 같은 21세기적 가치를 공유하기 위해 동남아 국가들과 긴밀하게 협력해야 한다. 이 조직들이 사무국을 세우고 직원을 고용하며 새로운 의무들을 습득할 때 미국은 아시아의 제도적 진화의 파트너이자 지지자로서 이 과정의 중심에 자리해야 한다.

태평양 제도

정책 입안자들이 아태지역을 이야기할 때 그들은 종종 태평양이라는 요소를 등한시한다. 이 광활한 지역에 걸쳐앉아 있는 14개의 주권국들은 미국의 가장 서쪽 국경의 일부이자 미국의 안보에 중요한 지역이며 제2차 세계대전 전장에서 희생의 역사를 공유하고 있는 지역이다. 70년 전 태평양

전쟁의 암흑기 당시 미국과 태평양 제도 사람들은 호주로 진격하는 일본군에 나란히 맞섰다. 태평양 강대국이라는 미국의 정체성은 아시아의 미래를 형성했던 과달카날Guadalcanal 전투, 펠렐리우Peleliu 전투와 같은 제2차 세계대전 태평양전쟁에서 이루어졌다.[109]

이 지역에는 다양한 국가들이 공존한다. 파푸아뉴기니는 태평양 제도 국가들 중 단연 가장 크고 부유하며 인구가 많고 풍부한 천연자원을 가진 국가이다. 이 지역에서 두 번째로 큰 인구를 가진 피지는 중요한 환적지換積地이자 경제적 허브였으나 2006년 쿠데타가 일어난 이후 민주주의를 재건하라는 국제사회의 압박을 거부하고 있다. 대략 각각 5백만, 1백만의 인구를 가진 두 국가와 비교했을 때 태평양 제도의 다른 국가들은 20만 명 정도의 시민을 가진 바누아투부터 단 2천 명의 니우에까지 대체로 인구의 규모가 작다. 이 국가들은 모두 중요한 지역적 조직인 PIF 회원이며 미국, 일본, 중국과 같은 강대국들이 이 기구의 대화 상대국이다. 호주와 뉴질랜드는 이 지역 대부분의 국가들의 가까운 파트너이자 주요 후원자일 뿐 아니라 PIF 회원국이다. 호주는 남태평양 지역의 가장 큰 원조 제공자이며 미국은 두 번째로 큰 원조 제공자이다.[110]

미국은 태평양 지역에서 팔라우, 마셜 군도, 미크로네시아 세 국가와 특히 더 긴밀한 관계를 맺고 있다. 이 세 국가는 한때 미국의 영토에 속해 있다가 1980년대와 1990년대에 주권 국가가 되었다. 자유연합협정Compact for Free Association으로 이 국가들은 자발적으로 미국과 친밀한 관계를 유지해왔다. 이 협정 덕분에 해당 국가들은 연간 2억 달러의 지원, 40개가 넘는 미국의 국내 프로그램에 대한 접근, 안보와 방어에 대한 지원, 그리고 미국에서 일하거나 살 수 있는 권리 등을 제공받는다. 또한 제3국의 군사적 접근 거부를 약속한 이 국가들은 아시아에서 미국의 방어에 중요한 지역이다. 세 국가는 콰절린 환초Kwajalein Atoll에 주둔한 미 육군 기지, 로널드 레이건 탄도 미사일 방어 실험 기지를 유치하고 있으며, 미군이 괌과 그 너머의 전진 배치를 강화하는 데 이용하는 항로 역시 이 국가들 근처를 지난다.

미국은 미래에도 전략적 요충지인 이 지역에 지속적으로 관여해야 한다. 또한 태평양 지역의 첫 번째, 네 번째로 큰 원조 공여국인 호주, 뉴질랜드와 정책을 조율해야 한다.[111] 여러 방면으로 태평양 지역에서 가장 영향력 있는 파푸아뉴기니와 피지 두 국가와 보다 긴밀한 경제적 협력을 형성하는 것이 태평양 지역 전체에 이익일 뿐 아니라 피지에 민주주의를 장려하는 길이다. 태평양 지역의 많은 문제들은 다른 주요 국가들과 함께 이루어지는 미국의 보다 조직화되고 집중적인 지원으로 해결될 수 있다. 기후변화 완화, 사이클론 관련 구조·구난, 광활한 해양 영역 감시와 불법 어획 규제 등을 위한 노력이 그 예이다. 따라서 4자방위협력Quadrilateral Defense Coordination Group을 통한 호주, 뉴질랜드, 프랑스와의 협력이 필수적이다. 특히 이 조직은 불법 어획을 예방함으로써 수천만 달러의 이익을 태평양 제도 국가들에게 안겨준다. 또한 미국은 풀브라이트 프로그램Fulbright Program이나 평화봉사단Peace Corps 등의 프로그램을 통해 민간외교를 강화시킬 수 있다. 마지막으로 태평양 제도 국가들과 미국은 기후변화, 항행의 자유 등 글로벌 의제를 함께 형성할 공통의 의무를 가지고 있으며 이를 PIF뿐만 아니라 더 큰 국제 무대에서 협의해야 한다.

경제 전략

1784년 중국황후호의 아시아로 향한 첫 무역 항해부터 1899년 문호 개방 정책을 거쳐 한 세기도 더 지난 지금의 TPP에 이르기까지, 무역은 미국의 대아시아 정책의 가장 핵심 동기이며, 아시아 피벗 정책은 이 같은 풍성한 역사 위에 세워졌다. 또한 이 정책은 아시아에서 경제와 안보는 밀접하게 서로 연결되어 있기 때문에 군사적인 힘만으로는 경제적으로 역동적이고 상호 의존적인 이 지역에서 미국의 리더십을 유지하기 힘들다는 전제를 기반으로 하고 있다. 따라서 경제 전략은 아시아 지역에서 미국의 영향력을 유지하는 동시에 미국의 경제 회복과 번영을 위한 대외 정책의 핵심으로 설정되어야 한다. 아무런 조건 없이 빠른 속도로 아시아 전역에서 사회간접자본을 제공하고 지원을 계획하는 중국 때문에 미국도 보다 확실한 다른 방법을 찾아야 한다. 민간 부문이 이를 주도하는 동시에 미국 정부는 태평양 지역과 무역, 투자 그 외 다른 경제적 합의를 통해 보다 긴밀한 교역 관계를 형성하는 데 중요한 역할을 해야 한다.

TPP를 넘어

환태평양경제동반자협정(TPP)은 수십 개 국가에 걸친 경제적 합의이다. 2015년 협상이 종료되었고, 합의의 최종 통과는 오바마 행정부의 대표적인 성과가 될 것이다.[112] TPP의 중요성은 아무리 말해도 지나치지 않으며, 피벗 정책의 필수 요소다. 이 합의는 네 국가에서 시작해 2013년 말 호주, 브루나이, 캐나다, 칠레, 일본, 말레이시아, 멕시코, 뉴질랜드, 페루, 싱가포르, 미국 그리고 베트남의 합류로 총 12개의 회원국을 갖게 되었다. 회원국 모두를 합치면 TPP는 전 세계 GDP의 40%를 차지하고 전 세계 교역량의 3분의 1을 담당한다. TPP는 또한 효율적인 경제 교류를 위한 높은 수준의 21세기 플랫폼을 제공하고 모든 당사자에게 공정한 경제적 경쟁의 장을 만들어주며 미래의 교역 협상을 위한 기준을 설정할 것이다. TPP는 "그 어떤 무역 협정보다도 광범위한 무역 협정"이라는 높은 기준을 지향하는 야심 찬 프로젝트이다.[113]

TPP는 국제 무역이 당면한 긴급 문제를 해결하는 주된 기제가 되어 왔다. TPP의 규모를 감안할 때 이 합의의 성패는 국제 경제의 미래에 지울 수 없는 흔적을 남길 것이다. TPP는 협정 관세conventional tariff 수준과 쿼터quota부터 규제의 평준화, 국경을 넘나드는 인터넷 커뮤니케이션, 원산지 규정, 국영 기업 규제, 기술 장벽, 위생 및 식물 위생 조치에 관한 협정 Sanitary and Phytosanitary Measures, 통신, 지적재산권, 세관 협력, 노동 기준, 환경 기준 등 쟁점이 되는 여러 현대적인 의제들을 해결하기 위한 의도로 체결되었다.[114] TPP는 이외에도 미국을 포함한 모든 협정 가입국의 노동자, 사업체, 소비자들에게 큰 이익과 기회가 돌아가는 시장 공동체를 제공할 것이며 이를 통해 미국은 수출 증가, 장기적 성장 전망 향상, 경제 회복을 얻게 될 것이다. TPP는 미래 무역 문제를 다루기 위해 업데이트되고 확장될 수 있으며, 중국을 포함해 새로운 회원국을 받아들일 수도 있는 협정이므로 살아 있는 그리고 진화하는 협정이다. TPP 가입은 그 기준에 부합하는 중대하고 꾸준한 국내 개혁을 요구하기 때문에 TPP 가입은 누가 초청하는 것이 아니라 가입국이 희망해야 하는 것이다.

이전 장에서 본 바와 같이 TPP는 글로벌 경제 거버넌스에 큰 영향을 미치는 아시아 지역 경제 규칙을 업데이트할 필요가 있는 시점에서 나왔다는 점이 중요하다. 중국 주도의 역내포괄적경제동반자협정(RCEP)이나 오랫동안 바라왔던 아태자유무역지대(FTAAP)와 같은 교역 협정들은 20세기와 현저히 다른 21세기적 경제가 필요로 하는 규칙들을 아직까지 제공하지 못하고 있다. TPP의 성공은 현대적이고 공정하며 친성장적인 규칙들을 아시아에 정착시킬 것이다. 글로벌 경제를 이끌고 가는 아시아는 다른 한편으로 글로벌 경제의 질서를 결정하는 경쟁의 장이다. 오바마 대통령은 "미국의 잠재적 고객 95% 이상이 해외에 있는 시점에서 중국과 같은 국가들이 세계 경제 질서를 만들도록 놔둘 수는 없다. 우리가 미국 상품에 대한 새로운 시장을 개척하고 우리 노동자와 환경을 보호하는 높은 수준의 기준을

세우는 등 그 규칙을 만들어야 한다"며 TPP에 대한 지지를 분명히 했다.[115]

TPP의 경제적 함의 이면에는 중요한 외교적 함의가 있는데, 이는 미국이 아시아 지역에서 향후 가질 영향력과 관련이 있다. 예를 들어 TPP는 아시아의 교역 파트너들에게 더 성장할 수 있는 기회와 중국 등 경제 대국이 주는 압박에서 오는 부담을 감소시킬 수 있는 기회를 제공한다. 나아가 긴밀한 경제 협력 관계는 안보 협력 관계를 강화시킨다. 미셸 플로노이와 엘리 래트너Ely Ratner가 설명한 것처럼 안보 태세는 "공통의 경제적 이해관계에 기반한 군사적 협력이 있을 때 가장 강력하고 오래간다."[116] 이러한 경제적 연계는 동맹과 파트너십의 기반을 넓힌다. 이를 통해 인적 교류, 상호 이해, 고위급 상호작용도 강화된다. 또한 지역 전반에 걸쳐 부와 상호 의존성을 만들어 안보에 필요한 추가 자원을 창출할 수 있고 지역 안정의 견고한 기반을 만들 수도 있다.

지금 중국이 TPP의 기준을 충족하기에는 너무 높기 때문에 TPP를 통해 미국이 중국을 봉쇄하려 한다는 해석도 있다. 하지만 이는 사실이 아니다. 미국이 중국의 몇몇 경제 정책을 지지하지 않는 것은 사실이다. 그러나 TPP의 기준은 의도적으로 중국의 참여를 배제하려고 만든 것이 아니라 아태지역에서 공정한 경제적 경쟁의 장을 위한 일련의 21세기적 규칙들을 정립하기 위해 만들어진 것이다. 중국은 이미 TPP 가입을 고려하고 있음을 공개적으로 밝혔다. 한 예로 중국의 고위 관료들은 중국 입장에서도 해야만 하는 개혁들이 TPP의 높은 기준에 포함되었음을 인지하고 있으며, 중국의 무역 장관은 참여 가능성을 진지하게 검토해보겠다고 공표한 바 있다.[117] 심지어 시진핑 주석은 서니랜즈에서 가진 오바마 대통령과의 회담에서 이러한 가능성에 대해 직접 언급하기도 했다.[118] 만약 중국이 TPP에 합류하기 위해 필요한 단계를 밟는다면 아시아의 주요 국가들이 조화롭게 협력하고 합의된 규칙을 준수하는 아시아 세기의 분위기가 형성될 것이다.

TPP는 아시아 피벗 정책의 중요한 우선순위이자 주춧돌로, 미국 경제 전반에 이익을 가져다줄 뿐 아니라 보호무역주의의 위협으로부터 안전한 장기적 무역 시스템을 아시아에 만들어줄 것이다. 이러한 경제적 이익 외에도 TPP는 중요한 외교적 함의를 갖고 있는데, 이는 아시아에 대한 미국의 헌신과 아시아 지역에 더 깊은 그리고 지속 가능한 관계를 맺고자 하는 미국의 바람을 내포하고 있다. TPP가 성공하려면 최고위층의 노력과 일치된 협력이 필요하다.

먼저 미국은 TPP를 통과시켜야 하는데, TPP는 아직 의회 표결에 오르지도 않았다. 또 이런 노력뿐만 아니라 미래의 경제 정책에서 중요한 것은 공공 교육 프로그램을 실시하여 미국인들을 설득하는 것이다. 미국인들은 미국이 국제 경제에 보다 많이 관여하는 것을 우려하고, 미국의 지속적인 성장과 일자리 창출에 매우 중요한 지역인 아시아 국가의 경쟁력에 대해 두려워한다. 아시아는 전 세계에서 가장 빠른 속도로 성장하고 있는, 세계에서 가장 큰 경제를 포함하는 지역이고, 전 세계에서 가장 큰 중산층을 이루고 있는 지역이다. TPP는 아시아 수출 시장을 열고, 경제적 경쟁을 공정하게 만들며, 경쟁자의 규칙이 아닌 서구의 규칙과 기준들이 미래 세계 경제를 규정하도록 함으로써 아시아의 성장을 미국 국민의 이익과 연결시킨다. 이러한 메시지는 행정부와 입법부 양 방면의 정치적 리더십에서 직접 나오는 높은 수준의 공식적 지지를 필요로 한다.

둘째, TPP가 통과되면 미국은 중국이 TPP의 높은 요구 사항들을 맞출 수 있도록 격려하고 지원해야 하며 궁극적으로는 중국이 TPP에 가입할 수 있도록 해야 한다. TPP는 초대가 아닌 자발적 신청으로 가입할 수 있기 때문에 중국이 이 기준들을 충족해야 미국도 중국의 TPP 가입을 환영할 수 있다는 점을 명확히 해야 한다.

셋째, 중국은 TPP 가입을 고려하고 있는 아시아의 유일한 주요 경제국이 아니며, 미국은 아시아의 다른 국가들에도 가입을 격려함으로써 이익을 얻을 수 있다. 차이잉원 총통은 "대만은 TPP에 가입해야 할 절박한 필요가 있다"고 말했을 뿐 아니라 대만이 가입 기준에 부합하는지 확인할 팀을 꾸리기도 한 것으로 알려져 있다.[119] 비슷한 사례로 한국 또한 TPP 가입에 관심을 보이고 있는데 박근혜 대통령은 "나는 한국이 당연히 TPP 회원국이 되어야 한다고 믿는다"고 한 바 있다.[120] 따라서 미국은 대만과 한국 양국이 TPP 가입을 위해 필요한 단계를 밟아나가도록 격려해야 한다. 필리핀 또한 TPP 가입에 관심을 보였는데 미국은 필리핀이 미래에 가입 기준을 충족시킬 수 있도록 지원해야 한다.

다른 경제적 노력들

TPP는 아시아에서 수행된 미국의 중요한 경제적 노력 중 하나일 뿐이다. 다른 정책 역시 주목해야 할 가치가 있다. 예를 들어 미국은 싱가포르, 한국과 FTA를 체결한 바 있으며 다른 아시아 국가들과도 몇몇 협정을 논의하고 있다.

첫째, 양자적 맥락에서 미국은 중국과 양자투자협정(BIT)에 대한 논의를 마무리지어야 한다. 이는 미국의 경제 지도자들로부터 지지를 받고 있다.[121] 또한 미국은 인도와 경제적 관계를 더욱 긴밀히 하도록 노력해야 한다. 미국과 인도가 양자투자협정을 논의 중이지만 지연되고 있고 양국 간에는 자유무역협정도 없다. 협정 체결 과정은 대단히 어렵고 복잡한 일이지만 그로 인해 만들어지는 경제적 이익과 외교적 친선 관계라는 보상은 적지 않은 시간과 에너지의 투자를 정당화하기에 충분하다. 미국은 여전히 아시아 국가들과 광범위한 양자투자협정을 맺지 못하고 있다. 미국과 긴밀한 경제적 관계가 있었다면 많은 이익을 얻었을 것으로 보이는 인도네시아 같은 국가가 구체적인 예이다. 마지막으로 필리핀은 TPP 가입을 원하고 있으며 만에 하나 가입하지 못할 경우 미국과 자유무역협정(FTA)을 맺기를 희망하고 있다. 미국은 필리핀과 두 가지 가능성 모두를 진지하게 탐색해야 할 것이다.

둘째, 다자간 경제 체제에 관해 미국은 APEC을 지속적으로 지지해야 한다. 미국은 APEC을 통해 긴급 상용 비자, 무역 진흥 이벤트 등을 지원하고 인도의 APEC 가입을 촉진하는 등 경제 개혁을 추진해야 한다. 또한 미국은 지역 다국 간 협정을 지원해야 한다. 예를 들어 트랜스 아세안 가스 파이프라인Trans-ASEAN Gas Pipeline은 아시아 지역과 아세안 국가들이 절실히 필요로 하는 에너지를 제공할 수 있다.[122]

셋째, 미국은 현재 미국의 에너지 호황을 아시아를 향한 경제적 영향력을 높이는 데 사용할 수 있는 절호의 기회를 맞고 있다. 2015년 미국은 원유 수출에 대해 40년간 지속되어온 규제를 제거했다. 하지만 액화천연가스(LNG) 수출 금지는 여전히 에너지 회사들에는 과제로 남아 있다. 미국은 LNG와 원유의 아시아 수출을 촉진하기 위해 남아 있는 장애물을 모두 제거해야 한다. 이런 노력을 통해 미국은 아시아 동맹국과 파트너 국가들의 에너지 안보를 강화하고, 아시아 지역에 대한 미국의 헌신 의지를 강력하게 보여줄 수 있다.

마지막으로 미국은 아시아 지역의 분쟁 위험을 실제적으로 감소시킬 수 있는 경제 협력을 장려해야 한다. 예를 들면 영토 분쟁 지역을 공동 개발 지역으로 설정하는 것이다. 최근 대만과 일본 간, 대만과 필리핀 간 어업에 관한 협정이 체결되어 이 국가들 간에 자원 공유가 가능해졌다. 이렇게 되면 주권 양보에 대한 까다로운 문제를 피할 수 있다. 따라서 미국은 아시아 전역에서 분쟁 위험을 감소시키는 이러한 협정들이 더 확산되도록 장려해야 한다.

지역 협력체 참여

아태지역의 성장하는 다자간 협력체는 아시아 피벗 정책의 중요한 요소이다. 비교적 초기 단계인 이 신생 협력체들은 자유무역, 항행의 자유, 지역적 투명성, 환경 보호 등 미국이 아시아 지역에서 보이는 주요 관심사들에 대한 규칙과 의무를 정립하고 강화하는 데 큰 도움이 될 잠재력이 있다.

아시아에서 제도의 진화를 완전히 이해하기 위해서 먼저 유럽의 예를 살펴보는 것이 좋을 듯싶다. 제2차 세계대전 이후 유럽이 세운 협력체들은 과거 적국들 간 대화를 유지하고 대륙의 번영을 건설하는 데 큰 역할을 했다. 그러나 한때 '얕은' 수준이었던 유럽의 협력체들이 지금처럼 '심도 있는' 협력체로 성장하기까지 한 세기 가까운 시간이 걸렸다는 사실을 종종 잊는다. 오늘날 비슷한 과정의 초기 단계에 있는 아시아에는 신생 제도들이 많고 그 수도 점차 늘어나고 있다. 아시아 협력체의 미래는 시작부터 견고한 기관들을 세우는 데 달려 있는 것이 아니라 얕은 수준의 협력체들이 점진적으로 성장해가는 데 달려 있다. 지금 아시아의 제도들은 사무국 설립, 유명 인사의 사무총장 영입, 상근 직원 채용, 그리고 새로운 업무 추진 등을 통해 뿌리내리기 시작했다.

미국은 늘 아시아에서 자국의 목적 달성을 위해서 양자 동맹과 파트너십을 기반으로 한 허브앤스포크 체제에 의지해왔다. 이러한 접근법은 성장하는 아시아 다자 기구의 발전을 형성하고 지원하는 미국의 노력과 병행되어야 한다. 이 다자 기구들은 갈수록 아시아에서 미국의 이익에 큰 영향을 줄 것이다. 따라서 미국이 공통의 가치에 대한 합의를 만들고 미국의 이익을 확대하려면 지역의 다자 제도와 긴밀히 협력해야 한다.

미국이 아시아의 다자주의에 참여하는 것은 미국의 아시아 정책에 큰 도움이 될 것이다. 대표적으로 지역 다자 협력체는 미국의 아시아 관여에 대한 신뢰를 쌓기 위해 고위 미국 관료들이 아시아를 방문하고 실무자가 회의도 꾸준히 만들어내는 등 아시아에 주기적으로 관여하는 기회를 만들어낸다. 보다 근본적으로 이런 관여는 아시아의 미래가 논의되는 회의에 미국의 자리를 보장하고 21세기를 규정할 아시아의 기구, 프로그램, 정책을 형성하는 기회를 미국에 보장한다.[123]

지역 기구에 대한 관여

아시아에서 증가하는 지역기구 중 가장 중요한 기구는 아세안(ASEAN)일 것이다. 미국의 몇몇 전략가들은 아세안을 다자 외교의 중심에 두어서는 안 된다고 하지만 현실적으로 아세안은 아시아 지역 국가들에 의해 아시아의 제도적 발전과 진화에 중요한 역할을 하도록 위임받은 기구이다. 미국의 참여가 없다면 아세안 국가들은 아시아 지역의 강대국을 직접 상대해야 한다. 이는 아세안의 효율성을 위협할 뿐 아니라 항행의 자유부터 무역의 자유까지 10개 회원국들이 가지고 있는 다양한 이해관계를 위태롭게 할 것이다. 아세안 국가들의 가장 중요한 목표는 아세안을 활용해 점점 그 지배력을 확대하는 중국을 아시아 지역의 규범에 참여하도록 하는 것이다. 이러한 노력을 돕고 보다 통합된 협의체를 세우기 위해, 아세안은 인도에서 호주, 일본에 이르기까지 많은 아태지역 국가들의 참여뿐만 아니라 미국의 참여도 환영해왔다. 이러한 포용은 아세안이 아시아 전체를 대표하는 협의체가 되도록 도울 뿐 아니라 아시아의 분열을 예방하는 역할을 한다.

아세안의 중심적 위치에도 불구하고 피벗 이전 시기에는 아세안의 중요성이 간과되어왔다. 라이스 국무장관은 ARF에 두 번 참가하지 않은 것으로 유명하며, 부시 대통령 또한 2007년 미국-아세안 정상 회담US-ASEAN Summit에 참가하지 않았다. 또한 미국은 아세안 우호협력조약(TAC)이 미얀마에 대한 미국의 정책을 제한하지 않을까 두려워해 가입을 꺼리기도 했다. 부시 행정부는 아세안에 회의적이었고 양자주의를 선호했는데, 이러한 행정부 결정의 결과로 아시아 국가들이 아시아 외교에 대한 미국의 적극성을 의심하게 되었다.[124] 심지어 그전에도 미국의 외교관들은 아세안의 효율성에 회의적이었을 뿐 아니라 ARF 같은 기구에서 만찬 후 스태프들이 공연하는 것을 보면서 천박하다고 생각했다.

그러나 이와 대조적으로 초기의 피벗 정책은 아세안에 대한 미국의 관심을 보여주었다. 클린턴과 케리 국무장관은 지역 회의에 참가하는 것을 우선으로 생각했다.[125] 미국은 아세안에 대사를 파견하고, 자카르타에 있는 아세안 본부에 대표부를 설치했으며, 우호협력조약에 서명하고 아세안 국방장관 회의에 가입했으며 아세안 사무국을 강화하기 위해 자금을 확보하기도 했다.[126] 이 같은 꾸준한 참여는 2011년 미국이 아시아 지역 정부 수반이 모이는 가장 중요한 연례 정상 회의인 동아시아정상회의(EAS)에 가입하면서 정점에 달했다. 이는 중요한 진전이었는데, 왜냐하면 중국은 미국이 회원국이 아님을 전제로 이 제도를 구상했기 때문이다. 그럼에도 불구하고 미국은 가입 이후 EAS와 다른 협의체를 미얀마의 개혁, 남중국해와 동중국해 분쟁, 한반도의 긴장 상태 등 정치적이고 전략적인 문제들을 다루고 합의를 형성하는 장으로 이용할 수 있었다.[127] 대표적으로 2010년 ARF에서 클린턴 당시 국무장관이 미국은 남중국해 분쟁을 평화적으로 해결하는 데 "국가적인 관심"을 가지고 있으며 이를 위한 다자적 노력을 환영할 뿐 아니라 다국 간 대화를 지원할 것이라고 공표했다.[128] 물론 동남아시아의 복잡한 협의체들이 결정을 내리는 데 매우 느리며, '아세안 방식'이라 불리는 만장일치 방식을 고수해서 답답할 때도 있다. 그럼에도 이 기구들이 중요한 이슈에서 지역의 협력을 증진하고 있으며 미국이 이 기구들에 관심을 주어야 한다는 데는 의심의 여지가 없다.

먼저 아세안에 참여하는 것은 더 이상 선택의 문제가 아니다. 다음 행정부에서도 아세안의 다양한 제도들과 그 하위 제도들에 미국이 참여하여 지지를 보내야 한다. 이는 최소한 국무장관이나 국방장관과 같은 최고 관료들을 아세안 회담에 파견하는 것을 의미한다. 이외에도 에너지장관, 농무장관, 상무장관 등 내각 관료들을 포함한 고위급 회담을 장려함으로써 아세안에 대한 개입을 확장시킬 수 있다. 이러한 회담에 불참할 경우 미국의 아시아 지역에 대한 의지를 의심케 하고 다른 회원국들이 미국의 이해관계를 해치는 안건을 채택할 가능성을 높인다. 2013년 오바마 대통령이 채무 한계에 대한 국내적 논쟁을 해결하느라 아세안의 중요한 회담에 참가하지 못했을 때 중국이 그 기회를 이용해 아시아 투자에 대한 자신들의 계획을 몰아붙였던 것이 그 예다.[129] 장기적인 관점에서 볼 때 이러한 다자간 협의체에 대한 미국의 관여를 유지하는 것은 아시아 전역의 중요한 이슈에 광범위하게 개입하기 위해서는 필수적이다. 여기서 기억해야 할 것은 미국이 아시아 지역에서 누리는 이점은 아시아인들과 미국인들 모두가 아시아에서 미국의 역할 수행을 바라고 있다는 점이다. 그래서 아시아 사람들에게는 단기적 퇴보보다 장기적이고 역사적인 추세, 즉 미국이 명확히 아시아-태평양 시대를 향해 가고 있다는 것이 더 중요하다. 우디 앨런Woody Allen의 말을 빌려 표현해보자면, 아시아 외교 성공의 80%는 일단 출석하는 것에 달려 있다.

둘째, 아세안과 함께 지도력을 확보하고 합의를 만들어내는 것은 아세안에 효과적으로 관여하기 위한 전략을 필요로 하며 미국에는 도전이자 기회이다. 미국의 정책적 이익을 확장하는 데 때론 개별 아세안 국가와 관계 증진을 필요로 한다. 이를 위해서는 아세안이 마주하고 있는, 분란을 일으키고 내부 분열을 가져올 만한 이슈들에 대해 합의를 만들어내야 한다. 또한 미국은 더 폭넓고 다원화된 아세안 아키텍처 형성을 지원해야 한다. 아세안은 이를 통해 남북 축으로 캄보디아, 라오스 같은 대륙부 동남아 국가, 그리고 동서 축으로 인도, 호주와 같은 국가들을 통합할 수 있을 것이다.

셋째, 아세안이 지나온 길을 돌아보면 미국은 아시아의 다른 신생 협의체들과 관계를 강화함으로써 아시아 전역과 제도적 연결 고리를 다양화할 수 있다. 예를 들어 2014년 9월 미국은 싱가포르에 기반을 둔 아시아해적퇴치협정Regional Cooperation Agreement on Combating Piracy and Armed Robbery against Ships in Asia(ReCAAP)에 가입했다.[130] ReCAAP의 활동은 아시아 지역에서 해적 행위를 감소시켰을 뿐 아니라 이 협의체의 투명성과 정보 공유 능력을 기반으로 공동의 목표로 모든 국가들을 불러 모아 국가 간 연결 고리를 만들기도 했다.

넷째, 인도-태평양 지역에 관해 미국은 남태평양뿐 아니라 남아시아와 인도양에 있는 지역적 협의체들에 보다 광범위하게 참여할 것을 고려해보아야 한다. 미국은 현재 옵서버 자격으로 있는 남아시아지역협력연합South Asian Association for Regional Cooperation(SAARC)뿐 아니라 환인도양연합Indian Ocean Rim Association(IORA)과 인도양해군회의Indian Ocean Naval Symposium(IONS)에도 보다 깊이 관여해야 한다. 인도양은 중요성이 증대되고 있는 지역이며 따라서 인도양 지역의 신생 협의체들은 해적 행위부터 군사훈련과 수송까지 다양한 이슈들에 대한 규범을 만드는 영향력 있는 논의의 장으로 기능할 수 있다. 태평양 지역에서 태평양도서국포럼(PIF)과 같은 회담에 2012년 클린턴 국무장관이 참석했던 것과 같이 고위급 관료들을 지속적으로 참여시킴으로써 이익을 얻을 수 있다.

마지막으로 아시아의 협의체들이 확산될 뿐 아니라 배로 늘어나는 현시점에서 미국은 아시아의 미래를 논하는 조직들과 다자간 협의체들에 참여하겠다는 의지를 정책적으로 선언해야 한다. 만약 중요한 경제적·정치적·안보적 의제들이 논의되는 장이 있다면 미국은 이에 참여해야 하며 따라서 미국을 고의적으로 배제하거나 초청하지 않는 협의체가 성장하거나 형성되는 것에 반대해야 한다. 이러한 맥락에서 미국을 포함시키는 태평양 지역 협의체들이 향후 주도적인 역할을 맡아야 함을 지속적으로 강조해야 한다. 이는 미국을 포함하는 협의체들이 아시아 국가들만을 회원으로 하는 협의체들보다 해당 지역이 직면한 문제의 복잡성과 초국가적 문제의 본질을 다루는 데 더 적합하기 때문이다.

규칙에 기반한 제도적 질서

아시아의 다자 포럼에 대한 미국의 참여를 늘리는 것 이외에도 미국은 아시아의 평화와 번영을 유지하는 운영체제를 지원하기 위해 규칙에 기반한 제도적 질서가 발전할 수 있도록 도와야 한다.

첫째, 미국은 주권을 둘러싼 분쟁, 특히 남중국해 분쟁을 국제법과 중재를 통해 해결하는 것을 공개적으로 지지해야 한다. 그럼으로써 아시아 지역에서 일어나는 국제 분쟁은 평화적으로 해결해야 한다는 원칙을 명확히 해야 한다. 필리핀은 중국과 상충되는 주장을 국제해양법재판소(ITLOS)에 가져간 바 있다.[131] 미국은 이러한 잠재적인 분쟁 문제에서 중립을 유지하는 가운데 아시아 지역의 모든 국가들이 평화적인 분쟁 해결의 메커니즘을 공식적으로 지지하도록 국제사회의 합의를 만드는 노력을 기울여야 한다. 아시아 지역이 분쟁을 법적이고 평화적인 수단으로 해결할 준비가 되어 있는지를 이 재판이 보여주기 때문이다. 이미 앞부분에서 자세히 설명했지만 이 문제와 관련해 미국은 아시아 지역과의 교역에 대해 미국이 가지고 있는 이해관계를 21세기적 원칙에 맞는 방식으로 추구해야 한다. 이는 TPP와 같은 무역 협정을 맺는 것뿐 아니라 양자투자협정, 양자 간 FTA, 과세협정 등 다양한 도구들을 사용해 아시아의 무역이 21세기 원칙에 맞도록 하는 것이다.

둘째, 미국은 다른 국가들이 세우고 있는 제도에도 관심을 기울여야 한다. 어떤 제도는 아시아에서 규칙에 기반한 질서를 유지하는 데 위험할 수도 있다. 예를 들어 최근 중국은 몇 년 전의 동아시아정상회의(EAS)와 같은 회담은 물론 보다 최근의 아시아교류·신뢰구축회의Conference on Interaction and Confidence-Building Measures in Asia(CICA)까지 미국을 회원국으로 포함시키지 않는 회담들을 진행시키고 있다. 규칙에 기반한 질서를 세우기 위해 중국이 만드는 새로운 프로그램들과 협의체들을 피하기보다는 그것들에 개입해야 한다. 중국 주도로 세워진 모든 기구들을 위협 대상으로 인식해야 하는 것은 아니다. 오히려 미국 주도의 기구들이 아닐지라도 중국이 예상 가능한 원칙과 규범들을 따르는 것은 바람직한 일이다. 한 예로 미국이 처음부터 그 규칙을 만드는 데 참여하지 못했다는 이유로 전 세계 미국의 동맹국과 파트너 국가들이 참여하는 아시아인프라투자은행(AIIB)에 참여하지 않는 것은 옳지 않다. 현재 미국은 AIIB가 단순히 경제적 도구가 아닌 진정한 다자적 협의체로 기능할 수 있도록 회원국인 동맹국과 파트너 국가들에 의존해야 한다.

셋째, 21세기적 가치를 위협하거나 미국을 배제하는 협의체들이 형성될 때 이에 대응하는 방법은 대안 기구를 강화하는 것이다. 예를 들어 AIIB만이 아시아 국가들의 인프라 건설을 지원하는 기관이 되도록 하는 것은 미국의 이해관계에 맞지 않는다. 이런 위험을 방지하기 위해 미국은 국제개발처(USAID)가 아시아에 보다 집중하게 하고 밀레니엄 개발펀드Millennium Development Fund에 대한 지원을 배가시켜야 하며 ADB, 세계은행, 아세안인프라펀드ASEAN Infrastructure Fund를 긴밀히 지원해야 한다.[132] 올바른 거버넌스와 지속 가능한 발전을 고려하지 않고 돈을 빌려주는 것이나, 오로지 특정 국가의 정치적 이유 때문에 자금을 지출하는 것은 AIIB에도 바람직하지 않다. 미국이 충분한 자금을 가진 다른 대안을 제공하는 것은 아시아 지역 국가에도 더 넓은 선택의 여지를 주는 일이다.

마지막으로 유엔해양법협약(UNCLOS)을 비준함으로써 규칙에 기반한 시스템을 지지하는 것은 미국이 오랫동안 바라왔던 일이다. 이 조약은 해양에 관해 각 국가가 가지는 권리와 의무들을 정의하며 지금까지 중국, 일본, 한국 등 아시아 주요 국가들을 포함한 166개국이 가입했다. 따라서 미국이 이 조약을 아직 비준하지 않았다는 사실은 미국이 동중국해와 남중국해 해양 분쟁을 해결하는 데 있어 신뢰도를 떨어뜨리는 일이다. 지아드 하이더 Ziad Haider가 정확히 말한 것처럼, "이 분쟁에 대해 원칙에 의거한 접근을 하려면 미국은 국제해양법을 받아들여야 한다."[133]

미국 정부와 경제계 많은 사람들이 미국의 UNCLOS 비준을 지지한다. 2012년 6월 상원 외교위원회는 네 명의 해군 제독과 두 명의 사성 장군을 포함한 총 24개의 별들이 참석한 패널의 증언을 들었다. 이들은 UNCLOS 비준을 촉구했다. 같은 달, 미 상공회의소와 다른 주요 기업들은 미국이 이 협약에 가입하여 미국 경제를 강화하고 더 많은 일자리를 만들어야 한다는 청원서에 서명했다. 지금까지 UNCLOS 비준에 반대하는 목소리는 의회에서 제기되었는데, 이들은 UNCLOS 비준이 미국의 주권을 침해할 것으로 주장하고 있다.[134] 그러나 이러한 주장은 겉보기에만 그럴듯한데, 미국은 UNCLOS가 만들어진 1982년 이래로 이 협약이 국제 관습법을 성문화한 것으로 인식하고 이를 지켜왔다. 반대로 미국이 UNCLOS를 비준하면 이 협약을 국제 규범으로 강화시킬 뿐만 아니라 미국이 다른 국가에 해양법을 지키라고 말할 수 있는 권리를 부여한다. 또한 이는 미국이 아시아 지역의 분쟁을 역사적 감정이 아닌 국제법에 따른 분쟁이라는 주장을 할 수 있게 한다. 이런 법적 틀을 지지함으로써 영토 분쟁에 대해 규칙에 기반한 평화적 해결을 제공하는 것은 장기적인 관점에서 긴장 상태를 줄이는 데 도움이 된다.

외교 정책의 성공은 잘 차려입고 회담에 잠깐 들르듯 방문해 사진 찍고 돌아오는 것(아세안의 전통처럼 알려져 있는) 이상을 요구하고 있다. 아시아 문제에 개입하는 것은 외교, 정치, 경제 그리고 안보까지 여러 영역에서의 능숙함을 요구한다. 따라서 미국이 가진 힘의 모든 요소를 통합하고 미묘하고 섬세한 감각까지 갖추고 문제에 접근해야 할 필요가 있다. 이러한 노력과 함께 미국은 떠오르는 국제적 규범, 국제법, 국제적 협력체의 중요성도 강조해야 한다. 이러한 필요 요소를 갖춘 다자적 영역에서의 행동 계획은 미국에 외교적·정치적 이익을 가져올 것이다.

군사 전략 다각화

아시아 피벗 정책의 가장 중요한 요소 중 하나는 억지deterrence, 재난 구호, 군사 외교 등 다양한 임무를 수행할 능력이 있고, 지리적으로 분산되어 있으며, 기술적으로 발전된 군軍이다. 미국의 강한 군사력은 지난 수십 년간 미국에 국제적인 리더십뿐만 아니라 아시아 지역에 평화와 안보를 제공했다. 그러나 미국의 군사력이 끊임없는 노력으로 유지되었다는 점이 종종 간과된다. 미국의 군사적 능력은 시간, 노력, 자원의 꾸준하고 단호한 투자와 동맹국 양성, 경쟁국 관리뿐 아니라 가장 중요한 주기적인 혁신을 통해 얻은 산물이다. 제2차 세계대전 이후부터 냉전 시기를 거쳐 테러와의 전쟁 시기에 이를 때까지 미국은 변화하는 전략적 상황들에 적응하는 능력을 보여주었다. 최근 중국 군사 능력의 급격한 성장과 이라크·아프가니스탄에서 미국이 치르는 끝없는 전쟁으로 미국은 다시 한번 군사 전략을 재평가해야 할 때에 직면했다.

미국은 8만 명의 미군을 아태지역에 배치하고 있는데 주로 일본과 한국에 집중되어 있고, 적은 수의 병력이 호주와 괌에 배치되어 있다.[135] 미군은 핵 잠수함, 5세대 전투기, 항공모함 등 현존하는 무기 중 가장 첨단 무기를 보유하고 있다. 이처럼 미군은 아시아 지역의 '긴 평화'에 빼놓을 수 없는 중요한 요소로서 아시아 지역의 번영과 안보를 지켜왔다.

그러나 미국은 힘의 투사를 어렵게 하는 신기술의 도전을 받고 있을 뿐만 아니라 한반도, 양안 관계, 동중국해 그리고 남중국해라는 네 가지의 불안정한 강대국 충돌 가능성에 대비해야 한다. 동시에 미국의 예산 문제와 중동 문제 개입은 아시아에 대한 미국의 군사 전략을 새로운 현실에 적합한 방향으로 재구상하는 것을 복잡하게 만들고 있다. 만약 미국이 아시아에서 제2차 세계대전 이후와 같은 전통적인 역할을 수행하고 동맹 국가에 대한 헌신을 신뢰할 수 있는 수준으로 보존하며 아시아 운영체제와 피벗 정책을 유지하려 한다면 안보 전략을 재개념화하고 섬세하게 방향을 전환해야 한다.

이러한 전환에는 몇 가지 원칙이 있다. 앞서 논의했듯이 미국은 동맹국 및 중국과 긴밀한 군사적 관계를 필요로 한다. 다음 장에서 확인하겠지만, 미국은 또한 지속적이고 융통성 있는 국방 예산을 확보하는 데 방해되는 국내적 장애물들을 극복해야 한다. 여기서 우리는 (1) 남쪽으로의 초점과 전략 분산, (2) 반접근·지역거부(A2/AD)에 대한 대응 능력 다양화, (3) 인도적 지원 및 재난 구호(HADR)와 군사 외교를 통한 존재감 강화 등의 보다 구체적인 군사적 개혁들에 집중해 논의를 이어갈 것이다.

전략적 초점의 분산: 남쪽 그리고 그 아래

냉전 체제 때문에 미국은 동북아에 지나치게 많은 미군을 배치해왔는데, 이는 소련과 북한의 위협에 대비하기 위해서였다. 그러나 이제는 동북아에 강한 미군을 유지하면서 미국의 군사력을 남쪽으로 돌려 세계에서 가장 중요한 해상 무역로를 가지고 있지만 동시에 많은 자연재해가 발생하는 동남아시아와 인도양으로 재배치하고 다원화해야 할 때다. 이는 전략적으로 필요할 뿐만 아니라 오래전에 이미 시행되었어야 하는 조치다. 이를 위해 미국은 인도양과 태평양을 연결시킬 수 있는 새로운 작전 개념이 필요하고, 또한 아시아의 새로운 전략적 지형을 고려한 전략과 훈련이 필요하다.

미국은 호주 다윈에 해병대를 주둔시키고, 싱가포르에 연안 전투함을 배치하며 필리핀의 클라크 공군기지에 P-8 포세이돈 정찰기를 배치하는 잠정적 단계를 밟아나가고 있다. 물론 미군이 전략적으로 필요로 하는 것은 영구적인 기지뿐만이 아니다. 주둔군지위협정(SOFA)도 멀리서 벌어지는 지역 위기에 효과적으로 대처하는 능력을 가지면서도 미국 주둔을 저비용의 작은 시설로도 가능하도록 하는 데 유용하다. 필리핀과 맺은 방위협력확대협정(EDCA)이 구체적인 예이다.

미군 병력을 남쪽으로 분산시키는 데에는 많은 이점이 있다. 먼저 동북아시아에 있는 미군 기지가 미국의 힘을 투사하는 중추가 되지만, 미사일 공격을 무력화시키는 데에는 점점 한계를 드러내고 있다. 미군은 일본에 군대와 기지를 집중하고 있는데, 중국의 단거리 탄도 미사일Short Range Ballistic Missile(SRBM)이 갈수록 위협을 가하고 있다. 공중 발사 순항 미사일Air-Launched Cruise Missile(ALCM)은 괌 기지까지 공격해 활주로를 손상시키고, 연료 저장 시설을 파괴하고, 항공기들을 무력화시킬 수 있다. 미국의 전력 자산을 다른 나라의 여러 기지로 분산시키는 것으로 문제를 모두 해결할 수는 없지만 몇몇 지점에 미군을 집중시키는 위험을 다소 줄일 수는 있다. 무엇보다 이러한 재배치는 미군이 남중국해나 믈라카 해협에서 발생할 수 있는 잠재적인 위기에 대응할 수 있게 한다.

둘째, 동북아시아에 있는 미군 기지들은 동남아시아와 인도양에서 최근 증가하고 있는 인도적 지원 및 재난 구호(HADR) 등 안보적 위협과는 멀리 떨어져 있다. 미군의 위치를 남쪽으로 분산시키면 두 지역의 다양한 위기에 보다 즉각적이고 광범위하게 반응할 수 있을 뿐 아니라 이를 통해 지역 국가들의 호의적 반응을 이끌어낼 수 있다. 2004년 인도양 지역의 쓰나미와 2013년 태풍 하이옌으로 인한 피해에 대한 미국의 원조 규모와 범위는 아시아 지역 도처에서 인정받았으며 상대적으로 무관심해 보였던 중국과 대조를 이루었다.

셋째, 동남아시아에서 미국의 영향력을 강화할 경우 인도부터 베트남까지 뻗어 있는 호arc를 따라 위치한 지역적 파트너들과 군사 외교를 실행할 기회를 준다. 이 지역의 군대들은 미군과 함께 훈련하고 작전을 수행하며 교류하고 싶어 한다. 또한 미군의 기항寄港 등 눈에 보이는 작전 수행은 미국이 해당 지역과 연결 고리가 있음을 재확인시켜주는 긍정적인 효과도 있다.

마지막으로 아시아 지역에 군을 분산 배치함으로써 미국은 정치적으로 보다 지속 가능한 전력 태세를 형성할 수 있다. 민주적 주권 국가에 군사력을 배치하는 것보다 더 어려운 일은 없을 것이다. 오키나와, 용산 등 동북아시아에 배치된 미군 기지들은 때때로 미군의 행동이나 정찰기와 헬리콥터의 소음 등으로 인해 지역 주민들의 시위 대상이 되기도 한다. 호주에 더 많은 병력을 배치하고 필리핀에 미군 기지를 다시 여는 등 군을 남쪽으로 분산 배치함으로써 미국은 파트너 국가들의 복잡한 국내 상황이 미국의 전진 배치를 위협하는 위험을 줄일 수 있다.

군사 능력의 다각화: 접근 유지

미국이 수십 년간 누려온 경쟁국과 상대국에 대한 기술적 우위는 저절로 얻어진 것이 아니라 새로운 기술과 신선한 전략적 사고에 대한 계산된 투자의 산물이다.[136] 미국이 1970년대와 1980년대에 개발해 첫 번째 걸프전에서 이라크를 상대로 대대적으로 사용한 정밀 타격 기술은 이후 전 세계,

특히 미군의 힘의 투사를 좌절시키고자 하는 경쟁국들에 널리 퍼졌다. 이는 매우 중요한 추세이지만 최근까지도 충분한 관심을 받지 못하고 있다. 국방부 부장관 로버트 워크Robert Work가 언급했듯, "미국이 두 번의 긴 전쟁을 치르는 동안 전 세계의 나머지 국가들이 게을리 앉아 있기만 한 것은 아니다. 그들은 1991년 사막의 폭풍 작전Operation Desert Storm(걸프전 당시 대이라크 다국적군의 작전명이다 _ 옮긴이 주)에서 우리의 장점을 보았고 연구했으며 그에 경쟁하기 위한 방법을 고안해왔다."[137] 이러한 능력, 특히 중국의 재래식 탄두를 장착한 장거리 대함 순항 미사일과 탄도 미사일은 미국의 해군과 항공모함을 위협할 뿐 아니라 한국, 일본과 심지어 괌의 미군 기지에도 위협이다. 이러한 위협은 미군의 힘의 투사 중추를 약화시키고, 미국이 동중국해와 남중국해, 대만 해협, 한반도 등의 분쟁 지역에서 정상적으로 작전을 펼치기 어렵게 만든다. 재래식 위협에 더해 전자, 사이버, 우주 기술의 발전 또한 미국의 전쟁 수행 능력을 뒷받침하는 소프트웨어와 정보 시스템의 기반을 약화시키는 데 사용될 수 있다.

변화하는 정세에 대처하기 위해 미국은 아시아 지역의 경쟁적인 환경에 효과적으로 적용할 수 있는 새로운 전력에 투자해야 한다. 구체적으로 적국의 순항·탄도 미사일로 형성된 '위험 반경threat ring' 외부에서 발사할 수 있는 장거리 전력, 그리고 위험 반경 안에서도 안전하게 작전할 수 있는 수중 전력을 필요로 한다. 차세대 장거리 폭격기, 항모 탑재 장거리 무인 타격 항공기Long-range Unmanned Carrier-based Strike Aircraft, 무인 잠수정Unmanned Underwater Vehicle(UUV), 순항 유도탄 탑재 잠수함Guided Missile Submarine(SSGN) 그리고 임무 강화 탑재 모듈이 장착된 버지니아급 공격 잠수함, 발전된 어뢰, 고속 공격 무기 등이 여기에 속한다.[138] 장거리 무기와 수중 무기에 대한 투자 정책이 반접근·지역거부(A2/AD) 전략으로 제기된 위협을 완화시킬 수는 있지만 미국은 앞서 논의한 것처럼 여러 곳의 기지로 군사를 분산 배치하고 항공기 관련 시설과 주요 인프라의 경비를 강화하는 등 방어의 중요성 또한 간과해서는 안 된다. 추가로 미사일 방어에 계속해서 투자하면 정밀 타격 능력의 위협으로부터 어느 정도 방어가 가능하다. 마지막으로 미국은 회복력이 뛰어난 사이버 기반 시설에 지속적으로 투자해야 하며 극초음속hypersonics, 전자기학electromagnetics, 지향성 에너지directed energy 등 신기술을 주시하고 이용해야 한다.[139]

위에서 설명한 전략 중 많은 부분이 국방부가 새로운 위협에 대항해 군사적 기술을 최첨단으로 유지하기 위해 추진한 '3차 상쇄 전략third offset' 프로그램에 포함된 내용이다. 이러한 노력의 궁극적인 성공은 기득권을 넘고, 관료주의적 장애물을 극복하고, 지속적인 재정 지원을 확보하며, 미래에 대해 창조적으로 생각하는 능력에 달려 있다.

성공을 위해서는 전략 독트린의 혁신뿐만 아니라 작전 및 전술 개념을 개혁해야 할 필요가 있다. 미 국방부는 첨단화되는 반접근·지역거부(A2/AD) 전략에 대응해 지속적 접근을 유지하는 새로운 작전 개념으로서의 공해전이나 보다 최근의 국제 공역에서의 접근과 기동을 위한 합동 개념Joint Concept for Access and Maneuver in the Global Commons(JAM-GC) 등을 고려하고 있다. 이 같은 다양한 접근들의 내용과 적절성에 대한 논의는 계속되겠지만, 분명한 것은 동맹국들과 연합 작전뿐만 아니라 육·해·공 등 서로 다른 군 간의 '합동'을 강조해야 한다는 것이다. 이와 관련해 미-동맹국 간의 상호운용성은 물론 동맹국 간의 상호운용성도 고려해야 한다. 동맹국들은 반접근·지역거부(A2/AD) 전략에는 취약할 수 있지만 여전히 미국의 방위 노력에는 중요한 존재이다. 따라서 미국은 동맹국들에, 비용이 들지만 필수적인 투자를 위해 따로 예산을 확보하여 그들 스스로 방위력을 갖추도록 설득해야 한다. 이러한 방위력은 미국의 투자와 겹치지 않고 보완하는 쪽으로 이루어져야 한다. 그 과정이 쉽지는 않을 것이다. 군사 기술이 끊임없이 혁신되고 변화하는 것과 다르게 아시아에서, 심지어 미국에서도 군대는 좀 보수적인 경향이 있다. 하지만 이 둘의 간극을 메우지 않으면 위험하다.

군사력의 현대화 외에도 미국은 중동과 남아시아에서 지상전이 잦아든 지금 전력 태세를 재정비해야 한다. 구체적으로 미국은 군사력의 초점을 지상군에서 원정 공군과 해군으로 옮길 필요가 있다. 지상군은 한반도에선 유용하겠지만 아시아의 다른 지역에서 발생할 수 있는 사태에서는 그렇지 않다. 동중국해와 남중국해, 대만 해협에서 일어나는 해상 위협이 그 예이다. 이에 덧붙여 태평양에서 일어나는 분쟁에 대응하기 위한 새로운 작전 개념을 구상할 때 육군 운용의 대함 미사일 포대나 방공 포대 등 지상군 전력을 통합하는 방안 또한 계속해서 모색해야 한다.[140]

마지막으로 군별 자원의 이동 외에 미국은 대상 지역을 가로지르는 자원의 이동도 계속해서 계획해야 한다. 해군은 대서양과 태평양의 자원을 동등하게 배분하는 데서 벗어나 태평양 쪽에 전함의 60%를 배치하는 새로운 균형을 추구한다. 이와 비슷하게 공군 또한 해외 주둔 병력과 우주 및 사이버 전력의 60%를 아태지역에 할당할 것이다.[141] 유럽과 중동의 갈등이 격화되는 상황에서는 이런 노력들이 비판받을 수도 있지만 미군의 전력 태세를 21세기의 요구 사항에 적합한 장기적이고 전략적인 방식으로 배치하는 노력은 계속되어야 한다.

영향력 강화: HADR와 군사 외교

시어도어 루스벨트의 '대백색함대' 파견에서부터 2004년 인도양 쓰나미 이후 통합지원작전Operation Unified Assistance 추진까지 인도적 지원 및 재난 구호(HADR)나 군사 외교를 통해 영향력을 과시하는 것은 아시아 주둔 미군이 수행하는 전통적인 역할이었다. 이러한 역할은 미국의 아시아 지역에 대한 헌신을 확인시켜주는 것이자 파트너 역량을 강화하는 방법이었고 아시아 지역의 잦은 자연재해로부터 수천 명의 목숨을 살리는 구호를 위한 것이기도 했다. 접근이 어려운 지역에 효과적인 수중 무기와 장거리 무기들은 앞서 말한 역할들을 수행하기에는 덜 효과적이라는 문제가 있다. 부상하는 재래식 위협들에 대비해 군을 현대화시키는 동시에 미국은 자국의 존재를 보여줄 수 있는 전통적인 임무에 필요한 능력을 유지하고 만들어가는 데도 신경 써야 한다.

지금까지 미국의 HADR는 아시아 지역에서 대체 불가능한 역량이었다. 미국은 2004년 인도양 쓰나미, 2011년 일본 쓰나미와 방사능 위기, 2013년 필리핀을 덮친 태풍 하이옌 등 아시아 지역에서 일어난 자연재해 상황에서 중심적인 역할을 수행했다. 아시아는 여전히 전 세계에서 자연재해가 가장 많이 일어나는 지역이다. 아시아 국가들은 지진과 쓰나미를 일으키는 지각판('불의 고리'라 불리는)에 중첩되어 위치해 있으며 최근에는 홍수권에 밀집된 인구가 기후변화로 위협받고 있다.[142] 따라서 미국은 아시아 지역에서 HADR 역량을 강화해야 하며 재해 상황이 닥쳤을 때 유연하고 빠르게 대응할 수 있도록 미군의 지역 주둔을 꾸준히 유지해야 한다. 이를 위해서는 미군의 접근에 관한 합의를 더 많이 얻어야 한다. 이를 통해 재해 상황에서 더 빠른 지원이 가능하기 때문이다. 특히 태풍 시즌에 해당 지역에는 병원선과 같은 특정 병력이 상시로 전진 배치되어야 한다.[143] 이와 비슷한 맥락에서 재난 취약 지역에 생수나 의약품 등 사전 비축 물자를 준비하는 것은 미군 혹은 지역 군의 대응을 보다 신속하게 해줄 수 있다. 마지막으로 성공적인 HADR 수행은 해당 정부나 군대와 긴밀한 협력을 필요로 하기 때문에 미국은 해당 지역에서 보다 광범위하고 규칙적인 HADR 훈련을 진행해야 한다. 이러한 훈련은 2013년 아세안에서 처음 시행한 다자간 훈련과 같이 지역 다자 기구들을 통해 진행될 수 있다. 합동훈련은 미국엔 있지만 상대국엔 없는 역량과 상대국이 가지고 있는 역량을 효과적으로 통합하는 데 필요하다. 이 같은 노력과 함께 미국은 일본, 한국, 호주, 인도 등 동맹국 및 파트너 국가들의 실질적인 기여를 더 장려해야 하는데, 이는 동맹국 간의 관계를 강화할 뿐 아니라 HADR 활동 영역을 더 넓히고 다자화하는 데도 기여한다. 이 중 몇몇 국가는 이전에도 HADR 활동을 통해 미국과 협업한 적이 있지만 서로의 자원을 통합하고, 정보를 공유하며, 작전을 조율하고, 민간 구호 단체와 협력하는 등 해결해야 할 과제들은 여전히 존재한다.[144]

미국은 아시아 지역에서의 군사 외교 또한 강화해야 한다. 지난 몇 년간 아시아에서는 미군과 합동훈련, 작전 수행, 교류 등을 통해 잠재적인 임무에 폭넓게 대비하려는 수요가 증가해왔다. 미국은 교육 및 전문 직종별 교류를 늘리고, 다자 군사훈련을 더 많이 주최하거나 훈련에 참여해야 하며, 중고 장비를 지원하고, 합동 기획과 군사 원조를 더 장려해야 한다. 또한 미국은 기항 등의 활동을 통해 정기적으로 아시아 지역에 대한 영향력을 보여주어야 한다. 기항 등의 행위가 첨단 무기를 보유한 시대에 맞지 않는 구식이라고 볼 수도 있지만 이 간단한 행위는 동맹을 재확인하고 적국의 공격을 억제하며 인적 교류에 부합하는 실용적인 외교 행위이다.

민주적 가치 확산

필리핀에 입헌 정치가 세워지던 초기부터 최근 미얀마의 민주화에 대한 지지까지 민주주의를 지원하는 일은 미국의 아시아 정책의 핵심이었으며 피벗 정책에서도 다시 확인되었다. 앞 장에서 보았듯이, 아시아는 민주주의 거버넌스의 갈림길에 있다. 아시아 지역의 많은 국가들이 민주주의로 다가

가느냐 멀어지느냐의 갈림길에서 중요한 결정을 내려야 하는 과도기를 거치고 있기 때문이다. 만약 이 국가들이 민주주의 전환에 성공한다면 아시아는 진정한 민주주의의 보루가 될 것이다. 또한 그 결과, 규칙에 기반한 질서를 제공할 뿐 아니라 경제적 협력을 활발하게 하고, 평화와 안정을 촉진하며, 통합된 국제적 협의체를 세우는 등 전 세계에서 가장 역동적인 이 지역을 크게 변화시킬 것이다.

미국은 아시아 국가들의 민주주의 이행을 지원하는 데 오랫동안 관심을 가지고 있었으나 모든 아시아 국가의 정부들이 이런 미국의 의도에 찬성하는 것은 아니다. 싱가포르의 전 총리 리콴유는 아시아적 가치는 자유주의적 가치와는 다르다며 "민주주의가 적용되지 않을 사회에 민주주의를 강요하는" 미국의 시도를 지적한 바 있다.[145] 물론 자유주의적 가치를 전파하는 데 있어 신중함과 유연성을 가지는 것은 중요하지만 민주주의가 더 이상 서구의 시스템이라고만 볼 수는 없다. 민주주의는 인도, 일본, 몽골, 한국, 대만 등 여러 국가에서 번영하고 있으며 인도네시아와 최근에는 미얀마까지 민주주의를 강화하기 위해 노력하고 있다. 미국의 중요한 과제는 탈식민지 역사에 자부심을 가진 과도기 국가들이 완전한 민주주의의 길로 들어서게 하는 것이다.

과도기 국가들에 대한 지원

아시아 피벗 정책의 성과 중 하나는 미얀마를 나아질 여지가 없는 독재 정권에서 과도기 국가로 변화시킨 것이다. 미얀마 정부는 정치범들을 석방하고 경제적 개혁을 실시했으며 언론의 자유와 집회의 자유를 허용했을 뿐만 아니라 2015년에는 선거까지 치르는 등 놀라운 변화의 단계를 밟았다. 여전히 로힝야족Rohingya에 대한 끔찍한 폭력 등 해결해야 할 문제가 남아 있지만, 미얀마의 사례는 관여 정책이 종종 비생산적인 고립 정책에 비해 더 나을 수 있음을 보여준다.

사실 아시아 지역 민주주의의 역사를 돌아보면 관여 정책이 종종 개혁으로 이어지는 경우가 많다. 또한 아시아의 민주주의 역사를 보면 미국은 역사적으로 동맹국 및 파트너 국가들과의 군사적·경제적·외교적 유대 관계를 관여 정책에 사용해왔음도 분명하다. 예를 들어 미국은 한국, 대만, 필리핀이 중요하고 결정적인 순간에 있을 때 이 국가들로 하여금 억압적인 구조를 완화하거나 버리도록 독려했다. 현재는 미국의 동맹국이지만 쿠데타 이후 민주주의의 길에서 벗어나 중국 쪽으로 옮겨가고 있는 태국에 대해서도 이와 비슷한 노력을 기울여야 한다. 태국을 국제적으로 고립시키는 것은 해결책이 아니며 오히려 중국과 더 가까워지도록 몰아갈 뿐이다. 그보다는 미국의 수많은 동맹 관계나 파트너십을 이용해 단호한 충고와 조심스러운 압박으로 개혁을 장려하고 이끌어내야 한다.

이전 장에서 논의했던 것처럼 아시아에는 깊이 뿌리내린 전제 정치를 하는 국가는 거의 없다. 대신 강력한 민주주의와 스스로 성공적 민주주의를 이루려 하는 몇몇 과도기 국가들이 있다. 방글라데시, 미얀마, 캄보디아, 말레이시아, 싱가포르, 태국 등이 그런 예라고 할 수 있는데, 이 국가들은 민주주의 방향으로 이동하거나 아니면 그로부터 멀어지고 있다. 미국은 이러한 국가들과 파트너십을 맺고 양자 관계를 강화하면서 인적 교류나 경제적 교류, 군사 외교, 미묘한 압력 등을 통해 민주적 가치를 확산시킬 수 있다.

물론 이 과도기 국가들에 민주주의를 확산하는 과정이 일방적이어서는 안 된다. 미국은 인권에 대한 입장을 분명히 하되, 상대국을 소외시키거나 힘과 압박을 통해 억지로 변화시키려 해서는 안 된다. 이러한 노력은 과도기 국가들이 가치 문제에 관심 없는 강대국 쪽으로 가까워지게 하고 자유주의 가치를 훼손하고 미국의 이익을 손상시키는 반발을 불러올 수 있다. 가장 예민하고 어려운 국가를 대하는 최고의 방법은 교육, 빈곤 완화, 자연재해 구호 등 누가 지도부에 있건 상관없이 국민들이 공통으로 중요하게 생각하는 이슈를 통해 접근하는 것이다. 이러한 접근은 지역의 발전과 민주주의 모두에 도움이 된다. 이 과정에서 양국 관료들은 꾸준히 의사소통을 해야 한다. 이 정책이 성공하려면 미국의 정책은 매우 유연해야 한다. 이에 덧붙여 아시아 관련 문제에 접근할 때에는 장기적인 관점을 염두에 두어야 하는데, 아시아 문제에서 관심을 뗄 경우 오랫동안 힘들게 쌓아온 노력이 한순간에 사라져버릴 수 있기 때문이다.

낡은 것과 새로운 것에 대한 도전

아시아는 과도기 국가들 외에도 전제주의가 깊이 뿌리내린 국가들이 있는 지역이다. 이 국가들의 경우 장기적인 변화를 기대하기 어려울 수 있지만 긍정적인 측면도 있다. 베트남과 미국 간에 시작하는 안보 및 경제적 관계를 통해 미국은 베트남 지도부가 덜 독재적이고 강압적인 방식을 채택하도록 설득할 수 있는 기회를 만들었다. 또한 미국 관료들은 종종 베트남이 자유화 단계를 국내적으로 밟아간다면 훨씬 긴밀한 전략적 관계를 형성할 수 있을 것이라는 점을 명확히 한다. 베트남의 경우와는 대조적으로, 북한이나 라오스는 미국과의 긴밀한 관계가 없기 때문에 민주화 목표가 좌절되곤 한다.

중국과의 관계는 진전될 전망이 적지만 가망이 없다고는 말할 수 없다. 중국의 민주화가 임박했다는 예언은 틀린 것으로 여러 번 증명되었으나 중국이 새로운 과제 앞에 놓여 있다는 단순한 사실은 변하지 않는다. 중국 공산당이 정권을 유지하려면 성장이 필수적인데, 그러한 성장을 위해서는 교육, 혁신, 중산층의 형성 등이 필요하기 때문이다. 이는 장기적으로는 보다 큰 정치적 표현에 대한 요구를 드러낼 수밖에 없는 요소들이다. 중국에 대한 국제사회의 이미지와 중국의 경제적 번영은 인권이나 다른 문제들을 해결할 가능성이 있다는 점을 보여준다.

 이 지역 전체를 보았을 때 가장 중요하지만 여전히 미국의 정책 입안자들이 제대로 이해하고 있지 않은 요소가 바로 인터넷 자유이다. 2010년 인터넷 자유에 대해 많은 연설을 했던 클린턴 국무장관 시기에 미국은 글로벌 인터넷 문제를 정책적 우선순위에 올려놓았다.[146] 인터넷의 본고장이 미국이라면 인터넷의 미래는 아시아이다. 제2장에서 보았던 것처럼 아시아의 인터넷 사용 인구는 전 세계에서 가장 많고, 유럽과 미국의 인터넷 사용 인구를 합친 수를 넘어선다. 아시아의 민주주의 국가들은 이미 언론 및 종교 자유의 중요성을 국제적 합의로 인식하고 있지만, 인터넷은 여전히 정부들을 혼란스럽게 하는 새로운 현상이며 인터넷 접근권은 아직 보편적인 권리로 인식되고 있지 않다. 이 때문에 인터넷 자유는 중국과 같은 통제 국가에 국한된 이슈가 아니라 인도나 인도네시아처럼 인터넷 제한이 있는 민주주의 국가에서도 중요한 이슈이다. 그리고 더 걱정스러운 것은 아시아에서 인터넷과 소셜미디어가 가진 민주화 잠재력보다 중국과 같은 전체주의 국가들에서 빅데이터를 통해 조지 오웰이 예견했던 것처럼 국민들의 온·오프라인 활동을 통제하는 시스템을 만들지 모른다는 우려가 크다는 점이다.[147] 아시아 국가들이 인터넷을 어떻게 규제하고 단속하는지를 두고 씨름하는 동안 미국은 인터넷 자유에 대한 대화를 국제사회에서 열어야 할 의무가 있다. 인터넷 접근권은 중요하고도 기본적인 권리라는 규범을 새기고, 다른 국가들이 인터넷에서 비롯된 독특한 도전들을 해결하는 데 도움을 주어야 한다.

인적 교류 강화

앞부분에선 미국이 아시아를 겨냥해서 취할 수 있는 경제적·외교적·군사적 노력과 그 외 다른 전략들에 대해 이야기했다. 하지만 여기에 한 가지 더할 독특한 가치가 있다면 인적 교류인데, 이는 때때로 추상적이고 비인간적인 미국의 개입 양상에 효과적으로 인간적 면모를 부여해준다. 인적 교류는 오해의 장벽을 허물고 인간적 연결 고리를 지속적으로 만들어주며 아시아에 대한 미국의 관여가 결실을 맺도록 돕는 지역 전문가들을 양성한다. 또한 인적 교류는 학계, 과학, 예술, 문화, 스포츠, 시민 사회, 경제, 전문가 단체 등 다양한 사회 영역에 접근하는 가장 효과적인 방법이다. 인적 교류는 서로 다른 문화권 혹은 서로 다른 직업을 가진 원예학자, 토목공학자, 농구 선수들이 서로에게 중요한 것을 가르칠 수 있다는 믿음에 기반한 폭넓고 다양한 접근을 필요로 한다.

미국은 다양한 민간 교류 프로그램을 가지고 있다. 가장 잘 알려진 것으로 풀브라이트 프로그램이나 평화봉사단 등이 있다. 하지만 이외에도 셀 수 없이 많은 프로그램들이 국무부 내 교육문화부와 다른 부서를 통해 시행되었다. 정부 기관 외에도 국제교육기관이나 미국 변호사협회 등 많은 기구들이 국경을 넘어선 연결을 형성하는 데 중요한 역할을 하고 있다. 인적 교류를 위해 계획되고 제도화된 접근은 아니지만, 미국 내 아시아인 사회는 미국과 아시아 국가 사이의 다리를 놓는 데 유기적이고 영향력 있는 역할을 하고 있다.

앞으로 미국은 아시아 전략에서 민간 교류의 중요성을 끌어올려야 하며 이를 미국의 아시아-태평양 전략의 중요한 요소로 인식해야 한다.

먼저 미국은 아시아-태평양의 교육 프로그램에 대한 관심을 늘려야 한다. 이 교육 프로그램은 그 대상이 아직 세계관이 고정되지 않은 유연한 젊은 층이라는 점에서 특별하다. 학생 교류를 성공적으로 강화한 노력의 전형적인 예는 2009년 오바마 대통령과 클린턴 국무장관의 10만 명 이니셔티브이다. 이 계획은 중국에서 공부하는 미국 학생의 수를 5년 안에 10만 명으로 늘리겠다는 목표를 세우고 실행되었으며 그 목표를 달성했다.[148] 미국은 비슷한 노력을 통해 다른 아시아 지역에서도 미국과 민간외교를 원만하게 할 수 있다. 또한 이 모델을 따라 한 새로운 프로그램들은 향후 어떻게 성과를 만들어야 하는가에 대한 명확한 기준을 가지게 되고 이런 발전은 양자 관계의 지속에 추진력을 더할 수 있다. 이미 좋은 평가를 받고 있는 풀브라이트 프로그램이나 평화봉사단 역시 더 확대 시행되어야 한다.

둘째, 민간 교류의 중요한 부분은 미국 시민들을 해외로 보내는 것 이상으로 미국으로 오려는 외국인들의 수를 늘리기 위해 적극적으로 노력하는 것이다. 이러한 노력의 어려움은 일본의 미국 교환학생 프로그램이 급격히 줄어든 사례에서 잘 드러난다. 1990년대 중반 일본은 교환학생을 가장 많이 보내는 국가 중 하나였지만 현재는 8위에서 9위에 머물러 있다. 이러한 감소는 교환학생을 보내는 다른 국가들이 급격히 증가했다는 것으로 설명될 수 있겠지만 미국을 방문하는 일본인의 수도 10년 사이에 반으로 급격히 하락했다는 것으로도 설명할 수 있다.[149] 미국인들을 해외로 보내는 것만큼이나 해외로부터 방문객을 끌어오는 노력 또한 인적 교류에서 중요하다는 점을 일본의 사례가 보여준다. 따라서 그 둘의 균형을 가능한 한 맞추려는 세심한 노력이 필요하다. 그리고 보다 높은 수준의 민간외교를 형성하기 위해 중국과 매년 협의하는 것과 같은 노력을 다른 아시아 국가들에도 기울여야 한다.

셋째, '디아스포라 외교diaspora diplomacy'라는 다소 새로운 용어로 표현되기도 하는 활동을 포함한 비공식적인 민간외교는 아시아 지역 관여 정책의 중요한 요소다. 아시아계 미국인의 인구는 미국에서 가장 빠르게 성장하고 있으며, 부유하면서도 가장 영향력 있는 집단으로 등장하고 있고 현재 미국 전체 인구의 6%를 차지하고 있다.[150] 아시아계 미국인은 정치, 영화, 경제, 과학 그리고 수많은 다른 분야에서 성공을 거두고 있다. 번영하는 아시아 디아스포라 공동체는 아시아에 남아 있는 가족들과 그들만의 방식으로 교류하고 있다. 이를 통해 미국의 아시아 정책에 대한 아시아 각국의 국내적 지지를 확보할 수 있다. 한 예로 인도계 미국인들은 2014년 막 취임한 인도 총리 나렌드라 모디를 위해 매디슨 스퀘어 가든에서 열린 행사에서 중요한 역할을 하면서 미국의 상원의원들과 국회의원들의 관심을 끌었다.[151] 아시아계 미국인들의 수와 영향력이 성장하는 지금, 미국은 자연스럽게 형성되는 유기적인 인적 교류를 촉진시키고 지지함으로써 도움을 얻을 수 있다. 아시아 디아스포라 공동체는 수십 년간 미국과 아시아 국가들 사이에서 상업적·문화적 연결 고리를 활성화시키며 민간외교관으로서 역할을 수행해왔다. 그럼에도 불구하고 그 중요성이나 의미에 상응하는 공식적인 주목을 받지 못했다. 미국이 조금만 더 정책적 관심을 보인다면 미국과 아시아 국가 간의 인적 교류를 더욱 활성화시킬 수 있고, 디아스포라 공동체를 위한 새로운 기회도 만들 수 있다. 또한 미국 정부는 디아스포라 공동체를 정책 결정 과정에 참여시켜 인적 교류를 활성화함으로써 미국 사회의 다양성과 미국 내 아시아 인구의 이해관계를 자연스럽게 이어가는 연결 고리를 강화할 수 있다.

유럽 국가와 협력

필립 젤리코는 아시아 지역에 대한 미국의 개입을 논하면서 "미국이 점점 외로워지고 있다"는 중요한 측면을 지적했다. 다른 국가들이 한때 아시아에서 주요 행위자로 활약했던 것과 달리 "전략적인 관점에서 [미국을 제외한 다른] 주요 행위자들이 모두 사라졌다"는 것이다.[152] 미국은 서구의 동맹국들, 특히 유럽 국가들이 아시아 지역과 보다 긴밀하게 교류하고 보다 폭넓은 목표를 공유하도록 장려해야 한다. 사실 글로벌 차원에서 미국이 행한 거의 모든 외교적 노력의 결과물은 유럽의 동맹국들과 만들어낸 합작이며 피벗 정책 또한 그래야 한다.

피벗 정책으로 유럽에 대한 미국의 관심이 불필요하게 축소된다고 비판하는 사람들은 아시아 피벗 정책의 핵심이 유럽으로부터 아시아로 관심을 돌리는 것이 아니라 유럽과 함께 아시아에 관여하는 것임을 이해하지 못하고 있다. 사실 미국보다 더 아시아에 관심을 보이는 국가는 유럽 국가들이다. 유럽은 미국과 많은 가치를 공유할 뿐 아니라 아시아의 미래에도 비슷한 이해관계를 가지고 있다. 하지만 대서양을 가로지르는 이 두 지역의 협력은 이러한 공동의 목표를 함께 일상적으로 조정하고 성취하는 수준까지는 이르지 못했다. 아시아 문제에 대한 미국과 유럽의 보다 긴밀한 협력 관계는 양측이 활용 가능한, 서로 보완적인 많은 도구와 자원을 부여한다. 예를 들어 미국은 유럽의 역량을 넘어서는 범위의 안보를 제공할 수 있고, 유럽은 대규모 개발 프로젝트와 다자 포럼을 지원할 폭넓은 경제적·제도적 경험을 제공할 수 있다. 이렇듯 하드 파워와 소프트 파워의 결합으로 이루어진 대서양 파트너십을 아시아에 집중할 때 아태지역 전체의 안보와 번영을 성취할 기회를 갖게 된다.[153]

먼저 유럽과 협력은 아시아 지역에서 미국이 세운 역사적 목표들을 이루는 데 도움이 된다. 미국은 아시아와 교역을 증진시키는 것에 오랫동안 관심을 보여왔다. 유럽 국가들이 아시아 국가들과 맺은 무역 협정에서 보다 높은 기준을 합의하고 조정하도록 장려해야 한다. 이와 비슷하게 기존 경제 구조 내에서 아시아 경제의 무게감이 더해지고 있는 현시점에서 글로벌 경제 거버넌스에 관해 유럽과 미국 사이 합의를 도출하는 것은 매우 중요한 과제다. 미국은 아시아에 민주주의를 확산하는 일에 지속적인 관심을 가져왔다. 인권, 법 등에 대한 유럽의 관심을 이용해 인권 관련 모니터링, 교육 활동 그리고 법률 교류 등 유럽과 함께할 수 있는 프로그램을 만들어 과도기 국가들에 접근할 수 있다. 자유주의 가치를 확신시키려면 미국과 유럽의 협력이 필수적이다. 그래야만 미국의 이데올로기적 입장으로 오해를 살 수 있는 가치들을 국제적으로 받아들여지는 가치로 확산시킬 수 있기 때문이다.

둘째, 아시아가 새로운 기구들을 만들려고 노력하는 지금, 미국은 유럽이 이 과정에 참여할 수 있도록 독려해야 한다. 역사적으로 적국이었던 국가들과 공동의 가치로 뭉쳐 협의체를 구성해본 유럽의 경험은 아시아가 다자 기구들을 만들고 제도화하는 데 도움을 줄 수 있다. EU는 ARF 회원이며 아시아유럽정상회의 Asia-Europe Meeting(ASEM)를 세웠고 한반도에너지개발기구 Korean Peninsula Energy Development Organization(KEDO)에 합류하기도 했다. 하지만 여전히 아시아의 많은 단체들이 유럽의 합류로 인한 혜택을 누리지 못하고 있다.

셋째, 미국과 유럽은 글로벌 공공재를 관리하는 규범을 만들고 활성화시키기 위해 노력해야 한다. 예를 들어 남중국해와 동중국해에서의 분쟁과 관련해 항행의 자유를 함께 지지하는 것이 중요하다. 이는 중국에 이 지역의 분쟁은 단순히 강대국 간의 정치가 아니라 국제적 원칙 아래 있음을 알려주는 강력한 메시지를 전달할 수 있다. 덧붙여 미국과 유럽의 협력은 글로벌 공공재 관리의 새로운 과제로 떠오르는 사이버 공간 및 우주 문제를 관리하는 국제적 규범과 원칙을 세울 수 있을 것이다.

넷째, 안보와 관련해 미국과 유럽은 아시아 국가들과 긴밀한 파트너 관계를 추구해야 한다. 이는 부분적으로 NATO의 관료 구조개혁을 요구할 수 있는데, 아시아 각국에 연락 사무소를 개설하고 국제 문제 관련 부서에 아시아 문제 담당부Office of Asian Affairs를 신설하는 것 등이 구체적인 예이다. 이에 덧붙여 NATO를 통해 아시아 국가들과 해양 안보 및 미사일 방어 문제를 협력할 수 있다. 또 아시아 관료들을 대상으로 NATO 학교를 여는 것도 하나의 방법이다.[154]

마지막으로 한정된 예산과 늘어나는 임무들이 상충할 때 미국과 유럽이 협력을 통해 서로 도움을 줌으로써 통합, 상호 보완 그리고 고통 분담의 기회를 만들 수 있다. 유럽의 예산 지원은 상당하며 지역적 구호 활동에 대한 협력이 잘 이루어지고 있다. 미국의 피벗 정책은 혼자만의 노력이 될 수 없을뿐더러 그래서도 안 된다. 미국, 유럽, 아시아 모두를 위해 유럽은 공동의 이익과 목표를 추구하는 데 큰 공헌을 할 수 있다.

결론

19세기 후반의 문호개방정책부터 아시아의 운영 시스템을 유지하려는 현재의 노력까지 미국은 아태지역의 평화와 번영을 위해 오랫동안 중요한 역할을 수행해왔다. 오늘날 전환점을 지나고 있는 아시아의 미래는 미국의 관여와 관심 그리고 전략적인 접근을 필요로 한다. 이 장은 아시아 세기의 도래에 대비한 광범위하고 종합적인 전략의 핵심을 구성해야 할 열 가지 요소를 다루었다. 그것은 (1) 피벗을 설명하고 지지를 이끌어내기, (2) 미국의 동맹 강화와 통합, (3) 중국 부상의 경로 만들기, (4) 파트너십 형성, (5) 경제 전략, (6) 지역 협력체 참여, (7) 군사 전략 다각화, (8) 민주적 가치 확산, (9) 인적 교류 강화, (10) 유럽 국가와 협력이다. 이 광범위한 '피벗 전략'은 평화와 번영으로 가는 아시아의 미래를 미국 쪽으로 향하게 만드는 데 필수적이다.

  이 전략을 성공시키기 위해서 미국은 피벗 정책의 미래에 놓인 쉽지 않은 국내외적 장벽을 넘어서야 한다. 국내에서는 균열된 외교 정책과 제대로 기능하지 못하는 정부를 극복해야 하고 국제적 개입 축소를 지지하는 여론을 상대해야 한다. 동시에 미국은 장기적 계획과 인적 자원 개발, 군 현대화에 충분한 투자를 하지 못했다. 국제적으로는 최근 떠오르는 중동의 위기 가능성이 미국의 망설임과 무관심에 좌절하고 있는 시기, 미국 최고 정책 결정자들의 관심을 다시 아시아에서 중동으로 돌릴 수도 있다. 이 문제가 해결되지 않는다면 아시아 세기는 미국의 영향권에서 빠져나갈 것이다. 이제 피벗에 대한 도전 요소들을 논해보자.

07

피벗에 대한 위협 :
미국의 아시아 전략에 대한 도전

피벗에 생기를 불어넣는 주된 요소와 철학이 아시아 지역(더 중요하게는 미국 내의 모든 정치적 영역을 통틀어서도)에서 폭넓은 지지를 받고 있지만, 피벗을 실행하고 성공을 거두기까지는 많은 장애물과 직면할 것이다. 이 장애물의 한 부분은 국내적 요소들로 외교 정책 결정상 합의 부재, 정당들 간의 교착, 국방 예산 부족에서 오는 압력, 대중의 피로감, 장기 계획을 세우면서 발생하는 관료제의 문제 그리고 인적 자원 투자 및 개발의 문제 등이 포함된다. 다른 한 부분은 국제적인 요소들로 예를 들면 아시아에서 미국의 부재, 판단 착오로 인한 실수와 머뭇거림이 아시아 지역에서 미국의 신뢰를 회복 불가능한 수준으로 축소시킬 수 있다는 위험, 중동에서 오래 끌고 있는 위기들로 인해 미국이 피벗에 관심을 둘 수 없는 상황 등이다.

피벗을 성공시키기 위해 미국은 대내외적으로 제기되는 이와 같은 도전들을 직시하고 극복해야 한다. 또한 보다 복잡하게 변화하는 아시아 지역 역학 속에서 미국은 좀 더 섬세하고 치밀하게 행동하는 법을(미국 외교의 핵심 슬로건이 반드시 이를 반영하지는 않지만) 배워야 한다. 미국의 굳은 의지를 의심하는 세력을 상대로 미국은 지금까지 수십 년 동안 많은 위기 속에서 반복적으로 이런 도전들에 대처해왔고, 미국이 패배할 거라고 예상했던 사람들의 코를 납작하게 만들면서 회복력과 새로운 이미지를 만드는 능력을 보여왔다. 잘 구상된 아시아 정책에 신념을 가진 정치 지도자가 있다면 미국은 이런 문제들을 극복하고 매우 중요한 아시아 전략에 성공을 거둘 것이다. 이제 우리는 이 같은 도전을 극복하는 첫걸음이 도전들을 인식하고 이해하는 것이라는 신념하에 피벗에 대한 각각의 도전들을 살펴볼 것이다.

무너지는 외교 정책에 대한 합의

지난 수십 년 동안 미국 내 주요 양당 간의 합의는 국제 무대에서 미국의 활동을 뒷받침해왔다. 이 합의는 냉전 초기에 태동한 것으로, 상원의원 아서 밴던버그Arthur Vandenberg가 "정치는 해안가에서 멈춘다"라는 유명한 말을 한 시기이다.[1,2] 기억에 남을 만한 그의 명언은 국제적으로 중요한 위기 때 미국 정치인들은 국가의 이익과 안보 문제를 놓고 정치 놀음이나 하고 있을 수 없다는 믿음에 기초한다. 대외 정책에 초당적 지지를 보내는 것은 초기 냉전 시기엔 대부분 지켜졌다. 당시 정치인들은 외교 정책을 위해 국내 문제에 대한 정치적 견해 차이를 잠시 접어두었다. 덕분에 미국은 공산주의의 핵 위협에 맞서 일치단결할 수 있었다. 그러나 베트남전쟁을 너무 오래 끌고, 그와 함께 국가적인 트라우마가 동반되면서 이러한 통합은 깨졌고, 그 결과 공화당과 민주당 사이의 분열을 초래하는 논쟁이 이어졌다. 이는 각 당 내부의 분열까지 불러오는 결과를 초래했다. 비록 이전보다는 약하지만 새로운 형태의 합의가 민주당 중도파와 공화당 내 한 분파 사이에서 다시 생겨나 미국의 국제주의를 뒷받침하는 다소 불안정한 주류 세력이 형성됐다. 그 결과 지난 수십 년간 전방 배치 전략을 위한 국방 지출, 국제사회의 주요 파트너들과 강력한 안보 유대 형성 지지, 개방 무역 체제를 적극적으로 유지하는 것 등 외교 정책의 중요한 원칙을 둘러싼 전반적인 지지가 형성되었다. 전 세계적인 번영과 미국의 대외 정책은 이처럼 불안정하지만 여전히 유지되는 연합에 크게 의존하고 있다.

그러나 현재 한때 약하게나마 유지되어온 양당 간 합의가 다시 분열되고 있다. 냉전이 종결되면서 미국 외부의 강력한 주적이 사라진 것이 한 이유다. 이 외부의 주적은 미국의 정치인들과 전략뿐만 아니라 미군까지 한곳으로 관심을 모으도록 했었다. 2001년 9월 11일의 충격적인 테러 이후 형성되었던 합의는 이후 불행하게 끝나버린 이라크전쟁을 둘러싼 상호 비난과 논쟁으로 더욱 약화되었다.

이러한 이데올로기적 분열로 양당은 이라크, 아프가니스탄, 리비아, 시리아 그리고 보다 넓게는 테러와의 전쟁, 그리고 최근 유럽에서 다시 전개된 충돌과 긴장에 초당적으로 대응하지 못했다. 점점 심해지는 당파적 분열 외에도 미국이 국제적 도전을 극복하는 능력에 악화를 가져오는 원인은 더 있다. 민주당과 공화당 양당 간의 분열이 확대되면서 각 당 내부의 분열도 확대되고 있다.

민주당은 국제관계에 관한 당내 토론의 오래된 전통을 가지고 있다. 이 전통은 오늘날에도 이어지고 있는데 당의 실용주의자와 이상주의자 간에 논쟁이 일어난다.[3] 실용주의자는 '세계주의자globalist'와 '트루먼 민주당원Truman Democrat'으로 이뤄져 있다. 전자는 국제적인 제도뿐만 아니라 경제적·기술적 세계화의 힘을 믿는다. 반면 후자는 제도에 대해 신뢰를 가지고 있긴 하지만 군사력의 중요성과 국제 정치에서 미국의 도덕적 리더십을 더 중시한다. 반면 민주당 내 이상주의자 세력은 '국내주의자come home Americans'와 '미국적 회의론자'로 이뤄지는데, 전자는 국제 무역과 군사적 개입을 불신하고, 후자는 미국이 힘을 사용하는 것에 대해 의심하고 미국의 개입이 현지 상황에 어떤 영향을 주는지를 염려한다. 좀 더 넓게 보면 민주당은 국제 문제에서 미국의 강한 역할을 옹호하는 쪽과 미국이 덜 개입해야 하고, 비군사적 수단들을 이용해 좀 더 조심스럽게 관여하는 것을 지지하는 세력으로 나뉘어 있다고 할 수 있다.[4]

미국의 관여 정책을 선호하는 실용주의 분파는 한때 외교 정책에서 공화당과 공동의 입장을 가지고 있었다. 그러나 공화당 역시 전통적으로 가졌던 국제주의 입장을 재고하는 것이 맞다고 보는 몇 개의 서로 다른 세력으로 분화하고 있다. 여기에는 토박이 고립주의자, 재정적 보수주의(정치경제 철학의 하나로 재정 정책 및 책임과 관련해 낮은 세금, 정부 지출 삭감, 최소한의 정부 부채를 옹호한다 _ 옮긴이 주), 그리고 티파티Tea Party(오바마 대통령이 높은 세금을 거둬 경기 부양을 달성하겠다는 전략에 맞서 시작된 보수 단체다. 명칭은 1773년 '보스턴 차 사건'에서 따온 것으로, 동시에 '이미 충분한 세금을 냈다Taxed Enough Already'의 약자를 뜻하기도 한다 _ 옮긴이 주)의 부상 등이 포함된다.[5] 랜드 폴Rand Paul(공화당, 켄터키)과 마이크 리Mike Lee(공화당, 유타) 하원의원을 포함한 몇몇 공화당 정치인들은 보수주의 내부에서도 미국의 고립주의를 주장하는 자유지상주의libertarianism를 대변한다. 이 진영의 입장은 1930년대 당시 공화당이 세계주의에 대해 가졌던 회의적 태도와 크게 다르지 않다. 1930년대는 제1차 세계대전 이후 대공황이 초래한 문제들로 인해 제럴드 나이Gerald Nye나 로버트 태프트Robert A. Taft와 같은 '미국 우선주의American First'를 외치는 상원의원들이 득세했던 시기다. 이런 고립주의자의 부활 속에 점차 증가하는 재정 보수주의자들은 점점 더 국방 예산에 대해 회의적 태도를 보여 국방 예산을 삭감하고, 2011년 예산통제법Budget Control Act과 시퀘스터sequester(미국 정부의 예산 자동 삭감 조치를 의미한다 _ 옮긴이 주) 발동을 통해 국방 예산 증가 한도를 설정했다.[6]

외교 정책에 대한 공화당 내 입장 분화를 반박하는 사람들은 자유지상주의자들이 당내 선거에서 크게 선전하지 못했다는 점과 외교 정책은 공화당 지지자들의 최대 관심사라는 점을 지적한다. 그럴 수도 있겠지만 국제 사회에 대한 관여와 글로벌 차원의 제도들에 대한 토착주의자nativist(토착주의자 혹은 토착주의nativism는 외부 이주민이 아닌 원래 미국에서 태어나고 자란 사람들의 이익을 우선시하는 정치적 사고방식이라 할 수 있다 _ 옮긴이 주)와 포퓰리스트들의 회의적 시각은 자유지상주의자들의 느슨한 경계를 극복하고 이제 공화당의 주류가 되었다. 실제로 이러한 견해들은 도널드 트럼프Donald Trump를 포함한 비非자유지상주의 정치인들에게조차 받아들여지고 있다. 도널드 트럼프는 2016년 공화당 경선 기간 동안 계속해서 미국의 동맹과 무역 협정을 맹렬히 비난했고 심지어는 러시아의 시리아 주둔을 반기기까지 했다. 텍사스주 상원의원이자 경선 주자 중 하나인 테드 크루즈Ted Cruz는 '미국 우선주의' 외교 정책에 대한 지지를 천명했다.[7] 이러한 현상은 한때 공화당을 지배했던 신보수주의Neoconservatism의 적극적 태도와 자유무역주의에 대해 공화당이 역사적으로 보여온 강력한 지지와는 매우 대조적이다. 설령 공화당의 회의주의와 고립주의의 높은 파고가 서서히 약해진다 해도 공화당 내의 국제주의에 대한 합의가 파편화되었다는 점과 공화당의 국제주의를 더 이상 당연한 것으로 보기 어렵다는 점은 분명하다. 심지어 공화당 내 국제주의자들은 외교 정책에서 민주당과 협력하고 있다는 비난을 듣고 있다. 양당과 각 당의 유권자들은 명확히 분열되었고, 외교 정책에 관한 합의는 큰 압력을 받고 있다.

이런 한계에도 불구하고 아시아 정책은 중동 등 여타 지역에 대한 정책과 비교했을 때 덜 정파적이며 놀랄 만한 수준의 합의가 이뤄지는 영역이다. 이는 좀 더 적은 수의 사람들이 아시아 문제에 관여하고 있기 때문이며 또한 좀 더 근본적 문제인 동맹, 자유무역 그리고 전방 배치 문제 등에 대해서는 민주·공화 양당의 국제주의자들이 지지하고 있기 때문이다. 심지어 닉슨Nixon과 카터Carter 행정부 시기에 이뤄진 중국에 대한 역사적인 개방 정책에는 민주·공화 양당의 핵심 인사들이 개입했었다. 반면 시리아 문제에서부터 이란의 핵 문제와 아프가니스탄 문제에 이르기까지 중동 정책에 대해서는 합의나 중간 지대가 거의 없다.

교착 상태와 기능 장애

　전 세계적으로 위협과 도전이 급증하고 있음에도 국내적으로는 의견 충돌과 분열이 훨씬 더 심해지고 있다. 이런 상황에서 미국은 예산 통과나 사무실 문이라도 열어두는 것 등 가장 기본적인 기능이라도 할 수 있는 정부를 출범시키고자 노력하고 있다. 미국 정치 내부의 불협화음과 당파성은 극심한 정치적 대립과 기능 장애로 이어지고 있다. 지금 의회는 최근 수십 년간 그 어느 시기보다 극단적인 대립을 보여주고 있다. 1980년대에는 하원의원의 80%가 가장 자유주의적인 공화당원과 가장 보수주의적인 민주당원 사이에 위치한 정치적 중도파에 속했다. 그러나 오늘날 정치적 중도에 속하는 의원의 비율은 1%가 되지 않는다.[8] 〈뉴욕타임스〉의 평론가들은 이 암흑 같은 상황에서 오직 기댈 수 있는 유일한 희망은 "의회가 더 이상 양극화하는 것이 산술적으로 불가능하다는 점이다"라는 말로 현 정치를 비꼬았다.[9] 정치적 중도파의 상실은 단지 엘리트들만의 현상이 아니라 대중적인 현상이기도 한데, 유권자들 사이에서도 이런 현상이 점차 광범위하게 확산되고 있다.[10]

　처음에는 정파적 교착 상태가 외교 정책에 그리 큰 영향을 끼치지 않을 것으로 여겨졌다. 외교 정책은 의회의 엄격한 감시로부터 대통령이 상당한 자율성을 행사할 수 있는 영역이기 때문이었다. 하지만 제임스 윌슨James Q. Wilson이 말한 것처럼 정치적 양극화는 "우리의 적들을 부추기고, 우리의 동맹들을 낙담하게 하며, 우리의 문제 해결 능력을 약하게 한다."[11] 예산 교착 상태와 정책 추진의 답보상태를 포함한 미국적 기능 장애는 고위 관료와 정치인들의 관심을 외교 정책에서 다른 데로 돌렸고, 그 결과 미국의 힘에 대한 우려의 목소리가 나오며 미국 정부가 변화하는 글로벌 상황에 효과적으로 대처하지 못하고 있다.

국내적인 교착 상태는 이미 아시아에서 미국의 지위에 좋지 않은 파급 효과를 주고 있다. 2011년 정부 채무 한계를 둘러싸고 벌어진 의회 내부의 논쟁은 공화당이 채무 한계를 올리는 대가로 엄청난 예산 삭감을 요구하면서 위험 수위에 이르렀다. 채무 한계를 늘리지 않는 상황에서 미국은 채권을 되갚을 수 없게 될 것이고, 역사상 최초로 채무불이행을 선언할 위기에 놓여 있었다. 미국 재무부와 달러화貨가 글로벌 금융 시스템의 핵심이란 점에서 미국의 채무불이행은 미국에 대한 전체적인 신뢰와 신용 모두를 심각하게 손상시킬 수 있었다. 게다가 채무불이행 상황에 처할 경우 미국에 투자한 투자자들이 미국 채권의 가치를 의심하면서 심각한 글로벌 경제 위기가 닥쳐올 가능성도 있었다. 미국 내부의 한 정파는 미국의 신용을 볼모로 정치적 행동을 취하는 자충수까지 둘 기세였다. 그리고 글로벌 경제의 건전성 문제가 만천하에 드러났다. 경제 위기가 정점에 달했던 2011년 클린턴 국무장관과 홍콩으로 출장을 가면서 나는 아시아 국가 지도자들이 경제 개혁과 시장 개방을 강조하는 전형적인 미국의 연설을 듣고 싶어 하진 않을 거라고 했다. 그들에게는 양자 경제 문제보다 이해할 수 없는 미국의 기능 장애가 더 시급하고 걱정되는 문제였다. 그들은 미국이 채무불이행을 선언함으로써 미국이라는 국가 자체와 미국이 몇 세대에 걸쳐 이뤄놓은 글로벌 금융 시스템을 붕괴시키는 짓은 하지 않을 것이라는 확신을 필요로 했다. 클린턴 장관은 이런 염려들을 능숙하게 잠재웠다. "내가 이 지역을 여행할 때면 많은 사람들이 나에게 물었어요. 미국이 채무 한계란 도전을 어떻게 해결해나갈 것인지를 말이죠." 그녀가 말했다. "딱 잘라 말하면 우리는 그게 얼마나 중요한지 이해하고 있어요. 우리는 이 문제가 우리에게 얼마나 중요하고 또 여러분들에게 얼마나 중요한지를 알고 있죠."[12] 클린턴 장관은 또 미국이 아시아에서 행하는 역할은 지속될 것이라고 확언했다. 이 모든 재확인은 아시아 국가들이 느끼는 불안감을 달래는 데 도움이 될 것이다. 하지만 아직 더 해결해야 할 문제들이 남아 있고, 그 때문에 아직도 아시아 국가들은 약간의 불안을 느끼고 있는 것 또한 사실이다.

정파 다툼으로 생긴 기능 장애 때문에 자해하는 강대국이란 이미지는 쉽게 사라지지 않을 것이다. 2년 후 또 다른 채무 위기가 발생했기 때문이다. 그 바람에 오바마 대통령은 예정되어 있던 장기간 아시안 순방을 취소하고 국내 정치 상황에 집중해야 했다. 이 일정에는 아시아 지역에서 열리는 두 개의 주요 정상 회의 참석도 포함되어 있었다. 대통령 순방은 아시아에서 미국의 리더십을 과시하기 위해 오래전에 계획된 것이었다. 이 방문이 취소되면서 아시아 지역 지도자들은 미국의 지위와 힘에 대한 우려를 드러냈고 미국은 다시 한번 퇴보를 경험해야 했다. 한두 개의 회의에 불참하는 것은 상대적으로 그리 중요하지 않은 것처럼 보일 수도 있다. 하지만 아시아 외교 정책에서 가장 저평가받는 항목 중 하나가 이른바 효과적 책임 수행에 관한 우디 앨런 법칙이라 불리는 것, 즉 자리에 '참석'하는 것이다. 이에 대해서는 다음 장에서 좀 더 자세히 다루고자 한다. 아시아인들은 언제 그리고 어디에 미국 대통령이 순방하는지를 미국의 관여를 판단하는 지표로 인식하고 주의 깊게 지켜보고 있다. 또한 많은 미국 대통령들이 긴급한 국내 문제를 해결하기 위해 아시아 지역 순방을 취소했다는 사실을 아시아 국가들은 잘 기억하고 있다. 특히 중국은 오바마 대통령의 불참으로 가장 많이 이득을 보고 가장 즐거워하는 국가였다. 중국은 미국의 부재를 틈타 동아시아정상회의(EAS)에서 TPP의 대항마인 역내포괄적경제동반자협정(RCEP)을 추진했다.[13] 미국이 전통적인 역할을 하는 데 실패하여 미국의 리더십 공백이 생길 경우 다른 국가들이 이를 메울 것이며, 그 결과는 미국에 유리하지 않으리라는 것을 이런 중국의 행동이 잘 보여줬다. 이것이 바로 스스로 만들어낸 외교적 자충수의 대표적 예다.

미국은 가장 기본적인 사항에서조차 내부적 문제를 먼저 정리하지 못한다는 인식 때문에 미국이 아시아에 지속적으로 관여할 것인가에 대한 의문이 생겨났다. 미국 관료들이 외교 정책 우선순위에 꾸준히 집중할 때 비로소 국내 정치와 관련된 문제들을 극복할 수 있을 것이다. 또한 말과 행동으로 아태지역에 대한 확고한 관여를 늘 강조해야 한다. 무엇보다도 민주당의 국제주의자들과 공화당 간의 연대 재건이 적극적이고 성공적인 외교 정책을 유지하는 데 가장 중요하다. 이를 위해 두 정당 간 외교 정책에 대한 공통의 요소를 재발견해야 하고, 이는 아태지역에 대한 성공적이고 지속적인 정책을 수립하는 데 가장 중요한 요소가 될 것이다.

불충분한 국방 지출

지난 5년간 국방비 지출이 엄청나게 삭감되었는데, 그 이유는 신중한 국가 안보 우선순위 조정이 아니라 정치적 실패 때문이다. 공화당과 민주당이 2011년 채무 한계를 올리려는 합의에 이르지 못하면서 국가는 채무불이행 위기에 몰렸다. 이때 양당은 방위비와 비방위 예산에 한도를 정하고 추가 삭감을 위한 의회 슈퍼위원회Super Committee를 구성하기로 합의했다.[14] 양측의 합의를 도출하기 위해 이 위원회는 모두에게 불만족스러운 강제 메커니즘을 만들어냈다. 이 방식은 국방 및 비국방 예산을 자동 삭감하는 것으로(다시 말하면 시퀘스터), 만일 어떤 합의도 이뤄지지 않는다면 2013년에 시행될 예정이었다. 국방 예산 삭감은 정책이 아니라 실패에 대한 비용을 의미했다. 이 비용이 너무 커서 공화당이 합의할 것으로 예상되었다. 하지만 티파티와 고립주의자들 그리고 재정 보수주의자들의 등장과 함께 받아들여지지 않을 것이라 여겼던 국방 예산 삭감은 미국의 국가 안보 훼손을 무릅쓰고 그대로 받아들여졌다.

국방 예산 시퀘스터는 2013년에 시작됐으며, 시작과 동시에 거의 즉각적으로 고위 관료의 강한 반대 목소리가 터져 나왔다. 전 국방장관 척 헤이글은 첫 번째 주요 정책 연설을 1조 달러에 달하는 앞으로 다가올 예산 삭감에 반대하는 내용으로 채웠다. 애슈턴 카터 국방장관은 의회에서 예산 삭감이 미국을 "덜 안전하게" 만들 것이라고 했다.[15] 로버트 워크 국방부 부장관은 시퀘스터를 가리켜 "예산을 줄이는 아주 멍청하고 무책임한 방법"이라고 했다. 이는 시퀘스터가 모든 정책 사안에 대해 무차별적으로 동등한 예산 삭감을 요구했기 때문이다.[16] 2015년의 합의(2015년 10월 미 의회에서 향후 2년간 예산 한도를 상향 조정한 공화당과 민주당 간의 합의다 _ 옮긴이 주)로 국방부는 향후 2년간 시퀘스터의 영향을 피해갈 수 있었지만 이는 일시적인 것이었다. 앞으로 더 많은 예산이 자동 삭감될 가능성이 남아 있어 장기적인 계획을 어렵게 하고 있다. 예산 삭감에서 일시적으로 유예되기는 했으나 국방 지출은 여전히 1천억 달러 이하 규모이고 이는 이라크와 아프가니스탄 전쟁 기간 동안의 국방 지출을 밑돈다. 연방 정부의 전체 예산에서 국방 지출이 차지하는 비율도 가장 낮은 수준으로 떨어졌다.[17]

이처럼 위로부터 강요된 예산 긴축 정책은 아래로부터 올라오는 비용 압력에 직면해 있다. 막대한 인건비, 과도한 기지 인프라 비용, 그리고 행정적으로 부풀려진 비용들이 바로 그것인데, 이 비용들은 국방 현대화에 투입되었어야 한다. 관료나 외부 이익의 이해가 반영된 이런 고정 비용이 국방 예산의 상당 부분을 차지하고 있다는 점 때문에 더 중요한 곳에 예산을 투입하지 못하면서 문제를 더욱 심각하게 만든다. 이런 문제가 때로는 국방력 확충에 꼭 필요한 주요 예산이 정치적으로 충분히 지원을 받지 못해 삭감되는 결과를 낳기도 한다.

국방 예산 삭감, 인건비 증가 그리고 고정 비용에 따른 도전은 매우 심각하다. 특히 지금부터는 미군이 새로운 생각으로 미래를 대비해야 할 시기라는 점에서 더 그렇다. 카터 국방장관이 언급한 대로, "장기적인 군 현대화를 위한 투자를 어렵게 했던 몇 년간의 전쟁이 끝나고 이제 미국은 미래의 위협, 특히 미군 힘의 투사에 대한 도전이라는 미래 위협에 대비해야 한다."[18] 국방 예산이 예산 정치에서 축구공처럼 이리저리 차이고 있는 데다, 예산을 입안하는 사람들은 미래 예산 환경이 어찌 될지 전혀 알 수 없기 때문에 이런 노력은 큰 어려움을 겪고 있다. 특히 개혁의 중요성에 관한 양당 간 모종의 합의가 없다면 더욱더 어려워질 것이다. 무엇보다 전략적 우선순위의 재조정은 몇몇 집단들로부터 반발을 불러일으키기 때문에 더욱 그렇다.

오랫동안 미뤄졌던 해양 전략과 조달 분야의 혁신은 특히 많은 반대에 직면할 가능성이 큰 우선순위 재조정 대상이다. 지난 15년 동안 중동과 남아시아에서 전쟁을 치르며 미국은 지상군 병력과 특수 작전에 불균형적으로 많이 투자해왔다. 이제 아태지역에 대한 미국의 관여 유지를 위해 보다 많은 예산을 공군과 해군 투사력에 투입해야 한다. 1980년대 해군 장관 존 리먼John Lehman이 시행했던 해양 전략과 유사한 형태가 요구된다. 해양 부문과 힘의 투사 능력 분야는 많은 예산을 필요로 하기 때문에 정치적으로 민감하다. 더욱이 기지를 폐쇄하고, 예산을 다른 부문으로 돌리고, 소중한 기반 시설을 폐기해야 한다면 더 그럴 것이다. 유럽에서 분쟁 재발과 중동에서 또 다른 지상전 가능성이 해양 전략에 압력으로 다가온다. 해양 전략은 이제까지 군 간의 경쟁으로 충분히 발전하지 못했다. 예컨대 트루먼 행정부 기간 동안 미국이 지닌 힘의 투사력의 근간인 항공모함의 항공 역량은 전후 예산 재분배 상황에서 육군과 공군의 예산 경쟁으로 거의 파괴되다시피 했다.[19]

비슷하게 반접근·지역거부(A2/AD) 전략의 전 세계적 확산에 따라 미국은 경쟁적인 환경에서 접근을 유지하는 방법에 대해 다시 생각해야 한다. 이는 군사력의 구조와 태세에 중대한 변화를 부를 것이다. 이전 장에서 분명히 다루었듯이 장거리 자산과 해저 자산에 대한 투자는 유용하지만 정치적으로나 경제적으로 많은 비용이 들 것이다.

필요한 개혁 및 구조 조정의 성패는 미국의 아시아에 대한 관여의 신뢰도에, 그리고 피벗 정책의 궁극적 성패에 직접적으로 큰 영향을 미친다. 많은 분석가들이 국방 예산 삭감과 국방 지출 우선순위 조정 실패가 "특히 아시아 지역의 안정을 가져오고 아시아에 영향력을 행사하는 미국의 능력에 부정적인 영향을 줄 것"이라고 한다.[20] 마찬가지로 중국이나 다른 국가의 국방비가 큰 규모로 성정하고 있기 때문에 지역 내 동맹국들은 예산 문제가 미군의 아시아 주둔에 가져오는 연쇄 효과에 대해 큰 우려를 표한다.

이 같은 우려가 생길 만도 하다. 그럼에도 불구하고 지속적인 비전과 리더십을 통해 피벗 정책의 군사적 요소들은 지속될 수 있고, 또 그래야만 한다. 그리고 이것이야말로 존 매케인, 랜디 포브스Randy Fobes 같은 주요 상하원 의원들의 지지를 받아 백악관과 국방부가 추구하는 정책 방향이다.

회의론자들이 아시아의 안정과 평화를 위해 미국이 계속 활동할 수 있는지에 대해 꾸준히 의혹을 제기하는 만큼 몇몇 핵심적인 사실을 명심해야 한다. 인플레이션을 적용하고 실질 달러 가치로 환산하더라도, 또한 미국의 국방 예산 삭감 예상치가 최대한이 되는 상황에서도조차 미국의 국방 예산은 냉전 시기보다 더 높은 상태이다.[21] 마찬가지로 미국의 국방 예산은 여전히 미국의 동맹국들 혹은 잠재적인 적들의 국방 예산보다 훨씬 크다. 물론 미국은 전 세계에 걸쳐 방위 태세를 유지하는 반면 아시아 국가들은 자신의 지역에만 집중하면 되기 때문에 미국의 국방비 규모가 부족할 수도 있다. 또 미국의 국방 예산은 높은 인건비, 군인에 대한 복지 비용 등을 포함하고 있어 더 커 보일 수도 있다. 그럼에도 불구하고 척 헤이글이 2014년 샹그릴라 대화Shangri-La Dialogue에서 말한 것처럼 미국은 "국방 예산 삭감이 아태지역에 대한 약속을 희생시키지는 않을 것이다."[22] 국방부는 이 약속을 실현하는 중이다. 해군과 공군 모두 2020년까지 60%의 병력을 아태 지역에 주둔시킨다는 약속을 예정대로 시행할 것이다. 그리고 아프가니스탄에서 돌아오는 부대와 장비는 속속 태평양사령부(PACOM)에 배속되고 있다.

또한 아시아 내의 미군 병력은 F-35 전투기를 포함한 최고의, 그리고 최신의 장비들을 받게 된다. 향상된 레이더 능력뿐만 아니라 더 선진화된 미국 공군과 미사일 방어 체계도 지역 내에 들어오게 된다. 새로운 장거리 미사일들이 배치됨에 따라 태평양 지역에 새로 개발된 P-8 해상 초계기도 처음 배치된다. 게다가 글로벌 호크Global Hawk나 트리톤Triton과 같은 고고도 장거리 체류형 무인기High Altitude Long Endurance UAV가 미국과 미국의 핵심 동맹 국가인 일본과 호주 등에서 운용될 것이다. 이 군사 장비는 미군의 전진 배치를 유지하고 향상시키는 새로운 접근법과 시너지 효과를 낼 것이다. 순환 병력을 더 많이 배치하고 더 빈번하게 미국의 힘을 보여주는 것도 이런 접근법에 포함된다.[23] 동맹국들과 관계를 강화하고, 파트너 국가들의 역량을 강화하고, 아시아 지역에서 미국이 참여하는 다자 훈련을 더 자주 실시하는 것도 피벗 정책의 중요한 부분이다. 마지막으로 군사 장비 개선 외에도 미국은 분쟁 확대라는 스펙트럼의 양극단에 새로 나타나는 도전, 즉 공해상의 해적 행위와 인도주의적인 위기뿐만 아니라 중국이 보유한 반접근·지역거부 능력, 영토 분쟁 중 군사력 사용에 조금 못 미치는 중국의 공격적인 준군사 조직에 대응하기 위한 새로운 계획과 전략도 마련 중이다.

물론 미국의 쇠퇴에 대한 인식과 미국이 힘을 유지할 수 있을지에 대한 우려도 있는 것이 사실이다. 아시아에서 전략적 도전들이 약해지지도 않을 것이다. 바로 그 때문에 미국은 아시아에서 안보 능력을 유지하는 데 가장 큰 관심을 두어야 한다. 시퀘스터를 중단하고 국방 예산에 새로운 방향을 부여하는 것은 미국의 현재와 미래 리더들에게 중요한 과업으로 남아 있다.

움츠러드는 미국

아시아에서 성공적인 피벗을 실행하는 데 필요한 정치적 의지와 자원을 동원하려는 노력은 미국 국민 사이에 지속적으로 증가하는 피로감과도 씨름해야 한다. 아시아에서 발생하는 일들에 따른 불안감뿐만 아니라 중동에서의 실망감 때문에 '집으로 돌아오라come home'는 압박이 계속 커지고 있다. 10년 이상 진행된 전쟁은 생명과 재산 모두에 있어 엄청난 비용을 치렀지만 어떤 실질적 진전도 만들어내지 못하고 있다. 많은 미국인들이 가장 최악으로 여기는 부분은 2015년 ISIS가 라마디Ramadi를 점령했을 때였다. 라마디는 2007년 미군의 이라크 병력 증파와 수니파 각성Sunni Awakening(2006년 이라크 안바르 지방의 부족 지도자들이 갑자기 알카에다 세력과의 관계를 청산하겠다고 선언한 사건이다_옮긴이 주)이 일어나는 기간 동안 지역의 평화를 회복하기 위해 힘들게 싸웠던 곳으로, 이 지역을 상실한 것은 미국의 노력이 헛고생이었음을 드러냈다. 이라크와 아프가니스탄에서 외견상의 전진이 보이지 않는다는 점은 금융 위기의 트라우마와 결합되어 국제 개입을 위한 전후 합의를 서서히 무너뜨리고 있다. 퓨 리서치가 최근에 실시한 여론조사를 보면, 이 조사가 행해졌던 지난 50년 그 어떤 시기보다도 다른 국가들이 스스로 살 방도를 찾도록 하기 위해서 미국이 철수하는 것이 맞다는 주장을 선호했다.[24] 오바마 대통령이 2011년 "이제 국내에서 나라를 건설하는 데 집중할 시간"[25]이라고 선언했던 것은 이런 정서들을 반영한 것이었다.

이런 시각들은 외교 정책을 바라보는 동시대 대중 의견에 크게 좌우된다. 뿐만 아니라 ISIS의 부상과 유럽 및 미국에서 벌어지는 테러리스트의 공격이 이런 시각들에 다소 왜곡을 가져오기도 한다. 미국 국민들이 전반적으로는 철수와 감축을 선호하는 것처럼 보이지만 몇몇 특별한 경우에 그들은 무차별하고 징벌적인 공격과 공습을 통해 중동의 적들을 혼내주기를 원한다. 그러나 이라크 혹은 시리아에 흩어진 테러 집단들을 폭격하자는 목소리는 보다 거시적 차원에서 개입과 국제주의 정책으로 변환되지 않았으며, 아시아 정책에 대해서도 제한된 영향만 주고 있다. 몇몇 예외가 없는 것은 아니지만 국내 회귀의 그림자는 여전히 미국 사람들의 의식 위에 버티고 있다.

국제적 개입에 대한 좌절감은 과거의 유산에서 기인한다. 모든 전쟁의 시작 시점마다 미국 대중은 정치인들과 관료들에게 국내 문제에 집중할 것을 요구했다. 스티븐 세스타노비치Stephen Sestanovich가 주장한 것처럼 확장주의 외교 정책의 시기와 축소주의적 외교 정책의 시기 사이 진동이 미국 역사의 대부분을 통틀어 분명히 나타났다. 1950년 북한의 남한에 대한 공격이나 2001년 9·11 테러와 같은 급격한 위기는 종종 확장주의 대응과 지나치게 깊은 관여를 촉발시켰다. 그가 말하기를 "확장주의자 [대통령]가 도를 넘을 때는 상황을 정상으로 되돌리기 위해 회귀론자들이 관여했다. 그러다 회귀론자들이 미국의 힘을 재건하는 데 실패하고 새로운 도전들을 만나거나 효율적으로 경쟁하는 데 실패하면, 확장주의자들이 어마어마한 준비를 한 뒤 다시 등장했다."[26] 과거 15년간 중동과 남아시아에서 끊임없이 벌어진 갈등은 확장주의 시기로서, 다시 한번 미국 국민들의 본능적인 고립주의를 자극해 외교 정책의 회귀를 요구하는 목소리로 이어졌다.

게다가 미국인들은 글로벌 차원의 경제적 관여에 갈수록 회의적이다. 금융 위기의 영향으로 많은 미국인들이 세계화와 국내적 성장, 고용 창출을 서로 연결하지 못한다. 글로벌 경제에 깊이 관여할수록, 그리고 아시아에 깊이 관여할수록 미국의 일자리가 줄어 극심한 경쟁을 가져올 것이라는 두려움이 증가하고 있다. 이 때문에 일부 미국인들은 TPP와 여타 무역 협정에 반대한다.

미국인들이 국제 체계의 도전과 무질서의 복잡성에 압도당한 것처럼 보이는 건 조금도 이상한 일이 아니다. 지난 30년간 그랬듯이 이라크에서 또 다른 적이 나타나 제3차 걸프전쟁의 위협을 제기하고 있다. 시리아는 여전히 혼란과 내전에 빠져 있다. 서쪽의 러시아는 미국에 갈수록 적대적인 태도를 보이고 있다. 불행히도 이런 사례는 더 있다. 그럼에도 불구하고 로버트 케이건이 〈뉴 리퍼플릭The New Republic〉에 기고한 에세이의 사려 깊은 제목처럼 "초강대국은 은퇴하지 않는다."[27] 글로벌 질서가 악화되는 것처럼 보이는 상황에서 미국은 세계로부터 철수해서는 안된다. 지난 70년간 글로벌 질서를 유지해온 덕분에 미국과 미국인들의 이상은 번영하고 번성할 수 있었다.

이런 환경에서 아시아 정책에 대한 대중적 지지를 쌓아간다는 것은 쉽지 않은 일이다. 현재 미국 외교가 안고 있는 문제는 중동에 대한 실망감과 국내 경제에 대한 우려에서 비롯되었지만 외교 정책 분야에까지 무차별적으로 영향을 미친다. 국제주의와 강한 국방력의 뿌리가 여전히 미국 정치에 남아 있지만 미국의 아시아 관여가 더욱 어려워지는 새로운 시기로 의회가 접어들었다는 미묘한 인식을 하고 있는 듯하다. 이런 대중적·정치적인 한계로 인해 이미 어려운 일이 더욱 어려워질 듯싶다. 아시아만 놓고 봐도 해야 할 일들이 엄청나게 많다. 따라서 피벗 정책은 얼마나 수준 높은, 그리고 포괄적인 정책을 실행할 수 있는가뿐만 아니라 굳은 의지가 있는가라는 도전 역시 마주하고 있다.

우리의 관심을 재조정하는 문제는 또 다른 도전에 직면해 있다. 미국의 이익에 명백하고 현재적인 위협이 없는 상황에서 관심을 재조정해야 한다는 문제가 그것이다. 미국이 지금까지 세계 문제에 관여한 역사를 보면 파시즘, 전체주의, 공산주의, 이슬람 극단주의 등 미국의 안보와 삶의 방식이 직접적인 도전을 받았을 때 추동되었다. 이런 적들은 미국 정치인이나 일반 시민들에게 세계가 우리 편과 적의 편으로 나뉜다는 인식을 하게 했다.[28] 미국의 외교 정책들은 분명한 목표와 목적에 기반했기 때문에 이해하기도, 지지를 얻기도 쉬웠다.

최근 중국의 힘이 강해지는 측면과 그 힘을 과시하는 현상은 분명 우려할 만하지만, 과거처럼 적군과 아군이라는 명확한 세계관이 현대 아시아에 적용되지 않는다. 따라서 피벗 정책은 명확하고 모호하지 않은 위협에 대한 대응에 기반한 것이라기보다 아태지역이 갈수록 21세기 글로벌 정치와 경제의 핵심 추동자가 될 것이라는 인식에 기반을 두고 있다.[29] 무엇보다 이런 인식은 경쟁자와 협력하고 동맹국들을 설득해야 하는 더 복잡한 전략을 요구한다.

행동을 이끌어낼 만한 요소가 부재하고 이를 뒷받침해줄 명확한 전략이 없는 상태에서 충돌을 두려워하고, 모호한 결과에 지치고, 경제적 경쟁을 두려워하는 미국에게 아시아 피벗 정책에 필요한 다음 조치를 취하라고 설득하기란 쉽지 않다. 그럼에도 불구하고 꼭 그래야만 한다는 설명을 할 수는 있다. 아시아는 세계에서 가장 빨리 성장하는 지역이다. 아시아는 세계에서 가장 큰 중산층을 가지고 있으며, 많은 동맹국과 미국의 관여에 우호적 태도를 가진 국가들이 있는 지역이다. 아시아 국가와 더 깊은 경제적 관여 때문에 미국인들의 일자리가 희생되지는 않는다. 반대로 미국의 경쟁국들과 기울어지지 않은 운동장에서 경쟁함으로써 미국의 수출은 늘어나고 미국인의 임금은 상승할 것이다. 이런 점들은 피터슨 연구소Peterson Institute의 2016년 보고서에 이미 명확히 나타나 있다.[30] 요약하자면 미국의 번영은 다른 어떤 지역보다도 아시아와 연계되어 있고, 여기서 얻을 수 있는 이익과 동력은 미국에 다시 생기를 불어넣고 미국을 회복시키는 데 쓰여야 한다.[31]

미국 국민들에게 이런 이익에 대해 좀 더 직접 설명해야 한다. 오바마 대통령이 피벗을 묘사하고 설명하는 두 번의 연설을 했지만, 이 연설들은 모두 아시아에서 행한 것이고 아시아인들에게 보낸 메시지였다. 따라서 국내 청중들을 향해 우리의 전반적인 접근법을 설명하는 연설이 반드시 필요하다. 부시 대통령과 오바마 대통령이 중동 정책에 대해 이와 비슷한 연설을 한 적은 있지만 아시아 정책에 대해서는 연설한 적이 없다. 더욱이 아시아 정책에 관한 연설은 연방 정부 차원에서만 이루어져서는 안 된다. 특히 지역 정부와 주정부의 관료들이 인적 교류, 상업, 수출을 통해 아시아라는 기회로부터 일차적으로 이익을 보는 사람들이기 때문에 그렇다.

일부 회의론자들이 생각하는 것보다 훨씬 더 미국 사람들은 이런 설명을 주의 깊게 들을 것이다. 미국이 국제 문제에 개입하는 것을 우려하는 전반적 환경에도 불구하고 60%에 달하는 미국인들이 아시아 피벗 정책을 지지한다.[32] 하지만 이러한 지지가 있다고 해서 미국인들이 아시아 정책의 비용, 이익 그리고 서로 상쇄되는 요소들을 모두 이해한다는 것을 의미하는 것은 아니다. 하지만 더 설득할 여지가 있다. 이제 대통령, 각료, 의회 지도자들을 포함한 미국의 지도자들이 나서야 한다.

계속되는 중동의 도전

끝날 줄도 모르고 보람도 없는 중동 위기는 미국의 대아시아 정책에 대한 큰 도전이다. 시리아의 잔혹한 전쟁은 미국, 프랑스, 러시아 등 글로벌 강대국과 지역 전체가 관여한 더 큰 전쟁으로 번지면서 지금까지 25만 명의 목숨을 앗아갔고 1천1백만 명의 난민을 만들었다. 이라크에서 시리아까지 뻗은 하나의 국가를 이룬 ISIS는 자신의 통제하에 있는 사람들에게 중세의 야만적 통치를 하면서 프랑스에 테러 공격을 감행했고, 러시아 민간 여객기를 폭파시켰으며 해외 급진주의자들을 부추겼다. 아랍 지역에서 가장 많은 인구를 가진 이집트는 잠깐 민주주의를 하는 듯했지만 지금은 군부 통치하에 있다. 아프가니스탄과 리비아는 여전히 불안정을 겪고 있다. 그사이 사우디아라비아와 다른 걸프 국가들은 이란과 관계를 단절했다.

이런 위기들은 모두 엄청나고 지속적인 관심을 필요로 하기 때문에 다른 외교적 사안으로 가야 할 자원과 고위층의 관심을 소모시킨다. 오바마 행정부도 다른 사안으로 관심을 돌렸지만 중동은 계속 미국을 끌어들이고 있다. 어떤 평론가는 농담 삼아 진짜 오바마의 피벗은 중동으로 돌아가는 것이라고 할 정도다.[33] 불행히도 그런 우선순위 전환의 사례가 없었던 것은 아니다. 이 쉽지 않은 지역에서 갈등의 유령이 몇몇 행정부를 끊임없이 괴롭혔다. 지난 25년간 조지 부시 대통령부터 버락 오바마 대통령까지 모든 대통령들이 이라크에서 군사 작전을 시작할 것이라는 TV 방송을 했다는 사실보다 더 극적으로 이를 보여주는 것은 없다.[34]

향후에도 미국이 중동에 지속적으로, 그리고 깊이 관여하리라는 것은 기정사실이다. 이는 여전히 미국이 성공적으로 아시아 재균형을 할 만한 여력이 있는가라는 질문을 불러일으킨다. 그 대답은 복잡하다. 외교 정책의 우선순위가 물론 엄격한 의미에서 제로섬 게임은 아니지만 이 두 지역에 대한 미국의 외교 정책이 어느 정도 긴장 관계에 있는 것은 맞다. 부시 행정부 시기에 국무장관 콘돌리자 라이스를 포함한 고위 관료들은 "중동에서 종전 협상을 하고 있는 시점에 동남아로 향하는 것은 터무니없는" 일이라고 생각했다. 아시아 지역 외교관들은 중국의 활발한 활동과 미국의 무관심이 얼마나 대비되는지를 잘 관찰했다.[35] 미국의 외교 정책은 균형을 잃었고, 정책 결정자들은 아시아에서 우리가 마주칠 큰 인내심을 요하는 게임의 전략보다 중동의 풀기 어려운 문제를 더 중요하게 생각하는 경향이 있다. 정책 결정자들은 너무 자주 아시아의 평화와 번영을 당연한 것으로 가정하는, 신중하지 못하고 더 나아가 위험한 선택들을 했다. 이들은 아시아에서 강대국 간 전쟁을 야기할 수 있는 네 가지 사안, 즉 한반도, 대만 해협, 남중국해 및 동중국해 문제를 경시했다. 하지만 이제는 미국의 관심을 섬세하게 그리고 꾸준히 동쪽으로 이동시킬 필요가 있다. 이런 전환은 미국의 이해관계를 확대해 아시아의 위험과 기회를 모두 미국 이해관계에 포함시키고, 중동의 도전을 최대한 해결하면서 수년간에 걸쳐 점진적으로 일어나야 한다.

아시아에 좀 더 큰 관심을 가지는 방향으로 미국의 외교 정책이 재구조화한다고 해서 미국이 중동으로부터 갑자기 떠나는 것은 아니다. 사실 중동에서 미국의 지속적인 역할과 아시아 피벗은 바로 눈에 띄지 않지만 상호 시너지를 일으키는 요소들이 있다.

먼저 아시아 국가들의 부와 영향력이 상승함으로써 아시아 국가들은 세계의 다른 지역을 지원할 역량을 가지게 된다. 따라서 피벗은 단순히 미국의 자원을 아시아 쪽으로 돌리는 것을 넘어 부상하는 지역인 동시에 기후 변화, 핵 확산 그리고 중동 및 남아시아의 불안정과 같은 도전들을 해결하는 데 중요한 지역인 아시아와 더 큰 협력을 이뤄내는 노력을 의미한다. 지난 10여 년 동안 미국에 이끌려 아시아 국가들은 조용하지만 꾸준히 문제 많은 중동과 남아시아를 다루는 데 미국과 힘을 합쳐왔다. 아시아는 매일 약 3천만 배럴의 원유를 소비하는데, 이는 유럽의 두 배이고 대부분 중동에서 수입된다. 아시아 지도자들은 미국이 중동에서 성급하게 철수할 경우 자국의 에너지 안보와 경제 성장에 큰 위험이 되리라는 점을 잘 알고 있다. 이런 이유 때문에 아시아 국가들은 자신의 지역을 넘어서 글로벌 안정에 중요한 지역들에 관심을 가지는 '지역을 넘어선' 관점을 만들기 시작했다. 호주, 인도네시아, 일본, 말레이시아, 뉴질랜드, 한국 그리고 태국은 중동에 다양한 외교, 경제 그리고 심지어 군사적 지원까지 하고 있다. 이 국가들은 학교를 건립하고 시민 사회에 재정을 지원하고, 법관들과 의사들을 훈련시키며, 농업과 교육의 새로운 프로그램들을 지원하고 있다. 중국은 중동 지역에 중요한 투자자이자 해적 퇴치 작전의 기여자이고, 이란의 핵 야심을 억제하고 아프가니스탄의 평화를 확보하는 물밑 외교의 참여자다. 아시아 국가들의 이런 노력은 위험을 수반하는 것이며 자국 내에서는 크게 지지받지 못하는 정책일 수도 있다. 그 노력의 결과가 좋지 않은 경우에는 더욱 그렇다. 하지만 아시아 국가들은 이 지역에 상당한 정치적 자원, 재정적 지원 그리고 군사력을 투자하고 있다. 아시아 국가들은 자국의 정책과 중동의 복잡한 현실 간의 지속적인 상관관계를 잘 알고 있다.

둘째, 서로 다른 지역에 대한 미국의 관여가 연계된다면 자원의 흐름뿐만 아니라 미국의 신뢰성에도 영향을 미친다. 사실 지역 간 신뢰성의 전이에 관해 중동이나 아시아의 대화 상대들은 잘 이해하고 있지만 피벗을 비판하는 사람들은 이를 잘 이해하지 못한다. 미국이 중동에서 약속을 지키지 못할 경우 이는 아시아나 동유럽으로 쉽게 파급 효과를 낸다. 그와 동시에 미국의 동맹 조약 국가들에 대한 의무나 항행의 자유와 같은 원칙의 신뢰성에 의문이 제기된다. 마찬가지로 미국이 아시아에서 주저하거나 아시아를 떠난다면 이는 중동에서 미국의 힘이나 지위에 관한 인식에도 영향을 주고 지역의 협력 국가들이 더 독립적인 행동을 하거나 미국의 대외 정책과 안보 정책을 해치는 방향으로 이들 국가를 몰아 갈 수 있다. 피벗 정책은 다른 지역에서 미국의 책임을 위해 또 다른 지역에 대한 미국의 책임을 방기하는 것이 아니다. 오히려 피벗 정책은 부차적으로 취급되었던 아시아가 필요한 자원과 관심을 받도록 해서 전 세계에 대한 미국의 약속이 계속 신뢰를 받도록 하는 정책이다.

피벗은 중동에 대한 미국의 관심을 대폭 줄이는 것이 아니라 아시아에서 제기되는 도전과 기회를 다룰 수 있도록 외교적 우선순위를 점진적으로 바꾸는 것이다. 글로벌 차원에서 미국의 창의적 외교에 대한 수요는 증가하고 있다. 이 때문에 미국은 한 지역을 위해 다른 지역에서 완전히 물러나거나 철수할 수 없다. 마찬가지로 미국은 한 지역의 문제들이 다른 중요한 지역의 근본적인 전략적 문제들을 덮어버리도록 방치해서는 안 된다. 간단히 말해 아시아 피벗 정책은 미국이 글로벌 강대국의 역할을 하지 못하도록 하는 것이 아니다. 피벗 정책은 미국이 그런 역할을 더 균형 있고 지속 가능한 방법으로 충실히 수행하도록 하는 정책이다.

장기적인 계획

데이비드 샴보David Shambaugh는 지금까지 아시아에서 미국 외교가 자주 "매우 단편적이고, 때로 태만하며, 항상 깊이 개입하지 않았다"라고 했다.[36] 피벗의 성공은 일정 부분 미국이 이런 불운한 역사적 패턴으로부터 어느 정도 벗어날 수 있는가에 달려 있다. 그것은 아시아 지역에 미국이 지속적으로 개입하는 것뿐만 아니라 워싱턴 사고방식과 문화의 변화도 요구한다. 좀 더 구체적으로 말하자면, 성공적인 아시아 정책을 위해서는 장기적이고 전략적인 외교 정책이 필요하다. 특히 아시아는 이러한 접근법이 필요한 지역이다. 지역의 세력 균형과 경제 관계, 군사 기술이 미국의 지위와 지역 번영에 중대한 함의를 갖고 온다는 점 때문이다. 요약하자면 미국의 영향력이 지속되기 위해서는 앞서 말한 상황들과 다른 변화하는 상황들을 예측하고, 그 상황에 적응할 수 있는 정책이 필요하다.

이런 선견지명이 크게 도움되는 것으로 판명된 사례들이 있다. 제1·2차 세계대전 기간 동안 미 육군과 해군은 일본과 갈등에 대비해 오렌지전쟁계획이라 불리는 계획을 만들었다. 이 계획은 섬과 섬 사이를 이동해 다니는 군사 작전을 예상했는데, 태평양에서 전쟁이 시작되었을 때 실제로 적용되었다.[37] 1950년대에는 드와이트 아이젠하워가 프로젝트 솔라리움Project Solarium에 착수했다. 이 계획은 미국 정부가 실행했던 전략 계획들에서 가장 특이한 것 중 하나로, 그 목적은 대소련 정책의 다양한 시각들을 통합해 엘리트 합의를 이끌어내는 것이었다. 이 계획은 정부 안팎의 다양한 전문가들을 한데 모은 뒤 정책 결정자들로 하여금 미국의 장기적 목표, 대소련 정책의 다양한 추동 요인, 미국의 이익과 글로벌 안정에 대한 서로 다른 정책적 함의 등을 염두에 두고 사고하도록 했다. 그 결과로 기본국가안보정책(NSC 162/2)이 만들어졌다. 좀 더 최근에는 냉전 종식을 앞둔 시점에서 조지프 나이가 주도해 미국의 아태지역 정책을 재평가한 적이 있다. 그 결과로 나이 이니셔티브를 만들었다. 나이 이니셔티브는 미일 동맹의 유지, 중국의 부상 그리고 북한의 핵무기 프로그램 등의 문제들을 미리 앞서 내다보고 있다. 이 예시들이 시사하듯 비록 일관성은 부족하지만 미국은 장기 계획을 수립하는 데 자랑할 만한 역사를 갖고 있다.

이전 시기들과는 대조적으로, 현재 미국 정부가 장기적 정책에 초점을 맞추지 못하고 있는 현실은 미국의 이익에 바람직하지도 이롭지도 않다. 2006년 미셸 플로노이와 숀 브림리Shawn Brimley가 썼던 내용처럼, "도전받지 않는 글로벌 지위를 계속 향유하는 미국이 진심으로 효과적인 전략 계획을 갖지 않았다는 것은 충격적이다."[38] 심지어 테러리즘에 대항한 글로벌 전쟁도 미국의 군사·경제·외교적 도구들을 서로 조화시켜 미국의 목표와 이익을 추구하는 잘 짜인 거대 전략을 만들어내지 못했다. 대체로 냉전 이후 미국의 정책은 적극적이라기보다는 대응에 급급했고, 체계적이라기보다는 임시방편적이었다.

장기 계획을 세우는 데 미국이 겪는 어려움은 일정 부분 냉전 종식에 원인이 있다. 거의 반세기에 걸쳐 외교 정책에서 모든 미국의 정당들을 결집시키고, 국가의 목표와 세계 속에서 미국의 위치를 정의하는 데 도움을 주었던 대전략은 냉전 종식과 함께 끝났다. 많은 경우 미국 대외 정책 결정 과정의 장기 계획은 정책 결정자들과 괴리되어 있었고, 충분한 자원을 배분 받지 못했으며, 대부분의 기구들이 자신의 전략을 세우는 데만 급급했다. 예를 들어 국무부의 정책 기획 스태프policy planning staff(S/P)는 국무부의 정책 결정 과정에 통합되어 있지 못하다. 또 정책 입안자와 정책 실행자 사이에 간극도 존재한다.³⁹ 경력 많은 외교관이자 전 S/P 국장인 데니스 로스 Dennis Ross는 S/P 사무실이 국무부 건물 안의 다른 사람들에게 "이식된 장기인 양 다뤄지고 있으며, 국무부 사람들은 S/P를 거부하기 위해 존재하는 것만 같았다"라고 했다.⁴⁰ 미 국방부도 장기적인 계획을 만드는 데 유사한 도전에 직면하고 있다. 더욱이 국방부는 장기 계획뿐만 아니라 엄청난 재원과 군 내부의 지지, 그리고 의회의 지원을 필요로 하는 미래 전략에 대한 투자 문제까지 안고 있기 때문에 도전이 훨씬 크다. 장기적 경제 정책에 관해서 미국 정부는 다양한 기구에 분산된 경제 관련 이슈를 모아 경제와 전략을 보다 큰 경제에 관한 국가 전략으로 통합하려 노력하고 있다. 개별 국가 기관들이 자신들만의 좁은 전략을 만들어내려 할 때 복잡한 기관 간 협의 과정을 거쳐 국가적 거대 전략을 만들어내는 일은 불완전하거나 사라진 부분들이 있는 퍼즐을 맞추는 것처럼 어렵다.

큰 비전과 장기적 계획보다는 단기적 관점과 결과를 선호하는 경향도 이런 도전들 중 하나다. 이는 21세기 정부의 특징이기도 하다. 이런 경향은 부분적으로 현재의 정치 시스템 때문이기도 한데, 현재의 정치 시스템에선 뉴스가 24시간 돌아가고, 선거운동 기간이 길어 늘 선거운동을 하는 것 같고, 장기적인 투자보다는 즉각적인 이익을 실현해야 한다. 이런 환경 속에 일주일 이상 지속되는 것들이 정책 결정자들의 장기 어젠다에 속한다.⁴¹ 전 국가안보좌관 토머스 도닐런은 "모든 행정부에서 외교 정책을 실행할 때 가장 큰 도전은 매일 등장하는 도전과 위기들 때문에 장기적 이익을 위한 보다 폭넓은 전략이 희생되지 않도록 하는 것이다"라고 한 바 있다.[42] 이 어려움들은 정파적 대립, (특히 국방부에 대한) 예산의 불확실성 그리고 비국가 행위자 같은 새로운 국제적 행위 주체, 사이버 테러리즘, 자동화 기술, 경제적인 상호 의존 관계, 그리고 이해할 수 없는 많은 도전이 예기치 않게 등장하면서 더욱 복잡해졌다.

장기 계획은 미국이 제대로 실행하지 못하는 어려운 일이다. 장기 계획의 부재 속에 미국에서는 '단기적 이익만 생각하는 사고방식'이 기본이 되었다. 이 사고방식은 적극적이라기보단 반응적이다. 미래에 적응하고 전 세계적인 추세를 그려가는 데 적절하지 않다. 아시아 피벗 정책은 외교 정책 기관의 많은 사람들에게 미국 외교 정책에서 아시아가 더 높은 지위를 가져야 하고, 장기적인 경제·군사·외교 구상이 보다 균형을 잡아야 한다는 인식을 가지게 했다. 다음 단계로 미국은 아시아에 대한 장기 계획을 만들어야 할 것이다. 어쩌면 변화하는 전략 환경에 관한 고위급 합의를 만들어내는 아시아를 위한 21세기 솔라리움 계획이 필요할 것이다. 미국은 고위급 합의를 통해서만 아시아 지역에서 미국의 장기적 목표에 이바지하는 외교·경제·군사적 정책 도구를 통합한 계획을 만들어낼 수 있을 것이다.

인적 자원 개발

수사修辭와 전략보다 더 근본적으로 모든 외교 정책은 사람에 의해 고안되고 실행된다는 사실이 외교 정책의 중요성이나 추상성에 가려 인식되지 못하는 경우가 많다. 그들의 아이디어, 경험, 재능은 미국 외교 정책 성공에 필수 불가결하며 때로는 결정적 요인이 된다. 따라서 현재 지속 가능하고 세심한 아시아 피벗 정책을 성공적으로 이끌 인적 자원이 크게 모자라다는 점은 미국으로선 매우 안타까운 일이다. 10년 넘게 중동과 남아시아에서 진행된 전쟁과 반란 진압 속에 미국은 불가사의한 종파 갈등, 부족 관계, 전후 복구 전략에 정통한 한 세대의 군인, 외교관 그리고 정보원들을 훈련시키고 승진시켰다. 지금까지 미국 정부는 이와 유사한 아시아 전문가들을 양성하려는 노력을 기울이지 않았다. 사실 이 세대는 슈워츠코프Schwarzkopf, 퍼트레이어스Petraeus, 맥크리스털McCrystal 그리고 앨런Allen 장군처럼 중동에서 벌어지는 전쟁에서 초기 경력을 쌓아 큰 성취를 이룬 유명한 지도자들을 길러냈다. 그러나 미국은 아직 아시아에 정통한 체스터 니미츠Chester Nimitz 제독과 맥아더 장군 같은 군사 지도자들을 배출하지 못했다. 반대로 각료들을 포함한 상당수 정부 관료들은 그들의 경력 맨 끝에 있는 가장 높은 지위에 오르고서야 처음으로 아시아를 공식 방문했다.

아시아에 대한 일차적인 지식을 갖춘 인적 자원의 부족은 미국 외교 정책을 수립하는 데 있어 분명하고 상당한 약점이다. 가장 유능한 공무원조차도 지역에 대한 사전 경험 없이는 아시아의 복잡성을 이해하기가 어렵다고 느낄 것이다. 역사 유산, 문화적 차이가 만들어내는 도전, 그리고 지역 내부 정치의 복잡한 내용 모두 아시아에 익숙지 않은 외교 초보자들의 성장을 어렵게 한다. 게다가 아시아의 대화 상대자들은 미국의 잘못된 절차와 실수에 매우 익숙하다. 예를 들어 오바마 대통령이 시리아의 화학무기 사용에 대응하겠다는 금지선 약속을 지키지 못한 것은 아시아 정책 전문가들 사이에 계속 회자된다. 태평양을 포괄하는 더 강한 정치적·외교적·경제적 그리고 군사적 연결망을 형성하기 위해 우리는 서로 대화를 나누어야 하고, 서로를 이해해야 하며, 또 함께 일해야 한다. 이러한 지식과 전문적 경험에 대한 수요는 긴급하며 점차 증가하고 있다.

미국 외교관, 국제구호 전문가, 무역 협상가, 정보 전문가가 그들의 업무를 수행하는 데 필요한 언어 능력을 갖고 아시아를 자주 접할 수 있도록 하기 위해서 아시아 피벗 정책은 정부 기관과 국방부의 인력 예산에 관심을 기울여야 한다. 분명 인사 정책의 변화는 피벗에서 중요한 부분이다. 예를 들어 국방부는 동아시아와 태평양 지역 전문가들을 위해 70개의 새로운 직위를 만들었다.[43] 군을 포함한 다른 기관들도 마찬가지로 21세기 아시아 전문가들에 투자하는 중이다.

  인적 자원 개발은 정부 밖에서 이루어지는데, 이들이 정부 쪽 일을 시작하기 훨씬 전부터 시작된다. 지금 공부하는 학생들은 내일의 의사이자 변호사이며 사업가들이다. 그리고 물론 외교관이 되기도 한다. 아시아의 언어와 문화에 미국인들을 깊이 관여시키는 교육 프로그램들은 미국이 아시아 세기를 준비하는 데 있어 핵심 요소다. 이 경험들은 미국 학생들의 향후 커리어에 지울 수 없는 영향을 남기는데, 일단 아시아에 빠져들면 이들은 정부나 다국적 기업에서 아시아 관련 일을 하는 것이 자신의 천직이라 생각할지 모른다. 인적 교류는 미국과 아시아 사이의 유대 관계를 형성하는 데 도움을 주고, 이 유대 관계는 지속적이고 개인적인 차원의 것이며 해외에 있는 사람들이 미국에 대해 가지고 있는 인식을 한 사람 한 사람 바꿔나간다. 현재 이러한 능력과 이해를 증진하기 위해 계획된 프로그램들이 많다. 나는 그중에서 특히 아시아와 관련된 전문가 집단을 구축하려는 미국의 한 프로그램에 참여한 적이 있는데, 이는 나의 자랑스러운 업적 중 하나다. '10만 명 이니셔티브'는 2009년 오바마 대통령과 클린턴 당시 국무장관에 의해 시작됐고, 중국에서 공부하는 미국인의 수를 늘리는 데 목적이 있다. 이 프로그램의 목표는 5년간 중국에서 공부하는 미국 학생 수를 10만 명까지 올리는 것으로, 2014년 7월에 이 야심 찬 목표가 달성됐다.[44] 이 프로그램의 새 목표는 중국어Mandarin를 공부하는 미국인 학생 수를 1백만 명까지 끌어올리는 것이다. 만일 이들 중 일부만이라도 정부에 들어와 아시아 정책을 위해 일한다면 그들은 이 프로그램의 장기적 이익과 가치를 증명할 것이고, 미국 정부에 매우 긴요한 인적 자원이 될 것이다.

상호 좌절과 분리

미국과 아시아는 지난 수십 년간 역사를 공유하며 살아왔으나 머지않아 관계가 소원해질 조짐을 보이고 있다. 향후 나타날지도 모르는 미국과 아시아 분리의 근본적인 원인은 신뢰의 위기와 서로에 대해 실망이 커지는 데 있다. 아시아인들은 미국에 의지할 수 있다는 생각을 버릴지 모르고, 미국인들은 아시아가 미국의 번영에 기여할지 아니던 그 반대일지를 두고 불안함을 느끼고 있는지도 모른다.

아시아 지역을 부차적인 무대로 여기는 미국에 대해 아시아인들의 인내심이 고갈될 수도 있다. 그리고 한번 아시아인들의 인내심이 고갈되면 미국과 좀 더 긴밀한 관계를 형성하고자 했던 역사적인 열망을 뒤집을 수도 있다. 미국인들이 자주 잊어버리는 한 가지 중요한 문제가 있다. 아시아 전역의 동맹국과 협력 국가, 우호 국가들은 미국이 아시아 문제에 활발하게 관여하는 것을 환영한다는 점이다. 그들은 미국이 지역 군사 시설에 접근하고, 지역에서 이뤄지는 군사훈련에 참여하고, 다국적 포럼에 참가하고, 재난 시에 지원을 기대한다. 남중국해의 상황이나 한반도 문제를 포함해 더 민감한 몇몇 지역 내 이슈를 놓고 아시아 국가들은 그들의 입장이나 행동에 관해 미국과 상의해왔다. 아시아 국가들의 이런 환대와 협조가 없었다면 아시아에서 미국의 이익을 증진하거나 미국의 역사적 역할을 달성하는 일은 무척 어려울 것이다. 아시아 국가들의 협조와 협력을 당연한 것으로 생각하면 큰 오산이다.

미국인들 역시 아시아에서 미국의 영향력을 당연한 것으로 생각하지 않고 더 나아가 미국이 과연 아시아에 영향력을 행사할 필요가 있는가라는 의문을 제기하기 시작한 듯하다. 많은 미국 국민들이 국제적인 개입과 세계화에 대한 전통적인 주장에 점점 부정적 태도를 보인다. 미국의 경제 회복이 불공평하거나 부족하다고 생각하는 사람들은 이미 더 어두운 세계관으로 서서히 이동하고 있는지도 모른다. 이 세계관은 아시아를 부와 번영의 땅이 아니라 위협의 원천으로 보는 것으로, 값싼 수입품이 미국의 노동자들을 위협하고 쓸데없는 아시아의 지역 갈등 때문에 미국의 안보가 위협받는다고 보는 관점이다. 미국 외교 정책에 대한 합의와 국방 예산에 대한 압력이 증가하고 미국의 여론은 국제주의에 불리하게 바뀌고 있으며 중동에서 지속되는 도전들에 더 관심을 쏟으면서 왜 아시아 정책이 중요한지를 잊기 시작했다. 그에 따라 아시아에 대한 미국의 정책의 질과 일관성은 위기를 맞을 수 있다.

　이러한 상호 간 우려와 실망이 제대로 다뤄지지 않는다면 미묘하면서도 심각한 미국과 아시아 간 분리를 촉발할 수 있다. 특히 최근 이런 위험이 증가하고 있다. 아시아에 대해 미국이 더 빠르고 유연하게 개입할 필요성이 지속적으로 커지고 있지만, 반대로 미국이 한 번이라도 혹은 잠깐이라도 부주의하거나 주저할 경우 아시아 국가들은 더 비협조적으로 변하고 미국에 대한 인내심을 잃을 위험이 커지고 있다. 예를 들어 미국이 TPP를 완결하지 못하거나 중국의 도발에 대응하지 못하거나 미국의 채무불이행 혹은 국방 예산의 대규모 삭감 등의 문제가 지속된다면 아시아의 중요 행위자로서 미국의 신뢰가 의도치 않게 돌이키기 어려운 손상을 입을 것이다. 이는 글로벌 차원은 아니더라도 아시아 차원에서 미국의 리더십에 중요한 함의를 가진다. 현재의 정치적 교착 상태, 외교 정책에서 결정력 부족, 그리고 중요한 입법의 부재는 많은 아시아 국가들에게 미국의 추락을 결정적으로 보여주는 장면이 될 수 있다.

이는 실제로 아시아 피벗 정책이 중요한 기로에 서 있음을 의미한다. 만일 미국이 아시아 지역에 대한 핵심적 약속을 재확인하는 데 너무 주저하거나 미국의 지도자들이 미국의 번영이 아시아에 연계되어 있음을 설명하는 데 너무 오래 걸린다면, 기회의 창은 닫혀버릴 것이다. 그럴 경우 지역 국가들이 미국 약속의 신뢰성과 지속성을 의심하게 되고 미국의 지역 리더십 정통성은 크게 손상될 것이다. 물론 이런 결과를 피할 수도 있다. 결단력 있는 외교와 강력한 정치적 리더십이 있다면 여타 위기와 한계에도 불구하고 미국은 여전히 미국 국민들에게 아시아에 대한 약속을 확신시키고, 동맹국과 파트너 국가들에 미국이 신뢰할 만하다는 점을 재확인시킬 수 있을 것이다.

결론

아시아에 대한 피벗은 많은 장애물을 마주하고 있다. 외교 정책상 합의의 부재, 만성적인 정치적 기능 장애, 그리고 조금씩 증가하는 대중의 우려는 모두 미국이 국제주의적 정책을 수행하는 능력에 대한 커다란 도전이다. 유연하지도 않고 풍부하지도 않은 국방 예산으로 인해 아시아에 대한 전방 배치가 위협받고 있는 데다, 미국 외교 관료는 장기적 계획을 수립하고 아시아 전문가들을 훈련하는 데 어려움을 겪고 있다. 이 와중에 중동 문제로 자원과 미국 고위 관료의 정책적 관심이 아시아에서 다른 지역으로 계속 옮겨간다. 이런 문제가 계속 쌓인 결과, 미국의 아시아 정책은 종종 초점을 잃어버린다. 그리고 지역 국가들은 미국의 정책적 표류 때문에 좌절하고 있다.

이 도전들은 대단히 크지만 그렇다고 극복 불가능한 건 아니다. 많은 도전들이 능력의 문제라기보다는 의지의 문제이다. 궁극적으로 21세기 역사가 아시아에서 쓰일 것이라는 생각에 대한 양당 간의 합의가 필요하다. 아시아는 가까운 미래에 미국의 번영에 핵심이 되는 지역이다. 아시아의 성장과 활력이 미국 국민 이익의 원동력이 될 정도로 아시아는 풍요로운 지역이라는 긍정적 인식은 아시아에 대한 미국의 국제주의를 뒷받침하는 대중적 지지를 형성할 수 있다. 이 모든 노력을 합한다면 최소한 아시아 정책에 대해서만이라도 정치적인 교착 상태, 유연하지 못한 국방 예산 삭감, 그리고 미국의 아시아 정책에 부담이 되는 대중적 피로감을 해결할 수 있다. 이런 변화들을 넘어 미국은 아시아에서 중국의 반접근·지역거부 전략에 대한 군사적 태세를 새로 점검해야 하고, 매일매일의 도전을 막기 위해 국가안보 기구들을 재구조화해야 하고, 아시아 세기를 대비한 전문가들을 길러내는 인사 정책을 도입해야 한다. 무엇보다 정책 입안자들은 중동에 너무 치우친 외교 정책이 미국의 전략적 이익을 충실히 반영하는지 진지하게 고민해야 한다.

아시아 피벗 정책이 성공하기 위해서는 이 모든 도전들을 인식하고 해결해야 한다. 피벗은 단순한 정책 제안이 아니라 하나의 선택이다. 그리고 이 선택은 미국의 이익을 위해 가장 중요한 도전이 있는 지역인 동시에 다음 세기 가장 놀라운 기회가 공존하는 아시아를 끌어안을 것을 요구하고 있다.

08

피벗의 실행 :
현대 외교의 교훈

이전 장에서는 아시아에 대한 미국의 정책과 우선순위를 좀 더 발전시킬 목적으로 전략 형성과 전반적인 틀의 중요성을 다뤘다. 제8장에서는 조금 다른 것을 다루고자 한다. 앞 장의 내용이 아시아와 상호작용을 하는 데 필요한 외교적 도구에 관한 것이었다면 이번 장은 외교의 역학에 좀 더 초점을 두고 있다. 다시 말해 인적 차원에 보다 집중하고 있다. 이번 장은 내가 외교적으로 아시아를 가로지르는 대담한 줄타기를 했던 경험이 어떤 것이었는지에 관한 것으로, 나는 이 줄타기를 하는 내내 아래에 도사린 위협보다는 미래로 가는 길에 집중해왔다. 이 이야기는 내가 지난 25년간 복무하고, 관찰하고, 아시아 지역으로 수백 번의 출장을 다니며, 수천 번의 다양한 외교적 접촉과 개입을 통해 배운 것들 중 몇 가지 요소를 다룬다. 이것은 어떻게 하면 아시아에서 효과적인 외교관이 될 수 있는가에 대한 정답을 찾으려는 것이 아니다. 이것은 학문적인 글과 대학 강의실 혹은 외교사에서 찾을 수 없는 요소들에 관한 것이다. 이것은 긴 시차가 나는 비행, 존재에 관한 질문으로 지새운 불면의 밤, 그리고 종종 이국적인 아시아 음식을 두고 만난 정신이 혼미한 외교적인 만남들 이후에 배울 수 있는 종류의 것들이다.

21세기 외교

미국 대부분의 글로벌 전략과 정책이 나오는 — 최소한 이론적으론 그렇지만 실제에선 그렇지 않은 — 상황실은 백악관 지하에 있는 작고 불편하며 창문도 없고 천장도 낮은 벙커다. 사실 매시간마다 워싱턴 주변에 포진한 유관 기관에서 온 인사들은 국가안전보장회의(NSC)에서 온 대통령 수석보좌관들 중 한 명이 주재하는 회의에 참석하기 위해 이 방을 들락거린다.

1947년 발표된 국가안전보장법령National Security Act 발표에 따라 대통령 집무실에 NSC가 설치된 이래, NSC는 워싱턴 관가에서 정치적 권력과 관료에 대한 영향력을 키워왔다. 과거에는 청량음료와 엠앤엠즈M&Ms 초콜릿이 운 좋은 회의 참석자들에게 주어지기도 했지만, 최근에 이런 특전들은 사라졌고 회의 참석자들은 물 한 모금 마실 여유도 없이 오랫동안 회의를 해야 한다. 이것은 기본적으로 앨라배마주에서 엄격하기로 유명한 대학 풋볼 코치인 베어 브라이언트Bear Bryant가 정부 회의를 운영하는 것과 같다. 백악관과 미국의 권력을 나타내는 장비들 — 과학기술, 카퍼레이드, 대통령의 커프스 단추, 전용기, 헬리콥터 그리고 비밀 요원 등 — 에 둘러싸인 환경에서 일하다 보면 종종 진짜 외교가 세속으로부터 격리된 이런 공간에 얽매이는 것이 아니라 현장에서 실현된다는 사실을 잊어버리기 쉽다.

현대 기술의 발전 때문에 전술적 의사결정, 육감과 경험에서 나온 외교적 판단들은 시대에 뒤떨어진 것이 되었다. 이로 인해 백악관은 중앙 집중화되었고 정부 기관에 대한 권한 이양은 더 축소되었다. 예를 들어 해군 지휘관들이나 현대의 외교관들은 더 이상 암호 장치 너머에서 들려오는 목소리가 '안 들린다'거나 '내 방식대로 문제를 해결하겠어'라는 것처럼 오래된 흑백 영화에나 나올 법한 행동을 할 수 없다. 갈수록 전진 배치된 군 장교들이나 외교관들이 과학기술에 의해 통제되고, 아주 사소한 문제에 대해서도 보고를 하거나 지시를 따라야 한다. 심지어 리처드 홀브룩Richard Holbrooke이나 크리스토퍼 힐Christopher Hill, 윌리엄 번스William Burns, 존 케리John Kerry처럼 경험 많고 명망 높은 외교관들조차 때때로 이 제약들 때문에 짜증을 낸다. 그들은 모두 이런 상황을 어느 정도 이해했고 상황실의 외교가 현대 외교의 전부가 아니라는 것을 자신의 용감한 행동으로 보여주었다. 예로부터 지역적 환경의 복잡함을 이해하고, 지역적 맥락에 따라 대응하며, 협상 테이블 건너편에 앉아 있는 상대자의 반응을 읽어내는 것이 효과적인 외교의 중요한 부분이라는 점이 인정되어왔다. 물론 상부의 지시가 요구될 때도 있지만 지나치게 숨 막히는 통제는 종종 역효과를 낳는다. 효과적인 외교는 일정 부분의 임기응변과 외교관에 대한 신뢰에 좌우된다. 긴장감 넘치고 빠르게 전개되는 협상에선 본국에 전화해 지시를 들을 시간이 없다.

이런 접근 방법의 상당 부분은 NSC의 방향과는 배치된다. NSC는 점점 더 많은 권한을 부여받으면서 미국의 전략 구성과 외교에 통제력을 발휘하려고 한다. NSC의 한 고위 간부는 외교관과 다른 관료들을 두고 그저 백악관에서 개발된 정책을 "실행할 뿐"이라고 했다. 하지만 현실은 좀 다르다. 막상 정책을 실행할 때는 어쩔 수 없이 변형이 있기 마련이다. 글로벌 무대에서 효과적인 옹호자, 협상가가 되기 위해서는 그 임무의 일반적인 상황에 대해 잘 알아야 하는 것은 물론 그 장소에 있어야 하고, 상황을 관찰해야 하고, 다른 국가의 대표들과 마주 앉아야 하고, 그리고 최선의 판단을 내려야 한다. NSC에서 제공하는 정보와 '할 일'은 대체로 바람직한 것이지만 외교 전쟁과 의사결정은 현장에서 이루어진다. 즉흥성, 창의성 그리고 대담함이 외교 임무의 필수 요소이다. 그러나 외교 정책을 담당하는 야심에 찬 젊은 세대 중 다수가 햇빛도 들어오지 않는 NSC 사무실을 선호한다. 중앙에서 이뤄지는 힘과 의사결정의 축적 양상을 보려는 것이다. 이 비타민 D가 결핍된 관료들도 중요한 역할을 하지만 나는 매 순간 의사소통 채널의 맨 끝에 있는 현장에 나와서 워싱턴으로부터 전달되는 혼란스러운 지시 사항들을 이해하려고 노력하는 과정이 존재하는 혹독하지만 본능에 더 가깝고 실질적인 삶을 더 좋아한다.

힘의 균형 대 균형의 힘

　가장 강력한 통찰은 우연히 찾아온다. 나에게 가장 많은 생각을 불러일으키는 장면은 1990년대 한 일본 방위 전략가와 그의 통역관이 나의 국방부 사무실을 방문했을 때였다. 두 사람 모두 미국의 글로벌 군사력과 작전의 가장 핵심부를 방문하기를 고대했다. 그들은 아시아에서 미국의 미래 역할에 관해 나와 토론을 벌였다. 대화가 시작되자 통역관은 안절부절못했고 우리 대화가 진행되어 갈수록 적절한 단어들을 선택하기 위해 고심했으며, 그의 부풀어 오른 목은 꽉 낀 셔츠 안에서 터질 것만 같았다. 일본 전략가는 한동안 아시아에서 힘의 균형에 대해 말을 이어갔다. 긴장한 통역관은 노트를 꼭 잡고 땀을 흘리면서 단어의 순서가 뒤집어지는 것도 모르고 있었다. 통역관은 힘의 균형 대신 균형을 잡는 힘이라고 계속 이야기하고 있었다. 통역이 잘못된 것도 모르는 채 일본 전략가는 30분 정도 아시아의 변화하는 정치 상황에 대해 이야기한 후 떠났다. 하지만 이 잠깐의 순간이 내 기억에 계속 남아 있다.

　미국의 전략은 지난 수십 년 동안 아시아에서 효과적인 힘의 균형을 계속 찾아왔고, 아시아가 어떤 특정 국가의 지배하에 들어가지 않도록 하는 조치들을 고민해왔다. 하지만 효과적인 미국의 전략은 균형을 맞추는 힘도 필요로 한다. 여기서 균형을 맞추는 힘이란 우리 외교가 사용할 수 있는 모든 도구들 — 고위급 정치적 개입과 회담, 군사적 선택지, 무역 증진 혹은 제재 그리고 인권 신장 — 을 통해 국가 이익을 강화하고 확대하는 방향으로 조화롭게 연결하는 것을 의미한다. 미국의 정책이 전략적 요소를 불균형하게 반영한다면 전체 전략의 균형과 효과성이 저해된다. 균형은 다른 상황에도 마찬가지로 적용된다. 미국은 가능한 한 중국에 긍정적 관여를 하는 동시에 다른 한편으로는 우리가 중국의 도전에 주목하고 있으며 이를 다룰 준비가 되어 있다는 것을 보여주어야 한다. 나아가 미국은 영토 주권과 같은 국가적 안보 문제에 대한 전통적인 접근과 기후변화, 해적과 같이 초국가적인 도발 사이에서 균형을 유지하는 방법을 찾아야 한다. 또한 지역 전반에 걸쳐 좀 더 큰 그림에서 개입하려 할 때에도 미국은 균형 있게 접근해야 한다. 실제로 현대 아시아에서 균형을 잡는 힘은 세력 균형 못지않게 중요한 부분이었다.

우리가 갖고 있는 유일한 미국인들

점점 더 많은 미국의 전략가와 정책 실행자들이 아시아 지역의 외교에 관여하고 있다. 이 중 많은 사람들이 유럽의 냉전 상황 혹은 최근 중동의 전쟁에서 경험을 쌓았다. 그들은 유럽적인 비유와 역사적 비교 사례들을 갖고 아시아로 왔으며, 그들이 갖고 있는 유럽적 경험을 아태지역에서 벌어지는 매우 다른 사례들에 적용하려 한다. 협상 테이블 맞은편에 앉아 있는 매우 예의 바른 대화 상대라도 유럽이나 최근 중동의 실패에서 얻은 함의를 중얼거리는 미국인들을 무시하리라는 것은 쉽게 예상된다.

그럼에도 아시아가 미국을 바라보는 현재의 관점을 가장 잘 보여주는 일화는 (영화 "제리 맥과이어Jerry McGuire"에서 찾을 수 있는 유용한 장면들 말고도) 1980년대에 NATO 사무총장인 피터 캐링턴 경Lord Peter Carington이 NATO 본부에서 한 무리의 유럽 사람들을 만났을 때 일어난 일이다. 마거릿 대처Margaret Thatcher의 가장 가까운 조언자들 중 하나인 캐링턴 경은 당시 레이건 행정부의 최신 정책 방향에 대한 유럽 외교관들과 군인들의 입장을 인내심 있게 들었다. 끓어오르는 분노와 모멸감에 이 유럽 사람들은 미국의 특정한 정책에 대해 이야기하는 것을 넘어 미국인을 역사에 관한 개념, 개별 유럽 국가 정책에 대한 지식, 외교적 우아함이 없는 무식하고 건방진 사람들이라고 폄하하는 데까지 나아갔다. 물론 미국 요리가 형편없다는 말도 이어졌다. 대화가 좀 더 수위를 높여갈 때 캐링턴 경은 생각에 잠겨 듣다가 마침내 이런 말을 하며 끼어들었다. "아, 하지만 슬프게도 우리가 알고 있는 미국인들은 그런 사람들이 전부입니다." 이 말은 그의 유럽인 동료들로 하여금 어떤 대답도 할 수 없게 했다.

  이 일화는 지속되는 미국의 역할에 대한 적나라한 묘사일 수도 있지만, 캐링턴이 말한 유럽 안정화를 위한 당시 상황이 지금 아시아의 상황과 너무 유사하다. 미국의 역할은 계속된다. 아시아 국가와 지도자들은 주변 국가에 대해 깊고 지속적이며 근본적인 불신을 가지고 있으며, 지역 안정을 위해 멀리 있는 미국의 역할에 기대를 걸고 있다. 북한의 계속되는 도발, 해양 영토 갈등의 부상, 그리고 국방 예산과 군비 증강 등의 상황이 벌어지면서 아시아 전략가들과 평론가들의 계산에서 최근 미국의 역할에 대한 중요성이 오히려 증가하고 있다. 아시아 지역이 쓸 만한 다자 기구와 활발한 지역 협력을 발전시킬수록 안보, 상업 그리고 아시아에서 발전해가는 정치적 인프라에 대한 미국의 역할은 보다 더 중요해질 것이다. 이런 기본적인 논리와 그에 따른 미국의 역할을 미래에도 이어가는 것이 미국의 이익이 된다. 바로 그런 미국인들이 아시아가 가진 유일한 미국인들이다.

정원 가꾸기

  아시아 정책은 지난 몇 세대 동안 미국이 아시아의 평화와 안정을 유지하기 위해 맡았던 역할을 잘 보여주는 비유를 찾으려고 해왔다. 미국은 지역 안정을 유지하는 역외 균형자 역할을 해왔다. 하지만 강한 바람과 약간의 두려움에 흔들리는 가운데 위태롭게 매달린 줄 위에서 긴 장대를 들고 균형을 잡는 사람과 같은 이미지는 우리 앞에 있는 도전을 잘 보여주지 못한다. 마찬가지로 백만 장의 셔츠를 팔거나 10억의 영혼을 구하는 것과 같은 우리의 사명도 사업가나 설교자라는 대조적인 접근 방식을 보여준다. 이런 대표적인 비유들은 미국이 아시아에서 갖고 있는 유산을 어느 정도는 부분적으로 보여줄 수 있지만 지역에서 오랜 기간 활동한 우리의 전반적인 노력을 묘사하기에는 불충분하다.

아시아에서 미국의 임무에 관한 가장 오래 회자되고 유용한 이미지는 신망받는 전 국무장관 조지 슐츠가 언급한 것이다. 그는 아시아에서의 미국의 임무를 정원 가꾸기와 유사한 것으로 묘사했다.

> 만일 당신이 정원을 가꾸는 중에 6개월간 여행을 떠났다가 다시 돌아온다면 어떤 결과가 벌어져 있겠나? 아마 정원은 잡초들이 점령했을 것이다. 그렇다면 당신은 당신이 심은 꽃과 채소 혹은 당신이 키우려 했던 어떤 종류의 식물을 건드리지 않고서는 이 난국을 헤쳐나갈 수 없을 것이다. 마찬가지로 외교에서도 똑같은 일이 일어난다. 만일 어떤 종류의 위기가 닥쳐왔을 때 당신이 할 수 있는 일이 단순히 가서 사람들을 만나는 것뿐이라면, 글쎄, 당신의 정원은 잡초들로 가득 찰 것이다. 따라서 특히 주요 국가들에 있어 당신은 문제가 일어난 곳에 가고, 대화하고, 이슈들을 정리하고, 어젠다를 만드는 것 등 일련의 정원 가꾸기 방법을 가지고 있어야만 한다. 그런 후에 무언가 큰 문제가 발생했다면 당신은 상황 판단을 위한 기초 작업을 이미 시행했을 것이고, 꽤 준비된 자세에서 이야기할 능력도 갖추고 있을 것이다.[1]

그러나 슐츠가 말한 정원 가꾸기 비유가 높이 평가받고 오래 유지되는 것만큼이나 현대 상황에 이 방법을 사용하기에는 분명한 한계들이 존재한다. 정원 가꾸기라는 개념은 창의성보다는 인내력을 요하며, 어느 정도 반응적이고 방어적인 성질의 고요하고 수동적인 취미 생활과 같다. 물론 이런 점들은 여전히 중요하지만 좀 더 활기차고 참여적인 역할을 수행하는 것이 더 가치 있는 일이다.

현재 아시아의 도전에 관해서 내가 하고 싶은 비유는 오케스트라 지휘자다. 오케스트라의 각 연주자들이나 각 파트들은 선율이나 화성 혹은 타악기 등 각각의 부문들이 독립적으로 지닌 자원을 대표한다. 그러나 이 각자 독립된 부분들이 한 집단으로 합쳐져서 활용되면 그들은 명백하게 그들 개별 집단의 재능을 전체 악곡으로 옮겨서 불어넣는다. 지휘자의 역할은 가장 적절한 음악을 선택하고, 예컨대 호른이 현악 파트의 소리를 묻어버리지 않도록 신경 쓰면서도 그 와중에 박자를 철저히 지키도록 오케스트라의 다양한 구성원들을 달래고 격려하면서 최고의 음악을 뽑아내는 것이다. 좋은 지휘자는 각자의 역할을 이해하고 있으며 항상 자신을 바라보는 사람들의 많은 시선들을 의식한다. 여기에는 분명 공연 예술적인 요소가 개입된다. 종종 음악과 혼연일체가 되어 지휘자가 표현력 있게 팔을 휘젓는 것과 같은 극적 요소가 요구될 때가 있다. 그리고 또 다른 지점에서는 지휘자가 없는 것처럼 느껴지게 만들어야 할 때도 있다. 대체로 지휘자는 오케스트라의 현악부, 목관부, 호른과 플루트 연주자들 그리고 타악부에 이르는 각 파트들이 함께 머무르면서 그들이 가진 최고의 기량을 뽐내는 것을 가능하게 만든다. 지휘자는 최상의 공연을 모두로부터 뽑아내지만 지휘자 자신에 대한 기대도 매우 높게 설정한다. 지휘자는 오케스트라의 한 부분이지만 그와 분리된 존재이기도 하다. 그는 모여 있는 사람들 앞에 서 있는 자기 자신이 없다면 이들을 이끌 사람이 없다는 점도 잘 알고있다. 제1바이올린 수석이 자신의 기량과 재주를 최대한 발휘한다 해도 이 다양한 연주자 집단을 이끌 수는 없다. 공연 막바지에 우레 같은 박수를 받는 건 연주자들 모두이고 지휘자는 사심 없이 연주자 개개인의 공로를 인정한다. 하지만 오케스트라의 연주자 개개인은 지휘자의 지휘로 인해 그들이 최상의 기량을 발휘할 수 있었다는 점을 안다.

최대한 노력하기

아시아 외교를 성공적으로 실행하는 데 중요한 요소 중 하나는 아무리 힘들어도 끝까지 힘과 지구력을 보여주는 것이다. 힘들 때 필요한 일본 격언이 있다. 바로 '최대한 노력하기'다. 많은 경우 효과적인 아시아 외교를 위해서는 심신을 약화시키는 변화와 흐름, 시차와의 투쟁 그리고 이름 없는 호텔 방에서 잠 못 이루는 밤, 여기에 더해 부과되는 끊임없는 외교적 요구 사항 등에 익숙해져야 한다. 공동 선언문, 무역 협정 또는 코뮈니케 작성을 위한 협상은 길고도 집중적인 토론과 막판까지 가는 거래를 필요로 한다. 어떤 외교적인 만남도 마지막 단계까지 가면 양쪽 모두 극도로 지치기 마련이다. 하지만 그런 노력이 있고 난 후에야 합의가 만들어질 수 있다. 백악관은 종종 미국과 중국의 정치 지도자들이 서로 앉아서 회의를 하는 것보다 훨씬 전에 공동 선언문 혹은 공동 설명서를 마무리하라는 지시를 내린다. 언제나 어떤 종류의 문서든 간에 마지막 수정은 정신없이 마무리되고, 중국의 지도자들이 백악관 잔디 위에서 21발의 예포를 받을 준비가 된 순간이 되어서야 복사가 된다. 그전에 일이 마무리되는 경우는 아주 드물다.

이 이야기의 핵심은 아시아의 대화 상대자들은 우리가 최대한의 노력을 기울이는지 보려고 한다는 것이다. 아시아인들은 어떨 때는 개인적 신뢰만큼이나 개인의 인내력을 중요하게 보고 타협점을 찾을 시점에 대한 판단을 내린다. 이는 모든 미국의 외교관들이 협상 막바지에는 며칠 잠을 자지 못한 상태에서도 일할 준비가 되어 있어야 하며, 회의 중에 상대방의 길고 고통스러운 프레젠테이션이 이어지는 동안 잠과 사투를 벌이면서 전략을 개발해야 함을 의미한다.

    일본인들은 리더들이 해외에서 온 사람들과의 회의 중에 졸고 있을 때 회의 내용을 골똘히 듣고 있는 것이라고 하며 이해해주는 편인데, 이런 외교적 관습은 널리 받아들여지고 있다. 하지만 어떤 느슨함도 미국의 외교관들에게는 맞지 않으며 그런 이유에서 어떻게든 깨어 있는 것이 중요하다. 한번은 장거리 비행 끝에 호주 케언스Cairns에서 열린 태평양도서국포럼(PIF)에 참석한 적이 있다. 이 포럼의 회의는 끝없이 이어졌다. 회의 후 나는 호주 총리 케빈 러드와 만날 예정이었고, 이 만남을 위해 그레이트 배리어 리프Great Barrier Reef가 바라보이는 그의 화려한 호텔 방의 소파에 겨우 앉았다. 차관보가 총리를 만난다는 것은 이례적인 영광이었고, 나와 케빈은 이전부터 잘 알고 지낸 사이였기 때문에 나는 이 만남을 고대해왔다. 그러나 문제가 생겼다. 나는 믿을 수 없을 정도로 지쳐 있었다. 회의가 시작되고 총리와 그의 팀이 내가 호주에 온 것을 환영하고 있을 때 잠깐 졸았던 게 기억난다. 나는 몇 시간 뒤에 깨어났고, 여전히 양복을 입은 채 소파에 앉아 있는 상태였다. 불은 꺼져 있었고 호주 대표단은 이미 자리를 뜬 후였다. 그 후 나는 클린턴 국무장관이 작은 칠리 페퍼가 든 캔을 들고 다니는 것을 보고 출장 갈 때마다 따라 했다. 그저 턱과 잇몸 사이에 살짝 문지르는 것만으로도 끝없이 지속되는 회의에서 당신은 깨어 있게 된다. 이것은 다른 긍정적인 영향도 있었다. 한 아시아의 참석자가 남중국해에 관한 자국의 입장을 설명한 열정적인 프레젠테이션 후 눈물을 흘리는 나의 모습에 감동했던 게 기억난다.

간단히 정리하자면 외교적으로 성공하려면 어느 정도의 피로감이 필요하고 그때가 되어서야 일이 진척되기 시작한다. 많은 경우에 자신의 자원, 용기 그리고 인내심이 바닥을 쳤을 때 비로소 최고의 진전이 만들어지기도 한다. 이것은 움직이면서 일하는 것의 중요성, 실수와 간과를 방지하기 위해 모든 사안들이 신중하게 검토되어야 함의 중요성을 말해준다. 핵심은 인내심이지만 지구력도 중요하다. 또한 이것은 상대의 말을 주의 깊게 듣는 데 편안한 의자가 도움이 된다는 것도 시사한다.

참석하기

정부 업무에서 새로운 정책 프레임워크를 만들고, 대통령의 독트린을 개발하고, 새 프로그램을 만들기 위해서는 엄청난 양의 시간과 주의가 요구된다. 과거 소련에 대한 봉쇄 정책을 논한 조지 케넌George Kennan의 '엑스 논문X Article', 전쟁으로 망가진 유럽의 복구를 주장한 마셜 플랜, 베를린 장벽을 허물라고 주장한 레이건 대통령의 연설과 같은 과거의 업적들은 크게 다가온다.

그러나 이런 엄청난 사례에도 불구하고 미국의 정책은 아시아에서 아주 일상적이고 보잘것없는 일에 의해 판단된다. 엄청난 거리, 서로 반대되는 요구들, 그리고 잠시 기착했을 때의 일정들은 정부에서 매우 귀한 자원인 최고위급 관료의 시간과 관심을 필요로 한다. 미국 정부에서 일하는 아시아 관련 정책 결정자와 직원들에게 가장 두려운 시간은 국무장관이나 대통령의 아시아 순방 일주일 전쯤이다. 나는 아직도 웨스트 윙에서 열린 회의 때마다, 그리고 국내 정책 자문관들이 대통령의 순방 준비 회의 때마다 왜 이번 아시아 방문이 초점에서 벗어났으며, 시간 낭비인지 경고하던 것을 기억한다. 사실 순방 준비를 위한 회의에서 왜 그곳을 방문해야 하는지에 관한 질문 없이 부드럽게 끝난 경우는 별로 없다. 상황에 따라 지도자와 정치인들은 순방을 취소하기도 했다. 이를 입증할 만한 구체적 증거는 없지만 다른 지역 순방 때보다 아시아 지역 순방 때 이런 경우가 더 많았다. 긴급한 국내 문제가 있을 때나 다른 지역에 더 중요한 문제가 있을 때 그렇게 오랫동안 워싱턴을 비울 수 없다는 생각이 있는 듯하다. 혹은 국내의 경제 상황이 좋지 않은 상태에서 아시아 순방이 일자리 감소나 불공정한 무역 경쟁과 같은 좋지 않은 이미지를 만들어낸다는 생각을 하고 있는 듯하다.

여전히 개인적 친분과 네트워크에 대한 이해가 미국 외교에 여전히 부족하지만, 이는 아시아에서 미국의 힘을 유지하는 가장 중요한 요소다. 아시아에 대한 가장 중요한 전략적 원칙에 관한 통찰이 다른 누구도 아닌 우디 앨런으로부터 나온다. 삶에서 성공의 80%는 단지 참석하는 데서 이루어진다고 한 그의 말은 아시아 맥락에 아주 잘 들어맞는다. 많은 경우 아시아 외교관들은 미국 고위 외교관으로부터 혁신적인 새로운 정책이나 어려운 외교 문제에 대한 창의적 접근을 기대하지 않는다. 대신에 그들은 미국 참석자가 빠진 회의 의자가 보이지 않게 미국 대표가 꾸준히 참석하기를 바란다. 아시아 외교관들은 시차와 사투를 벌이는 미국 외교관을 보는 것만으로도 어느 정도 확신을 가진다. 단순 참석이 때로 따분하기는 하지만 그럼에도 불구하고 꾸준한 확신을 줄 수 있다.

"중국은 큰 나라다"

아시아에 대한 지식은 종종 일종의 사인 곡선sine curve을 따라간다. 이것은 단순함과 복잡함 사이에서 아시아에 대한 이해와 통찰이 왔다 갔다

하는 상태다. 초보자들은 처음엔 아시아에 관한 가장 기초적인 사실 조사로부터 시작한다. 경험 많은 분석가들은 깊이 있는 역사적 지식 덕분에 지금의 상황을 폭넓은 세부 사항과 함께 서술한다. 반면 중국의 관료들은 간단한 문장으로 쟁점의 핵심을 간파해낸다. 단순함은 복잡함을 이끌어내고 결국에는 다시 단순함으로 돌아온다.

  몇 년 전 하와이 미 태평양사령부(PACOM)를 방문했을 때 나는 검은 양복과 넥타이를 맨 불편한 차림으로 워싱턴에서 온 한 무리의 외교관들과 함께 돌아다녔다. 반면 하와이에 있는 관료들은 카키색 바지와 꽃무늬가 그려진 알로하 셔츠를 입고 얼굴을 감싸는 휘어진 선글라스를 쓰고 있었다. 우리는 최근 지명되어, 이제 막 태평양사령부(PACOM)의 지휘부를 맡은 해군 제독을 만나기 위해 안내를 받아 들어갔다. 그때는 작전 지휘관들이 자신의 작전 전구戰區에서 벌어지는 작전과 정책적 형성에 있어 이전에 비해 훨씬 더 큰 역할을 수행하던 시기였다. 제독은 자신의 초반 커리어를 멀리 떨어진 지역에서 다른 군대와 행정적인 문제에 집중하여 보냈고, 아시아에 관심을 돌린 것은 최근에 이 지역에 지명되면서부터였다. 당시 그는 아직 아시아 지역을 방문하진 않은 상태였다. 그럼에도 불구하고 그는 4성 장군 사령관이라는 자리가 주는 확신에 가득 차 이 지역의 복잡함에 대한 자신만의 통찰을 말했다. 그는 커다란 가죽 의자에 앉아 중국에 대한 최근의 의혹들에 대해 자기 의견을 밝혔다. 중국은 우리 방문단들 중 많은 수가 수십 차례 방문한 바 있었고, 한 세대에 걸쳐 일한 지역이었다. 그는 그때 막 펄 하버Pearl Harbor에 위치한 벙커에서 부지런히 일하는 그의 J-2(합동군 사령부의 정보참모부intelligence directorate를 의미하는 약어다 _ 옮긴이 주)로부터 중국의 내막과 중국의 야심을 다룬 기밀 브리핑들을 받기 시작한 터라 어느 정도 확신을 갖고 주장할 수 있었다. "당신도 알다시피, 중국은 큰 나라입니다."

몇 주 후, 나는 중국 관련 학술회의에 참석했다. 그 자리에서 중국 농촌 지역에서 몇 년간 현장 연구를 수행한 전도유망한 교수의 대단히 흥미로운 강연을 듣게 됐다. 그녀는 오랜 시간 동안 1970년대 지역 농업 정책이 현대 중국의 식량 생산에 어떤 영향을 주었는지, 그 결과로 이 정책들이 어떻게 현대 중국의 궤적을 만들었는지를 자세히 그리고 길게 설명했다. 그녀는 생산 할당량에 대한 결정과 비료나 물 등 국가가 조달한 물자들이 관료에 의해 어떻게 만들어졌으며, 이 결정들이 중국의 식량 체계에 어떤 영향을 줬는지 서술했다. 그 프레젠테이션은 역사적 맥락과 복잡한 관료제에 관한 통찰에서 철저했다.

회의 결론부에 나는 로버트 스칼라피노Robert A. Scalapino 교수를 잠깐 만났다. 그는 캘리포니아 주립대학교 버클리 캠퍼스에 재직 중인 존경받는 학자로 국제 무대에서 중국의 역할이 어떻게 진화해왔으며, 왜 중국의 정책이 중국만 갖고 있는 독특한 문화를 따르는 수천 년의 역사에 의해 만들어지는지에 관해서 몇십 년에 걸쳐 학생, 학자, 정책 실행가들에게 심오한 통찰력을 제공했다. 그를 만났을 때 그는 노쇠했고 자신의 인생 막바지를 보내고 있었지만 여전히 아시아에 관한 단순한 언급도 그를 활력 있게 만들었고 우리의 대화가 중국으로 방향을 틀 때에는 그의 눈에서 불꽃이 튀는 것처럼 보였다. 주변국들과 적극적으로 관계 개선에 나서면서도 동시에 강경한 자세를 취하는 중국 외교의 모순에 대한 질문을 받자 그는 먼 곳으로 눈길을 돌리더니 미소를 지으며 인생 전체에 걸쳐 받은 훈련, 기질 그리고 통찰을 다 모아 간단한 답을 주었다. "당신도 알다시피, 중국은 큰 나라라오."

양면게임이론

　정부 행정과 현대 학문이 추구하는 것의 차이는 시간이 갈수록 점점 더 커진다고 한다. 일류 대학에서 지역 연구는 갈수록 줄어드는 대신에 통계적 해석으로는 풀리지 않는 불가사의한 문제나 포스트 페미니즘에 초점을 맞추고 있다. 정부에 있는 사람들도 정부가 만들어내는 매일매일의 도전과 연관성이 없는 것처럼 보이는 학문적 집단과 조금씩 괴리되고 있다. 그럼에도 불구하고, 정책 실행가들에게 매우 중요한 통찰력을 제공하는 연구와 학문 영역이 존재한다. 이런 작업들 대부분은 대학에서 도외시하는 부분인데, 복잡한 지역 동학이나 지역 연구에 관한 단순한 분석 이상이다.

　가장 적절하고 이해하기 쉬운 학문 연구 성과 중 하나로 로버트 퍼트넘 Robert Putnam이 '양면게임이론'에 대해 쓴 탁월한 논문을 들 수 있다.[2] 그의 강력한 관찰은 어떻게 외교가 언제나 유사한 국내적 협상과 함께 진행되는가와, 효과적인 외교를 수행하는 것은 반드시 양 단계 간의 상호작용을 이해하고 예측해야 한다는 점을 다룬다. 그렇게 하는 것과 하지 않는 것이 성패를 가른다. 실제로 외교와 국내 사정이 맺고 있는 관계가 외교 실행에서 가장 복잡하고 어려운 부분이다.

　양면게임이론이 현실로 옮겨진 예 중에서 내가 가장 생생하게 경험한 것은 오키나와에 있는 미군 전방 배치 기지를 둘러싸고 벌어진 복잡한 상황이었다. 1995년 오키나와의 한 어린 여학생이 집으로 가는 길에 강간을 당한 불행한 사태 이래로 미국과 일본은 어떻게 하면 지역 공동체의 부담을 줄이면서도 미 해군의 오키나와 주둔을 유지해 평화와 안정을 위한 군사 능력을 보존할 것인지를 두고 종종 긴장감 넘치고, 지나치게 어려우며 큰 희생을 요구하는 협상을 벌였다. 미국과 일본의 외교관들은 20년간 이 문제를 담당해왔고 양측 모두 이와 관련된 국내 정책의 도전을 다루어야만 했다. 일본 정부는 항상 오키나와 대표자들과 주민들이 겪고 있는 고통을 조심스럽게 설명해왔다. 오키나와 대표자들과 주민들은 오키나와 미군기지의 운명에 관한 어떤 형태의 외교적 협상이든 비타협적인 자세를 취하곤 했다. 미 해군은 아태지역 미국의 교두보인 이 섬에서 이뤄지는 훈련과 배치 전략에 영향을 주는 어떤 토론에 대해서도 상당한 책임의식을 가지고 있었다. 그 때문에 미국과 일본 사이 고위급 외교 만남은 대중의 관심을 끌기 마련이었다. 이 자리에서 외교관들은 서로 마주 보고 앉아 서로에게 받아들여질 만한 조정들을 논의하는 듯했다. 그러나 실상은 양면게임의 반대쪽에 위치한 까다로운 국내 이해관계자들 사이에 결과를 만들어내고 최종적 협상 결과물이 형성되고 결정되는 것은 고위 외교 회담이 열리기 전에 있는 이면 협상에서였다.

이런 관점에서 외교관의 역할은 자국 국내와 협상의 대상인 타국 어느 곳에서도 신뢰가 깨지지 않는 방향으로 협상을 하는 것이며 이는 매우 어려운 업무다. 더 골치 아픈 것은 한 국가의 국내 행위자가 자국 대표를 지원하면서 협상 상대자 국가의 외교관에 직접 호소하려 한다는 것이다. 마치 오키나와의 지역 정치인들이 미국 외교관들과 직접 이야기하려 하고, 미 해군은 직접 일본 외교관들에게 영향을 미치려 하는 것과 같은 상황이다.

이처럼 이해하기 어려운 정치학 논문을 다시 언급하는 것의 핵심은 미국의 국가 운영에 현대 학문이 아직 적실성을 가지고 있다는 점이다. 양면게임이론 분석에서 발견되는 것과 같은 통찰은 복잡한 상황에 대한 이해를 증진하고, 외교관에게 근본적인 통찰을 제공한다. 이 밖에 학문적 분석틀로 조지프 나이가 제시한 "소프트 파워"와 존 아이켄베리의 자유주의 국제질서 본질에 대한 관찰을 들 수 있다. 이러한 학문적인 처방전은 상아탑과 멀리 떨어진 외교관들이 활동하는 세계를 좀 더 쉽게 이해하는 데 도움을 준다.

쉬운 비유로 이야기 풀기

일벌백계, '돌다리도 두들겨 보고 건넌다'처럼 아시아 국가들은 외교에 유용한 일화나 다채로운 역사적 비유를 많이 갖고 있다. 사실 마오쩌둥과 저우언라이의 명언들과 제2차 세계대전 당시 일본의 유명한 해군 제독인 야마모토 이소로쿠山本五十六의 말("우리는 자고 있는 거인을 깨웠다"), 그리고 손자孫武의 명언들은 매우 좋은 것들이어서 그 격언을 들은 서양의 대화 상대자들은 종종 기억에 날 만한 말을 인용해 그들의 아시아 상대자들에게 되돌려주려 한다. 나는 한 저명한 아시아 외교관으로부터 서방 외교관이 천 송이의 꽃이 피도록 하라는 충고를 한 번 더 했다면 아마 자기는 병이 날 것이라고 말하는 것을 들었다.[3] 몇몇 교양 있는 서양의 대화 상대자들은 그들 말의 핵심을 강조하려 할 때, 그리스 신화를 사용하는 데 능하다. 예를 들어 로버트 케이건은 현재 공화당이 겪고 있는 궁지에 대해 주목할 만한 칼럼을 썼는데, 그는 그리스 비극으로부터 가져온 이야기를 능숙하게 활용하면서 그 칼럼을 시작했다. "전염병이 테베Thebes로 내려왔을 때, 오이디푸스는 자기 매제를 델포이Delphi로 보내 그 원인을 규명할 신탁을 받아오라고 명했다. 그는 테베가 고통받는 이유가 되는 죄악이 자신의 것임을 전혀 알지 못했다." 다른 사람들은 시시포스의 신화를 차용해서 끝이 없는 상황이나 희망이 없는 상황을 묘사하기도 했고, 불편하면서도 보이지 않는 진실과 마주한 누군가를 위해 메두사를 인용하기도 했다.

내가 선호하는 역사적인 비유는 미국 대중문화를 드는 것으로, 그중에서도 영화를 들곤 한다. 설령 당신의 대화 상대자가 그 특정 영화를 본 적이 없다 하더라도, 나는 몇몇 최신의 영화들이 아시아적인 맥락에서도 놀랄 정도로 유용한 진리를 전달한다는 점을 발견했다. 예를 들어 영화 "사관과 신사An Officer and A Gentleman"에서 루이스 고셋 주니어Louis Gossett

Jr.가 연기한 거친 훈련 교관은 리처드 기어Richard Gere에게 일을 그만둘 것을 종용한다. 교관은 리처드 기어가 장교 임관을 포기하도록 하려고 그의 얼굴에 수도 호스를 들이댄다. 리처드 기어는 심리적 압박에도 불구하고 그 상황을 견뎌내며 "나는 더 이상 갈 곳이 없어…… 나는 더 이상 갈 곳이 없어"라고 외친다. 이것은 비록 미국이 실망스럽다 해도 미국은 여전히 아시아의 최선의 — 그리고 실제로는 유일한 — 선택지라는 메시지를 아시아 상대자들에게 강조하는 유용한 방법이다. 또 다른 영화로 추천할 수 있는 것은 "제리 맥과이어"에서 주인공이 쿠바 구딩 주니어Cuba Gooding Jr.가 연기한 인물에게 "나를 돕는 게 너를 돕는 길"이라고 애원한 것이다. 이 장면은 아시아 국가들이 난관에 처한 상황에서 미국이 도우려 하지만, 이런 미국의 지원을 아시아 국가들이 어렵게 만드는 경우에 유용한 장면이다.

물론 영화의 한 토막에서 금맥을 찾으려는 사람들에게 주맥主脈은 영화 "대부The Godfather"에서 찾을 수 있다. 이 영화는 무수한 가능성을 지닌 고전적인 대화들을 수없이 갖고 있다. 코를레오네 범죄 집단의 중간 보스인 테시오는 "이것은 사적인 문제가 아니야. 그저 일일 뿐이야"라고 말한다. 대부로 나오는 말런 브랜도Marlon Brando는 그의 장남 소니에게 "절대로 다시는 조직 외부의 누구에게도 네가 무슨 생각을 하는지 말하지 말라"고 가르친다. 그리고 마이클 코를레오네를 연기한 알 파치노Al Pacino는 "상대방이 거절할 수 없는 제안을 할 것"이라고 강조한다. "대부"는 외교적인 지혜의 전형이다. 기본적으로 모든 협상의 수들이 영화 곳곳에 나온다. 이 영화는 또한 외교관들에게 핵심이 되는 격언을 제시한다. "부탁받은 모든 작은 호의를 행하라. 왜냐하면 언젠가 당신은 마치 총알이 박힌 소니의 몸을 돌보는 것처럼 더 큰 것으로 돌려받을 것이기 때문이다." 아리스토텔레스의 교훈이나 그리스 신들의 비극을 박식하게 언급하는 동안, 아시아의 대화 상대자들은 앞서 언급한 정치 지도자들과 군 전략가들의 지혜를 활용한다.

나는 미국 영화의 이야기들을 계속 차용할 것이다.

전략 대화

리처드 닉슨Richard Nixon과 헨리 키신저는 그들의 임기 동안 미국의 아시아 외교에 깊이 관여했다. 그들이 행한 외교적 행위는 중국의 개방을 조율하는 것과 베트남에서 전쟁 종식을 감독하는 것, 괌 독트린을 선언하고 캄보디아에서 비밀리에 진행된 폭격 작전을 종식시키는 것 등이다. 하지만 가장 잊을 수 없는 유산은 중국과의 전략 대화를 시작한 것이다. 그 시기 중국의 개방을 둘러싸고 저우언라이와 마오쩌둥을 만나서 나눈 대화를 잠깐 복기하는 것만으로도 현재 전략 대화를 준비하는 데 가장 좋은 연습이 될 수 있다. 중국 지도자들의 몇몇 발언들은 오래된 역사로 거슬러 올라가기도 하는데, 예컨대 프랑스 혁명의 의의에 대한 평가("판단하기에는 너무 이르다")나 외교의 의미("모든 외교는 다른 수단에 의해 지속되는 전쟁이다") 등을 들 수 있다. 이런 대화들은 대개 즉흥적이었으며, 넓은 범주에 걸친 주제들을 다뤘고, 현시대에 가장 복잡한 양자 관계를 만들었다.

그 시기 이후로 당시 중국과 미국의 대화 상대들 사이에 전략적 상호작용에 버금가는 것을 재현해보자는 열망이 있었다. 당시 그들은 각자가 세상을 어떻게 바라보는지에 관한 깊은 철학적·전략적 통찰을 제공했다. 그러나 닉슨과 키신저, 저우와 마오 시대 이래로 많은 것이 변했다. 양측에 관료적 제약이 더 많아졌고, 살펴봐야 할 외교 정책 선례들이 더 많아졌다. 나는 근래 고위급 간에 이뤄진 많은 전략 대화에 배석했지만, 대부분 다소 실망스러웠다. 오바마 대통령도 고위급에서 관점을 교환하길 바라는 심정으로 지적재산권이나 핵 확산 그리고 기후변화를 주제로 종종 중국 측 대화 상대자를 끌고 가려고 한다. 하지만 오늘날 중국의 지도자들은 이러한 깊은 주제를 꺼리는 경향이 있으며, 대신 양측 외교부나 국가위원회 혹은 경제 기관들 중 하나에서 온 얼굴도 본적 없는 사람들이 지도자들을 위해 사전에 만들어 놓은 답변만 하려는 경향이 있다. 중국의 지도자들은 그들이 만든 신형 대국 관계 개념 혹은 상호 공존 개념에 대해 미국의 신뢰를 이끌어내려고 노력했지만 오바마 대통령이 그들이 원하는 단어를 언급하지 않아 실망한 듯했다.

이런 맥락에서 전략 대화는 외교적 상호작용의 또 다른 양식으로, 이는 상대방의 질문에 답할 수 있는 내용이 바인더 어디에 들어 있는지 그리고 얼마나 빨리 찾을 수 있는가를 보는 훈련이라고 할 수 있다. 이렇게 볼 때 전략 대화는 대화라기보다는 공식적 입장 교환에 가깝다. 나는 오바마 대통령과 당시 중국 국가 주석이었던 후진타오의 만남을 기억하는데 그 자리에서 후진타오 주석은 오바마 대통령의 질문에 즉답하기를 슬쩍 피하면서 그의 공식적인 바인더 속 관련 답이 있는 페이지를 재빨리 찾았다. 그의 나이가 믿어지지 않을 만큼 민첩했다. 이는 그가 준비된 질문들에 대해 미리 연습해왔음을 보여준다. 각 페이지의 색인표마다 인식 가능할 정도의 손때가 묻어 있었는데 '전략 대화'를 준비하기 위해 수십 번은 넘겨봤다는 게 눈에 보였다.

그러나 이런 사전 준비된 만남이 밖으로 비쳐진 것보다 보잘것없고, 닉슨과 마오의 대화와 천지 차이라 해도 미중 사이 전략 대화가 없지는 않다. 다만 다른 형태를 취할 뿐이다. 지금 진정한 의미의 전략적 상호작용은 양측 사이에서 공식적인 공동 협정문을 만들고자 끝까지 논의하는 시기인 늦은 밤의 실무 단계에서 이뤄진다. 공동 협정문 협상과 관련된 나의 경험은 후진타오 주석의 워싱턴 방문 전 미중 양국 대화 상대자들이 미 국무부에서 만나 미래에 대한 공통의 관점을 찾고 합의를 보기 위해 보낸 시간 동안이었다. 그것은 명시적인 전략 대화는 아니지만 시간이 흐르면서 양측이 선호하는 바와 양측의 핵심 주장들이 완전히 드러나는 그런 만남이었다. 이 공동 협정문을 통해 우리는 미국과 중국이 추구하는 근본적인 목표들 사이에서 동질성을 찾고 이를 연결하고자 했다. 중국은 중국의 국제 무대 데뷔를 미국이 환영하고 또 중국의 부상을 막기 위한 행동을 취하지 않겠다는 확답을 받고자 했다. 그 반대급부로 미국은 중국으로부터 작은 양해를 얻었다. 이 작은 양해는 중국이 아시아에서 미국의 역할을 계속 환영하고, 두 국가가 서로 돕기 위해 노력한다는 것이었다. 미국은 아시아에서 중국의 증가하는 역할과 글로벌 국제관계에서 중국의 중요성에 대해 강력하게 보장해줄 준비가 되어 있었던 반면, 우리가 많이 노력했음에도 불구하고 중국이 아시아에서 미국의 긍정적 역할을 인정한다는 답을 얻기는 매우 어려웠다. 이것은 미국의 역할이 아시아에서 지속되는 것과 관련하여 중국이 양가적인 감정을 보인다는 점을 시사한다. 하지만 중국인들은 이 점을 당장 협상 테이블 건너편에 앉아 있는 미국인 대화 상대방에게 허세 부리듯 전달하지 않는다. 대신 공동 협정문과 같은 가장 보람이 작은 일들을 둘러싸고 벌어지는 치열한 협상 중에 미묘한 방식으로 드러날 뿐이다.

 공식 공동 협정문을 담당하는 것만큼 정부 일 중에서 부담스럽고 반갑지 않은 일은 없다. 이는 양쪽이 받아들일 수 있는 비전을 성공적으로 전달하는 공동 문서를 만들어내는 잔인한 토론이 오랫동안 이어진다는 것을 의미한다. 그러나 지금 테이블 맞은편의 사람들에게 정말 중요한 것이 무엇인지 명확히 하는 것보다 더 중요한 것은 없다. 이것이 전략 대화의 가장 기본적인 본질이다.

당신의 노고에 감사합니다

군복을 차려입은 미군이 길을 걸어가면 우르르 몰려드는 시민들을 피하기 어렵다. 그들은 미군의 노고에 감사 인사를 하려는 것이다. 한편으로는 애국심의 발로이고 다른 한편으로는 죄책감의 표현이다. 이런 복합적인 감정은 과거 베트남전쟁 시절 동남아 정글에서 피비린내 나는 전투를 치른 군인들이 고국에 돌아와 마주해야 했던 불명예와 적대감에 기인한다. 다른 한편으로는 겨우 미국인의 1%에 해당하는 이 군인들이 아프가니스탄과 이라크에서 전쟁을 전담했다는 현실에 대한 인식에서도 유래한다.

바로 이 대중적이고 혹은 복잡할 수도 있는 감정은 멀리 떨어진 지역에 전진 배치된 미군과 미국의 외교관 그리고 세계 도처의 미국 대사관과 외교 단지에 상주하는 민간 공무원들이 매일 겪는 경험과도 크게 다르지 않다. 예를 들어 리처드 닉슨, 프랭클린 델러노 루스벨트 그리고 조지 W. 부시 같은 대통령의 신뢰를 받지 못하고, "룰스 오브 인게이지먼트Rules of Engagement" 같은 영화나 미국 외교관들의 어두운 면을 보여준 본Bourne 시리즈 같은 대중문화에서는 불공평하게 희화화되기도 했다. 혹은 1950년대 조지프 매카시가 말한 만연한 반역죄까지는 아니더라도 의회에 출석해서는 대럴 아이사Darrell Issa의 주기적 비난이나 하원에 포진한 다른 티파티 회원들에게 헛되고 무능하다고 지탄을 받기도 했다. 외교에 복무하는 인력들은 이런 대중적이고 정치적인 경멸을 받고 있다. 이런 경멸은 매우 능력 있는 민간외교관들을 낙담하게 만드는데, 이들은 미국의 국익과 가치를 전쟁 이외의 수단을 통해 증진하는 방법을 모색하는 사람들이다.

나는 동아태 담당 차관보로 미 국무부 사무실에서 그들과 함께 일했고, 정기적으로 해외를 여행하는 미국인들 중 국무부 직원들에게 크고 작은 도움을 받은 이들이 보낸 편지나 짤막한 메모를 받곤 했다. 이 편지들은 명백하게도 다음과 같은 놀라움을 머금고 있었다. "세상에! 이 사람이 나를 돕기 위해 자신에게 주어진 임무 이상을 해냈어요! 내가 얼마나 놀랐는지 상상해봐요!"

최근에 중동에서 벌어지는 어두운 갈등을 그려낸 책들이 문자 그대로 수백 권 출판됐다. 이 책들은 힘든 전쟁터에서 싸우는, 카키색 옷을 입은 군인들의 목숨과 희생을 언급하고 있다. 반면 군인들의 민간인 파트너들과 중동과 다른 지역에서의 외교를 서술한 책은 라지브 찬드라세카란 Rajiv Chandrasekaran이 쓴 그리 호의적이지 않은 《그린존 *Imperial Life in the Emerald City*》을 제외하고는 거의 없다. 무엇보다도, 북한과 막막한 외교에 대한 기록을 다룬 최근의 훌륭한 이야기들을 제외하면 아시아 전방에 배치된 외교관들의 활약을 밝힌 책은 전무하다. 군사력은 미국 정부를 가장 강력한 상태에 두는 도구라고 언급되는 반면, 다른 관료 조직들 ― 무엇보다도 특히 국무부 ― 은 생명 유지 장치를 매단 채 분투하고 있다고 한다. 당신은 내가 목격한 현대 국무부 관료들의 결단력과 끈기 덕분에 다른 부처들이 생명이나마 유지하고 있다는 것을 알지 못할 것이다.

함께 일할 수 있었던 것이 특권이었다고 생각되는 가장 훌륭한 미국인들 중 몇몇과 보냈던 국무부에서의 4년간 생활이 지난 지금 나는 단순하지만 진심 어린 인사를 나와 함께 일한 각각의 사람들에게 보내고자 한다. "당신의 노고에 감사합니다."

결론

　에어포스원이 양곤Yangon 국제공항 중앙 활주로 위에 부드럽게 착륙했다. 2012년 12월의 밝고 맑은 날이었다. 화살과 올리브 가지로 만들어진 미국 대통령을 상징하는 독특한 문장이 ― 정말로 가장 강력한 미국의 소프트 파워 무기 ― 새겨진 하늘색의 747 비행기가 공항 주기장을 따라 천천히 이동했다. 에어포스원은 미국 대통령의 방문을 환영하는 들뜬 군중들 옆에 멈춰 섰다. 중국은 아마도 교량, 댐, 타워 그리고 다른 거대한 인프라 건설 프로젝트를 물질적인 혜택을 바라는 아시아 이웃들에게 제공할 수 있었을 것이다. 그러나 우리는 여전히 지구상에서 가장 멋진 비행기를 갖고 있었다. 그날 비행기에서 내리려고 준비하던 사람들은 오바마 대통령과 클린턴 국무장관 및 국무부의 몇몇 인사를 비롯한 외교 팀이었다. 미국 대통령이 역사상 처음으로 미얀마를 방문한 것이다. 에어포스원에 타고 있던 사람들과 전용기 밖 습한 아스팔트 위에서 공식 도착 행사를 위해 기다리고 있던 사람들은 그 중요성을 이해하고 있었다. 여러모로 오바마 대통령의 미얀마 방문은 세상으로부터 격리되어 있던 미얀마가 개방으로 가는 첫 단계를 마무리하는 작업이었다. 클린턴 국무장관은 지난 3년 동안 부담이 큰 외교를 위험을 무릅쓰며 공개적으로 시도했고, 또한 보이지 않는 곳에서 회유와 설득을 통해 미국 대통령의 미얀마 방문을 이끌어냈다. 클린턴 장관은 미얀마를 수십 년 동안 철권 통치해온 군부의 핵심 인사들로부터 능숙하게 신뢰를 얻어냈다. 또한 그녀는 오랜 시간 동안의 가택 연금에서 풀려난 미얀마의 실낱같은 희망인 아웅 산 수 치 여사의 신뢰를 받고 있었다. 나는 클린턴 장관이 국무부에 있는 동안 외교적 큰 성과를 거두지 못했다는 비판을 들을 때마다 항상 화가 나고, 그럴 때마다 나의 목적의식과 자존심이 흔들린다. 정말로 그런가? 그들이 관심을 보이지 않았던 것 아닌가? 난관에 굴하지 않았던 미국 외교 덕분에 지구상에서 가장 고립되고, 비극적이고, 비밀스러운 땅이었던 미얀마가 마침내 세상에 나왔고, 이는 아시아가 걸어갈 길을 근본적으로 바꾸어놓을 수 있는데도 말이다.

클린턴 국무장관의 업적은 미얀마의 개방에서 끝나지 않는다. 그녀는 미국이 동아시아정상회의(EAS)를 지지하고 참석할 수 있는 길을 닦았다. 또한 2010년 하노이에서 열린 아세안안보포럼(ARF)에서 미국이 남중국해 항행의 자유에 중요한 전략적 관심을 갖고 있음을 천명했다. 클린턴 국무장관은 중국 외교 당국자들을 상대로 이란에 제재를 가하고, 북한의 도발에 대처하고, 맹인 반체제 인사의 운명을 결정하는 등 광범위하고 어려운 협상을 벌였다. 그녀는 일본에서 벌어진 원전 재난 때 미국의 인도적 대응을 계획하고 실행했으며, 필리핀과 태국의 재난과 구호 작전을 지원했다. 뿐만 아니라 미국과 뉴질랜드의 외교적 교착 상태를 해결함으로써 25년간 계속되어온 상호 간 전략적 무관심을 마무리하고 튼튼한 공식 관계를 회복시켰다. 그녀는 또한 일본, 한국, 호주, 필리핀, 태국과의 양자 동맹 유대를 강화시켰다. 아마 가장 중요한 것은 클린턴 장관이 아시아에서 보여준 지칠 줄 모르는 존재감이었다. 클린턴은 아시아의 모든 국가와 태평양의 많은 국가들을 여러 차례 방문한 유일한 국무장관이다. 미얀마 개방은 그녀가 국무장관으로 재임하는 동안 거둔 최고의 성과였다. 이를 통해 그녀는 자기만의 설득력과 인내력을 입증했다.

발전하고 있는 미얀마의 장래에 조용한 만족감을 느끼고 있었음에도 불구하고 클린턴 국무장관은 오늘이 대통령을 위한 날이고 이번 방문은 대통령의 방문임을 기본적으로 이해하고 있었다. 그리고 그녀는 황금 사원과 주황색 옷을 입은 승려들이 있는 이국적인 미얀마에서 짧은 여행 동안 열린 모든 축제와 공식 행사에서 자신에게 불필요한 관심이 쏟아지지 않게 하려고 대통령 뒤에서 몸을 낮추며 조심했다. 클린턴 장관은 보이지 않는 곳에서 미얀마의 주요 대화 상대들에 대한 통찰력 있는 조언을 오바마 대통령에게 해주었다. 또한 오바마 대통령에게 이질적인 동시에 익숙한 장소들에 대한 구체적인 정보들을 제공했다. 클린턴 장관은 자신의 위치를 잘 알고 있었다. 그녀는 민주당 대통령 후보직을 놓고 치열한 경쟁을 벌였던 자신과 오바마 대통령이라는 두 사람이 이제 긴밀하게 협력하는 모습이 어떤 메시지를 던지는지 잘 알고 있었다. 이는 내전, 종족 정체성 그리고 부의 불평등으로 분열된 미얀마에 통합과 단결의 강한 메시지를 전달하는 것이었다.

오바마 대통령과 함께 아시아를 여행할 때마다 대통령이 갖고 있던 향수와 유년기 경험이 얼마나 아시아에 대한 그의 생각을 형성했는지 보고 놀랐다. 오바마 대통령은 최초의 태평양 대통령으로 묘사되었다. 비록 닉슨 대통령과 레이건 대통령이 캘리포니아에 거주했고, 시어도어 루스벨트 대통령은 이국적인 동양의 매력에 사로잡혀 있었지만 말이다. 그러나 오바마 대통령에게 태평양계 대통령이라는 유머 섞인 별명에는 무언가 특별한 것이 있다. 스스로를 소외된 흑인 어린이로 묘사하는 오바마 대통령이 어렸을 때 백인 어머니와 함께 아시아 지역을 돌아다니면서 값싼 숙소에 묵고 길거리 시장에서 새로운 음식을 먹었던 경험들이 합쳐져서 오바마 대통령의 아시아에 대한 독특한 관점을 만들었다. 아시아 여행 동안 그가 유년 시절 입으로 맛보고 눈으로 보았던 것들에 대한 기억들이 홍수처럼 갑자기 그리고 경건하게 오바마 대통령에게 밀려왔다. 그는 때로 생각에 잠기기도 했고, 어릴 적 아시아 도시의 뒷골목에서 불량소년들과 저질렀던 장난 이야기로 우리를 즐겁게 해주기도 했다. 클린턴 국무장관과 오바마 대통령은 종종 대통령의 어린 시절 이야기로 친밀감을 나누었다. 나는 젊었을 때 평화봉사단과 진보를 위한 동맹Alliance for Progress에 참여했던 오바마 대통령 어머니의 박애주의가 클린턴 장관의 같은 세대로 동질감을 자극한 것이 아닌가 생각했다.

미얀마에서 일정 동안 클린턴 국무장관과 오바마 대통령은 강력한 한 팀이 되었다. 다양한 지역에서 온 여러 지도자들이 있는 많은 사람들 속에서도 두 사람의 존재는 한눈에 띄었다. 두 사람은 마치 정치적 먹이사슬 꼭대기에서 예리한 관찰력을 가지고 먹이를 수색하는 두 마리의 벨로시랩터velociraptor 같았다. 두 사람은 모두 이번 미얀마 방문에 꽤 긍정적인 측면도 있지만 동시에 상당한 위험도 있음을 알고 있었다. 종족 갈등, 참정권 박탈과 함께 야당과 군부 사이 불신을 고려했을 때 미얀마의 정치적 상황은 극도로 예민했다. 미얀마 방문은 클린턴이 국무장관 자격으로 오바마 대통령과 한 마지막 순방이었다. 일종의 고별 무대였던 셈이다. 그러나 사실 외교에는 승리 후 경기장을 도는 세리머니가 없다. 경주는 결코 멈추는 법이 없고 게임은 계속된다. 여전히 클린턴 국무장관은 튼튼한 다리로 달리고 있었고 그녀가 국무부를 훌륭하게 관리했다는 견해가 지배적이다. 대통령에게 있어서 이 여행은 국제 무대 밖에 서 있는 정권들을 협박하기보다는 열린 마음으로 다가가는 그의 접근법이 맞다는 것을 증명한 자리였다. 그리고 대통령의 미얀마 방문은 쿠바의 개방이나 이란 핵 협정보다 앞선 것이기 때문에 더욱 의미가 있었다. 이것이 리스크만큼이나 보람도 컸던 미얀마 방문의 전체적인 맥락이었다.

나의 하루는 순조롭게 시작되었다. 오바마 대통령과 대규모 순방 팀은 방콕 일정을 막 끝낸 상황이었다. 우리는 다음 날 아침 일찍 양곤으로 가는 비행기를 타기 위해 공항으로 떠났다. 태국은 다시 한번 군사 쿠데타로 요동치고 있었기 때문에 태국 순방은 그 나름 복잡한 상황에서 이루어졌다. 그러나 미얀마로 떠나야 할 시간이었다. 정부의 공식적 순방에는 특이한 관습이 있다. 다른 곳으로 이동하기 전날 밤 짐을 싸서 호텔 문 밖에 놔두어야 한다. 대통령 경호원들이 짐을 수색, 검사한 뒤에 비행기에 싣는다. 이를 가방 뒤지기Bag Drag라고 부른다. 이때 특별히 주의해야 할 것이 있는데 다른 짐들을 모두 밖에 내놓을 때 다음 날 아침에 입을 필수품들은 따로 챙겨두어야 한다는 것이다. 나는 내가 클린턴 장관과 함께 대통령의 미얀마 방문 팀에 포함되었다는 사실을 알게 된 그날 밤 제대로 잠을 잘 수 없었다. 필요한 것들을 모두 챙겼는지 확인하기 위해 몇 시간마다 일어났다. 정장을 확인하고, 양복 셔츠를 확인하고, 내가 가장 좋아하는 행운의 파란색 넥타이를 확인하고, 양말도 확인했다. 마침내 일어날 시간이 되었다. 나는 재빨리 준비한 뒤 보안 검사를 위해 모이는 장소로 향한 다음 에어포스원에 올랐다. 대통령이 이동할 때는 낮은 직급 사람들부터 탑승한다. 대통령은 전용기가 이륙하기 바로 직전에 탑승한다. 아마 나는 오바마 대통령이 도착하기 네 시간 전에 에어포스원에 탔던 것 같다. 내가 배정받은 시간에 도착했을 때 비행기 터빈이 낑낑거리는 소리를 내기 시작했고 로비는 거의 비어 있었다. 그러나 내가 오바마 대통령과 함께 미얀마로 간다는 사실 말고는 다른 것들은 중요하지 않았다.

대통령 전용기에 손님으로 올라탈 때는 항상 두려움이 존재한다. 그 두려움이란 좌석 배정에 실수가 생겨 앉을 자리가 없는 경우이다. 나는 '캠벨'이라고 적힌 파란색 이름표가 좌석 쿠션 위에 붙어 있는 것을 보고 곧바로 안심했다. 나는 이륙을 위해 자리를 잡고 앉았다. 그리고 오바마 대통령이 쏠 브리핑 자료와 연설 사항들을 셀 수 없이 여러 번 검토했다. 방콕에서 출발하는 비행기가 이륙하자 클린턴 국무장관이 그녀의 가장 유능한 직원인 제이크 설리번과 비행기 뒤쪽에 앉아 있던 나에게 다가와 따뜻한 인사를 건네며 대통령이 보고를 받고 싶어 하신다고 말했다. 클린턴 장관은 예쁜 은목걸이를 하고 있었는데 지난번 미얀마 방문 때 정치적으로나 개인적으로 유대감을 쌓은 아웅 산 수 치 여사로부터 선물받은 것이었다. 그녀는 대통령의 미얀마 방문이 이루어질 수 있도록 수고를 아끼지 않은 데 대해 제이크와 나에게 짧은 감사의 말을 전했다. 이것이 힐러리 장관의 한 면모였다. 그녀는 자신의 직원들에게 늘 신경을 써줌으로써 그녀에 대해 변함없는 충성심을 갖게 만들었다. 우리는 비행기 앞쪽에 위치한 대통령 집무실로 함께 걸음을 옮겼다. 오바마 대통령은 옆 의자에 다리를 편안하게 걸쳐놓고 참모들과 함께 가벼운 농담을 나누고 있었다. 아시아 피벗에 대해 열정을 갖고 성실함과 지성으로 미얀마의 개방을 현실로 만들어낸 벤 로즈는 오바마 대통령 바로 옆에 서 있었다. 그는 막 도착한 우리에게 고개를 끄덕였다. 목표를 공유하는 데 대한 작은 감사의 표시였다. 오바마 대통령은 평소와 같이 매우 차분하고 침착했다. 나는 공연히 오바마에 열광하는 사람처럼 보이지 않기 위해 부적절한 소란을 떨지 않으려고 노력했다. 보고는 순조로웠다. 국무부 팀은 대통령이 현장에서 맞닥뜨릴 수 있는 사안들에 대한 면밀한 질문과 예리한 물음을 모두 대답할 수 있었다.

이곳에서부터 뭔가 잘못 돌아가기 시작했다. 비행기 꼬리에 있는 내 자리로 돌아간 후 에어포스원에 탑승할 수 있는 마지막 기회가 될 것이라는 생각이 들었다. 집에 돌아가서 내 딸과 나눌 수 있는 조그만 기념품들을 가질 자격이 있지 않은가? 아마도 나는 주변에 널려 있는 몇 개의 물건을 가져갈 자격이 있다고 생각했던 것 같다. 경솔하게도 나는 재빨리 대통령 문장이 새겨진 모든 것들을 주워 담기 시작했다. 카드, 냅킨, 사탕, 문구용품, 재떨이 그리고 손전등까지 챙겼던 것 같다. 나는 그것들을 모두 상의 주머니에 찔러 넣었다. 그러고 나니 말쑥한 외교관이라기보다 빵빵하게 채워진 옥수수밭의 허수아비처럼 보였다. 나는 잔뜩 긴장한 상태로 자리에 앉아 착륙하기를 기다렸다. 대통령 자동차 행렬과 함께 이동할 차를 탈 때 직급에 따라 자동차의 순서가 결정된다. 나는 긴 자동차 행렬의 맨 끝에 있는 45번 자동차를 배정받았던 것 같다. 대통령이 도시로 타고 가기 위해 공수한 방탄차에 올라타기 전에 내가 배정받은, 대통령 자동차 행렬 맨 뒤에 있는 차를 타려면 뛰어야 했다. 대통령이 이동할 때 발생할 수 있는 최악의 상황은 자동차 행렬을 놓치는 것이다. 몇 달 전 젊은 언론 보좌관 하나가 런던에서 자동차 행렬을 놓쳤다는 무시무시한 일화가 있었다. 그는 결국 브뤼셀에서 순방 팀에 다시 합류할 수 있었는데, 이틀이 지나서였다. 그래서 나는 서둘러야 했다.

마침내 비행기가 관제탑 앞에서 멈출 무렵 오바마 대통령과 클린턴 국무장관은 공식 환영 행사를 위해 비행기 문 앞에서 대기했다. 보통은 대통령이 비행기 계단을 천천히 그리고 혼자 내려가는데, 그날 오바마 대통령은 국무장관에게 함께 내려가자고 제안했다. 미얀마 개방을 위한 그녀의 역할에 대한 작은 감사의 표시였다. 나는 비행기 안에서 창밖을 내다보았다. 나의 오랜 친구이자 신임 대사인 데릭 미첼Derek Mitchell이 아래에서 대통령을 기다리고 있는 것이 보였다. 갑자기 감격이 밀려왔다. 미얀마의 개방을 위해 지난 3년간 일하면서 겪은 일들이 내 머릿속에 스쳐 지나갔다. 군부 지도자들과 비밀회의, 가택 연금 해제 조건을 위해 아웅 산 수 치 여사와 가진 긴 협상, 미국 의회 및 행정부 내 여러 부처의 회의론자들과 어려운 만남, 개입과 제재 해제의 적절한 속도에 대한 유럽 및 다른 아시아 국가들과 협상, 그리고 믿음직한 직원들과 전략을 짜며 보낸 수많은 시간들까지 말이다. 그리고 마침내 우리는 미얀마에 와 있었다. 나는 잠시 시간을 갖고 지난 일들을 돌아보고 싶었지만 비행기 뒤의 계단을 재빨리 내려와 동남아의 습한 날씨 속에 내가 배정받은 차를 향해 전속력으로 달려야 했다. 시동이 걸리지 않은 검은색 차량들의 긴 행렬 속에서 내가 탈 차가 있는 맨 끝까지는 8백 미터 정도였다.

참모들과 부하들이 차량 행렬에서 각자 배정받은 차를 향해 빠르게 이동하는 것처럼 나도 차량들이 도심으로 향하기 전 내 차를 타기 위해 서둘렀다. 푹푹 찌는 더위 속에 신기루처럼 저 멀리 어른거리는 차 쪽으로 달려가고 있을 때 두 명의 대통령 경호원이 나를 쫓아오고 있다는 사실을 깨달았다. 나는 경호원들이 나와의 거리를 좁히는지 보려고 속도를 조절했다. 에어포스원에서 내가 빼돌린 물건들 때문에 그들이 쫓고 있는 것이라고 나는 확신했다. 나는 속력을 높였다. 이내 우리는 모두 활주로에서 달리기 경주를 하고 있었다. 그러나 소용없는 일이었다. 경호원들이 이내 따라잡으며 나에게 멈추라고 소리쳤다. 나는 내 잘못을 털어놓기 위해 돌아섰다. 그러나 내가 잘못을 고백하기 전에 놀랍게도 숨을 헐떡이는 한 요원이 쌕쌕거리며 말했다. "캠벨 씨, 대통령께서 당신과 함께 차를 타고 도시로 이동하고 싶어 하십니다." 나는 즉시 멈춰 서서 정장 주머니 안에서 쥐고 있던 전리품들을 다시 내려놓았다. 그리고 정신을 차리려고 노력했다. 나는 정장 주머니 속에서 이제는 땀으로 범벅된 에어포스원 물건들을 다시 정리했다. 그러고는 달리는 동안 떨어뜨렸던 것들을 재빨리 주워 담았다. 경호원들과 나는 이제 오바마 대통령이 기다리고 있는 검은색 리무진을 향해 전속력으로 달려갔다.

빛나고 매끈한 검은색 세단 옆에 도착했을 때 나는 땀에 흠뻑 젖어 있었다. 마치 정장을 입은 채 열기가 뿜어져 나오는 뜨거운 욕탕에서 막 수영을 하고 나온 듯한 꼴이었다. 땀으로 흠뻑 젖은 흰 셔츠는 감자 샐러드 위를 빳빳하게 덮은 셀로판처럼 보였다. 나는 대통령의 차에 올라타 오바마 대통령을 마주한 채 보조석에 내 몸을 밀어 넣었다. 나는 항상 두 가지가 궁금했다. 대통령의 방탄차를 타고 가는 것은 어떤 느낌일까? 펜웨이 파크Fenway Park(미국 프로야구 팀 보스턴 레드삭스Red Socks의 주 경기장이다 _ 옮긴이 주) 외야 잔디를 밟는 것은 어떤 느낌일까? 탄력성 있는 잔디일까 아니면 뻣뻣한 잔디일까? 첫 번째 궁금증에 대해서는 이제 대답할 수 있다. 대통령 전용차는 엄청 크지만 멋은 없었다. 그리고 운전석의 경호원은 맞춤 제작된 운전대를 꽉 잡고 있었다. 운전대는 만화에서 나오는 것처럼 작았는데 기껏해야 지름이 20센티 정도밖에 되지 않았다.

내가 자리에 앉자 곧바로 차가 출발했다. 우리가 공항을 떠나 양곤 시내로 이동할 때 수만 명의 사람들이 오바마 대통령을 환영하기 위해 길을 따라 서 있었다. 열 명씩 늘어선 긴 줄들이 도로 양쪽에 수 마일 내내 뻗어 있었다. 클린턴 국무장관과 경호원들을 대동한 채 오바마 대통령은 차 안에서 신이 난 군중들에게 즉흥적으로 손을 흔들어주었다. 내가 마침내 숨을 가다듬고 헐떡거리는 것을 멈춘 바로 그때, 오바마 대통령이 내 쪽으로 몸을 돌리더니 간단히 "버마에 대해 말해주십시오"라고 말했다. 그러고는 나에게만 시선을 고정했다. 나는 나 자신을 가다듬고 이 고혹적이고 골치 아픈 지역의 역사를 압축적으로 설명했다. 나는 오바마 대통령에게 주위의 활엽수 삼림, 사나운 강 그리고 토착 호랑이와 같이 이 거대한 나라의 아름다움에 대해 이야기했다. 또한 국가 명칭을 둘러싼 논쟁(미얀마 대 버마)을 소개했다. 서로 다투고 불신하는 여러 인종 집단들, 제2차 세계대전 당시 버마가 겪은 참혹한 일, 중국으로 가는 '버마로드Burma Road', 경쟁적인 현재 국내 정치 상황, 이제 막 시작된 미국에 대한 개방과 미국의 미얀마에 대한 접근을 이야기했다. 하지만 나는 대통령에게 보고할 때 절대 하지 말아야 할 행동을 하고 말았다. 이야기의 흐름 속에서 방향을 잃은 것이다. 마침내 양곤에 가까워지고 나의 독백이 끝나갈 때, 나는 몸을 돌려 지평선 너머에서 올라오는 황금색의 쉐다곤 탑Shwedagon Pagoda을 바라봤다. 스카이라인을 압도하는 쉐다곤 탑은 아시아의 엄청난 장관들 중 하나였다. 오바마 대통령에게 매끈한 금색 표면, 99미터나 되는 탑의 높이, 불교의 성지와 같은 탑에 관한 정보들을 늘어놓고 나서 모든 에너지를 쏟은 나는 별생각 없이 "쉐다곤 탑을 방문하지 않고서는 버마를 여행했다고 할 수 없습니다"라고 말했다. 그러자 오바마 대통령은 곧장 경호실장에게 몸을 돌리더니 "그렇게 아름다운 탑이라면 우리가 가보는 게 어떻습니까?"하고 주문했다.

나는 의도치 않게 늘 반복되는 백악관 드라마에 관여하게 되었다. 대통령은 자유롭게 주변을 둘러볼 수 있기를 원하고, 경호실은 안전 문제를 이유로 반대하는 내용의 드라마 말이다. 분명 쉐다곤 지역은 통제하기 어려웠다. 신발을 벗고 들어가야만 하는 것은 경호 팀에는 적합하지 않았다. 양말만 신은 채 총을 쏘는 것은 훨씬 어렵기 때문이다. 어찌 됐든 오바마 대통령이 결국 경호실의 반대를 꺾었고 쉐다곤 탑을 비공식으로 짧게 방문했다. 전체적인 순방은 대단히 성공적이었다. 이번 방문은 일종의 대통령 성과 보고로 외부 세계와 관계를 강화하는 방향으로 정치 환경을 형성하려는 의도를 분명히 보여주었다. 미얀마의 개방은 실현되었고 아시아의 지정학은 조금씩 움직이고 있었다. 오바마 대통령의 방문은 오랫동안 고립되어 있던 미얀마의 발전을 향한 교두보를 확보하는 데 도움을 주었다. 나는 미얀마 순방 동안 모든 순간들을 즐겼다. 쉐다곤 탑 방문이 있던 날, 방문지에 서마다 나를 노려보던 경호원들의 무서운 표정만 제외하곤 말이다. 이 감격스러운 날을 마무리하고 다음 일정을 위해 에어포스원에 올랐을 때 오바마 대통령은 객실로 돌아가서 다른 긴급한 사안들에 대해 신경을 쓰기 전 잠시 내 자리에 들렀다. 그는 나와 악수하며 간단히 "커트, 정말 멋진 날이었습니다. 그리고 훌륭한 일을 해냈어요. 고마워요"라고 했다. 그리고 자리를 떴다. 그때까지 나는 대통령이 실제로 내 이름을 알고 있을 거라고는 생각하지 않았다.

미얀마 방문은 내가 동아태 담당 차관보로서 마지막으로 수행한 중요한 여행이었다. 그로부터 몇 개월 후 거의 4년 동안의 임기를 마치고 정부를 떠났다. 79번의 해외 출장, 수천 번의 외교 업무들 그리고 셀 수 없을 정도로 많은 모험들을 경험했다. 내가 시작을 도왔던 피벗은 미국이 아시아에 더 높은 수준의 전략적 관심을 쏟아야 한다는 포괄적인 인식의 한 부분이었다. 국무부에서 경험은 나에게 아시아가 바로 핵심 지역이라는 확고한 생각을 갖게 해주었다. 그리고 내가 임기 중 보냈던 시간은 미국의 아시아 전략의 미래를 탐구하는 메시지와 의미를 위한 진정한 영감을 주었다.

이 책은 단순하지만 너무도 확실한 하나의 사실로 시작했다. 그것은 21세기 역사의 대부분이 아시아에서 쓰일 것이라는 사실이다. 아시아는 세계 인구의 절반을 수용하고 있고, 2030년에는 세계에서 가장 부유한 네 개의 국가 중 세 곳이 아시아에서 나올 것이다. 제2장에서 보았듯이 부상하는 아시아에 걸린 이익과 관련된 분야들은 매우 많다. 일본부터 중국, 인도에 이르는 지역은 세계에서 가장 역동적이고 지구상에서 가장 빠르게 성장하는 시장이자 중산층이 가장 많은 곳이다. 또한 가장 위험한 분쟁 지역이다. 아시아의 규모와 번영 때문에 사실상 모든 주요 미국 정책의 우선 요소들이 형성되고 시행되는 데 아시아가 가장 중요하다. 미국 주도의 질서가 번영과 안정을 가져올 수 있을지는 미국이 아시아의 고조되는 안보 경쟁과 역사적으로 큰 의미를 띠는 중국의 부상을 어떻게 관리하느냐에 달려 있다. 기후변화를 막을 수 있는 길은 이미 다른 모든 지역보다 더 많은 탄소를 배출하는 아시아에 달려 있다. 급진적 이슬람과의 투쟁에서 인도네시아처럼 온건하고 현대적인 무슬림 민주주의 국가들은 중세적 이슬람 전통에 관심을 보이는 이라크와 시리아의 급진주의자들에게 강력한 대항마가 된다. 오바마 대통령의 미얀마 방문이 보여준 것처럼 아시아는 또한 희망의 지역이다. 미국 힘의 원천을 회복하고 고용을 늘리기 위한 노력에서 아시아는 필수 불가결한 시장, 공급자 그리고 파트너이다. 모든 미국 노동자들의 번영은 이미 아시아의 발전과 밀접하게 얽혀 있다. 또한 아시아와 효과적인 무역에 관한 국가 전략과 후속 조치는 미국 기업과 노동자 모두를 이롭게 한다. 수많은 이슈에서 아시아는 중심에 서 있다.

제3장과 제4장에서 자세히 살펴본 것처럼 미국의 아시아 관여 역사는 미국의 정책이 아시아에 오래되고 복잡한 유산을 남겼다는 점을 잘 보여준다. 몇몇 반복되는 주제와 경향이 역사적으로 미국의 전략적 진화를 형성했다. 상업, 선교, 민주주의 확산, 영토 보호는 미국의 전략과 정책에서 견고한 그리고 일관된 목표였다. 미국은 그 목표들을 달성하기 위해 아시아를 패권으로부터 보호하고 아시아에서 영국, 일본, 소련이 갖고 있는 제국주의적 야망을 저지하고자 했다. 그러나 아시아에서 군사 및 외교적으로 큰 성공을 거둔 뒤에 철수하거나 무관심을 보이는 시기가 너무 자주 반복되면서 미국은 큰 비용을 치렀다. 이처럼 수십 년에 걸친 강한 집중과 상대적인 전략적 무관심의 반복은 아시아에서 미국의 노력을 엉망으로 만들어버렸다. 이러한 경향은 부분적으로 미국과 아시아 사이의 지리적·문화적 거리가 원인이다. 그것은 미국의 지속적인 관여를 어렵게 만들고, 때때로 아시아에 대한 오해와 편견이 보다 중요한 전략적 필요성에 우선하게 만든다. 게다가 유럽에서 공산주의 팽창이라는 긴급 사태와 중동에서 힘겨운 싸움은 너무나도 자주 아시아를 '부차적인 지역'으로 전락시켰고, 미국의 아시아 정책 담당 기관은 인력 부족에 시달리면서 미국의 이익은 위험에 처했다. 오늘날 미국은 21세기 도전들에 적합한 전략을 세우기 시작했고 이제는 아시아 지역에서 가끔 보여왔던 부재, 망설임, 무관심의 습관을 끊어버려야 한다.

이전의 전략에 기초하여 한 단계 더 나아가는 새로운 전략을 수립해야 할 필요성은 명백하다. 미국이 아시아에서 오랫동안 계속된 이익들을 성취하려면, 과거 노력의 핵심이었던 아시아 패권국의 등장을 방지하는 것뿐만 아니라 아시아의 운영체제 또한 강화해야 한다. 아시아 운영체제는 법적, 안보적, 실용적인 복합 제도로서 40년간 아시아의 번영과 안보를 떠받쳐왔다. 또한 초국가적 문제들을 해결하려는 공동의 노력을 위한 기본 틀을 제공한다. 항행의 자유, 자유무역, 지역 투명성, 분쟁의 평화적 해결과 같은 원칙에 기반을 둔 아시아 운영체제는 아시아의 미래와 이익에 중요하다. 피벗의 핵심인 동시에 가장 유망한 미국의 아시아 전략은 몇 가지 경쟁적인 접근법을 포함한다. 이 전략은 동맹국뿐만 아니라 파트너들도 중요하게 생각한다. 초국가적 문제의 해결을 추구하면서도 전통적 안보의 문제도 무시하지 않고, 중국과 관계에서 협력과 경쟁 모두 추구한다. 이 책은 중국이 부상함에 따라 미국 전략의 요소들 역시 발전해야 하며, 이러한 혁신 과정은 피벗의 전반적인 실행에 필수적이라는 분명한 견해를 밝힌다. 역사적으로 국제 무대에 가장 빠르게 부상하고 있는 중국의 선택에 영향을 미치는 데 필요한 정책들은 40년 전 가난하고 저발전 상태에 놓여 있던 중국을 자발적인 유배 생활로부터 끌어내기 위해 노력했던 미국의 전략, 태도와는 많이 다르다. 통합적 접근법의 필요성은 미국이 아시아의 '정원사' 역할에서 더 나아갈 것을 요구하고 있다. 조지 슐츠 전 국무장관은 미국이 아시아 국가들과 양자 관계에서 그리고 주변 지역에서 종종 드러나는 분쟁과 논쟁들을 충실히 관리하는 일을 정원사로 빗대어 표현했다. 그러나 21세기에 들어선 지금, 미국은 더 포괄적인 '오케스트라 지휘자'로 발전해야 한다. 이 역할을 통해 아시아의 미래를 형성한다는 공동의 목표 아래 아시아 국가들의 독자적인 노력과 다자 제도들을 조율해야 한다.

지금이야말로 이처럼 포괄적인 미국의 아시아 전략을 수행해야 할 때이다. 제5장에서 분명히 드러났듯이, 급격한 성장과 긴장 고조의 수십 년을 보낸 뒤 아시아는 이제 아시아의 미래를 결정할 매우 중요한 불확실성, 유동성, 전환의 시기를 맞고 있으며 결연한 미국의 행동과 존재를 필요로 한다. 패권과 지역 세력 균형이 아시아를 갈라놓고 있다. 아시아 운영체제는 21세기 원칙과 19세기 원칙 사이 갈림길에 놓여 있다. 아시아에서 기존의 세력과 새로 부상하는 세력들은 이해 당사자가 될 것인지 훼방꾼이 될 것인지 선택의 기로에 서 있다. 아시아의 군軍은 갈등이냐 평화적 공존이냐 사이에서 표류하고 있다. 민주주의 이행기에 있는 아시아 국가들은 민주주의를 수용할 것인가 아니면 권위주의적 방식과 억압으로 전락할 것인가를 결정해야 한다. 아시아의 경제 구조와 무역 관계는 높은 기준과 연성 보호주의 사이 긴장 관계에 놓여 있다. 이처럼 아시아는 많은 경우에 대조적인 선택들의 두 집합 사이 스펙트럼 어딘가에서 살아가게 될 것이다. 따라서 피벗의 중요하고 지속적인 요소는 아시아 세기의 호arc가 아시아의 평화와 번영 같은 긴요한 것들 그리고 오랫동안 존재해온 미국의 이익을 향해 나가도록 하는 것이다.

 이 책은 그러한 목적을 위해 제6장에서 구체적이고 긴 열 가지 계획을 제시했다. 첫째 미국은 **피벗의 의미를 명료하게 하고, 이에 대한 국민적 지지**를 이끌어내야 한다. 이는 대통령이 더 많은 대중에게 미국의 아시아 전략이 지니는 중요성에 대해 직접 이야기하는 것을 비롯하여 피벗의 목적과 전제를 분명히 하는 연례 전략 문서를 통해 가능하다. 둘째, 미국은 **동맹을 강화**해야 한다. 익숙한 허브앤스포크 동맹 체제에 타이어를 더함으로써 각각의 모든 동맹 국가들이 서로 연결되게 하는 동시에 미국이라는 축과 연결을 강화해야 한다. 셋째, 미국은 **부상하는 중국의 미래 발전 경로를 형성**하기 위한 노력을 해야 한다. 클린턴 국무장관의 표현을 빌리자면, 미국은 중국과 관계에서 "어떻게 공통의 기반을 찾아 그 위에 함께 설 것인지" 배워야 한다. 이를 위해 시진핑 주석 시대에 더 공세적인 중국의 외교 정책을 누가 주도하고 있는지를 이해하고, 중국의 공세적 태도에 대처할 수 있는 계획과 더불어 협력을 촉진할 수 있는 더 많은 기회를 찾는 것 또한 확실히 필요하다.[1] 넷째, 미국은 동맹국들뿐만 아니라 인도, 뉴질랜드, 대만, 동남아 국가들처럼 다른 지역 파트너들을 포함시켜 허브앤스포크 체제를 확대함으로써 **지역 파트너십을 강화**할 필요가 있다. 다섯째, 보호주의에 저항하는 동시에 미국의 경제적 원칙과 존재를 제도화할 수 있는 높은 수준의 장기적 무역 체제를 만들기 위해 TPP와 다른 협약들을 포함하는 **경제 전략의 추구**는 미국에 이득을 가져다줄 것이다. 여섯째, 미국은 **다자주의에 헌신**해야 한다. 미국은 스스로 다자주의 제도의 행위자로서 직접적으로 그리고 적극적으로 참여해야 할 뿐만 아니라 아시아 국가들이 국제 제도에 더 헌신적인 이해 당사자가 되도록 해야 한다. 미국 국가 전략의 핵심적 특성은 시작 단계이지만 유망한 아시아의 다자주의 제도를 적극적으로 지원하는 것이어야 한다. 그것은 아시아의 발전을 이루기 위해 그리고 미국이 아시아의 미래를 논의하는 과정에서 소외되지 않기 위해 모두 필요하다. 아시아의 제도적 틀은 범아시아적 시도보다 환태평양적 시도를 지향해야 한다. 일곱째, 미국은 충분하고 일관된 그리고 유연한 예산 관리를 통해 **반드시 군사적 능력을 강화하고 다변화**해야 한다. 이렇게 할 때 비로소 효과적으로 중국의 반접근·지역거부(A2/AD) 전략에 대응할 수 있고, 미군의 방어 태세를 남쪽으로 다변화할 수 있으며, 훈련 및 기항 그리고 인도적 지원 및 재난 구호(HADR)를 통해 미국의 존재감을 높일 수 있다. 여덟째, 미국은 신중하고 유연하게 **미국의 가치를 장려**해야 한다. 과도기 상황에 있는 아시아 국가들의 민주주의 공고화 및 국내 제도와 시민 사회의 강화를 도울 수 있는 특별한 노력을 기울여야 한다. 아홉째, 미국 정부의 프로그램뿐만 아니라 비정부 기구들과 아시아계 미국인 커뮤니티를 통한 **인적 교류 강화**로 추상적이고 인간미가 부족한 미국의 관여에 인간미를 더할 수 있다. 열째, 미국은 아시아의 미래와 아시아에서 유럽의 역할에 대한 대화에 **유럽 국가들을 포함**

시켜야 한다. 미국이 수행하는 거의 모든 중요한 외교적 노력은 유럽의 동맹들과 함께 이루어졌으며 피벗 또한 다르지 않다.

    제7장에서 자세히 논의했듯이 피벗을 위한 계획을 구성하는 열 가지 원칙은 분명 도전에 직면할 것이다. 많은 도전들이 국내 문제에서 비롯될 것이다. 외교 정책에 대한 합의가 약화되고, 정치적 교착 상태가 중요한 법의 통과를 막고, 방위 예산과 민간외교 예산은 삭감 압력에 부딪히고, 미국인들은 국내 문제로 관심을 쏟고, 미국의 관료들은 경험이 풍부하고 장기적 정책 수립이 가능하며 유능한 아시아 전문 인력을 양성하는 데 어려움을 겪을 것이다. 이러한 도전들은 힘겨운 것이지만 극복할 수 없는 문제들은 아니다. 능력의 문제가 아니라 의지를 시험하는 도전들이다. 모든 미국인들이 혜택받을 수 있도록 아시아의 역동성을 활용해야 한다는 생각에 대한 국민들의 적절한 지지와 더불어 21세기의 미래는 대부분 아시아에서 전개될 것이라는 생각에 대한 양당의 합의가 궁극적으로 필요하다. 이러한 주장을 설명하는 연설을 역대 대통령들 가운데 그 누구도 아직까지 미국 국민들에게 전달하지 못했다. 이와는 대조적으로 중동에서 전투 작전에 관한 고위급 선언은 여럿 존재했다. 아시아 정책에 대한 공공 캠페인은 이미 오래전에 행해져야 했다. 미국과 아시아는 수십 년 동안 희생과 상호 노력의 역사를 공유했다. 아시아인들의 미국에 대한 신뢰가 약해지거나 또는 반대로 아시아가 미국의 번영에 긍정적인지 부정적인지를 미국인들이 확신하지 못한다면 분리와 상호 이원화의 가능성에 직면할 것이다. 그것이 의미하는 바를 현실적인 용어로 표현하면 아시아로 피벗은 기로에 서 있다고 할 수 있다. 미국이 아시아 지역에 해야만 하는 기여를 너무 늦게 하거나 미국의 지도자들이 아시아와 미국의 번영을 연결하는 중요한 고리에 대해 너무 늦게 설명한다면 앞으로 다가올 아시아 세기에서 미국이 지속적이고 안정적인 역할을 할 수 있는 가능성은 상당히 희박해질 것이다.

특히 이 책은 중동에서 벌어지는, 별반 이익도 없고 끝나지도 않을 것 같은 분쟁이 피벗에 대해 지속적인 도전이 될 것이라는 점을 강조했다. 중동의 전쟁은 아시아로 향해야 하는 고위급들의 관심과 자원을 소진시킨다. 골치 아픈 중동 분쟁에서 미국의 경험은 아마 영화 "대부"에서 마이클 코를레오네를 연기한 알 파치노의 과장된 연기로 가장 잘 요약될 것이다. 알 파치노는 다음과 같이 탄식하며 유명한 대사를 읊었다. "내가 빠져나왔다고 생각했던 바로 그때, 그들은 나를 다시 안으로 끌어들였어." 이라크와 아프가니스탄 전쟁이 마무리된 뒤에도 ISIS의 부상, 시리아 내전, 이란의 교묘한 술책, 리비아와 예멘의 사실상 무정부 상태는 미국의 관심을 절실히 필요로 했다. 누구도 미국이 중동에서 철수해야 한다고 주장하지 않는다. 하지만 미국의 외교 정책이 너무 불균형적이어서 한 지역의 문제들이 다른 지역의 핵심 이익들을 무시하게 된다면 이는 미국의 이익에 맞지 않는다. 중동도 늘 고위급의 관심을 받아야 한다. 그러나 미국 외교 정책이 중동만 추구해서는 안 된다. 이 책은 지금이야말로 미국 외교에 경로 수정이 필요한 시기라고 주장한다. 예를 들어 미국의 정책을 결정하는 공론장에서 아시아의 위상을 제고하고, 다루기 힘든 중동 위기로부터 전략적 시간과 관심을 더 장기적이고 더 많은 인내를 요구하는 아시아의 전략 게임 쪽으로 점진적으로 전환하는 것이다.

이 책과 정책이 모두 보여주듯이 피벗은 정확히 방향 재설정을 옹호해왔다. 아시아 지역과 아시아가 앞으로 걸어갈 몇 년 혹은 몇십 년의 길이 미국의 이익에 매우 중요하다. 아시아 피벗은 이러한 근본적 현실을 인식한다. 아시아 피벗은 미국 리더십에 대한 독특한 수용성과 결합된 아시아의 엄청난 규모와 놀라운 발전에 기반하고 있다. 그리고 아시아 피벗은 정치·경제·군사적 투자에 상당한 혜택으로 보답할 것이다. 미국이 단호하게 행동한다면 다가오는 아시아 세기의 가능성을 잡고 그 위험을 극복할 수 있는 태세를 갖출 수 있다. 확실히 아시아는 21세기의 주 무대가 되면서 20세기 미국이 남긴 유산을 확장하거나 축소할 것이다. 이 과정에서 아시아는 덜 폭력적이고 더 협력적인 그리고 지난 세기보다 더 정의로운 새로운 세기를 향한 미국의 희망을 지지할 것이다. 미국은 놀라울 정도로 내구성이 있고, 아시아에 혜택을 제공하며 미래의 행동을 위한 기반을 마련한 운영체제를 만드는 것을 도왔다. 이 체제를 유지하고 적응시키는 것이 앞으로 전략적 우선 과제가 되어야 한다. 내일의 세계를 만들어야 한다는 어쩔 수 없는 사명감을 갖고 있는 미국에 아시아 피벗은 지평선 위로 떠오르고 있는 역동적인 미래에 미국의 힘, 이익, 행복을 지속 가능하게 해주는 가장 좋은 기회를 제공한다.

감사의 글

이 책은 지금까지 내가 외교관 자격으로 한 만남과 경험을 모아놓은 것이기 때문에 먼저 수많은 사람들에게 감사의 말을 전해야 한다. 물론 이 책에 도움을 준 사람들은 수십 년 전으로 거슬러 올라간다. 내가 해군에 복무할 당시 도쿄 외곽의 요코스카에 배를 타고 방문한 적이 있는데 그때 아시아에 대한 나의 관심이 싹트기 시작했다. 뛰어난 사상가인 조지프 나이는 나에게 아시아에서 외교를 실천할 수 있는 첫 번째 기회를 주었다. 나는 국방부에서 그를 보좌해 일할 기회가 있었다. 아시아 지역의 안보 문제를 공부하는 동시에 나의 관료적 기술을 가다듬을 수 있었던 이런 기회를 감사하게 생각한다. 국제전략문제연구소(CSIS)의 소장이자 대표인 존 햄리John Hamre는 내가 그곳에서 일하는 동안 아시아에 집중할 수 있도록 물심양면으로 도와주었다. 국무장관을 할 당시 힐러리 클린턴 장관은 나를 동아태 담당 차관보에 임명해 나에게 기회를 주었다. 그녀처럼 나에게 힘을 실어주고, 영감을 주고, 관심을 보였던 상사는 없었다. 이 책 안에 어떤 지혜가 담겨 있다면 그것은 그녀에게서 얻은 것이거나 그녀의 지도 아래 얻은 것이다. 내가 국무부에 있을 당시 정책기획 국장이었던 제이크 설리번은 피벗을 실행하는 데 있어 나의 든든한 파트너였다. 또한 그는 많은 이들에게 청렴하고 헌신적인 공무원의 표본이자 롤모델이다.

또한 일일이 말하기 너무 힘들 정도로 국무부의 많은 동료들이 나에게 늘 영감과 동기를 부여해줬다. 특별히 짐 로이, 리처드 베르마Richard Verma, 윌리엄 번스, 데이비드 시어David Shear, 제니퍼 파크 스타우트Jennifer Park Stout, 톰 나이즈Tom Nides, 데릭 촐렛Derek Chollet, 댄 슈워린Dan Schwerin, 로라 로젠버거Laura Rosenberger, 마크 테손Mark Tesone, 대니얼 크리튼브링크Daniel Kritenbrink, 킨 모이Kin Moy, 커트 통Kurt Tong, 조지프 도너번Joseph Donovan, 아툴 케샵Atul Keshap, 제임스 줌월트James Zumwalt, 성 김Sung Kim, 빅 라파엘Vic Raphael, 해럴드 고Harold Koh, 니샤 비스왈Nisha Biswal, 패트릭 머피Patrick Murphy, 프랭키 리드Frankie Reed, 빌 토드Bill Todd, 클리포드 하트Clifford Hart, 레이몬드 버가트Raymond Burghardt, 러스트 데밍Rust Deming, 존 루스John Roos, 닉 메릴Nick Merrill, 메건 루니Megan Rooney, 필립 라이너스Philippe Reines, 조 윤Joe Yun, 에드거드 케이건Edgard Kagan, 스콧 마르시엘Scot Marciel, 로나 발모로Lona Valmoro, 셰릴 밀스Cheryl Mills 그리고 후마 애버딘Huma Abedin 등의 헌신에 감사를 표한다. 제임스 스타인버그는 이 시대의 위대한 전략적 사상가이자 실무자로 특별히 인정받을 만하다. 그의 뛰어난 통찰력과 지혜는 아시아에서 얻어진 것이고 다시 아시아에 적용되었다. 그와 플라이 피싱을 하며, 또 애스펀Aspen이나 선밸리SunValley에서 함께 보냈던 수많은 시간 속에서 그의 지혜가 나에게도 조금이나마 옮겨졌기를 바란다.

또 아시아 정책을 구상하고 실행하기 위해 나와 같이 일했던 백악관과 국방부 동료들에게 감사를 드린다. 다른 누구보다 미셸 플로노이, 제프 베이더, 대니얼 러셀, 에번 메데이로스, 벤 로즈, 칩 그렉슨, 게리 러프헤드와 팻 월시 제독 등이 아시아-태평양의 바다를 누비며 우리를 도왔다. 또한 나의 비즈니스와 외교 파트너인 니라브 파텔에게 특별한 감사를 드린다. 그는 늘 성실하게 일하는 엄청난 재능의 소유자다.

이 책은 나의 수석 연구원이고, 상담가이자, 초본 작가이며, 이 집필 작업의 열렬한 지지자였던 러시 도시에게 엄청난 빚을 졌다. 당신은 최고의 차세대 아시아 전문가이자 아시아 정책의 실행자다. 그 같은 사람이 미래의 리더가 된다면 우리는 미래에 대한 확신을 가져도 된다. 이 책의 모든 면에 큰 공헌을 한 당신의 수고에 대단히 감사드린다. 아시아 그룹The Asia Group의 특별 연구원이었던 라이언 올리버는 이 원고의 작성, 조사, 복사 그리고 나의 바보 같은 요청까지 들어주며 오랫동안 많은 고생을 했다. 데이비드 콜리어David Collier, 엘리 래트너Ely Ratner 그리고 섀넌 헤이든Shannon Hayden은 이 프로젝트의 여러 단계에서 필수적인 연구와 통찰력을 제공했다. 미라 랩후퍼Mira Rapp-Hooper와 브라이언 앤드루스Brian Andrews는 나의 원고에 대해 구체적인 코멘트와 수정 사항을 제안해줬다. 하버드대의 그레이엄 앨리슨과 니콜라스 번스Nicholas Burns는 나를 하버드 케네디 스쿨 벨퍼 센터Belfter Center 객원 연구원으로 임명하고 내가 이 책을 끝내는 데 필요했던 격려를 아끼지 않았다. 벨퍼 센터는 하버드에서 젊은 연구자와 경험 많은 연구자를 연계하는 훌륭한 프로그램을 가지고 있다. 특별히 감사한 것은 나에게 러시 도시를 소개해주고 함께 일하도록 해주었던 것이다. 여러 해 동안 많은 아시아의 외교관, 특히 후지사키 이치로藤崎一, 킴 비즐리, 찬헹치陳慶珠, 추이톈카이崔天凱 그리고 한덕수 등은 나에게 아시아인들이 어떻게 생각하고 일하는지에 관한 엄청난 통찰력을 제공했다. 이들의 소중한 지혜가 이 책 곳곳에서 묻어난다. 또한 부정적이고 쓴소리하기를 좋아하는 이들이 늘어나고 있는 이 시대에 나와 다른 정치적 색을 가진 사람들이 나에게 보여준 꾸준한 동지애와 우정에 늘 감사한다. 리처드 아미티지는 힘과 불굴의 의지의 표본이며 외교관이자 전사인 동시에 그의 발자취를 따르는 이들에겐 끝이 보이지 않는 큰 산 같은 존재이다. 마이클 그린은 아시아에 관한 한 나의 첫 번째 스승이자, 아시아 전략에서부터 백파이프 연주까지 많은 것에 통달한 사람이다. 그는 특히 내 결혼식에서 열정적이고 훌륭한 백파이프 연주를 들려주었다. 랜들 슈라이버Randall Schriver와 삭 사코다Sak Sakoda는 과거에 나를 보좌한 적이 있는데 그들과의 관계는 오늘날까지도 든든하다.

트웰브 북스Twelve Books 팀에 특별히 감사를 드린다. 나의 편집자 숀 데즈먼드Sean Desmond는 이 원고 초기부터 나를 찾아와 진심과 인내로 이 출판사와 함께할 수 있도록 했다. 리비 버턴Libby Burton은 이 책 출판의 모든 단계에서 도움을 주었다.

나의 친애하는 친구 스콧 굴드Scott Gould, 제임스 애덤스James Adams, 톰 오가라Tom O'Gara는 내가 결승선을 넘을 수 있다는 확신과 동기를 부여해주었고 내가 힘이 떨어졌을 때 격려와 마음의 휴식을 제공했다.

이런 책의 집필은 어려운 도전이다. 이런 책을 쓰기 위해서는 조용히 자기 성찰과 연구를 할 수 있어야 한다. 하지만 우리 집은 나의 세 딸, 케일란 Caelan, 시아라Ciara, 코코Coco 덕분에 그럴 수가 없다. 지금 우리 집은 웃음, 음악 그리고 떠드는 소리로 가득 차 있다. 아이들은 많은 출장과 길고 길었던 글 쓰는 시간과 글을 쓴다고 하면서 꾸물거렸던 시간들을 다 참아줬던 기특한 아이들이다. 그들은 내 삶에 매일 빛을 비춘다.

그리고 마지막으로 나의 아내 라엘Lael, 당신이 내 옆에 없었다면 나는 이 세상에서 아무것도 하지 못했을 거요. 아시아 그리고 무엇보다 당신이 내 인생에서 가장 큰 열정의 대상이었소. 나는 늘 당신 곁에 있을 것이오.

Notes
주석

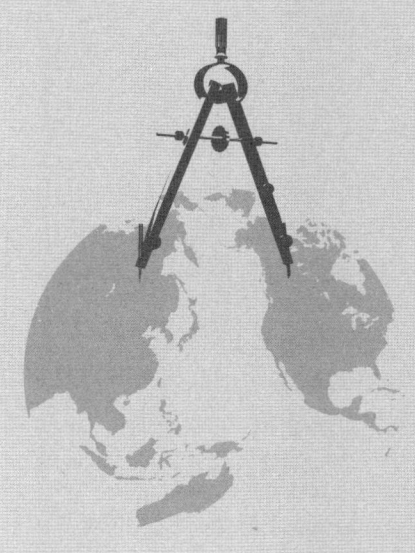

서문

1. 중국 반체제 인사인 천광청陳光誠을 의미한다. 그는 여성 권리, 토지권 등을 주장하다가 중국 정부의 박해를 받아 2012년 베이징 미국 대사관에 망명을 청한 뒤 같은 해 미국으로 이주했다 _ 옮긴이 주.

서론

1. 미국 국가정보위원회National Intelligence Council의 용례에 따르면, 사하라 이남의 아프리카 지역부터 북아프리카, 중동, 발칸반도, 캅카스 지역과 아시아 일부를 포괄하며 정치적으로 불안정하고 테러 발생 가능성이 높은 지역을 의미한다 _ 옮긴이 주.
2. Barack Obama, "Remarks by President Obama and Prime Minister Shinawatra in a Joint Press Conference," Bangkok, October 18, 2012. https://www.whitehouse.gov/the-press-office/2012/11/18/remarks-president-obama-and-prime-minister-shinawatra-joint-press-confer.
3. James Steinberg and Michael E. O'Hanlon, *Strategic Reassurance and Resolve: US-China Relations in the Twenty-First Century* (Princeton: Princeton University Press, 2014), 11.
4. Asian Development Bank, *Asia 2050: Realizing the Asian Century. Executive Summary* (Manila: Asian Development Bank, 2011).
5. Tazeem Pasha and Rachel Crabtree, "Foreign Direct Investment in the United States: Drivers of US Economic Competitiveness," (Department of Commerce, International Trade Administration, December 31, 2013).
6. Richard Wike, Bruce Stokes, and Jacob Poushter, "Global Publics Back U. S. on Fighting ISIS, but Are Critical of Post-9/11 Torture" (Pew Research Center, June 23, 2015), 13.
7. 다음을 참고하라. "Remarks by National Security Advisor Tom Donilon on President Obama's Asia Policy and Upcoming Trip to Asia," November 15, 2013. http://www.whitehouse.gov/the-press-office/2012/11/15/remarks-national-security-advisor-tom-donilon-prepared-delivery.

제1장 피벗의 정의

1. Hillary Clinton, "America's Pacific Century," *Foreign Policy*, October 2011.
2. Hillary Clinton, *Hard Choices* (New York: Simon & Schuster, 2014), 45~46.
3. 오바마 대통령은 2012년 미트 롬니Mitt Romney와의 토론에서, 그리고 2014년 시진핑 중국 주석과의 기자회견에서 피벗을 언급했다.
4. 로르샤흐 테스트Rorschach Test는 스위스 정신의학자 헤르만 로르샤흐Herman Rorschac가 개발했으며, 그림에서 보이는 물체가 무엇인지 묘사하게 하여 심리 상태를 파악하는 검사법으로, 결과를 해석하는 특정 기준이 없어 판별하는 사람의 자의적 해석이 많이 개입할 수 있다. 여기서 피벗에 대한 평가를 로르샤흐 테스트에 비유하는 것은 보는 사람들마다 피벗 정책을 제각기 서로 다르게 정의하고 그에 따라 서로 다르게 반응한다는 의미다 _ 옮긴이 주.
5. Clinton, "America's Pacific Century."
6. Kim Ghattas, "Why Obama Is Making Time for Asia," *BBC News*, November 11, 2013.
7. "Editorial: A Proper Pivot Towards Asia," *Washington Post*, July 14, 2012.
8. 리처드 하스는 피벗의 이행에 관한 몇몇 부분에 대해 이의를 제기하며 재균형이란 용어를 선호한다. Richard Haass, "The Irony of American Strategy," *Foreign Affairs* 92, no. 3 (2013). Haass is quoted in "Richard Haass: Obama Has Made Middle East 'Much Worse,'" *Washington Free Beacon*, October 27, 2014. http://freebeacon.com/national-security/richard-haas-obama-has-mademiddle-east-much-worse-damaged-american-reliability/.
9. Peter Ennis, "Mike Green: 'The Asia Pivot Is Both Political, and Good Policy,'" *Dispatch Japan*, February 20, 2012. http://www.dispatchjapan.com/blog/2012/02/mike-green-the-asia-pivotis-both-political-and-good-policy.html.
10. 바틱은 인도네시아의 전통 옷감 염색 방식으로, 파라핀을 이용한 밑그림 위에 색을 입혀 옷감을 염색한다. 바틱 방식을 이용한 셔츠와 각종 옷감들은 동남아시아에서 널리 쓰이고 있다. 아세안안보포럼(ARF) 등 아세안이 주도하는 지역 다자 회의는 회의가 열리는 국가 전통 의상을 입고 국가 정상들이나 장관급 관료들이 사진 촬영을 하는 전통이 있는데, 이를 빗대 표현한 것이다 _ 옮긴이 주.
11. Leon Panetta, "The US Rebalance Towards the Asia-Pacific," Speech before the Shangri-La Dialogue, Singapore, June 2, 2012.

12 Robert Sutter, *The United States and Asia: Regional Dynamics and Twenty-First Century Relations* (New York: Rowman & Littlefield, 2015), 80~82.
13 Jackie Calmes, "Trans-Pacific Partnership Is Reached, but Faces Scrutiny in Congress," *New York Times*, October 6, 2015.
14 Sutter, *The United States and Asia: Regional Dynamics and Twenty-First Century Relations*, 83.
15 Shawn Brimley and Ely Ratner, "Smart Shift," *Foreign Affairs 92*, no. 1 (2013): 180.
16 Lee Hsien Loong and Fareed Zakaria, "Interview with Lee Hsien Loong," *Fareed Zakaria GPS*, CNN, aired February 5, 2012. http://transcripts.cnn.com/TRANSCRIPTS/1202/05/fzgps.01.html.
17 Sutter, *The United States and Asia: Regional Dynamics and Twenty-First Century Relations*, 89.
18 Michael J. Green and Nicholas Szechenyi, *Power and Order in Asia: A Survey of Regional Expectations* (Washington, D. C.: Rowman & Littlefield, 2014), 9.
19 Wike, Stokes, and Poushter, "Global Publics Back U. S. on Fighting ISIS, but Are Critical of Post-9/11 Torture," 33.
20 Thomas Christensen, *The China Challenge: Shaping the Choices of a Rising Power* (New York: W. W. Norton, 2015), 248.
21 Ralph Cossa and Brad Glosserman, "Return to Asia: It's Not (All) About China," *PacNet*, no. 7 (January 30, 2012).
22 Daniel Blumenthal, "Pivoting to Asia: The Good, the Bad, and the Ugly," *Foreign Policy*, July 3, 2012. http://foreignpolicy.com/2012/07/03/pivoting-and-rebalancing-the-good-the-badand-the-ugly/.
23 Ashley J. Tellis, *Pivot or Pirouette: The U. S. Rebalance to Asia* (Bangalore: National Institute of Advanced Studies, 2014), 2, 7.
24 Michael J. Green, "The United States and Asia after Bush," *The Pacific Review* 21, no. 5 (December 2008): 586.
25 John Burton and Roel Landingin, "Asia Questions US Regional Influence," *Financial Times*, July 31, 2007.
26 Condoleezza Rice, *No Higher Honor* (New York: Simon & Schuster, 2011), 485.
27 이 발언의 의사록은 다음을 참고하라. Hillary Rodham Clinton and Surin

Pitsuwan, "Beginning a New Era of Diplomacy in Asia: Remarks with ASEAN Secretary General Dr. Surin Pitsuwan," U. S. Department of State website, February 18, 2009. http://www.state.gov/secretary/20092013clinton/rm/2009a/02/119422.htm.

28 Amitai Etzioni, "The United States' Premature Pivot to Asia," *Society* 49, no. 5 (2012): 395.

29 Robert Kagan, "U. S. Can't Ignore the Middle East," *Washington Post*, November 20, 2012.

30 Clinton, *Hard Choices*, 45~46.

31 이 발언의 의사록은 다음을 참고하라. Ali Wyne, "Tom Pickering Interviews Henry Kissinger on America's Rebalancing Towards the Asia-Pacific," *Huffington Post*, December 11, 2013. http://www.huffingtonpost.com/ali-wyne/tom-pickering-interviews-_b_4426774.html.

32 Herman Van Rompuy, "Europe's Political and Economic Challenges in a Changing World," Winston Churchill Lecture, Zurich, November 9, 2011. http://eeas.europa.eu/delegations/switzerland/documents/more_info/speeches/2011-11-09_van_rompuy_churchill_lecture.pdf.

33 Kurt Campbell and Ely Ratner, "Far Eastern Promises," *Foreign Affairs* 93, no. 3 (2014).

34 Sutter, *The United States and Asia: Regional Dynamics and Twenty-First Century Relations*, 77.

35 Barack Obama, "Remarks by President Obama and President Xi Jinping in Joint Press Conference," November 12, 2014. https://www.whitehouse.gov/the-press-office/2014/11/12/remarks-president-obama-and-president-xi-jinping-joint-press-conference.

36 Sutter, *The United States and Asia: Regional Dynamics and Twenty-First Century Relations*, 71.

37 Campbell and Ratner, "Far Eastern Promises."

38 Robert Ross, "The Problem with the Pivot," *Foreign Affairs* 91, no. 6 (2012).

39 Michael Chase and Benjamin S. Purser, "Pivot and Parry: China's Response to America's New Defense Strategy," *China Brief* 12, no. 6 (2012).

40 Ross, "The Problem with the Pivot."

41 앞의 책.
42 Wike, Stokes, and Poushter, "Global Publics Back U. S. on Fighting ISIS, but Are Critical of Post-9/11 Torture," 13.
43 Michael D. Swaine, "Chinese Leadership and Elite Responses to the U. S. Pacific Pivot," *China Leadership Monitor* 38, no. 3 (2012): 4~5.
44 Chase and Purser, "Pivot and Parry: China's Response to America's New Defense Strategy."
45 Michael J. Green and Daniel Twining, "Dizzy Yet? The Pros and Cons of the Asia 'Pivot,'" *Foreign Policy*, November 21, 2013.
46 Aaron L. Friedberg, "The Sources of Chinese Conduct: Explaining Beijing's Assertiveness," *The Washington Quarterly* 37, no. 4 (2015): 145.
47 Michael J. Green and Zack Cooper, "Revitalizing the Rebalance: How to Keep U. S. Focus on Asia," *The Washington Quarterly* 37, no. 3 (2014): 26.
48 Dina S. Smeltz and Craig Kafura, "Americans Affirm Ties to Allies in Asia" (The Chicago Council on Global Affairs, October 28, 2014).
49 "New Poll Shows Vast Majority of Americans Support Trade Agreements," *Business Roundtable*, March 11, 2014. http://businessroundtable.org/media/news-releases/new-pollshows-vast-majority-americans-support-trade-agreements.
50 Richard Haass, *Foreign Policy Begins at Home: The Case for Putting America's House in Order* (New York: Basic Books, 2013), 106.

제2장 피벗의 무대

1 "ISAPS International Survey on Aesthetic/Cosmetic Procedures Performed in 2011" (The International Society of Aesthetic Plastic Surgeons, 2011), 10.
2 Jason Chow, "China Is Now World's Biggest Consumer of Red Wine," *Wall Street Journal*, January 29, 2014. blogs.wsj.com/scene/2014/01/29/china-is-now-worlds-biggest-consumer-of-red-wine/.
3 이 수치는 부피를 기준으로 측정했지만, 한국에서 가장 인기 있는 술인 소주의 알코올 함량은 보드카의 절반밖에 되지 않는다. Robert Ferdman and Ritchie King, "South

Koreans Drink Twice as Much Liquor as Russians and More than Four Times as Much as Americans," *Quartz*, February 2, 2014. http://qz.com/171191/south-koreans-drink-twice-as-much-liquor-as-russians-and-more-than-four-times-as-much-as-americans/.

4 Lant Pritchett and Larry Summers, "Asiaphoria Meets Regression to the Mean," M-RCBG Faculty Working Paper Series, November 6, 2013.

5 Barack Obama, "Remarks by President Barack Obama at Suntory Hall," Suntory Hall, Tokyo, Japan, White House Press Office, November 14, 2009. http://www.whitehouse.gov/the-press-office/remarks-president-barack-obama-suntory-hall.

6 Michael Shermer, "Why Our Brains Do Not Intuitively Grasp Probabilities," *Scientific American*, September 2008.

7 이 나라들은 중국, 일본, 인도, 호주, 한국이다.

8 East-West Center Research Program, *The Future of Population in Asia* (Honolulu: East-West Center, 2002), 5.

9 이 캠페인에 대해 더 알고 싶은 경우 다음을 참고하라. Judith Rae Shapiro, *Mao's War Against Nature: Politics and the Environment in Revolutionary China* (Cambridge University Press, 2001).

10 다음 책에 있는 통계 수치들을 참고하라. Angus Maddison, *Contours of the World Economy 1 - 2030 AD: Essays in Macro-Economic History* (Oxford: Oxford University Press, 2007).

11 Homi Kharas and Geoffrey Gertz, "The New Global Middle Class: A Cross-Over from West to East" (Washington, D. C.: Brookings Institution, Wolfensohn Center for Development, 2010), 5~6.

12 다음 책에 나오는 토머스 바넷Thomas P. M. Barnett의 생각 실험을 응용했다. James Fallows, *China Airborne: The Test of China's Future* (New York: Vintage Books, 2012), 9.

13 Damien Ma and William Adams, *In Line Behind a Billion People: How Scarcity Will Define China's Ascent in the Next Decade* (Saddle River: FT Press, 2012).

14 Fallows, *China Airborne: The Test of China's Future*, 10.

15 William T. Wilson, "Asia's Economic Miracle Has Peaked," *The National Interest*, November 10, 2014. http://nationalinterest.org/feature/

asia%E2%80%99s-economic-miracle-has-peaked-11636.

16 "Statistical Yearbook for Asia and the Pacific 2013" (United Nations Economic and Social Commission for Asia and the Pacific, 2013), 1~25.
17 이 통계 수치들은 다음에서 찾을 수 있다. *The CIA World Factbook 2015* (New York: Skyhorse Publishing, 2015).
18 "World Population to 2300" (United Nations Department of Economic and Social Affairs, Population Division, 2004), 236~240.
19 "Wasting Time: India's Demographic Challenge," *Economist*, May 11, 2013.
20 "World Population to 2300," 236~240.
21 "Millennium Development Goals Fact Sheet," in *United Nations Summit, High-Level Plenary Meeting of the General Assembly*, 2010. http://www.un.org/millenniumgoals/pdf/MDG_FS_1_EN.pdf.
22 "Millennium Development Goals: India Country Report 2014" (Government of India, Ministry of Statistics and Programme Implementation, 2014); "The Millennium Development Goals Report 2014" (United Nations, 2014), 8; World Bank, *2013 Atlas of Global Development* (Glasgow: Collins Bartholomew, 2013), 31.
23 Saritha Rai, "Living Like the Other Half," *New York Times, India Ink: Notes on the World's Largest Democracy*, October 20, 2011. http://india.blogs.nytimes.com/2011/10/20/living-like-the-other-half/.
24 "Poverty in Asia," *Economist*, August 30, 2014.
25 Rai, "Living Like the Other Half."
26 OECD/World Health Organization, *Health at a Glance: Asia/Pacific 2014: Measuring Progress towards Universal Health Coverage* (Paris: OECD Publishing, 2014), 18~20.
27 아시아의 기대 수명에 대한 역사적 자료는 다음에서 찾을 수 있다. OECD/World Health Organization, *Health at a Glance: Asia/Pacific 2012: Measuring Progress towards Universal Health Coverage* (OECD Publishing, 2012), 12~13.
28 Simeon Bennett and Kanoko Matsuyama, "Asia's Cancer Rate May Jump by Almost 60% by 2020," *New York Times*, April 23, 2007.
29 "The Global Anti-Tobacco Survey Atlas" (Center for Disease Control Foundation, 2015), 30, 102~103.

30 "The Millennium Development Goals Report 2014," 16.
31 다음에서 찾은 자료이다. "UNESCO eAtlas of World Literacy" (UNESCO Institute for Statistics, 2015).
32 *Higher Education in Asia: Expanding Up, Expanding Out* (Montreal, Canada: UNESCO Institute for Statistics, 2014), 18.
33 Yojana Sharma, "What Do You Do with Millions of Extra Graduates?" *BBC News*, July 1, 2014.
34 Geeta Anand, "India Graduates Millions, but Too Few Are Fit to Hire," *Wall Street Journal*, April 5, 2011; *Higher Education Across Asia: An Overview of Issues and Strategies* (Manila: Asia Development Bank, 2011).
35 World Bank, 2013 *Atlas of Global Development*, 104; *State of the World's Cities 2012/2013: Prosperity of Cities* (Nairobi: United Nations Settlements Program, 2012), 126.
36 "Statistical Yearbook for Asia and the Pacific 2013," 11~17.
37 Te-Ping Chen, "Introducing China's Future Megalopolis: The Jing-Jin-Ji," *Wall Street Journal*, April 4, 2014.
38 4백 피트(120미터) 이상의 빌딩들을 지칭한다.
39 United Nations, "The World Urbanization Prospects: 2014 Revision Highlights" (United Nations Economic and Social Affairs, 2014), 26.
40 "Urban World: Mapping the Economic Power of Cities" (McKinsey Global Institute, March 2011).
41 "Global Power City Index 2014" (Institute for Urban Studies, Mori Memorial Foundation, 2014), 24.
42 "2014 Global Cities Index and Emerging Cities Outlook" (A. T. Kearney, 2014).
43 Gardiner Harris, "Poor Sanitation in India May Afflict Well-fed Children with Malnutrition," *New York Times*, July 13, 2014.
44 *State of the World's Cities 2012/2013: Prosperity of Cities*, 127.
45 World Bank, *2013 Atlas of Global Development*, 105.
46 "The Final Frontier: Sanitation in India," *Economist*, July 19, 2014.
47 Kartikay Mehrotra, "India's Toilet Race Failing as Villages Don't Use Them," *Bloomberg News*, August 4, 2014.
48 "The Final Frontier: Sanitation in India."

49 Edward Wong, "Air Pollution Linked to 1.2 Million Premature Deaths in China," *New York Times*, April 1, 2013.
50 PM2.5는 지름이 2.5마이크로미터㎛ 이하의 미세먼지로 초미세먼지라고 부르며, PM10은 지름이 10㎛ 이하의 미세먼지를 일컫는다_옮긴이 주.
51 Edward Wong, "On Scale of 0 to 500, Beijing's Air Quality Tops 'Crazy Bad' at 755," *New York Times*, January 12, 2013.
52 이 자료는 다음에서 볼 수 있다. "Ambient (Outdoor) Air Pollution in Cities Database 2014," World Health Organization, 2014. http://www.who.int/entity/quantifying_ehimpacts/national/countryprofile/aap_pm_database_may2014.xls?ua=1.
53 International Monetary Fund, *World Economic Outlook 2014: Legacies, Clouds, Uncertainties* (Washington, D. C.: International Monetary Fund, 2014).
54 다음 자료를 활용하여 추정할 수 있다. International Monetary Fund, *World Economic Outlook 2015: Uneven Growth: Short-Term and Long-Term Factors* (Washington, D. C.: International Monetary Fund, 2015).
55 *Purchasing Power Parities and the Real Size of World Economies: A Comprehensive Report of the 2011 International Comparison Program* (Washington, D. C.: World Bank, 2015), 17.
56 Richard Dobbs, Jaana Remes, and James Manyika, "Urban World: Cities and the Rise of the Consuming Class" (McKinsey Global Institute, June 2012).
57 International Monetary Fund, *World Economic Outlook 2015: Uneven Growth: Short-Term and Long-Term Factors* (Washington, D. C.: International Monetary Fund, 2015).
58 이 자료들은 다음 사이트에서 주기적으로 업데이트된다. "Country Comparison: Real GDP Growth Rate," *CIA: The World Factbook*, 2015. https://www.cia.gov/library/publications/the-world-factbook/rankorder/2003rank.html.
59 Homi Kharas and Geoffrey Gertz, "The New Global Middle Class: A Crossover from West to East," in *China's Emerging Middle Class: Beyond Economic Transformation* (Washington, D. C.: Brookings Institution Press, 2010), 38.
60 "Statistical Yearbook for Asia and the Pacific 2014" (United Nations Economic and Social Commission for Asia and the Pacific, 2014), 26.
61 World Bank, *2013 Atlas of Global Development*, 78.

62 *Doing Business 2015: Going Beyond Efficiency* (Washington, D. C.: World Bank, 2014), 4.
63 Transparency International, "Corruption Perceptions Index 2014" (Transparency International, 2015), 7.
64 Francis Fukuyama, *Trust: The Social Virtues and the Creation of Prosperity* (New York: Free Press, 1995).
65 David Barboza, "In China, Projects to Make the Great Wall Feel Small," *New York Times*, January 12, 2015.
66 "Aerotropolitan Ambitions," *Economist*, March 14, 2015.
67 "Road-Building Rage to Leave U. S. in Dust," *Wall Street Journal: China Realtime*, January 18, 2011. http://blogs.wsj.com/chinarealtime/2011/01/18/road-building-rage-to-leave-us-in-dust/.
68 James T. Areddy, "China's Building Push Goes Underground," *Wall Street Journal*, November 10, 2013.
69 Shibani Mahtani, "Singapore Tops Survey with World's Best Infrastructure," *Wall Street Journal: Indonesia Realtime*, December 5, 2012. http://blogs.wsj.com/indonesiarealtime/2012/12/05/singapore-tops-survey-with-worlds-best-infrastructure/.
70 *The Global Competitiveness Index 2014~2015* (Switzerland: World Economic Forum, 2014), 16~17.
71 이것뿐만 아니라 다른 유용한 통계 자료는 《중국통계연감 2015中国统计年鉴》(Beijing: China Statistical Press [中国统计出版社], 2015)의 교통 부문에서 찾을 수 있다. 인도의 고속도로에 대한 정보는 다음에서 찾을 수 있다. Craphts Consultants, "Formulation of Master Plan for Indian National Expressway Network: Final Project Report" (Indian Ministry of Road Transport and Highways, 2009). http://morth.nic.in/writereaddata/linkimages/SL_Final_Report_Part13901147970.pdf.
72 *China Statistical Yearbook 2015* [中国统计年鉴]; Manoj Kumar, "India to Seek Foreign Investment in Giant, Creaking Rail Network," *Reuters*, January 9, 2014. http://www.reuters.com/article/2014/01/09/india-railways-idUSL3N0KJ21D20140109.
73 Nauzer Bharucha, "India Needs to Build 30k Units Daily for 8 Years to Meet Housing Needs," *Times of India*, August 20, 2014.

74 "Bad Policy as Much as Bad Infrastructure Is Holding Indonesia Back," *Economist*, May 9, 2014.
75 "Statistical Yearbook for Asia and the Pacific 2013," xiv.
76 앞의 책, 281.
77 앞의 책, 282.
78 2005년에서 2015년까지 전자 통신과 인터넷 사용에 대한 지역적 자료는 다음에서 찾을 수 있다. "World Telecommunication/ICT Indicators Database," International Telecommunication Union, 2015. http://www.itu.int/en/ITU-D/Statistics/Pages/stat/default.aspx.
79 앞의 책.
80 앞의 책.
81 "State of the Internet, Q4 2014" (Akamai Technologies, 2015).
82 Simon Mundy, "South Korea Targets 5G Global Supremacy," *Financial Times*, November 25, 2014.
83 *Asian Development Outlook 2013: Asia's Energy Challenge* (Manila: Asia Development Bank, 2013), 53.
84 이 자료는 미국 에너지정보국Energy Information Administration 데이터베이스에서 확인할 수 있다. "International Energy Statistics," U. S. Energy Information Administration, 2015. http://www.eia.gov/cfapps/ipdbproject/IEDIndex3.cfm.
85 World Bank, *2013 Atlas of Global Development*, 124; "International Energy Statistics," U. S. Energy Information Administration, 2015. http://www.eia.gov/cfapps/ipdbproject/IEDIndex3.cfm.
86 *Asian Development Outlook 2013: Asia's Energy Challenge*, 56.
87 *World Energy Outlook 2014* (Paris: OECD/International Energy Agency, 2014), 80~82.
88 앞의 책, 74.
89 앞의 책, 235; *Southeast Asia Energy Outlook* (Paris: OECD/International Energy Agency, 2013), 45.
90 *World Energy Outlook 2014*, 191, 197; Brad Plumer, "The Big Climate Question: Will the World Build 1,200 New Coal Plants?" *Washington Post: Wonkblog*, November 20, 2012. http://www.washingtonpost.com/blogs/wonkblog/

wp/2012/11/20/1200-coal-are-plants-being-planned-worldwide-what-happens-if-they-all-get-built/; Ailun Yang and Yiyun Cui, "Global Coal Risk Assessment: Data Analysis and Market Research" (World Resource Institute, November 2012). http://www.wri.org/publication/global-coal-risk-assessment.

91 *World Energy Outlook 2014*, 246; "Who's Winning the Clean Energy Race? 2013" (Pew Charitable Trusts, April 3, 2014).
92 *World Energy Outlook 2014*, 233~236.
93 Chisaki Watanabe, "Japan Solar Capacity Forecast at 100GW in FY2030 by Lobby Group," *Bloomberg News*, August 8, 2014; Feifei Shen, "China Solar Project Delays Mean Japan Could Be Largest Market," *Bloomberg News*, November 27, 2014.
94 Chisaki Watanabe, "Floating Solar Power Hits Land-Squeezed Japan Under Kyocera Plan," *Bloomberg News*, August 19, 2014.
95 "Here Comes the Sun: Bringing Solar Energy Out of the Dark," *New Delhi Times*, August 16, 2014; "Gujarat Solar Park: Asia's Largest Solar Power Park Opens," *Economic Times*, April 19, 2012.
96 *Southeast Asia Energy Outlook*, 45.
97 Tim McLaughlin and Sithu Lwin, "US Firm's Investment to Tackle MDY Power Woes," *Myanmar Times*, August 30, 2014.
98 *World Energy Outlook 2014*, 235; *Southeast Asia Energy Outlook*, 45.
99 "Statistical Yearbook for Asia and the Pacific 2012" (United Nations Economic and Social Commission for Asia and the Pacific, 2012), ix.
100 앞의 책.
101 *World Energy Outlook 2014*, 99.
102 Justin Gillis, "Climate Panel Cites Near Certainty on Warming," *New York Times*, August 19, 2013.
103 Gardiner Harris, "Borrowed Time on Disappearing Land," *New York Times*, March 28, 2014.
104 앞의 책.
105 Robin McKie, "Global Warming to Hit Asia Hardest, Warns New Report on Climate Change," *Guardian*, March 22, 2014.

106 "Economic Costs of Rising Sea Levels in Asia and the Pacific," Asia Development Bank, January 3, 2014. http://www.adb.org/features/economic-costs-rising-sea-levels-asia-and-pacific.
107 "From Copenhagen Accord to Climate Action: Tracking National Commitments to Curb Global Warming," Natural Resources Defense Council, n.d. http://www.nrdc.org/international/copenhagenaccords/.
108 "Smoggy Beijing to Ban Coal Use," *Xinhua*, August 24, 2014.
109 Jeffrey Goldberg, "Drowning Kiribati," *Bloomberg Businessweek*, November 21, 2013.
110 "The Asia Pacific Disaster Report, 2010: Protecting Development Gains" (UNESCAP and UN International Strategy for Disaster Reduction, 2010), 2.
111 앞의 책, xii.
112 Debarati Guha-Sapir, Philippe Hoyois, and Regina Below, "Annual Disaster Statistical Review 2012" (Centre for Research on the Epidemiology of Disasters, Université Catholique de Louvain, 2012), 29.
113 Cris Larano, "Death Toll in Philippines from Typhoon Haiyan Tops 6,000," *Wall Street Journal*, December 13, 2013.
114 Megha Rajagopalan, "China's Meager Aid to the Philippines Could Dent Its Image," *Reuters*, November 12, 2013.
115 "The Asia Pacific Disaster Report, 2012: Reducing Vulnerability and Exposure to Disasters" (UNESCAP and UN International Strategy for Disaster Reduction, 2012).
116 Shanshan Wang and Eric Pfanner, "China's One-Day Shopping Spree Sets Record in Online Sales," *New York Times*, November 11, 2013.
117 "International Shipping Facts and Figures—Information Resources on Trade, Safety, Security, Environment" (International Maritime Organization, March 6, 2012).
118 "The Humble Hero," *Economist*, May 18, 2013.
119 Rose George, *Ninety Percent of Everything: Inside Shipping, the Invisible Industry That Puts Clothes on Your Back, Gas in Your Car, and Food on Your Plate* (New York: Metropolitan Books, 2013), 4.
120 앞의 책, 3~4.

121 United Nations Conference on Trade and Development, *Review of Maritime Transport: 2014* (New York: United Nations, 2014), 7~10.
122 "U. S. Seaborne Trade by World Region, 2012~2013," American Association of Port Authorities, 2013.
123 "Top 50 World Container Ports," World Shipping Council, 2014. http://www.worldshipping.org/about-the-industry/global-trade/top-50-world-container-ports.
124 Naomi Christie, "Shipping Measure Collapses to Record Amid Lack of Coal to China," *Bloomberg*, February 11, 2015.
125 Eoghan Macguire, "Maersk 'Triple E': Introducing the World's Biggest Ship," *CNN: The Gateway*, June 26, 2013. http://edition.cnn.com/2013/06/26/business/maersk-triple-e-biggest-ship/.
126 David Shukman, "The Largest Vessel the World Has Never Seen," *BBC News*, December 16, 2014.
127 이 통계 수치들은 다음에서 찾을 수 있다. Shipping and Trade products issued by Clarkson Research Service. http://english.donga.com/srv/service.php3?bicode=020000&biid=2015040687128.
128 Andrew Erickson and Austin Strange, "China and International Antipiracy Effort," *Diplomat*, November 1, 2013.
129 CTF-151은 아덴만과 소말리아 동부 해상에서 대해적 작전을 전담하기 위해 2009년 1월 1일 연합 해군사 예하에 창설된 다국적군 부대다. 한국·미국·영국·터키·파키스탄 등에서 파견된 함정들로 편성되어 있으며, 3~4개월 주기로 함정 파견국에서 지휘관 임무를 교대로 수행한다 _ 옮긴이 주.
130 "Piracy and Armed Robbery Against Ships" (ICC International Maritime Bureau, January 2014).
131 "South China Sea" (U. S. Energy Information Administration, February 7, 2013). https://www.eia.gov/beta/international/analysis_includes/regions_of_interest/South_China_Sea/south_china_sea.pdf.
132 Myra MacDonald, "Asia's Defense Spending Overtakes Europe's: IISS," *Reuters*, March 14, 2013.
133 Sam Perlo-Freeman and Carina Solmirano, "Trends in World Military Expenditure, 2013" (Stockholm International Peace Research Institute, April

2014).

134 Jeremy Page, "China Raises Defense Spending 12.2% for 2014," *Wall Street Journal*, March 5, 2014.

135 Daniel R. Russel, "Maritime Disputes in East Asia," Testimony before the House Committee on Foreign Affairs Subcommittee on Asia and the Pacific, February 5, 2014. http://www.state.gov/p/eap/rls/rm/2014/02/221293.htm.

136 "Forecast International Expects Defense Spending to Project Upward Across Asia-Pacific Region," *NASDAQ OMX Globe Newswire*, October 21, 2013.

137 Greg Torode, "Vietnam Building Deterrent against China in Disputed Seas with Submarines," *Reuters*, September 7, 2014.

138 이 항공기들은 중국이 러시아 기술을 바탕으로 제작한 4세대, 5세대 항공기로, 선양이란 이름을 단 항공기는 선양항공기회사Shenyang Aircraft Corporation에서, 청두란 이름을 단 항공기는 청두항공산업그룹Chendu Aircraft Industry Group에서 디자인하고 제작했다. J는 '섬멸하다'라는 의미를 갖는 殲(歼)에서 유래했다 _ 옮긴이 주.

139 "Military and Security Developments Involving the People's Republic of China" (Office of the Secretary of Defense, 2014).

140 소형 미사일 보트는 과거 기뢰함에서 발전된 형태로 주로 대함 미사일을 탑재한다. 중국의 경우 허베이(Type 022)급 소형 미사일 보트 등을 운용한다. 우주 무기는 정확하게 'Counter Space Weapon'이라고 하며, 우주에 배치된 상대방의 무기, 정찰 기능을 교란하고 파괴하는 시스템의 총칭이다 _ 옮긴이 주.

141 "Full Text: China's Military Strategy," *Renmin Wang* [人民网], May 25, 2015. http://en.people.cn/n/2015/0526/c90785-8897779.html.

142 이 자료는 다음 사이트에 올린 역사 도표에서 찾을 수 있다. Office of Management and Budget website. "Table 14.5: Total Government Expenditures by Major Category of Expenditure as Percentages of GDP: 1948~2014" (Office of Management and Budget: Historical Tables, 2015). https://www.whitehouse.gov/omb/budget/Historicals.

143 Juliette Garside, "Apple Overtakes Samsung as the World's Biggest Smartphone Maker," *Guardian*, March 4, 2015; George Chen, "China to Replace US as World's Top Consumer Tech Market, Says CES Chief," *South China Morning Post*, May 25, 2015; Bruce Einhorn, "Chinese TV Maker Hisense Takes Aim at Sony," *Bloomberg*, July 31, 2014; Sam Grobart, "Samsung Wants to Be

the World's Biggest Appliance Maker by 2015," January 9, 2014.
144 Charles Duhigg and Keith Bradsher, "How the U. S. Lost Out on iPhone Work," *New York Times*, January 21, 2012.
145 앞의 책.
146 앞의 책.
147 앞의 책.
148 Malcolm Moore, "Mass Suicide Protest at Apple Manufacturer Foxconn Factory," *Telegraph*, January 11, 2012.
149 "Tata Nano: World's Cheapest Car Gets an Image Makeover," *BBC News*, August 22, 2013.
150 Andy Sharman, "Hydrogen and Electric Vehicles Battle for Supremacy," *Financial Times*, November 20, 2014.
151 "What Happened to Japan's Electronic Giants?" *BBC News*, April 2, 2013. http://www.bbc.com/news/world-asia-21992700.
152 "Theatrical Market Statistics 2014" (Motion Picture Association of America, 2014), 5.
153 Peter Ford, "Chinese Roll Their Eyes at Local Footage Added to *Iron Man 3*," *Christian Science Monitor*, May 10, 2013.
154 앞의 책.
155 "Theatrical Market Statistics 2014," 5.
156 Martin Chilton, "China's *Iron Man 3* Milks Its Product Placement," *Telegraph*, n. d.
157 Ben Fritz and John Hom, "Reel China: Hollywood Tries to Stay on China's Good Side," *Los Angeles Times*, March 16, 2011.
158 James Daniel, "'Iron Man 2' Execs 'Changed Film for Chinese Audience' by Adding Four Minutes to the Film with Chinese Actors," *Daily Mail*, 13 May 2013.
159 Tom Shone, "Hollywood Transformed: How China Is Changing the DNA of American Blockbuster Movies," *Financial Times*, July 25, 2014.
160 Evan Osnos, "Hollywood and China: Revenue and Responsibility," *New Yorker*, February 20, 2013에서 재인용.
161 Tim Walker, "Hollywood Targets Asian Audiences as US Films Enjoy Record-Breaking Run at Chinese Box Office," *Independent*, June 9, 2014.
162 Patrick Frater, "How China's Homegrown Biz Is Threatening Hollywood's

Payday," *Variety*, September 12, 2013.
163 앞의 책.
164 Patrick Frater, "Chinese Movies Top Global Box Office Chart," *Variety*, February 15, 2016.
165 Rob Cain, "It's a Bollywood-Hollywood David vs. Goliath Showdown at China's Cinemas," *Forbes*, June 7, 2015.
166 Niall McCarthy, "Bollywood: India's Film Industry by the Numbers," *Forbes*, September 3, 2014.
167 Anjani Trivedi, "Christie's: Evolution of an Asian Art Market," *CNN Style*, November 26, 2013. http://www.cnn.com/2012/11/30/business/asian-art-market-curiel/.
168 Adam Georgina, "Where Next for Hong Kong, Asia's Art Hub?" *Art Newspaper*, May 22, 2013.
169 Susan Moore, "Sotheby's Hong Kong Art Sales: A Record-Smashing Good Time," *Financial Times*, October 11, 2013.
170 Frederik Balfour, "Billion-Dollar Art Basel Hong Kong Woos Chinese Buyers," *Bloomberg*, May 19, 2014.
171 Scott Reyburn, "East Meets West at Hong Kong Art Fair, but Who Is Buying?" *New York Times*, May 15, 2014.
172 "The Art Market in 2014" (ArtPrice, 2015), 13.
173 "The Art Market in 2013" (ArtPrice, 2014), 20.
174 Reyburn, "East Meets West at Hong Kong Art Fair, but Who Is Buying?"
175 "Contemporary Art Market 2014: The ArtPrice Annual Report" (ArtPrice, 2014); Georgina, "Where Next for Hong Kong, Asia's Art Hub?"
176 Trivedi, "Christie's: Evolution of an Asian Art Market."
177 "Ai Weiwei," *ArtReview: Power 100*, 2015. http://artreview.com/power_100/ai-weiwei/.
178 David Barboza, Graham Bowley, and Amanda Cox, "Forging an Art Market in China," *New York Times*, October 28, 2013.
179 Shanoor Seervai, "At Christie's Second India Auction, Signs of a Maturing Art Market," *Wall Street Journal*, December 12, 2014.
180 John Krich, "Malaysia's Art Scene Is Changing with New Auction Houses," *Wall

Street Journal, October 16, 2014.
181 "Contemporary Art Market 2014: The ArtPrice Annual Report."
182 Holland Cotter, "Acquired Tastes of Asian Art," *New York Times*, February 21, 2013.
183 Jemma Galvin, "The Art of Investing," *Focus ASEAN*, August 8, 2014.
184 앞의 책.
185 "A Record Is Shattered: Asia Week New York Sales Hit $200 Million," *Asia Week New York*, March 2014. http://asiaweekny.com/press-release/record-shattered-asia-week-new-york-sales-hit-200-million/.

제3장 피벗 이전의 정책

1 Michael Crichton, *Timeline* (New York: Alfred A. Knopf, 1999), 85.
2 미국 지리의 중요성에 대한 요약 글을 보고 싶다면 다음을 참고하라. Robert Kaplan, *The Revenge of Geography: What the Map Tells Us about Coming Conflicts and the Battle against Fate* (New York: Random House, 2012).
3 Trevor Eischen, "Barack Obama's Name for David Cameron: 'Bro,'" *Politico*, January 5, 2015.
4 루이스와 클라크의 탐험은 현재 미국 서부에 해당하는 지역으로 맨 처음 건너간 것을 일컫는 말이다. 이 탐험은 세인트루이스Saint Louis에서 시작되어 서쪽으로 나가 태평양 연안에 도달했다 _ 옮긴이 주.
5 이 선박에 대해 가장 많이 인용된 작품은 다음과 같다. Arthur Hamilton Clark, *The Clipper Ship Era: An Epitome of Famous American and British Clipper Ships, Their Owners, Builders, Commanders, and Crews* (New York: G. P. Putnam and Sons, 1910), 45~46.
6 앞의 책, 97.
7 James Bradley, *The Imperial Cruise: A Secret History of Empire and War* (New York: Little, Brown, and Company, 2009), 5.
8 수치는 Bradley, *The Imperial Cruise*에서 재인용.
9 "Relaxed, All-Day Dining with an Asian-Inspired Twist," *Muze | Mandarin Oriental Hotel*, 2015. http://www.mandarinoriental.com/washington/fine-

dining/muze/.
10 "Business Profile," Mandarin Oriental Hotel Group. http://photos.mandarinoriental.com/is/content/MandarinOriental/corporate-business-profile.
11 Sheridan Prasso, *The Asian Mystique: Dragon Ladies, Geisha Girls, and Our Fantasies of the Exotic Orient* (New York: PublicAffairs, 2005), 389.
12 "Annual Report 2014," Mandarin Oriental International Limited. http://photos.mandarinoriental.com/is/content/MandarinOriental/corporate-14arMOIL-1.
13 "Singapore Girl," 2015. http://www.singaporeair.com/en_UK/flying-with-us/singaporegirl/.
14 Prasso, *The Asian Mystique*, 391.
15 앞의 책, 11.
16 Amy Chua, *Battle Hymn of the Tiger Mother* (New York: Penguin Books, 2011).
17 Prasso, *The Asian Mystique*, 146.
18 앞의 책, 11.
19 앞의 책.
20 Jeffrey Record, *Japan's Decision for War in 1941: Some Enduring Lessons* (Carlisle, PA: The Strategic Studies Institute, 2009), 8, 53.
21 Abby Phillip, "Was Margaret Cho's North Korea Act Biting Comedy or Just Racist?" *Washington Post*, January 12, 2015.
22 Kevin Wong, "As an Asian-American, Here's Why Bruce Lee Still Matters," *Complex*, June 18, 2014.
23 Liza Mundy, "Cracking the Bamboo Ceiling," *Atlantic*, November 2014.
24 John Soennichsen, *The Chinese Exclusion Act of 1882* (Santa Barbara, California: Greenwood, 2011), 116.
25 Warren Cohen, *America's Response to China: A History of Sino-American Relations* (New York: John Wiley & Sons, 1971), 33.
26 앞의 책.
27 "Milestones 1921~1936: The Immigration Act of 1924 (The Johnson-Reed Act)," Office of the Historian, United States Department of State, November 1, 2013. http://history.state.gov/milestones/1921-1936/immigration-act.
28 앞의 책에서 재인용, 47.

29 앞의 책, 35.
30 Christopher Frayling, *The Yellow Peril: Dr. Fu Manchu and the Rise of Chinaphobia* (London: Thames & Hudson, 2014).
31 Tina Chen, *Double Agency: Acts of Impersonation in Asian American Literature and Culture* (Redwood City, California: Stanford University Press, 2005), 200.
32 Gregory Mank, *Hollywood Cauldron: Thirteen Horror Films from the Genre's Golden Age* (Jefferson, North Carolina: McFarland & Company, 1994), 84.
33 Naoko Shibusawa, *America's Geisha Ally: Reimagining the Japanese Enemy* (Cambridge, Massachusetts: Harvard University Press, 2006), 1; "Japan's Mark Is Taboo," *Washington Post*, December 11, 1941, 8; "Cleveland May Drop Japan Street," *New York Times*, December 31, 1941, 19.
34 Gary Okihiro, *The Columbia Guide to Asian American History* (New York: Columbia University Press, 2001), 104.
35 앞의 책, 2.
36 G. Edward White, *Earl Warren: A Public Life* (New York: Oxford University Press, 1982), 69.
37 Shibusawa, *America's Geisha Ally*, 2.
38 앞의 책, 292.
39 Marie Thorsten, *Superhuman Japan: Knowledge, Nation and Culture in US-Japan Relations* (Abingdon, Oxon: Routledge, 2012); Ezra Vogel, *Japan as Number One: Lessons for America* (Lincoln, Nebraska: iUniverse, 1999).
40 Karl Taro Greenfield, "Return of the Yellow Peril," *Nation*, May 11, 1992.
41 Edward Said, *Orientalism* (New York: Vintage Books, 1979).
42 "The Rise of Asian Americans" (Pew Research Center, June 19, 2012).
43 John King Fairbank, *China: The People's Middle Kingdom and the U. S. A.* (Cambridge, Massachusetts: Harvard University Press, 1967), 60~61.
44 Jacques Downs, *The Golden Ghetto: The American Commercial Community at Canton and the Shaping of American China* Policy, *1784~1844* (Plainsboro, New Jersey: Associated University Presses, 1997), 72.
45 Arthur Power Dudden, *The American Pacific: From the Old China Trade to the Present* (New York: Oxford University Press, 1992), 5~6.
46 Charles Holcombe, *A History of East Asia: From the Origins of Civilization to the*

Twenty-First Century (New York: Cambridge University Press, 2011), 195.
47 David T. Courtwright, *Dark Paradise: A History of Opiate Addiction in America* (Cambridge: Harvard University Press, 2001), 65.
48 Holcombe, *A History of East Asia*, 196.
49 다음을 참고하라. Peter C. Perdue, "The First Opium War: The Anglo-Chinese War of 1839~1842," MIT: *Visualizing Cultures*, 2011. http://ocw.mit.edu/ans7870/21f/21f.027/opium_wars_01/ow1_essay03.html.
50 Downs, *The Golden Ghetto*, 299.
51 다음에서 재인용. Mike Green, *The Problem of Asia*, 미발간.
52 이와 관련하여 더 알고 싶으면 다음을 참고하라. W. G. Beasley, *The Perry Mission to Japan, 1853~1854* (Richmond, Surrey: Japan Library, 2002); William McOmie, *The Opening of Japan, 1853~1855: A Comparative Study of the American, British, Dutch, and Russian Naval Expeditions to Compel the Tokugawa Shogunate to Conclude Treaties and Open Ports to their Ships* (Folkestone: Global Oriental, 2006).
53 Thomas Bender, *A Nation among Nations: America's Place in World History* (New York: Hill and Wang, 2006), 238.
54 Cohen, "The United States as a Power in East Asia," *America's Response to China*, 46.
55 이와 관련하여 더 알고 싶으면 다음을 참고하라. Robert Bickers, *The Scramble for China: Foreign Devils in the Qing Empire, 1832~1914* (London: Allen Lane, 2011).
56 Yoneyuki Sugita, "The Rise of an American Principle in China: A Reinterpretation of the First Open Door Notes towards China," in Richard Jensen, Jon Davidann, and Yoneyuki Sugita (eds), *Trans-Pacific Relations: America, Europe, and Asia in the Twentieth Century* (Westport: Praeger, 2003), 3.
57 이와 관련하여 더 알고 싶으면 다음을 참고하라. Steven J. Ericson and Allen Hockley, *The Treaty of Portsmouth and its Legacies* (Hanover: Dartmouth College Press, 2008).
58 1922년 체결된 9개 국가 사이의 조약으로 중국의 주권과 영토를 보존한다는 내용을 담고 있다. 중국의 봉건 제도가 무너지고 대외 개방을 함에 따라 열강들이 중국의 영토 분할에 나섰는데, 이때 열강들이 서로 견제하기 위해 중국의 영토를 보존한다는 명목으로 조약을 체결했다.

조약을 체결한 9개국은 미국, 벨기에, 영국, 중국, 프랑스, 이탈리아, 일본, 네덜란드, 포르투갈이다_옮긴이 주.

59 Philip Zelikow, "American Engagement in Asia," in Robert D. Blackwill and Paul Dibb (eds), *America's Asian Alliances* (Cambridge: MIT Press, 2000), 20.
60 "GDP, 2013," World Bank, 2016. http://data.worldbank.org/indicator/NY.GDP.MKTP.KD?order=wbapi_data_value_2013+wbapi_data_value+wbapi_data_value-last&sort=desc.
61 Geoff Dyer, *The Contest of the Century: The New Era of Competition with China—and How America Can Win* (New York: Deckle Edge, 2014), 22.
62 George B. Stevens and W. Fisher Markwick, *The Life, Letters, and Journals of the Rev. and Hon. Peter Parker, M. D.* (Boston: Congregational Sunday School and Publishing Society, 1896), 128.
63 이와 관련하여 더 알고 싶으면 다음을 참고하라. Barry Hankins, *The Second Great Awakening and the Transcendentalists* (Westport, Connecticut: Greenwood Press, 2004).
64 Green, *The Problem of Asia* (chapter 1, p. 35)에서 재인용.
65 John Rogers Haddad, *The Romance of China: Excursions to China in U. S. Culture, 1776~1876* (New York: Columbia University Press, 2008), 160.
66 앞의 책, 164.
67 Cohen, *America's Response to China*, 51.
68 Robert G. Sutter, *The United States in Asia* (Plymouth: Rowman and Littlefield, 2009), 5.
69 앞의 책, 9.
70 다음을 참고하라. Dorothy Jealous Scudder, *A Thousand Years in Thy Sight: The Story of the Scudders of India* (New York: D. J. Scudder, 1970).
71 "India's Best Medical Colleges 2014," *India Today*. http://indiatoday.intoday.in/bestcolleges/2014/ranks.jsp?ST=Medicine&LMT=1&Y=2014, 2014.
72 다음을 참고하라. Arthur Lewis Rosenbaum, "Yenching University and Sino-American Interactions, 1919~1952," *Journal of American-East Asian Relations* 14 (2007): 11~60.
73 앞의 책에서 재인용, 11.
74 장제스 부인의 말을 인용했다. "중국에 있는 선교사들에게 진 감사의 빚은 어떤 말로도 충

분히 표현할 수 없습니다. 그들은 궁핍한 사람들에게 도움을 주었으며, 수천 수백만의 난민들의 좋은 친구가 되어주었습니다." 다음을 참고하라. John W. Masland, "Missionary Influence upon American Far East Policy," *The Pacific Historical Review* 10, no. 3 (September 1941): 287; 또한 이것도 참고하라. Laura Tyson Li, *Madame Chiang Kai-shek: China's Eternal First Lady* (New York: Atlantic Monthly Press, 2006), 142; 또한 이것도 참고하라. Lawrence D. Kessler, *The Jiangyin Mission Station: An American Missionary Community in China, 1895~1951* (Chapel Hill: The University of North Carolina Press, 1996), 90.

75 Shuhua Fan, "The End of an American Enterprise in China: The Harvard-Yenching Institute, 1949~1951," in Arthur Lewis Rosenbaum (ed) *New Perspectives on Yenching University, 1916~1952: A Liberal Education for a New China* (Chicago: Imprint Publications, 2012), 175에서 재인용.

76 다음을 참고하라. Christine Louise Lin, "The Presbyterian Church in Taiwan and the Advocacy of Local Autonomy," *Sino-Platonic Papers* no. 92 (January 1999).

77 "Text of Fr. Lombardi Interview with Vatican Radio," *Zenit*, December 30, 2014. http://www.zenit.org/en/articles/text-of-fr-lombardi-interview-with-vatican-radio.

78 Prashanth Parameswaran, "The Pope's Pivot to Asia," *Diplomat*, January 6, 2015. http://thediplomat.com/2015/01/the-popes-pivot-to-asia/.

79 "Christian Missionaries 'Forced Out' in Droves as China Cracks Down on North Korea Border City," *South China Morning Post*, August 12, 2014.

80 David Halberstam, *The Coldest Winter: America and the Korean War* (New York: Hachette Books, 2008), 109에서 재인용.

81 Halberstam, *The Coldest Winter*, 109에서 재인용.

82 앞의 책.

83 Michael H. Hunt and Steven I. Levine, *Arc of Empire: America's Wars in Asia from the Philippines to Vietnam* (Chapel Hill: The University of North Carolina Press, 2014), 15에서 재인용.

84 Hannah Fischer, "A Guide to U. S. Military Casualty Statistics: Operation Inherent Resolve, Operation New Dawn, Operation Iraqi Freedom, and Operation Enduring Freedom," Congressional Research Service, November 20, 2014. https://www.fas.org/sgp/crs/natsec/RS22452.pdf.

85 Karl Hack and Tobias Rettig, *Colonial Armies in Southeast Asia* (New York: Routledge, 2006), 172; Emil Guillermo, "A First Taste of Empire," *Milwaukee Journal Sentinel*, February 8, 2004; Ray L. Burdeos, *Filipinos in the U. S. Navy and Coast Guard During the Vietnam War* (AuthorHouse: Bloomington, 2008), 14.
86 Guillermo, "A First Taste of Empire"; Hunt and Levine, *Arc of Empire*, 58.
87 Mark Twain, "The Greatest American Humorist, Returning Home," *New York World*, October 6, 1900.
88 Bradley, *The Imperial Cruise: A Secret History of Empire and War*, 1.
89 Glenn Hubbard and Tim Kane, *Balance: The Economics of Great Powers from Ancient Rome to Modern America* (New York: Simon and Schuster, 2013), 165.
90 Hunt and Levine, *Arc of Empire*, 60.
91 앞의 책, 60~61.
92 "Navy of the United States," in *Nelson's Encyclopedia* (London: Thomas Nelson, 1907), 425.
93 Zelikow, "American Engagement in Asia," 21.
94 Robert J. McMahon and Thomas W. Zeiler, *Guide to U. S. Foreign Diplomacy: A Diplomatic History* (Washington, D. C.: CQ, 2013), 162에서 재인용.
95 앞의 책, 163.
96 Kichisaburo Nomura, "Japan's Demand for Naval Equality," *Foreign Affairs* 13(2) (1935): 196~203.
97 Hunt and Levine, *Arc of Empire*, 65.
98 Zelikow, "American Engagement in Asia," 21.
99 Walter LaFeber, *The Clash: U. S.-Japanese Relations throughout History* (New York: W. W. Norton, 1998), 170.
100 LaFaber, *The Clash*, 200; Roland H. Worth Jr., *No Choice but War: The United States Embargo against Japan and the Eruption of War in the Pacific* (Jefferson, North Carolina: McFarland and Company, 1995), 115~117.
101 Memo by Cordell Hull, October 8, 1940.
102 Eric Larrabee, *Commander in Chief: Franklin Delano Roosevelt, His Lieutenants, and Their War* (New York: Harper & Row, 1987), 46에서 재인용.
103 Joseph C. Grew, *Turbulent Era: A Diplomatic Record of Forty Years, 1904~1945*

(Boston: Houghton Mifflin, 1952), 1167n~1168n.
104 Joseph C. Grew, *Ten Years in Japan: A Contemporary Record Drawn from the Diaries and Private and Official Papers of Joseph C. Grew* (New York: Simon and Schuster, 1944), 469.
105 Joel Ira Holwitt, *"Execute against Japan": The U. S. Decision to Conduct Unrestricted Submarine Warfare* (College Station: Texas A&M University Press, 2009), 65; Harry Gailey, *War in the Pacific: From Pearl Harbor to Tokyo Bay* (Novato: Presidio, 1997).
106 LaFeber, *The Clash*, 207에서 재인용.
107 Sadao Asada, *From Mahan to Pearl Harbor: The Imperial Japanese Navy and the United States* (Annapolis: Naval Institute Press, 2006), 267에서 재인용.
108 Walter Lippmann, "The Mystery of Our China Policy," Gordon, 52에서 재인용.
109 Rob Reiner (director), *The Princess Bride*, Act 111 Communications, 1987. Film.
110 Merle Miller, *Plain Speaking: An Oral Biography of Harry S. Truman* (New York: G. P. Putnam's Sons, 1974).
111 Stanley Weintraub, *MacArthur's War: Korea and the Undoing of an American Hero* (New York: Free Press, 2008).
112 David Halberstam, "MacArthur's Grand Delusion," *Vanity Fair*, October 2007.
113 Halberstam, *The Coldest Winter*, 624.
114 David H. Petraeus, "Korea, the Never-Again Club, and Indochina," *Parameters* 17 (December 1987): 61.
115 Shen Zhihua, "China and the Dispatch of the Soviet Air Force: The Formation of the Chinese-Soviet-Korean Alliance in the Early Stage of the Korean War," *Journal of Strategic Studies* 33(2), (2010): 211~230; Shu Guang Zhang, *Mao's Military Romanticism: China and the Korean War, 1950~1953* (Lawrence, Kansas: University Press of Kansas, 1995), 257.
116 Anne Leland and Mari-Jana "MJ" Oboroceanu, "American War and Military Operations Casualties: Lists and Statistics," Congressional Research Service, February 26, 2010. http://fpc.state.gov/documents/organization/139347.pdf, 10.
117 Petraeus, 67.
118 Hunt and Levine, *Arc of Empire*, 180; Petraeus, 59~70.

119 중국인의 행동에 대한 설명, 그리고 분쟁에 대한 유용한 요약을 위해서는 다음을 참고하라. Thomas Christensen, *Useful Adversaries: Grand Strategy, Domestic Mobilization, and Sino-American Conflict 1947~1958* (Princeton: Princeton University Press, 1994), 194~198.
120 Howard Jones, *Crucible of Power: A History of American Foreign Relations from 1945* (Lanham: Rowman and Littlefield, 2009), 141.
121 Marvin L. Kalb and Deborah Kalb, *Haunting Legacy: Vietnam and the American Presidency from Ford to Obama* (Washington, D.C.: Brookings Institution Press, 2011), 304.
122 Leland and Oboroceanu, "American War and Military Operations Casualties," 12.
123 Kalb and Kalb, *Haunting Legacy*, 29에서 재인용.
124 앞의 책 참고.
125 Fredrik Logevall and Gordon M. Goldstein, "Will Syria Be Obama's Vietnam?" *New York Times*, October 7, 2014. http://www.nytimes.com/2014/10/08/opinion/will-syria-be-obamas-vietnam.html?_r=0; John Barry, "Could Afghanistan Be Obama's Vietnam?" *Newsweek*, January 30, 2009. http://www.newsweek.com/could-afghanistan-be-obamas-vietnam-77749; James Mann, "How Obama's Foreign Policy Team Relates to the Vietnam War— Or Doesn't," *Washington Post*, June 22, 2012. http://www.washingtonpost.com/opinions/james-mann-how-obamas-foreign-policy-team-relates-to-the-vietnam-war-or-doesnt/2012/06/22/gJQAkVWKvV_story.html; Steven Portnoy, "John McCain Says Obama's ISIS Strategy Reminds Him of Vietnam," *ABC News*, November 12, 2014. http://abcnews.go.com/Politics/john-mccain-obamas-isis-strategy-reminds-vietnam/story?id=26857963.
126 Barbara W. Tuchman, *Stilwel and the American Experience in China, 1911~1945* (New York: Grove Press, 2001), 34에서 재인용.
127 예시를 위해 앞의 책을 참고하라. Cole C. Kingseed, "The Pacific War: The U. S. Army's Forgotten Theater of World War II," *Army Magazine* 63(4) (2013).
128 LaFeber, *The Clash*, 66에서 재인용.
129 Gailey, *War in the Pacific*, 43.
130 앞의 책, 44.

131 앞의 책, 44.
132 Hunt and Levine, *Arc of Empire*, 126.
133 Zelikow, "American Engagement in Asia," 23.
134 Hunt and Levine, *Arc of Empire*, 179.
135 Gary R. Hess, *Presidential Decisions for War: Korea, Vietnam, and the Persian Gulf* (Baltimore: Johns Hopkins University Press, 2001), 10; Hunt and Levine, *Arc of Empire*, 128.
136 Dean Acheson, "Speech on the Far East," January 12, 1950.
137 Philip Zelikow, "American Engagement in Asia," in Robert D. Blackwill and Paul Dibb (eds), *America's Asian Alliances* (Cambridge: MIT Press, 2000), 24.
138 Halberstam, *The Coldest Winter*, 102.
139 Zelikow, "American Engagement in Asia," 24.
140 '베트남 신드롬'에 대한 대화와 그 이후의 징후에 대해서는 다음을 참고하라. "It's Called the Vietnam Syndrome, and It's Back," Brookings, January 22, 2013. http://www.brookings.edu/blogs/up-front/posts/2013/01/22-obama-foreign-policy-kalb.
141 *Public Papers of the Presidents: Nixon, 1969* (Washington, D. C.: Government Printing Office, 1970), 544~556.
142 Chalmers M. Roberts, "How Nixon Doctrine Works," *Washington Post*, July 12, 1970.
143 다음을 참고하라. Thomas J. Christensen and Michael A. Glosny, "China: Sources of Stability in US-China Security Relations," in Richard J. Ellings and Aaron L. Friedberg (eds), *Fragility and Crisis* (Seattle: National Bureau of Asian Research, 2003), 53~79; David M. Lampton, "The Stealth Normalization of US-China Relations," *National Interest* 73 (Fall 2003): 37~48.
144 Bill Sloan, *The Darkest Summer: Pusan and Inchon 1950: The Battles That Saved South Korea—And the Marines—From Extinction* (New York: Simon & Schuster, 2009), 28에서 재인용.
145 T. R. Fehrenbach, *This Kind of War: The Classic Korean War History* (Washington, D. C.: Brassey's, 2000), 67.
146 앞의 책, 71.
147 앞의 책, 69.

148 Max Hastings, *The Korean War* (New York: Simon and Schuster, 1987), 18.
149 Bevin Alexander, *Korea: The First War We Lost* (New York: Hippocrene Books, 2004), 2.
150 Halberstam, *The Coldest Winter*, 138.
151 Ridgway, Stephen Sestanovich, *Maximalist: America in the World from Truman to Obama* (New York: Knopf, 2014), 41에서 재인용.
152 Halberstam, *The Coldest Winter*, 138.
153 앞의 책, 150.
154 Mao Zedong, "The May 4th Movement," May 1939. https://www.marxists.org/reference/archive/mao/selected-works/volume-2/mswv2_13.htm; Fu Ying, "The Past of a Foreign Country Is an Unfamiliar World," *Financial Times*, August 25, 2014. http://www.ft.com/intl/cms/s/0/f43b47d6-2a06-11e4-8139-00144feabdc0.html#axzz3DPQitzhq.
155 중국 내전의 사상자 수에 대한 더 많은 예측 자료는 다음을 참고하라. Michael J. Lynch, *The Chinese Civil War, 1945~1949* (Oxford: Osprey, 2010), 9.
156 David M. Oshinsky, *A Conspiracy So Immense: The World of Joe McCarthy* (New York: Oxford University Press, 2005), 109.
157 Edgar A. Porter, *The People's Doctor: George Hatem and China's Revolution* (Honolulu: University of Hawai'i Press, 1997), 208에서 재인용.
158 Nancy Bernkopf Tucker, "The Evolution of U. S.-China Relations," David Shambaugh (ed), *Tangled Titans: The United States and China* (Lanham: Rowman & Littlefield Publishers, 2012), 34.
159 다음을 참고하라. Alexander, *Korea*, 17.
160 Tucker, "The Evolution of U. S.-China Relations," 34.
161 앞의 책, 34.
162 Fehrenbach, 187.
163 Alexander, *Korea*, 230~231에서 재인용.
164 Alexander, *Korea*, 17.
165 Fehrenbach, 188~189.
166 James Traub, *The Freedom Agenda: Why America Must Spread Democracy (Just Not the Way George Bush Did)* (New York: Farrar, Straus and Giroux, 2008), 13.
167 Wilson, 앞의 책 13~14쪽에서 재인용.

168 Lloyd Wheaton, 앞의 책 15쪽에서 재인용.

169 앞의 책 15쪽 참고.

170 Wong Kwok Chu, "The Jones Bills 1912~16: A Reappraisal of Filipino Views on Independence," *Journal of Southeast Asian Studies* 13(2) (1982): 252~269.

171 다음을 참고하라. Clifton Sherrill, "Promoting Democracy: Results of Democratization Efforts in the Philippines," *Asian Affairs* 32(4) (2006): 211~230.

172 John W. Dower, *Embracing Defeat: Japan in the Wake of World War II* (New York: W. W. Norton & Company, 2000); Alan Thomas Wood, *Asian Democracy in World History* (New York: Routledge, 2004), 40.

173 Shibusawa, *America's Geisha Ally*, 3.

174 Tracy Williams, "Rhetoric, Reality, and Responsibility: The United States' Role in South Korean Democratization," *Stanford Journal of East Asian Affairs* 4(1) (2004): 62~63.

175 David C. Cole and Princeton N. Lyman, *Korean Development: The Interplay of Politics and Economics* (Cambridge: Harvard University Press, 1971), 62.

176 William Gleysteen and Alan D. Romberg, "Korea: Asian Paradox," *Foreign Affairs* 65 (1987): 1052.

177 Selig S. Harrison, *The South Korean Political Crisis and American Policy Options* (Washington, D. C.: Washington Institute Press, 1987), 3.

178 Halberstam, *The Coldest Winter*, 640~641.

179 Samuel P. Huntington, *The Third Wave: Democratization in the Late Twentieth Century* (Norman: University of Oklahoma Press, 1993).

제4장 피벗의 선례

1 Henry A. Kissinger, *World Order* (New York: Penguin Books, 2014), 233.

2 John Paton Davies Jr., "America and East Asia," *Foreign Affairs* 55, no. 2 (January, 1977): 370.

3 앞의 책, 374.

4 출간 예정인 마이클 그린의 아시아에서 미국의 전략의 역사에 관한 책 제3장과 제4장을 참고

하라.
5   앞의 책.
6   Mike McKinley, "Cruise of the Great White Fleet," Naval History & Heritage Command, April 1, 2015. http://www.history.navy.mil/research/library/online-reading-room/title-list-alphabetically/c/cruise-great-white-fleet-mckinley.html.
7   Gailey, *War in the Pacific*, 43~44.
8   1941년 12월부터 3주간 미국 워싱턴에서 열린 회의로 그리스-로마 시대에 목가적인 이상향을 지칭하는 '아르카디아'라는 암호명을 사용했다. 이 회담에서 루스벨트와 처칠은 태평양에서 일본의 공세에 대해서는 방어적 자세를 취하는 대신 유럽에서 히틀러를 물리치는 데 전력을 집중하기로 합의했다 _ 옮긴이 주.
9   Philip Zelikow, "American Engagement in Asia," in Robert D. Blackwill and Paul Dibb (eds), *America's Asian Alliances* (Cambridge: MIT Press, 2000), 24.
10 T. R. Fehrenbach, *This Kind of War: The Classic Korean War History* (Washington, D. C.: Brassey's, 2000).
11 Zelikow, "American Engagement in Asia," 25.
12 출간 예정인 마이클 그린의 아시아에서 미국의 전략의 역사에 관한 책 서론을 참고하라.
13 Kurt Campbell, Nirav Patel, and Vikram Singh, *The Power of Balance: America in iAsia* (Washington, D. C.: Center for a New American Security, 2008), 60.
14 미국과 중국은 지금까지 세 차례의 공동 선언(communiqué)을 발표했다. 제1차 공동 선언은 1972년 닉슨이 중국을 방문했을 때 상하이에서 발표한 이른바 '상하이 공동 선언Shanghai Communiqué'이다. 제2차 공동 선언은 1979년 워싱턴과 베이징이 외교 관계를 수립할 때 발표되었다. 제3차 공동 선언은 1982년에 이루어졌는데, 미국은 대만에 무기 수출을 늘리지 않는 대신 중국은 대만 문제를 평화적으로 해결하겠다는 내용을 담고 있다 _ 옮긴이 주.

제5장 피벗과 아시아의 미래

1   다음을 참고하라. Kurt Campbell, "Hegemonic Prophecy and Modern Asia: Lessons for Dealing with the Rise of China," in Carolyn W. Pumphrey (ed), *The Rise of China in Asia: Security Implications* (Carlisle: Strategic Studies Institute, 2002).

2 International Monetary Fund, *World Economic Outlook 2015: Uneven Growth: Short-Term and Long-Term Factors* (Washington, D. C.: IMF, 2015).
3 Thomas Christensen, *The China Challenge: Shaping the Choices of a Rising Power* (New York: W. W. Norton, 2015), 112.
4 "Chapter Six: Asia" in *The Military Balance* (London: Routledge, 2015), 210~211.
5 Ash Carter, "IISS Shangri-La Dialogue: 'A Regional Security Architecture Where Everyone Rises,'" US Department of Defense, May 30, 2015. http://www.defense.gov/News/Speeches/Speech-View/Article/606676/iiss-shangri-la-dialogue-a-regional-security-architecture-where-everyone-rises.
6 Henry A. Kissinger, *Diplomacy* (New York: Simon and Schuster, 1994), 77.
7 Henry A. Kissinger, *A World Restored: Metternich, Castlereagh and the Problems of Peace, 1812~1822* (Boston: Houghton Mifflin, 1957).
8 Peter Hartcher, "Does Australia Really Need the US Alliance?" *Sydney Morning Herald*, May 13, 2014에서 재인용. http://www.smh.com.au/opinion/does-australia-really-need-the-us-alliance-20140512-zraey.html.
9 시진핑 주석 발언의 영문은 다음을 참고하라. Xi Jinping, "New Asian Security Concept for New Progress in Security Cooperation," Speech before the Fourth Summit of the Conference on Interaction and Confidence Building Measures in Asia, Shanghai, May 21, 2014. 이것은 더 자주 인용되는 "아시아인들을 위한 아시아"보다는 "아시아의 문제는 아시아인들이 해결해야 한다"로 번역한다.
10 Minxin Pei, "China's Asia?" *Project Syndicate*, December 3, 2014.
11 이 논쟁 중 일부는 다음에서 발췌했다. Kurt Campbell, "Choreographing the U. S.-China Summit," *Financial Times*, June 7, 2013. http://blogs.ft.com/the-a-list/2013/06/07/choreographing-the-us-china-summit/.
12 John G. Ikenberry, *Liberal Leviathan: The Origins, Crisis, and Transformation of the American World Order* (Princeton: Princeton University Press, 2011).
13 예를 들어 구매력평가지수purchasing power parity에 의하면, 미국은 1인당 소득이 5만 4천 달러로 중국의 1만 3천 달러의 약 네 배에 이르며, 인도의 5천8백 달러의 열 배에 이른다. 이 통계들은 다음을 참고하라. International Monetary Fund, *World Economic Outlook 2015: Uneven Growth: Short-Term and Long-Term Factors*.
14 이는 글로벌 거버넌스에 참여하는 중국의 도전에 대해 크리스텐슨이 자주 했던 주장의 변형

된 형태이다. Christensen, *The China Challenge: Shaping the Choices of a Rising Power*, 116.

15 *Trends in Global CO_2 Emissions: 2014 Report* (European Commission Joint Research Center, 2014).
16 앞의 책.
17 이 논리는 다음에서 처음으로 정확하게 표현됐다. Hardin Garrett, "The Tragedy of the Commons," *Science* 162 (1968): 1243~1248.
18 Scott Moore, "China and America: Raising the Bar on Climate Change," *National Interest*, November 13, 2014. http://nationalinterest.org/blog/the-buzz/china-america-raising-the-bar-climate-change-11667.
19 David Schaefer, "The Global Proliferation of Chinese Drones," *Lowy Interpreter*, October 31, 2014.
20 John G. Ikenberry, "The Rise of China and the Future of the West," *Foreign Affairs*, 87(1) (2008).
21 Robert B. Zoellick, "Whither China: From Membership to Responsibility?" (National Committee on U. S.–China Relations, New York City, September 21, 2005).
22 Kissinger, *World Order*, 522.
23 Michael J. Seth, *A History of Korea: From Antiquity to the Present* (Lanham: Rowman and Littlefield Publishing Group, 2010), 17.
24 Jim Garamone, "Harris Says North Korea is PACOM's Biggest Worry, Gives Report on Asia Rebalance," *DoD News*, October 10, 2015.
25 이후에도 2016년 1월(4차), 9월(5차), 그리고 2017년 9월(6차) 핵 실험이 추가로 실시되었다. 2018년 평창동계올림픽 이후 남북 관계가 급진전되면서 북한은 2018년 4월 23일 핵 실험 및 장거리 탄도 미사일 시험 발사를 중단하고 핵 실험장 폐기를 선언했다 _ 옮긴이 주.
26 Christensen, *The China Challenge*, 128~130.
27 Alastair Gale, "North Korea and China Tout Ties at Military Parade," *Wall Street Journal*, October 10, 2015.
28 가장 최근 자료를 보려면 아시아 해양 투명성 이니셔티브Asia Maritime Transparency Initiative를 참고하라.
29 U. S. Department of Defense, *Asia-Pacific Maritime Security Strategy*, August 14, 2015. http://www.defense.gov/Portals/1/Documents/pubs/

NDAApercent20A-P_Maritime_SecuritY_Strategy-08142015-1300-FINALFORMAT.PDF, 16; Matthew Rosenberg, "China Deployed Artillery on Disputed Island, U. S. Says," *New York Times*, May 29, 2015. http://www.nytimes.com/2015/05/30/world/asia/chinese-artillery-spotted-on-spratly-island.html.

30 "International Energy Statistics," U. S. Energy Information Administration, 2015. http://www.eia.gov/cfapps/ipdbproject/IEDIndex3.cfm.

31 바버리 해적은 살레Sale, 라밧Rabat, 알제Algiers, 튀니스Tunis, 트리폴리Tripoli 등 북아프리카의 항구를 중심으로 활동하던 해적을 일컫는다. 유럽에서는 이 지역에 거주하던 베르베르Berber인들의 이름을 따서 바버리 해안Barbary Coast이라고 부른다 _ 옮긴이 주.

32 "South China Sea" (U. S. Energy Information Administration, February 7, 2013). https://www.eia.gov/beta/international/analysis_includes/regions_of_interest/South_China_Sea/south_china_sea.pdf.

33 Robert D. Kaplan, *Asia's Cauldron: The South China Sea and the End of a Stable Pacific* (New York: Random House, 2014).

34 Kate Hodal, "Despite Oil Rig Removal, China and Vietnam Row Still Simmers," *Guardian*, July 17, 2014. http://www.theguardian.com/world/2014/jul/17/oil-rig-china-vietnam-row-south-china-sea.

35 Pauline Jelinek, "Chinese Vessels 'Harassed US Navy Ship,'" *Independent*, March 9, 2009. http://www.*Independent*.co.uk/news/world/politics/chinese-vessels-harassed-us-navy-ship-1640814.html.

36 Gates, Robert M., *Duty: Memoirs of a Secretary at War* (New York: Alfred A. Knopf, 2014), 414.

37 "Hagel: China Warship Was 'Irresponsible.'" *BBC News*, December 19, 2013. http://www.bbc.com/news/world-asia-25459570.

38 Denver Nicks, "U. S. Furious after Chinese Fighter Jet Does Barrel Roll Over American Aircraft," *Time*, August 22, 2014. http://time.com/3161228/china-jet-maneuver.

39 Richard C. Bush, *The Perils of Proximity: China-Japan Security Relations* (Washington, D. C.: Brookings Institution Press, 2010), 65에서 재인용.

40 "Japan, Taiwan Agree on Fishing Rights around Senkakus," *Asahi Shimbun*, April 10, 2013.

41　Andi Arsana, "Indonesia-Malaysia Deal Is Good News for Fishermen," *Jakarta Post*, April 30, 2012.
42　섬의 소유권에 대한 좀 더 다양한 주장은 다음을 참고하라. Sog-u Yi, Shelagh Furness, and Clive H. Schofield, *Territorial Disputes among Japan, China, and Taiwan Concerning the Senkaku Islands* (Durham: International Boundaries Research Unit, 2002).
43　해당 인터뷰 사본은 다음에서 볼 수 있다. "Q&A: Japan's Yomiuri Shimbun Interviews President Obama," *Washington Post*, April 23, 2014.
44　"China-Japan Dispute Takes Rising Toll on Top Asian Economies," *Bloomberg News*, January 9, 2013. http://www.Bloomberg.com/news/2013-01-08/china-japan-dispute-takes-rising-toll-of-asia-s-top-economies.html.
45　Sheila A. Smith, "A Sino-Japanese Clash in the East China Sea: Contingency Planning Memorandum No. 18," Council on Foreign Relations, April 2013.
46　Tim Kelly and David Brunnstrom, "Japan Jets Scramble at Cold-War Levels as Chinese and Russian Incursions Increase," *Reuters*, April 16, 2015.
47　Sheila A. Smith, "A Sino-Japanese Clash in the East China Sea."
48　US Department of State, *Foreign Relations of the United States (FRUS) 1952~54*, vol. XIV (1), 563~564.
49　Thomas Christensen, *Useful Adversaries*, 194~198.
50　Tseng Wei-chen and Chen Wei-han, "'Taiwanese' Identity Hits Record Level," *Taipei Times*, January 26, 2015.
51　Charles Glaser, "Will China's Rise Lead to War?" *Foreign Affairs* 90, no. 2 (2011). 다음도 참고하라. Ambassador Chas W. Freeman, "Beijing, Washington, and the Shifting Balance of Prestige," Remarks to the China Maritime Studies Institute, Newport, Rhode Island, May 10, 2011. http://www.mepc.org/articles-commentary/speeches/beijing-washington-and-shifting-balance-prestige.
52　Bruce Gilley, "Not So Dire Straits: How the Finlandization of Taiwan Benefits U.S. Security," *Foreign Affairs* 89, no. 1 (January/February 2010): 44~60.
53　Nancy Tucker and Bonnie Glaser, "Should the United States Abandon Taiwan?" *Washington Quarterly*, Fall 2011.
54　Kurt Campbell, "Why Taiwan Matters," Testimony Before the House Foreign Affairs Committee, October 4, 2011. www.state.gov/p/eap/rls/

rm/2011/10/174980.htm.
55 2000년 전 미국 국무장관인 매들린 올브라이트Madeleine Albright와 폴란드 외교장관인 브로니스와프 게레멕Bronisław Geremek이 주장하여 전 세계 106개국이 참가한 민주주의 공동체를 위한 바르샤바 선언Warsaw Declaration: Toward a Community of Democracies을 통해 만들어진 기구이다 _ 옮긴이 주.
56 Larry Diamond, "China and East Asia Democracy: The Coming Wave," *Journal of Democracy* 23, no. 1 (2012): 5.
57 Tsakhjagiin Elbegdorj, "Honoring 25 Years of Mongolian Democracy," *Wall Street Journal*, July 28, 2015. www.wsj.com/articles/honoring-25-years-of-mongolian-democracy-1438101908.
58 "The future of Factory Asia: A Tightening Grip," *Economist*, March 14, 2015; "Economic Integration: The Flying Factory," *Economist*, November 14, 2014.
59 예시는 다음을 참고하라. "Competing in a Flat World" cited in "Economic Integration: The Flying Factory," *Economist*, November 14, 2014.
60 통계 수치들은 다음을 참고하라. The Asia Regional Integration Center's Integration Indicators Database, available at https://aric.adb.org/integrationindicators; 또한 이것도 참고하라. The World Trade Organization's International Trade Statistics, 2014, at https://www.wto.org/english/res_e/statis_e/its2014_e/its14_world_trade_dev_e.htm.
61 Evan Feigenbaum and Robert Manning, "A Tale of Two Asias," *Foreign Policy*, October 31, 2012.
62 "WSJ Interview Transcript: President Obama on TPP, China, Japan, Pope Francis, Cuba," *Wall Street Journal*, April 27, 2015.
63 Peter A. Petri and Ali Abdul-Raheem, "Can RCEP and the TPP Be Pathways to FTAAP?" Social Science Research Network, October 12, 2014. papers.ssrn.com/sol3/papers.cfm?abstract_id=2513893; Joshua P. Meltzer, "Why China Should Join the Trans-Pacific Partnership," Brookings Institution, September 21, 2015.
64 Peter A. Petri, Michael G. Plummer, Fan Zhai, "The Case for Convergence," Social Science Research Network, May 19, 2014.
65 Meltzer, "Why China Should Join the Trans-Pacific Partnership."
66 2016년 8월 기준으로 TPP 참여국은 호주, 캐나다, 일본, 말레이시아, 멕시코, 페루, 미국, 베

트남, 칠레, 브루나이, 싱가포르 그리고 뉴질랜드 12개국이다. 2017년 트럼프 행정부가 출범하면서 1호 공약 이행으로 미국이 TPP 탈퇴를 선언해 11개국만 남았다. 이 11개국은 포괄적·점진적 환태평양경제동반자협정Comprehensive and Progressive TPP(CPTPP)이라는 새로운 형태의 자유무역협정을 추진했다. 2018년 말 7개국이 비준을 완료함으로써 순조롭게 출범할 것으로 보인다_옮긴이 주.

제6장 피벗의 계획

1 다음을 참고하라. Michael J. Green, Kathleen Hicks, and Mark Cancian, *Asia-Pacific Rebalance 2025: Capabilities, Presence, and Partnerships*, Center for Strategic and International Studies, 2016, xvii.
2 앞의 책, 195.
3 Guenwook Lee, "Between Multilateralism and Bilateralism," in T. J. Pempel and Chung Min Lee (eds), *Security Cooperation in Northeast Asia: Architecture and Beyond* (New York: Routledge, 2012), 73.
4 허브앤스포크 체제의 역사를 살펴보려면 다음을 참고하라. Victor D. Cha, "Powerplay: Origins of the U. S. Alliance System in Asia," *International Security* 34(3) (2010): 158~196.
5 G. John Ikenberry, "American Hegemony and East Asia Order," *Australian Journal of International Affairs* 58(3) (2004): 353.
6 Tim Kelly and Nobuhiro Kubo, "Tokyo, Manila to Agree on Framework for Japanese Military Aid," *Reuters*, November 15, 2016. www.reuters.com/article/us-japan-philippines-military-idUSKCN0T508W20151116.
7 강조를 추가했다. 다음을 참고하라. Michael J. Green, Kathleen H. Hicks, and Zack Cooper, *Federated Defense in Asia*, Center for Strategic and International Studies, 2013, p. 1.
8 Patrick M. Cronin et al., "The Emerging Asia Power Web: The Rise of Bilateral Intra-Asian Security Ties," CNAS, June 2013.
9 다음을 참고하라. "S. Korea, Japan, U. S. Make Significant Progress in Military Intelligence Sharing," *Shanghai Daily*, December 18, 2014. http://www.shanghaidaily.com/article/article_xinhua.aspx?id=259447; "US, Japan, South

Korea, Boost Data Sharing in Response to North Korean Threat," *Reuters*, February 11, 2015. http://www.reuters.com/article/us-northkorea-satellite-usa-allieslockhe-idUSKCN0VK054.

10 "Australia-Japan-United States Trilateral Leaders Meeting Joint Media Release," White House, November 15, 2014. http://www.whitehouse.gov/the-press-office/2014/11/15/australia-japan-united-states-trilateral-leaders-meeting-joint-media-rel.

11 인터뷰 내용은 〈워싱턴포스트〉에 게재되었다. https://www.washingtonpost.com/world/qanda-japans-yomiuri-shimbun-interviews-president obama/2014/04/23/d01bb5fc-cae3-11e3-95f7-7ecdde72d2ea_story.html.

12 Eric Johnston, "Operation Tomodachi a Huge Success," *Japan Times*, March 3, 2012. www.japantimes.co.jp/news/2012/03/03/news/operation-tomodachi-a-huge-success-but was-it-a-one-off/.

13 "Foreign Trade: Top Trading Partners," US Census Bureau. https://www.census.gov/foreign-trade/statistics/highlights/top/index.html#2015.

14 "Assessment of Member States' advances to the Working Capital Fund for the biennium 2014~2015 and contributions to the United Nations regular budget for 2014," the United Nations, December 27, 2013. http://www.un.org/ga/search/view_doc.asp?symbol=ST/ADM/SER.B/889.

15 "Japan's Demography: The Incredible Shrinking Country," *Economist*, March 25, 2014. http://www.economist.com/blogs/banyan/2014/03/japans-demography; Matthew Carney, "Okinawa Base Tensions Remain as Barack Obama Heads to Japan Seeking to Shore Up Asia Pacific Power," *ABC News*, April 24, 2014. http://www.abc.net.au/news/2014-04-23/an-okinawa-base-tensions-remain-as-barack-obama-seeks-to-shore-/5405838; Jun Hongo, "35,000 Protest U. S. Base Relocation in Okinawa," *Wall Street Journal*, May 18, 2015. http://blogs.wsj.com/japanrealtime/2015/05/18/35000-protest-u-s-base-relocation-in-okinawa/.

16 "The Incredible Shrinking Country," *Economist*, March 25, 2014. http://www.economist.com/blogs/banyan/2014/03/japans-demography.

17 "Japan's Quadruple-Dip as GDP Shrinks. 8%," *Financial Times*, November 15, 2015.

18 Jessica Chen Weiss, *Powerful Patriots: Nationalist Protest in China's Foreign Relations* (New York: Oxford University Press, 2014). 다음도 참고하라. Brad Glosserman and Scott A. Snyder, *Japan-South Korea Identity Clash: East Asian Security and the United States* (New York: Columbia University Press, 2015).

19 Choe Sang-Hun, "Japan and South Korea Settle Dispute Over Wartime 'Comfort Women,'" *New York Times*, December 28, 2015.

20 "China, South Korea Fear Secrets Law Could Lead to Japanese Military State," *Asahi Shimbun*, December 7, 2013. http://ajw.asahi.com/article/behind_news/politics/AJ201312070061.

21 Ash Carter, "Remarks by Secretary Carter at a Press Gaggle," Yokota Air Base, Japan, April 09, 2015. https://dod.defense.gov/News/Transcripts/Transcript-View/Article/607037/.

22 "Fact Sheet: U. S.-Korea Free Trade Agreement," Office of the United States Trade Representative, March 15, 2014. https://ustr.gov/about-us/policy-offices/press-office/fact-sheets/2015/march/fact-sheet-us-korea-free-trade-agreement.

23 이지스는 미 해군이 개발한 통합 전투 체계Combat System의 이름이다. 전투 체계란 무장 기기나 항해 장비 등을 하나의 네트워크로 묶어 적의 탐지부터 명령, 교전에 이르기까지의 과정을 통합해 자동화한 시스템을 말한다. 본래 적의 공중 공격에 대응하기 위해 만든 전투 체계로 현재는 공중·수중·해상에서의 공격에 동시 대응할 수 있도록 개발되었다_옮긴이 주.

24 Lee Ka-Young, Kwon Ho, and Sarah Kim, "More Than Half of Public Supports Use of Thaad," *Korea JoongAng Daily*, February 25, 2015. http://koreajoongangdaily.joins.com/news/article/Article.aspx?aid=3001196. 다음을 참고하라. Bruce Klingner, "South Korea Needs THAAD Missile Defense," Backgrounder 3024, Heritage Foundation, June 12, 2015.

25 Choe Sang-Hun, "Computer Networks in South Korea Are Paralyzed in Cyberattacks," *New York Times*, March 20, 2013. http://www.nytimes.com/2013/03/21/world/asia/south-korea-computer-network-crashes.html.

26 Brad Glosserman and Scott A. Snyder, *Japan-South Korea Identity Clash: East Asian Security and the United States* (New York: Columbia University Press, 2015).

27 John Lee, "The Strategic Cost of South Korea's Japan Bashing," Hudson

Institute, November 5, 2014. http://www.hudson.org/research/10775-the-strategic-cost-of-south-korea-s-japan-bashing.

28 Park Geun-hye, "Her Excellency President Park Geun-hye: Statesmen's Forum Address at the Center for Strategic and International Studies," speech delivered at the Center for Strategic and International Studies, Washington, D. C., October 15, 2015.

29 Kurt M. Campbell, Lindsey Ford, Nirav Patel, Vikram J. Singh, "Going Global: The Future of the U. S.–South Korea Alliance," Center for a New American Security, February 2009.

30 다음을 참고하라. "Australia," Office of the United States Trade Representative. https://ustr.gov/countries-regions/southeast-asia-pacific/australia.

31 Tazeem Pasha, *Foreign Direct Investment in the United States: Drivers of US Economic Competitiveness*, December 31, 2013.

32 Michael J. Green, et al., "Power and Order in Asia: A Survey of Regional Expectations," Center for Strategic and International Studies, July 2014. http://csis.org/files/publication/140605_Green_PowerandOrder_WEB.pdf.

33 미국-호주 동맹을 강화시킬 수 있는 정책들에 대한 설명은 다음을 참고하라. Michael J. Green, Peter J. Dean, Brandan Taylor, and Zack Cooper, *The ANZUS Alliance in an Ascending Asia*, Center for Strategic and International Studies, July 2015.

34 Jim Thomas, Zack Cooper, Iskander Rehman, "Gateway to the Indo-Pacific: Australian Defense Strategy and the Future of the Australia–U. S. Alliance," Center for Strategic and Budgetary Assessments, 2013, p. 13.

35 Katharine Murphy, "Australia Embraces Missile and Naval Ties as It Cements US Defence Pact," *Guardian*, August 12, 2014.

36 Rory Medcalf, "The Indo-Pacific: What's in a Name?" *American Interest* 9, no. 2 (October 10, 2013).

37 Danielle Rajendram, "Abbott's India Visit: The Agenda," *Lowy Interpreter*, September 4, 2014. http://www.lowyinterpreter.org/post/2014/09/04/Abbott-in-India-agenda.aspx?COLLCC=1190392145&.

38 Jenny Hayward-Jones, "Australia's Pacific Aid Budget Spared from Serious Cuts," *Lowy Interpreter*, May 13, 2015.

39 Green et al., "Power and Order in Asia," p. 4.

40 Michael J. Green, Peter J. Dean, Brandan Taylor, and Zack Cooper, *The ANZUS Alliance in an Ascending Asia*, Center for Strategic and International Studies, July 2015, p. 17.

41 Susan B. Glasser, "China's Wrong about American Decline," *Politico Magazine*, June 30, 2014.

42 이 문단은 다음 논문의 개요에서 차용했다. Murray Hiebert and Hunter Marston, "President Obama Needs to Visit Singapore Next Year," Center for Strategic and International Studies, November 12, 2015. www.csis.org/publication/president-obama-needs-visit-singapore-next-year.

43 Hiebert and Marston, "President Obama Needs to Visit Singapore Next Year."

44 P. R. Venkat and Jake Maxwell Watts, "Singapore Election: Polls Close as Ruling Party Braces for Vote Count," *Wall Street Journal*, September 11, 2015.

45 Ernest Z. Bower, "Singapore is Changing and Why That Matters," Center for Strategic and International Studies, October 2, 2014. http://csis.org/publication/singapore-changing-and-why-matters-0.

46 Manuel Mogato, "Philippines offers eight bases to U. S. under new military deal," *Reuters*, October 9, 2014. www.reuters.com/article/us-philippines-usa-bases-idUSKCN0UR17K20160113.

47 "Trade in Goods with Philippines," U. S. Census Bureau. January 2016. https://www.census.gov/foreign-trade/balance/c5650.html. 다음을 참고하라. Murray Hiebert, Phuong Nguyen, Gregory B. Poling, "Building a More Robust U. S.-Philippines Alliance," Center for Strategic and International Studies, August 2015. http://csis.org/publication/building-more-robust-us-philippines-alliance.

48 2016년 7월 12일 중재재판소는 지금까지 중국이 주장해온 구단선nine dashed line이 유엔해양법협약과 양립하지 않으며, 난사 군도에는 2백 해리에 이르는 배타적 경제수역을 가질 수 있는 '섬'이 존재하지 않는다고 했다_옮긴이 주.

49 Murray Hiebert, Phuong Nguyen, Gregory B. Poling, "Building a More Robust U. S.-Philippines Alliance," 10~12.

50 Aaron Meta, "Carter Announces $425 Million in Pacific Partnership Funding," *Defense News*, May 30, 2015. http://www.defensenews.com/story/defense/2015/05/30/carter-announces-425m-in-pacific-partnership-

funding/28206541/.
51. Murray Hiebert, Phuong Nguyen, Gregory B. Poling, "Building a More Robust U. S.–Philippines Alliance," p. 2.
52. "U. S. Ambassador Helps Open National Coast Watch Center to Enhance Philippines Maritime Domain Awareness," Embassy of the Philippines, April 30, 2015. http://www.pacom.mil/Media/News/tabid/5693/Article/587080/us-ambassador-helps-open-national-coast-watch-center-to-enhance-philippine-mari.aspx.
53. Emma Chanlett-Avery, Ben Dolven, and Wil Mackey, "Thailand: Background and U. S. Relations," Congressional Research Service, July 29, 2015. https://www.fas.org/sgp/crs/row/RL32593.pdf.
54. 다음을 참고하라. Ernest Z. Bower and Murray Hiebert, "Revisiting U. S. Policy toward Post-Coup Thailand," Center for Strategic and International Studies, February 18, 2016. http://csis.org/publication/revisiting-us-policy-toward-post-coup-thailand.
55. Duncan McCargo, "The Thai Malaise," *Foreign Policy*, February 18, 2014. http://www.foreignpolicy.com/articles/2014/02/18/the_thai_malaise.
56. 태국의 레드셔츠와 옐로셔츠의 중요성에 대한 이해를 위해서는 다음을 참고하라. Christopher Shay, "In Thailand, Why Yellow and Red Clash," *Al Jazeera America*, January 24, 2014. http://america.aljazeera.com/articles/2014/1/24/explainer-in-thailandwhy yellowandredclash.html.
57. 군부는 더 이상 선거를 미룰 수 없었고 결국 태국은 2019년 선거를 치렀다. 이 논란이 많았던 선거 결과, 군사 정부에서 총리에 임명된 프라윳 찬오차Prayut Chan-O-cha가 이끄는 정당이 가까스로 승리해 정부를 구성했다_옮긴이 주.
58. Justine Drennan, "Interview: Thai Democracy Is Gone and Won't Return Anytime Soon," *Foreign Policy*, November 25, 2014. http://blog.foreignpolicy.com/posts/2014/11/24/interview_thai_democracy_is_gone_and_won_t_return_anytime_soon_coup에서 재인용.
59. EU 무역을 제외한 경우이다.
60. "Remarks by President Barack Obama at Suntory Hall, Tokyo, Japan."
61. Clinton, *Hard Choices*, 40~41.
62. Aaron Friedberg, "The Sources of Chinese Conduct: Explaining Beijing's

Assertiveness," *The Washington Quarterly*, 37 (4) (2014).

63 매력 공세charm offensive에 대해 보다 자세히 살펴보려면 다음을 참고하라. Evan S. Medeiros and M. Taylor Fravel, "China's New Diplomacy," *Foreign Affairs*, November/December 2003.

64 James Reilly, "China's Unilateral Sanctions," *Washington Quarterly* 35:4 (2012): 121~133.

65 국제통화기구(IMF)의 다음 자료를 활용하여 추정할 수 있다. *World Economic Outlook 2015: Uneven Growth: Short-Term and Long-Term Factors* (Washington, D. C.: IMF, 2015).

66 Thomas Christensen, *The China Challenge*, 260.

67 다음을 참고하라. Robert Blackwill and Kurt Campbell, "Xi Jinping on the Global Stage: Chinese Foreign Policy Under a Powerful but Exposed Leader," Council on Foreign Relations, February 25, 2016.

68 Orville Schell and John Delury, "A Rising China Needs a New National Story," *Wall Street Journal*, July 12, 2013. http://online.wsj.com/articles/SB10001424 127887324425204578599633633456090.

69 "Xi Calls for Patriotism in Achieving Chinese Dream," *Xinhua*, December 30, 2015. news.xinhuanet.com/english/2015-12/30/c_134965704.htm.

70 다음을 참고하라. Robert Blackwill and Kurt Campbell, "Xi Jinping on the Global Stage: Chinese Foreign Policy under a Powerful but Exposed Leader."; 다음을 참고하라. Luke Kawa, "Six Ways to Gauge How Fast China's Economy Is Actually Growing," *Bloomberg*, November 2, 2015. http://www.*bloomberg*.com/news/articles/2015-11-02/six-ways-to-gauge-how-fast-china-s-economy-is-actually-growing.

71 다음을 참고하라. Blackwill and Campbell, "Xi Jinping on the Global Stage."

72 Brian Bremmer, "Is China Coming Back Down to Earth?" *bloomberg Business*, January 22, 2015. http://www.*bloomberg*.com/bw/articles/2015-01-22/china-s-risks-in-shedding-debt-fueled-investment-led-growth#p1.

73 Barack Obama, "Remarks by President Obama and President Xi Jinping in Joint Press Conference," Washington, D. C., White House Rose Garden, November 12, 2014. https://www.whitehouse.gov/the-press-office/2014/11/12/remarks-president-obama-and-president-xi-jinping-joint-press-conference.

74 지휘command, 통제control, 통신communications, 컴퓨터computers, 정보intelligence, 감시surveillance 그리고 정찰reconnaissance을 의미한다.

75 Ely Ratner, "China Undeterred and Unapologetic," War on the Rocks, June 24, 2014. http://warontherocks.com/2014/06/china-undeterred-and-unapologetic/; Brian Spegele and Vu Trong Khanh, "Vietnam Spat Represents a Chinese Leap," *Wall Street Journal*, May 8, 2014; http://www.wsj.com/articles/SB10001424052702304655304579549330994442014.

76 United States Department of Defense, *Asia-Pacific Maritime Security Strategy*, August 14, 2015, p.16. http://www.defense.gov/Portals/1/Documents/pubs/NDAA%20A-; Matthew Rosenberg, "China Deployed Artillery on Disputed Island, U. S. Says," *New York Times*, May 29, 2015. http://www.nytimes.com/2015/05/30/world/asia/chinese-artillery-spotted-on-spratly-island.html.

77 Simon Denyer, Craig Whitlock and Steven Mufson, "U. S. Warship Sails Within 12miles of Chinese-built Island in South China Sea," *Washington Post*, October 26, 2015. https://www.washingtonpost.com/world/us-warship-sails-within-12-miles-of-chinese-built-island-in-south-china-sea/2015/10/26/a178497b-7033-4e4c-a328-0f3c980cf193_story.html.

78 "Abe backs U. S. operation in South China Sea," *Japan Times*, October 28, 2015. http://www.japantimes.co.jp/news/2015/10/28/world/politics-diplomacy-world/u-s-warship-passage-contested-south-china-sea-gets-abe-nod-sail-pasts-works/#.Vl0gUHarTIV; "Australia strongly supports US activity in South China Sea, says Marise Payne," *Guardian*, October 27, 2015. http://www.theguardian.com/world/2015/oct/27/australia-strongly-supports-us-activity-in-south-china-sea-says-marise-payne; http://www.wsj.com/articles/south-korea-calls-for-south-china-sea-rights-1446461006.

79 "China Cybercrime Costing US Billions: FBI Chief," AFP, October 5, 2014. http://www.securityweek.com/china-cybercrime-costing-us-billions-fbi-chief.

80 Adam Segal, "Axiom and the Deepening Divide in U. S.-China Cyber Relations," Council on Foreign Relations: *Net Politics*, October 29, 2014. blogs.cfr.org/cyber/2014/10/29/axiom-and-the-deepening-divide-in-u-s-china-cyber-

relations/.
81 Julie Hirschfeld Davis, "Hacking of Government Computers Exposed 21.5 Million People," *New York Times*, July 9, 2015.
82 Ellen Nakashima, "China Still Trying to Hack U. S. Firms Despite Xi's Vow to Refrain, Analysts Say," *Washington Post*, October 19, 2015; Ellen Nakashima, "Following U. S. Indictments, China Shifts Commercial Hacking Away from Military to Civilian Agency," *Washington Post*, November 30, 2015.
83 Jerome A. Cohen, "Who Gets Punished? Sons and Daughters of Rights Lawyers—Collective Punishment in China," *Jerry's Law Blog*, October 20, 2015. www.jeromecohen.net/jerrys-blog/2015/10/20/who-gets-punished-sons-and-daughters-of-rights-lawyers-collective-punishment-in-china. 다음을 참고하라. "China's Long and Punishing Arm," *Washington Post*, October 18, 2015.
84 Nikhil Sonnad, "The Chinese Government Could Use Big Data to Track Individual Students' Political Views," *Quartz*, November 26, 2015.
85 Shannon Tiezzi, "China's Sovereign Internet," *Diplomat*, June 24, 2014.
86 다음을 참고하라. Wu Winbo, "Chinese Visions of the Future of US-China Relations," in David Shambaugh (ed), *Tangled Titans: the United States and China* (Plymouth: Rowman and Littlefield, 2012), 382.
87 Stanley Lubma, "Document No.9: The Party Attacks Western Democratic Ideals," *Wall Street Journal*: *China Realtime*, August 27, 2013. blogs.wsj.com/chinarealtime/2013/08/27/document-no-9-the-party-attacks-western-democratic-ideals/; Chris Buckley and Andrew Jacobs, "Maoists in China, Given New Life, Attack Dissent," *New York Times*, January 4, 2015.
88 Michael Crowley, "Obama's Asia Problem," *Time*, October 21, 2013.
89 앞의 책.
90 Richard C. Bush III, David Dollar, Cheng Li, Jonathan D. Pollack, and Qi Ye, "What You Need to Know about the U. S.-China Strategic and Economic Dialogue," Brookings Institution, July 7, 2014. http://www.brookings.edu/blogs/up-front/posts/2014/07/07-us-china-strategic-economic-dialogue; "U. S.-China Strategic Security Dialogue," National Committee on United States-China Relations. http://www.ncuscr.org/programs/northeast-asia-security-dialogue.

91 Ben Blanchard and Andrea Shalal, "China Naval Chief Says Minor Incident Could Spark War in South China Sea," *Reuters*, October 30, 2015. www.reuters.com/article/us-southchinasea-usa-china-navy-idUSKCN0SO05320151030.

92 이 부분의 일부는 다음 논문에서 각색했다. Kurt Campbell, "How the US and India Can Revitalize Their Partnership," *Financial Times: The A-List*, July 11, 2013.

93 다음을 참고하라. Strobe Talbott, *Engaging India: Diplomacy, Democracy, and the Bomb* (Washington, D.C.: Brookings, 2004).

94 Gill Plimmer and Victor Mallet, "India Becomes Biggest Foreign Buyer of US Weapons," *Financial Times*, February 24, 2014. www.ft.com/cms/s/0/ded3be9a-9c81-11e3-b535-00144feab7de.html.

95 Tanvi Madan, "Finding a New Normal in U. S.-India Relations," Brookings Institution, June 2014. www.brookings.edu/research/articles/2014/07/08-us-india-relations-normalization.

96 "India Looks East: A Strenuous September," *Economist*, August 30, 2014. http://www.economist.com/news/asia/21614184-indias-government-embarking-whirlwind-month-asian-diplomacy-strenuous-september.

97 인도의 인프라 투자에 대한 논의를 보려면 제2장을 참고하라.

98 인도와 미국 간 전략적 관계 강화에 대한 제의는 다음에서 찾을 수 있다. Ashley Tellis, "Back to First Principles: Realizing the Promise of U. S.-Indian Defense Ties," Carnegie Endowment, December 10, 2015. carnegieendowment.org/2015/12/10/back-to-first-principles-realizing-promise-of-u.s.-indian-defense-ties/imz0.

99 이 부분의 일부는 미국-대만 관계에 대한 다음 의회 증언에서 발췌했다. Kurt Campbell, "Why Taiwan Matters," Testimony before the House Foreign Affairs Committee, October 4, 2011. www.state.gov/p/eap/rls/rm/2011/10/17498.html.

100 6항 보장Six Assurances은 본래 다음을 제의한다. (1) 미국은 대만에 대한 무기 판매의 종료일을 설정하지 않는다, (2) 대만은 대만관계법에 있는 용어를 바꾸지 않는다, (3) 미국은 대만에 무기 판매를 결정하기에 앞서 혹은 그 과정 중에 중국과 상의하지 않는다, (4) 미국은 대만과 중국 사이를 중재하지 않는다, (5) 미국은 대만의 자주권에 대해 중국 스스로에 의해 평화적으로 해결되지 않는 이상 입장을 바꾸지 않으며 대만에 중국과 협상하라는 압력을 가하지 않는다, (6) 미국은 대만에 대한 중국의 주권을 공식적으로 인정하지 않는다.

101 Hillary Rodham Clinton, "Remarks with New Zealand Prime Minister John Phil-

lip Key and New Zealand Foreign Minister Murray Stuart McCully," Parliament Theatrette, Wellington, New Zealand, November 4, 2010.

102 다음을 참고하라. "Fact Sheet: The United States and New Zealand," White House Office of the Press Secretary, June 20, 2014. https://www.whitehouse.gov/the-press-office/2014/06/20/fact-sheet-united-states-and-new-zealand-forward-progress.

103 "2011 Earthquake," United States and New Zealand Council, 2014. www.usnzcouncil.org/friends-of-new-zea.and-congressional-caucus/2011-earthquake/.

104 "The ASEAN Economic Community 2015," June, 2014, KPMG Asia Pacific Tax Center. http://www.kpmg.com/SG/en/IssuesAndInsights/ArticlesPublications/Documents/Tax-Itax-The-ASEAN-Economic-Community-2015.pdf, p. 6.

105 Alexander Sullivan, "Strengthening U. S.-Indonesia Defense Ties," Center for a New American Security, October 2014, p. 5.

106 다음을 참고하라. Murray Hiebert, Phuong Nguyen, and Gregory B. Poling, "A New Era in U. S.- Vietnam Relations: Deepening Ties Two Decades after Normalization," Center for Strategic and International Studies, June 2014.

107 Alexander Sullivan, "Advancing U. S.-Malaysia Security: Cooperation in a Changing Environment." 다음도 참고하라. Josh Rogin, "Malaysia and U. S. in Talks to Ramp up China Spying," *Bloomberg*, September 3, 2015.

108 Ernest Z. Bower and Prashanth Parameswaran, "U. S. Moves to Strengthen ASEAN by Boosting the Lower Mekong Initiative," Center for Strategic and International Studies, July 24, 2012. http://csis.org/publication/us-moves-strengthen-asean-boosting-lower-mekong-initiative.

109 이 부분은 다음 증언에서 발췌했다. Kurt M. Campbell, "Testimony Before the House Committee on Foreign Affairs Subcommittee on Asia, the Pacific, and the Global Environment: U. S. Policy in the Pacific Islands," September 29, 2010. http://www.state.gov/p/eap/rls/rm/2010/09/148318.htm.

110 Thomas Lum, "The Southwest Pacific: U. S. Interests and China's Growing Influence," Congressional Research Service, July 6, 2007.

111 Annmaree O'Keeffe, "Bilateral Donors in the Pacific: Is It More than

Development?" Lowy Institute for International Policy, July 6, 2012. www.lowyinstitute.org/publications/bilateral-donors-pacific-it-more-development.

112 Joshua Meltzer, "The Significance of the Trans-Pacific Partnership for the United States," Brookings Institution, May 16, 2012. http://www.brookings.edu/research/testimony/2012/05/16-us-trade-strategy-meltzer.

113 C. L. Lim, Deborah K. Elms, and Patrick Low, "What Is a 'High-Quality, Twenty-First Century' Anyway?" in C. L. Lim, Deborah K. Elms, and Patrick Low (eds), *The Trans-Pacific Partnership: A Quest for a Twenty-First Century Trade Agreement* (New York: Cambridge University Press, 2012), 4.

114 Kevin Granville, "The Trans-Pacific Partnership Trade Deal: What It Would Mean," *New York Times*, May 11, 2015. http://www.nytimes.com/2015/05/12/business/unpacking-the-trans-pacific-partnership-trade-deal.html.

115 Kurt M. Campbell, "Testimony Before the House Committee on Foreign Affairs Subcommittee on Asia, the Pacific, and the Global Environment: U. S. Policy in the Pacific Islands," September 29, 2010. http://www.state.gov/p/eap/rls/rm/2010/09/148318.htm.

116 Michèle Flournoy and Ely Ratner, "A Trade Deal with a Bonus for National Security," *Wall Street Journal*, March 9, 2015.

117 "China Communist Party Paper Says Country Should Join U. S.-led Trade Pact," *Reuters*, October 24, 2015. http://www.reuters.com/article/us-china-trade-tpp-idUSKCN0SJ01X 20151025

118 Bernard K. Gordon, "Bring China Into the TPP," *National Interest*, April 11, 2014. http://nationalinterest.org/commentary/bring-china-tpp-10227?page=show.

119 Tsai Ing-wen, "Taiwan Meeting the Challenges: Crafting a Model for New Asian Value," speech delivered at the Center for Strategic and International Studies, Washington, D. C., June 3, 2015.

120 Park Geun-hye, "Her Excellency President Park Geun-hye: Statesmen's Forum Address at the Center for Strategic and International Studies," speech delivered at Center for Strategic and International Studies, Washington, D. C., October 15, 2015.

121 Doug Palmer, "Crisis at WTO—U. S., Japan Continue Search for TPP Deal—Obama Presses Abe for 'Bold' Action—Conservative Group Fears 'Lame Duck' TPA Vote," *Politico*, October 16, 2014. http://www.politico.com/morningtrade/1014/morningtrade15707.html.

122 Stewart Taggart, "A Plan to Save the South China Sea from Disaster," *National Interest*, June 30, 2014. http://nationalinterest.org/blog/the-buzz/plan-save-the-south-china-sea-disaster-10779.

123 Kurt Campbell and Brian Andrews, "Explaining the US 'Pivot' to Asia," Chatham House, August 2013, p. 6.

124 Mark E. Manyin, Michael John Garcia, Wayne M. Morrison, "U. S. Accession to ASEAN's Treaty of Amity and Cooperation (TAC)," Congressional Research Service, May 5, 2009, p. 2. http://fpc.state.gov/documents/organization/124064.pdf.

125 Jackie Calmes, "Obama's Trip Emphasizes Role of Pacific Rim," *New York Times*, November 16, 2011. http://www.nytimes.com/2011/11/19/world/asia/obamas-trip-sends-message-to-asian-leaders.html.

126 Carl Thayer, "US-ASEAN Defense Ministers Meet in Hawaii," *Diplomat*, April 11, 2014. http://thediplomat.com/2014/04/us-asean-defense-ministers-meet-in-hawaii/.

127 Ernest Z. Bower, "John Kerry to Attend ASEAN Regional Forum," Center for Strategic and International Studies, June 26, 2013. http://csis.org/publication/john-kerry-attend-asean-regional-forum.

128 이 회담에 대한 묘사를 보려면 다음을 참고하라. Clinton, *Hard Choices*, 70~71.

129 David Nakamura, "Obama Cancels the Rest of Asia Trip, Citing Difficulties of Travel During Shutdown," *Washington Post*, October 4, 2013. http://www.washingtonpost.com/politics/obama-cancels-the-rest-of-asia-trip-citing-difficulties-of-travel-during-shutdown/2013/10/04/cb1b8f22-2c9c-11e3-b139-029811dbb57f_story.html.

130 Ankit Panda, "US Joins Southeast Asia's War on Piracy," *Diplomat*, October 10, 2014. http://thediplomat.com/2014/10/us-joins-southeast-asias-war-on-piracy/.

131 Peter Ford, "Philippines Stares Down China in South China Sea Dispute,"

Christian Science Monitor, March 31, 2014. http://www.csmonitor.com/World/Asia-Pacific/2014/0331/Philippines-stares-down-China-in-South-China-Sea-dispute-video.

132 밀레니엄 개발펀드는 2007년 만들어진 것으로 빈곤 근절과 불평등 개선이라는 UN의 밀레니엄개발목표Millennium Development Goal(MDGs)를 실현하는 것을 목표로 하고 있다. 이 기금은 스페인 정부가 UN에 기탁한 자금을 기반으로 하고 있다 _ 옮긴이 주.

133 Ziad Haider, "US Must Adopt Law of the Sea," *Yale Global*, March 13, 2013. http://yaleglobal.yale.edu/content/us-must-adopt-law-sea.

134 Thomas Wright, "Outlaw of the Sea," *Foreign Affairs*, August 7, 2012. http://www.foreignaffairs.com/articles/137815/thomas-wright/outlaw-of-the-sea.

135 "Total Military Personnel and Dependent End Strength By Service, Regional Area, and Country" (Defense Manpower Data Center, June 30, 2015).

136 Robert O. Work, "Deputy Secretary of Defense Speech," National Defense University, Washington, D. C., August 5, 2014. http://www.defense.gov/Speeches/Speech.aspx?SpeechID=1873.

137 Work, "Deputy Secretary of Defense Speech."

138 Shawn Brimley et al, "Ideas to Action: Suggestions for the 25th Secretary of Defense," CNAS, February 2015. http://www.cnas.org/sites/default/files/publications-pdf/CNAS_Ash-Carter_Briefing-Book_Feb2015_0.pdf.

139 앞의 책.

140 Terry S. Morris et al. "Securing Operational Access: Evolving the Air-Sea Battle Concept," *The National Interest*, February 11, 2015. http://nationalinterest.org/feature/securing-operational-access-evolving-the-air-sea-battle-12219; Terrence K. Kelly, "Employing Land-Based Anti-Ship Missiles in the Western Pacific," RAND Corporation, 2013. http://www.rand.org/content/dam/rand/pubs/technical_reports/TR1300/TR1321/RAND_TR1321.pdf.

141 Leon E. Panetta, "Shangri-La Security Dialogue," United States Department of Defense, June 2, 2012. http://www.defense.gov/speeches/speech.aspx?speechid=1681; Karen Parrish, "US Following Through on Pacific Rebalance, Hagel Says," United States Department of Defense, June 1, 2013. http://www.defense.gov/news/newsarticle.aspx?id=120186.

142 왜 특히 아시아가 자연재해에 취약한지에 대한 보다 깊은 논의는 제2장을 참고하라.

143 Zachary M. Hosford, "The U. S. Humanitarian Presence in Southeast Asia," *Diplomat*, December 25, 2013. https://thediplomat.com/2013/12/u-s-hadr-missions-in-southeast-asia/.

144 개선의 여지에 대한 사례를 보려면 다음을 참고하라. Weston S. Konishi and Andrew L. Oros, "Beyond Haiyan: Toward Greater U. S.-Japan Cooperation in HADR," National Bureau of Asian Research, February 2014. http://nbr.org/publications/analysis/pdf/brief/020614_Kinoshi-Oros_US-Japan_HADR.pdf.

145 Fareed Zakaria, "A Conversation with Lee Kuan Yew," *Foreign Affairs*, March/April 1994.

146 Hillary Rodham Clinton, "Remarks on Internet Freedom," Washington, D. C., January 21, 2010. http://www.state.gov/secretary/20092013clinton/rm/2010/01/135519.htm.

147 "China Wants to Tap Big Data to Build a Bigger Brother," *Wall Street Journal*, November 6, 2015. https://blogs.wsj.com/chinarealtime/2015/11/06/china-wants-to-tap-big-data-to-build-a-bigger-brother/.

148 Carola McGiffert, "US Reaches Major Milestone: 100,000 American Students Study in China," *Huffington Post*, July 9, 2014. http://www.huffingtonpost.com/carola-mcgiffert/us-reaches-major-mileston_b_5571793.html.

149 이 통계 자료는 다음에서 찾을 수 있다. "International Students in the United States," *Open Doors Report*, International Institute for Education, 2015. www.iie.org/Services/Project-Atlas/United-States/International-Students-In-US. 다음도 참고하라. "Japan: Fact Sheet," *Open Doors Report*, International Institute for Education, 2015.

150 다음을 참고하라. *The Rise of Asian Americans*, Pew Research Center, June 19, 2012. http://www.pewsocialtrends.org/2012/06/19/the-rise-of-asian-americans/.

151 Shreeya Sinha, "Indian Leader Narendra Modi, Once Unwelcome in U. S., Gets Rock Star Reception," *New York Times*, September 27, 2014.

152 Zelikow, "American Engagement," 28.

153 Kurt M. Campbell and Wim Geerts, "Preface," in Hans Binnendijk (ed), *A Transatlantic Pivot to Asia: Towards New Trilateral Partnerships* (Washington, D. C.: Center for Transatlantic Relations, 2014), vi.

154 Executive Summary, in Hans Binnendijk (ed), *A Transatlantic Pivot to Asia: Towards New Trilateral Partnerships* (Washington, D. C.: Center for Transatlantic Relations, 2014), xxii.

제7장 피벗에 대한 위협

1 자주 인용되는 이 인용구에 관한 자세한 설명은 다음을 참고하라. Arthur H. Vandenberg Jr. and Joe Alex Morris (eds), *The Private Papers of Senator Vandenberg* (Riverside Press: New York, 1952).
2 여기서 정치라는 것은 국내 정치 당파 사이의 논쟁과 반대를 의미하는 것이고 해안가는 한 국가의 영토 끝을 의미한다. 즉 해안가가 의미하는 것은 국내 범위가 된다. 당파 사이의 반목과 대결은 국내 정책에서는 허용되지만, 외교 정책인 경우 초당파적 대응을 한다는 의미다 _ 옮긴이 주.
3 민주당과 공화당 각각의 내부에 있는 분파들에 대한 더 자세한 설명을 보려면 다음의 책을 참고하라. Kurt M. Campbell and Derek Chollet, "The New Tribalism: Cliques and the Making of U. S. Foreign Policy," *Washington Quarterly* 30:1 (2007): 191~203.
4 다음을 참고하라. Donald R. Kelley, *Divided Power: The Presidency, Congress, and the Formation of American Foreign Policy* (Fayetteville: University of Arkansas Press, 2005), 67~69.
5 생략된 부분의 원문을 보려면 다음을 참고하라. Ryan Sager, *The Elephant in the Room: Evangelicals, Libertarians, and the Battle to Control the Republican Party* (Hoboken: Wiley, 2006).
6 2011년 8월에 제정된 예산통제법은 부채 경감을 위한 합동특별위원회 설치, 균형 예산과 자동 예산 삭감 프로그램에 관한 사항을 포함한다. 예산통제법의 제정으로 미국은 국가 채무 불이행 선언의 위기 상황에서 벗어날 수 있었다 _ 옮긴이 주.
7 George Melloan, "Donald Trump, Meet Herbert Hoover," *Wall Street Journal*, November 3, 2015; "Japan-U. S. Security Alliance Not Fair, Donald Trump Says," *Japan Times*, August 27, 2015. 다음을 참고하라. Jennifer Rubin, "Ted Cruz's Vision Turns Ugly," *Washington Post*, December 16, 2015. https://www.washingtonpost.com/blogs/right-turn/wp/2015/12/16/ted-cruzs-vision-

turns-ugly/.

8   Josh Kraushaar, "The Most Divided Congress Ever, At Least Until Next Year," *National Journal*, February 6, 2014. http://www.nationaljournal.com/2013-vote-ratings/the-most-divided-congress-ever-at-least-until-next-year-20140206; Michèle Flournoy and Richard Fontaine, "Rebuilding Bipartisan Consensus on National Security," *Defense One*, June 9, 2014. http://www.defenseone.com/ideas/2014/06/rebuilding-bipartisan-consensus-national-security/86116/.

9   Johnathan Haidt and Marc J. Hetherington, "Look How Far We've Come Apart," *New York Times*, September 17, 2012. http://campaignstops.blogs.nytimes.com/2012/09/17/look-how-far-weve-come-apart/.

10 "Political Polarization in the American Public," Pew Center for the People and the Press, June 12, 2014. http://www.people-press.org/2014/06/12/political-polarization-in-the-american-public/.

11 James Q. Wilson, "How Divided Are We?" *Commentary*, February 1, 2006.

12 Hillary Clinton, "Principles for Prosperity in the Asia-Pacific," Remarks to the American Chamber of Commerce, Shangri-La, Hong Kong, July 25, 2011.

13 Demetri Sevastopulo, Shawn Donnan, and Ben Bland, "Obama's Absence Boosts China Trade Deal," *Financial Times*, October 15, 2013. http://www.ft.com/cms/s/0/07d739c2-3556-11e3-952b-00144feab7de.html?siteedition=uk#axzz2hu96cnxy.

14 슈퍼위원회는 2011년 미국의 국가 부채를 해결하기 위해 출범한 기구이다. 2011년 예산관리법의 통과로 부채 상한 증액에 양당이 합의하면서 향후 10년간 약 9천억 달러에 이르는 1단계 정부 예산 지출 삭감 후, 2단계로 1조 5천억 달러를 추가 감축하기로 했다. 그러나 2011년 11월 슈퍼위원회가 재정 적자 감축을 위한 타협안 마련에 실패함으로써 2013년부터 시퀘스터가 발동됐다_옮긴이 주.

15 Craig Whitlock, "Hagel Warns of Deep, New Cuts to Defense Budget," *Washington Post*, April 3, 2013. http://www.washingtonpost.com/world/national-security/hagel-warns-of-deep-new-cuts-to-defense-budget/2013/04/03/d2ebdc5e-9c85-11e2-94d6-bf62983d455b_story.html. 다음을 참고하라. "Carter: Sequestration Will Make the U. S. Less Secure," *DoD News*, March 18, 2015. www.defense.gov/News-Article-View/Article/604299/

carter-sequestration-will-make-the-us-less-secure.
16   Robert Work, "Deputy Secretary of Defense Robert Work on the Asia-Pacific Rebalance," speech before the Council on Foreign Relations, New York, September 30, 2014.
17   "Carter."
18   "Carter."
19   Jeffrey G. Barlow, *Revolt of the Admirals: The Fight for Naval Aviation, 1945~1950* (Washington, D. C.: Naval Historical Center, 1994).
20   Dean Cheng and Bruce Klinger, "Defense Budget Cuts Will Devastate America's Commitment to the Asia-Pacific," *Backgrounder* 2629 (December 6, 2011).
21   Steinberg and O'Hanlon, *Strategic Reassurance and Resolve*, 77.
22   Chuck Hagel, "Remarks by Secretary of Defense," speech before the IISS Shangri-La Dialogue, Singapore, May 31, 2014.
23   Work, "Deputy Secretary of Defense Robert Work on the Asia-Pacific Rebalance."
24   Andrew Kohut, "Americans: Disengaged, Feeling Less Respected, but Still See US as World's Military Superpower" (Pew Research Center, April 1, 2014). http://www.pewresearch.org/fact-tank/2014/04/01/americans-disengaged-feeling-less-respected-but-still-see-u-s-as-worlds-military-superpower/.
25   Barack Obama, "Remarks by the President on the Way Forward in Afghanistan," White House, June 22, 2011. http://www.whitehouse.gov/the-press-office/2011/06/22/remarks-president-way-forward-afghanistan.
26   Stephen Sestanovich, *Maximalist: America in the World from Truman to Obama* (New York: Alfred A. Knopf, 2014), 8~9.
27   Robert Kagan, "Superpowers Don't Get to Retire," *New Republic*, May 26, 2015. http://www.newrepublic.com/article/117859/allure-normalcy-what-america-still-owes-world.
28   President Bush famously stated in 2001 that "either you are with us, or you are with the terrorists." George W. Bush, "Address to a Joint Session of Congress and the American People," White House, September 20, 2001. http://georgewbush-whitehouse.archives.gov/news/

releases/2001/09/20010920-8.html. 부시 행정부 시기 동안 행해진 더 많은 이원적 담화Binary Discourse를 보고 싶다면 다음을 참고하라. Kevin Coe, David Domke, Erica S. Graham, Sue Lockett John, and Victor W. Pickard, "No Shades of Gray: The Binary Discourse of George W. Bush and an Echoing Press," *Journal of Communication* 54(2) (2006): 234~252.

29 Hillary Clinton, "America's Pacific Century," *Foreign Policy*, November 10, 2011. http://www.foreignpolicy.com/articles/2011/10/11/americas_pacific_century.

30 Peter A. Petri and Michael G. Plummer, "The Economic Effects of the Trans-Pacific Partnership," WP 16-2, Peterson Institute for International Economics, January 2016.

31 Richard Fontaine and Michèle Flournoy, "America: Beware the Siren Song of Disengagement," *National Interest,* August 14, 2014. http://nationalinterest.org/feature/america-beware-the-siren-song-disengagement-11078.

32 http://www.thechicagocouncil.org/publication/americans-affirm-ties-allies-asia.

33 William Inboden, "The Real Obama 'Pivot': Back to the Middle East," *Foreign Policy*, September 11, 2014. http://shadow.foreignpolicy.com/posts/2014/09/11/the_real_obama_pivot_back_to_the_middle_east.

34 Philip Gourevitch, "What Obama Didn't Say," *New Yorker*, September 11, 2014. https://www.newyorker.com/news/daily-comment/obama-didnt-say.

35 Rice, *No Higher Honor*, 485.

36 David Shambaugh, "Assessing the US Pivot to Asia," *Strategic Studies Quarterly* 7(2) (Summer 2013): 13.

37 다음을 참고하라. Edward Miller, *War Plan Orange: The U. S. Strategy to Defeat Japan, 1897~1945* (Annapolis: Naval Institute Press, 1991).

38 Michèle Flournoy and Shawn Brimley, "Strategic Planning for National Security," *Joint Force Quarterly* 41 (2006): 80.

39 앞의 책, 16.

40 Dennis Ross, "Challenges of Long-Term Planning in US Foreign Policy," October 4, 2013, ISSA-ISAC Conference 2013, Elliott School of International Affairs, George Washington University, Washington, D. C.

41 Daniel W. Drezner, *Avoiding Trivia: The Role of Strategic Planning in American Foreign Policy* (Washington, D.C.: Brookings Institution Press, 2009), 5.
42 Thomas E. Donilon, "Remarks by National Security Advisor Tom Donilon," White House, November 15, 2012. http://www.whitehouse.gov/the-press-office/2012/11/15/remarks-national-security-advisor-tom-donilon-prepared-delivery.
43 Brimley and Ratner, "Smart Shift."
44 Carola McGiffert, "US Reaches Major Milestone: 100,000 American Students Study in China," *Huffington Post*, July 9, 2014. http://www.huffingtonpost.com/carola-mcgiffert/us-reaches-major-mileston_b_5571793.html.

제8장 피벗의 실행

1 Fareed Zakaria, "Interview with George Shultz," *Fareed Zakaria GPS*, CNN, November 14, 2010. http://transcripts.cnn.com/TRANSCRIPTS/1011/14/fzgps.01.html.
2 Robert D. Putnam, "Diplomacy and Domestic Politics: The Logic of Two-level Games," *International Organization* 42, no. 3 (Summer 1988).
3 여기서 천 송이 꽃이 피도록 하라는 말은 1957년 마오쩌둥이 "백 송이 꽃이 피도록 하고 백 가지 생각들이 경쟁하도록 하라"는 말로 시작된 문화와 사상 학문을 촉진하는 백화제방 운동에서 나온 것으로, 종종 "백 송이의 꽃이 피도록 하라"라는 말이 천 송이의 꽃으로 잘못 쓰이고 있다. 이 문장이 의미하는 말은 서양 사람들이 아시아, 특히 중국에 와서 마오쩌둥의 말을 계속 잘못 인용하면서 중국에 사상의 자유를 허락하라는 충고를 하는 것을 말하는데, 이런 이야기를 너무 많이 들어서 지친다는 의미로 이 말을 인용한 것으로 보인다_옮긴이 주.

결론

1 Clinton, *Hard Choices*, 40~41.

Notes
찾아보기

ㄱ

가나가와 조약	148
개스턴 시거	189
거리의 횡포	31, 128, 130
게리 러프헤드	24, 26, 469
경제 관계	41, 52, 147, 299, 309, 311, 313, 347, 415
경제 대국	27, 28, 49, 51, 52, 73, 83~86, 97, 101, 125, 152, 188, 223, 233, 282, 348, 360
경제 전략	318, 319, 357, 358, 390, 464
경제 정책	52, 56, 206, 360, 361, 417
경제 제재	28, 50, 163, 164, 173, 190, 203, 238, 318
경제적 아시아	269
경제협력개발기구(OECD)	76, 77, 188
고립주의	148, 202, 396~398, 402, 408
공공 보건	67, 70, 71, 75, 77, 80
관여	18, 22, 23, 25, 26, 29~31, 33, 37, 39, 40, 43, 44, 47, 48, 58, 61, 63, 68, 83, 126, 128, 130, 131, 172~174, 178, 189, 190, 204, 210, 215, 264, 274, 276, 278, 279, 281, 283, 289, 315, 317, 321, 332, 333, 357, 361, 364, 365, 367, 368, 381, 382, 385, 386, 388, 390, 396~398, 401, 402, 404, 405, 408~412, 414, 420, 421, 429, 430, 444, 459, 461, 464
괌	58, 132, 160~162, 197, 198, 201, 205, 293, 357, 372, 374, 376
괌(닉슨) 독트린	58, 176, 206, 286, 444
교육	41, 50, 74, 77, 78, 144, 150, 153, 155, 189, 226, 279, 296, 307, 321, 346, 349, 351, 353~355, 380, 382, 389, 414
교육 프로그램	361, 385, 420
국가안전보장회의(NSC)	15, 25, 60~62, 280, 304, 426~428
군대	11, 32, 70, 146~148, 176, 185, 229, 260, 264,

	274, 288, 297, 311, 320, 324, 325, 337~339, 374, 375, 378, 379, 438
그레이엄 앨리슨	330, 470
글로벌 파워 도시 지수	80
기대 수명	71, 77
기술	30, 69, 73, 83, 91, 100, 106~109, 111~114, 120, 126, 128, 146, 237, 271, 295, 296, 301, 329, 334~336, 341, 346, 354, 359, 375~377, 415, 418, 427, 468
기후변화	26, 28, 49. 53, 67, 98~100, 194, 208, 211, 213, 215, 221, 233~237, 239, 282, 299, 316, 335, 336, 344, 347, 357, 379, 430, 444, 460
김일성	166, 175, 244

ㄴ

나가노 오사미	165
나이 이니셔티브	14, 208, 416
나카니시 히로아키	114
남아시아	22, 25, 42, 44, 50, 75~78, 82, 88, 92, 99, 108, 178, 185, 186, 208, 368, 378, 404, 408, 413
남아시아지역협력연합(SAARC)	368
남중국해	19, 27, 31, 40, 50, 54, 57, 101, 106~109, 220, 221, 229, 231, 241, 247~252, 296, 301, 307, 309~311, 315, 318, 319, 324, 325, 331, 336, 338, 339, 351~354, 366, 369, 371, 373, 374, 376, 378, 389, 413, 421, 435, 451
낸시 터커	263
냉전	24, 29, 52. 177, 179, 184, 189, 191, 197, 203, 206~208, 211, 240, 243, 252, 260, 262, 263, 267, 283, 284, 288, 289, 304, 316, 332, 334, 338, 340, 351, 352, 372, 373, 395, 405, 416, 417, 430

노다 요시히코　　　　　　　255
노무라 기치사부로　　　　　162
뉴질랜드　　　　　　　　　20, 28, 40, 41, 50, 87, 88, 205, 278, 302, 304, 348~350, 356~358, 413, 451, 464
니라브 파텔　　　　　　　26, 469
니우에　　　　　　　　　　356

ㄷ

다자주의　　　　　　　　　62, 214, 215, 364, 464
대기 오염　　　　　　　　　78, 81~83
대나무 천장　　　　　　　　139
대니얼 러셀　　　　　　　　26, 107, 469
대만　　　　　　　　　　　20, 28, 40, 44, 51, 87, 91, 107, 114, 115, 130, 149, 152, 156, 161, 169~172, 182, 184, 190, 191, 197, 204, 205, 207, 229, 247, 253, 254, 257~265, 273, 278, 283, 317, 321, 329~331, 337, 340, 344~348, 362, 363, 381, 382, 464
대만 결의안　　　　　　　　169
대만 해협　　　　　　　　　14, 40, 109, 169, 221, 241, 257, 259~261, 263, 324, 336, 337, 345, 346, 376, 378, 413
대만관계법(TRA)　　　　　258, 344~346
대백색함대　　　　　　　　201, 378
댄 블루먼솔　　　　　　　　44
댄 트와이닝　　　　　　　　55
더글러스 맥아더　　　　　　166~168, 179~181, 188, 419
덩샤오핑　　　　　　　　　319, 320
데니스 로스　　　　　　　　417
데릭 미첼　　　　　　　　　456
데버라 캘브　　　　　　　　170
데이비드 샴보　　　　　　　415
데이비드 캐머런　　　　　　131
데이비드 핼버스탬　　　　　167, 176, 181

도널드 트럼프	397, 398
도시화	68, 78, 82, 89, 98
도요타	113
독일	72, 73, 85, 86, 93, 137, 142, 144, 149, 161, 175, 203, 331
동남아시아	46, 75, 77, 78, 97, 99, 106, 109, 123, 124, 146, 279, 303, 307, 315, 349, 351, 354, 355, 366, 374, 375
동남아시아국가연합(ASEAN·아세안)	39, 45, 46, 101, 209, 234, 303, 305, 315, 325, 353~355, 363, 365~368, 372, 379
동남아시아조약기구(SEATO)	205, 283
동맹국과 파트너 국가	58, 61, 212, 265, 286~288, 303, 317, 363, 370
동아시아정상회의(EAS)	39, 209, 297, 302, 307, 344, 349, 366, 370, 401, 451
동중국해	27, 40, 50, 107, 221, 229, 231, 241, 254, 256, 257, 318, 319, 324, 325, 331, 336, 339, 371, 373, 376, 378, 389, 413
드와이트 아이젠하워	169, 283, 416
디아스포라 외교	386
디지털 인프라	93
딘 애치슨	166, 175

ㄹ

라오스	86, 265, 367, 383
랜드 폴	397
랜디 포브스	405
랠프 코사	44
러시아	33, 48, 66, 72, 85, 86, 95, 108, 109, 123, 131, 137, 149, 150, 158, 161, 185, 188, 197, 201, 242, 244, 264, 276, 292, 351, 398, 409, 411
레자 아피시나	123
로널드 벤투라	123

로널드 레이건   171, 189, 356, 430, 436, 452
로버트 게이츠   251
로버트 매닝   269
로버트 블랙윌   24, 341
로버트 셔터   42, 51
로버트 스칼라피노   439
로버트 워크   376, 403
로버트 졸릭   24, 178, 239
로버트 캐플런   249
로버트 케이건   48, 49, 409, 442
로버트 태프트   397
로버트 퍼트넘   440
리덩후이   260, 261
리셴룽   42, 304
리언 패네타   41
리처드 닉슨   58, 176, 206, 286, 398, 444, 447, 452
리처드 댄지그   18
리처드 아미티지   24, 470
리처드 하스   38, 63
리콴유   223, 381

ㅁ

마빈 캘브   170
마셜 군도   356
마오쩌둥   70, 155, 156, 166, 174, 182~184, 244, 245, 257, 259, 267, 442, 444, 445
마이크 리   397
마이클 그린   25, 45, 55, 201, 209, 287, 470
마이클 스웨인   55
마이클 체이스   55
마일로 로웰   188
마잉주   261, 262

마크 리퍼트	26
만주국	150, 202
만추리아Manchuria호	132
말레이시아	28, 40, 43, 50, 51, 73, 77, 86, 87, 91, 104, 105, 109, 115, 123, 152, 226, 247, 249, 254, 265, 270, 278, 319, 351~354, 358, 413
매력 공세	178, 208, 318
매슈 C. 페리	31, 148, 160, 196, 200
매슈 리지웨이	181
몽골	40, 86, 264, 265, 267, 381
무역	13, 18, 26, 31, 32, 41, 42, 57, 59, 68, 95, 103~106, 110, 128, 129, 132, 145~154, 156, 158~160, 164, 172, 174, 178, 192, 194, 196~200, 202, 204, 208, 212, 215, 216, 225, 229, 239, 248, 249, 262, 267~273, 279, 284, 300, 301, 311, 313, 316, 318, 327, 334, 340~342, 352, 353, 357~361, 363, 369, 388, 395, 396, 398, 408, 419, 429, 434, 437, 463, 464
문호개방정책	140, 149, 151, 162, 197, 198, 201, 390
믈라카 해협	41, 105, 209, 374
미국 우선주의	397, 398
미국과 일본(미일)	14, 24, 161, 162, 164, 254, 255, 257, 288~294, 296, 297, 325, 416, 440, 441
미국과 중국(미중)	20, 52~54, 105, 146, 174, 177, 184, 212, 213, 236, 240, 244, 246, 250~254, 259, 260, 263, 277, 278, 298, 303, 305, 306, 315~318, 320, 323, 326~339, 344, 346, 353, 354, 434, 445, 446
미국의 대아시아 전략	31, 194~196, 267, 277, 339
미-메콩 협력체(LMI)	355
미사일 기술 통제 체제(MTCR)	237
미셸 플로노이	26, 332, 360, 416, 469

미중 전략경제대화	52, 333
미크로네시아	356
민주주의	27, 31, 32, 37, 51, 130, 156, 172, 186~192, 194, 196~198, 215~217, 222, 230, 258, 264~267, 274, 276, 279, 289, 290, 299, 300, 308, 313~315, 318, 331, 340, 345, 351, 355~357, 380~382, 384, 389, 412, 460, 461, 463, 464

ㅂ

바누아투	356
박근혜	245, 297, 299, 362
밥 우드워드	170
방글라데시	86, 99, 113, 265, 268, 382
버락 오바마	11, 12, 15, 17, 18, 23, 25, 26, 29, 30, 36, 38, 39, 45~47, 52, 60, 63, 131, 171, 190, 255, 271, 280, 282, 289, 316, 323, 327, 334, 351, 358~360, 367, 386, 397, 401, 407, 410~412, 419, 420, 444, 445, 450, 452~460
버마(미얀마)	20, 28, 40, 47, 62, 86, 88, 92, 97, 109, 157, 190, 197, 209, 221, 226, 246, 265~267, 315, 354, 366, 380~382, 450~456, 458~460
베아테 시로타	188
베이징 컨센서스	266
베트남	28, 32, 37, 40, 41, 51, 56, 57, 74, 92, 108, 113, 129, 130, 137, 138, 170, 171, 176, 177, 205, 206, 223, 226, 247, 249, 250, 264, 265, 270, 278, 287, 318, 319, 324, 351, 352, 358, 375, 383, 444
베트남전쟁	15, 58, 138, 158, 166, 170, 171, 176, 177, 260, 295, 300, 308, 312, 348, 352, 395, 447
벤 로즈	26, 455, 469
벤자민 퍼서	55

보니 글레이저	263
복음주의	153, 154
봉쇄 정책	52, 281, 436
부패	88, 89, 92, 353
북대서양조약기구(NATO·나토)	175, 205, 283, 313, 389, 390, 430
북한	14, 19, 27, 40, 61, 62, 117, 129, 137, 138, 157, 166~168, 171, 175~177, 179~183, 189, 204, 208, 212, 214, 237, 242~247, 265, 288, 294~296, 298, 299, 336, 373, 383, 408, 416, 431, 448, 451
브래드 글로서먼	44
브루나이	28, 124, 247, 270, 319, 351, 354, 358
브루스 길리	263
빈곤	74~76, 125, 269, 355, 382
빌 페리	15

ㅅ

사이먼 순	124
사회기반시설	67, 74, 91, 92, 94, 99, 100, 104, 106, 111, 114, 187, 295, 300, 322, 335, 336
상승의 지대	22
상황실	24, 426, 427
새뮤얼 헌팅턴	191
석유 수입	95, 164
석탄	96, 98, 100, 104
선교사	129, 145, 153~157, 196, 200
세계화	59, 119, 230, 282, 396, 408
세력권	212, 217, 220, 228~231
셀리그 해리슨	189
소련	13, 52, 107, 167, 175, 177, 184, 185, 197, 206, 207, 223, 238, 243, 252, 259, 263, 267, 316, 331, 334, 338, 340, 373, 416, 436, 461

소프트 파워	115, 178, 208, 388, 441, 450
숀 브림리	416
수린 피추완	46
수혜자 제국주의	200
스리랑카	86, 157, 265
스커더 가문	155
스티브 해들리	25
스티븐 세스타노비치	408
스페인-미국 전쟁	160
시골	78, 79, 81, 313
시어도어 루스벨트	132, 133, 137, 150, 160, 172, 186, 197, 200, 201, 204, 378, 452
시진핑	52, 89, 157, 231, 245, 253, 319~321, 323, 327, 331, 334, 360, 463
신두수다르소노 수조요노	124
싱가포르	27, 28, 42, 74, 80, 87, 88, 91, 104, 105, 110, 135, 152, 208, 239, 265, 270, 277, 304~308, 358, 362, 368, 374, 381, 382

ㅇ

아린 드위하르탄토 수나르요	123
아미타이 에치오니	48
아베 신조	291, 297
아시아 세기	22, 25, 32, 39, 68, 126, 130, 186, 191, 217, 220, 222, 272, 274, 276, 277, 360, 390, 391, 420, 424, 463, 465, 466
아시아 운영체제	31, 32, 194, 195, 215, 216, 221, 228, 231, 232, 277, 323, 324, 373, 462, 463
아시아개발은행(ADB)	27, 75, 89, 99, 345, 347, 370
아시아계 미국인	68, 138, 139, 144, 279, 386, 387, 464
아시아복음선교회	157
아시아인프라투자은행(AIIB)	232, 235, 238, 319, 321, 370

아시아해적퇴치협정(ReCAAP)	368
아웅 산 수 치	190, 266, 451, 455, 456
아이웨이웨이	121
아태자유무역지대(FTAAP)	270, 359
아태지역	20, 22~24, 26, 27, 37, 41, 43, 56~58, 80, 87, 88, 98, 99, 106, 125, 160, 179, 203, 209, 231, 239, 270, 272, 274, 278, 305, 333, 336, 342, 355, 364, 365, 372, 378, 388, 390, 402, 404~406, 410, 416, 430, 441
아편	135, 146, 147
아편전쟁	146, 321
애슈턴 카터	225, 295, 403, 404
애슐리 텔리스	45, 343
앨리 래트너	360, 470
앨프리드 머핸	200, 201, 209
양면게임이론	440
에너지 소비	67, 94
에너지 안보	95, 240, 248, 363, 413
에두아르 말랭	120
에드워드 사이드	144
에런 프리드버그	55
에번 메데이로스	26, 327, 469
에번 파이겐바움	269
역내포괄적경제동반자협정(RCEP)	270, 272, 359, 401
연합 접근법	287
영국	72, 85, 86, 93, 105, 131, 146, 147, 149, 153, 160, 162, 173, 186, 200, 201, 205, 235, 268, 276, 312. 340, 354, 461
영화 산업	69, 103, 115, 117~119
예술 시장	120, 121, 123, 124
오렌지전쟁계획	201, 202, 415
오케스트라 지휘자	214, 433, 462
오키나와	14, 152, 290, 294, 375, 440, 441

오해의 위험	31, 338
왕샤 조약	147, 148, 196
외교 관계	128, 145, 178, 209, 283, 285, 286, 291, 292, 297, 305, 309, 312, 347, 354
외교 정책	22, 25, 36~39, 45, 49, 62, 64, 128, 148, 171, 177, 183, 199, 253, 263, 276, 277, 289, 292, 299, 302, 318~323, 371, 391, 394~399, 401, 402, 407~410, 412, 413, 415~418, 422~424, 428, 444, 463, 465, 466
우드로 윌슨	150, 186
우팅팡	140
우호협력조약(TAC)	39, 45, 209, 365, 366
운송	104, 212, 249
워런 하딩	151, 162, 201
워싱턴 선언	349
워싱턴 체제	151, 162~164
〈워싱턴 포스트〉	38, 171
월터 리프먼	165
웰링턴 선언	348
위생	30, 67, 68, 77, 78, 80, 81, 359
윌리엄 리처즈 캐슬 주니어	163
윌리엄 매킨리	137, 158, 160
윌리엄 하워드 태프트	132, 137, 187
유럽	27, 29, 32, 36, 38, 40, 42, 47~50, 58, 71, 82, 83, 86, 88, 93, 104, 106, 109, 115, 128, 129, 131, 140, 146, 147, 149~152, 157, 161, 163, 164, 167, 172~177, 190, 199~201, 203, 207, 229, 255, 266, 268, 270, 276, 279, 283, 312, 327, 331, 352, 364, 378, 384, 387~390, 396, 404, 407, 413, 430, 431, 436, 456, 461, 464, 465
유럽 우선주의	203
유엔해양법협약(UNCLOS)	249, 309, 371
이슬람	28, 125, 308, 409, 460

인구	27, 49, 66, 67, 69~75, 77~81, 87, 89, 90, 93, 99, 100, 102, 104, 119, 125, 129, 144, 159, 226, 265, 290, 307, 309, 340, 351, 352, 354, 356, 379, 384, 386, 387, 412, 460
인권	28, 113, 155, 156, 190, 207, 221, 230, 238, 265, 279, 290, 300, 323, 328, 329, 351, 352, 355, 382, 383, 389, 429
인도	22, 24, 27, 28, 30, 32, 37, 40, 41, 43, 44, 51, 56, 72~79, 81~83, 85, 86, 88, 89, 91~93, 96~100, 105, 107~109, 111, 113~115, 118, 119, 123, 146, 155, 157, 184, 185, 195, 208, 209, 224, 234, 235, 237, 238, 241, 265, 271, 273, 278, 287, 300~302, 304, 305, 318, 326, 340~344, 351, 362, 363, 365, 368, 375, 380, 381, 384, 387, 460, 464
인도네시아	27, 28, 50, 51, 66, 74, 76, 85, 86, 88, 92, 93, 96, 105, 108, 109, 123~125, 191, 214, 226, 234, 254, 265, 273, 278, 307, 351, 352, 362, 381, 384, 413, 460
인도양	50, 95, 100, 105, 108, 110, 249, 279, 300, 302, 342, 349, 368, 374, 375, 378, 379
인도적 지원 및 재난 구호(HADR)	299, 302, 303, 306, 311, 338, 344, 349, 352~354, 373, 374, 378~380, 464
인도-태평양	300, 301, 304, 344, 368
인종차별주의	137, 138
인터넷 자유	384
일본 경제	188, 291
일본계 미국인	141, 142
일본군	156, 163, 174, 356

ㅈ

자기주장	30, 53, 163, 231, 257, 263, 276, 278, 284, 311,

	317~321, 351
자연재해	27, 98, 100, 101, 227, 229, 306, 355, 373, 379, 382
자유연합협정	356
장자오	118
재생에너지	96~98, 100, 213
잭 쿠퍼	287
저우언라이	185, 442, 444
전략안보대화	52, 333
전자 산업	114
전진 배치	15, 160, 172, 174, 198, 227, 288, 290, 293, 346, 375, 379, 406, 427, 447
정원 가꾸기	431~433
제1차 세계대전	150, 162, 182, 201, 255, 299, 397
제2차 세계대전	29, 42, 141, 151~153, 172, 173, 181, 190, 203, 206, 227, 233~235, 254, 267, 288, 290~293, 299, 308, 355, 356, 364, 372, 373, 442, 458
제럴드 나이	397
제롬 코언	328
제이크 설리번	26, 455, 468
제임스 스타인버그	12, 18, 26, 469
제임스 윌슨	399
제임스 캐머런	117
제임스 팰로스	72
제프 베이더	15, 25
조슈아 멜처	272
조지 W. 부시	24, 40, 42, 44~47, 50, 55, 190, 209, 313, 341, 351, 365, 366, 411, 412, 447
조지 슐츠	207, 285, 432, 433, 462
조지프 그루	164
조지프 나이	14, 15, 24, 208, 416, 441, 468
조지프 매카시	183, 447
존 S. 서비스	156, 183

존 레이턴 스튜어트	155, 156
존 리먼	404
존 매케인	171, 405
존 아이켄베리	239, 284, 441
존 케리	427
존 퀸시 애덤스	148
존 페이턴 데이비스 주니어	156, 183, 200
존 포스터 덜레스	169, 283, 284
존 헤이	149, 159, 196
종교	118, 131, 156~158, 202, 328, 384
중국 경제	83, 146, 229, 273, 319, 322
중국 부상	316, 390
중국 우선주의	29, 51, 211, 214, 277, 317
중국군	41, 108, 110, 167, 169, 205, 251
중국인 배제법안	140
중동	16, 18, 20, 22, 23, 25, 29, 33, 36, 38, 39, 42, 44~48, 50, 56, 61, 82, 88, 95, 106, 115, 119, 125, 129, 177, 178, 185, 186, 199, 208, 209, 227, 246, 276, 282, 289, 300, 336, 344, 373, 378, 391, 394, 398, 404, 407~409, 411~414, 419, 422~424, 430, 448, 461, 465, 466
중일전쟁	254
지미 카터	189, 258, 398
지적재산권	41, 222, 226, 271, 327, 359, 444
질병	74, 99, 100, 159, 208, 335
짐 로이	26, 469

ㅊ

차이잉원	262, 347, 362
찰스 글레이저	263
척 헤이글	108, 252, 405
천광청	62

천수이벤	44, 261, 262
첸커신	118
치바이스	122

ㅋ

캄보디아	86, 92, 214, 265, 354, 367, 382, 444
캐슬린 힉스	287
캔톤 체제	154
케빈 러드	53, 435
케일럽 쿠싱	147
코델 헐	164
코트니 휘트니	188
콘돌리자 라이스	25, 45, 365, 412
키팅 만트라	229
킴 가타스	38
킴 비즐리	23, 470

ㅌ

타타자동차	113
태국	27, 50, 77, 87, 98, 104, 105, 108, 109, 134, 145, 146, 152, 205, 221, 226, 265, 273, 277, 283, 286, 312~315, 354, 382, 413, 451, 454
태평양도서국포럼(PIF)	302, 350, 356, 357, 368, 435
태평양사령부(PACOM)	242, 338, 406, 438
테드 크루즈	398
토머스 도닐런	26, 37, 417
토머스 크리스텐슨	44, 224, 320
통차이 위니차꿀	314
투키디데스 함정	278, 317, 330

ㅍ

파푸아뉴기니	356, 357
팔라우	356
팻 월시	26, 469
페이민신	231
편견	136~140, 144, 191, 461
〈포린 폴리시〉	36, 37, 62
포츠머스 조약	150
폴 키팅	229
프랜시스 후쿠야마	89
프로젝트 솔라리움	416
프리덤하우스	27
피벗 정책	20, 23, 25, 29, 31~33, 36~44, 47~57, 59, 63, 128, 130, 153, 178, 216, 280, 281, 323, 333, 342, 351, 352, 357, 358, 361, 364, 366, 372, 373, 380, 381, 388, 390, 391, 405, 406, 409~411, 414, 415, 418~420, 423, 424
피지	99, 132, 156, 190, 356, 357
피터 캐링턴 경	430, 431
피터 파커	153, 196, 200
필리핀	27, 28, 43, 56, 72, 73, 86, 98, 101, 109, 123, 129, 132, 133, 137, 157~162, 164, 166, 171, 173, 186, 187, 189, 196~198, 201, 203, 205, 207, 247, 249, 265, 273, 277, 283, 285, 287, 304, 308~312, 318, 319, 325, 326, 362, 363, 369, 374, 375, 379, 380, 451
필리핀화 정책	187
필립 젤리코	175, 203, 387

ㅎ

하마구치 오사치	162

한국	27, 28, 32, 40, 43, 50, 51, 56, 59, 66, 72, 74, 77, 87, 91, 93, 94, 104, 105, 107, 108, 115, 119, 130, 133, 152, 157, 161, 166, 168, 170, 175, 182, 188~190, 197, 204~208, 229, 235, 242~246, 254, 259, 264, 265, 277, 283, 286, 287, 292~299, 326, 362, 371, 372, 376, 380~382, 413, 451
한국전쟁	158, 166, 168~170, 176, 177, 179~181, 183, 184, 204, 205, 244, 245, 294, 295, 299, 308, 312, 348
항행의 자유	31, 41, 57, 194, 211, 212, 221, 228~231, 248~250, 252, 284, 307, 317, 318, 324~326, 344, 350, 352, 355, 364, 365, 389, 414, 462
해리 게일리	174
해리 트루먼	166~168, 170, 176, 404
해리 해리스	26, 242
해운 산업	103~105
해적	50, 53, 105, 108, 110, 117, 221, 227, 248, 271, 284, 293, 299, 306, 307, 335, 338, 344, 368, 406, 414, 430
해킹	138, 326, 327
핵 확산	28, 211, 221, 232, 233, 237, 240, 245, 282, 284, 316, 336, 413, 444
허버트 후버	163, 173
허브앤스포크hub-and spokes 체제	205, 278, 283, 284, 286, 303, 339, 344, 364, 463, 464
헤르만 반 롬푀이	49
헨리 로지	200
헨리 루스	143
헨리 스팀슨	163, 173
헨리 키신저	49, 197, 228, 240, 444
호리노우치 겐스케	164
호주	23, 27, 32, 37, 41, 43, 50, 53, 56, 87, 101, 105,

	108, 110, 111, 115, 124, 205, 209, 229, 270, 277, 283, 285~287, 299~304, 326, 344, 349, 350, 356, 357, 365, 368, 372, 374, 375, 380, 406, 413, 435, 451
홍콩	79, 80, 87, 93, 118, 120, 121, 149, 152, 263, 329, 330, 400
환태평양경제동반자협정(TPP)	41, 43, 47, 196, 209, 222, 226, 267, 270~273, 278, 290, 291, 299, 300, 305, 311, 327, 347, 349, 350, 352~354, 357~362, 369, 401, 408, 422, 464
환태평양군사훈련(RIMPAC)	41, 349
후진타오	318, 445
후쿠자와 유키치	161
힐러리 클린턴	10~13, 15, 16, 19, 24, 25, 30, 36, 37, 42, 46, 49, 57, 61, 62, 171, 255, 317, 348, 366, 368, 384, 386, 400, 420, 435, 450~456, 458, 463, 468
《힘든 선택들》	36
힘의 균형	45, 161, 201, 220, 223~227, 273, 277, 284, 319, 324, 331, 429

10만 명 이니셔티브	334, 386, 420
6항 보장	334, 346, 347
9·11 테러	10, 22, 25, 28, 45, 159, 177, 208, 348, 408
9개국 조약	151
O. 에드먼드 클럽	183
T. R. 페렌바흐	180

옮긴이 **이재현**

이재현 박사는 아산정책연구원의 선임연구위원이다. 외교부 정책자문위원과 신남방정책특별위원회 자문위원도 맡고 있다. 연세대학교 정치외교학과에서 정치학 학사, 동 대학원 정치학 석사학위를 받고, 호주 머독대학교에서 정치학 박사학위를 받았다. 이후 한국동남아연구소 선임연구원을 거쳐 외교통상부 산하 국립외교원 외교안보연구소에서 객원교수를 지냈다. 주요 연구 분야는 동남아 정치, 아세안, 동아시아 지역협력 등이며, 비전통 안보와 인간 안보, 오세아니아와 서남아 지역에 대한 분야로 연구를 확장하고 있다. 주요 연구 결과물로는 "쿼드 국가의 인도-태평양 전략과 한국의 대응"(2020), "지정학적 시각과 한국 외교"(2019), "한-아세안 외교 30년을 말하다"(2019), "강대국 경쟁의 파고를 어떻게 넘을 것인가? 한국과 아세안의 전략적 공통분모와 신남방정책"(2019), "한반도 평화를 위한 신남방정책의 역할"(2018), "What Asia Wants from the US"(2018) 등이 있다.

피벗
미국 아시아 전략의 미래

초판 1쇄 발행 2020년 5월 15일
4쇄 발행 2023년 4월 14일

지은이 커트 캠벨
옮긴이 이재현

펴낸곳 아산정책연구원
주소 서울시 종로구 경희궁1가길 11
등록 제300-2010-122호
전화 02-730-5842
팩스 02-730-5849
이메일 info@asaninst.org
홈페이지 www.asaninst.org
편집 디자인 All Design Group

책임편집 송지은

ISBN 979-11-5570-210-9 03340
값 22,000원

※ 이 책은 아산정책연구원이 저작권자와의 계약에 따라 발행한 것이므로
   본원의 허락 없이는 어떠한 형태나 수단으로도 이 책의 내용을 이용할 수 없습니다.

※ 이 도서의 국립중앙도서관 출판예정도서목록(CIP)은 서지정보유통지원시스템 홈페이지
   (http://seoji.nl.go.kr)와 국가자료공동목록시스템(http://kolis-net.nl.go.kr)에서
   이용하실 수 있습니다.(CIP제어번호: CIP2020015468)